8 Lg 2 89 (1)

Paris
1892

Lecoy de La Marche, Albert

Les relations politiques de la France avec le royaume de Majorque

Tome 1

M. Petitot
18

$\dfrac{Lq^2}{890}$

LES RELATIONS POLITIQUES

DE LA FRANCE

AVEC LE

ROYAUME DE MAJORQUE

DU MÊME AUTEUR :

La Chaire française au moyen âge, spécialement au treizième siècle. Ouvrage couronné par l'Institut. 2ᵉ édition. Paris, Laurens, 1886, in-8°.

Le roi René, sa vie, son administration, ses travaux artistiques et littéraires. Ouvrage qui a obtenu le grand prix Gobert à l'Académie des inscriptions et belles-lettres. Paris, Didot, 1875, in-8° (2 vol.)

Extraits des comptes et mémoriaux du roi René, pour servir à l'histoire des arts au quinzième siècle. Paris, Picard, 1873, in-8°.

Saint Martin (histoire et archéologie). 2ᵉ édition. Paris et Tours, Mame, 1890, grand in-8° illustré.

Œuvres complètes de Suger, publiées pour la Société de l'Histoire de France. Paris, Laurens, 1867, in-8°.

Anecdotes historiques, légendes et apologues tirés du recueil inédit d'Étienne de Bourbon, publiés pour la Société de l'Histoire de France. Paris, Laurens, 1877, in-8°.

Le mystère de saint Bernard de Menthon, publié d'après le manuscrit unique, pour la Société des anciens textes. Paris, Didot, 1888, in-8°.

L'Académie de France à Rome. Correspondance inédite de ses directeurs. Paris, Didier, 1874, in-8°.

Saint Louis, son gouvernement et sa politique. 2ᵉ édition. Paris et Tours, Mame, 1891, in-8° illustré.

Le treizième siècle littéraire et scientifique. Lille et Bruges, Desclée et Cⁱᵉ, 1887, in-8°.

Le treizième siècle artistique. 2ᵉ édition. Lille et Bruges, Desclée et Cⁱᵉ, 1892, grand in-8° illustré.

L'esprit de nos aïeux, anecdotes et bons mots tirés des manuscrits du treizième siècle. Paris, Marpon et Flammarion, 1888, in-8°.

Les manuscrits et la miniature (Bibliothèque de l'enseignement des beaux-arts). 3ᵉ édition. Paris, Quantin, 1889, in-8° illustré.

L'art d'enluminer (manuel technique du quatorzième siècle). Paris, Leroux, 1890, in-18.

Les sceaux (Bibliothèque de l'enseignement des beaux-arts). Paris, Quantin, 1889, in-8° illustré.

Le culte de Jeanne d'Arc et sa canonisation projetée. Orléans, Herluison, 1889, in-8°.

LES
RELATIONS POLITIQUES
DE LA FRANCE
AVEC LE
ROYAUME DE MAJORQUE
(ILES BALÉARES, ROUSSILLON, MONTPELLIER, ETC.)

PAR

A. LECOY DE LA MARCHE

TOME I

PARIS
ERNEST LEROUX, ÉDITEUR
28, RUE BONAPARTE, 28

1892

PRÉFACE

L'origine de ce livre est, j'ose le croire, curieuse.

En 1344 (il nous faut remonter jusque-là), le dernier roi de Majorque fuyait de son château de Perpignan, devant l'invasion aragonaise, et emportait à la hâte, sans même prendre le temps de faire un choix, non pas précisément ses pénates, mais ce qui, au moyen-âge, constituait la sauvegarde et l'honneur des familles, à savoir ses parchemins. La meilleure part des archives de sa maison le suivit en exil, dans sa seigneurie de Montpellier, puis ailleurs peut-être, jusqu'au jour où il légua ses droits, avec les titres servant à les appuyer, à son fils Jacques III, qui fut assez malheureux pour ne pouvoir faire valoir victorieusement ni les uns ni les autres.

Après une vie errante et des plus accidentées, Jacques III mourut sans laisser d'autre héritière que sa sœur Isabelle, mariée au marquis de Montferrat. Les parchemins royaux arrivèrent alors entre les mains de cette princesse. Puis, lorsque, dans son impuissance à défendre sa cause, elle céda l'héritage de ses pères à Louis Ier d'Anjou, à charge de le reconquérir, suivant l'usage du temps, le frère de Charles V entra à son tour en possession des précieuses archives. Ce fut, hélas! tout ce qu'il recueillit de la succession de Majorque.

Le duc d'Anjou ayant été ensuite se faire tuer en Italie, à la poursuite d'une autre couronne, elles furent transportées à la Chambre des comptes d'Angers, où étaient déjà conservés les titres de sa maison, et elles y restèrent jusqu'à la réunion de cette Chambre à celle de Paris, sous le règne de Charles VIII.

En 1485 ou en 1492 [1], nouvelle et dernière pérégrination. Les archives des rois de Majorque, emballées et empaquetées pêle-mêle avec celles des princes angevins, arrivèrent dans la capitale de la France et furent déposées, comme le reste, au fond des armoires d'une des salles de la Chambre des comptes, appelée depuis la **Chambre d'Anjou**. Là, elles dormirent dans l'ombre la plus épaisse pendant plus d'un demi-siècle. En 1541 seulement, un maître des comptes, nommé Michel Tambonneau, entreprit de tirer de leur sommeil léthargique les muets témoins de la puissance ou de la renommée de cette branche cadette des Valois. Idée louable, assurément; mais comment fut-elle exécutée? On prit les pièces au hasard, telles qu'elles avait été « enliassées », c'est-à-dire à peu près dans l'état où se trouverait un jeu de cartes bien battu; on les numérota dans le même ordre, ou plutôt dans le même désordre; on les analysa d'une manière sommaire, et plus ou moins exacte; puis on les remit pieusement à leur ancienne place, consacrant ainsi un état de choses déplorable, mais essentiellement provisoire dans la pensée de ceux qui l'avaient créé. Cette fois, les trésors contenus dans les armoires mystérieuses furent enfouis pour trois siècles. Grâce à l'inventaire Tambonneau, les titres historiques les plus importants se trouvaient tellement confondus avec les aveux et dénombrements, qui tenaient dans ce fouillis la place la plus large et la plus encombrante, qu'il était impossible de les consulter et même d'en soupçonner l'existence.

Il y a un peu plus de vingt ans, j'avais été chargé, aux

---

1. V. à ce sujet *le Roi René*, I, 460.

Archives nationales, de diriger la reliure des liasses ou des portefeuilles de l'ancienne Chambre des comptes, réunis à ce vaste dépôt, et dont la plupart tombaient en ruine ; opération plus délicate qu'elle n'en a l'air, car une reliure, encore bien plus qu'un mauvais classement, peut faire perdre pour toujours la trace de documents précieux. Quoique peu expérimenté, je fus frappé, à première vue, de la richesse du fonds d'Anjou et de son lamentable état. Je voulus tenter d'y remédier ; mais, des raisons administratives m'empêchant alors de donner suite à mon projet, je me contentai de faire suspendre, pour les différentes parties de ce domaine inconnu, le travail commencé, afin de les soumettre préalablement à un défrichement général, puis à un groupement méthodique, le jour où le pourrais.

Je venais enfin d'entreprendre cette lourde tâche, lorsqu'arriva l'année terrible. Vous rappelez-vous, mes chers compagnons de garde, aujourd'hui, hélas ! trop clairsemés, ces longues nuits de siège, mortelles par leur glaciale température, plus mortelles encore par l'angoisse qu'elles jetaient au fond de nos cœurs ? Nous passions la plus grande partie de ces tristes heures à veiller sur l'inappréciable patrimoine historique de la France, dont la préservation nous était confiée. Plus que jamais, au moment où l'existence de la patrie semblait menacée, il importait de maintenir intacts les fragiles, mais irrécusables monuments de son glorieux passé. Au milieu de nos préoccupations nocturnes, une seule distraction nous restait : le travail. Et je travaillais, au bruit des bombes, à classer sur fiches les vieux titres des ducs d'Anjou et des rois de Majorque !

C'est ainsi que, par un enchaînement bizarre de successions, de transbordements, d'incidents variés, une des mines les plus riches en matériaux pour l'histoire de la France et de l'Europe au moyen âge est demeurée jusqu'à nos jours inexploitée et qu'il m'a été réservé de la mettre en valeur, ce que j'ai considéré comme un véritable devoir moral. J'en ai d'abord analysé le contenu dans un inventaire détaillé, divisé par seigneuries ou par régions, que l'administration des Archives n'a pas cru devoir, jusqu'à présent, livrer à la publicité. J'en ai tiré ensuite le tableau de la vie et de l'administration du roi René, en le complétant à l'aide de tous les documents que j'avais pu recueillir en province ou à l'étranger, et l'Académie des inscriptions et belles-lettres a bien voulu encourager ce premier résultat par la plus haute de ses récompenses. J'en extrais aujourd'hui un ouvrage plus nouveau peut-être par son sujet, et dont les éléments ont été renforcés de la même façon.

Le noyau principal de ces éléments, formé des archives personnelles des anciens souverains des Baléares, comtes de Roussillon, seigneurs de Montpellier, etc., est compris aujourd'hui dans trois énormes portefeuilles, faisant partie du fonds d'Anjou, et cotés P 1353, P 1354^1, P 1354^2. Le premier contient, en deux séries distinctes, les chartes relatives à Montpellier et au Roussillon : elles remontent à l'an 1103, et remonteraient jusqu'à l'an 1057 sans quelques pertes regrettables; elles s'arrêtent à 1376. Le second renferme les titres du royaume de Majorque proprement dit : testaments, partages, traités de mariage, pièces relatives au procès de Jacques II et aux revendications du duc d'Anjou, allant de 1262 à 1415. Enfin, dans le troisième portefeuille, consacré à l'Italie et à la Grèce, figurent quelques actes de la même provenance intéressant les principautés d'Achaïe, de Morée et de Roumanie, de 1376 à 1383.

Un très curieux et très important cahier du quatorzième siècle, qui dépendait également de ce fonds et qui avait sa place marquée dans le deuxième portefeuille, a été autrefois retiré, par une erreur manifeste, de sa place naturelle pour être classé dans la Section historique, mélange artificiel de séries très précieuses et de documents d'un intérêt particulier. J'ai dû me contenter d'inscrire pour mémoire, sur l'inventaire des titres de la maison d'Anjou, ce transfuge heureusement retrouvé, qui a été relié à part, sous la cote KK 1413. On comprendra quel parti j'en ai pu tirer pour le présent ouvrage lorsqu'on saura qu'il renferme, avec l'exposé des faits et des arguments de droit invoqués par le duc Louis Ier à l'appui de ses prétentions, exposé rédigé sur son ordre par son conseiller Raymond Flamenc, docteur ès lois, demeurant à Avignon, un résumé de l'histoire du royaume de Majorque, et même de l'histoire des Baléares depuis leur origine, puis la transcription de trente-neuf chartes authentiques s'y rattachant et dont un certain nombre ne se trouvent pas ailleurs.

On pourrait encore, à la rigueur, faire rentrer dans le même fonds un énorme registre in-folio de 467 feuillets, contenant l'expédition originale du procès intenté à Jacques II de Majorque par le roi d'Aragon, qui fut écrite, en 1353, par Raymond Foix, secrétaire de ce dernier, pour être envoyée au roi de de France, afin de l'édifier sur la question. Cette expédition est tout autre chose que le procès publié par don Manuel de Bofarull dans la Coleccion de documentos ineditos del Archivo general de la corona de Aragon. Aux pièces reproduites dans celui-ci, et dont elle donne un texte meilleur, particulièrement soigné sous le rapport de la correction et de l'écriture, en raison même de sa destination, elle ajoute un supplément considérable, qui a pour nous une valeur de premier ordre : c'est, d'une part, une série de lettres missives émanées des rois de France ou à eux adressées dans le cours du quatorzième siècle, genre de documents qui, on le sait, n'abonde point à pareille époque ; d'autre part, deux enquêtes on ne peut plus curieuses, la première sur une prétendue conspiration du roi de Majorque contre son cousin, la seconde sur la monnaie *fabriquée par le même dans son château de Perpignan, enquêtes où peut puiser à pleines mains quiconque s'intéresse à la politique, à la vie privée ou aux ateliers monétaires du moyen âge. Bien que cette compilation soit composée d'une façon tout à fait partiale en faveur du roi d'Aragon, j'ai trouvé là une source encore plus abondante que les autres. Mais, comme elle a été transmise directement de Barcelone à Paris, sans subir les mêmes vicissitudes et sans passer par les armoires de la Chambre d'Anjou, elle a naturellement conservé sa place originelle au Trésor des chartes de nos rois, sous l'étiquette JJ 270.*

Les layettes de ce Trésor m'ont fourni, à leur tour, un appoint qui n'était pas à dédaigner. Dans celles qui abritent les lettres ou les négociations relatives à l'Aragon, à Majorque, à Montpellier, au Roussillon, etc., on a, la plupart du temps, la contre-partie des documents aragonais, la réplique de la France ou de ses alliés à la version de leurs communs adversaires. On trouvera dans le courant de ce livre l'indication de leurs cotes particulières et celle de tous les cartons des Archives où j'ai pu glaner le moindre épi.

A la Bibliothèque nationale, quelques recueils de pièces ont également contribué à enrichir ma moisson. Je dois notamment citer ici celui qui a été formé, à une époque assez récente, de différentes chartes provenant de la maison royale de Majorque et qui porte, dans le fonds des manuscrits latins, le n° 9261. Ces chartes, dont la plupart ont pour objet les relations avec Rome ou avec l'Angleterre, ne figurent pas sur l'inventaire de Michel Tambonneau, et, par conséquent, n'ont pas dû appartenir à la Chambre des comptes de Paris. Mais je serais bien étonné si elles ne provenaient point de la même source que les autres et si elles n'en avaient pas été séparées, soit à la faveur des facilités qu'on trouvait à Angers pour les détournements de cette espèce, soit dans une des pérégrinations imposées aux malheureux parchemins du château de Perpignan [1]. Les manuscrits latins 9192 et 6025 m'ont aussi fourni quelques matériaux, mais d'une nature et d'une origine différentes. Le premier est un livre d'enregistrement où ont été transcrits, au fur et à mesure, certains actes ou certaines délibérations concernant la commune de Montpellier ; l'écriture large et peu lisible de ces transcriptions, que j'ai retrouvée dans plusieurs actes aux Archives municipales de cette ville, ne laisse aucun doute sur la provenance du volume. Le second n'est qu'une copie moderne de quelques pièces du procès de Jacques II, réunies par Baluze. Il en est de même, quant à l'âge et à l'origine, des manuscrits français 23377, 23378, 23384, 23386, et du bel exemplaire, inscrit sous le n° 3884 du même fonds, des relations écrites par les ambassadeurs de Louis d'Anjou en Castille, en Portugal et en Sardaigne ; monuments dont l'extrême intérêt fait oublier la longueur et dont j'ai cru devoir publier le texte original, Buchon n'en ayant donné que la traduction.

A Montpellier, j'ai mis à contribution et les Archives du département et les Archives communales. Les premières sont assez pauvres pour le sujet qui m'occupe ; cependant les registres de la sénéchaussée de Nîmes m'ont un peu dédommagé de la pénurie générale. Les secondes, installées depuis quelque temps dans une vieille tour aux formes ogivales, encadrée dans un riant parterre, sont aussi riches que leur abord est attrayant, mais uniquement pour ce qui touche aux affaires locales. Elles m'ont livré le secret de quelques-unes de celles où les rois de France et de Majorque se sont trouvés impliqués, quoique, à vrai dire, leurs principaux

1. D'après certains indices, M. Léopold Delisle, qui a fait lui-même relier ces pièces, croit qu'elles ont été apportées de Montpellier pour Colbert et qu'elles ont ensuite fait partie de ses manuscrits.

monuments historiques, dans cet ordre d'idées, existent en double à Paris.

Les Archives départementales des Pyrénées-Orientales ne m'ont guère offert plus de ressources que celles de l'Hérault. On en a vu la raison : le Trésor des chartes des rois de Majorque, autrefois déposé dans leur château de Perpignan, a émigré avec eux. Son enlèvement ignoré a fait croire aux modernes historiens du pays, notamment à Henry, qu'il avait été anéanti à l'époque de la Révolution : on sait déjà qu'heureusement il n'en était rien. Jacques II n'a cependant pas tout emporté : il en a laissé quelques bribes, dont on peut avoir une idée par l'inventaire imprimé dû à l'un des anciens archivistes du département, M. Alart. J'aurais été bien embarrassé si je n'avais pu recourir à ce volume, et si, en l'absence du conservateur actuel, je n'avais trouvé, pour me guider à travers les antiquités de l'endroit, un érudit aussi obligeant que distingué, décédé depuis, M. le colonel Puiggari.

En effet, ce ne sont pas seulement les monuments écrits que je me suis efforcé de rechercher : j'ai voulu interroger aussi les ruines. A Montpellier, il n'y en a pas ; presque tout est neuf dans cette antique cité, périodiquement ravagée par les guerres civiles ou religieuses, et rajeunie autant de fois. Le Palais de Justice a fait disparaître jusqu'aux derniers vestiges de la résidence des rois de Majorque, et toute trace de leur domination est à peu près effacée. Mais, à Perpignan, il n'en va pas ainsi. La capitale du Roussillon, qui a déjà l'aspect original des villes catalanes, est presque aussi bien conservée qu'elles. A voir ses vieilles fortifications, ses églises vénérables, ses rues étroites et tortueuses, on devine que le château des anciens comtes doit se cacher, à peu près intact, au fond de quelque vaste cour ou derrière une bâtisse plus récente. Il s'y cache si bien, qu'il est complètement oublié et qu'il n'est même pas marqué sur l'unique plan imprimé qui se trouve dans le commerce. Englobé dans les dépendances d'une citadelle moderne, il n'est accessible qu'avec la permission des autorités militaires ; et encore le visiteur à la recherche des souvenirs historiques se heurte-t-il parfois à la mauvaise volonté ou à l'ignorance de quelque employé subalterne. J'ai pu néanmoins étudier rapidement les restes de l'édifice où se sont passées tant de scènes curieuses racontées dans ce livre ; on en trouvera plus loin la description. Aux environs de Perpignan, à Elne, à Collioure, à Céret et dans les montagnes voisines, j'ai essayé de me rendre compte des événements tragiques qui ont jadis animé ces régions si paisibles, notamment de la marche de l'armée de Philippe le Hardi à travers les Pyrénées, et partout je me suis aidé, autant que possible, de l'examen des lieux.

A Barcelone, une ample récolte m'attendait ; car, si les rois de Majorque n'ont guère mis le pied dans cette capitale qu'en vassaux asservis, les Archives de la couronne d'Aragon gardent la trace de leurs luttes et recèlent toute l'histoire des origines de leur royaume. Ce magnifique établissement, qui occupe un vieux palais aux voûtes sombres, aux fraîcheurs perfides, possède de véritables trésors. Les archives espagnoles n'ont pas eu, en général, à subir les dilapidations et les désastres que la Révolution a values aux nôtres. Tous les actes des souverains aragonais, enregistrés partiellement à partir de 844, et d'une façon régulière à partir du treizième siècle, leur correspondance officielle ou intime, les instructions données à leurs ambassadeurs sont là dans un ordre parfait, comme s'ils n'avaient jamais bougé. Le temps seul a exercé ses ravages et, avec l'aide de l'humidité, a détérioré quelques documents précieux. J'ai dépouillé là, avec le plus grand profit, les registres d'Alphonse III, de Jacques II, de Pierre IV, ceux qui étaient réservés aux affaires de Majorque, aux choses de la guerre, aux négociations secrètes (Sigilli secreti). Un exemplaire contemporain du Libro del repartimiento, *plus complet et meilleur que ceux qui ont été utilisés jusqu'à présent, non seulement m'a fourni d'utiles renseignements topographiques sur la plus grande des Baléares, mais m'a permis de mettre au jour, pour la première fois, toutes les constitutions primitives qui l'ont régie; le lecteur pourra juger de la valeur de ces chartes fondamentales, et comme monuments historiques, et, on peut le dire, comme modèles d'organisation politique. Je dois des remerciements tout particuliers à* MM. de Bofarull *père et fils, qui, non contents de m'initier avec une bienveillance empressée aux arcanes du vaste dépôt confié à leurs soins intelligents, ont bien voulu collationner ou même faire transcrire pour moi un certain nombre de pièces en vieux catalan, hérissées, pour ce motif, de difficultés assez sérieuses.*

Enfin, à Palma, j'ai rencontré la portion des archives des rois de Majorque qui concerne spécialement le gouvernement et l'administration des îles Baléares, au temps où leur autorité s'y exerçait. Là, j'ai eu naturellement peu de chose à prendre, ne voulant pas pénétrer trop avant dans un domaine qui dépasse les limites de mon sujet; et c'est fort heureux d'un côté, car comment travailler avec assiduité sous ce climat enchanteur, entre les mille séductions d'un ciel et d'une terre qui captivent à la fois les yeux et l'esprit? J'ai eu pourtant la force de consulter avec fruit quelques précieux volumes des treizième et quatorzième siècles, le Libre de Sant-Pere, *recueil de copies de chartes, le* Libre de Corts generals, *et deux autres exemplaires du* Repartimiento, *mis gracieusement à ma disposition par M. Quadrado, archiviste, à qui je dois aussi la connaissance des monuments de pierre rappelant, dans la capitale de Majorque, le souvenir toujours vivant de ses souverains particuliers. Rien n'a changé non plus dans cette île fortunée. Bien plus encore qu'en Catalogne, on se croit transporté* dans les siècles lointains lorsqu'on parcourt ses villes, ses ports, ses hameaux, ou que l'on visite ses anciennes forteresses, dont le château de Bellver offre un type si élégant et si merveilleusement conservé. Heureuse contrée, qui, après avoir tant de fois passé d'une domination à une autre, a su garder son caractère à part, son originalité, et rester elle-même !

Je croirais superflu d'énumérer ici les sources imprimées auxquelles j'ai dû demander un surcroît d'éléments pour l'exécution de ce long travail. Ce sont principalement les chroniques catalanes, si touffues, mais si sujettes à caution, les chroniques françaises, plus sobres, mais plus sérieuses, les historiens arabes, ou du moins leurs traductions, les collections de Rymer et de dom Martène, les grandes histoires de Zurita et de dom Vaissète, les publications plus récentes de Bover, de Quadrado, des de Bofarull, de Germain, du comte de Mas-Latrie, etc. On verra que, si je me suis servi utilement de ces divers auteurs, j'ai pu aussi, en plus d'une circonstance, les rectifier ou les compléter. Je me suis surtout attaché à contrôler au moyen des pièces officielles, des actes originaux, les témoignages des anciens chroniqueurs, qui trop souvent n'ont point parlé des faits les plus importants ou en ont parlé d'une façon contradictoire, en les altérant dans un sens ou dans l'autre. En un mot, après avoir fait œuvre d'archiviste, j'ai cherché à faire œuvre d'historien et de critique, et par là j'espère avoir contribué à démontrer que ces différentes professions ne sont pas absolument incompatibles.

On se tromperait gravement si l'on se figurait que la matière que j'ai entrepris de traiter n'offre d'intérêt que pour l'histoire étrangère ou l'histoire provinciale. Sans doute, il leur apportera, j'aime à le croire, un utile contingent. Mais c'est la politique générale de la France, c'est son rayonnement extérieur, c'est sa diplomatie naissante qui tiendront dans ces pages la place principale. Je n'y retrace pas les annales du royaume de Majorque, ni celles d'aucune de ses dépendances, bien que mon sujet me conduise nécessairement à chercher l'explication de ses étranges destinées. Le premier livre, consacré à sa formation, est un prologue indispensable pour faire comprendre son vice originel et sa faiblesse. En transportant le lecteur dans le milieu chevaleresque des grandes luttes contre les Maures, il lui permettra d'entrevoir, sur bien des points, la manière dont les choses se passaient dans les croisades d'Orient. Le second lui montrera ce petit État aux prises avec son rival naturel, le royaume d'Aragon, et franchement allié avec la France, qui combat à la fois pour elle et pour lui dans les plaines de Catalogne. C'est l'inauguration des guerres internationales et des coalitions politiques. Dans un troisième livre, les armes cèdent la place aux négociations diplomatiques, qui, vers le début du quatorzième siècle, commencent à se multiplier et tendent déjà à établir entre les puissances européennes une sorte d'équilibre, encore placé sous la haute tutelle de Rome. A une situation nette succèdent, pour le roi de Majorque, les hostilités sourdes, les hésitations, les compromis : après une restauration laborieuse, due à l'intervention de son allié, il sépare peu à peu ses intérêts des siens, en se voyant l'objet de convoitises mal dissimulées, et flotte entre deux voisins également redoutables, également ambitieux. Un quatrième livre le montre, enfin, s'aliénant maladroitement l'un et l'autre et se défendant en vain contre les injustes attaques d'un adversaire implacable. La France n'étant plus derrière lui, on voit intervenir en sa faveur le Saint-Siège, médiateur naturel entre les souverains, et ici se présente l'occasion d'effleurer cette grave question de l'arbitrage pontifical, plus actuelle aujourd'hui que jamais. Il succombe néanmoins, et le cinquième livre n'est plus que le récit de la revendication de sa dépouille par le duc d'Anjou, qui essayera inutilement de compléter l'œuvre politique de ses pères; tentative peu connue, répondant bien au plan général suivi avec obstination par cette habile maison Capétienne, qui, à une certaine époque, avait presque réussi à faire de la Méditerranée un lac français.

Tel est le chemin que j'avais à parcourir, et telles sont les étapes qui le divisent. Par lui-même, il est loin d'être aride. Je n'ai pas la prétention de l'avoir semé de fleurs : puissé-je du moins en avoir écarté, pour ceux qui voudront bien le parcourir avec moi, les ronces et les épines. Afin d'y arriver, j'ai évité de surcharger les notes placées au bas des pages, et qui ne font souvent qu'interrompre ou retarder la marche du lecteur. J'ai fait un choix des textes les plus intéressants et les ai reproduits in extenso, à la fin de chacun des volumes auxquels ils se réfèrent: beaucoup de ces pièces justificatives demandent à être lues intégralement, car je suis loin d'en avoir exprimé toute la substance, et quelques-unes renferment les détails les plus piquants. Enfin, j'ai essayé de faciliter l'intelligence du drame par une carte des différents pays où se déroule l'action, en y faisant figurer, autant que possible, tous les lieux désignés dans le récit, puis par un arbre généalogique de la maison de Majorque et par une table alphabétique générale.

C'est là, avec l'exactitude scrupuleuse des citations, tout l'appareil scientifique que j'ai cru devoir donner à cet ouvrage. Je ne suis nullement du nombre des auteurs qui ne craignent point d'effaroucher le public par des dehors austères ou par une machination compliquée à dessein; mes précédents travaux sont là pour le prouver. Il faut être bien sûr de sa force pour se donner ce désavantage. J'estime, au contraire, que l'on doit rendre aisée et, si l'on peut, attrayante la tâche qu'on se permet d'imposer aux autres. Un livre offert à la curiosité des lecteurs, à quelque genre qu'il appartienne, est une invitation qu'on leur adresse, et tout amphitryon a le devoir de se rendre, autant que possible, agréable à ses hôtes. C'est la règle que je me suis efforcé de suivre, ici comme ailleurs. Je prie les vrais savants de vouloir bien, si elle m'a fait déroger à quelqu'un de leurs usages, me pardonner en faveur de l'intention.

LIVRE PREMIER

FORMATION DU ROYAUME DE MAJORQUE

CHAPITRE PREMIER

LES PREMIERS MAITRES DES BALÉARES ;
L'OCCUPATION ARABE

Le voyageur qui prend place sur un des légers bateaux à vapeur partant, le soir, de Barcelone dans la direction des îles Baléares se trouve, au point du jour, transporté dans une vaste baie, aux eaux endormies, rappelant par leur saisissante immobilité les grands calmes de certains parages de l'Océan. En face de lui se déroule un panorama féerique : au centre, une blanche cité, d'aspect quelque peu oriental, couchée au fond du golfe et semblant vouloir l'étreindre dans ses bras, qui s'allongent au loin sur la rive ; à gauche, plusieurs étages de montagnes, couvertes d'une verdure sombre, sur laquelle se détache en clair la masse grise d'une antique citadelle de forme circulaire, chef-d'œuvre admirablement conservé de l'art des ingénieurs du XIVe siècle ; à droite, des collines plus basses et des plaines fertiles, semées de citronniers, d'orangers, et surtout de bois d'oliviers, célèbres par les contorsions fantastiques de leurs troncs raccornis. Çà et là, des tours isolées ou des tourelles de moulins, plus vieilles encore, ponctuent le paysage. Dans le port, se presse une forêt de mâts aux pavillons les plus divers : ce sont des navires marchands, venus pour chercher une cargaison de fruits ou simplement un refuge contre la tempête. Sur le môle, qui date également du moyen âge [1], grouille une population presque aussi bigar-

---

[1]. On trouve la mention de ce môle, ainsi que des nombreux moulins de l'île, dès la première moitié du XIIIe siècle. (Documents, n° XIX ; Arch. de Barcelone, reg. 26, *passim*.)

rée, au milieu de laquelle les indigènes se distinguent par leurs traits accentués, leur teint bronzé, leurs yeux d'un noir vif, aussi bien que par leur langage à la fois rauque et harmonieux. Tout, sur cette côte, accuse un mélange étonnant de types opposés et de civilisations successives. Le sang arabe et la race du nord de l'Espagne semblent s'y être perpétués, sinon croisés. Les doux sons de l'idiome roman s'y mêlent aux aspirations gutturales de la prononciation aragonaise. Derrière les églises et les constructions à l'européenne, se cachent des débris d'architecture exotique, des vestiges de mosquées, des arcades mauresques. La nature elle-même présente un caractère hybride. Au nord de ces montagnes verdoyantes, dont la chaîne se prolonge au-delà de l'horizon, c'est la fraîcheur, c'est le climat tempéré de l'Europe centrale, ce sont les rocs escarpés de la Bretagne ou de la Suisse. Au sud, c'est la luxuriante végétation des pays du soleil, ce sont les ardeurs du ciel africain.

Cette terre pleine de séductions et de contrastes, c'est la *Balearis major* des anciens, la *Medina Mayurka* des Arabes, qui en ont chanté la beauté dans leurs poésies nationales [1], l'*insula Majoricarum* du moyen âge, l'île de *Mayorque* ou de *Majorque* des temps plus récents [2]. Ce nom lui vient uniquement de son étendue, relativement plus grande que celle de la seconde Baléare, sa voisine, qui, pour la même raison, a été appelée Minorque (*Minoricæ*). Jusque vers la fin du xve siècle, il a été commun à l'île et à sa capitale [3], plus connue depuis sous celui de Palma, qui lui est

---

1. V. Gayangos, *History of the Mohammedan dynastien,* I, 72 et ss. Aboulfeda, géographe arabe, a dit aussi, en parlant d'elle : « La colombe lui a prêté son collier, et le paon l'a vêtue de sa robe aux mille couleurs. On dirait que ses eaux sont un vin réparateur, et que les plaines où elles s'épanchent leur servent de coupes. » (Cité par M. de Tourtoulon, *Jacme Ier*, I, 231.)
2. La forme du singulier semble s'être substituée au pluriel au moment du passage de ce vocable dans la langue vulgaire. Mais les écrivains latins, même au moyen âge, ont toujours dit *Majoricæ, Minoricæ*, en parlant de l'une ou de l'autre des deux îles. Mela nommait déjà Majorque *Baleares Majores*, et Minorque *Baleares Minores* (livre II, ch. vii).
3. Tous les textes publiés dans ce livre sont là pour le prouver. Ainsi, lorsqu'un romancier célèbre nous dit d'un ton tranchant : « La capitale de

déjà donné par Pomponius Mela, et que l'on prétend tiré d'un palmier planté autrefois sur son emplacement. Les dénominations de Majorque et de Minorque avaient supplanté, au temps des Romains, celles de *Clumba* et de *Nuba* [1], ou celles d'*Afrosiade* et de *Gennefide* [2], qui remontaient à la plus haute antiquité. Quant à l'appellation générale de *Baléares* (du grec βαλλειν, lancer), elle paraît avoir son origine dans les frondes perfectionnées dont les anciens habitants du pays avaient fait une arme redoutable et grâce auxquelles, d'après Tite-Live et d'autres écrivains anciens, ils apportèrent une force nouvelle aux armées romaines. Elle avait fait disparaître de bonne heure le nom primitif de *Gynesiæ* ou *Gymnesiæ*, dû, suivant Diodore de Sicile, au costume plus primitif encore des anciens indigènes. Dans le groupe des Baléares proprement dites, on comprenait encore, sous le nom d'*îles adjacentes*, les îles de Cabrera et de Dragonera, avec quelques îlots voisins. Le reste de l'archipel, c'est-à-dire *Iviça* (*Ebus, Evissa*) et *Formentera* (jadis *Ophiusa*, l'île des serpents), formait le groupe accessoire des *Pityuses*, ainsi appelé par les Grecs à cause des forêts de pins qui en recouvraient la surface [3]. Mais les Pityuses elles-mêmes ont été quelquefois englobées, dans l'usage, sous la désignation de Baléares [4].

Placée entre toutes ces miettes de terre comme une reine au milieu de sa cour, et formant la plus riante oasis de ce désert liquide qui a séparé si longtemps les unes des autres les nations civilisées, Majorque était nécessairement appelée à tenir dans l'histoire une place bien plus grande que dans la géographie. Elle devait tour à tour servir aux peuples de terrain de rapprochement et de champ de bataille,

l'île ne s'est *jamais* appelée Majorque, comme il a plu à plusieurs de nos géographes de l'établir, mais Palma » (G. Sand, *Un hiver à Majorque*, p. 12), il s'égare lui-même dans le domaine de la fantaisie et montre une fois de plus quelle imprudence commettent les littérateurs en voulant s'aventurer sur le terrain de la science.
1. Mariana, I, 25.
2. Documents, n° XCV.
3. *Marca hispanica*, col. 144 et s.
4. Documents, n° II; Marsilio, ch. 1.

de lien naturel et de proie obstinément disputée. Aussi joua-t-elle un rôle important, d'une part dans les relations commerciales des puissances riveraines de la Méditerranée, de l'autre dans leurs révolutions politiques. Ses destinées ont été mêlées d'une façon particulière à celles de la France. Pendant de longues années, elle a été le centre et le noyau d'un royaume indépendant, auquel elle a donné son nom, et qui comprenait une portion du territoire français actuel. Un jour même, elle faillit être rattachée directement à notre patrie, et, tant que son autonomie a subsisté, ses souverains ont entretenu avec les nôtres des rapports étroits, de tous les genres et de tous les instants. Ces rapports, dont ils auraient pu tirer plus d'avantage, ont tourné au profit de la puissance française. Ils ont contribué pour une part notable au développement et aux succès de notre diplomatie naissante. Ainsi la reine des Baléares est pour nous un peu plus qu'une voisine, et le récit des événements communs aux deux pays est fait pour nous inspirer un double intérêt. Mais, avant de l'entreprendre, et pour en faciliter l'intelligence, il est nécessaire de montrer d'abord comment se forma le royaume de Majorque, sa consistance, sa raison d'être et ses conditions d'existence.

Aux temps héroïques, d'après la légende locale, un certain Géryon, que nos documents nomment Gémen, et dont l'origine est inconnue, aurait fait des îles Baléares une souveraineté à trois têtes, nommée par les Latins *Tricorpus,* dans laquelle ses trois fils lui auraient succédé. Ces premiers rois auraient été ensuite renversés par un corsaire grec désigné par le nom générique d'Hercule, qui implanta pour un temps sur ces terres la domination hellénique [1]. C'est même de là que ce farouche conquérant, accusé d'avoir décimé la population indigène, envoya, dit-on, ses compatriotes poser les premières pierres de la ville de Barcelone, ainsi appelée, suivant une explication fort

---

1. Dameto, *Hist. del regno Balearico,* p. 102 et ss; Documents, n° XCV.

peu vraisemblable, en mémoire de la barque neuve (*barca nova*) où ils étaient montés ; et le prétendant français ne manquera pas d'alléguer, un jour, ces vieilles traditions pour démontrer que Majorque ne dépendait nullement, à l'origine, du domaine de Barcelone [1]. Il est certain qu'à moins de remonter au commencement du monde, l'on ne pouvait invoquer de précédents plus lointains, et en même temps plus fabuleux. Toutefois, le fait de l'indépendance primitive des Baléares vis-à-vis de l'Espagne n'en est pas moins très admissible, étant donné la provenance et la nationalité de leurs premiers maîtres.

De très bonne heure, peut-être même avant les Hellènes, les Phéniciens occupèrent et colonisèrent ces îles. Les négociants de l'opulente Carthage, après s'être emparés d'Iviça, fondèrent à Minorque le port de *Magona*, aujourd'hui Mahon, situé, en effet, vers la pointe la plus rapprochée de leur pays. Ils n'osèrent point d'abord pénétrer dans l'intérieur des terres, tant les habitants leur semblaient inhospitaliers, et se dirigèrent de là sur l'Espagne. Cependant, à la longue, ils en arrivèrent à éliminer l'élément grec et à dominer dans la plus grande partie de l'archipel ; ce qui a permis à l'île de Cabrera, ou plutôt à un îlot voisin, nommé la Tricuadra, de revendiquer, sans titre sérieux d'ailleurs, l'honneur d'avoir donné le jour à Annibal. Ce sont les Carthaginois qui se trouvèrent en face des Romains, le jour où ces redoutables envahisseurs mirent à leur tour le pied sur le sol des Baléares. Après avoir énergiquement soutenu les premiers, notamment dans la guerre de Sicile, où trois cents insulaires suivirent l'armée d'Hamilcar, la population indigène s'allia aux seconds, et le pays fut définitivement soumis à Rome, l'an 123 avant J.-C., par les armes de Quintus Cæcilius Metellus, dit *le Baléarique*, fils du célèbre proconsul du même nom qui avait contribué à dompter les derniers défenseurs de l'indépendance hellénique. C'est alors que, pour la première fois, le groupe d'îles situé en

---

[1]. Documents, *ibid*.

face des côtes de l'Ibérie fut rattaché officiellement à cette contrée : il fit partie de l'Espagne citérieure et fut placé dans le ressort de la métropole de Tarragone [1].

La foi chrétienne s'y étant introduite à une époque assez reculée, Majorque fut, au ve siècle, et peut-être avant, pourvue d'un évêché, qui, se trouvant le suffragant de la même métropole, créa de nouveaux liens entre cette île et la terre ferme. Minorque et Iviça obtinrent aussi un évêque particulier pour chacune d'elles, ce qui s'explique par la difficulté qu'il y avait alors à passer fréquemment le moindre bras de mer. Les titulaires de ces trois diocèses figurèrent en cette qualité au concile de Tolède, en 675. L'institut monastique s'était lui-même propagé très anciennement dans les Baléares, car à Cabrera, sur ce rocher désert, aujourd'hui presque inhabitable, on constate l'existence d'une communauté de religieux augustins sous le pontificat de saint Grégoire le Grand [2]. Ce fait, il est vrai, ne saurait être pris pour un indice de prospérité matérielle, attendu que les moines recherchaient surtout la solitude et les lieux sauvages. D'ailleurs, les Vandales, devenus maîtres des îles sous leur roi Gondéric, l'an 421, les avaient tellement ravagées, que presque toutes les traces de la civilisation romaine en avaient disparu. Les Goths passèrent à leur tour sur ce sol dévasté; Bélisaire ne put le leur arracher que momentanément, pour le réunir aux possessions de l'empire byzantin. Ainsi s'explique la rareté des ruines antiques que l'on y retrouve : Palma, fondée cependant par Cæcilius Metellus, n'en possède, pour ainsi dire, pas; seule, l'ancienne colonie romaine de *Pollentia* (aujourd'hui Pollenza), à l'extrémité septentrionale de l'île de Majorque, a conservé des débris importants, des inscriptions, des pierres tombales, des vestiges d'amphithéâtre. Mais la principale cause de cette pauvreté relative et le grand fléau qui

---

1. Mariana, I, 25; Dameto, p. 102, 114 et ss; Bover, *Noticias de la isla de Mallorca*, p. 158, 355, etc. Cf. sur l'histoire ancienne de cette contrée une thèse de Wernsdorf, *De antiquitatibus Balearicis* (Brunswick, 1760, in-4°).
2. Dameto, p. 146, 150, 170; Bover, *op. cit.*, p. 158, 332, etc.

s'abattit sur ces chrétientés jadis florissantes, ce fut l'invasion musulmane.

Pendant cinq longs siècles, sauf de courtes interruptions, les Baléares furent occupées par les Sarrazins; ils eurent, par conséquent, tout le temps de façonner le pays à leur image, et ils y ont laissé une empreinte profonde, encore visible à l'heure qu'il est, malgré les grands travaux exécutés depuis par les rois chrétiens de Majorque. Vers la fin de cette période, ils purent y développer à leur manière l'art de bâtir et l'art de cultiver les terres. Mais, durant deux ou trois cents ans, ils n'exercèrent d'autre métier que la piraterie, et ce sont eux qui commencèrent à faire de ces îles le nid de corsaires si longtemps redouté des riverains de la Méditerranée. Ils paraissent s'y être établis presque aussitôt après leur entrée en Espagne, qui eut lieu, comme l'on sait, en 713, et ils s'en firent un point d'appui pour tenter sur les plages voisines des descentes souvent désastreuses. Leurs déprédations attirent la colère de Charlemagne. Appelé par un groupe de chrétiens demeurés en esclavage à Majorque et à Minorque, le roi des Francs envoya à leur secours son fils Pépin, qui parut en vengeur dans les repaires des pirates musulmans, mit à mort la plupart d'entre eux, et rapporta leurs étendards à Charles, un an avant le rétablissement de l'empire d'Occident [1]. Toutefois cette première revanche n'eut pas de résultats durables. En 813, le comte d'Ampurias, chargé par Pépin du gouvernement de Majorque, fut encore assez heureux pour repousser une attaque des Maures, qui revenaient de Corse en Espagne avec un riche butin : il leur prit huit vaisseaux et délivra plus de cinq cents captifs entassés sur ces bâtiments; pour se dédommager, ils allèrent de là ravager les côtes de la Toscane et de la Narbonnaise [2]. Mais, fort peu de temps après, l'île principale fut livrée aux rois mahométans de Bône par des Génois qui s'y étaient fixés, et qui ne songeaient

---

1. Éginhard, éd. Teulet, p. 238, 242.
2. *Ibid.*, p. 304.

qu'à trafiquer. Les Baléares se trouvèrent alors rattachées à l'Afrique, et de là vient, sans doute, que les évêchés de Majorque et de Minorque sont rangés dans la province ecclésiastique de Mauritanie, sur une notice rédigée vers le xe siècle [1]. En effet, quelques chrétiens y végétaient encore, et les églises subsistaient au moins de nom, car ces deux évêchés furent adjoints un peu plus tard à celui de Girone, puis, par concession de l'émir alors régnant, à celui de Barcelone [2].

Ces nouveaux maîtres firent de leur conquête un centre redoutable, d'où ils attaquèrent et enlevèrent par deux fois la ville de Barcelone. A leurs dévastations se joignirent, pour comble de malheur, celles des Normands [3]. L'invasion de ces barbares du nord, se heurtant à celle des barbares du midi, amena des troubles qui ont jeté une certaine obscurité sur cette période de l'histoire de l'archipel baléarique. Nous le retrouvons, au xie siècle, sous la domination des seigneurs arabes de Denia, en Andalousie, dont l'un, le terrible Mogehid, se rendit célèbre par l'incendie de Pise [4]. A ce moment, toutefois, la puissance musulmane commence à décliner, et les fils de Mahomet vont non seulement se disputer entre eux les lambeaux de leur proie, mais les disputer aux chrétiens, devenus à leur tour agresseurs.

En 1053, on vit tout à coup surgir dans le Magreb, c'est-à-dire dans le pays des Berbères, dont la plus grande partie forme aujourd'hui l'Algérie et la Tunisie, une nouvelle horde d'envahisseurs, tenant à la fois de la race arabe et de la vieille souche indigène. Sobres et vigoureux, montés uniquement sur des chameaux de course et vivant de leur chair ou de leur lait, ils emportaient avec eux tout le nécessaire et s'en allaient librement à la conquête des terres cultivées. Ils se faisaient appeler les Marabouts (*Al-Morabetin*); l'his-

---

1. Buchon, *Atlas*, p. 3 et ss. Charles de Saint-Paul, *Geographia sacra*; de Mas-Latrie, *Traités de paix*, p. 15.
2. *Marca hispanica*, col. 374, 834, 1114.
3. *Ibid.*, col. 328.
4. Dameto, p. 179; de Mas-Latrie, *Traités*, p. 7.

toire leur a conservé le nom d'Almoravides. Après avoir soumis tout le pays jusqu'au Maroc, leur chef, Yousouf Ibn-Tachefin, passa le détroit de Gibraltar à la tête d'une armée formidable. Les Arabes d'Espagne allaient succomber sous les efforts héroïques d'Alphonse de Castille : il les sauva, en 1086, à la journée de Zalaca, mais pour substituer sa domination à la leur. L'émir de Denia fut chassé, et les Baléares formèrent l'apanage héréditaire d'un chef almoravide venu d'Andalousie, qui s'appelait Al-Murthadi, et qui sut se rendre indépendant [1].

C'est sous le règne de ce prince ou de son successeur que les chrétiens, enhardis par de récents succès en Sicile et en Afrique, enthousiasmés par les brillants débuts de la croisade de Palestine, firent les premières tentatives pour reprendre ces îles aux mahométans. Un prince catalan, le comte d'Urgel, paraît d'abord avoir essayé de les leur disputer; mais il mourut bravement en se battant contre eux, et son expédition en resta là (1102). Ce fait n'est cependant pas d'une authenticité bien démontrée. Quelques années plus tard, les Pisans, sous les auspices du pape Pascal II, engagèrent une lutte plus heureuse. Mais il était réservé à Raymond-Bérenger III, comte de Barcelone, d'apprendre aux Maures des Baléares le chemin de l'exil. Avec le concours des puissantes cités de Gênes, de Pise, des seigneurs de Montpellier et de Narbonne, il enleva, en 1114, l'île d'Iviça, puis, l'année suivante, celle de Majorque, dont la capitale, après une résistance énergique, fut mise au pillage [2]. Les historiographes italiens et catalans ont revendi-

---

1. Sur toutes les révolutions survenues chez les Maures de ces contrées, voy. Dozy, *Hist. des Musulmans d'Espagne*, et principalement Gayangos, *History of the Mohammedan dynasties in Spain*. Sur les émirs de Majorque, voy. l'Appendice du tome II de ce dernier ouvrage, p. 47, 67, etc.

2. Cette conquête a été placée tantôt en 1113, tantôt en 1114 et tantôt en 1115. Les deux dernières dates sont exactes l'une et l'autre. Le testament authentique de Guillaume V, seigneur de Montpellier, rédigé en 1114, contient, en effet, ces mots : *Ego Guillelmus... pergens contra paganos ad expugnandam Majoricam insulam.* (Germain, *Hist. de Montpellier*, t. I, p. xx). Cf. la chronique du *Thalamus parvus*, p. 329, 587; Zurita, *Annales de Aragon*, I, 36; *Marca hispanica*, col. 484, 546, 755; Dameto, p. 182. Laurent de Vérone a consacré un poème latin à chanter la croisade des Pisans contre les Maures des Baléares (Migne, *Patrol.*, t. CLXIII).

qué pour leurs compatriotes respectifs tout le mérite de cette glorieuse expédition. Il est certain que les marins génois et pisans, déjà très exercés, contribuèrent pour une grande part au succès. Malheureusement, les premiers souillèrent presque aussitôt leurs lauriers en livrant de nouveau leur conquête aux infidèles, sans doute dans un intérêt mercantile. Raymond-Bérenger, rappelé sur le continent par l'attaque inopinée d'une autre armée sarrazine, qui avait mis le siège devant Barcelone, leur avait confié le soin de garder Majorque, et ils l'avaient assuré qu'il pouvait s'en aller tranquille. Ayant fait un grand carnage des envahisseurs, « tellement que l'eau du Lobregat s'en allait toute vermeille à la mer », il s'apprêtait à repasser dans l'île, quand des messagers vinrent lui annoncer que les Génois avaient abandonné la cité et que les Maures y étaient rentrés. Grande fut sa colère ; mais il n'y avait plus de remède [2]. Les chroniqueurs de leur pays ne se vantent pas du fait ; mais ceux de la Catalogne les accusent formellement de s'être laissés corrompre par l'or des infidèles [2]. Quant aux écrivains arabes, ils se bornent à dire que les Génois s'emparèrent de Majorque en l'an 509 de l'hégire (1115-16), malgré le courage déployé en cette circonstance par l'émir Mubashsher, et que l'île fut délivrée, dès l'année suivante, par Ibn-Tafertast, général almoravide ; le sultan Ali, fils de Yousouf Ibn-Tachefin, reprit alors possession des Baléares [3].

Depuis lors, ce ne fut plus entre les souverains mahométans de ces îles et les comtes de Barcelone, devenus rois d'Aragon, qu'une lutte intermittente ; la partie engagée devait se poursuivre jusqu'à la défaite définitive des uns ou des autres. Des courses maritimes, des prises navales fréquentes attisèrent de plus en plus l'hostilité des deux peuples. En 1147, Raymond-Bérenger IV tenta encore de pro-

---

1. Telle est, du moins, l'explication donnée par Marsilio, qui écrivait au commencement du xive siècle (ch. xix).
2. V. Mariana, I, 424.
3. Ibn-Khaldoun, *Hist. des Berbères*, trad. de Slane, II, 83 ; Makkari, trad. Gayangos, II, 258 ; Gayangos, *op. cit.*, t. II, append., p. 48.

fiter du secours que lui offrait une escadre génoise, revenant de la conquête d'Almeria. Alphonse II, Pierre II, projetèrent ou entreprirent de nouvelles descentes. Dans l'une d'elles, exécutée en 1185, si la chronique de Saint-Victor de Marseille ne se trompe pas de date, le palais du roi de Majorque fut même envahi, et les captifs qui s'y trouvaient furent rendus à la liberté [1]. Néanmoins aucune de ces tentatives n'eut de résultats durables. Les Maures étaient devenus plus méfiants et organisaient mieux la défense de leurs possessions. Mais ce n'était plus la dynastie almoravide qui régnait à Majorque. Une nouvelle poussée d'envahisseurs avait chassé devant elle cette race africaine, comme elle-même avait pris la place des premiers conquérants de l'Espagne. La dernière alluvion de la barbarie musulmane était partie, comme la précédente, des profondeurs du Magreb. Elle s'était formée, celle-là, d'un groupe de tribus berbères, réunies sous l'influence d'une idée religieuse et sous la conduite d'un prétendu messie ou *mahdi,* appelé Mohammed Ibn-Toumert. Cette secte étrange, qui prit le nom d'Almohades, ne tarda pas à franchir à son tour le détroit. « En l'an 551 (1156), dit Ibn-Khaldoun, Abd-el-Moumen passa en Espagne avec les Almohades et se rendit maître de ce pays. De tous côtés, la mort enveloppa les Lentouna (leurs rivaux), et avec eux succombèrent leurs émirs ; mais une bande de fuyards réussit à se jeter dans les îles orientales, Maïorque, Minorque et Iviça. Plus tard, ces réfugiés quittèrent leur asile et allèrent fonder un nouvel empire dans la province de l'Ifrikia [2]. » Les gouverneurs almoravides établis aux Baléares par Tachefin n'en durent pas moins reconnaître l'autorité des nouveaux occupants. Ils furent même renversés par un de ces derniers, En-Nacer, fils d'Almanzor, qui fit périr la plus grande partie de ses adversaires et exerça, sous le titre d'émir ou de roi, la pleine souveraineté (1187). L'ancienne famille princière des Ibn-Ghania fut complète-

---

1. Dameto, p. 359; Quadrado, *Hist. de la conquista de Mallorca,* p. 168; Chronique de Marseille, *España sagrada,* p. 338.
2. *Hist. des Berbères,* II, 86.

ment dépossédée ; mais elle conserva des partisans. Aussi les dissensions intestines continuèrent longtemps encore entre les premiers et les derniers occupants. Les massacres, les séditions se succédèrent. Les émirs en vinrent à appeler le roi d'Aragon à leur secours, et ces faits, mal connus d'ailleurs, devaient, en affaiblissant la résistance, ouvrir la porte à la conquête chrétienne. Au moment où celle-ci se préparait, tout l'empire almohade se disloquait déjà ; le Magreb se divisait en trois États, et l'Espagne musulmane se séparait complètement de l'Afrique. Majorque se trouvait alors sous le gouvernement particulier de Mohammed Ibn-Ali-Ibn-Musa, et ce prince était occupé à réprimer une nouvelle rébellion [1]. L'heure était propice pour tirer vengeance de ce long asservissement.

Les Arabes de Majorque étaient surtout agriculteurs. Le partage des terres opéré aussitôt après leur dépossession nous fait voir qu'ils avaient établi dans l'île, sous le nom d'*alquerie* ou de *rahal* [2], une quantité de petits domaines

---

1. *Ibid.*, 87, 217; Gayangos, II, 329, et appendice, 67. Le nom de l'émir varie chez les écrivains musulmans comme chez les historiens chrétiens. Il est écrit *Abohehie* dans les manuscrits de la Chronique royale et dans Marsilio, *Rotabohihe* dans l'édition de la même chronique, *Retabohie* dans Zurita. Ce sont là, évidemment, des formes estropiées, des mots mal entendus et mal reproduits par les Catalans. D'autres modernes parlent d'*Al-Hakem*; mais il y a là une confusion très probable avec le dernier gouverneur de Minorque, lequel s'appelait *Abou-Omar-Ibn-Hakem*, et qu'Ibn-Khaldoun a placé par erreur à Majorque (II, 398; v. ci-après, ch. III). Loin de ne nous donner aucune indication propre à rétablir le vrai nom du souverain de Majorque, ainsi que le dit M. de Tourtoulon (I, 304), les auteurs arabes nous fournissent au moins deux leçons : suivant Ibnu-Saïd, cité par Gayangos, l'île aurait été prise *par les Francs* sous le gouvernement d'*Abu-Yahya-Ibn-Abi-Imram-Tinmeleli*; mais ce nom, dont la première partie rappelle, au reste, la forme *Abohehie*, est plutôt celui du suzerain nominal qui régnait en Espagne, et qu'Ibn-Khaldoun (*loc. cit.*) appelle le sultan *Abou-Ishac*. Al-Makhzumi nous révèle celui de Mohammed Ibn-Ali-Ibn-Musa (Gayangos, II, 329), et le mieux est de s'en rapporter, en pareille matière, au témoignage d'un contemporain musulman ayant vécu à Majorque même. Un autre auteur arabe, cité par l'historien espagnol Conde (*Hist de los Arabes,* part. IV, ch. II), parle aussi d'un *cid Muhamad*, qui croyait que le tyran Gaymis (Jayme ou Jacques) marchait contre Majorque pour défendre sa cause. Mais il s'agit sans doute ici d'un émir détrôné de Valence que le roi d'Aragon protégeait, Cid Abu Abdala Muhamad. D'ailleurs, le récit de cet auteur, qui confond également les événements de Majorque avec ceux de Minorque, et qui écrivait fort loin du théâtre des uns et des autres, ne mérite guère confiance.

2. Le mot arabe *Al-caria* (*alqueria, algeria*) désigne un vaste établisse-

ruraux, qui avaient porté la vie et l'industrie agricole jusque dans la région montagneuse [1]. La plupart de ces métairies, de même qu'un certain nombre de villages, tenaient d'eux leur nom primitif. Ils avaient aussi pratiqué des routes, construit des aqueducs, utilisé de différentes manières la fertilité admirable du sol ; cependant ils n'avaient pas multiplié les jardins autant que les chrétiens le firent après eux. Autour de la seule ville de Palma, fonctionnaient, de leur temps, plus de quatre-vingts moulins à eau, dont plusieurs sur le ruisseau de Canet ; ce qui laisse supposer que l'île produisait une quantité de blé et de farine bien supérieure à ses besoins et qu'elle en faisait un article d'exportation [2]. Du reste, le commerce extérieur avait pris dans ses ports une grande activité, par suite des traités conclus avec les Pisans, les Génois et d'autres peuples, et des relations continuelles avec les Sarrazins d'Afrique ou même d'Orient [3]. Toutefois les Juifs, très nombreux aux Baléares, avaient accaparé, là comme ailleurs, les principaux comptoirs, et leur richesse, accrue par une usure exagérée, avait fait d'eux les maîtres du marché. Les Maures ont également laissé à Majorque des traces de leurs talents d'architectes. La mosquée de Palma, convertie plus tard en église, la Zuda ou alcazar royal, qui servait de résidence à l'émir, étaient de vastes proportions et de beau style. Mais ils étaient peut-être encore plus habiles dans l'art des ingénieurs, à en juger par les forteresses élevées tout autour de l'île, par les redoutables remparts de la capitale, qui l'enfermaient dans une triple enceinte et la rendaient à peu près imprenable, enfin par

---

ment agricole comprenant des bâtiments, des champs, des pâturages, des bois, des vignes, des cours d'eau, etc. ; le mot *rahal* ou *raal* (*rafal, rafallo*) s'applique plutôt à une simple maison où à une grange isolée. (V. Documents, n° IV; Du Cange, ALCHERIA, RAPHALIS; Dozy, *Gloss. des mots espagnols dérivés de l'arabe*, p. 328 ; Quadrado, *Conquista*, p. 435.)

1. Reg. 26 des archives de Barcelone. Cet important document a été publié en partie, sous le titre de *Repartimiento de Mallorca*, dans la collection des Documents inédits des archives de la couronne d'Aragon (t. XI) et commenté dans l'*Historia de la conquista de Mallorca*, par M. Quadrado, archiviste à Palma (p. 432 et ss).
2. *Ibid.*
3. V. de Mas-Latrie, *op. cit.*, p. 53, 109, 113, etc.

l'imposante *Almodayna*, sorte d'acropole, dont ils avaient fait le centre de la défense de cette place et dont il subsiste encore quelques débris remarquables [1].

A côté de cela, il faut savoir le reconnaître, cette civilisation arabe, qu'on a tant vantée, avait des aspects beaucoup moins brillants. On n'a qu'à jeter les yeux sur les pages écrites vers cette époque par les auteurs musulmans d'Espagne pour se représenter ce que devait être le régime en vigueur à Majorque. Un despotisme absolu d'une part, un sensualisme effréné de l'autre, en étaient les deux pôles. Les malheureux chrétiens qui s'étaient résignés à demeurer sur la terre profanée de leurs ancêtres, écrasés sous la double domination des Sarrazins et des Juifs, séparés de leurs coreligionnaires par la mer ou les montagnes, n'entendaient aucun cri d'espérance parvenir jusqu'à eux. Les victoires remportées par les croisés d'Espagne ou de Palestine, ils les ignoraient la plupart du temps. De guerre lasse, ils finissaient par accepter le joug. D'abord les pères s'habillèrent comme les mahométans. Puis les fils se mirent à vivre comme eux ; on vit même plus d'un riche chrétien posséder un sérail. Les petits-fils en arrivèrent à penser et à croire comme eux. Il fallait, du reste, se résigner à embrasser l'islamisme ou à payer une lourde capitation. A cette condition, l'on sauvegardait sa vie, ses biens, sa foi. Mais beaucoup ne pouvaient acquitter le tribut. Et c'est ainsi que se multiplia la classe méprisée des renégats, dont le nom seul était aux yeux des Majorquins une injure mortelle [2].

D'autre part, la différence des mœurs et des usages entretenait entre les conquérants et les peuples voisins une sourde animosité, que rien ne pouvait désarmer. En dehors même des questions de religion ou de doctrine, la piraterie, le rapt et l'internement des femmes, le dur esclavage imposé aux captifs des deux sexes révoltaient la chrétienté tout entière.

---

1. Les Juifs avaient aussi à Palma leur *almodayna,* qui était peut-être moins une citadelle qu'une enceinte fermée, un *ghetto.* (Arch. des Pyrénées-Orientales, B 10).

2. Documents, n° III.

Les chants nationaux, ceux qui célébraient les prouesses de Charlemagne comme ceux qui exaltaient les exploits du Cid, excitaient encore les haines soulevées contre les Maures d'Espagne. En même temps que le régime social et politique organisé par les Arabes s'affaiblissait par la corruption, l'indignation montait au cœur de leurs victimes et de leurs adversaires. Pour toutes ces raisons et pour d'autres encore, il était impossible qu'une telle situation se prolongeât. La moindre étincelle devait amener un embrasement, et, cette fois tout l'édifice de la conquête musulmane, déjà fortement ébranlé, était destiné à s'en aller par morceaux. La reprise définitive de Majorque sera le premier signal de l'écroulement général.

CHAPITRE II

LES PRÉPARATIFS DE L'EXPÉDITION
DE JACQUES Ier

Depuis 1213, régnait sur l'Aragon un jeune prince plein d'une noble ambition et brûlant du désir d'illustrer son nom par des prouesses éclatantes : il devait, en effet, le rendre célèbre par sa bravoure militaire comme par ses talents d'organisateur et ses réformes législatives. C'était Jacques Ier, que ses compatriotes, dans un accès d'admiration fort légitime, ont surnommé Jacques le Conquérant, parce qu'il enleva successivement aux infidèles et Majorque, et Valence, et Murcie. Fruit d'une union malheureuse, il ne devait la naissance qu'à un rapprochement fortuit, ménagé, d'après la légende, par les consuls de Montpellier, désireux d'avoir un héritier de leur seigneur [1]. Privé de très bonne

1. Les chroniqueurs catalans ont raconté avec un grand luxe de détails et une parfaite bonne foi, quoique avec de légères variantes, cette singulière anecdote, répétée par la plupart des historiens. (Muntaner, ch. III-VI ; d'Esclot, ch. IV, etc.) Jacques Ier, dans sa propre chronique (ch. IV), rapporte les faits d'une autre manière et ne les place pas à Montpellier ; mais cependant son récit se rapproche beaucoup de la version de Bernard d'Esclot. Peut-être y a-t-il dans cette aventure romanesque de la femme légitime substituée à une autre dans le lit conjugal, et d'une population entière passant la nuit à prier Dieu pour que le stratagème réussisse, un fond de vérité embelli ou amplifié par l'imagination méridionale. La principale objection qu'on puisse élever contre son authenticité, c'est que le père de Jacques venait de promettre aux gens de Montpellier de ne pas entrer dans leur ville avant de leur avoir payé une somme de 175,000 sous melgoriens, qu'il leur devait, et qu'entre le mois d'octobre 1206, date de cette promesse, et le mois de mai 1207, époque où son fils dut être conçu, rien n'indique qu'il se soit exécuté. D'après Guillaume de Puylaurens, le roi Pierre d'Aragon se serait simplement réconcilié avec sa femme sur les instances de plusieurs prélats, et, dans la première nuit passée avec elle, aurait engendré Jacques. (V. la nouvelle édition de l'*Hist. du Languedoc*, VI, 38.)

heure de son père, tué à la bataille de Muret, où il combattait à côté du comte de Toulouse, il avait été élevé par un des maîtres de la fameuse milice du Temple ; puis il avait vu se liguer contre lui la noblesse aragonaise, et sa couronne, comme sa vie, avait couru les plus grands dangers. Il avait donc été formé à une rude école, et cette enfance agitée, cette éducation virile contribuèrent sans doute à faire de lui un homme avant l'âge ordinaire. Il montra, en effet, la même maturité précoce que le fils de Blanche de Castille, né quelques années après lui. Sous plus d'un rapport, il fut un autre saint Louis, et le monde ne vit pas sans admiration deux royaumes voisins, parfois rivaux, gouvernés en même temps par d'aussi grands monarques. Toutefois, dans sa vie privée, Jacques fut loin d'observer la régularité impeccable de son auguste émule. Qu'on le compare à lui comme guerrier chrétien, comme législateur, comme protecteur du peuple, soit ; mais que l'on vienne demander pour lui, ainsi que le firent après sa mort des amis trop zélés, les honneurs de la canonisation, cela semble téméraire. Ici doit s'arrêter le parallèle.

Le Conquérant partagea encore avec le saint roi de France un autre privilège, celui de rencontrer parmi ses contemporains des narrateurs fidèles de ses exploits, et des narrateurs écrivant, à l'instar de Villehardouin et de Joinville, en langue vulgaire, première condition, à cette époque, pour composer des mémoires familiers, touffus, attachants. Lui-même, du reste, a rédigé sa propre chronique, dans l'idiome national également ; et cette œuvre royale, si étonnante dans un temps où les simples seigneurs commençaient à peine à tenir la plume, va nous fournir, malgré la note personnelle qui d'un bout à l'autre y domine, les renseignements les plus précieux [1]. Ensuite, vers 1285, Bernard Sclot ou

---

[1]. On a contesté l'authenticité de la *Chronique de Jacques I*ᵉʳ. Un auteur espagnol, Villaroya, l'a vivement combattue, et de nos jours M. de Tourtoulon l'a défendue contre lui avec non moins d'énergie (*op. cit.*, II, 531 et ss). Il est certain que la fin, tout au moins, a été ajoutée par une main étrangère, puisqu'on y trouve rapportée la mort du royal écrivain. Mais des cri-

d'Esclot, noble catalan, composa dans le même dialecte, et d'après des témoins oculaires, la *Cronica del rey en Pere*, où sont rapportées, avant les actions de Pierre III d'Aragon, celles de son père Jacques Ier. Ce second auteur, naturellement partial en faveur de ses princes, n'en est pas moins d'une fécondité inusitée, et l'histoire, tout en contrôlant ses longs récits, peut en tirer le plus grand parti [1]. En 1325, un vieux chevalier qui avait pris part à trente-deux combats, subi plusieurs captivités, et dont le père avait été à la conquête de Majorque, raconta sur le ton héroïque, toujours en catalan, les grandes guerres auxquelles lui ou les siens avaient été mêlés. Ramon Muntaner est le Joinville de sa nation, mais un Joinville plus passionné que le nôtre et souvent aveuglé par son patriotisme ; il n'écrit (lui-même le déclare) que pour louer les prouesses des rois d'Aragon. Malheureusement, sur l'expédition des Baléares, antérieure à sa naissance, il n'a que quelques pages [2]. Enfin un religieux

tiques sérieux, par exemple Mila y Fontanals, admettent le fond comme authentique (*De los trovadores en España*, p. 158). On ne saurait, en tout cas, révoquer en doute que la personnalité du rédacteur, et non la contemporanéité ni l'autorité du récit. Peut-être le roi d'Aragon aura-t-il dicté ses souvenirs à un de ses secrétaires, qui se sera cru obligé de les compléter par une addition finale. En effet, c'est lui-même qui parle d'un bout à l'autre de la narration, tandis que la dernière phrase est écrite, comme cela se devait, au nom d'un autre. V. à ce sujet un article paru dans la *Revue des langues romanes* (an. 1878). La *Chronique de Jacques Ier* a été publiée par M. Aguilo dans la *Bibliothèque catalane*, d'après un manuscrit de 1343, conservé jadis au monastère de Poblet. Une première édition en avait été donnée à Valence (1557, in-4°, rare).

1. La chronique de d'Esclot a été publiée d'abord en castillan par Raphaël Cervera (Barcelone, 1616, in-4°), puis dans son texte original par Buchon (*Chroniques étrangères*, p. 565 et ss). Elle existe en ms. à la bibliothèque des Carmes déchaussés de Barcelone et à la Bibl. nat. (fonds espagnol, n° 328, xve siècle). La personne de l'auteur est à peu près inconnue. (V. la notice que lui a consacrée Buchon, *op. cit.*, p. LXIX.)

2. La « Chronique du très magnifique seigneur Ramon Muntaner », après avoir été imprimée à Valence en 1558, à Barcelone en 1562, puis en 1595 (cette fois, en castillan), a paru en français dans les *Chroniques nationales* de Buchon (tomes V, VI), et dans les *Chroniques étrangères* du même (p. 217 et ss). Le texte catalan a été donné plus récemment par Lanz (Stuttgard, 1844, in-4°). Le court fragment relatif à l'expédition de Majorque est reproduit dans le livre de M. Quadrado (*Hist. de la Conquista de Mallorca*, p. 399-402). Buchon a aussi donné sur Muntaner une notice biographique intéressante, qui nous le montre intimement lié à la fortune de la maison d'Aragon et chargé par elle de missions importantes (*Chron. étr.*, p. XLIII et

dominicain, nommé Marsilio, entreprit, peu après, de célébrer à sa façon, en latin, les exploits du Conquérant; mais sa version, visiblement poétisée, a moins d'autorité que les précédentes, bien qu'elle ait pour base les mémoires en langue vulgaire conservés alors dans le palais de Barcelone [1]. Elle n'est guère que la paraphrase de la chronique royale. Toutefois Marsilio était venu dans sa jeunesse aux Baléares et avait aussi consulté des survivants de la conquête.

A côté de ces diverses relations espagnoles, on a, pour leur faire contre-poids, le témoignage de plusieurs écrivains arabes, qui ont rapporté les événements au point de vue opposé, et que les historiens ont eu le tort de ne pas utiliser jusqu'à ce jour : Al-Makhzumi, Ibn-Khaldoun et autres [2]. Enfin, à toutes ces voix particulières, animées de sentiments variés, vient se joindre la voix froide et grave des documents officiels connus ou inconnus, qui rectifient les dates, remettent les faits en place, et achèvent de nous éclairer sur la conquête aragonaise, sur le partage des terres occupées, sur l'organisation du nouveau royaume chrétien. Rarement un plus riche ensemble d'autorités historiques a permis de suivre la marche et de peser les résultats d'une croisade. Car c'est bien d'une croisade qu'il s'agit : l'expédition de Jacques Ier en eut l'importance et les allures; elle en porta même le nom, et, dès le début, elle revêtit un caractère épique. Aussi l'historique de ce grand événement n'intéresse-t-il pas uniquement la nation espagnole. Un certain nombre de chevaliers de nos anciennes provinces du midi prirent leur part des combats et des récompenses. Les Fran-

---

ss). Sa famille était originaire de Peralade et reçut des domaines dans l'île de Majorque, où elle survit encore. Un de ses parents, Pierre Muntaner, avait émigré du Roussillon en Espagne au moment de l'occupation française, sous Philippe le Hardi, et la femme de ce partisan aragonais, traité en rebelle par le roi de Majorque, en avait été réduite à emprunter la somme de 48 sols à une juive du pays. (Arch. des Pyrénées-Orientales, B 19.)

1. Le texte latin de Marsilio est encore inédit. M. Quadrado l'a traduit à la fois en espagnol et en catalan, d'après un exemplaire du XVe siècle conservé à Majorque (*Conquista*, p. 17 et ss; 147 et ss).

2. *Hist. des Berbères*, trad. de Slane, II, 398 et ss; Gayangos, *op. cit.*, II, 329 et ss; etc.

çais, qui avaient été à Antioche, à Jérusalem, à Constantinople, partout où avait brillé l'étendard de la croix, purent se vanter aussi d'avoir été à Majorque. D'ailleurs, nous avons si peu de renseignements précis au sujet de la manière dont les croisés victorieux s'établissaient sur les terres enlevées aux Sarrazins, des conditions qu'ils imposaient à ces derniers, du régime social qu'ils substituaient au leur, que nous pouvons fructueusement, concluant du particulier au général, chercher la solution de ces questions obscures dans le dramatique épisode dont le récit va suivre.

En 1228, il n'était bruit dans Barcelone que de deux nouvelles prises faite par les Maures des Baléares au détriment de la marine catalane, et de l'injure lancée par leur chef à l'adresse du roi Jacques, en place de la réparation qu'il demandait. Deux sagittaires, partis en course du port de Tarragone, avaient d'abord attaqué, sur la côte d'Iviça, une galère et une tartane majorquines, qui chargeaient des bois de charpente destinés à construire des vaisseaux. La galère put échapper; mais la tartane fut capturée avec sa cargaison. Quelques jours après, une nef barcelonaise, venant de Bougie, passait tranquillement dans les eaux de Palma, lorsque l'émir, usant de représailles, la fit prendre à son tour avec tout ce qu'elle contenait, puis, armant aussitôt plusieurs galères dans l'île d'Iviça, les mit à la poursuite d'une autre barque, portant à Ceuta des marchandises du plus grand prix : elles l'atteignirent, et tout fut pillé; l'équipage entier fut emmené captif à Majorque. Ce dernier acte d'hostilité n'était plus une revanche ; c'était une provocation nouvelle, et des plus graves. Jacques se trouvait précisément dans la capitale de la Catalogne. A la nouvelle de ce qui venait de se passer, il s'émut. Toutefois, se possédant, il envoya d'abord à l'émir une galère bien armée, munie de soixante rameurs, et sur cette galère un ambassadeur, qui était un de ses sujets de Montpellier, nommé Jacques Sanz, chargé de le sommer de rendre les personnes et les biens illégalement saisis, et, en cas de refus, de lui signifier un défi solennel. Mohammed fit assembler les marchands génois, pisans et provençaux établis dans son île et leur tint ce petit discours :

« Vous autres, négociants chrétiens, vous venez sur ma terre, vous y faites fortune, et vous y vivez en sécurité sous ma protection. Eh bien ! donnez-moi franchement votre avis. Voilà le roi d'Aragon qui m'envoie sommer et défier. Quel pouvoir a-t-il, ce roi, et qu'ai-je à craindre de lui si je refuse ? »

A ces mots, un de ces riches génois dont la race était fatale au pays se leva et répondit pour les autres :

« N'ayez aucune peur du roi d'Aragon, c'est un prince de petite puissance. Dernièrement, il a mis le siège devant un château mal défendu, celui de Peniscola [1], et il a dû se retirer sans pouvoir le prendre. Vous n'avez donc pas besoin de lui rendre aucun de ses gens. »

Les autres Génois, ainsi que les Pisans, auxquels la marine marchande des Catalans faisait une concurrence redoutable, opinèrent de même, dans l'espoir d'entraver leur trafic. L'émir fit donc répondre à Jacques qu'il ne rendrait rien, ni gens ni effets, et qu'il n'avait cure de ses défis. L'ambassadeur rapporta cette parole à son maître, qui, transporté de colère, s'écria : « Par Dieu ! Que je n'aie plus le nom de roi, si je ne vais le prendre par la barbe [2]. » C'était un serment, et, à cette époque, de tels serments étaient sacrés.

Telles étaient les causes de l'émotion qui régnait à Barcelone. Les sujets du jeune monarque partageaient sa patriotique indignation. Mais on se demandait ce qui allait s'ensuivre, et si la guerre allait éclater immédiatement. Rien n'était prêt pour une semblable entreprise. Cependant,

---

1. Près de Tortose. Cette place, située alors sur la frontière commune des Maures et des Catalans, était, au contraire, une forteresse presque inaccessible et en a conservé l'apparence jusqu'à nos jours. Jacques venait, en effet, de l'assiéger inutilement. (D'Esclot, ch. XIII.)

2. D'Esclot, ch. XIV. La Chronique royale ne parle pas de cette origine première de la guerre des Baléares, et M. de Tourtoulon, qui l'a suivie, dit que l'expédition de Jacques Ier ne fut pas entreprise à cette occasion. Mais la version de d'Esclot se concilie parfaitement avec les causes déterminantes indiquées par le roi, et qui vont être exposées plus loin ; les deux récits se complètent l'un par l'autre.

l'intérêt commercial se joignant ici aux questions d'honneur et de religion, on vit la haute bourgeoisie, on vit les riches négociants échauffer le zèle des chevaliers, celui du roi lui-même, et se montrer plus ardents que tout le monde. Un de ceux qui avaient le plus d'influence dans la cité, Pierre Martell, alla jusqu'à offrir à Jacques Ier, à Tarragone, un banquet somptueux, où l'affaire devait être officieusement traitée. On s'est étonné de cette familiarité inusitée entre un souverain du moyen âge et un simple roturier, son sujet; on a voulu en tirer toute sorte de conséquences sur le caractère populaire de la royauté aragonaise. Sans doute, les princes de ce pays se montraient parfois débonnaires; mais cette qualité leur est surtout attribuée par leurs panégyristes [1], et d'habitude le naturel fier et altier de leur race, dont nous trouverons plus d'une preuve sur notre chemin, la sévérité de l'étiquette espagnole, dont on rencontre dès ces temps reculés de curieux exemples, leur interdisaient plutôt de pareilles marques de condescendance. Il est donc vraisemblable que, si Jacques Ier se dérangea pour répondre à l'invitation d'un marchand, c'est surtout parce que ce banquet devait être l'occasion ou le prétexte, admis d'avance, d'une réunion politique, où le roi se proposait, chose déjà très remarquable, de prendre l'avis de ses chevaliers, de ses « riches hommes [2] », des marins expérimentés, et d'arrêter avec eux de graves résolutions, pour les communiquer ensuite aux *cortes* qui allaient se tenir. En effet, une partie de la cour prit part au festin : on y vit les héros de la future croisade, Nuño Sanchez, descendant des comtes de Barcelone, les deux Moncade, le comte d'Ampurias, Raymond Alaman, Bernard de Sainte-Eugénie, seigneur de Torreilles, d'autres encore. Les bourgeois, qui allaient être appelés pour la première fois à délibérer dans les grandes assemblées de l'État, furent aussi représentés, très

---

1. V. Muntaner, ch. xx.
2. On appelait ainsi, en Aragon, une catégorie supérieure de grands barons distincte du reste de la noblesse, contrairement à l'usage des autres pays.

probablement, à la table royale. Pierre Martell lui-même était un ancien capitaine de navire [1], et connaissait parfaitement toutes les côtes, tous les points dangereux ou propices à un débarquement. L'endroit choisi pour cette réunion préparatoire, Tarragone, était un port habité par l'élite de la marine catalane, et celui qui était désigné d'avance comme lieu d'embarquement; on pouvait, là, étudier sur place la question des voies et moyens, et s'entourer des lumières des hommes les plus compétents. Dans toutes les croisades, la marine marchande jouait, on le sait, un rôle important, et, dans celle-ci en particulier, le succès devait surtout dépendre de son concours. Le négociant de Barcelone paraît donc avoir été, en cette circonstance, plus qu'un amphitryon, et peut-être faut-il lui attribuer une bonne part de l'initiative dont on a trop souvent fait honneur au monarque seul.

A la fin du repas, qui fut somptueux, la conversation fut amenée, comme par hasard, sur les incidents récents, et la question des Baléares se trouva indirectement posée. On fit parler Martell. Il dit la beauté et la fertilité de Majorque, la sûreté de ses ports, les écueils de sa côte septentrionale, l'abondance de ses eaux vives, l'agrément de ses montagnes, couvertes de vignes et d'oliviers, l'aspect opulent de ses plaines, remplies de champs de blé, de pâturages, de vergers, le site pittoresque et avantageux de sa capitale, aux trois portes de fer, aux riches villas, aux jardins délicieux. Il peignit aussi Minorque, ses nombreuses *cales*, son sol plus aride, mais favorable à la chasse, les îlots pleins de lapins qui l'avoisinaient [2], ses mystérieuses constructions antiques [3], la nacre et les perles qu'on récoltait sur ses bords; ses rochers, ses

---

1. *Comitre de galeras*, dit la Chronique royale. Les services rendus par Martell à l'expédition de Majorque lui valurent le don de quarante-et-une *chevaleries* et de quatre *alquerie* dans l'île, plus quatorze maisons dans la cité même.

2. L'un de ces îlots s'appelle encore l'île des Lapins.

3. *Masas molt beylas e de sobreabundant aparelament edificadas*, dit Marsilio. Le texte latin les appelle *mausolea*. Allusion évidente, suivant l'éditeur, aux *atalayas* ou anciens monuments dits celtiques dont l'île de Minorque est couverte.

bois de pins, ses mines d'argent, ses maisons éparses; Formentera, toute plate; la Dragonera, aux formes de serpent; Cabrera, terre inhospitalière [1]. On eût cru entendre quelque héros d'Homère décrivant à ses compagnons silencieux les merveilles rencontrées dans ses lointains voyages. Les convives, électrisés par la parole de ce vieux marin, qui leur annonçait une vraie terre promise, supplièrent le jeune roi d'arracher un si beau domaine aux mécréants et de les emmener à la conquête des Baléares : la foi chrétienne en serait exaltée, et l'univers admirerait ce prince de vingt ans, s'en allant « gagner un royaume au milieu de la mer ».

Jacques répondit : « Votre proposition m'est souverainement agréable; il ne tiendra pas à moi que je la laisse tomber à terre. Que Dieu nous soit en aide! »

Aussitôt après, les *cortes* furent convoquées à Barcelone. Elles s'ouvrirent quelques jours avant la fête de Noël (1228). Les trois ordres de la nation catalane y figurèrent, à savoir : le clergé, représenté par l'archevêque de Tarragone, les évêques de Barcelone, de Vich, de Girone, l'abbé de Saint-Félix de Guixols et une quantité d'autres dignitaires; la noblesse, en tête de laquelle se retrouvaient Nuño Sanchez, comte de Roussillon, Hugues, comte d'Ampurias, Guillaume et Raimond de Moncade, et les autres invités de Pierre Martell; enfin la bourgeoisie, comprenant les syndics, les prud'hommes ou les délégués de plusieurs cités importantes. Devant l'assemblée, au milieu d'un silence profond, le roi prit la parole et prononça en substance le petit discours suivant :

« Barons, vous savez que je suis votre seigneur naturel, et que je suis le seul, n'ayant ni frère ni sœur issus de mon père et de ma mère. J'étais bien jeune quand je vins au milieu de vous; j'avais six ans et demi. Je trouvai l'Aragon et la Catalogne tellement troublés, que leurs habitants mar-

---

[1]. Ce discours paraît avoir été amplifié par Marsilio; mais la Chronique royale en donne brièvement la substance (ch. xlv). En tout cas, la description qu'il renferme est d'une grande exactitude, et l'état des lieux n'avait certainement pas changé entre l'époque de Jacques Ier et celle du chroniqueur.

chaient les uns contre les autres et ne pouvaient s'accorder en rien ; ce qui leur a valu une mauvaise renommée. Pour arriver à la dissiper, je vous demande très affectueusement, au nom de Dieu, au nom des liens qui nous unissent, de me conseiller et de m'aider à trois choses : la première, à mettre ma terre en paix ; la seconde, à servir Notre Seigneur dans le voyage que je me propose de faire à Majorque et aux îles qui en dépendent ; la troisième, à aviser aux meilleurs moyens d'exécuter ce projet pour la plus grande gloire de Dieu [1]. »

Cette déclaration renfermait à la fois un engagement officiel et une mise en demeure. En effet, l'expédition projetée ne rentrant pas dans le service féodal, le roi avait à demander à ses vassaux leur concours volontaire et à s'entendre avec eux. Les trois ordres, voulant peser mûrement les termes de leur réponse, demandèrent trois jours de réflexion. Le roi les leur accorda, et mit cet intervalle à profit pour s'assurer des dispositions particulières de ses chevaliers : il les trouva remplis d'ardeur. Le clergé fit quelques objections. Il exprima, dans une réunion particulière, la crainte que les secours extraordinaires qu'on lui demandait ne constituassent un dangereux précédent, pouvant l'obliger pour l'avenir. Afin de le rassurer, Jacques signa en sa faveur, le 21 décembre, un acte qui le garantissait contre toute éventualité de ce genre et reconnaissait le caractère purement bénévole de sa contribution [2]. Tout le monde

---

1. J'abrège un peu ce discours et ceux qui vont suivre. On en trouve le texte intégral dans la *Chronique de Jacques Ier* (ch. XLVI-LIII) et la traduction dans le livre de M. de Tourtoulon (I, 234 et ss). D'Esclot donne de la harangue royale une version différente, plus ferme et plus concise, mais qui a nécessairement moins d'authenticité, puisque l'autre nous a été conservée par l'orateur lui-même. La voici : « Barons, bien vous savez le mal et le dommage que le roi de Majorque fait tous les jours à mes gens. Je lui ai envoyé un messager, et il m'a tenu pour vil. C'est pourquoi j'ai mis en mon cœur et en ma volonté qu'avec la grâce de Dieu, si vous voulez me seconder, je m'en irai prendre la cité de Majorque et l'île tout entière. Et en cela je vous prie de montrer bon courage et de me faire telle réponse, que Dieu en soit béni et payé, et moi-même, et vous tous également. » (Ch. XIV). Marsilio reproduit un troisième texte, où il ne fait que paraphraser, suivant son habitude, celui de la Chronique du roi (ch. III).
2. Archives de Barcelone, Actes de Jacques Ier, n° 363 ; Tourtoulon, I, 450.

étant d'accord, les *cortes* se réunirent de nouveau, le lendemain 22. On adopta une procédure destinée à produire beaucoup d'effet, et qui fait penser à l'appel nominal de nos assemblées modernes : les représentants des trois ordres, ou du moins les principaux, durent se lever l'un après l'autre, et faire connaître en termes positifs leur réponse motivée à la demande du souverain. L'obligation de partir en guerre n'était imposée à personne; c'était un service libre et facultatif que le roi requérait de ses vassaux, ou plutôt de ses pairs. Il leur fallait donc, s'ils le lui accordaient, s'engager à leur tour en sa présence; après quoi, ils seraient tenus de lui obéir comme au chef unique de cette association volontaire, sauf à partager ensuite avec lui les bénéfices de la campagne. Il y a, comme on le voit, dans tous ces préliminaires un mélange d'indépendance antique et de liens féodaux très curieux à observer, et qui achève d'imprimer à cette scène grandiose, comme à toutes celles dont se composait la vie publique des anciens Catalans, une couleur locale saisissante. Elle nous offre, en même temps, les plus anciens monuments connus de l'éloquence parlementaire, genre si tardivement cultivé chez nous et dont les origines sont encore si obscures. Elle mérite donc doublement d'arrêter notre attention.

La parole fut donnée d'abord à Guillaume de Moncade, vicomte de Béarn [1]. C'était un intrépide chevalier, qui devait à sa haute situation comme aux services rendus par sa famille une influence considérable. Il avait jadis contraint le roi à marcher contre lui les armes à la main, et il était justement du nombre de ces seigneurs turbulents aux discordes desquels Jacques avait fait allusion dans son discours. Mais depuis il s'était amendé, et l'on espérait que son ardeur belliqueuse entraînerait toute l'assemblée. Guillaume parla ainsi :

---

1. D'Esclot (ch. xv et ss) place en premier les réponses du clergé, sans doute pour observer l'ordre hiérarchique; mais la Chronique du roi (*loc. cit.*) donne la priorité à celles des seigneurs. Ce point, du reste, a peu d'importance.

« Seigneur, il est parfaitement vrai que vous avez été fait pour nous gouverner, et nous pour vous servir loyalement. C'est donc une chose raisonnable de ne pas repousser l'idée dont vous nous avez parlé, d'aller conquérir le royaume de Majorque, situé au milieu de la mer, ce qui vous vaudra plus de gloire que d'en conquérir trois sur le continent. Sur les trois conseils que vous nous avez demandés, voici ce que nous vous disons : d'abord, ordonnez paix et trêves dans toute la Catalogne, et que chacun de nous s'engage par écrit à les observer. Voilà don Nuño, le petit-fils du comte de Barcelone (c'était justement le seigneur avec lequel Moncade avait eu les plus vives querelles), qui est tout disposé à se joindre à ma requête, à cause de sa parenté avec vous, et aussi des prouesses que vous voulez accomplir ; et si quelqu'un en Catalogne refusait la trêve, nous le forcerions à y consentir, bon gré mal gré. Ensuite, nous voulons que vous preniez sur nos hommes le droit de *bovatge* [1] ; vous l'avez pris déjà une fois, selon votre privilège : nous vous le concédons une deuxième fois, par grâce et bonne amour. Enfin, pour vous aider à exécuter votre projet, je vous promets, au nom de mon lignage et au mien, d'aller vous servir avec quatre cents chevaliers armés, jusqu'à ce que Dieu ait mis en vos mains la seigneurie de Majorque et des îles qui sont autour. Nous vous prions, puisque nous faisons ces trois choses pour vous, de nous donner part à la conquête que vous ferez, aux biens meubles comme aux immeubles, afin de perpétuer la mémoire de nos bons services. »

S'il faut en croire d'Esclot, Guillaume de Moncade, après avoir remercié délicatement son souverain de lui fournir l'occasion de faire oublier sa félonie passée, aurait aussi demandé, avec d'autres, que ce prince, en raison de sa grande jeunesse, laissât d'abord ses barons partir seuls, pour les rejoindre après la victoire ; Jacques, en effet, avait à peine vingt-et-un ans. Cette proposition était-elle réellement ins-

---

1. Droit sur le bétail, perçu dans beaucoup de pays, et tout particulièrement en Aragon, en signe de suzeraineté. Il était généralement fixé à 12 deniers par paire de bœufs. V. Du Cange, Bovagium.

pirée par un affectueux intérêt, ou cachait-elle une arrière-pensée d'ambition et de jalousie? En tout cas, elle avait peu de chance de plaire au monarque; et puis, il n'eût peut-être pas été très prudent de sa part d'abandonner une pareille entreprise à des seigneurs si souvent en lutte les uns avec les autres ou avec leur propre suzerain. Il était, au contraire, d'une sage politique de les réunir contre un adversaire commun, sous un chef militaire d'une autorité incontestée, pour les maintenir dans l'accord mutuel et dans la soumission. C'était là justement une des grandes utilités des croisades; c'est ce qu'avaient fort bien compris les papes, qui, en prêchant avec insistance la guerre sainte, avaient surtout pour objectif de faire régner la paix entre les princes chrétiens. Aussi la motion du vicomte de Béarn, si elle fut vraiment faite, n'eut pas de suite.

Après lui, se leva Nuño Sanchez, comte apanagé de Roussillon et de Cerdagne, qui, lui aussi, avait fait acte de rébellion et s'était ligué avec Ferdinand, infant d'Aragon, pour enfermer Jacques dans le château de Saragosse, sous prétexte de mettre sa vie en sûreté. Il était, comme on vient de voir, le proche parent de ce prince [1], qui, malgré ses légitimes griefs, l'avait défendu contre les Moncade. Son adhésion n'était pas douteuse. Il répondit noblement à l'avance que venait de lui faire son ancien adversaire.

« Seigneur, dit-il au roi, les paroles que vient de prononcer Guillaume de Moncade sont excellentes. Il a parlé pour lui et son lignage; je veux vous parler pour ce qui me regarde. Notre Seigneur a voulu que vous fussiez notre souverain, et cela doit nous plaire, à moi surtout, qui suis votre parent. L'œuvre que vous entreprenez est une œuvre de Dieu; et qui agit avec Dieu ne peut mal agir. La paix et les trêves, je vous les accorde pour moi et mes terres. Je vous accorde aussi le *bovatge*, et, de plus, je vous accompagnerai

---

[1]. Son oncle, suivant d'Esclot (ch. xxiii). En réalité, il était son oncle à la mode de Bretagne, comme étant né de Sanche, troisième fils de Raymond-Bérenger IV et de Pétronille d'Aragon, arrière grand-père et arrière grand-mère de Jacques Ier.

à Majorque avec cent chevaliers armés à mes dépens [1]. Vous me donnerez une part de la terre que Dieu vous aura fait gagner. »

Ensuite, on vit se dresser le vieux comte Hugues d'Ampurias. Celui-là était un ancien combattant de la guerre sainte. Les Maures de Majorque avaient fait autrefois une descente dans son comté, et lui avaient causé des pertes cruelles. Il avait à cœur de venger son affront sur ceux-là même qui le lui avaient infligé. « Seigneur, dit-il, votre entreprise est au-dessus de tout éloge, et grand bien peut nous en advenir. Je mènerai soixante chevaliers armés, avec leurs chevaux. Ces chevaliers sont compris dans les quatre cents que vous a promis Guillaume de Moncade pour son lignage, dont je fais partie, et j'approuve toutes les paroles qu'il a dites, car c'est le meilleur seigneur et le plus noble de notre famille. Je demande une part pour les hommes de cheval et de pied que je commanderai, car tous les cavaliers que nous vous conduirons iront avec des chevaux bien armés [2]. »

Alors tous les seigneurs, se piquant d'émulation, se lièrent par des promesses semblables, chacun selon ses forces. Raymond de Moncade offrit vingt-cinq chevaliers, accompagnés d'un bon nombre de sergents, de balistiers, de marins. Bérenger d'Ager, Bernard de Sainte-Eugénie, etc., suivirent leur exemple. Pas un ne se récusa. L'élan était donné ; il ne devait plus s'arrêter.

Quand ce fut au tour du clergé, le premier dignitaire de l'Église d'Aragon, Spargo ou Sparago de la Barca, métropolitain de Tarragone, éleva la voix et fit entendre quelques paroles d'édification. A la note militaire, il était bon de mêler de religieux accents. L'orateur était, d'ailleurs, un serviteur dévoué du jeune prince, quelque peu son parent, et

---

1. Deux cents, d'après d'Esclot (*ibid.*). Le traité qui intervint ensuite ne justifie pas cette dernière version.
2. C'est-à-dire accompagnés de sergents à pied. Ceux-ci devaient être au nombre de mille, selon d'Esclot, qui porte à quatre-vingts le chiffre des cavaliers promis par le comte d'Ampurias. (Ch. xxiv.)

il avait servi de médiateur entre lui et les grands barons aragonais. Son concours était encore plus assuré.

« Le vieillard Siméon, dit le prélat, s'écriait à la vue de l'enfant Jésus : Mes yeux ont vu votre salut. Aujourd'hui, prince, je vois votre salut et le nôtre ».

Et, après avoir développé ce thème, il recommanda au roi de rémunérer largement ses auxiliaires et de leur distribuer les fruits de la conquête. « Quant à moi, ajouta-t-il, je n'ai jamais pris part à un fait d'armes, et je suis bien âgé pour pouvoir vous aider. Mais, pour ce qui est de mes hommes et de mes biens, je les mets à votre disposition. Et si quelque abbé ou prélat veut vous suivre, je lui donnerai volontiers dispense, car il s'agit d'une œuvre pieuse, où tout le monde doit vous aider de parole et d'action. »

On sait cependant que les canons de l'Église interdisaient rigoureusement aux clercs tout service militaire. Mais, en fait, il y eut beaucoup d'exceptions, surtout à la croisade, et le type du légendaire Turpin est là pour prouver qu'on était assez habitué à voir des ecclésiastiques prendre part à la guerre sainte, notamment contre les Sarrazins d'Espagne. Avaient-ils des dispenses? On n'en connaît pas d'exemple, et l'archevêque de Tarragone semble s'avancer beaucoup en proposant d'en donner. Mais ses paroles ont-elles été bien exactement reproduites? Heureusement pour le roi d'Aragon, il lui offrit un secours plus positif : mille marcs d'argent, cinquante muids d'avoine et deux cents chevaliers, avec mille sergents armés de lances et de balistes, entretenus à ses frais jusqu'à la fin de la campagne. Personnellement, du reste, il s'abstint de partir, comme il l'avait annoncé.

Bérenger de Palou, évêque de Barcelone, se leva après son métropolitain et promit à Jacques le royaume céleste, récompense assurée d'avance à tous les croisés. Il concéda, pour sa part et pour celle de son église, cent chevaliers, mille sergents, plus un certain nombre de marins, et réclama pour eux tous une part de la conquête. L'évêque de Girone offrit à son tour trente chevaliers et trois cents sergents. Le sacristain de la même église, l'archidiacre et le sacristain de Barcelone, puis les chanoines, les abbés, les prieurs les imitèrent les uns après les autres. Tous, avec un désintéressement exemplaire, voulurent participer aux charges de l'expédition, en payant de leur personne ou de leurs biens [1].

Enfin les bourgeois admis aux *cortes* furent appelés à manifester de la même manière leurs sentiments. Pierre Groyn parla au nom des prud'hommes barcelonais, et fit voir que le dévouement du peuple était à la hauteur de celui de la noblesse et du clergé. Il exprima la joie, la confiance de ses concitoyens, et mit de leur part à la disposition du roi toutes les barques, grandes ou petites, qui pouvaient se trouver dans leur port. Pour des gens qui vivaient presque tous du commerce maritime, c'était un sacrifice important, devant nécessairement amener une suspension complète de leurs affaires. Les bourgeois de Tarragone et de Tortose firent, de leur côté, la même déclaration. Leur exemple fut imité ensuite par ceux de Lérida, de Girone, de Manrèse, de Cervera, de Tarraga, de Villafranca, de Caldes, de Montblanch, de Prades, d'Apiera, etc. C'était à qui témoignerait le plus d'empressement [2].

Un véritable mouvement national se dessinait donc. Il fallait profiter au plus vite de cet élan unanime et ne pas laisser refroidir l'enthousiasme. Aussi, dès le lendemain de cette mémorable séance, le 23 décembre 1228, les promesses échangées furent mises par écrit et consolidées dans toutes les formes voulues. Un contrat solennel fut passé entre Jacques Ier et les grands de son royaume. Dans cet acte important, qui nous a été conservé, le roi d'Aragon jure à l'archevêque de Tarragone, aux évêques de Barcelone, de Girone et de Vich, à son cousin Nuño Sanchez, au comte d'Ampurias, à Guillaume et Raymond de Moncade, à Guillaume de Cervera, à Hugues de Mataplana, à Raymond

---

1. D'Esclot, ch. xv-xvi; *Chronique de Jacques Ier*, *loc. cit.* La solde ou l'entretien d'un chevalier représentait alors 1,000 sous, d'après un passage de Marsilio (ch. xxxvi.)

2. *Chron., ibid.*; Marsilio, ch. xiii. Cf. le livre de la Répartition. D'après Marsilio seul, un intervalle de trois jours aurait été mis entre la demande du roi et les réponses des barons.

Alaman, à Guillaume de Claramunt, à Raymond-Bérenger d'Ager, et à tous les autres seigneurs ou prélats réunis à Barcelone, de partir dans la dernière semaine du prochain mois de mai, avec son armée et sa flotte, pour faire la conquête des Baléares et en chasser les « nations barbares »; de donner à chacun d'eux, sur les domaines, cités, châteaux, villages, terrains déserts ou habités, biens meubles ou immeubles, revenus, péages, leydes et droits de toute nature que Dieu fera tomber entre ses mains, dans ces îles ou sur la mer qui les entoure, une part proportionnelle au nombre de chevaliers et d'hommes d'armes qu'il aura emmenés avec lui. Lui-même aura sa part personnelle, établie sur la même base; il se réserve, en outre, les alcazars et autres habitations royales comprises dans les villes. Le partage de tous ces biens sera fait par des répartiteurs spéciaux, qui seront Bérenger, évêque de Barcelone, Nuño Sanchez, Hugues, comte d'Ampurias, Guillaume de Monçade, Raymond Foulques ou Folch, vicomte de Caldona, et Guillaume de Cervera. Ces commissaires seront également chargés d'assigner aux églises et aux clercs que l'on établira dans le pays conquis les domaines et les revenus convenables. Tous ceux qui voudront avoir une part du pays conquis y demeureront pour faire juger par eux les questions relatives à leur établissement et à la *retenue* des terres, ou bien ils constitueront des défenseurs pour les représenter [1]. Toutes les propriétés distribuées seront tenues du roi suivant le mode prescrit par la coutume de Barcelone; elles pourront être vendues et aliénées, réserve faite des droits royaux. Si, par aventure, le roi n'accomplit pas son voyage, il dédommagera ses vassaux des frais qu'ils auront faits, et ces frais seront estimés conformément à la même coutume. Toute guerre

---

1. D'après la brève analyse de M. de Tourtoulon (I, 243), cet article stipulerait que « ceux des conquérants qui obtiendront des terres dans le partage seront obligés d'y résider ou d'y laisser des hommes en nombre suffisant pour les défendre ». Tel n'est pas, ce semble, le sens du texte latin : *Item, ad eorumdem cognitionem ibi remaneant, in stabilimento et in retenimento terræ, illi qui partem terræ habere voluerint, vel alios per se constituant defensores.*

sera interdite entre ceux qui obtiendront des terres, ainsi que toute querelle au sujet de leurs parts respectives. Jacques s'oblige à mener à la guerre, pour son compte personnel, deux cents chevaliers, et garantit l'exécution de ces différentes clauses, tant par son serment prêté sur les saints évangiles que par l'apposition du seing royal. D'autre part, les principaux barons stipulent qu'ils conduiront chacun un nombre déterminé de combattants, conforme ou à peu près aux engagements de la veille [1].

Telle est la charte qu'on peut considérer comme le premier acte constitutif du royaume de Majorque. Mais n'était-il pas téméraire, dira-t-on, de disposer ainsi à l'avance d'un bien qui n'était pas encore acquis, et n'existe-t-il pas certain dicton populaire prédisant malheur aux individus, princes ou particuliers, qui se mettent dans un cas pareil? Oui, sans doute; mais, d'un autre côté, il était prudent de prévoir les questions de toute sorte que pouvait faire surgir la victoire, et de prévenir les compétitions qui devaient nécessairement se produire. Grâce à ces sages précautions, le partage s'effectuera de la manière la plus régulière et la plus pacifique. On a là un exemple trop rarement suivi dans les croisades, mais d'autant plus précieux à recueillir. Et puis, quelle belle assurance, quelle confiance dans le résultat final ne dénote-t-il pas? Dans toute entreprise militaire, rien ne contribue au succès comme la certitude du succès.

Le 27 décembre, la trêve générale demandée par Guillaume de Moncade fut signée par le roi et les nobles de Catalogne [2]. Au nom du Christ, pour qui l'on allait combattre, toutes les hostilités, toutes les querelles particuliè-

---

[1]. Archives nationales, KK 1413, f° 126; d'Achéry, *Spicil.*, III, 597; Quadrado, *Conquista*, p. 416. Je n'ai pas reproduit cette pièce parce qu'elle est presque entièrement identique à l'acte du 28 août 1229 (Documents, n° II).

[2]. Quadrado, *Conquista*, p. 536. D'Esclot raconte (ch. xxx) que les seigneurs réunis à Barcelone s'en retournèrent le jour de Noël, après des réjouissances de toute espèce. Mais leurs souscriptions apposées à l'acte du 27 décembre indiquent, au contraire, que l'assemblée ne se sépara pas avant d'avoir accompli tout ce qui avait été convenu.

res durent cesser, de la Cinca à Salces [1]. Les églises, les pauvres, les veuves, les orphelins furent mis à l'abri de toute agression et de toute injustice. Il fut ordonné d'observer la paix de Dieu tous les dimanches, et aussi de la fête de Noël à l'octave de l'Épiphanie, du commencement du carême à l'octave de Pâques, le jour de l'Ascension, aux fêtes de la Vierge et des apôtres, de saint Jean-Baptiste, de saint Michel, de la bienheureuse Eulalie de Barcelone, de saint Félix de Girone, de saint Martin, enfin le jour de la Toussaint. C'était préluder dignement à la guerre sainte, et rien ne montre mieux l'heureuse influence exercée par les croisades pour la pacification intérieure des États de la chrétienté.

Aussitôt après, l'on commença à s'occuper des préparatifs de l'expédition. Aucun obstacle ne put arrêter le jeune prince. En vain les seigneurs aragonais, jaloux des lauriers et des profits réservés à leurs voisins de Catalogne, cherchèrent-ils à détourner les vues de leur souverain commun vers le royaume de Valence, appelé, si l'on s'en emparait, à devenir pour leur patrie particulière une sorte d'annexe, tandis que les Baléares étaient, comme l'on disait, de la *conquête* de Catalogne. En vain le légat du pape, envoyé pour prononcer la nullité de son mariage avec Léonor de Castille, se récria-t-il sur la mine juvénile de cet enfant d'hier, qui déjà voulait jouer au conquérant, et tenta-t-il de le faire revenir sur sa résolution. « J'ai juré, dit Jacques ; rien ne me fera transiger avec mon serment. » Et, pour couper court à toutes les représentations, il prit à l'instant même un cordonnet, qu'il avait sur lui, en fit une croix, et força le légat à la lui fixer sur l'épaule de ses propres mains. En apprenant que le roi avait revêtu l'insigne sacré, les seigneurs l'imitèrent en foule, et l'enthousiasme redoubla [2].

---

1. La rivière de Cinca et le bourg de Salces formaient les limites du territoire catalan (en y comprenant le Roussillon), l'une à l'ouest, l'autre au nord-est. La mer et les montagnes lui servaient ailleurs de barrières naturelles.

2. D'Esclot, ch. xxx.

Au lieu de recourir à des constructeurs de navires étrangers et de traiter avec des patrons de Gênes, comme le firent saint Louis et d'autres chefs de croisés, le roi d'Aragon confia toute l'entreprise des préparatifs à un « riche homme » de Barcelone, nommé Raymond de Plegamans. Celui-ci se chargea, non seulement d'approprier à leur nouvelle destination les bâtiments de transport offerts par ses compatriotes, mais d'apprêter d'autres vaisseaux et de faire des approvisionnements de biscuit, de farine, de froment, d'avoine, de fromage, de viande fraîche et de porc salé. Le rendez-vous général avait été fixé au 1er mai, sur le rivage de Tarragone, dans le port appelé Salou. Au jour dit, Jacques arriva. La ville entière était en liesse. Le peuple couvrait au loin la plage, et criait : « A Majorque! A Majorque! » Malheureusement, comme il arrivait presque toujours en pareil cas, l'on n'était pas prêt; malgré toute l'activité qu'on avait déployée, une partie des hommes requis et des bateaux commandés manquait à l'appel. Force fut bien d'ajourner le départ. Il fallut encore trois mois pour terminer les préparatifs, car l'on ne voulait rien négliger pour s'assurer la victoire [1].

Ce retard imprévu fut, du reste, plus utile que nuisible au succès de l'expédition, et l'on va voir comment. Dans tous les pays voisins, et particulièrement sur les côtes méridionales de la France, dont les habitants se trouvaient en rapports journaliers avec les marins catalans, le bruit s'était répandu que leur prince allait tenter la conquête des Baléares, que des avantages considérables étaient faits à tous ceux de ses sujets qui voudraient l'accompagner, et que l'on était certain de réussir. C'en était plus qu'il fallait pour attirer une foule de preux chevaliers, toujours prêts à marcher contre les infidèles, de marins sans emploi, d'aventuriers cherchant fortune. Heureux de leur affluence et ne voulant pas créer d'inégalités parmi ses auxiliaires, Jacques, revenu à Tarragone vers le milieu d'août, réso-

---

1. *Chron. de Jacques Ier*, ch. L et ss; d'Esclot, *ibid.*; Marsilio, ch. xiv.

lut d'étendre aux étrangers les bénéfices garantis à ses compatriotes. Le 28 de ce mois, ses vassaux étant de nouveau réunis autour de lui, tous les préparatifs achevés, les vaisseaux sur le point de mettre à la voile, le contrat du 23 décembre fut renouvelé, à peu près dans les mêmes termes, mais avec cette clause additionnelle que tous les hommes de la terre du roi *et ceux qui venaient d'autres pays* auraient part, sans distinction aucune, aux domaines conquis avec leur coopération [1]. En même temps, la composition du comité de répartition fut légèrement modifiée : aux noms du vicomte de Caldona et de Guillaume de Cervera furent substitués ceux de l'évêque de Girone et du commandeur du Temple, Bernard de Campans, lieutenant du précepteur de la Ribera et de Miravet. En effet, depuis la réunion des *cortes*, les Templiers avaient joint leurs forces à celles de la chevalerie séculière, et Bernard avait annoncé, pour sa part, trente chevaliers et vingt balistiers bien armés [2]. Cet ordre militaire devait jouer un grand rôle dans la conquête et obtenir à Majorque, par don spécial du roi, l'*almodayna* des Juifs, avec un terrain et un port situés hors la ville [3]. Enfin le contingent que chaque prince ou seigneur devait fournir fut définitivement fixé, dans la charte en question, de la manière suivante :

Le roi.	200	chevaliers.
L'archevêque de Tarragone..	100	—
Nuño Sanchez.	100	—
Le comte d'Ampurias. . . .	70	—
Guillaume de Moncade . . .	100	—
Raymond de Moncade . . .	50	—

1. « *Omnes homines de terra nostra et aliunde venientes qui hic juvare voluerint et venire nobiscum in viatico supradicto, habeant similiter partes suas.* » (Arch. nat., KK 1413, n° 852 ; Documents, n° II.)
2. D'Esclot (ch. xxii) place l'offre du commandeur du Temple avec celles des grands du royaume, dans la séance des *cortes*; mais il ne figura point dans cette assemblée.
3. Arch. des Pyrénées-Orientales, B 10.

Bernard de Sainte-Eugénie. } 30
Gilabert de Cruilles. . . . .

Raymond Alaman. . . . . . } 30
Guillaume de Claromunt. .

Raymond-Bérenger d'Ager, nombre indéterminé.
Gérard de Cervellon,   id.
Ferrer de Saint-Martin,   id.

Quant aux deux répartiteurs substitués, ils s'engageaient aussi pour un nombre indéterminé, le plus fort possible [1]. Chacun de ces chefs promettant de faire accompagner ses chevaliers de la quantité voulue de sergents ou de servants d'armes, ces chiffres, joints à l'apport du roi, formaient déjà un effectif de plusieurs milliers d'hommes. Mais, rien que par les offres faites dans la séance des *cortes*, on voit que ces indications sont fort incomplètes; nous n'avons ici que le contingent respectif des signataires de l'acte. D'Esclot, qui est encore loin de nommer tous les seigneurs enrôlés, en mentionne une vingtaine d'autres, dont chacun devait conduire une compagnie plus ou moins nombreuse [2]. Parmi eux figurent plusieurs nobles roussillonnais, amenés par Nuño Sanchez, et deux barons de Castille. Les Aragonais, qui s'étaient tenus d'abord à l'écart, se firent aussi représenter par quelques-uns de leurs « riches hommes [3]. » Le reste des cadres fut rempli en grande partie par la noblesse du midi de la France, accourue avec son cortège habituel de gens d'armes. L'historien de Jacques Ier, M. de

---

1. Ces chiffres diffèrent quelque peu de ceux qui sont énoncés dans l'accord du 23 décembre et dans les réponses verbales des barons. Mais il faut observer, en ce qui concerne Guillaume de Moncade, qu'il avait promis quatre cents chevaliers pour lui *et sa maison*, et que ce nombre est à peu près atteint sur cette liste, en comptant comme appartenant à sa maison ses parents le comte d'Ampurias, Raymond de Moncade, Bernard de Sainte-Eugénie, Guillaume de Claramunt, Raymond Alaman, etc.
2. Ch. xxxi-xxxiii.
3. Au nombre des Aragonais qui partirent avec Jacques Ier était le père du célèbre Raymond Lull. Sa femme vint le rejoindre ensuite à Majorque, et c'est là que naquit leur fils, vers 1235. Raymond Lull put donc être témoin d'une partie des faits qui seront racontés ici. Néanmoins, c'est sans fondement sérieux qu'on lui a attribué la composition d'un poème sur la conquête de Majorque. (V. *Hist. litt. de la France*, XXIX, 69.)

Tourtoulon, a dressé, dans un travail séparé, la liste alphabétique et l'armorial des chevaliers français ayant pris part aux conquêtes de Majorque et de Valence, en y comprenant naturellement les individus originaires des provinces ou des villes qui ne faisaient pas encore partie du domaine de la couronne, mais qui dépendaient cependant du royaume, ou tout au moins de l'ancienne Gaule [1] : dans le nombre, quarante-six au moins s'enrôlèrent dans la première de ces deux expéditions. Voici leurs noms triés et rangés suivant leur pays d'origine. Ils méritent bien d'être cités, car la plupart d'entre eux devaient se signaler par des actions héroïques. Quelques-uns demeurèrent ensuite aux Baléares, où ils ont fait souche.

Roussillon : Durand Coch ou Coq. Bérenger Garau, de Perpignan. Bérenger ou Bernard de Montesquiou. Guillaume-Pierre Olms. N. Rossello, de Collioure. Pierre Zaguardia.

Foix : N. Borraz.

Navarre : N. d'Aigremont. Bérenger de Montréal. N. Sirot ou Soyrot [2].

Languedoc : Jaspert de Barbaira, Pierre-Arnau de Barbaira, Dalman de Barbaira (probablement originaires de Barbairan, dans la sénéchaussée de Carcassonne). Bernard de Loret, de Narbonne. Geoffroy de Mila ou Milan. Bérenger de Narbonne. Olivier de Termes (plus tard croisé avec saint Louis et cité par Joinville comme l'un des hommes les plus hardis que l'on pût voir [3]).

Seigneurie de Montpellier : Pierre Bar. Pierre de Conques. Bérenger Gayran ou Gaëran (capitaine de la nef

---

[1]. *Les Français aux expéditions de Mayorque et de Valence,* dans la *Revue nobiliaire,* an. 1866.

[2]. Il faut ajouter à ces noms celui de Guillaume, bâtard de Navarre, fils du roi Sanche VII, lequel prit part à la bataille de Portupi. V. plus loin, ch. III.

[3]. Joinville, éd. de Wailly, n° 629. Olivier de Termes, alors exilé de France, accompagnait le comte de Roussillon. Le roi d'Aragon lui donna les châteaux de Saint-Laurent, d'Estagel et d'Argèles dans la même contrée; mais il n'eut rien à la répartition de Majorque, probablement parce qu'il n'y demeura point. V. plus loin, ch. IV. Cf. Quadrado, *Conquista,* p. 219.

royale). Pierre de Montpellier. Jacques de Montpellier. Jean de Salvia. Jacques Sanz (envoyé précédemment en ambassade auprès de l'émir de Majorque). Pierre Serra. André de Tornamira.

Marseille : Jacques Barbera. N. Bastal ou Bestal. Gombert Baldovi. Anselme Feri. Raymond Pexonat. Raymond Poquet. Hugues Rotlan. Bérenger Sastre ou Sartre.

Provence : Jean Le Sol (armateur, qui équipa deux frégates à ses frais). N. Franch. Guillaume Rabasa. Jacques Roig. N. Tarascon.

Forcalquier : Hugues de Forcalquier, maître des hospitaliers de Saint-Jean de Jérusalem.

Auvergne (?) : N. de Rocafort ou Rochefort.

Guise : Guillaume Tallada ou Taillade.

Provinces non désignées : Pierre Grillet. Jacques Mateu ou Mathieu. Guillaume de Palafox (franco-aragonais, de la famille duquel descend l'impératrice Eugénie [1]). G. de Saint-Vincent.

On trouve de plus, dans le livre de la *Répartition de Majorque*, la mention de divers groupes d'hommes de Marseille, de Montpellier, de Gênes, qui, à des titres quelconques, se joignirent au roi d'Aragon et se fixèrent aussi, plus tard, dans le pays conquis [2].

L'ensemble de l'armée royale, d'après les évaluations les plus vraisemblables, comprenait environ vingt mille hommes et quinze cents chevaux [3]. Elle était répartie en quatre corps, commandés, le premier par Jacques en personne, le second par Bérenger de Palou, évêque de Barcelone, ou son représentant, le troisième par Nuño Sanchez, le quatrième par Guillaume de Moncade. Quant à la flotte, elle se composait de vingt-cinq gros bâtiments, de dix-huit *larides* ou tartanes, barques sans rames, destinées au transport des chevaux et des machines, de douze *galées* ou navires de combat, et d'une centaine de petites embarcations, dont le nombre

---

1. V. le tableau généalogique dressé par M. de Tourtoulon (I, 394).
2. Arch. de Barcelone, reg. 26, *passim*.
3. Miedes, *Vida de don Jayme*, livre VI; Quadrado, *Conquista*, p. 191.

devait s'accroître et varier suivant les cas [1]. Gênes, Marseille et d'autres ports méditerranéens apportèrent à ces forces navales un contingent très appréciable [2]. Narbonne fournit un navire à trois ponts qui fit sensation. Les gens de Montpellier envoyèrent, comme on vient de voir, à leur souverain la nef sur laquelle il devait s'embarquer.

La marche de cette escadre fut également réglée avec soin : à l'avant-garde, on plaça le vaisseau monté par le vicomte de Béarn; à l'arrière, celui d'un seigneur allemand, du nom de Carroz ou Carrocio, habitant l'Espagne et particulièrement estimé du roi, qui devait l'armer chevalier sous les murs de Palma. Ainsi l'expédition, qui était d'abord une œuvre exclusivement catalane, prit par la force des choses un caractère presque international. Au moins toutes les populations des bords de la Méditerranée s'y associèrent; et toutes n'y étaient-elles pas directement intéressées?

Le mercredi 5 septembre 1229, au lever du jour, le jeune conquérant, après avoir invoqué le Seigneur des armées et fait ses dévotions à la métropole avec la plupart de ses compagnons d'armes, donna enfin l'ordre de mettre à la voile. Les gros bâtiments, massés dans le port de Salou, gagnèrent le large en bon ordre, et aussitôt toutes les petites embarcations qui couvraient au loin la plage de Tarragone s'ébranlèrent pour les rallier. Le temps n'était pas des plus sûrs; mais tout vent nous paraissait bon, dit le roi dans sa chronique, pourvu qu'il nous éloignât du rivage. Il voulut demeurer le dernier, pour surveiller jusqu'au bout le départ et contempler l'imposant spectacle de cette multitude de voiles, dont la mer était toute blanche. Puis, quand tout le monde fut embarqué, ce qui ne s'opéra point sans peine, car plus de mille hommes faillirent rester à terre faute de place, il monta sur la galée de Bertrand Gayran, où on l'attendait, et rejoignit sa flotte.

En véritable chevalier du Christ, Jacques d'Aragon, au

---

1. Tourtoulon, I, 256.
2. Les navires génois sont mentionnés dans le livre de la *Répartition*.

début de la traversée, inscrivit ces mots sur son journal :

« Nous allons en ce voyage pour défendre la foi et combattre les mécréants. Nous nous proposons un double but : convertir ces païens et ramener leur royaume sous l'obéissance de Dieu. Et, puisque nous marchons en son nom, nous avons confiance : il nous conduira [1]. »

---

1. *Chronique de Jacques Ier*, ch. LIV. Cf. D'Esclot, ch. XXXIV; Marsilio, ch. XVI; Zurita, *Anales de Aragon,* an 1229.

CHAPITRE III

LA CONQUÊTE DE MAJORQUE

Pendant que toutes ces choses se passaient en Catalogne, des scènes d'un genre bien différent se déroulaient de l'autre côté de la mer. L'île de Majorque était sous le coup de la terreur. Les discordes, les rébellions se perpétuaient chez ses dominateurs, et l'émir Mohammed Ibn-Ali Ibn-Musa se préparait à sévir avec une froide cruauté contre un nouveau parti de séditieux. Cinquante habitants de la capitale venaient d'être condamnés à mort par ses ordres, et, parmi eux, un de ses proches parents, Ibn-Sheyri, qui jouissait d'une haute situation à sa cour et d'une influence considérable dans le pays [1]. L'assouvissement de sa vengeance, les apprêts du supplice absorbaient l'attention du terrible potentat. Il ne songeait plus guère au défi qui lui avait été envoyé par un enfant de vingt ans, sans renommée, sans prestige, et, comme il le lui avait fait dire, il n'en avait cure. Cependant il est presque impossible que le bruit des préparatifs du roi d'Aragon ne fût pas venu jusqu'à lui. Un historien musulman assure même qu'il en était informé [2] ; mais il ne s'attendait sans doute pas à une attaque immédiate.

Tout à coup, au milieu de la consternation répandue par l'annonce de cette sanglante hécatombe, une rumeur stupéfiante se répandit par la ville : Les chrétiens arrivent!

---

1. Cette affaire est racontée, ainsi que les détails peu connus qui suivent, par Al-Makhzumi, auteur contemporain ayant séjourné, comme je l'ai dit, à Majorque (trad. par Gayangos, II, 329 et ss).
2. *Ibid.*

Quelque tartane rapide devait avoir aperçu dans les eaux catalanes la flotte de Jacques Ier et rapporté en toute hâte la fatale nouvelle. Alors l'émir s'émut et pensa sérieusement à organiser la résistance. L'urgence du péril détourna son esprit des voies de rigueur ; les querelles intestines devaient s'effacer devant l'intérêt de la défense commune. Aussi la première mesure qu'il prit fut de grâcier immédiatement les condamnés, qui pouvaient lui apporter un concours des plus utiles, surtout son cousin Ibn-Sheyri, chef aussi brave qu'estimé. Il fit ensuite munir et garder les remparts, assez forts par eux-mêmes pour arrêter l'envahisseur le plus audacieux. Puis il envoya des messages aux rois maures de Grenade, d'Almeria, de Bougie et des côtes barbaresques, afin de leur demander du secours [1]. Mais il était bien tard pour qu'ils pussent intervenir à temps.

Le bruit qui courait était, d'ailleurs, des mieux fondés : la flotte chrétienne approchait. Elle avait essuyé en route une violente bourrasque, et Jacques, supplié par les siens de regagner la terre, s'était adressé à Dieu en ces termes touchants, qui rappellent la belle attitude de saint Louis en face de la tempête, à son retour de la croisade :

« Faites, mon Seigneur et mon Créateur, qu'une pieuse entreprise comme celle que j'ai commencée ne vienne pas à échouer ; car ce n'est pas moi seul qui perdrais, mais vous-même perdriez aussi, puisque je vais en ce voyage pour faire triompher la foi et rabaisser ceux qui ne croient pas en vous. Dieu vrai et tout puissant, vous pouvez me sauver de ce péril et employer ma bonne volonté à votre service. Ayez en mémoire vos miséricordes, et comment vous prenez en pitié tous ceux qui vous crient merci, principalement lorsqu'ils souffrent travail et passion de leur corps pour votre bon droit, et je veux être du nombre. Souvenez-vous, Seigneur, de cette grande multitude et de cette tant belle compagnie qui me suit pour vous servir. Et vous, très com-

---

[1]. Chroniques de Saint-Denis, *Histor. de la France*, XXI, 107. Le rédacteur de ces chroniques commet, du reste, à propos de la conquête de Majorque, plus d'une erreur géographique ou chronologique.

patissante mère de Dieu, qui êtes le pont et la sûreté des pêcheurs, je vous supplie, par les sept joies et les sept douleurs que vous avez ressenties, d'avoir souvenir de moi, et de présenter à votre Fils ma prière et celle de mes compagnons, afin que, par égard pour vous, il nous tire de danger [1]. »

A la suite de cette invocation, le temps s'était quelque peu rasséréné, et la flotte avait continué sa route. Mais le roi, voyant que le vent repoussait la flotte de la côte de Pollenza, située vers la pointe septentrionale de l'île, et où l'on avait projeté de débarquer (idée bien malheureuse, au reste, car cette côte est pleine de récifs), réunit ses marins et leur dit :

« Quelqu'un de vous a-t-il été à Majorque et possède-t-il une connaissance particulière des lieux?

— Moi, dit le capitaine, je suis allé à Majorque.

— Y a-t-il un port qui regarde du côté de la Catalogne, aux environs de la cité?

— Il y a un rocher qui se trouve à quatre lieues de cette ville, à vingt milles par mer, et qu'on appelle la Dragonera. On y trouve de l'eau ; mes matelots en ont pris là une fois et m'en ont rapporté à bord. Entre ce rocher et l'île de Majorque s'élève un autre petit rocher, nommé Pantaleu, qui protège un bon port appelé Palomera, et qui n'est séparé de l'île que par la longueur d'un jet d'arbalète [2].

— Eh bien! fit le roi tout joyeux, allons-y, sans nous inquiéter d'aborder à Pollenza; nous pourrons faire rafraîchir nos chevaux, et choisir de là le point le plus propice au débarquement. »

Ainsi fut fait; et le vendredi 7 septembre, après trente-six heures de traversée, le vaisseau royal accostait à la Palomera, rade excellente, située à l'extrémité nord-ouest de l'île. Toute la flotte arriva le lendemain. Puis, le dimanche,

---

1. *Chronique de Jacques I*[er], ch. LV; Marsilio, ch. XVII.
2. Ces îlots se trouvent à la pointe occidentale de Majorque. (V. la carte placée en tête de ce volume.) Le nom de Pantaleu est un des rares vocables à physionomie grecque qui aient subsisté dans la grande Baléare.

les barons catalans descendirent à l'îlot de Pantaleu et y passèrent la journée pour se mettre à l'abri des traits des Sarrazins, tandis que deux d'entre eux, Nuño Sanchez et Raymond de Moncade, allaient étudier la côte. Ce jour-là, les Majorquins, mis en éveil, commencèrent à se masser sur le rivage, au nombre de quinze mille environ, pour s'opposer au débarquement ; et à peine s'étaient-ils approchés, que la trahison se glissa dans leurs rangs, comme on le vit maintes fois durant les croisades. Un des leur se jeta à la nage, au grand étonnement des chrétiens, et vint se prosterner devant le roi Jacques, le saluant « dans son latin », dit d'Esclot [1]. Il lui raconta que sa mère était une femme très savante, et que l'art de l'astronomie lui avait révélé que le chef des Aragonais devait conquérir cette terre. Puis, quand on lui eut donné des vêtements, on le fit causer : il s'appelait Ali ; il était majordome de l'émir ; celui-ci se tenait dans la cité, comptant, pour se défendre, sur quarante-deux mille hommes armés, dont cinq mille cavaliers ; on ferait bien de prendre terre au plus vite, avant qu'ils ne sortent.

Le roi le remercia de ces avis précieux. Puis, pendant que les Sarrazins se préparaient à une résistance énergique en face de Pantaleu, il entreprit, la nuit venue, de faire transporter ses troupes à Santa-Ponza, petit port situé à près de deux lieues de là, dans la direction de la ville de Majorque. Avant le jour, une partie du débarquement était opéré sans que les habitants s'en fussent aperçus. Un simple sergent, nommé Bernard Riu de Meya, posa le pied le premier sur le sol de l'île, et s'en alla tout droit planter l'étendard d'Aragon sur un mamelon voisin, où le suivirent aussitôt les principaux chefs de l'armée [2]. A l'aube, l'ennemi stupéfait lança sur ce point un détachement de cavalerie et d'infanterie ; mais Raymond de Moncade, profitant de la position, fondit sur lui avec une poignée d'hommes et le

---

1. Ch. xxxv.
2. Il reçut, pour ce beau trait, la terre de Santa-Ponza. (Zurita, *Annales*, I, 127.)

refoula dans la plaine. Puis, dans son ardeur, il laissa ses soldats en arrière et s'avança tout seul contre les Maures. Ceux-ci l'entourèrent aussitôt. Alors il revint vers les siens en criant : « Les Sarrazins sont nombreux, mais Dieu est avec nous; frappons ferme. » Et, en un clin d'œil, il les mit en déroute. Jacques débarquait justement, lorsqu'on vint lui annoncer qu'un premier engagement avait eu lieu et que c'était une victoire. Fâché de ne pas en avoir eu sa part, il s'élança à son tour sur les fuyards, avec une vingtaine de chevaliers. La lutte recommença ; il tua de sa main un fier cavalier musulman, qui refusait énergiquement de se rendre, et, dans cette seule journée, plus de mille infidèles mordirent la poussière. En revenant, le jeune prince fut sévèrement blâmé de son imprudence par plusieurs de ses hauts barons, qui n'étaient guère moins téméraires que lui : il dut leur promettre de ne plus s'exposer ainsi à l'avenir et de prendre leur avis [1].

Le mardi 11, le dernier corps d'armée, qui était demeuré à la Palomera avec les gros vaisseaux, prenait terre à la Parrosa, plus près encore de la capitale. Il était alors conduit par un seigneur d'origine navarraise, appelé don Ladro, qui accompagna Jacques Ier dans plusieurs de ses expéditions [2]. A peine débarqué, il se trouva en face du gros des troupes ennemies, qui avait pris position sur les hauteurs voisines de Portupi [3], couvrant la capitale et faisant front aux envahisseurs, sous le commandement de l'émir en personne. Le roi fut prévenu aussitôt. Il donna l'ordre qu'on se tînt près pour le lendemain : une bataille sérieuse, décisive allait nécessairement s'engager.

Dans cette audacieuse campagne, le 12 septembre est la journée épique. Jour de gloire, mais jour de larmes! Le récit de cette terrible rencontre semble une page détachée

---

1. *Chron. de Jacques Ier*, ch. LVII; d'Esclot, ch. XXXV.
2. V. Documents, n° VI.
3. *Portus pineus*, petit port situé dans la baie de Palma, dont le nom est dû à un pin remarquable qui s'élevait près du rivage. Laurent de Vérone l'appelle déjà ainsi dans ses vers.

de la *Chanson de Roland* ou d'*Aliscans*. On y retrouve et la confession générale, et les discours avant le combat, et les rudes coups d'épée, et les prouesses du chef suprême, tout enfin, jusqu'au *planctus* final. Pourtant cette page est de l'histoire, et de l'histoire vécue, racontée par des témoins oculaires. La légende serait-elle donc plus près de la vérité qu'on ne le suppose, et nos épopées ne seraient-elles pas elles-mêmes, quant aux détails, de vraies sources historiques?

L'aube apparaît. Dans le camp de Santa-Ponza, tout le monde est debout. Le roi d'Aragon réunit ses vassaux, ses chevaliers, et leur dit : « Barons, nous devons tous être joyeux et rendre grâce à Dieu de l'honneur qu'il nous a fait, en nous permettant de descendre sur la terre sarrazine et de repousser nos adversaires. Apprêtons-nous maintenant à marcher vers leur cité. Voyons si nous les rencontrerons, car Dieu est avec nous, et nous les vaincrons. Que chacun pense à confesser ses péchés et à s'en repentir, et se mette en peine de travailler pour Notre Seigneur, qui a travaillé pour nous jusqu'à la mort. » Le conseil est trouvé bon. Tout le monde se confesse, puis se rend devant la tente royale, où un autel est préparé. L'évêque de Barcelone est là : il commence à chanter la messe, et on l'écoute avec recueillement. Au milieu de l'office, il prend la parole à son tour :

« Seigneurs, ce n'est pas le lieu de vous faire un long sermon. Mettez seulement cette pensée dans votre cœur : le droit pour lequel nous sommes ici est le droit de Notre Seigneur Dieu. Donc, ceux qui tomberont dans la bataille sous les coups des mauvais, qui verseront leur sang et donneront leur vie, ceux-là seront de vrais martyrs. N'ayons donc peur de rien : si nous mourons, nous sommes transportés au ciel; si nous restons vainqueurs, nous conquérons des mérites aux yeux de Dieu et de la gloire aux yeux du monde. Le Roi et la Reine du ciel, dans la compagnie desquels nous servons, seront là, près de nous, et nous assisteront. Ayez la contrition de vos péchés, reconnaissezles de bouche, faites ou promettez satisfaction entière, et munissez vos âmes et vos corps du corps sacré de Notre Seigneur. »

Puis l'évêque donne l'absolution générale et bénit toute l'assistance. La messe finie, il distribue la communion. En la recevant, Guillaume de Moncade, qui n'avait pu remplir ce pieux devoir avec ses compagnons au départ de Tarragone, laisse couler des larmes sur son mâle visage. Est-ce un pressentiment qui l'agite?...

Après la cérémonie, l'armée prend son repas ; car il faut des forces pour courir à l'ennemi. Ensuite on plie les tentes, les bagages, et les chevaliers, armés de toutes pièces, s'élancent sur leurs montures. On décide que le bouillant vicomte de Béarn conduira l'avant-garde avec les Templiers, que le roi et Nuño Sanchez fermeront la marche. Il s'agit d'aller attaquer par le flanc droit les Sarrazins campés au-dessus de Portupi, pendant que le corps de don Ladro les occupera par devant, et de rallier ensuite ce dernier sous les murs de la cité de Majorque. Opération difficile, car l'ennemi a l'avantage du terrain : il s'est établi à loisir sur les points les plus élevés, tandis que les chrétiens se trouvent en bas, près du rivage.

Les troupes s'ébranlent enfin. Mais les sergents, placés en tête, s'avancent imprudemment sans attendre la cavalerie. Le roi, monté sur un roussin, se précipite pour les retenir, suivi du sire de Rocafort. Heureusement Moncade les rejoint avec le comte d'Ampurias et les autres chevaliers de son lignage, et la marche reprend. Au bout de quelques instants, Jacques, demeuré entre les deux corps, entend du tumulte à l'avant-garde. « Bienheureuse Marie, s'écrie-t-il, à notre secours! Je crois qu'ils ont bataille. » Il dépêche aussitôt une estafette à Nuño Sanchez, lui mandant d'avancer en toute hâte. Après s'être fait attendre, le comte de Roussillon arrive avec sa compagnie.

« Comment vous trouvez-vous là? demandent-ils au roi.

— J'ai été retenir des hommes qui s'aventuraient trop

loin. Mais je viens d'entendre un grand bruit. Pour sûr, ils sont attaqués. Courons les retrouver.

— Mais vous n'avez même pas votre haubert! dit Bertrand de Naya. »

C'était vrai; le jeune monarque, dans son empressement quelque peu fébrile, n'avait pas pris le temps de compléter son équipement. Il endosse à la hâte l'armure du chevalier qui l'interpelle, puis s'élance en avant, appelant à la rescousse Olivier de Termes, Pierre Cornell, Ximénès d'Urrea et leurs gens.

« Que font les nôtres? dit-il au premier combattant qu'il rencontre.

— Le comte d'Ampurias et les Templiers ont envahi les tentes des Sarrazins; les Moncade ont engagé le combat sur la gauche. Trois fois déjà nous avons repoussé l'ennemi; trois fois il a repris le dessus.

— Et où sont ces braves?

— Sur cette colline [1].

Jacques se met à monter pour les rejoindre. A ce moment, il aperçoit un des vavasseurs de Catalogne, Guillaume de Mediona, qui s'en revient, la bouche et la poitrine tout ensanglantées.

« Comment pouvez-vous quitter la bataille avant qu'elle soit finie? lui crie-t-il.

— Je suis blessé.

— Comment? Et où?

— D'un grand coup de pierre, à la bouche.

— Est-ce qu'un preux doit reculer pour si peu? réplique le roi en saisissant les rênes du cheval. Retournez vous battre.

Et ce héros, très simplement, court se jeter de nouveau dans la mêlée. On ne le revit plus.

Pendant que Jacques continuait à gravir la colline avec une douzaine de chevaliers, le vicomte de Béarn, emporté

---

[1]. La colline qui s'appelle aujourd'hui le *Puig de Saragossa*, d'après la tradition et l'étude du terrain faite par M. Quadrado (*op. cit.*, p. 221).

par son ardeur, atteignait une seconde montagne, dont la possession lui semblait devoir décider la victoire, et bientôt, par une gorge étroite, il arrivait tout en haut. En l'apercevant, l'émir, outré de dépit, lance sur sa compagnie un détachement de douze mille hommes. Guillaume les voit venir et dit à ses gens : « Allez à leur rencontre ; je reste ici avec un seul chevalier, car, si nous pouvons garder cette position, la bataille est gagnée. » Fatale imprudence !

Les chevaliers béarnais redescendent avec un élan si impétueux, qu'ils traversent les lignes de leurs agresseurs. Les rangs de l'ennemi se referment sur eux : ils ne pourront plus rejoindre leur chef. Moncade se voit alors enveloppé, perdu. Il cherche une issue pour s'enfuir ; mais les rochers embarrassent les pas de sa monture. Il se défend en désespéré. Enfin un coup mortel l'atteint à la jambe. Aussitôt son cheval est tué, et lui-même tombe la face contre terre. On lui coupe la tête pour la planter sur un étendard, pendant que son unique compagnon, qui a le visage couvert de sang, se fraye un chemin à travers les infidèles. A la même heure, Raymond de Moncade, son parent, le vainqueur de Santa-Ponza, succombait à quelques pas de là en se portant à son secours. Ainsi périrent prématurément, au début de la conquête, les deux Ajax de cette Iliade en action.

Sur ces entrefaites, le roi parvenait au sommet de la première colline [1], suivi ou dépassé par la compagnie de Nuño Sanchez, avec laquelle marchait le bâtard de Navarre. On distinguait de là le théâtre de la lutte et toutes les lignes de l'infanterie sarrazine, massée sur les hauteurs sous les ordres de l'émir en personne, avec un étendard blanc et rouge et une tête d'homme piquée au bout d'un fer de lance. « Courons sur eux ! » s'écrie, à cette vue, le fougueux monarque. Mais deux de ses barons arrêtent son cheval par la bride et l'empêchent de courir à la mort. « Je ne suis

---

[1]. Celle qui a conservé le nom de *Coll del Rey*, d'après le même auteur. (*Ibid.*)

ni lion ni léopard, leur dit-il, pour que vous vous jetiez ainsi sur moi. Je vous cède; mais plaise à Dieu que ce retard ne nous soit pas funeste. » Un instant après, cependant, voyant Jaspert de Barbaira se lancer en avant, il n'y tient plus et pique des deux, suivi, cette fois, de toute sa chevalerie. Les Sarrazins se mettent alors à pousser de grands cris; une grêle de pierres s'abat en même temps sur leurs adversaires, et déjà les troupes engagées commençaient à lâcher pied, lorsque Jacques les rejoignit.

« Courage! crient les chefs à leurs soldats. Voici la bannière royale. »

Aussitôt la bataille change de face : les arrivants s'unissent aux Béarnais, redescendus de la hauteur; ils attaquent avec vigueur; la position est enlevée en un instant, et l'ennemi, frappé d'épouvante, se replie en arrière. Il faut même croire que le chemin de la capitale lui fut barré par un mouvement rapide de don Ladro, car l'émir, au lieu de se réfugier derrière ses remparts, dut se jeter dans la montagne avec les débris de son armée. En intervenant malgré les siens au plus fort de la mêlée, le roi d'Aragon, ce général de vingt ans, avait sauvé le résultat de la journée.

Dans l'élan de la victoire, il voulait, sans perdre un instant, marcher sur la capitale, dont il n'était plus qu'à deux ou trois milles, et ce parti était peut-être le meilleur à prendre, au point de vue de la tactique. Mais il ne savait pas ce qu'était devenu l'intrépide vicomte de Béarn. L'évêque de Barcelone le prit à part et lui dit : « Ne vous pressez pas tant; j'ai à vous parler. » Et il lui annonça les pertes cruelles que son armée avait faites. Non seulement les deux Moncade, mais huit de leurs parents, Hugues de Mataplana, Hugues Desfar, d'autres encore, avaient été trouvés morts sur le champ de bataille. On n'avait perdu, disait-on, que quatorze chevaliers; mais le total des victimes de ce choc meurtrier devait être considérable. C'était un triomphe bien chèrement payé.

« Quoi! fit Jacques bouleversé. Ils ne sont plus? »

Et il pleura amèrement.

Lorsque la triste nouvelle se fut répandue, ce fut un cri de douleur général. Sur les corps mutilés des héros retentirent les grandes lamentations des jours de deuil national. L'évêque se fit l'éloquent interprète de la pensée de tous [1]. Mais le jeune prince, retrouvant le premier son énergie et craignant de compromettre le sort de ceux qui survivaient,

---

1. Voici le *planctus* des Moncade, tel que le donne Marsilio (ch. xxii). Il ne fut sans doute pas prononcé textuellement; mais il donne l'idée des sentiments exprimés dans cette circonstance par l'armée chrétienne, et l'on y trouve, en même temps, la description des armoiries des deux défunts :

« *Pietas divina, quæ semper rebus creatis assistis et omnia conservas, ubi eras, cum isti duo nobiles, tui pugiles, tuique præcones, tantorum infidelium manibus, quasi botrus in torculari, crudeliter sunt compressi? Ecce tui nobiles ignobilitati subduntur, tui fideles ab infidelibus superantur, tui præcones equorum pedibus conculcantur! Christianus ac pretiosus sanguis copiose effunditur; et vertices chrismate divites, generositate præcellentes, auctoritate potentes, gladiis brutorum et hominum Deum ignorantium trucidantur! O exercitus, quasi unum corpus unum regem quasi unius corporis caput habens, oportet te sentire dolorosius tam principalium tuorum membrorum mutilationem, tantorum sociorum separationem, tantorum consiliariorum extinctionem, tantorum præcessorum dejectionem! Jam intrate per insulam, christiani victores, quia gloriosi nobiles fregerunt muros, exposuerunt corpora, pericula contempserunt, exemplum dederunt fortitudinis, et regnum hoc Christo et suis servitoribus suo vivo sanguine consecrarunt. Prostrantur isti ut ascendatis, incurvantur ut transeatis, moriuntur ut vivatis. O fortissimi milites, quam cito cessit vobis mundialis pugna! Quam cito occurrit optata opulentia! Quam cito cœlum et terram implevit vestra celebris fama! Regnum quærebatis, et una die regnum invenistis; regi serviebatis, et ad Regem pervenistis; exercitum hominum præcedebatis, et ad exercitus angelicos attigistis. Eucharistia vere fuit hodie vobis in morte viaticum, in passione solatium, in timore refugium, in dolore remedium, in judicio diffugium, in regno præmium. Recte fuistis inimicis fortiores, prostrantibus eminentiores, conculcantibus nobiliores. Dum humanæ militiæ finem datis, Christi cruci vos configitis, peccata cruore redimitis, fidem martyrio defenditis, et ad cœlestia militiæ stipendia adipiscenda transitis. Quid, miseri Sarraceni, facitis, dum abscissum caput super vexillum ponitis? An non injuriam regi vestro facitis, dum materiali vestro gladio gloriam procuratis? Nescitis, canes, quod verum est quod unum geritur et aliud per gesta signatur? Noster erat cujus caput est separatum a corpore, et, dum ipsum super vestrum vexillum ponitis, gloriam nostræ futuræ victoriæ designatis; et dum ipsum ad cœlum erigitis, habere nos hodie de nostris conventuales et advocatos in palatio cœli prædicatis. Frequenter enim quod figura indicat, res cum geritur manifestat. Nam, cum hodie sumpsit G. corpus dominicum, postea sumpsit arma, et aperuit scutum medietate distinctum, et ab una parte vitulos habet in campo aureo vermiculatos, et ab alia placentas aureas in campo vermiculato : quo video intelligi ipsos futuros hodie sacrificii vitulos esse mactandos, suo sanguine rubricatos, aurea charitate munitos, et per fortitudinem passionis ad placentas aureas, id est ad interminabilia æternitatis gaudia pervenire. O animæ dignæ, angelicis comitatæ præsidiis! O corpora pretiosa, lacrimis deplorata regiis! Dicit enim historia : Flebat rex amare, flebatque episcopus cum eo.* »

Ce morceau est le seul dont l'éditeur ait reproduit le texte original.

coupa court aux manifestations ; puis, voyant ses troupes trop fatiguées (huit jours de traversée et de combats les avaient mises sur les dents), il fit préparer le campement sur le lieu même de la bataille. Après avoir gravi une dernière élévation, d'où l'on apercevait la capitale, et contemplé avec bonheur cette pittoresque cité, dont Dieu lui livrait la clef, il alla dîner sous la tente d'Olivier de Termes, qui, durant la journée, avait fait honneur au nom français ; et, bien que ce repas improvisé ait dû être fort sommaire, le lieu où il lui fut offert a conservé jusqu'à nos jours le nom de *Bendinat* [1]. Il alla ensuite visiter les corps de ses malheureux compagnons d'armes et dire pour eux une dernière prière. On fit bonne garde toute la nuit, pour ne pas être surpris par les Sarrazins, et, le lendemain, après avoir fortifié le camp, on prépara les funérailles des victimes. Des draps furent tendus pour cacher ce lugubre spectacle aux habitants du pays, qui eussent pu s'en réjouir. Puis, le vendredi 14, on procéda, dès l'aube, à la triste cérémonie. Les morts reçurent là une sépulture provisoire, et prirent ainsi possession les premiers de la terre étrangère [2]. Les larmes recommencèrent à couler, et, pour consoler tant de douleurs, le roi lui-même prononça en l'honneur des héros une courte oraison funèbre, où il promit aux hommes qui avaient perdu leurs seigneurs de les prendre sous sa protection, en leur faisant entrevoir la perspective prochaine d'un succès définitif. Le soir, toute l'armée investissait la ville de Palma, pendant que la flotte réunie en bloquait le port [3].

Les historiens arabes ont glissé rapidement sur la bataille de Portupi. Al-Mackhzumi avoue cependant que Moham-

---

1. Telle est, du moins, l'origine prêtée à ce nom de lieu par la tradition locale ; mais il a une apparence arabe qui autorise peut-être à le faire remonter plus haut.
2. Les restes des Moncade furent transférés plus tard à Palma, puis en Catalogne, dans un monastère fondé par leur maison.
3. Pour tout ce récit de la bataille de Portupi, j'ai combiné les indications fournies par la Chronique de Jacques Ier (ch. LXII et s), par Bernard d'Esclot (ch. XXXVI et s) et par Marsilio (ch. XXI). D'Esclot se trompe en plaçant cette journée à la date du mardi 11 décembre, au lieu du mercredi 12 ; mais les détails qu'il nous donne n'en sont pas moins fort précieux.

med essaya vainement de s'opposer au débarquement des chrétiens, qu'il envoya contre eux quelques détachements de cavalerie et d'infanterie, mais qu'après plusieurs tentatives infructueuses ils finirent par atteindre leur but, et qu'à une petite distance de la ville ils livrèrent aux musulmans un combat où ils les battirent complètement ; après quoi, ils vinrent s'établir dans une plaine déserte et non cultivée, qui s'étendait devant les remparts, et entreprirent un siège en règle [1]. Ces renseignements ne diffèrent pas assez de ceux que nous ont fournis les chroniques catalanes pour pouvoir modifier la physionomie des débuts de la campagne. Le même auteur nous apprend qu'une garde permanente surveillait la ville : sans cela, en effet, les vainqueurs auraient peut-être pu y pénétrer, sans coup férir, le soir même de la bataille. Quand l'émir reparut, au bout de quatre jours, et voulut regagner son palais à la faveur de l'obscurité, cette garde l'aperçut ; elle se mit alors à allumer de grands feux d'un autre côté et à pousser des cris perçants, de manière à détourner l'attention des Aragonais, et c'est ainsi que le fier potentat parti pour exterminer les chrétiens rentra clandestinement dans sa capitale, à l'heure où le coq chantait [2].

Le siège de Palma ne dura pas moins de trois mois et demi, et il aurait pu durer davantage. On sait, en effet, combien, à pareille époque, les opérations militaires de ce genre traînaient en longueur. Les moyens de défense étant bien supérieurs aux moyens d'attaque, il suffisait à une place de guerre d'être solidement fortifiée pour tenir indéfiniment, et celle-ci, nous l'avons vu, possédait des remparts qui passaient pour inexpugnables ; il fallait, pour s'en rendre maître, une patience héroïque ou des incidents imprévus. Les assiégeants avaient encore d'autres causes d'in-

---

[1]. V. Gayangos, II, 329. L'écrivain arabe dit que la bataille eut lieu un lundi, 18ᵉ jour du mois de *Schoual,* dans l'année de l'hégire correspondant à l'an 1228. L'accord des autres textes ne permet pas d'adopter cette version.
[2]. Cf. d'Esclot, ch. xxxviii.

fériorité. Privés de communications faciles avec leurs compatriotes, et ne pouvant compter sur aucun secours de la part des habitants de l'île, ils se trouvaient comme isolés du monde, en face d'ennemis beaucoup plus nombreux qu'eux et d'une triple enceinte de murailles, qu'ils étaient hors d'état d'investir d'une façon complète. Obligés de faire venir sur des bateaux marchands leurs machines de siège, il leur était difficile d'en avoir d'aussi puissantes que sur le continent. Les patrons marseillais offrirent de construire avec le bois de leurs navires un énorme engin. On avait, avec cela, deux *trabuchs* ou trébuchets, grandes catapultes à contrepoids, battant les murs à coups de boulets et de quartiers de roche, un *fonevol* ou *funebol,* baliste à cordes, envoyant des pierres un peu moins grosses, et un *manganel,* servant à lancer des traits ou de petits projectiles de diverse nature [1]. Mais les assiégés possédaient, de leur côté, des instruments redoutables, notamment deux *trabuchs* et quatorze *algarades,* machine d'invention arabe, dont l'une atteignait jusqu'au sixième rang des tentes aragonaises [2]. Pour se protéger contre les projectiles et pour avancer assez près des remparts, il fallut ériger trois de ces grosses tours en charpente que Joinville appelle des *chats-châteaux,* et qui rendirent de si grands services aux croisés d'Égypte [3]. Un seigneur languedocien, Jaspert de Barbaira, fit bâtir la première ; le roi et le comte d'Ampurias commandèrent les deux autres. Alors les travaux prirent une tournure plus sérieuse ; on entreprit des tranchées, des excavations, et l'on s'occupa d'entamer les fondations des remparts.

Lorsqu'une portion de ces fondations était suffisamment

---

[1]. Chron. de Jacques Ier, ch. LXIV ; Marsilio, ch. XXIV. Cf. Du Cange, aux mots TREBUCHETUM, FUNDABULUM, MANGANUM.

[2]. Ce mot vient de l'arabe *gara*. Du Cange, au mot ALGARA, ne donne pas cette signification.

[3]. Joinville, éd. de Wailly, n{os} 192, 205, etc. Ces tours sont désignées par les chroniques catalanes sous le nom de *gata*. Elles avaient une triple toiture, recouverte de terre et de branchages, afin de mieux amortir les projectiles lancés par les assiégés. (Marsilio, ch. XXIV.)

minée, on l'étayait avec des pièces de bois goudronnées, puis on enflammait celles-ci, et, pendant que les mineurs s'éloignaient, la chute des étais entraînait celle d'un pan de mur plus ou moins considérable. Il paraît qu'un système plus commode ou plus rapide fut imaginé par le prévôt du chapitre de Tarragone : il consistait à tirer de loin, avec de grosses cordes, les poutres servant de supports. Plusieurs tours furent abattues successivement par ces deux procédés ; mais « rien ne valait », comme dit d'Esclot, puisque derrière la première enceinte se dressaient de nouveaux obstacles. Des fossés profonds opposaient aux assaillants, et surtout à leurs chevaux, une autre barrière infranchissable. On tâchait de les combler au moyen d'assises superposées de terre et de bois; mais c'était là un ouvrage de longue haleine et d'une exécution fort difficile. Les assiégés établissaient des contre-mines, et détruisaient quelquefois en un jour le travail de plusieurs semaines. Un tir également soutenu de part et d'autre paralysait aussi bien la défense que l'attaque. Les Maures ne faisaient point de sorties; du moins, il n'en est question ni dans les écrivains arabes ni dans les chroniqueurs catalans. Cependant, comme ils entretenaient des rapports journaliers avec l'intérieur de l'île, ils trouvaient moyen de léser ou d'inquiéter de plus d'une façon leurs adversaires. Une fois, un de leurs auxiliaires du dehors, que les chrétiens appelaient Fatilla (probablement pour Fatih-Ellah), descendit de la montagne avec cinq mille hommes et détourna la source qui alimentait le camp aragonais : Nuño Sanchez marcha contre lui avec une poignée de cavaliers, le tua, mit sa troupe en fuite et rétablit le cours d'eau [1].

Pendant ces interminables labeurs, le courage de l'armée royale était soutenu par deux Frères Prêcheurs qui devaient à leur habit nouveau et déjà vénéré, à leur parole enflammée, à leur dévouement désintéressé, une popularité universelle. Nous voyons ici en action ces prédicateurs de la

[1]. Chron. de Jacques Ier, ch. LXV; Marsilio, *loc. cit.*; d'Esclot, ch. XXXIX.

croisade auxquels Humbert de Romans, un des généraux du même ordre, s'efforçait un peu plus tard de tracer leurs devoirs, et qu'il nous montre annonçant les indulgences, accompagnant les croisés jusqu'au bout, les animant au combat, ouvrant le ciel aux mourants [1]. Ces deux moines exerçaient sur le moral des troupes une influence souveraine ; tous les soldats, dit la Chronique du roi, obéissaient à leur moindre mot. L'un d'eux s'appelait Michel de Fabra, et, comme les Maures entendaient répéter son nom presque aussi souvent que celui de *Santa Maria*, ils avaient coutume de dire, après la conquête, que l'île avait été prise par deux personnes, Marie et Michel [2]. Ce disciple de saint Dominique avait fait partie de la première mission envoyée à Paris, en 1217, pour fonder la célèbre maison de Saint-Jacques, et il y avait enseigné les lettres sacrées. Revenu ensuite en Aragon, son pays, il avait été choisi par Jacques Ier pour son confesseur ; ce qui explique en partie l'autorité dont il jouissait, et dont il se servit pour fonder un peu plus tard la maison des Dominicains de Palma. Il suivit son prince dans l'expédition de Valence et le servit jusqu'à sa mort, arrivée en 1248 [3]. Son compagnon, Bérenger de Castelbisbal, devenu ensuite évêque de Girone, fut, au contraire, disgrâcié et eut la langue coupée, pour avoir trahi, dit-on, le secret de la confession royale ; châtiment cruel, pour lequel le pape exigea une réparation éclatante [4].

Un encouragement d'une tout autre nature fut donné aux assiégeants par une défection très inattendue, qui ôta aux infidèles une de leurs principales forces. Bernabet, ou plutôt Ben-Abet, gouverneur du district de Pollenza, un des chefs les plus puissants de l'île, et sans doute un de ceux qui étaient en querelle avec l'émir, vint faire sa soumission au roi d'Aragon et lui amena vingt chevaux chargés

---

1. V. *La Prédication de la croisade*, par Lecoy de la Marche, dans la *Revue des Questions historiques*, n° de juillet 1890.
2. La ville de Palma fut envahie au cri de *Santa Maria!* (V. plus loin, p. 64.)
3. V. Quétif et Échard, *Script. ord. Prædic.*, I, 16.
4. V. Berger, *Les Registres d'Innocent IV*, n° 1996.

de vivres. Il était temps, car la famine commençait à se déclarer au camp. Ce secours inespéré parut une faveur du ciel et combla de joie l'armée entière : il faisait présager une reddition générale, et, en effet, plusieurs chefs imitèrent presque aussitôt l'exemple de Ben-Abet ; si bien que Jacques dut nommer, pour administrer les territoires soumis, situés au nord-est de l'île, deux délégués officiels, qui furent Jacques Sanz, de Montpellier, et Bérenger Durfort, de Barcelone : dès ce moment, le Conquérant pouvait se qualifier roi de Majorque.

A cette nouvelle, qui coïncidait avec une reprise vigoureuse de l'attaque, Mohammed courroucé fit attacher sur les remparts tous les captifs chrétiens renfermés dans la ville, pensant arrêter par là le tir des assiégeants. Mais son attente fut trompée : soit que ces malheureux aient crié de loin à leurs frères de ne pas renoncer pour eux à leur conquête, soit qu'au contraire on les ait exhortés, du camp, à faire le sacrifice de leur vie pour l'intérêt commun [1], les Aragonais continuèrent à tirer, et, par un miracle évident, ajoute le chroniqueur, leurs traits n'atteignirent point les victimes de ce cruel procédé.

A partir de ce jour, la lutte prit un caractère d'acharnement féroce. Les puissantes machines de siège redoublèrent leurs coups furibonds. Les mineurs et les contre-mineurs se rencontrèrent dans les souterrains creusés par eux et s'y massacrèrent. Le comte d'Ampurias fit pratiquer une grande excavation où deux cents combattants pouvaient se tenir à l'abri, et qui ressemblait à une véritable maison, avec deux

---

[1]. La première version est adoptée par M. de Tourtoulon (I, 292) ; mais elle semble en désaccord avec la phrase de Bernard d'Esclot, qui est le seul à raconter cet incident tragique, peut-être embelli ou amplifié par un des assiégeants à son retour de Majorque. Voici le texte original : « *Quant vench al mayti, que cells de la host ho viren, foren ne molt irats, e acostarense al vall, e parlaren ab ells, e dixerenlos que haguessen bona fe en Deu, que per ells no s lexarian de tirar en la ciutat ne al mur, e que, si s'en lexavan, no porian pendre la ciutat, e no seria bo que per ells la perdessen* (ch. XL). Muntaner rapporte, de son côté, que les captifs chrétiens furent lancés sur leurs compatriotes par les trébuchets des Sarrazins (ch. VIII). Ce n'est là, sans doute, qu'une autre version ou une autre exagération du même fait.

portes donnant sur le fossé. De là, on abattit sans pitié tous les Sarrazins qui se montraient. Sur ces entrefaites, un fossé se trouva comblé. Déjà l'on disait que les chevaux allaient le franchir, lorsque les assiégés trouvèrent le moyen de mettre le feu aux bois qui le remplissaient [1]. Jacques eut alors une inspiration de génie : il fit détourner en toute hâte l'eau d'un canal voisin et inonder le fossé. L'incendie s'arrêta; le passage était encore praticable.

Acculé à cette extrémité, l'émir ouvrit les négociations. Un renégat vint offrir de sa part de rembourser aux chrétiens tous les frais de leur expédition s'ils voulaient se rembarquer. Cette proposition singulière, apportée au roi par Pierre Cornell, fut repoussée avec indignation. Peu de jours après, Mohammed voulut avoir une entrevue solennelle avec Nuño Sanchez, qu'il savait très influent sur l'esprit de son cousin. Une tente fut dressée devant la porte de Portupi, qui s'ouvrait du côté du camp, à l'ouest de la ville, et les deux chefs s'entretinrent là par l'intermédiaire d'un juif ou d'un *alfaqui* possédant l'une et l'autre langue. Mohammed se plaignit amèrement de l'invasion dont il était victime; il essaya de faire croire qu'il était en état de résister fort longtemps; puis, après que Nuño eut réfuté ses raisons, il finit par dire : « Eh bien! je donnerai à votre maître cinq besants par tête pour tous les habitants de la ville, y compris les femmes et les enfants [2], et il nous procurera des vaisseaux pour que nous puissions passer en Afrique, en laissant ici ceux qui voudront rester. »

Cette fois, l'offre était tentante. Lorsqu'elle lui fut rapportée, Jacques se montra disposé à l'accepter. Il réunit son conseil. Mais le comte d'Ampurias, qui avait à venger le sang des Moncade, ses cousins, mais les autres seigneurs, qui étaient venus pour prendre Majorque et qui voulaient

1. On ne rencontre pourtant, dans les récits du siège, nulle mention du fameux feu grégeois.
2. Ces besants, d'après la Chronique royale (ch. LXVIII), valaient chacun 3 sous 4 deniers barcelonais. La somme offerte représentait 400,000 besants, puisque d'Esclot évalue la population de la ville à 80,000 habitants (ch. XLI).

la prendre, mais l'évêque de Barcelone lui-même, qui tenait à une réparation éclatante pour tous les dommages subis, ne laissèrent pas le jeune prince obéir à son premier mouvement. « Qui vous garantit, fit observer Raymond Alaman, que ce vieil émir, qui est un homme rusé, beau parleur, tiendra loyalement sa parole? qu'il vous laissera la libre possession de son royaume, si on le laisse partir tranquille? — Et nos morts si chers, dirent les autres parents des Moncade, est-il possible de les oublier? » Le roi essaya quelques timides représentations; mais il finit par s'incliner devant l'avis unanime de ses barons, qui était peut-être le plus prudent, et fit répondre aux propositions de l'ennemi par un refus formel.

La lutte suprême allait donc commencer. Les Maures le comprirent et résolurent de résister jusqu'au bout. Ils se massèrent devant la brèche, ils se multiplièrent, ils firent des prodiges de valeur. Chacun de leurs hommes en valait deux, dit la chronique royale. En face d'une pareille attitude, les chrétiens n'avaient plus qu'un parti à prendre : donner l'assaut, et le donner au plus vite; car l'hiver était venu, les mauvais temps arrêtaient les travaux, tout manquait, même l'argent, et, pour comble de misère, on parlait d'un soulèvement général de l'île contre les envahisseurs.

Le jour de Noël, un grand conseil fut tenu. Tous les chefs de l'armée sans exception s'engagèrent par un serment héroïque, prêté sur la croix et sur l'évangile, à franchir les murs en tête de leur compagnie respective, à ne point reculer à moins d'être atteint d'une blessure mortelle, à ne point s'arrêter, même pour secourir un parent ou un compagnon dangereusement blessé, mais à se contenter de le recommander à Dieu en allant toujours de l'avant, à frapper comme un païen quiconque ferait mine de s'en retourner, fût-ce un ami, enfin à n'envahir aucune maison avant que la cité soit complètement prise. Traître à Dieu et au roi, *assassin de son seigneur,* celui qui violera sa parole [1]! Le jour de

1. Les trois chroniques citées donnent, avec quelques variantes légères,

l'assaut fut fixé ; mais le roi et ses conseillers gardèrent le secret sur ce point, de peur que l'ennemi ne fût informé à l'avance.

Les journées qui suivirent furent employées par Jacques à surveiller les derniers préparatifs et à donner des ordres. Il distribua les postes, il répondit à toutes les demandes, il régla tous les détails. Durant trois nuits, il ne dormit pas ; jamais on n'avait vu un général plus vigilant, plus actif, que ce conquérant à ses débuts. Il trouva même le moyen de se faire remettre sur-le-champ une somme de soixante mille livres par certains négociants, dont on n'indique point la nationalité, à charge de les dédommager quand la cité serait en son pouvoir. Nul ne doutait qu'elle y fût dans quelques jours.

Enfin, le 30 décembre au soir, il ordonna que le lendemain, dès l'aurore, on chantât la messe, que l'on distribuât la communion à ses troupes, et que chacun se tînt prêt à marcher. Dans le courant de la nuit, un vieux chevalier vint lui dire que deux de ses écuyers avaient déjà pénétré au dedans des remparts, qu'ils avaient trouvé le sol jonché de cadavres, et que, de la cinquième à la sixième tour, aucune sentinelle ne veillait : rien n'était plus facile que d'y pénétrer par surprise. « Ah ! don le Vieux [1] ! répondit Jacques en riant. Vous me conseillez de prendre une ville la nuit ! Mais mes soldats ne se verraient même pas ! Non, non ; je la prendrai au grand jour. »

Le 31, qui était un lundi, la journée s'annonça claire et froide ; le beau temps était revenu. Comme au départ de Barcelone, toute l'armée entendit la messe, toute l'armée communia. Au soleil levant, elle était déjà rangée, en bel ordre, sur le terrain séparant le camp de la ville, du côté de la porte de Portupi, non loin de laquelle se trouvait la brèche. Les fantassins étaient placés devant la cavalerie et

---

la formule du serment, ainsi que les détails qui précèdent ou qui suivent, et d'autres encore.

1. *Ah! don Veyl!* dit la Chronique du roi. *O soldado envejecido!* dit moins bien Marsilio.

devaient lui frayer le chemin. Jacques s'avança sur son cheval, et, d'une voix forte, leur cria : « En avant, barons vaillants, au nom de Jésus-Christ! Entrez dans cette place, que Dieu vous a livrée. »

A sa grande surprise, personne ne bougea. Ces héros, qui se battaient si bien en rase campagne, hésitaient devant la masse effrayante d'une pareille forteresse. « Sainte mère de Dieu! dit le roi en levant les yeux au ciel, épargnez-nous cette honte! » Et il réitéra son commandement, mais sans plus de résultat.

A la troisième fois seulement, les premiers rangs s'ébranlèrent; les autres suivirent. Arrivés au fossé, tous se mirent à crier ensemble à mainte reprise, comme s'ils eussent voulu s'étourdir : *Santa Maria! Santa Maria!* Et ils s'élancèrent par la brèche. Presque aussitôt, un sergent barcelonais se montra sur une tour, d'où il venait de déloger les sentinelles avec cinq compagnons, et planta un pennon sur le faîte. « Tout est à nous! dirent de loin ces braves en faisant signe aux autres; le chemin est ouvert [1]! »

En un clin d'œil, cinq cents hommes furent dans la place. Ils se trouvèrent en face de l'émir en personne, qui accourait à la tête de ses troupes. Les Maures commencèrent à frapper leurs grands coups d'épée, et le petit corps des fantassins allait être immolé tout entier, lorsque la cavalerie survint et le dégagea. Les seigneurs tenaient leur serment: ils arrivaient au galop, sans détourner la tête. Les premiers chevaliers entrés appartenaient à la compagnie du roi et à celle du bâtard de Navarre. Jacques lui-même, résistant à toutes les supplications, avait franchi les remparts avec eux. Mais devant tous marchait un guerrier inconnu, vêtu de blanc, monté sur un cheval blanc, et faisant reculer les plus fiers des Sarrazins. On eût dit l'ange exterminateur frappant d'épouvante les ennemis d'Israël. Il disparut au bout d'un instant, et on ne le revit plus. Les Aragonais dirent que c'était saint Georges, leur patron, qui, suivant son habitude,

---

[1]. *Via dins! via dins! que tot es nostre.* (D'Esclot, ch. LVII.)

était venu à leur secours. Les infidèles déclarèrent plus tard qu'ils l'avaient parfaitement remarqué et que son aspect les avait terrifiés [1].

Les rues étroites de la cité mauresque n'étaient pas un théâtre propice pour une lutte semblable [2]. A mesure qu'arrivaient les cavaliers, la foule des combattants s'empilait, s'écrasait; l'on n'osait plus frapper, de peur d'atteindre quelqu'un des siens. Le vieux Mohammed, que son coursier blanc signalait, lui aussi, aux regards de tous, retenait ses soldats déjà en débandade et criait : « Arrêtez! arrêtez! » On ne l'écoutait pas. La population entière se précipitait vers les portes pour s'enfuir au plus vite, et le bousculement augmentait de minute en minute. A la faveur de ce désordre, les chrétiens durent franchir assez facilement les remparts intérieurs. Il n'y eut bientôt plus que la redoutable *Almodayna* qui leur opposât quelque résistance.

L'émir demeura un des derniers sur le lieu du combat, puis se retira dans une habitation particulière, où il attendit son sort. Deux hommes de Tortose, ayant découvert sa retraite, vinrent proposer à Jacques de le conduire auprès de lui, demandant pour ce service deux mille besants d'or. Le roi en offrit mille; puis il se rendit avec Nuño Sanchez du côté qu'on lui indiquait, et trouva le fier sarrazin couvert d'un manteau de soie blanche, entouré de quatre serviteurs armés de lances africaines. En voyant venir son vainqueur, Mohammed se leva. Jacques lui dit, par l'intermédiaire d'un truchement, de ne pas avoir peur, qu'il aurait la vie sauve, mais qu'il était son prisonnier. Ensuite il le prit par la barbe, comme il l'avait juré, et lui demanda la reddition de l'*Almodayna*, ainsi que la délivrance de tous les

---

1. Sur cette apparition de saint Georges et ses analogues, voy. Tourtoulon, I, 303; Quadrado, *op. cit.*, 282. La chronique royale la mentionne comme une pieuse conjecture. D'autres écrivains la donnent comme un fait, et saint Vincent Ferrier a même prononcé un sermon en l'honneur de saint Georges *propter auxilium quod exhibuit christianis in captione nobilis civitatis Majoricarum*.
2. Une des rues où l'on se battit le plus est la petite rue Saint-Michel, aujourd'hui encore *calle San-Miguel*. (Muntaner, ch. VII.)

chrétiens qu'il y détenait. Les portes de la citadelle s'ouvrirent, et cent vingt-quatre captifs, soumis depuis longtemps à de cruelles souffrances, se précipitèrent, ivres de joie, aux genoux de leur libérateur, lui baisant les mains. On lui amena aussi le fils de l'émir, âgé de treize ans, qu'il garda près de lui pour le faire élever dans la religion catholique, et qu'il maria plus tard à une noble aragonaise. Des trésors sans prix furent saisis dans le palais ; ils furent confiés provisoirement au frère Michel de Fabra et à son compagnon, auxquels on adjoignit une garde spéciale.

S'il faut en croire Al-Makhzumi, les assaillants se seraient montrés sans pitié : vingt-quatre mille habitants auraient été massacrés dans cette terrible journée, et Mohammed lui-même aurait été soumis à divers genres de torture, au point qu'il en serait mort six semaines après [1]. Mais les cruels procédés de ce despote n'appelaient-ils pas de sanglantes représailles, et l'ardeur de la lutte ne les explique-t-elle pas? Les chroniqueurs catalans évaluent à vingt mille au moins le nombre des infidèles tués ou blessés mortellement; d'Esclot parle même de cinquante mille. Mais, comme ils ne mentionnent, du côté des leurs, que cinq morts, il est facile de voir que ces derniers chiffres sont exagérés, dans un sens comme dans l'autre [2]. Néanmoins les cadavres qui jonchaient les rues étaient en quantité si considérable, qu'ils empestèrent la ville et qu'on dût réquisitionner des hommes pour les jeter hors des murs, en leur faisant promettre pour cette pénible corvée des indulgences particulières. Il est certain qu'il y eut des excès commis. Les vainqueurs se livrèrent au pillage, et le roi demeura huit jours avant de retrouver tous les gens de sa maison. Beaucoup de soldats

---

1. V. Gayangos, *loc. cit.*
2. Une ancienne inscription, reproduite par Dameto, et qui ornait jadis les murs de la chapelle de Notre-Dame de la Victoire, nous montre qu'un certain nombre de chefs et de seigneurs chrétiens succombèrent dans cette journée: « *Kal. januariis, anno Domini supradicto, fuerunt hic recondita corpora ducum et imperatorum quos in invasione civitatis Majoricarum Sarraceni interfecerunt, qui, comitatu exercitus felicis regis Aragonum Jacobi ad expugnandam insulam venientes, plantaverunt in ea fidei puritatem; quorum animæ requiescant in pace.* »

pénétraient dans les habitations et s'appropriaient un butin qui, régulièrement, devait être réservé, pour le partage et qui fut, au contraire, mis à l'encan. Ils surprenaient, dans les chambres les plus reculées, des femmes, des jeunes filles d'une rare beauté, qui leur présentaient des bijoux précieux, des monnaies d'or et d'argent, en leur disant : « Tout cela est à vous ; assurez-nous seulement la vie. » En effet, les survivants avaient fui dans la montagne, et les plus pressés avaient abandonné leurs épouses, leurs enfants, leurs richesses, trop heureux de sauver leurs jours. Trente mille personnes, dit-on, avaient ainsi échappé au danger, et trente mille autres étaient demeurées prisonnières. La vieille cité mauresque, une des plus fortes places du monde et des mieux protégées par ses remparts, comme le dit Muntaner[1], ne comptait plus un seul défenseur.

Ainsi rentra dans le giron de la chrétienté, le lundi 31 décembre 1229, le royaume baléarique fondé jadis par les Almoravides[2]. La conquête de Majorque, ce rêve presque

---

1. Ch. vii.
2. V., outre les chroniqueurs originaux cités plus haut, Zurita, *Annales*, I, 126 et ss; Dameto, *op. cit.*, 195 et ss; Ferreras, *Hist. d'Espagne*, IV, 110-112; Mariana, I, 525-528; Quadrado, *Conquista de Mallorca*; Tourtoulon, *op. cit.*, I, 287 et ss; etc. Plus d'une erreur a été commise au sujet de la prise de Majorque : Muntaner l'a placée au 31 décembre 1228 ; Al-Makhzumi, au 18 décembre 1230; Ibnul-Abbar, autre historien arabe, au 12 janvier 1230; Zurita, Mariana et Baluze, au dernier jour de cette même année. L'ordre des faits et les documents officiels ne permettent pas d'adopter une autre date que la nôtre. Elle est donnée, d'ailleurs, par les auteurs les mieux informés et par des notes insérées dans plusieurs chroniques contemporaines : « *Anno domini MCCXXIX, II kal. januarii, capta est civitas Majoricarum a domino rege Aragonum* (mss. des *Usages de Barcelone*, aux archives de Palma, *in fine.* — *M CCXXIX, pridie kal. januar., capta fuit iterum civitas Majoricarum a domino rege Jacobo* (*Chron. breve Barcinon.*, dans d'Achéry, *Spicil.*, III, 141). — *En l'an M CC XXIX, lo derniej jorn de decembre, so es à dire la vigilia d'an nuou, pres lo senhor en Jacme d'Aragon Malhorgas am sas ostz* (Chronique romane de Montpellier, dans le *Thalamus parvus*, p. 333). » L'erreur de Muntaner et de quelques autres, partagée par d'Esclot lui-même (d'après l'édition de Buchon, mais non d'après celle de Quadrado), provient peut-être, comme celle de Baluze et de Mariana, d'une différence dans l'époque où l'on faisait commencer l'année, époque qui a varié dans le royaume d'Aragon. Zurita a certainement voulu parler du 31 décembre 1229, puisqu'il place le récit de l'événement en tête de l'année 1230. Quant à la date de 1286, que l'on trouve dans Ibn-Khaldoun (*Hist. des Berbères*, II, 398), elle

invraisemblable, était entrée dans l'ordre des faits : il ne restait plus qu'à l'achever et à la consolider.

provient d'une confusion manifeste, non avec la prise d'Iviça, comme l'a cru son traducteur, mais avec celle de Minorque par Alphonse III d'Aragon, dont il sera question plus loin.

CHAPITRE IV

LA COLONISATION

S'emparer de la capitale de Majorque, c'était bien ; c'était l'essentiel, et, sans aucun doute, le plus difficile. On peut dire, cependant, qu'au lendemain de cette victoire éclatante, tout était à faire. Les nouveaux conquérants ne se trouvaient pas dans un pays neuf, tant s'en faut ; mais ils avaient à en renouveler la face. La population, la propriété, l'administration, le gouvernement, tout cela devait être entièrement transformé, ou plutôt créé. Sans doute, le sol était défriché, la culture établie, les habitations construites en grande partie ; mais, en dehors de ces premiers éléments de civilisation, rien ne pouvait subsister du régime musulman, profondément antipathique aux mœurs et aux idées chrétiennes, et l'on se trouvait à peu près dans la situation des premiers colons européens débarquant, au xve siècle, sur les rivages d'Amérique. Rien n'est plus curieux à observer que la manière dont s'y prirent les Aragonais et leurs auxiliaires pour fonder le nouvel ordre de choses, et rien ne peut mieux donner l'idée des procédés dont les croisés en général usaient en terre conquise.

Avant tout, il fallait s'occuper de repeupler l'île. Cette opération comportait deux parties essentielles : la purger de ses anciens habitants, ou du moins les annihiler ; puis y établir une population suffisante pour la garder et la coloniser. Voyons d'abord quel fut le sort des Sarrazins.

Ibn-Sheyri, le cousin de l'émir détrôné, l'avait abandonné avant la fin du siège, et, voyant la situation désespérée, avait gagné secrètement la montagne avec quelques partisans. Sa petite troupe, énormément grossie par les fuyards de la journée du 31 décembre, était devenue une armée : elle ne comptait pas moins de seize mille hommes, d'après les historiens arabes [1], et pouvait encore opposer une résistance d'autant plus redoutable, que les positions qu'elle occupait, fortifiées par la nature, lui permettaient d'éviter une de ces luttes en rase campagne, où décidément les Maures avaient le dessous. Quant aux villes et villages de la plaine, la chute de la capitale les avait livrés sans défense au vainqueur : les uns, nous l'avons vu, s'étaient soumis d'avance; les autres avaient été désertés, et l'on compte par milliers les fugitifs qui passèrent, sans perdre un instant, aux îles de Minorque ou d'Iviça, voire même en Afrique. C'est ce qui nous explique comment le bey de Fez et celui de Tunis furent informés presque aussitôt des événements et firent mine de vouloir reprendre Majorque; mais leurs tentatives, peu sérieuses du reste, furent prévenues par Nuño Sanchez, qui arma deux vaisseaux pour surveiller les côtes de Barbarie [2]. Il ne restait donc, en réalité, qu'à disperser les rebelles commandés par Ibn-Sheyri.

Jacques Ier, après avoir accordé à ses troupes un repos bien gagné, entreprit courageusement cette tâche. Mais elle lui fut rendue difficile par de nouvelles et terribles pertes. Peu de temps après l'occupation de Palma, une effrayante mortalité se déclara dans l'armée chrétienne et lui enleva ses chefs les plus estimés, le comte d'Ampurias, Raymond Alaman, Guillaume de Claramunt, d'autres encore. En même temps, son effectif se trouvait réduit par le départ d'un certain nombre de croisés, qui avaient voulu sans plus tarder regagner leurs foyers. Pour combler ces vides désastreux, Pierre Cornell fut envoyé en Aragon, où il recruta cent cinquante chevaliers avec leur suite. En outre, quelques « riches hommes » du pays furent requis de rendre au roi le service féodal. Puis l'ordre de Saint-Jean de Jérusa-

---

1. Al-Makhzumi, dans Gayangos, II, 329 et ss.
2. V. Marsilio, ch. xli; Quadrado, *Conquista*, p. 360; Gayangos, II, 332, etc.

lem, jaloux des lauriers des chevaliers du Temple, et habitué comme eux à la guerre contre les Maures, apporta son précieux concours, et voulut au moins figurer parmi les ouvriers de la dernière heure. Mais Jacques n'attendit point l'arrivée de tous ces renforts, et, dès les premiers mois de l'année 1230, il se lança avec une poignée de chevaliers à la poursuite des Sarrazins, retranchés dans les gorges de Soller et de Bañalbufar. Il était accompagné d'un autre Guillaume de Moncade, fils de Raymond de Moncade, tué à la journée de Portupi[1], de Nuño Sanchez, de Pierre Cornell, déjà revenu avec ses nouvelles recrues. Mais les gens de pied qui le précédaient ne purent gravir les rochers, et, se trouvant en face de trois mille adversaires, se replièrent sur Inca, où il les rejoignit pour rentrer de là dans la capitale.

Une seconde expédition, à laquelle prirent part Nuño, Ximénès d'Urrea, le maître de l'Hôpital et l'évêque de Barcelone, fut un peu plus heureuse : l'ennemi s'était enfermé, à leur approche, dans de vastes cavités creusées sous le roc, aux environs d'Arta ; quinze cents hommes furent cernés dans un de ces souterrains et emmenés captifs avec une quantité considérable de bétail, dont l'armée d'occupation avait le plus grand besoin. Enfin, lorsque les « riches hommes » d'Aragon furent arrivés en partie avec leurs troupes (un de leurs vaisseaux avait été repoussé par les vents sur la côte de Tarragone), on put entreprendre une campagne plus sérieuse. Après avoir fait, au commencement de l'hiver, une courte apparition en Catalogne, où le rappelaient les affaires de l'État, Jacques revint précipitamment dans son nouveau royaume, car on y avait répandu le bruit d'une prochaine attaque du bey de Tunis, et, se mettant à la tête de toutes ses forces, il s'avança résolument dans les montagnes. Ibn-Sheyri lui opposa, paraît-il, une résis-

---

1. Ce jeune Guillaume de Moncade demeura longtemps à Majorque et prit part aux principaux actes concernant l'organisation du royaume, au bas desquels son nom est écrit *G. R. de Montecathano*. Un autre Moncade, sans doute un second Raymond, a signé plusieurs de ces actes *R. de Montecathano*. (Documents, n^{os} V, VII, VIII, X, XX à XXIII).

tance héroïque; mais ce redoutable chef perdit la vie dans une rencontre meurtrière, le 14 février 1231, et sa mort entraîna la fin de la lutte. Trois places importantes, Alaro, Pollenza, Santueri, tombèrent coup sur coup au pouvoir des chrétiens. Le nouveau commandant des rebelles [1] offrit de se rendre, à la condition que le roi pardonnât à lui et aux siens et permît à ces derniers de demeurer dans l'île; ceux qui refuseraient seraient abandonnés à la merci du vainqueur. Une convention fut signée sur ces bases et scellée du grand sceau royal [2]. Environ deux mille Sarrazins ne voulurent point y souscrire et continuèrent encore quelque temps à tenir la campagne. Mais le Conquérant, après une nouvelle absence, revint, au mois de mai, mettre à la raison ces derniers défenseurs d'une puissance à jamais écroulée : les uns furent laissés dans le pays à titre de colons; les autres furent cédés en qualité de « captifs » aux seigneurs qui s'étaient signalés par leurs prouesses [3].

Les Maures ne furent donc pas entièrement expulsés de Majorque. Ceux qui purent ou qui voulurent y rester furent réduits à une condition inférieure; mais cette condition fut très inégale. Tandis que les sujets qui s'étaient volontairement soumis purent se livrer à la culture et jouir d'une indépendance relative moyennant le payement d'un impôt spécial, le reste (la minorité, il est vrai) se vit condamné à une servitude d'une espèce particulière, et ces « captifs », classe distincte des esclaves étrangers, se rencontrent encore près d'un siècle après la conquête [4]. Les premiers purent conserver des propriétés; quelques-uns obtinrent même des lots dans la distribution des terres faite par les répartiteurs officiels [5]. Tous furent soumis aux mêmes autorités et aux mêmes

---

[1]. La chronique l'appelle *Xuayp*, nom évidemment estropié. (Marsilio, ch. XLIII.)

[2]. L'acte ne se retrouve pas; mais il est décrit par Marsilio (*ibid.*).

[3]. Chron. de Jacques I*er*, ch. XCIX; Marsilio, ch. XXXVI-XLIV; Gayangos, II, 331 et ss. Zurita se trompe donc lorsqu'il dit (I, 139) que la soumission des Maures de Majorque fut déterminée par celle de leurs voisins de Minorque; celle-ci n'eut lieu qu'un peu plus tard.

[4]. Marsilio, ch. XXIV; Documents, n° XXII.

[5]. Arch. de Barcelone, reg. 26.

lois que les chrétiens. Cependant on les laissa suivre, jusqu'à un certain point, leur religion. Sans les contraindre à embrasser immédiatement le christianisme, on institua pour eux, comme pour les Juifs, de véritables conférences, où ils étaient tenus d'assister et de discuter avec les Frères Prêcheurs. Un certain nombre finit par se convertir de la sorte, et put jouir alors des mêmes droits, des mêmes privilèges que les chrétiens de naissance, sans qu'il fût permis de leur reprocher leur changement de croyance ni de les traiter de renégats [1]. Mais il resta longtemps parmi eux des sectateurs de Mahomet; il y en avait encore au temps de l'illustre Raymond Lull, qui, vers l'an 1300, travailla à les ramener par la prédication [2]. A la longue, ces débris de la race vaincue se fondirent, sous tous les rapports, avec celle des nouveaux maîtres du pays; et ainsi s'explique le mélange des types qui frappe, encore aujourd'hui, l'œil de l'observateur dans cette contrée si curieuse.

Une quantité d'Arabes était allée, comme nous l'avons vu, grossir la population des îles voisines, et le sort de ceux-là fut encore plus doux. En effet, Jacques Ier ne songea pas à entreprendre la conquête immédiate du reste de l'archipel; il avait assez à faire à Majorque. Mais une négociation heureuse et fort habilement conduite devait, dès 1231, faire des habitants de la seconde Baléare ses vassaux et ses tributaires. A son retour de Catalogne, et sur la proposition de Raymond Serra, commandeur des Templiers, qui, sans doute, avait sondé le terrain en son absence, il envoya

---

[1] « *De Judeis et Sarracenis ad cristianam fidem conversis, quod bona libere retineant; quod sint ejusdem conditionis et gaudeant eadem libertate ac ceteri cristiani; quod nemo audeat eis improperare conversionem suam, ipsos vocando* RENEGATS *vel* TORNADISSOS; *quod Fratres Predicatores possint cum Sarracenis et Judeis conferre et disputare, et isti debeant ipsis respondere; quod neophiti ad audiendas et observandas dictorum fratrum admonitiones et correctiones possint etiam cum pena compelli.* » (Constitution de Jacques II; Arch. de Palma, *Libre d'en Sant-Pere*, f° 114.) Des conférences religieuses du même genre furent inventées, dit-on, par S. Raymond de Pennafort. Les Sarrazins et les Juifs d'Aragon étaient également tenus d'assister aux prédications des Dominicains et à celles des Franciscains. (Tourtoulon, II, 165, 380.)

[2] V. *Hist. littér. de la France*, XXIX, 4.

au gouverneur de Minorque une ambassade composée du même commandeur, de Bernard de Sainte-Eugénie et d'Assalit de Gudal, avec la mission de faire reconnaître sa suzeraineté. Ces trois délégués, profitant des navires qui avaient ramené leur souverain, firent aussitôt voile pour Ciudadela, et furent reçus avec tous les honneurs dus aux représentants d'un conquérant redouté. Pendant qu'ils négociaient, de grands feux allumés sur la côte d'en face, à Majorque, portaient la terreur dans l'esprit des Sarrazins et leur faisaient croire qu'une armée entière se tenait là, prête à envahir leur île ; ce qui avança singulièrement la conclusion du traité [1]. D'après un auteur musulman, le gouverneur, qui était un lettré assez célèbre, andalou d'origine, et qui avait accueilli avec générosité ses compatriotes fugitifs, s'appelait Abou-Othman [2]. Mais l'acte signé par ses propres ambassadeurs, le 17 juin, au cap de la Pedra, où Jacques était allé attendre le résultat de sa démarche, lui donne le nom d'Aboabdille-Mafomet-Abenixem, avec la haute qualité d'*alfaqui* [3] et le titre d'*alcady et alcaïd*. Ce très curieux document nous est parvenu en latin, sous la forme d'un transcrit authentique daté de 1281 [4]. En voici les principales clauses :

L'alfaqui, entouré du conseil des anciens, gouvernant avec lui le pays [5], reconnaît le roi d'Aragon et ses successeurs pour ses seigneurs naturels, lui rend l'hommage, lui jure fidélité et renonce à tous les serments, à toutes les conventions qui peuvent le lier à un autre. Il met sous sa puissance le château ou la citadelle de Minorque (Ciudadela). Sur la plus haute tour de cet édifice, l'étendard d'Aragon sera hissé par cinq chevaliers, qui proclameront à haute voix le nom et le règne de Jacques Ier ; puis le château

---

1. Chron. de Jacques Ier, ch. cIII; Marsilio, ch. xLvi et s.
2. Gayangos, II, 333.
3. Terme analogue à celui de docteur, mais qui paraît désigner aussi, chez les Maures des Baléares, un chef supérieur. Plusieurs autres signataires de l'acte sont également qualifiés d'*alfaqui*.
4. Bibl. nat., ms. lat. 9261, n° 1 ; de Mas-Latrie, *Traités*, p. 182 (documents).
5. Un conseil d'anciens assistait aussi l'émir de Majorque. (V. Marsilio, ch. xxvIII.)

sera remis à l'alfaqui ou à son lieutenant, lequel devra être confirmé par le roi.

Celui-ci percevra chaque année, à titre de tribut, neuf cents *almudins*[1] d'orge et cent de froment, cent têtes de bœufs ou de vaches, trois cents têtes de chèvres ou de chevreaux, deux cents têtes de moutons ou de brebis et deux quintaux de beurre (*mantega*).

L'alfaqui protégera les sujets du roi d'Aragon et leurs biens, fera la paix ou la guerre comme ce prince l'ordonnera, dans l'intérieur de l'île, et ne recevra aucun de ses ennemis ni aucun corsaire.

Si un prisonnier ou captif s'évade à l'avenir de Majorque et se réfugie à Minorque, il le rendra à qui de droit, excepté dans le cas où le fugitif serait originaire du pays.

Jacques, de son côté, s'engage à protéger sur terre et sur mer les habitants de Minorque et leurs biens, et à les défendre contre leurs ennemis tout comme ses propres sujets. Par faveur spéciale, il leur accorde que nul chrétien ni juif ne puisse fixer sa résidence dans leur île sans leur exprès consentement.

Il confirme dans sa charge l'alfaqui actuel, le vénérable Aboabdille Abenixem; et, après la mort de celui-ci, les habitants éliront eux-mêmes leur alfaqui, en le choisissant parmi eux, mais en le faisant confirmer par le roi d'Aragon.

Les Maures de Minorque pouront venir commercer librement sur les terres du roi, sans être soumis à aucune taxe.

Les navires sarrazins qui viendront à Minorque pour cause de négoce ne seront pas inquiétés tant qu'ils seront à la côte ou dans le port; mais, hors de là, cette garantie cessera.

Les Minorquins auront la faculté d'aller habiter, soit sur les terres des Sarrazins, soit sur celles des chrétiens, avec l'autorisation de l'alfaqui; s'ils veulent y demeurer, ils

---

[1]. Mesure de terre valant la moitié d'un *minot* de Paris. (V. Du Cange, ALMUDADA.)

seront soumis à la même juridiction que les Sarrazins du lieu où ils fixeront leur séjour.

Si quelque sujet aragonais s'empare de la personne de l'un d'eux, le roi le lui fera rendre, avec tout ce qui lui appartiendra [1].

Tel est le régime mixte qui fut accepté avec empressement par les Maures de la seconde Baléare, afin d'éviter le sort de ceux de la première. On peut le rapprocher de celui que la France a imposé récemment à certaines contrées d'Asie ou d'Afrique. C'est, en effet, un véritable protectorat. Il devait durer jusqu'en 1287, date où la prise de Minorque par Alphonse III d'Aragon fit succéder la rigueur à la tolérance, multiplier les taxes, et amena l'expulsion à peu près complète de la race arabe [2].

Pour l'île d'Iviça, elle fut rattachée au nouveau royaume baléarique un peu plus tard que celle de Minorque, mais par des liens plus étroits. En 1235, Guillaume de Montgri, sacristain de Girone et archevêque élu de Tarragone, obtint du roi l'autorisation d'opérer pour le compte de son église métropolitaine la conquête de cette terre, demeurée jusque-là insoumise [3]. Aidé par Nuño Sanchez et par l'infant Pierre de Portugal, il fit faire une descente au port de Castel, qui se rendit après un siège assez court. L'île fut placée depuis sous la dépendance directe des archevêques de Tarragone et sous la suzeraineté du roi d'Aragon [4]; mais, comme elle était moins bien défendue que Majorque, elle fut plus d'une fois en butte aux retours offensifs des Sarrazins [5]. Pour-

---

1. Bibl. nat., *ibid.*
2. Arch. de Barcelone, Registres d'Alphonse III, n° 70; Arch. nat., J 715, n° 305¹⁵; Baluze, *Vit. pap. Avenion.*, II, 21.
3. L'île d'Iviça est nommée, comme celle de Minorque, dans un privilège conféré aux habitants des Baléares en 1233 (Documents, n° V); mais c'est uniquement en prévision d'une occupation que l'on regardait comme prochaine.
4. En 1277, Bernard, archevêque de Tarragone, reconnut tenir en fief de Jacques, roi de Majorque, tout ce qu'il possédait dans les îles d'Iviça et de Formentera. (Bibl. nat., ms. lat. 9261, n° 10.)
5. Marsilio, ch. XLVIII. Le chroniqueur appelle, à cette occasion, l'île d'Iviça « la troisième Baléare ». Cf. la Chronique de Saint-Denis, très inexacte sur ces faits. (*Histor. de la France*, XXI, 107 et ss.)

tant ses anciens habitants ne furent point chassés. Ils conservèrent même leurs propriétés et en acquirent de nouvelles; car nous voyons, l'année même de cette conquête, le lieutenant de Jacques Ier donner à plusieurs Maures d'Iviça des fermes, des hameaux (*alquerie, rafal*), aux seules conditions de ne reconnaître aucun autre seigneur, de lui remettre, chaque année, la moitié des produits de leurs domaines, plus certaines rentes en nature pour le *baile* ou gouverneur qu'il leur assignera, et enfin de lui rendre, moyennant indemnité, le service militaire, quand besoin en sera [1]. Le roi reprit plus tard le domaine direct, et en disposa pleinement en faveur de son fils cadet Jacques, auquel il donna toute l'île en franc aleu, par acte du 11 janvier 1257 [2]. Ainsi Iviça se trouva purement et simplement annexée au royaume de Majorque; mais la population sarrazine y demeura plus nombreuse et plus libre : les conquérants ne se partagèrent point les terres.

Le repeuplement de Majorque se fit de la manière la plus simple et la plus rapide. Non seulement tous les individus qui avaient pris part à l'expédition, à quelque nationalité qu'ils appartinssent, furent invités à établir leur résidence dans l'île, sans toutefois y être contraints, mais on fit appel à la bonne volonté de tous les habitants des contrées voisines, et on les attira par les privilèges les plus séduisants. Il en vint du Languedoc, de Montpellier, de Marseille, de toutes les provinces où l'on avait entendu parler de la conquête et qui avaient déjà fourni au roi d'Aragon des soldats ou des marins. Les colons formèrent une classe sociale à part, pour laquelle on inventa un nom spécial : les *peupleurs* (*populatores, pobladors*) [3]. Pour avoir droit à cette qualité et aux avantages qu'elle conférait, la première condition était d'avoir un domicile à Majorque, ou au moins dans une des îles

---

[1]. Acte du 10 septembre 1235. Bibl. nat., ms. lat. 9261, n° 2; de Mas-Latrie, *Traités*, p. 185 (documents).
[2]. Documents, n° XIII.
[3]. Ce mot est assimilé à celui d'*habitatores* dans les actes officiels. (Documents, n°s III, VI, VIII, XII, XXV.)

voisines, et de ne s'en absenter que rarement. Il fallait, en un mot, adopter complètement cette nouvelle patrie, et, autant que possible, y faire souche [1]. On acquérait par là le droit d'être compris dans la répartition des terres et le premier de tous les privilèges, celui de la propriété pleine et entière.

Cette répartition, pour laquelle une commission avait été nommée, on se le rappelle, avant le départ du corps expéditionnaire, eut lieu dans le cours des années 1231 et 1232. Deux des commissaires, Guillaume et Raymond de Moncade, étaient morts avant le commencement des opérations; mais, avant même que le siège de Palma ne fût terminé, on les avait remplacés par Raymond Alaman et Bérenger d'Ager, catalans, auxquels on avait adjoint deux délégués supplémentaires d'origine aragonaise, Ximénès d'Urrea et Pierre Cornell [2]. Ce fait semble donner à entendre que, dès ce moment, des travaux préliminaires furent entrepris, et peut-être des domaines distribués dans la région soumise au roi d'Aragon. Toutefois le partage ne fut achevé et réglé définitivement par écrit que le 1er juillet 1232. Pour l'opérer, toute l'île, ou du moins toute la partie disponible et abordable, fut divisée en un certain nombre de lots, dont l'étendue et les limites furent déterminées par un arpenteur (*mensurator*), marchant, la corde à la main, de village en village. Cette corde avait quarante brasses, et chaque brasse, disait-on, représentait la longueur du bras du Conquérant [3].

Quand tous les immeubles furent ainsi cadastrés, on fit du tout huit grandes parts, à peu près équilibrées, dont quatre furent dévolues au roi et quatre aux grands barons. Les premières comprenaient les districts d'Inca, de Pollenza, de Sineu et Petra, d'Arta, de Montueri, des Montagnes, et la moitié de celui de la capitale; les dernières, les districts de Muso et Bunyola, de Canarrosa, de Suliar, de Muro, de Manacor, et la moitié occidentale de celui de Palma, englo-

---

1. Documents, n°s III, V, X.
2. Documents, n° II.
3. Arch. de Barcelone, reg. 26, p. 33.

bant Calvia, Andraix et Puigpuñent. Les seigneurs auxquels celles-ci furent attribuées étaient ceux qui avaient fourni ou commandé les principaux corps d'armée : Nuño Sanchez en eut une; l'évêque de Barcelone, Raymond Bérenger d'Ager et quelques autres barons eurent conjointement la deuxième ; le comte d'Ampurias, l'évêque de Girone, l'abbé de Saint-Félix eurent la troisième ; le vicomte de Béarn, Bernard de Sainte-Eugénie et le sacristain de Barcelone eurent la quatrième. Comme la part du roi était plus considérable que celle qu'il devait avoir en vertu des arrangements signés à Tarragone, c'est-à-dire supérieure à la proportion des chevaliers amenés par lui à Majorque, on convint de prendre sur elle celle de quelques autres chefs, comme Guillaume de Moncade, fils de Raymond, Guillaume de Claramunt ou ses héritiers, Raymond Alaman, et aussi celle de l'ordre du Temple. Puis chacun des titulaires subdivisa son lot en petits domaines et les distribua à ses gens, au prorata du nombre de cavaliers ou de chevaux qu'ils avaient conduits ; c'est pourquoi ces fractions minuscules du territoire furent appelées, suivant l'usage aragonais, des *chevaleries (caballerie)* [1]. Dans le nombre, cinq cent vingt-cinq chevaleries échurent aux Templiers, cent quarante-huit aux Hospitaliers de Saint-Jean, vingt-huit aux marins génois, dix-huit aux gens de Narbonne, vingt-deux à ceux de Prades, quarante-huit à ceux d'Argelès, six cent trente-six à ceux de Marseille, ville qui eut la plus forte part après Barcelone. Beaucoup d'*alquerie*, de moulins, de fours, de maisons d'habitation ou d'*albergs*, furent donnés à des roturiers, à de simples *peupleurs*. La ville de Montpellier eut pour sa part un lot de cent maisons, qui furent concédées aux deux consuls qu'elle entretenait à Majorque, pour être réparties entre ceux de leurs concitoyens

---

[1]. *Cavalleria*, d'après quelques auteurs, était ordinairement la part de terre du simple chevalier. Ce terme s'appliquait aussi, en Aragon, à une rente accordée pour services militaires et dont l'unité paraît avoir été de 15 livres. (V. Brutails, *Documents des Archives de la Chambre des comptes de Navarre*, p. xxviii.)

qui voudraient s'y fixer, et pour être tenues librement, avec leurs dépendances en prés, pâtures, eaux, bois, vignes, etc.[1]. Tous les champs qui entouraient la ville de Palma furent assignés à des horticulteurs, qui s'engagèrent à en faire des jardins, des vergers, et à ne pas les aliéner avant un certain temps. Dans l'intérieur de la cité, ou même dans l'enceinte de l'*Almodayna*, qui devint la résidence royale et aussi le siège de la justice, des hôtels (*hospitia*), des boutiques (*operatoria*) furent cédés par le roi ou par les seigneurs à des commerçants, à des bourgeois. Le livre de la Répartition désigne tous ces immeubles par leurs noms arabes, car ils n'en avaient pas encore d'autres[2]. Les détails de toute espèce que fournit ce précieux document ont permis à l'archiviste actuel de l'ancien royaume de Majorque de dresser une véritable statistique de l'île au moment du partage[3]; mais ces particularités n'offrent guère d'intérêt que pour l'histoire locale.

Une autre pièce, unique dans son genre, nous fait voir de quelle manière et dans quelles conditions les terres étaient adjugées aux concessionnaires du second degré. C'est un acte de donation passé, le 14 octobre 1231, au profit d'un nommé Ponce Aloard par deux *donateurs de chevaleries*, établis par Bernard de Sainte-Eugénie, lieutenant du roi. Le territoire cédé consiste dans la moitié d'une *alqueria* et d'un *raal*, situés dans le district de Pollenza, qui était compris, comme on l'a vu, dans la portion royale. Cette moitié de domaine rural renfermait des pâturages, des vignes, des bâtiments, des pêcheries. Elle est cédée au nouveau proprié-

---

1. La concession fut confirmée et renouvelée par acte du 27 août 1231. Les rues où étaient situées ces maisons sont désignées dans le texte. (Arch. municip. de Montpellier, Arm. des petits tiroirs, tir. 16, n° 1.)

2. Arch. de Barcelone, *ibid.*, passim; *Coleccion de documentos ineditos del Archivo general de la corona de Aragon*, t. XI, p. 1-149. D'autres exemplaires du *Repartimiento* existent en manuscrit aux archives de Palma. Il faut rapprocher ce partage de celui qui fut fait après la conquête de Valence. Dans ce dernier, malgré quelques ressemblances, on ne trouve pas trace d'une division en grands lots ni d'une subdivision ultérieure. (V. Tourtoulon, *Les Français aux expéditions de Majorque et de Valence*, p. 3 ; *Jacme Ier*, 388 et ss.)

3. Quadrado, *Conquista de Mallorca*, p. 432 et ss.

taire en franc aleu et en héritage perpétuel, avec faculté d'en disposer à son gré en faveur de n'importe qui, *exceptis militibus et sanctis,* suivant la formule consacrée [1]. Des contrats en règle accompagnaient donc chaque concession, et les répartiteurs n'attendaient pas, pour les échanger, que les opérations fussent terminées, puisque l'acte en question est antérieur au 1er juillet 1232. Le livre rédigé à cette dernière date n'est autre chose que l'enregistrement et le relevé général de toutes ces donations particulières.

Le régime de la propriété implanté à Majorque est, on le voit, celui de l'indépendance absolue, et le fait vaut la peine d'être signalé, à une époque où les mille complications de la féodalité enserraient toutes les possessions territoriales comme les mailles d'un réseau inextricable. Les chartes royales promulguées par Jacques Ier pour la constitution du nouveau royaume consacrent à plusieurs reprises ce caractère si remarquable, et tout à fait rare pour la petite propriété. Elles répètent, en l'entendant d'une manière générale, la formule que nous venons de rencontrer dans la donation faite à Ponce Aloard; la première stipule même que tous les actes de cette catégorie devront garantir la franchise de l'immeuble cédé [2]. Toutes les dispenses, toutes les faveurs sont accordées aux propriétaires majorquins. Ils peuvent disposer de leur héritage comme ils l'entendent, soit par testament, soit par contrat de mariage, et, en cas de succession indivise, leurs enfants peuvent se partager les biens paternels sans avoir de droits à payer, sans même avoir besoin du consentement du seigneur. Une autre charte va jusqu'à les relever de l'obligation de se racheter ou d'indemniser leur ancien seigneur, dans le cas où ils auraient délaissé, pour se fixer aux Baléares, un fief ou une tenure, soit en Catalogne, soit ailleurs [3]. La seule personne dont ils dépendent, c'est le roi. Les terres concédées aux nobles portent bien le titre d'*honores;* mais la condition légale de ces

---

1. Arch. nat., P 1354¹, n° 837; Documents, n° IV.
2. Documents, n° III.
3. Documents, n°ˢ VIII, X, XXVI.

Tome I. 6

terres et de celles des roturiers est la même. Plus tard, ce régime primitif s'altérera par la force des choses. En 1273, en 1276, quelques redevances féodales, et aussi quelques censives, se rencontrent déjà dans les actes [1]. Mais, pendant longtemps, les traces de la pensée libérale qui avait présidé, dans cet heureux pays, à l'organisation de la propriété persisteront dans les usages comme dans la langue courante.

Après avoir repeuplé l'île, après avoir renouvelé la classe des propriétaires, il fallait établir une administration régulière et douce, capable, elle aussi, d'attirer et de retenir les colons. Jacques Ier s'en occupa presque aussitôt; mais il n'atteignit son but que par étapes successives, et même, pour bien dire, l'œuvre ne fut couronnée que par son fils. Les constitutions dont je viens de parler, et qui forment presque toute la législation primitive du nouveau royaume, ou, en d'autres termes, son *fuero*, s'échelonnent de 1231 à 1276. Jusqu'à présent, la première seule était connue dans sa teneur originale[2]; les quinze autres sont inédites : c'est pourquoi j'ai tenu à les reproduire *in extenso*, d'après le manuscrit contemporain où je les ai retrouvées[3]. Plutôt que d'analyser l'une après l'autre ces chartes d'une importance capitale, qui ont servi de fondement à tout l'État baléarique, je vais essayer d'en extraire la substance dans un ordre méthodique, en les combinant de manière à présenter un tableau succinct du régime local parvenu à son entier développement. Le texte des documents aidera le lecteur à remettre, s'il le désire, chaque détail à sa place chronologique.

Le premier principe de ce régime, c'est que les personnes sont, comme les biens, entièrement franches et libres, quittes de toute servitude, de toute corvée, de toute contribu-

---

1. Documents, n°s XVIII, XXVI.
2. Dameto, *op. cit.*, p. 265; *Coleccion de documentos ineditos*, etc., XXIX, 5; Quadrado, *Conquista*, p. 420. Ces reproductions du premier privilège de Majorque ne sont même pas complètes : les articles ajoutés en 1257 n'y figurent pas.
3. Reg. 26 des Archives de Barcelone, à la suite du *Repartimiento;* Documents, n°s III, V-XII, XVIII-XXIII, XXV, XXVI.

tion. Aucune ordonnance, aucune concession royale, passée ou future, ne peut justifier une dérogation à cette règle absolue. L'immunité s'étend aux impôts ordinaires ou extraordinaires, notamment aux leydes, aux péages, aux poids et mesures, aux droits de transit sur terre et sur mer, aux droits de pêche (excepté toutefois dans les étangs, qui sont réservés au roi), aux redevances sur le bétail, sur les herbages, sur les denrées de toute espèce, ou aux sommes dues pour leur rachat. Elle suit les habitants de Majorque, de Minorque et d'Iviça, non seulement dans tout l'archipel des Baléares, mais à Barcelone, à Valence, à Collioure, à Denia, dans tous les ports, dans tous les pays soumis au roi d'Aragon. Elle est confirmée à plusieurs reprises. Les bailes et autres officiers royaux, les barons, les possesseurs de fiefs situés à Majorque ou dans ses dépendances, ainsi que leurs officiers particuliers, doivent jurer de l'observer. Si quelqu'un d'eux viole ce privilège, l'individu lésé ou ses ayants cause n'auront qu'à venir se présenter devant le roi, et toute poursuite, toute réclamation cessera aussitôt; le souverain ou sa cour jugeront l'affaire dans un délai déterminé. Toutefois les impôts communaux sont autorisés, et tous les propriétaires terriens, nobles ou roturiers, tous les magistrats, juges, légistes et avocats, les clercs seuls exceptés, sont obligés de contribuer aux collectes faites pour le bien ou la commodité de l'ensemble des citoyens [1].

Le commerce lui-même est débarrassé de toute entrave; et ce n'était pas là un mince avantage pour un pays vivant principalement du trafic maritime. Les marchandises quelconques peuvent, comme leurs porteurs, stationner et circuler librement partout; les ports sont francs, et le droit de naufrage est aboli sur les côtes. Un marché hebdomadaire est institué dans la capitale, le samedi. La vente du blé ne peut être l'objet d'aucune mesure coercitive ou prohibitive, si ce n'est en cas de disette. Si une certaine quantité du blé

---

1. Documents, n°ˢ III, V, VI, X-XII, XVIII, XXI, XXIII.

vendu et payé demeure autour de la *quartière,* ou du récipient qui a servi à le mesurer, ce reste est laissé au vendeur, sans que les officiers ou les agents du roi puissent y rien prétendre ; ils ne peuvent réclamer que le prix du mesurage. Les fruits verts vendus en corbeilles ne sont soumis à aucune taxe ; seuls, les fruits secs payent une légère redevance (on ne s'explique guère cette exception). Des précautions sont prises contre les faux poids et les fausses mesures. Le commerçant qui revend du vin, de la farine ou d'autres comestibles en trompant sur la quantité perd toute sa marchandise, et, dans ce cas, un tiers est acquis à la cour du roi, les deux autres tiers au *mur de la cité,* ou à l'octroi municipal. Le boulanger qui livre du pain n'ayant pas le poids est condamné au carcan[1] ou à cinq sous d'amende, dont les deux tiers pour la cour et le tiers pour le *mur.* Nul n'est tenu d'avoir le poids du roi, ni de faire crier le prix de ses marchandises ; mais, du moment qu'elles sont mises en vente, il doit les livrer toutes au prix annoncé. Les délits concernant les poids et mesures sont jugés publiquement, en présence des prud'hommes de la cité[2].

Ces prud'hommes ou bourgeois forment l'*université,* c'est-à-dire la commune, comme l'on disait en France. Ils sont représentés par un conseil, qui constitue le premier degré de la juridiction locale, et le mode adopté pour le recrutement de cette magistrature, comme les pouvoirs exercés par elle, dénotent un esprit aussi sage que libéral. Le conseil se compose de six *jurés,* choisis parmi les habitants du pays. Ces jurés sont chargés d'administrer et de gouverner, non seulement la ville, mais l'île tout entière, sous l'autorité du roi et pour le plus grand bien de la communauté. Ils s'adjoignent eux-mêmes et choisissent, comme ils l'entendent, un certain nombre de conseillers supplémentaires, pour les assister et les aider dans leurs travaux. L'autorité supérieure

---

1. *Ponatur in costello.* Du Cange, qui cite, au mot Costellum, le recueil manuscrit des libertés de Majorque, n'explique pas suffisamment en quoi consistait cette torture.
2. Documents, nos III, VI, VIII, XI, XVIII.

laisse les uns et les autres complètement maîtres de leur administration et s'abstient de toute réclamation à son sujet, pourvu qu'elle soit juste. Voici maintenant comment le conseil se recrute.

Chaque année, à la fête de Noël, les six jurés, réunis devant le *baile*, ou gouverneur royal, procèdent à l'élection de leurs remplaçants. Ils les prennent parmi les citoyens les plus expérimentés, sans avoir égard aux considérations de famille, d'amitié ou d'intérêt, et ils présentent les nouveaux élus au roi s'il se trouve dans l'île, au gouverneur si le roi est absent. Puis, en présence des prud'hommes assemblés, les nouveaux jurés prononcent à haute et intelligible voix le serment suivant :

« Moi, un tel, je promets d'employer tout mon pouvoir et tous mes moyens, sous la réserve des droits du roi de Majorque et de la fidélité que je lui dois, à procurer le bien commun de la ville, du royaume et de leurs habitants ; d'éviter tout ce qui leur serait dommageable ou inutile ; de ne recevoir aucune rétribution ni aucun salaire ; d'appeler avec mes collègues, pour nous assister, des conseillers fidèles et compétents ; d'élire, au bout de l'année, six autres prud'hommes, pris parmi les plus dignes, pour exercer l'office de jurés ; de n'assumer aucune juridiction, aucune autorité arbitraire, et de garder les droits du roi. Je le jure, sans dol ni fraude, par Dieu et sur les saints évangiles. »

Les jurés élus ne peuvent ni s'excuser ni refuser le fardeau qui leur incombe. Ils ne sont pas rééligibles l'année suivante. On ne doit pas en prendre plus d'un à la fois dans la même maison, dans la même famille. Un seul, sur les six, peut être choisi parmi les chevaliers [1]. Tous sont tenus de prêter aide et conseil aux officiers royaux, chaque fois qu'ils en sont requis. Enfin les conseillers adjoints sont également renouvelés tous les ans.

---

1. D'après Bover, ce juré noble s'intitulait le juré en chef ; le second et le troisième jurés appartenaient à la classe des citoyens militaires, le quatrième et le cinquième à celle des négociants, le sixième à celle des artisans. (*Noticias de la isla de Mallorca*, p. 197.) Mais ces usages ne paraissent pas s'être établis à l'origine, et nos chartes n'en contiennent pas la trace.

La ville a, comme nous venons de le voir, le droit de s'imposer elle-même pour subvenir aux besoins communs. Elle a son octroi. Elle a la faculté, elle a même l'obligation de faire faire par les prud'hommes le service du guet, avec le concours du gouverneur. D'autre part, si le roi ordonne un armement pour la défense de l'île, elle doit contribuer aux frais, et tous les habitants, seigneurs ou bourgeois, ont à en supporter leur part. Mais, en dehors de ce cas, ils sont exempts des charges militaires (excepté, bien entendu, le service féodal pour les chevaliers); s'ils consentent à s'y soumettre, c'est par une concession exceptionnelle et sur la prière expresse du souverain. Par exemple, ils doivent participer aux dépenses nécessaires pour la réparation ou l'entretien des fortifications, de même qu'à celles qui peuvent être faites pour amener des eaux dans la capitale; toutefois ceux-là seuls qui usent des eaux nouvellement apportées sont astreints à cette dernière contribution. En revanche, la ville a ses biens communaux. La plage et le môle lui appartiennent en toute propriété. Elle seule a le droit d'y entreprendre des constructions, des travaux quelconques, d'y établir des ateliers ou des magasins, pour la plus grande utilité des étrangers qui fréquentent le port; et, là encore, les plus larges immunités lui sont accordées [1].

A côté de l'administration municipale, et au-dessus d'elle, fonctionnent les services de l'administration royale. A la tête de celle-ci est placé le *baile* (*bajulus*) mentionné tout à l'heure, car les lieutenants du roi ne sont que des délégués extraordinaires. Les attributions de ce gouverneur, qu'on appela un peu plus tard le *baile général,* pour le distinguer des autres fonctionnaires du même nom, sont à la fois judiciaires et administratives, suivant l'usage de l'époque. De même pour celles de son subdélégué le *viguier* (*vicarius*), chargé spécialement de la police, et de ses autres subordonnés, désignés sous le titre générique d'*officiales* [2]. Des

---

[1]. Documents, nos IX, X, XVIII-XXI, XXIII.
[2]. Le baile et le viguier composaient aussi l'administration provinciale en Catalogne.

bailes particuliers ou sous-bailes sont préposés au gouvernement de quelques-unes des principales localités de l'île ou du royaume. Toutefois, à l'origine, le baile de la cité de Majorque est le seul préfet et le seul juge. Le baile et le viguier, qui représentent le bailli et le prévôt des provinces françaises du nord, sont à la nomination exclusive du roi. Le second ne peut ni acheter ni louer sa charge, comme cela se pratique en beaucoup de pays ; interdiction constituant un notable progrès, car les plus graves abus résultaient de la vénalité des prévôtés ou des vigueries : elle est évidemment dictée par l'exemple de saint Louis, ou tout au moins par l'influence des idées qui lui firent transformer le prévôt de Paris en fonctionnaire rétribué par l'État, ce qui eut lieu quinze ou vingt ans avant l'ordonnance prohibitive de Jacques Ier, datée de 1273. Il est défendu au baile comme au viguier, tant qu'ils sont en fonctions, d'acquérir aucune propriété, aucun immeuble, soit par eux-mêmes, soit par un intermédiaire, et d'intenter ou de soutenir aucun procès ; s'ils le font, l'acquisition ou l'action ne sera pas valable. Voilà encore un point où le législateur se rencontre avec les fameuses ordonnances du roi de France. Ils jurent, au moment de leur nomination, d'observer les privilèges et les franchises concédés à l'ensemble des habitants. S'ils manquent à leur serment et que la personne lésée ait recours au roi, il est aussitôt sursis à l'affaire, comme il a été dit plus haut [1].

La justice est rendue de la manière suivante. En principe, elle est entièrement gratuite. Ni la cour, ni le baile, ni leurs agents ou *saions* [2] ne peuvent recevoir de rémuné-

---

1. Documents, n°s III, V, VIII, XVIII, etc. Bover a essayé d'établir la liste des premiers bailes et des premiers viguiers de l'île (*Noticias*, p. 202, 206). Cette liste est nécessairement incomplète : Bérenger Arnauld ou Arnaldi, mentionné comme baile de Majorque dans une de nos chartes, datée de 1276, n'y est point porté, ainsi que d'autres probablement. Le premier qui exerça ces hautes fonctions est Jacques Çafareix, un des officiers de la maison et de l'armée de Jacques Ier ; Bérenger Durfort, de Barcelone, et Jacques Sanz, de Montpellier, les occupèrent aussi.
2. Nom des appariteurs ou des sergents chez les peuples de race gothique.

ration des particuliers ; mais, si un *saion* va opérer en dehors de la ville, le plaignant lui doit une indemnité de déplacement, fixée à six deniers par lieue. Un véritable tribunal de conciliation, composé du viguier et d'un certain nombre de prud'hommes, est chargé de vider, avant que la plainte soit déposée, les différends qui s'élèvent entre citoyens, et cela publiquement, d'une façon définitive, sans recourir à une autre juridiction : c'est notre justice de paix, à cette différence près, que le magistrat est assisté ici par une espèce de jury. Le tribunal de première instance est représenté par la *cour (curia)*, qui se compose encore du baile ou de son représentant et de prud'hommes de la cité : cette fois, c'est un jury véritable [1]. La cour juge au civil et au criminel, et sa juridiction s'étend sur tous les *peupleurs*. Elle les fait arrêter, au besoin ; mais, pas plus que le souverain lui-même, elle n'a le droit de faire saisir la personne ou les biens de ceux qui peuvent et qui veulent donner caution ou satisfaction (c'est, par le fait, l'abolition de la prison préventive), à moins qu'il ne s'agisse d'un crime énorme, comme d'un homicide ou d'un acte de lèse-majesté ; par contre, elle ne fait relâcher aucun individu arrêté sans qu'une caution soit fournie. Elle n'ouvre d'enquête contre un particulier qu'après l'avoir fait citer ou requérir, excepté s'il s'agit d'une enquête générale et collective. Ses membres, ses agents n'entrent même pas seuls dans la maison des habitants dénoncés ou soupçonnés, ni dans les navires, ni dans les barques, ni dans les fours, ni dans les moulins : ils doivent être accompagnés de prud'hommes, tellement on veut que la propriété privée soit respectée [2]. Ces derniers assistent également aux enquêtes, aux instructions judiciaires, s'ils n'y ont pas d'intérêt personnel et s'ils font ordinairement partie du tribunal. Ainsi le peuple est appelé à participer en tout à l'exercice de la justice. Aucun citoyen n'est tenu de répondre ou de se faire représenter, soit dans une cause civile, soit dans une cause

---

[1]. Ce jury composé de prud'hommes existait aussi en Catalogne.
[2]. La même disposition se retrouve dans la législation aragonaise.

criminelle, à un tribunal siégeant hors de l'île ; toutes les affaires doivent être jugées et terminées à Majorque, soit par la cour, soit par le roi, juge en dernier ressort.

Toute plainte déposée à la cour est accompagnée d'une déclaration de soumission à sa sentence et d'un serment. La prestation de ce serment ne donne lieu à la perception d'aucune redevance. La partie condamnée dépose, s'il s'agit d'un procès en injure ou dommage, un droit de quint ou de *chalenge* (*calonia*) : mais on ne peut lui faire engager pour cela ni son lit, ni son armoire (*archa*), ni ses vêtements, ni ses armes ; et, s'il s'agit d'une question de propriété immobilière, elle ne dépose rien. Si, au bout d'un jour, elle n'est pas montée à l'*Almodayna* (pour en appeler au roi, résidant officiellement à ce château), le jugement est acquis. Tous les procès, de quelque nature qu'ils soient, doivent être terminés dans les trois mois, et les causes d'appel dans les deux mois, à moins que la distance n'empêche de faire venir les témoins ou de réunir les preuves dans cet intervalle. Dans les causes intentées par les officiers royaux, le délai de trois mois est réduit à quarante jours. Les tribunaux siègent tous les trois jours pour les sujets du roi, tous les jours pour les étrangers, lorsqu'ils le désirent. Les nobles sont obligés de s'y présenter comme les autres. S'ils refusent, ou si la justice ne peut les atteindre, la partie adverse est autorisée à saisir ce qu'ils possèdent, sauf le cheval qu'ils montent ou qu'ils tiennent par la bride.

Le code pénal se réduit à quelques articles, parce que, dans la plupart des cas, dans les cas non spécifiés, l'on doit appliquer les *Usages de Barcelone*, recueil de vieilles coutumes catalanes, promulgué en 1068 et souvent commenté. La rigueur de ces *Usages*, encore empreints de l'ancienne barbarie gothique, est atténuée sur plusieurs points. Le principe de la composition, les dernières traces des ordalies achèvent de disparaître. Les épreuves par le fer chaud, par l'eau, et autres semblables, sont sévèrement interdites [1]. Le

---

[1]. Cette interdiction fut promulguée à Majorque dès 1231, seize ans plus tôt qu'en Aragon. (Documents, n° III.)

duel judiciaire (*batala*) est aboli dans tout le royaume ; et cette réforme si remarquable n'est pas imitée, cette fois, de l'ordonnance de saint Louis : elle lui est, au contraire, antérieure d'une trentaine d'années [1]. En revanche, des amendes, des pénalités corporelles sont établies ; mais celui qui en a été frappé conserve la pleine disposition de ses biens (nouvelle faveur accordée à la propriété [2]). Celui qui poursuit un autre homme pour le tuer est passible du même châtiment que le meurtrier. Celui qui tire l'épée ou le couteau (le trop fameux couteau catalan), en menaçant de s'en servir ou en témoignant simplement de la colère, est condamné à payer à la cour la somme de soixante sous, ou à perdre la main. Celui qui est pris en flagrant délit de larcin est retenu de droit par la partie lésée, qui, après avoir récupéré son avoir, doit livrer le voleur à la justice. L'adultère n'est atteint dans sa personne ou ses biens que s'il est déposé contre lui une plainte en violence ou efforcement ; disposition prudente, peut-être, dans un pays de mœurs relativement faciles. L'injure grave, comme celle qui consiste à traiter quelqu'un de *renégat* ou de *cuguz*, est punie comme une voie de fait ; toutefois, si celui qui s'en rend coupable en est châtié par l'individu outragé, il ne doit plus aucune satisfaction à la justice [3].

Quelques sages mesures sont encore édictées au sujet de deux catégories d'auxiliaires de la magistrature : les avocats et les notaires. Les premiers sont astreints à un serment professionnel. Ils jurent de ne protéger aucun plaideur, de ne défendre aucune cause contrairement à leur conscience, et, si, au cours du procès, ils viennent à reconnaître qu'ils soutiennent l'injustice, d'en avertir aussitôt leur client ; de ne

---

1. Elle est inscrite aussi dans la charte de 1231. (*Ibid.*)
2. La peine de la confiscation des biens fut établie à Majorque, en 1346 seulement, par Pierre IV d'Aragon.
3. Documents, n°ˢ III, VII, VIII, X, XVIII, etc. L'appellation de *cuguz* est aussi considérée comme une injure très grave par les *Usages de Barcelone*, qui la frappent d'une amende de 20 onces d'or. (Du Cange, Cucus.) Ce mot peut être pris ici dans son acception ordinaire (*cogotz, coux*), aussi bien que dans le sens de félon, adopté par M. Quadrado (*Conquista*, p. 425).

rien dire par malice dans leurs plaidoiries; de ne pas prendre d'arrangements en vue d'avoir part au bénéfice si la cause est gagnée; enfin de ne faire entendre aux deux parties que la voix de la vérité. Aucun clerc ne peut remplir l'office d'avocat en cour laie. Les ecclésiastiques sont exclus également du notariat, qu'ils exerçaient presque seuls au temps où l'art de l'écriture et la science du droit étaient peu répandus. Qu'ils soient prêtres ou simplement engagés dans les ordres mineurs, il leur est interdit de rédiger des contrats de mariage, des testaments, des actes quelconques. S'ils entrent dans la cléricature après avoir embrassé le tabellionat, ils sont obligés de renoncer à cette dernière profession. Mais, en revanche, tout laïque ayant les connaissances nécessaires peut se faire notaire, pourvu qu'il soit âgé d'au moins vingt-cinq ans. Il doit être présenté au viguier, examiné par deux personnes lettrées; puis, s'il est reçu, il jure, lui aussi, devant la cour et les prud'hommes, de gérer sa charge d'une manière impartiale et fidèle. Le métier d'écrivain public (*scriptor publicus*) est lui-même réglementé : il ne peut être exercé dans une ville que par des gens domiciliés dans son enceinte, ou du moins dans sa banlieue [1].

Enfin, il est une dernière classe de la population, classe tout à fait à part des autres et fort nombreuse aux Baléares, au sujet de laquelle, ou plutôt contre laquelle le législateur a pris d'utiles précautions : il s'agit des Juifs. Là comme ailleurs, la race israélite vivait surtout de l'usure, et, sous le régime musulman, elle l'avait pratiquée en toute liberté. Le taux de l'intérêt avait atteint, grâce à elle, une élévation si extraordinaire, que Jacques Ier crut le limiter et l'abaisser dans une proportion raisonnable en accordant aux chrétiens de Majorque de n'être pas tenus de payer aux Juifs plus de quatre deniers par livre et par mois, même dans le cas où des conventions écrites stipuleraient une somme plus forte. Cet intérêt réduit représente encore quelque chose comme

---

[1]. Documents, n°s III, VII. On peut rapprocher ces règlements sur la profession du notariat de ceux qui furent édictés un peu plus tard en France et dont a parlé, entre autres, M. Coville (*Les Cabochiens*, p. 261).

vingt pour cent par an [1]. Il fut ordonné, de plus, que, lorsque le total des intérêts versés atteindrait le montant du capital, les gages et les reconnaissances seraient restitués par le prêteur; le viguier était chargé de l'y contraindre [2]. Au surplus, les statuts généraux édictés contre les procédés usuraires des Juifs par les rois d'Aragon devenaient applicables à Majorque. Il était interdit à ces spéculateurs effrénés de prêter sur gages aux « captifs », c'est-à-dire aux Sarrazins, sous peine de perdre entièrement ces gages et de les voir remettre en pleine propriété aux maîtres des captifs en question. Enfin les Juifs, parqués d'habitude dans leur *Almodayna* ou dans leur enceinte réservée, devaient être également séparés des chrétiens lorsqu'ils étaient en prison. Il était défendu d'enfermer les uns et les autres dans une même maison d'arrêt. Au reste, la séparation était également établie entre les détenus appartenant à la noblesse et les hommes ou les femmes de petite condition (*modici valoris*); un corps de bâtiments spécial devait, au moins, être affecté à chacune de ces deux catégories. C'est presque la seule dérogation à la règle de l'égalité que nous trouvions dans la constitution du royaume de Majorque. Mais, au fond, elle avait sa raison d'être, à une époque où les différences de caste étaient si profondes, et les rois de France n'agissaient pas autrement lorsque, même dans les temps modernes, ils réservaient la prison de la Bastille pour les gens de qualité [3].

C'est par un ensemble de lois aussi sagement pondéré et, on peut le dire, d'un caractère aussi exceptionnel que le Conquérant, après avoir fait place nette, parvint à coloniser rapidement son nouveau royaume et à établir d'une façon

---

1. En 1234, les *cortes* de Tarragone autorisèrent le taux de vingt pour cent pour les Juifs, tandis que pour les chrétiens le maximum de douze pour cent fut maintenu; mais cette règle ne fut pas insérée dans le code catalan. (V. Tourtoulon, II, 156.)
2. Disposition inscrite en 1228 dans la législation catalane. Plusieurs de ces nouvelles lois faites pour le royaume de Majorque correspondent aux réformes introduites par Jacques Ier dans ses domaines continentaux.
3. Documents, n°s VIII, X, XVIII, XXII.

définitive la domination chrétienne sur les ruines de la puissance musulmane. Les résultats ne se firent pas attendre. Au bout de quelques années, la construction d'une quantité de châteaux et de maisons nouvelles, l'extension de la culture, la création de nombreux et vastes jardins en pleine campagne (*orta*), le développement des relations commerciales avaient donné à l'île de Majorque un air de prospérité qu'elle n'avait pas encore connu. Le roi pouvait se rendre dans ses mémoires un éclatant témoignage, et déclarer, en en reportant tout le mérite à Dieu, que cette île, depuis l'occupation chrétienne, valait le double, et que Minorque elle-même produisait deux et trois fois plus qu'on ne l'avait prévu [1]. Au temps de Muntaner, et même avant, sa capitale passait pour une des plus nobles cités de l'univers, pleine de richesses de toute sorte et habitée par la population la plus honorable et la plus à l'aise qui fût au monde [2].

En même temps que l'administration civile, on rétablit sur de nouvelles bases l'organisation religieuse. L'évêque de Barcelone prétendait que l'église de Majorque dépendait de la sienne, en vertu d'une donation faite autrefois en sa faveur par le prince sarrazin de Denia, confirmée par le comte de Barcelone et même par la cour de Rome. Mais on reconnut bien vite que l'éloignement du siège et l'accroissement prodigieux du nombre des fidèles [3] exigeaient la nomination d'un évêque indépendant. Le diocésain et le chapitre de Barcelone y consentirent, par acte du 6 novembre 1230, et stipulèrent que le titulaire serait choisi, pour cette fois, par le roi d'Aragon, mais ensuite par eux-mêmes ou par leurs successeurs, avec l'assentiment du roi; toutefois cette dernière clause, quelque peu exorbitante, ne devait pas être observée. Le choix devait être fait dans le délai de deux mois, et les mêmes règles seraient observées si l'on venait

---

1. Chron. de Jacques Ier, ch. civ.
2. Muntaner, ch. viii.
3. *Ecclesia Majoricarum..., quæ tanquam novella plantatio pullulabat.* (D'Achéry, *Spicil.*, III, 602.)

à créer plus tard des évêchés à Minorque et à Iviça [1]. Néanmoins le pape Grégoire IX crut plus prudent d'attendre que le nouvel évêché fût suffisamment doté. Il le fut bientôt, et de la façon la plus généreuse. Jacques Ier lui abandonna la dixième partie des biens et des revenus qui lui étaient échus dans l'île; les grands barons imitèrent sa libéralité. En conséquence, par une bulle datée du 9 juillet 1237, Raymond de Pennafort, de l'ordre des Frères Prêcheurs, chapelain et pénitencier du pape, fut chargé d'instituer l'évêque de Majorque et de lui faire prêter serment par le clergé et le peuple; en remerciant Dieu de cette extension inespérée du domaine de la chrétienté, le pontife déclarait que l'église restaurée relevait directement (*nullo medio*) du siège apostolique [2]. L'intervention de saint Raymond de Pennafort dans cette affaire n'avait rien que de naturel : issu d'une famille alliée à la maison royale d'Aragon, le célèbre canoniste avait quitté la chaire où il professait avec tant d'éclat, à Bologne, pour revenir dans sa patrie et s'enfermer dans le monastère des Dominicains de Barcelone. Tout occupé de la conversion des infidèles et du rachat des captifs emmenés par les Sarrazins, œuvre pour laquelle il fonda, avec saint Pierre Nolasque, l'ordre de la Merci, il fut d'abord appelé à exercer son zèle dans l'île de Majorque, où il suivit Jacques Ier dans un de ses voyages. La chronique indiscrète ajoute même que le jeune prince, non encore remarié, était alors accompagné d'une femme à laquelle l'attachait un amour illégitime, et que le saint religieux, scandalisé, le menaça de se retirer s'il ne se séparait pas d'elle. Le roi promit, mais n'eut pas le courage de s'exécuter. Alors Raymond tenta de se rembarquer; mais, tous les mariniers de Palma ayant reçu l'ordre de ne point se prêter à son désir, il dut gagner secrètement le port de Soller, d'où, suivant la légende, il aurait été transporté par miracle jusqu'à Barcelone, en se faisant un mât de son

---

[1]. D'Achéry, *ibid*.
[2]. *Greg. IX epist.*, XI, 159; Raynaldi, XXI, 167.

bâton et une voile de son manteau [1]. Quoiqu'il en soit, il rendit à Majorque des services de plus d'un genre ; car, non seulement il y prêcha la foi aux Sarrazins et aux Juifs, dans les conférences spéciales instituées par son initiative, et fut assez heureux pour en convertir un certain nombre, mais il travailla activement à l'organisation du régime si sincèrement démocratique, et en même temps si habile, dont on vient de lire le tableau, et il avait même fait prendre au roi, avant de partir avec lui, l'engagement formel de suivre ses avis en tout ce qui touchait le bien du peuple. En effet, les constitutions primitives du nouveau royaume semblent porter l'empreinte de cet esprit large et libéral qui forme, pour ainsi dire, le génie propre de la milice des Frères Prêcheurs. Il était bien digne de cet apôtre convaincu de la pauvreté et de l'égalité évangéliques, de cet inspirateur du fameux auteur de la *Somme* et du *de Regimine principum*, d'imposer à son prince, à son élève, la suppression du privilège et la participation des citoyens au gouvernement de l'État [2]. Raymond de Pennafort avait donc acquis une influence considérable à Majorque, et la mission dont le chargea Grégoire IX lui revenait à tous les titres [3].

1. *Acta Sanctorum januarii*, I, 411 et s. La femme dont il s'agit s'appelait Bérengère, d'après un des biographes du saint; et, en effet, sur la liste des maîtresses de Jacques Ier, on trouve une dame aragonaise du nom de Berenguela Fernandez, dont il eut un fils, Pierre Fernandez, devenu plus tard amiral des galées d'Aragon et tige de la maison des ducs de Hijar. Ce fils ayant commencé à s'occuper des affaires du pays en 1264, sa naissance se rapporterait assez bien à l'époque de la conquête de Majorque ou aux années qui suivirent. Toutefois ce n'est pas au premier voyage de Jacques que peut se rapporter le trait de Raymond de Pennafort. A ce moment, le résultat de l'expédition était encore incertain, on ne pouvait songer qu'à se battre, et le roi était dans des dispositions exclusivement pieuses : il n'y avait place ni pour un missionnaire ni pour une maîtresse. Au second voyage, en 1231, l'anecdote trouve, au contraire, parfaitement sa place. Le moderne historien du Conquérant l'a passée complètement sous silence; et pourtant il a mis à nu la plupart des faiblesses qui remplissent la vie privée de son héros (II, 352 et ss).

2. Quelques-uns des livres de S. Thomas d'Aquin, notamment la *Somme contre les Gentils*, passent pour avoir été composés à la prière de Raymond de Pennafort.

3. S. Raymond continua à prendre part aux affaires publiques de Majorque et de l'Aragon. Dans un des testaments de Jacques Ier, il est chargé d'une mission de confiance. Sa souscription figure au bas d'un accord passé,

Le candidat du roi à l'évêché avait d'abord été Bernard, abbé de Saint-Félix de Guixols, qui avait pris à la conquête une part importante. Ferrer de Saint-Martin, devenu plus tard évêque de Valence, fut ensuite désigné. Mais à l'un et à l'autre on substitua, d'un commun accord, Raymond de Torrella, religieux dominicain, que l'on croit avoir été le frère de Bernard de Sainte-Eugénie, et ce fut lui qui reçut le premier l'institution régulière, en 1238. La grande mosquée de Palma, purifiée suivant les règles canoniques, devint une superbe église cathédrale, et en même temps des églises paroissiales, des couvents de différents ordres s'élevèrent sur toute la surface de l'île [1]. La juridiction ecclésiastique fut promptement organisée et put s'exercer très facilement, grâce au privilège accordé par Innocent IV, qui, en raison des dangers de la mer et des courses fréquentes des pirates, et en faveur du prince qui avait arraché le pays des mains des infidèles, dispensa tous les habitants de répondre aux citations faites par les papes ou les légats hors de l'île, à moins d'exception dûment signifiée, et à la condition de se présenter devant les juges compétents [2]. Nous avons vu qu'une immunité analogue leur avait été concédée pour les causes séculières. Ainsi les efforts du pouvoir spirituel comme ceux du pouvoir temporel tendaient à les laisser indépendants chez eux.

Il ne restait plus qu'à pourvoir au gouvernement supérieur et à établir un lieutenant général; car, si Jacques s'était flatté un moment de l'idée de régir par lui-même son nouveau domaine, la distance, les difficultés d'un trajet maritime, la lutte contre les Maures de Valence et les multiples affaires qui le retenaient en Aragon le mirent presque aussitôt dans l'obligation de se faire représenter à Majorque

en 1266, entre les deux fils de ce prince, héritiers l'un de l'Aragon, l'autre de Majorque (Documents, n° XVI). Jacques II ordonna, en 1299, une dépense de 1,000 sous pour l'érection de la chapelle où devait être placé le tombeau de cette illustration nationale, dans le couvent des Frères Prêcheurs de Barcelone. (Arch. de Barcelone, Registres de Jacques II, n° 113, f° 175.)

1. Marca, col. 525; Quadrado, *Conquista*, p. 316.
2. D'Achéry, *Spicil.*, III, 629.

par un personnage de haut rang, résidant continuellement dans l'île et investi de toutes les prérogatives royales. C'est là, sans doute, le principal motif qui lui fit inféoder sa conquête à Pierre, infant de Portugal, fils du roi Sanche Ier et de dona Douce, née du comte de Barcelone Raymond-Bérenger IV, et, par conséquent, son cousin. Mais une autre cause lui imposa, pour ainsi dire, ce choix. Pierre, en butte aux vexations de son frère Alphonse II, avait cherché un refuge à la cour d'Aragon, et Jacques Ier lui avait fait épouser la plus riche héritière de son royaume, Aurembiax, comtesse d'Urgel. Cette princesse était morte sans enfants, laissant par testament toute sa succession à son époux; de sorte que l'infant, naguère déshérité, s'était trouvé tout à coup possesseur d'un riche comté, indépendant, et formant à lui seul une partie importante de la principauté de Catalogne. Il était à craindre qu'il ne vînt à le céder à une maison rivale, celle des comtes de Cabrera; ce qui eût ôté à la couronne d'Aragon, et pour toujours peut-être, un de ses plus beaux fleurons. Jacques imagina de lui proposer l'échange d'Urgel contre Majorque et Minorque, en y ajoutant plus tard Iviça, dans l'espoir d'obvier ainsi à deux inconvénients à la fois, et il eut, chose plus difficile, l'art de lui faire accepter cet arrangement. L'accord fut conclu à Lérida, dès le 29 septembre 1231 [1]. Mais il fut bien convenu que la cession du comté et de ses dépendances était irrévocable, entière et perpétuelle, tandis que celle des deux Baléares n'était faite qu'à titre de fief, pour la vie de l'infant seulement, et que le roi se réservait la haute main sur les forteresses, le droit de paix et de guerre, la libre disposition de l'*Almodayna* et celle de deux autres castels, Alaro et Pollenza. Pierre de Portugal était autorisé à construire de nouveaux châteaux et à les tenir également en fief, conformément à la coutume de Barcelone; mais, après sa mort, le tiers de leurs revenus serait seul dévolu à

---

[1]. Archives de Palma, *Libre d'en Sant-Pere*, f° 29; Quadrado, *Conquista*, p. 429. Cf. Documents, n° XIII.

ses héritiers, et le reste appartiendrait au roi. C'était donc une sorte de lieutenance générale, une inféodation temporaire et viagère, plutôt qu'un échange pur et simple, qui eût été, d'ailleurs, contraire aux engagements tout récemment pris [1]; et ce qui le prouve bien, c'est que les privilèges concédés aux Majorquins, et dont j'ai parlé plus haut, furent accordés au nom du roi, sans aucune mention de l'infant, bien que postérieurs à l'accord intervenu [2].

En faisant ses réserves, Jacques agissait prudemment. Le « seigneur de Majorque » (tel fut le titre conféré à son représentant) semble, en effet, n'avoir pas été à la hauteur de sa tâche. D'humeur inconstante, sans valeur guerrière, peu sympathique aux populations, qui ne pouvaient s'empêcher de voir en lui un prince étranger, il n'avait rien de ce qu'il fallait pour réussir, et l'on peut dire qu'il fut pour très peu de chose dans le développement rapide de la prospérité du royaume, bien qu'un ancien historien de sa nation lui attribue l'honneur de l'avoir conquis lui-même [3]. Invité par son suzerain à venir défendre son gouvernement contre les projets d'attaque prêtés au roi de Tunis, il se décida à grand peine à partir pour Majorque lors du second voyage qu'y fit Jacques Ier. Durant la traversée, il monta un moment à bord du vaisseau royal. « Combien de chevaliers m'amenez-vous? lui demanda le Conquérant. —Mais... quatre ou cinq, répondit-il. — Si m'ait Dieu, reprit le jeune monarque, ce n'est pas vous qui défendrez ma terre [4]. »

L'infant de Portugal prit part à quelques-uns des actes administratifs accomplis par le roi durant son séjour, et notamment aux opérations de la répartition du sol [5]. Mais, après le départ de Jacques, il ne paraît s'être signalé par

---

1. Dans le privilège du 1er mars 1231, le roi d'Aragon promettait précisément aux habitants de Majorque qu'il ne les échangerait jamais et ne les abandonnerait point.
2. Documents, n°s III, V.
3. V. Zurita, I, 137.
4. Marsilio, ch. XLI.
5. Arch. de Barcelone, reg. 26, p. 23.

aucune mesure importante ni aucun exploit. La soumission de Minorque et celle d'Iviça eurent lieu sans son intervention. « Vous mériteriez, osa dire, un jour, à son souverain un des grands seigneurs de Catalogne, Ximénès d'Urrea, vous mériteriez bien de perdre ces îles si précieuses, puisque vous les avez confiées à l'homme le plus négligent du monde. » Bientôt un grave différend s'éleva entre Pierre et l'évêque de Barcelone. D'autres difficultés se produisirent ; si bien qu'au bout de peu de temps, c'est-à-dire en 1244, le seigneur de Majorque dut délier ses vassaux du serment de fidélité qu'ils lui avaient prêté et reçut en échange plusieurs fiefs dans le royaume de Valence. Mais là, il commit la maladresse de s'allier à l'infant d'Aragon, don Alphonse, révolté contre son père, et de faire soulever en sa faveur les villes qu'il avait à gouverner. Son attitude suspecte vis-à-vis des Maures de cette contrée acheva de le compromettre. Il se vit enlever, pour ces motifs, ses nouveaux domaines, et s'en alla passer plusieurs années en Terre-Sainte [1]. A son retour, pour l'indemniser peut-être, ou plutôt pour se débarrasser de lui, Jacques le renvoya une seconde fois à Majorque, en 1254, avec l'autorisation de prélever pour ses besoins trente mille sous de rente sur les revenus ordinaires de l'île [2]. Il y mourut deux ans plus tard [3], après avoir rédigé, au mois d'octobre 1255, un testament où il recommandait de restituer au roi d'Aragon, comme il avait été convenu, tout ce qu'il avait au royaume de Majorque. En même temps, il nommait ses « manumisseurs » l'évêque Raymond de Torrella, Bérenger de Tornamira, Pierre Nuñis, Bernard Dalmau, maître Jean, prévôt, et maître Vincent, son physicien, et priait le roi de Castille, son fidèle ami, de les aider dans l'exécution de ses dernières volontés ; il choisissait sa sépulture dans la cathédrale, léguait quelques bijoux à sa sœur la reine Ma-

---

1. Quadrado, *Conquista*, p. 323 ; Bover, *Noticias de Mallorca*, 361 et ss.
2. Bibl. nat., ms. lat. 9261, n° 4.
3. Avant le 11 janvier 1257 (Documents, n° XIII), et non en 1258, comme on a pu le croire (Quadrado, *Conquista*, p. 324).

falde [1], et distribuait le reste de ses biens aux églises et aux pauvres ; enfin, il demandait au roi de Portugal, son neveu, de faire délivrer à ses exécuteurs testamentaires tous les revenus qui lui étaient dus dans son royaume [2].

La mort de Pierre de Portugal fit rentrer ce royaume sous la dépendance directe du souverain ; ainsi ce retour ne fut pas dû, comme l'ont pensé les auteurs de l'*Art de vérifier les dates* [3], au défaut de solidité des contrats échangés, qui n'avaient été que trop fidèlement exécutés. Mais les motifs qui avaient poussé le Conquérant à l'inféoder subsistaient toujours. L'expérience avait mal réussi, c'est vrai ; cependant la nécessité d'un gouvernement particulier s'imposait plus que jamais, et toute la question était de trouver, pour atteindre ce but désirable, un moyen plus heureux. C'est alors que Jacques se décida à investir un de ses enfants de la couronne si vaillamment enlevée aux fils de Mahomet. Mais cet événement, qui devait ouvrir pour les îles Baléares une ère nouvelle en les amenant à une autonomie complète, demande à être expliqué avec quelques développements.

---

1. Mafalde ou Mahaut de Portugal, deuxième fille de Sanche Ier, avait été fiancée à Henri Ier, roi de Castille ; mais, d'après l'*Art de vérifier les dates* (VII, 5), elle ne l'épousa point.
2. Bibl. nat., ms. lat. 2961, n° 5. Ce testament, qui paraît avoir été inconnu des historiens espagnols, est scellé du sceau de Pierre, infant de Portugal, *Dei gratia, regni Majoricarum domini*.
3. VI, 554.

CHAPITRE V

CRÉATION D'UN ÉTAT INDÉPENDANT

Comme on vient de le voir, le royaume de Majorque ne fut pas annexé purement et simplement à la couronne d'Aragon. Il eut, dès le premier moment, sa constitution particulière, ses lois propres. C'était un domaine juxtaposé, et non réuni au domaine patrimonial des anciens comtes de Barcelone. Aussi le titre de roi de Majorque fut-il constamment ajouté au titre de roi d'Aragon, comme le fut plus tard celui de roi de Valence, pour bien marquer que c'était là une partie distincte et indépendante de la monarchie : Jacques Ier la gouvernait par droit de conquête, et il entendait s'en réserver, à ce titre, la libre disposition. C'est pourquoi il songea de bonne heure, dans l'intérêt de la nouvelle colonie, à lui donner une autonomie quelconque. Mais les raisons politiques ou administratives ne furent pas les seules à lui faire prendre cette grave détermination. Des considérations de famille pesèrent plus encore, peut-être, sur sa volonté.

De son premier mariage avec Léonor de Castille, contracté prématurément et annulé pour cause de parenté, après de longues démarches, à la veille de l'occupation de Majorque, Jacques avait un fils, du nom d'Alphonse, destiné primitivement à recueillir sa succession tout entière. S'étant remarié, en 1235, avec Yolande, fille d'André, roi de Hongrie, il en eut, en quatorze ou quinze ans, dix autres enfants, dont quatre fils : Pierre, Jacques, Ferdinand et Sanche [1]. Le

---

1. Zurita, I, 160. Ferdinand est omis dans l'*Art de vérifier les dates* (VI, 528).

troisième, il est vrai, mourut jeune, et le quatrième, entré dans les ordres, devint plus tard archevêque de Tolède ; mais il en resta toujours deux à pourvoir. Une noble dame de Valence, Teresa Gil de Vidaure, avec laquelle il fut lié assez longtemps et qu'il finit par épouser morganatiquement après la mort de sa seconde femme, arrivée en 1251, lui donna encore deux héritiers, appelés également Jacques et Pierre, lesquels ne vinrent au monde qu'après 1255, et non, par conséquent, avant son second mariage ou même avant son premier, comme l'ont prétendu certains écrivains espagnols, oubliant qu'il n'avait que treize ans lorsqu'il épousa la reine Léonor. Mais ces derniers enfants, quoique légitimés, ne devaient point hériter du trône, et, d'ailleurs, la question de succession se posa bien antérieurement à leur naissance.

Il peut sembler étrange à des lecteurs français, habitués à voir l'aîné de leurs souverains hériter de plein droit de la monarchie tout entière, que le règlement d'une succession royale ait pu susciter des difficultés. Mais, à l'époque où nous en sommes, ce qu'on appelle le droit d'aînesse n'existait pas encore en Aragon, ni pour les particuliers ni pour les princes, ou, du moins, la qualité d'aîné, tout en conférant à celui qui la possédait, la portion principale de l'héritage paternel, n'excluait nullement le partage. Si les faits que je vais exposer ne nous en offraient la preuve péremptoire, on la trouverait dans une charte du roi de Majorque datée de 1276, où la division des biens héréditaires est inscrite en toutes lettres [1]. Tandis que, chez nous, l'aîné de la race succédait de plein droit, en vertu de sa seule qualité d'aîné, au souverain défunt, qui n'avait nul besoin de lui léguer le royaume [2], il lui succédait, ici, en vertu d'un testament, comme héritier avantagé. Il était de règle que cet avantage lui fût dévolu ; cependant il y avait là moins un principe absolu qu'un usage admis, et l'on sent

---

1. Documents, n° XXVI.
2. V. les testaments des rois de France conservés au Trésor des Chartes, notamment ceux de Philippe-Auguste et de Louis VIII, publiés dans l'Inventaire du même fonds (I, 549, et s ; II, 54).

la différence. Ce n'est qu'à partir de 1307 que le droit d'aînesse put être appliqué dans toute sa rigueur par la noblesse aragonaise, en raison des inconvénients de toute sorte qu'entraînait le système contraire [1]. Il s'imposa donc peu à peu à la royauté, et plutôt comme un progrès nécessaire que comme une tradition nationale, car Raymond-Bérenger III et plusieurs princes de la maison de Barcelone ne s'étaient fait aucun scrupule de diviser leurs États entre leurs enfants, et c'était, au contraire, le partage qui était traditionnel. Le règne de Jacques Ier semble avoir été, à cet égard, une époque de transition : le roi lègue toujours le trône par testament, et il le lègue à son fils aîné ; mais, tout en lui laissant le domaine patrimonial de ses ancêtres, il dispose encore en faveur de ses autres enfants des accroissements procurés par lui à ce domaine, et il les en distrait pour créer, non pas, comme en France, des apanages réversibles à la couronne dans certains cas donnés, mais des souverainetés indépendantes et perpétuelles. C'est le régime antique du partage, mitigé par le droit d'aînesse.

Avant même d'entreprendre l'expédition de Majorque, et au moment de l'annulation de son premier mariage, Jacques, tout en réservant la couronne de ses pères à son premier né don Alphonse, reconnu néanmoins légitime par la cour de Rome, avait manifesté l'intention de léguer la Catalogne et la seigneurie de Montpellier aux fils qu'il pourrait avoir d'un second lit [2]. Mais la principauté de Catalogne, quoique ne provenant pas originairement de la maison d'Aragon, était entrée dans son domaine naturel depuis l'union contractée, en 1151, entre son héritière Pétronille et le comte de Barcelone, Raymond-Bérenger IV. Il y avait, dans le projet annoncé, une double faute : une faute politique, puisqu'il devait aboutir à un véritable démembrement de la monarchie, et une faute contre la législation, ou du moins contre l'usage successoral, puisqu'il enlevait au sou-

---

1. *Fueros de Aragon*, tit. I, liv. VI.
2. V. Tourtoulon, I, 251, 323.

verain futur un héritage venu du père et du grand-père de Jacques. Aussi souleva-t-il une violente opposition, et ce prince lui-même y renonça-t-il promptement. Lors de son mariage avec Yolande de Hongrie, il se contenta d'assigner aux fils à naître d'elle le royaume de Majorque, les terres conquises ou à conquérir dans le royaume de Valence, la seigneurie de Montpellier, les comtés de Roussillon et de Milhau, c'est-à-dire toutes les possessions qui n'étaient pas un legs direct des antiques maisons d'Aragon et de Barcelone. Puis, le premier de ces fils étant né, il procéda, en 1242, à un partage en règle : en vertu de ce testament, inconnu des anciens historiens [1], Alphonse héritait toujours de l'Aragon et de la Catalogne, comme de droit, avec le comté d'Urgel en plus, et Pierre, l'enfant d'Yolande, avait les royaumes de Valence et de Majorque, Montpellier, Milhau, etc., plus le Roussillon, qui devait faire retour à la couronne à la mort de Nuño Sanchez, arrivée précisément quelques jours après. C'est dans cet acte que saint Raymond de Pennafort était désigné, avec les deux Frères Prêcheurs qui s'étaient fait une popularité aux Baléares, Michel de Fabra et Bérenger de Castellbisbal, et un quatrième religieux appartenant au même ordre, pour remplir une mission de confiance, ayant pour but de donner satisfaction aux plaintes qui pourraient être élevées par des particuliers contre l'administration royale.

Mais des événements de famille vinrent encore annuler ces dispositions relativement plus sages. En 1243, la veille de la Pentecôte, c'est-à-dire le 30 mai [2], la reine Yolande mettait au monde, à Montpellier, un nouvel héritier, celui que la chronique locale appelle *en Jacme lo bon rey*, et qui devait tenir une place si importante dans les annales du royaume de Majorque [3]. De là, la nécessité d'un deuxième

---

1. M. de Tourtoulon l'a publié pour la première fois d'après l'original conservé à Barcelone (t. II, pièces justificatives, n° 5).
2. Et non le 20, comme l'a écrit M. de Tourtoulon (II, 82). La Pentecôte tombait, en 1243, le 31 mai.
3. *Thalamus parvus*, an. 1243.

partage. Le roi, dans cette circonstance, revint à sa malheureuse idée de séparer la Catalogne de l'Aragon, afin d'en faire l'héritage de Pierre et de prélever sur la part précédemment dévolue à celui-ci un domaine suffisamment respectable pour son troisième fils. Mais les *cortes*, convoquées à Daroca pour ratifier cet arrangement, firent entendre, au contraire, des protestations: les Aragonais comme les Catalans se trouvaient lésés, et, plus mécontent qu'eux tous, Alphonse se révolta ouvertement contre son père.

Il est permis de supposer que la tendresse maternelle d'Yolande et la jalousie qu'elle témoignait à l'égard de son beau-fils ne furent pas étrangères aux avantages considérables accordés à ses propres enfants. Son dernier né surtout était, comme il arrive souvent, l'objet d'une prédilection marquée et d'une sollicitude inquiète : elle le rêvait, dans l'avenir, paré, lui aussi, du beau titre de roi ; pourquoi donc ne le méritait-il pas aussi bien que ses frères? Elle trouva des légistes pour appuyer sa prétention, un mari complaisant pour l'admettre, et le malheureux prince, placé entre des intérêts opposés, plus embarrassé, comme le dit un de ses biographes, pour régler la part des infants qu'un pauvre homme chargé de famille ne l'eût été pour faire un sort à ses misérables héritiers [1], finit par promettre à son épouse de se conformer à ses désirs. Dans l'intervalle survinrent Ferdinand et Sanche. C'était beaucoup trop pour que chacun pût avoir une couronne : il fut décidé que Jacques, du moins, en aurait une. C'est pourquoi, en 1248, un troisième partage lui attribua celle de Valence, tandis que celle de Catalogne était maintenue à Pierre, avec celle de Majorque en guise de supplément. Le comté de Roussillon était repassé à Ferdinand, avec Milhau et Montpellier; et quant à Sanche, comme il ne restait plus aucune seigneurie à lui donner, il était voué, dès ce moment, à l'Église, avec une dotation de trois mille marcs d'argent. Ce nouveau règlement de la succession royale, confirmant le pré-

---

[1]. Miedes, *Vida de don Jayme*, liv. XIV; Tourtoulon, II, 84.

judice porté au fils du premier lit, devait redoubler son irritation. En effet, soutenu par l'infant de Portugal et par la noblesse aragonaise, Alphonse en vint aux extrémités, et une guerre civile scandaleuse, impie, était sur le point d'éclater, lorsque Jacques, pour la prévenir, recourut à l'arbitrage des *cortes* d'Aragon et de Catalogne, en invoquant, au besoin, la médiation du pape et des cardinaux. La sentence de ces assemblées rendit au fils de Léonor de Castille le royaume de Valence, à titre d'augmentation d'héritage, mais laissa le comté de Barcelone à Pierre; ce qui maintenait la déplorable division de l'ancien patrimoine de la monarchie. Jacques reçut alors, en compensation, le petit royaume des Baléares, augmenté de Montpellier. Alphonse lui-même ratifia, en 1253, ces combinaisons bizarres, qui lui étaient, en somme, moins désavantageuses que les précédentes, et à ce prix il rentra en grâce auprès de son père [1].

Dès lors, l'infant Jacques fut définitivement reconnu comme l'héritier de Majorque, et il en porta officiellement le titre. Aussitôt après la mort de Pierre de Portugal, que j'ai rapportée plus haut, il fut envoyé, à peine âgé de treize ans, dans sa future capitale, et là, en présence de l'évêque et des principaux habitants, réunis dans l'église de Sainte-Eulalie, il jura, le 21 août 1256, d'observer fidèlement les franchises et privilèges concédés par le Conquérant [2]. C'était en quelque sorte une prise de possession anticipée. Néanmoins Jacques Ier, tout en associant son fils au gouvernement de l'île, s'en réserva encore la direction absolue : les Majorquins prêtèrent seulement le serment de reconnaître le jeune prince pour leur seigneur naturel aussitôt après la mort du père [3]. Ainsi la colonie devait s'habituer peu à peu à passer des mains de l'un dans celles de l'autre. La chose était,

---

1. Zurita, I, 160 et ss.
2. Documents, n° XII. Jacques prend simplement dans cet acte la qualification d'*heres regni Majoricarum et Montispessulani*; cependant il scelle de son sceau particulier, et appelle les fonctionnaires de l'île *ses officiers*, les habitants *ses sujets*.
3. *Infantem Jacobum... jurastis habere post dies nostros dominum naturalem.* (Documents, n° III.)

d'ailleurs, facile, car les *peupleurs,* qui n'aimaient point le Portugais, étaient enchantés du changement et de l'idée d'appartenir pour toujours à la famille de leur bienfaiteur. Ils accueillirent si bien l'héritier, que le roi les en remercia et leur accorda en retour de nouvelles faveurs [1]. Puis, le 11 janvier suivant, il fit de tous les domaines qu'il avait à Iviça, et qu'avait possédés le seigneur de Majorque, l'objet d'une donation immédiate en faveur de son successeur : ces biens étaient cédés au jeune Jacques en toute propriété et en franc-alleu, pour lui et ses descendants à perpétuité [2]. C'est de cette époque que datent les liens étroits qui unirent les populations des Baléares à leur nouveau maître et à sa lignée, liens d'affection aussi bien que d'intérêt, et qui devaient s'affirmer dans l'adversité comme dans la bonne fortune.

Pourtant Jacques Ier n'en avait pas encore fini avec les interminables partages de sa succession. Après les accroissements répétés, sa famille allait connaître les pertes prématurées, les vides cruels. Comme si une tardive réconciliation n'avait pu arrêter les effets de la malédiction divine attachée aux fils rebelles, Alphonse, l'héritier d'Aragon, mourut inopinément, en 1260, au moment d'épouser la fille du vicomte de Béarn. Sa disparition était un malheur regrettable ; mais, d'un autre côté, elle aplanissait pour l'avenir des difficultés que l'on appréhendait toujours de voir renaître. L'infant Ferdinand fut enlevé à son tour, et sans doute très jeune, car on ne retrouve sa trace nulle part : de tous les prétendants à l'héritage royal, il ne resta plus en présence que Pierre et Jacques. Il est vrai que l'un des deux semblait encore être de trop, car ils ne s'aimaient point, et de leur hostilité devaient sortir la plupart des complications qui feront l'objet principal de ce livre. Toutefois une grande différence doit être faite entre les deux frères et entre leurs agissements respectifs. Tous deux étaient fiers (la fierté était

1. *Ibid.*
2. Documents, n° XIII.

le caractère dominant de leur race), tous deux très préoccupés de la défense de leurs droits ou de leurs intérêts. Mais l'aîné avait, en outre, une énorme ambition, une nature jalouse, vindicative, et, sous les fleurs dont les chroniqueurs nationaux, Muntaner en particulier, couvrent le « grand roi » Pierre III, il n'est que trop facile de sentir les épines dont son caractère était hérissé. Sa conduite envers son jeune frère et la série des événements qui vont se dérouler sous nos yeux n'indiquent pas non plus chez lui une loyauté suffisante. Le cadet, au contraire, était aimable, et il fut sincèrement aimé de ses sujets; Muntaner lui-même rend hommage à sa droiture et à sa débonnaireté [1]. Ame chevaleresque, mais un peu indécise, il n'avait peut-être pas au même degré que l'autre l'énergie et la ténacité qui font les heureux politiques; il possédait, du moins, les qualités du cœur qui attirent à un prince le dévouement de son entourage et la sympathie de l'histoire. L'éloignement naturel que ces deux jeunes gens éprouvaient l'un pour l'autre se trouva considérablement augmenté par les circonstances, et une de celles qui, sans aucun doute, y contribuèrent le plus fut précisément la précaution prise par leur père pour éviter leur désaccord ou quelque chose de pis [2].

Le règlement de la succession était encore une fois à refaire, et la chose semblait maintenant moins difficile. La tâche du testateur se trouvait bien simplifiée : il n'avait, puisqu'il tenait à établir un partage et à créer un second royaume, qu'à léguer à Pierre l'Aragon avec toutes ses anciennes dépendances, comme le voulait au moins la coutume, et à Jacques le fruit de ses conquêtes ou de ses apports personnels, encore assez important pour former, par la réunion de plusieurs territoires séparés, éloignés les uns des autres, une sorte d'État artificiel, qui conférerait naturellement le titre de roi, puisque de petits royaumes entreraient dans sa

---

[1]. Il l'appelle « le seigneur droiturier ». (Ch. CCLV.)
[2]. *Ne ab altercatione ad mortes iretur*, va jusqu'à dire un historiographe des comtes de Roussillon, reproduit par les Bollandistes (*Acta SS. junii*, t. III, p. LXXXV et ss).

composition. C'était une couronne faite de pièces et de morceaux qu'il poserait sur la tête de son plus jeune héritier ; mais cet inconvénient était beaucoup moins grave dans les temps féodaux qu'à une époque de centralisation et d'unitarisme telle que la nôtre : et puis, c'était encore une couronne, et le vœu de la reine, décédée depuis peu, se trouverait par là respecté. Ainsi s'explique la nouvelle et dernière répartition, en apparence fort singulière, et presque fantaisiste, que Jacques Ier fit de ses États. Son unique souci fut, non pas d'équilibrer les parts (il n'y pouvait songer), mais de bien délimiter et de spécifier les conditions de chacune, afin de prévenir les sujets de querelle entre ses enfants. Il n'y devait point réussir, à la vérité ; toutefois il fit son possible, et même, connaissant la nature jalouse de Pierre, il ajouta dans ce but à son lot, comme on va le voir, la meilleure partie des conquêtes faites récemment sur les infidèles. Cet acte de partage devant rester définitif et constituant, à proprement parler, l'érection officielle du royaume indépendant de Majorque, il est nécessaire de l'étudier d'un peu plus près. Sa teneur est la base même de l'histoire de ce royaume, et tous les différends qui se produisirent entre les deux branches masculines de la descendance du Conquérant reposent sur l'interprétation de ses clauses, qui, malgré les efforts du rédacteur, n'atteignent pas encore à une précision suffisante ; raison de plus pour essayer, avant d'aller plus loin, d'en bien établir le sens et la portée.

La charte est donnée le 21 août 1262, à Barcelone, où Jacques Ier était rentré depuis peu, après un voyage à Montpellier. Ce n'est pas, à proprement parler, un testament, comme on l'a quelquefois appelé ; les dernières dispositions du roi devaient être prises plus tard dans deux autres actes, dont j'aurai à parler tout à l'heure. Au fond, c'est simplement un accord, un règlement d'intérêts établi entre les deux infants, de leur consentement mutuel, par celui qui avait le droit de le leur imposer [1]. En vertu de cet

---

1. « *Volentes evitare quod de cetero ullum scandalum ullaque discordia possint oriri inter carissimos infantem Petrum et infantem Jacobum, filios*

accord, Pierre aura en pleine souveraineté le royaume d'Aragon et le comté de Barcelone, dont les limites sont soigneusement déterminées, en raison de certaines contestations récentes [1]. Il aura, de plus, le royaume de Valence tout entier (c'est là le domaine « de conquête » qui eût dû, logiquement, revenir à son frère, mais qui était ajouté à sa part afin de le contenter). Jacques aura le royaume de Majorque, avec Minorque et Iviça, et, en outre, la seigneurie de Montpellier avec ses appartenances, le comté de Roussillon avec Collioure, le comté de Cerdagne, les pays de Conflent et de Vallespir [2]; seulement il maintiendra dans le Roussillon et les seigneuries adjacentes la monnaie et les *Usages* de Barcelone [3], ainsi que les anciennes coutumes catalanes.

Ces différents domaines sont assurés intégralement à leur héritier respectif pour le cas où il survivrait au père, avec tous les droits et dépendances qui s'y rattachent, tous les hommes qui y font leur demeure, chrétiens, Juifs ou Sarrazins. A défaut d'enfants mâles de l'un des deux frères, sa part reviendra à l'autre ou à l'héritier mâle de celui-ci, à la charge de marier honorablement les filles du premier, s'il en laisse. Si quelques lieux du Roussillon ou de ses annexes arrivent, par suite de mariage ou autrement, à

---

nostros et heredes bonorum nostrorum,... tractavimus pacem, dilectionem et concordiam perpetuam inter predictos filios nostros, de expresso assensu eorumdem. »

1. « *De Cincha videlicet usque ad caput de Crucibus, et usque ad collem dictum de Perello* (al. *Perollo*), *et usque ad collem dictum de Panissars, et sicut dividuntur termini Catalonie cum Conflent et cum Ceritania.* »

2. Il n'est plus question de Milhau dans le partage de 1262, parce que cette seigneurie, ou plutôt cette vicomté, qui avait été apportée à la maison de Barcelone par le mariage de Douce, comtesse de Provence du chef de sa mère et vicomtesse de Milhau du chef de son père, avec Raymond-Bérenger III, venait d'être délaissée complètement à la France par le traité de Corbeil, signé en 1258. (V. l'*Inv. du Trésor des Chartes*, III, 405; Guillaume de Nangis, an. 1262; Tillemont, IV, 137 et ss.)

3. Sur ce code local, dont j'ai déjà parlé, cf. Marca, col. 543. Dans les îles de Majorque et d'Iviça, c'était la monnaie de Valence qui devait avoir cours. Mais le roi tenait tellement à laisser à son fils cadet le plein exercice de la souveraineté, qu'il lui conféra plus tard, par un privilège spécial, daté du 8 novembre 1270, la faculté de fabriquer telles monnaies qu'il voudrait et de les faire circuler dans les deux îles, et cela parce qu'autrement il serait lésé dans ses droits. (Arch. nat., KK 1413, f° 59; Documents, n° XVII.)

tomber entre des mains étrangères n'appartenant pas à la lignée masculine de l'infant Jacques, ils seront tenus en fiefs de l'infant Pierre ou de ses successeurs au comté de Barcelone. Mais, si ce dernier vient à l'encontre de la présente donation ou intente une querelle (*guerram*) à son frère cadet, sans vouloir s'en rapporter à des arbitres communs, cet avantage lui sera retiré de plein droit. L'infant Jacques, de son côté, ne devra en aucune façon prêter le flanc à une agression ni pousser son frère aîné, soit directement, soit par une voie détournée, à lui chercher noise, sous peine de voir maintenir l'inféodation éventuelle dont il est question. Les deux princes héritiers acceptent ces arrangements et jurent de s'y conformer [1].

On le voit, le royaume d'Aragon avec la Catalogne et

---

1. Malgré l'importance de ce document, je ne le publie pas à l'appendice, parce que son texte, d'ailleurs fort long, a été déjà imprimé trois fois (d'Achéry, *Spicil.*, III, 638; Martène, *Thesaurus*, I, 1139; *Coleccion de documentos ineditos del Archivio general de la corona de Aragon*, XXIX, 8). Mais je reproduis ici les clauses relatives au royaume de Majorque, d'après les exemplaires du xiv° siècle conservés dans nos Archives (KK 1413, f° 49; P. 1354¹, n° 800, f° 1) et le transcrit de 1278 contenu dans le ms. lat. 9261 de la la Bibliothèque nationale (n° 6) : « *Et, si dictus infans Jacobus pro eâdem formâ decederet sine infante masculo legitimi conjugii, volumus quod regnum Majoricarum et Minoricarum... et totum id quod nos sibi damus revertantur predicto infanti Petro, filio nostro, vel heredi suo masculo. Et, si filia vel filie remanerent ex dicto infanti Jacobo, quod infans Petrus vel heres suus teneatur ipsas maritare honorifice, secundum valorem suam et generis sui. Et, si forsan loca Rossilionis et de Caucolibero et de Conflent et comitatus Ceritanie et Vallispirii per matrimonium vel alium modum haberent venire in alias personas extraneas, que non essent filii masculi predicti infantis Jacobi vel suorum descendencium masculorum, volumus quod predicta loca... teneantur in feudum pro dicto infante Petro et pro suis heredibus, pro illo videlicet qui esset comes Barchinone... Item, volumus et mandamus quod, si forsan contingeret, quod Deus nolit, quod dictus infans Petrus, filius noster, veniret contra hanc donationem nostram, vel moveret guerram contra predictum infantem Jacobum, fratrem suum, sic quod nollet ab eo recipere jus in manu et posse communium personarum, non habeat predictus infans Petrus illud jus quod supra ei a nobis concessum est, quod loca de Rossilione et de Conflent et de Ceritania et de Caucolibero et de Valespirio tenerentur pro ipso infante Petro in feudum, si contingeret ipsa loca venire per matrimonium vel per alium modum in extraneas personas, ut superius dictum est. Ita tamen hoc volumus, quod dictus infans Jacobus non faciat fraudem, neque procuret per se vel per alium quod oporteat dictum infantem Petrum venire contra hanc ordinacionem nostram vel movere ei guerram; quod quidem si certum esset, dictus infans Petrus non amittat dictum jus feudi.* »

Valence pour compléments, et, d'autre part, le royaume de Majorque avec ses annexes continentales sont placés dans une indépendance respective absolue. Aucun lien de vassalité ne rattache le second au premier; et si, dans un seul cas donné, cette vassalité doit se produire, elle ne peut s'appliquer, de toute façon, qu'à des terres du Roussillon. Ces terres sont exposées à être tenues en fief du roi d'Aragon; les autres parties de l'État des Baléares ne le sont pas, et le silence de l'acte à ce sujet nous l'indique assez. Il n'y a d'obscurité que dans la clause relative à la *représentation*, c'est-à-dire au mode de succession applicable au royaume de Majorque dans le cas où la ligne directe et masculine viendrait à s'éteindre. D'abord, cette clause ne parle que du décès de l'héritier actuel sans postérité mâle, et ne prévoit pas les éventualités analogues qui pourraient se présenter par la suite. Il est vrai que c'est là un simple défaut de rédaction, qui devait être corrigé un peu plus tard. Mais, en admettant que le retour à la couronne d'Aragon fût stipulé pour tous les cas d'extinction de la ligne directe et masculine jusque dans l'avenir le plus reculé, comment fallait-il entendre ce terme de *ligne directe*? Le fils ou le petit-fils d'un cadet n'était-il pas, aussi bien que le fils ou le petit-fils de l'aîné, un descendant direct, et ne se trouvait-il pas appelé à succéder naturellement, si le premier rameau se desséchait? Les branches cadettes ne sont-elles pas substituées à tous les droits des branches aînées, ou, pour mieux dire, ne deviennent-elles pas les aînées, lorsque celles-ci ont complètement disparu? L'ordre de succession demeurait donc douteux, et ce doute, alimenté par les intérêts en jeu, devait amener des querelles sans fin. Et puis, au fond, jusqu'à quel point un souverain, quelque puissant qu'il fût, était-il en droit d'engager l'avenir? Jacques Ier n'ignorait pas que les rois qui lui succéderaient jouiraient comme lui de la pleine souveraineté, seraient libres comme lui d'agir à leur gré, d'instituer leur héritier, de partager, à la rigueur, leur héritage : il le faisait bien, lui! Sans doute, puisqu'il créait un État nouveau, il était le maître d'en fixer la constitution et les lois successorales. Mais pouvait-il se flatter que son testament ou sa donation ne seraient pas détruits par la donation ou le testament d'un autre? En réalité, un seul point était solidement établi par l'acte du 21 août 1262 : c'était l'indépendance du royaume de Majorque. C'était, il est vrai, le point essentiel, et les successeurs de l'infant Jacques devaient s'appuyer avec raison sur cette charte fondamentale pour revendiquer le droit d'être maîtres chez eux.

Pierre, qui recevait par là un supplément d'avantages, fut précisément celui des deux qui se trouva lésé. Il dissimula, pour le moment, sa rancune. Mais il avait pris les devants, et, depuis deux ans déjà il avait protesté par écrit contre les engagements que son père voulait lui faire prendre, en déclarant par devant témoins qu'il ne se croirait nullement lié par eux [1]. Ce seul fait peut donner l'idée de sa bonne foi. Le prétexte apparent de son mécontentement, c'était que le patrimoine d'Aragon se trouvait amoindri : il oubliait que Jacques Ier le laissait, au contraire, augmenté de tout le royaume de Valence, et que les domaines distraits de son héritage n'avaient jamais appartenu à ce patrimoine. Son motif réel, c'était l'envie démesurée de posséder la totalité et de déshériter son jeune frère. Forcé de remettre à plus tard l'exécution de ses plans, il feignit d'acquiescer aux volontés paternelles, et ratifia le dernier partage par une série d'actes qui lui furent très probablement imposés. Comme il venait de conclure son mariage avec Constance, fille de Mainfroi, roi de Sicile (événement dont les suites devaient ensanglanter une partie de la chrétienté en amenant la célèbre lutte des maisons d'Anjou et d'Aragon), et d'asseoir le douaire de cette princesse sur les comtés de Roussillon et de Cerdagne, les pays de Conflent et de Vallespir, qui lui étaient dévolus auparavant, mais qui se trouvaient maintenant dans la part de Jacques [2], il modifia cette assiette de

---

1. *Coleccion de documentos ineditos*, etc., VI, 155.
2. Arch. nat. KK 1413, f° 54; Documents, n° XIV. Comme nous l'apprend cet acte, Pierre d'Aragon avait reçu du procureur de Mainfroi, le 13 juin 1262,

façon à ne pas toucher aux biens de son frère et la transporta sur certaines terres du royaume de Valence. Seul, le comté de Besalu, ainsi que les villes de Caldas et de Lagostera, compris également dans le douaire de Constance, y furent maintenus, parce qu'ils étaient situés en Catalogne. Le roi d'Aragon et l'héritier de Majorque approuvèrent cette permutation, faite le 12 novembre 1264 [1]. Puis la princesse elle-même, du consentement de son mari, remit à son beau-frère, le 28 du même mois, tous les droits et revenus qui lui avaient été assignés sur le Roussillon, la Cerdagne, le Conflent et le Vallespir, avec ceux qui lui avaient été cédés en don *propter nuptias* sur le château et la ville de Collioure [2]. De son côté, Roger, comte de Foix, possédait des fiefs en Cerdagne, en Conflent, et pour cette raison il devait à Pierre l'hommage et le serment de fidélité. Il en fut délié le 17 février 1263, à la condition qu'il les prêterait à l'avenir à l'infant Jacques; mais l'héritier d'Aragon eut soin de rappeler, à cette occasion, les clauses du partage qui parlaient du retour éventuel à sa couronne de tout le royaume de Majorque et du cas où les terres du Roussillon et de la Cerdagne devraient être tenues de lui ou de ses successeurs [3]. Un transfert semblable fut opéré, le 15 mai suivant, pour les fiefs dépendant de la succession d'Ermesende de Castelbon, comtesse de Foix et mère du même Roger, qui se trouvaient en Cerdagne et ailleurs [4]. Enfin une décharge d'hommage fut accordée un peu plus tard, à la même con-

---

à Montpellier, la valeur de 25,000 onces d'or, tant en or et en argent qu'en joyaux et pierres précieuses. Cette somme représentait la moitié de la dot promise à Constance par son père; le troisième quart devait être payé à Gênes, à la fête de Pâques suivante, et le quatrième dans la même ville une année après. C'est en garantie de la totalité de cette dot, restituable en cas de prédécès de son mari, que les revenus des terres en question avaient été assignés à la princesse, avec autorisation de les percevoir jusqu'à concurrence d'égale somme si la restitution n'était pas faite.

1. *Ibid.* L'acte précédent se trouve reproduit dans celui-ci.
2. Arch. nat., P 1353, n° 791; KK 1413, f° 57. L'original de cette pièce était intitulé au dos : *Carta de deffeniment que la dona na Costansa, muler que fo del enfant en Pedro, fe al seyor en Jac.*
3. Arch. nat., KK 1413, f°' 51, 52.
4. *Ibid.*, f° 52.

dition et pour le même motif, à Roger-Bernard, comte de Foix et vicomte de Castelbon [1].

Bientôt Pierre se vit condamné par la nécessité à signer une déclaration plus grave et à faire un sacrifice plus coûteux pour son orgueil. La protestation qu'il avait rédigée contre les donations de son père n'avait pas été assez secrète pour rester ignorée : le jour où elle parvint à la connaissance du roi, il lui fallut la désavouer, sous peine d'encourir une disgrâce complète. Peut-être, cependant, sa contre-déclaration fut-elle due à un rapprochement momentané. Les deux infants venaient de coopérer avec Jacques Ier à la conquête de Murcie au profit du roi de Castille ; ils s'étaient distingués ensemble dans les rudes combats contre les Maures, et ensemble ils avaient reçu les félicitations du pape [2]. Cette fraternité d'armes, jointe aux exhortations paternelles, avait pu adoucir leurs ressentiments. Quoiqu'il en soit, le 31 juillet 1266, Pierre expliqua, en s'adressant à son frère, qu'il avait bien entendu protester contre les libéralités par trop nombreuses de son père, lesquelles finissaient par devenir onéreuses et préjudiciables aux intérêts de la couronne, mais qu'en souscrivant au don du royaume de Majorque et de ses annexes en faveur de Jacques il avait montré que ses réserves ne s'appliquaient point à ce dernier acte, et que, pour plus de sûreté, il le ratifiait de nouveau, abandonnant, par donation entre vifs, tous ses droits sur ces possessions, s'il lui en restait encore, et promettant de ne jamais enfreindre sa parole [3]. Après cela, l'héritier de Majorque pouvait se croire assuré de jouir paisiblement de son héritage : un avenir prochain devait le détromper cruellement.

Tant que le Conquérant vécut, son fils aîné parut prendre son parti de l'accord qui lui avait été imposé. Plus d'une fois, cependant, sa rancune secrète fut sur le point de se trahir ; à chaque instant, l'on craignait de voir éclater

---

1. *Ibid.*, f° 53.
2. Raynaldi, an. 1265, n° 35 ; an. 1266, n°[s] 25, 26.
3. Arch. nat., KK 1413, f° 58 ; P 1354¹, n°[s] 800, 801 ; Documents, n° XVI.

l'orage. Quelques années après, une autre affaire de famille vint mettre le feu aux poudres et acheva de pousser l'infant dans la voie de la révolte. Fernand Sanchez, un des bâtards de Jacques Ier [1], avait noué des relations amicales avec Charles d'Anjou et, de plus, s'était mis à la tête d'une de ces ligues féodales qui, en Aragon, se dressaient périodiquement contre l'autorité souveraine. Pierre était alors investi de la lieutenance générale : au lieu de sévir par les moyens légaux, il se précipita, la nuit, dans la demeure de Fernand et faillit l'assassiner. Cité trois fois, pour ce fait, devant les *cortes* de Lérida, il refusa toute réconciliation et en vint à rompre ouvertement avec son père, qui condamnait ses violences. Un maître des Hospitaliers de Saint-Jean, envoyé auprès de lui comme négociateur, fut retenu prisonnier. On allait revoir le scandale de la guerre parricide soulevée jadis par Alphonse, l'infant défunt. Enfin l'on obtint à grand peine que le fils rebelle se soumît et promît de vivre en bonne intelligence avec les divers membres de sa famille [2]. Mais le roi, moins rassuré que jamais à son endroit, et frappé d'une double crainte par une dangereuse maladie qui l'atteignit dans son pays natal, résolut de prendre des précautions nouvelles pour empêcher la guerre entre ses enfants, et de fixer sur le parchemin, d'une manière plus formelle, l'expression de ses dernières volontés.

Ce testament, qui devait être définitif, fut rédigé à Montpellier, le 26 août 1272. Il confirme, en somme, le partage réglé en 1262, qui, paraît-il, avait déjà été renouvelé deux ans auparavant [3]; mais il y ajoute des dispositions supplémentaires, dont plusieurs constituaient, au point de vue des intérêts du royaume et de ceux de la concorde, un notable progrès sur les actes précédents. En voici la brève analyse.

---

1. Il était né de Blanche d'Antillon, aragonaise, et fut la tige de la célèbre maison de Castro.
2. Chron. de Jacques Ier, ch. ccxc et ss; d'Esclot, ch. lxviii et s.
3. Arch. de Barcelone, Parchemins de Jacques Ier, n° 2018; Tourtoulon, II, 481.

Après avoir nommé ses exécuteurs testamentaires et choisi sa sépulture au monastère de Poblet, Jacques ordonne d'abord le redressement de ses torts et le payement de ses dettes. Il assigne pour cet objet les revenus de plusieurs terres, entre autres ceux de la seigneurie de Montpellier. Il prescrit l'achèvement du port de Collioure et la réparation de celui de Port-Vendres, travaux d'utilité publique depuis longtemps réclamés, et fait des legs pieux à diverses communautés religieuses. A son fils aîné, il lègue le royaume d'Aragon, avec celui de Valence et le comté d'Urgel ; à son fils cadet, le royaume de Majorque, avec Minorque et Iviça, les comtés de Roussillon, de Cerdagne, et leurs dépendances, les fiefs tenus en son nom par les comtes de Foix et d'Ampurias, la ville de Collioure, Montpellier et sa seigneurie, enfin la vicomté de Carladez, dans la basse Auvergne, addition nouvelle faite à la part de l'infant Jacques ; à sa fille aînée Yolande, reine de Castille, les effets et parures qui lui ont été remis au moment de son mariage et tout ce qu'elle a reçu en dot ; aux enfants de sa fille Isabelle (déjà décédée) et de Philippe, roi de France, la dot de leur mère, et de même aux enfants de sa troisième fille Constance, jadis femme de l'infant Emmanuel de Castille. Il confirme les dons de terres faits à ses fils par des chartes spéciales. Tout ce qui pourrait n'être pas compris dans son testament reviendra au cadet. Ses fils naturels Fernand Sanchez et Pierre Ferrand sont aussi désignés, avec recommandation d'observer les donations faites en leur faveur. Viennent ensuite les clauses importantes concernant l'ordre de succession aux trônes d'Aragon et de Majorque. Ce n'est plus seulement la mort de l'un des deux héritiers qui fera passer son royaume à l'autre s'il ne laisse pas de descendants mâles et directs ; c'est celle de tous leurs successeurs respectifs qui pourront se trouver dans le même cas. Une des obscurités laissées par les termes de la charte de 1262 est ainsi dissipée ; mais la plus fâcheuse subsiste encore, celle qui a trait à l'interprétation du mot *ligne directe*. L'indépendance des deux royaumes est plus nettement stipulée : ils demeureront perpétuellement à leurs titulaires respectifs et à leurs successeurs *dans toute leur intégrité*, sans pouvoir être ni diminués [1], ni échangés, ni transférés ; les possessions des rois de Majorque, en particulier, *ne sortiront pas de leur domaine*; elles formeront un seul et unique patrimoine, qui ne changera pas de main, qui ne sera point partagé. A un point de vue plus général, une autre amélioration est introduite dans l'ordre de succession : les femmes sont exclues du trône ; elles ne peuvent entrer en possessions de tout ou partie du royaume ni en vertu d'un legs, ni en vertu d'un contrat de mariage, conformément au régime français connu sous le nom de loi salique, dont les avantages commençaient à être appréciés dans plusieurs pays, mais qui cependant ne devait guère s'acclimater en Espagne. Auparavant, les filles du Conquérant étaient appelées à recueillir son héritage si les deux infants venaient à mourir sans postérité masculine. Ici, les deux fils de Teresa Gil de Vidaure, reconnus légitimes, leur sont d'abord substitués ; puis, après eux, les fils de la reine de Castille ; ensuite les fils de sa sœur Constance, et en dernier lieu ceux d'Isabelle, reine de France ; enfin, à défaut d'eux tous, le plus proche descendant de Jacques, mais en aucun cas les femmes. C'est, comme on le voit, un système mixte, admettant les rejetons mâles des lignes féminines tout en fermant la porte à leur mères : l'acheminement vers le principe absolu de la loi salique est visible, et il faut en faire honner au testateur, qui devançait sur ce point capital la plupart de ses contemporains [2].

1. Le texte donné par d'Achéry porte *dividi* au lieu de *diminui* ; ce qui change tout à fait le sens et supprime la clause prohibitive de l'amoindrissement de la royauté.
2. Le testament de Jacques Ier est imprimé dans d'Achéry (*Spicil.*, III, 673) et dans la *Coleccion de documentos ineditos* (XXIX, 15). Je reproduis de nouveau, pour plus de clarté, les articles concernant le royaume de Majorque, d'après les registres KK 1413 (f° 60) et P 1354¹ (n°⁵ 800, 802 et 852) : « *Item, infantem predictum Jacobum, filium nostrum, instituimus heredem nostrum, similiter post dies nostros, in regno Majoricarum et insulis Minoricarum et Evissa, et in comitatibus Rossilionis, Ceritanie et Confluentis, et in omnibus feudis que comes Fuxensis et comes Impuriarum et alii etiam ibi tenent et tenere debent pro nobis, et in Cauquolibero, et in Montepessulano et toto*

Telle est la série d'actes souverains par lesquels se trouva graduellement et laborieusement fixée la condition future de l'État des Baléares. Assurément, l'autonomie qui lui était assurée devait lui apporter de précieux avantages : c'était le couronnement des libertés concédées à la colonie chrétienne. On ne peut nier, cependant, qu'en détachant de la couronne

dominio suo et castris ejusdem, et in pleno dominio et juribus et pertinenciis suis, et jure et dominio que habemus et habere debemus in vicecomitatu de Carlades. Qui filii nostri proxime nominati predicta omnia legata habeant jure institutionis, prout in instrumento particionis seu hereditamenti que fecimus inter ipsos plenius et lacius continetur..... Ac eciam volumus, statuimus et mandamus quod, si contigerit. quod Deus advertat, quod dictus infans Petrus, primogenitus filius noster, vel filii ejus legitimi masculi, seu descendentes ab eo in recta linea masculi legitimi, sine filio vel filiis legitimis masculis, morirentur, regna et comitatus et omnia alia que sibi dimittimus devolvantur ad infantem Jacobum, filium nostrum regem Majoricarum, si vixerit tunc, vel ad filium seu filios ejus, seu ad descendentes ab eo in recta linea masculos, qui rex fuerit Majoricarum et dominus Montispessulani. Et si forte predictus infans Jacobus, filius noster, vel filii ejus legitimi masculi vel descendentes ab eo in recta linea legitimi masculi sine filio vel filiis legitimis masculis decederent, volumus, statuimus et mandamus quod regnum Majoricarum et insule Minoricarum et Evisse predicte, et comitatus predicti, et Monspessulanus cum toto dominio et territorio ejus, et omnia et singula alia que sibi supra dimittimus, ad infantem Petrum predictum filium nostrum, vel ad filium seu nepotem ejus, aut alium legitimum masculum ab eo in recta linea descendentem, qui rex fuerit Aragonum et Valencie et comes Barchinone penitus devolvantur;... insuper volentes eciam ut regna et terre que et quas dictis filiis nostris infanti Petro et infanti Jacobo dimittimus integra semper remaneant cuique eorum et suis, ut supra ordinatum est, et quod diminui non possint nec transmutari in aliud dominium seu transferri. Volumus, statuimus et ordinamus quod nullus predictorum filiorum aut nepotum nostrorum, seu a nobis in recta linea descendencium institutorum aut substitutorum a nobis, ut supra continetur, possit in regnis et comitatibus predictis, et in villa ac dominio Montispessulani, et in terris et castris predictis, que et quas et eis, ut dictum est, dedimus, feminam aliquam, filiam scilicet vel aliam, in totum vel in partem instituere heredem, nec dare eciam sibi in casamentum seu dotem aut aliter ullo modo...; mandantes similiter ac firmiter perpetuo statuentes quod regnum Majoricarum et insule Minoricarum et Evisse, et villa Montispessulani eum territorio et dominio ejusdem, et comitatus Rossilionis, Ceritanie et Confluentis predicti, et Caucumliberum, et alia que ipsi infanti Jacobo supra dimittimus, et omnia pertinencia et debencia pertinere ad eumdem ubique quocumque modo, semper sint domini et dominii ejusdem, scilicet regis Majoricarum; et idem infans Jacobus, filius noster, vel ejus successores non possint ipsa dividere inter filios suos aut filias, aut in alias personas alienare, set ipsum regnum et comitatus et Monspessulanus, et alia que ipsi infanti Jacobo dimisimus superius, semper remaneant et sint regis et domini Majoricarum integriter, ut est dictum, et unum solum filium suum legitimum masculum idem infans Jacobus, et sui post ipsum, successive heredem faciant in eisdem, salvis tamen nostris substitucionibus predictis. »

d'Aragon une partie des fleurons qu'il y avait ajoutés, Jacques Ier n'ait commis une erreur politique. Les circonstances qui viennent d'être exposées peuvent expliquer suffisamment sa détermination et la composition bizarre du nouveau royaume : elles ne sauraient, au fond, justifier le morcellement d'une monarchie qui aurait eu, au contraire, besoin de se développer pour opposer, aux Maures d'un côté, à la puissance française de l'autre, une force plus redoutable. Cette faute, quoi qu'on en ait dit, n'a pas échappé aux contemporains. Un des chroniqueurs les plus dévoués à la maison d'Aragon, l'auteur des *Gesta comitum Barcinonensium*, a écrit en toutes lettres que, dans sa vie entière, le Conquérant n'avait porté qu'un seul préjudice au bien de l'État : c'était le partage de ses domaines entre ses enfants, d'où étaient venues d'interminables dissensions et l'invasion de la Catalogne par une armée étrangère [1]. Un autre tort fut de ne pas donner au nouvel État une consistance plus solide et un caractère plus compacte. En le plaçant, faible et morcelé, entre deux voisins ambitieux et beaucoup plus forts que lui, on l'exposait à devenir tôt ou tard la proie de leurs convoitises. Jacques le sentait bien, car il projeta un instant de l'augmenter de toute l'île de Sardaigne, dont il espérait du saint-siège la concession officielle. Cela eût achevé d'en faire une puissance maritime et lui eût donné, peut-être, l'empire de la Méditerranée. Il investit même d'avance son fils cadet de cette importante principauté [2]. Mais son attente fut déçue, et, d'ailleurs, il lui était difficile de grossir un lot dont l'importance relative excitait déjà des murmures.

On s'est plu à voir dans sa grave détermination, dictée uniquement par des considérations de famille et, en ce qui

---

1. *In uno solo offendit totum dominium regni sui*, etc. (Marca, col. 55.)
2. « *Confidentius sperans quod summum pontifex nobis conferat et concedat regnum Sardinie, cum dominio ejusdem et juribus ac omnibus spectantibus ad eandem, ideoque per nos et nostros damus et concedimus vobis, carissimo filio nostro infanti Jacobo, heredi Majoricarum, etc., et vestris successoribus in perpetuum, post dies nostros, regnum predictum.* » Acte du 19 avril 1267 (Arch. nat., P. 1354¹, n° 800).

concerne les Baléares, par le souci des intérêts locaux, le résultat d'un profond calcul. On y a cherché l'intention d'opposer aux empiètements de la France un souverain véritable, résidant à Montpellier, et même la pensée de reconstituer ce qu'on a appelé la nationalité méridionale, en groupant sous un sceptre particulier plusieurs petits pays dont les populations appartenaient à cette dernière. De pareilles vues n'entraient, il faut bien le dire, ni dans l'esprit de l'homme ni dans celui de l'époque. La France seule poursuivait alors avec suite, avec obstination, une politique vraiment nationale. De père en fils, ses souverains tendaient résolûment à un double but : réunir sous une même suzeraineté le plus de provinces possible, annexer au domaine de la couronne le plus de fiefs possible ; amener en un mot, la fusion graduelle des éléments disparates qui venaient grossir de jour en jour le noyau primitif. C'était une œuvre d'assimilation, au lieu d'être une œuvre de désagrégation. Ainsi se fondent les États puissants. Il suffit de mettre en regard les destinées ultérieures du royaume de saint Louis et celles des royaumes de Jacques Ier pour mesurer la différence des deux politiques. L'érection du trône de Majorque devait diminuer de plus d'une manière l'importance territoriale de l'Aragon ; elle devait servir, au contraire à l'agrandissement de la France : tel est le meilleur criterium pour juger cet événement considérable.

Le nouvel État n'attendit pas longtemps avant d'entrer en pleine possession de l'autonomie décrétée à l'avance par son fondateur. Jacques Ier se défit par degrés du pouvoir suprême qu'il avait entendu conserver jusqu'à sa mort : on eût dit qu'il voulait voir son fils à l'œuvre et l'habituer peu à peu à gouverner lui-même. S'il faut en croire Muntaner, il l'aurait investi de l'autorité fort peu de temps après le partage définitif, et se serait contenté d'exercer sur son gouvernement une surveillance intermittente ; après quoi, satisfait de sa gestion comme de celle de son frère, il les aurait nommés tous deux *rois*, en louant Dieu de lui avoir donné de tels enfants [1]. Cette version du panégyriste des princes aragonais est quelque peu en désaccord avec les actes officiels. Mais ce qui est certain, c'est que Jacques se déchargea d'abord en faveur de son fils de la seigneurie de Montpellier, dont il lui remit, le 2 juin 1274, la lieutenance générale, avec le pouvoir d'administrer ce domaine comme il l'entendrait [2]. Deux ans plus tard, la maladie abattit les forces du Conquérant. Il sentit que sa fin était proche, et, comme il avait beaucoup à expier, car sa vieillesse même n'avait pas été exempte de scandale, il voulut mourir en pénitent, sous l'habit religieux. Il abdiqua donc toute autorité personnelle, et remit à l'infant Jacques l'exercice de la souveraineté dans tous les États qui lui avaient été réservés. « Voulant, écrivit-il d'Alcira, le 21 juillet 1276, nous appliquer exclusivement au service de Dieu, pour acquérir plus facilement la gloire du Paradis, nous avons revêtu la robe des frères Cisterciens, et nous avons dès à présent délaissé à notre très cher fils l'héritage qui devait lui revenir, avec la libre jouissance et le gouvernement de ses terres. » L'avis officiel de cette renonciation fut transmis à la fois aux riches-hommes, châtelains et chevaliers de l'île de Majorque, à l'archevêque de Tarragone, pour l'île d'Iviça, et aux prud'hommes de la même, aux consuls et à la noblesse de Montpellier, aux lieutenants et habitants de Lattes, de Frontignan, de Castries, du Pouget et des autres lieux dépendants de la seigneurie, aux barons de Roussillon, de Cerdagne et de Conflent, aux bailes, viguiers et prudhommes de Perpignan, de Collioure, de Saint-Laurent, d'Estagel, de Salces, de Puycerda, de Villefranche-de-Conflent, etc. Les seules réserves faites étaient celles des revenus vendus à Bertrand de Beaupuy, sur la ville de Montpellier, et de ceux qui avaient été cédés pour un temps à Sanche *de Tullario*, sur Perpignan, Collioure et quelques autres

---

1. Muntaner, ch. xvii, xxv.
2. D. Vaissète, IV, 19.

lieux [1]. Deux codicilles, rédigés la veille et le surlendemain, achevèrent de régler ce qu'on pourrait appeler la liquidation du règne ; mais ils ne contiennent rien sur le sujet qui nous occupe.

Les dernières préoccupations du vieux roi furent encore la paix et la concorde entre ses enfants ; la pensée de leur désunion le tourmentait jusque sur son lit de mort. Il recommanda instamment à l'aîné d'aimer et de secourir son frère, de faire en sorte que nul traître, nul flatteur ne vînt semer entre eux la zizanie. Puis, s'étant fait transporter à Valence, il leur donna sa bénédiction, les recommanda de toute son âme au Seigneur, et rendit le dernier soupir au milieu d'une prière, le mercredi 27 juillet 1276, à l'âge de soixante-huit ans [2]. Avec sa mort s'ouvrait définitivement l'existence du royaume indépendant de Majorque.

---

1. Arch. nat., KK 1413, f⁰ˢ 67-71 ; Documents, n° XXIV. Une de ces lettres a été imprimée par d'Achéry (*Spicil.*, III, 682).
2. Ou le 26 juillet, si l'on compte l'heure de minuit, à laquelle il mourut, comme appartenant au jour précédent. De là, sans doute, la divergence des historiens sur ce point. V. Chron. de Jacques Iᵉʳ ; d'Esclot, ch. LXXIII ; Muntaner, ch. XXVIII ; Tourtoulon, pièces justificatives, nᵒˢ 21, 22.

CHAPITRE VI

CONSISTANCE DU NOUVEAU ROYAUME ;
ORIGINE DE SES ANNEXES FRANÇAISES

Avant de suivre les destinées du royaume créé par Jacques Ier dans ses rapports avec la politique française, il nous reste à reconnaître en quoi consistaient au juste les éléments entrés dans sa composition, et, pour une portion d'entre eux, d'où ils étaient venus s'adjoindre à la monarchie aragonaise.

L'État de Majorque renfermait, d'après ce qu'on vient de voir, deux parties très différentes, une partie insulaire ou maritime, comme l'appellent les textes, et une partie continentale. La première comprenait les trois îles de Majorque, de Minorque et d'Iviça, avec les îlots adjacents ; mais le pouvoir du roi, comme on l'a vu, ne s'exerçait pas au même degré sur chacune d'elles. La principale, celle à qui s'appliquait particulièrement le nom de *regnum* ou *regimen Majoricarum*, était possédée par lui sans partage aucun : il en avait à la fois la suzeraineté et le domaine utile. Elle était divisée, dès cette époque, en quinze districts : la Chronique royale en compte neuf dans la plaine (ceux de la Cité ou de Palma, de Montuiri, de Canarrossa, d'Inca, de Petra, de Muro, de Felanitx, de Manacor et d'Arta) et six dans la montagne (Andraitx, Santa-Ponza, Buñola, Soller, Almalutx, Pollenza). Marsilio en désigne un plus grand nombre [1] ; mais les autres étaient de création plus récente, et cette différence prouve simplement que la population et la pros-

---

1. Ch. XXVI.

périté du pays se développèrent très vite à la suite de la conquête. Sous la domination arabe, ces districts étaient réduits à douze; Andraig, Felanitx et Santa-Ponsa furent érigés en chefs-lieux au moment de la répartition des terres [1]. En s'aidant des actes d'hommage rendus au roi Alphonse d'Aragon, en 1285, et de la nomenclature des villes et villages dressée par le procureur fiscal de Pierre IV dans le procès-verbal de saisie rédigé en 1342 [2], documents un peu postérieurs, il est vrai, mais répondant à un état de choses existant déjà, selon toute probabilité, à l'époque de la mort de Jacques Ier, on arrive à établir ainsi la liste des localités les plus importantes de l'île :

Civitas Majoricarum (Palma [3]).
Scortha, Scorca ou *Escorcha* (Escorca).
Sancta Maria de Podio Pungenti (Puigpuñent).
Sancta Maria de Endraig ou *de Adrag* (Andraitx).
Sanctus Johannes de Calviano (Calvia).
Vallis de Bayalbafar (Bañalbufar).
Vallis de Soperna (Superna).
Vallis de Bolonymo ou *de Bolonyino*.
Sancta Maria de Olerono (Alaro).
Sanctus Petrus de Sencelers ou *de Senselles* (Sansellas).
Sancta Maria de Bunyola (Buñola).
Sancta Maria de Maratymo.
Sancta Maria de Camino.
Soller ou *Soiller* (Soller).
Sanctus Jacobus de Guinyent ou *de Guinyanel* (paroisse dépendant d'Alcudia).
Sancta Maria de Artano (Arta).
Sancta Maria de Manacor (Manacor).
Sancta Maria de Bellveer (Bellver).
Sancta Margarita de Muro (Santa Margarita, près Muro).
Sancta Maria de Sisneu (Sineu).

---

1. Quadrado, *Conquista*, p. 247.
2. Arch. nat., JJ 270, f°s 14-38 et 386; Documents, n° LXXII.
3. Je place ces noms de lieux dans l'ordre fourni par les documents originaux, en mettant le nom moderne en regard, lorsqu'il se retrouve.

Sanctus Petrus de Petra (Petra).
Sanctus Julianus de Campos (Campos).
Sanctus Johannes de Porreriis ou *de Porreres* (Porreras).
Sancta Maria de Muntlueri ou *de Muntuerii* (Montuiri).
Villa de Muro (Muro).
Sanctus Michaël de Campaneto (Campanet).
Sanctus Andreas de Sancto Anyi (Santañy).
Sanctus Petrus de Castelis ou *de Castalig* (Castalig).
Sanctus Laurentius de Selva (Selva).
Sancta Maria de Robines ou *de Rubines*.
Sanctus Michaël de Luco Majori (Lluchmayor).
Villa de Incha (Inca).
Sancta Maria de Valle de Mussa.
Popula [1] *Duyalfaç*.
Alcudia (Alcudia).
Pollença (Pollenza).
La Palomera (La Palomera).
Sancta Maria de Felanig (Felanitx).
Sancta Maria de Marrachino ou *Marratxino* (Marratxi).
Canarrossa.
Sancta Ponsa (Santa Ponza).
Almalutx [2].

En tout, quarante-deux villes ou bourgs possédant leur paroisse et élisant leurs syndics. Ce chiffre est évidemment très inférieur à la réalité [3], et cependant il comprend plusieurs villages qui semblent avoir disparu aujourd'hui, ou qui, du moins, ne figurent pas sur l'état de la population dressé en 1860 [4]. Ainsi l'île de Majorque aurait été, au XIIIe siècle, plus riche en lieux-dits que de nos jours, et, sans doute aussi, plus peuplée, malgré le vide énorme produit par le départ d'une grande partie des anciens habitants. On remarquera encore que, parmi tous ces vocables, deux

---

1. Ce mot est sans doute un souvenir des *peupleurs* de Jacques Ier.
2. J'ajoute les trois derniers noms à la liste en qualité de chefs-lieux de district, bien qu'ils ne me soient pas fournis par les actes cités.
3. *Et alia plura loca de quorum nominibus non potuit haberi certificacio*, ajoute le texte (Documents, n° LXXII).
4. V. Bover, *Noticias de la isla de Mallorca*, p. 72 et ss.

ou trois à peine ont une origine arabe, ce qui paraît indiquer que la plupart des localités désignées furent fondées par les colons chrétiens. On pourrait penser qu'ils changèrent simplement les noms anciens pour des nouveaux. Cela eut lieu quelquefois; cependant, en général, les noms arabes subsistèrent, plus ou moins altérés; on en a la preuve dans le livre de la Répartition et dans beaucoup d'autres textes.

Sur la seconde Baléare, le roi de Majorque n'exerçait, comme on l'a vu, qu'une espèce de protectorat, et il en fut ainsi jusqu'en 1287, date à laquelle le roi d'Aragon la soumit au même régime que la première. Les Musulmans y avaient créé quatre districts, ceux d'Hasnaljud (Torrellefuda), d'Alcayor (Alayor), de Benifabin et de Benisaïda. Ces deux dernières villes, quoique assez importantes, paraît-il, tombèrent par la suite au rang de simples hameaux, ou même de fermes. Le procès-verbal de 1342 mentionne seulement, dans cette île, les lieux suivants :

Ciutadella (Ciudadela).
Maho (Mahon ou Port-Mahon).
Castrum de Sancta Agata (Santa Agata).
Castrum de Sancto Bartholomeo de Cesferraries [1] (Ferrerias?).

Mais le rédacteur ajoute, comme pour l'autre, qu'il omet ceux dont il n'a pas une connaissance suffisante. Minorque était, du reste, moins riche que sa grande sœur. Son sol était plus stérile, et sa population ne devint relativement considérable qu'après l'émigration des Sarrazins de Majorque.

Iviça, dont le roi n'eut longtemps que la suzeraineté, était moins peuplée encore. Ses habitants étaient répartis, aux XIIIᵉ et XIVᵉ siècles, dans trois centres principaux :

Castrum Evice ou *de Eviça* (Iviça ou le Castel [2]).
Port Mayor (Port Magne).
Sancta Eularia (Santa Eulalia) [3].

---
1. Peut-être pour *Los Ferraries*.
2. V. plus haut, p. 76.
3. Arch. nat., JJ 270, fᵒˢ cités.

Les maisons y étaient, comme on l'a vu, très disséminées. Sa voisine, Formentera, était inhabitée.

La partie continentale, celle qui donnait à l'État de Majorque sa véritable importance, bien qu'elle ne possédât ni la capitale ni le titre royal, se composait presque entièrement de pays appartenant à la France géographique et, dans une mesure variable, à la France politique. Elle comprenait :

1° Le comté de Roussillon, avec ses dépendances ordinaires, la Cerdagne, le Conflent, le Vallespir.

2° La ville et seigneurie de Montpellier, à laquelle se rattachait la baronie d'Aumelas.

3° La vicomté de Carladez.

Rappelons en peu de mots comment les rois d'Aragon avaient acquis le droit de disposer de ces divers domaines, et quelle en était la consistance.

Le Roussillon, qui faisait autrefois partie de la Gaule Narbonnaise, avait été occupé successivement par les Visigoths et les Sarrazins ; puis, après l'expulsion de ces derniers par Pépin le Bref, il avait été réuni à la couronne de France. Une dynastie de comtes indépendants, rattachée par des liens de parenté à celle des comtes de Barcelone, s'y établit à la faveur du désordre qui marqua les commencements de l'époque féodale, et le dernier de ces comtes, Girard ou plutôt Guirard II, crut pouvoir léguer au roi d'Aragon le domaine que ses pères s'étaient approprié. Mais son testament contenait de singuliers aveux et suffirait, à lui seul, pour prouver que le Roussillon n'appartenait pas, dans l'origine, à la Catalogne, comme l'ont souvent prétendu les historiens espagnols. Ce document peu connu, que je reproduis d'après l'exemplaire original de la version latine faite aussitôt sur le texte primitif en langue vulgaire [1], offre donc un intérêt de premier ordre,

---

1. Arch. nat., P 1353, n° 790 ; Documents, n° I. Le testament de Guirard de Roussillon n'a été imprimé que par Caseneuve (*Catalonia Francica*, p. 202), d'après un exemplaire imparfait, et par Henry (*Hist. du Roussil-*

non seulement par ses tournures archaïques et son style remarquable, par les renseignements qu'il nous donne sur les établissements religieux et hospitaliers du pays dans la seconde moitié du xiiᵉ siècle, par l'énumération des dédommagements ou des restitutions que le comte se croit obligé de faire à ses sujets, mais encore et surtout par l'élément précieux qu'il apporte pour la solution de la question si souvent controversée des droits de la maison d'Aragon sur le comté. Il est daté du 4 juillet 1172 [1] et muni du seing de Guirard, comte de Roussillon (*signum Guirardi, comitis Rossilionnensis*); leçon qui paraît être, surtout lorsqu'on voit la manière dont elle est écrite dans l'original, la seule et unique source du nom de *Guinard*, attribué à ce personnage par divers auteurs, notamment par dom Vaissète : il n'y a là, selon toute probabilité, qu'une faute de lecture. Le monastère de Fontfroide, au diocèse de Narbonne, où le testateur forme le projet de se retirer pour vivre en religieux et en pauvre chevalier du Christ, ou de se faire ensevelir s'il vient à mourir avant, les ordres du Temple et de l'Hôpital, l'église de Saint-Jean de Perpignan et quelques autres ont la plus grande part aux largesses contenues dans l'acte. Une seule personne de la famille du comte s'y trouve mentionnée : c'est sa cousine Béatrix, sœur de Roger, vicomte de Béziers et de Carcassonne, mariée plus tard à Raymond VI, comte de Toulouse. N'ayant point de parents plus proches, Gérard laisse son comté, s'il vient à mourir sans postérité légitime, au roi d'Aragon alors régnant et à ses successeurs. Cette formule donne clairement à entendre qu'il pouvait encore avoir des enfants et que, par conséquent, il n'était pas à l'article de la mort : ainsi, lorsqu'on voit Alphonse II s'intituler comte de Roussillon dès l'an 1172, il n'en faut pas conclure, avec dom Vaissète, que Gérard mourut cette année-là; mais simplement que le monarque

---

lon, I, 504), d'après un manuscrit des coutumes de Perpignan; mais ces textes n'ont pas la valeur de l'original. D. Vaissète a donné une brève analyse de l'acte sur la foi de Caseneuve (III, 31).

1. Et non 1173, comme l'a cru Baluze (*Marca Hispanica*, col. 1362).

espagnol prit ce titre aussitôt qu'il fut assuré d'en hériter. Dans la confirmation qu'il donna, la même année, aux privilèges accordés à la ville de Perpignan par son seigneur naturel [1], il put agir également à titre d'héritier présomptif, de même que les deux fils du Conquérant ratifiaient les actes rendus par leur père en faveur de leurs sujets futurs. D'ailleurs, Baluze ne fait mourir Guirard qu'en 1178, et, quoiqu'en dise l'*Histoire du Languedoc,* il a dû avoir des raisons pour cela [2]. La seule condition imposée au légataire, c'est d'acquitter les legs pieux du comte sans difficulté et sans réduction. Mais il est dit en toutes lettres que le fief du Roussillon ne revenait point de droit à sa couronne *(meum honorem, qui ad jus illius non pertinebat)* et qu'il lui était cédé par pure amitié. Les mots *dono domino meo regi Aragonensium,* etc. signifient simplement : Je donne à *monseigneur le roi d'Aragon,* et n'impliquent aucune dépendance vis à vis de ce prince ; c'est une simple formule de politesse. De plus, la date contient l'élément significatif qui a servi, en mainte occasion, à faire reconnaître les pays soumis à la suzeraineté du roi de France : *Regnante Lodoyco rege.* Telle était, en effet, la formule usitée dans les anciens actes du pays, et sur laquelle on s'appuya, au xive siècle, pour montrer que le Roussillon et la Cerdagne ne faisaient point partie intégrante du comté de Barcelone, mais bien du royaume de France [3]. Ces deux pays dépendaient si peu de la Catalogne, qu'avant de faire son testament, Guirard, se voyant sans enfants, interrogea, paraît-il, ses sujets pour savoir s'ils voulaient être soumis au roi de France ou au roi d'Aragon ; leur réponse le décida seule à les donner à ce dernier [4]. C'est là

---

1. *Art de vérif. les dates,* X, 32.
2. *Marca hisp.,* loc. cit.; D. Vaissète, *ibid.*
3. « *De regalia Francie, ut apparet.* » Instructions de Jacques II de Majorque à son ambassadeur en Castille (Bibl. nat., ms. lat. 6025, f° 3).
4. « *Interrogavit gentes comitatuum ipsorum si volebant esse vel regis Francie vel regis Aragonie qui tunc vivebat, hoc eorum voluntati subponendo, et juxta earum voluntatem reliquit eas regi Aragonie ; ex quibus apparet quod non erant dicti comitatus subjecti comitatui Barchinone.* » *(Ibid.)* Il est

un exemple de plébiscite aussi curieux que probant.

Il ressort de ces différentes particularités : 1° que le domaine cédé était un fief, et que l'hommage de ce fief, par conséquent, était dû à quelqu'un ; 2° que ce seigneur supérieur n'était pas le roi d'Aragon, lequel n'avait aucun droit sur le comté ; 3° que ce ne pouvait être que le roi de France, dont la domination était encore constatée dans les actes passés en Roussillon et dans celui-ci en particulier [1]. C'est donc avec raison que Duchesne et d'autres érudits français ont pu écrire que cette contrée avait été possédée par les princes aragonais sous la suzeraineté de nos rois jusqu'au milieu du XIIIᵉ siècle, et, lorsqu'on allègue que ces princes avaient probablement été exemptés de l'hommage par convention spéciale [2], on reconnaît implicitement que cet hommage était dû en principe, sans pouvoir produire un fait ni un document à l'appui de cette prétendue exemption. La vérité est qu'en raison de la distance et de la faiblesse des premiers Capétiens, les anciens comtes de Roussillon se dispensèrent de remplir leur devoir féodal (c'est pour cette raison que le testament de Guirard ne rappelle pas ce devoir d'une manière expresse), et que les nouveaux, profitant d'une situation acquise, les imitèrent en toute sécurité. Ils prirent même, à partir de 1180, le soin de faire supprimer le nom du roi de France dans la date des contrats, tant ils étaient convaincus que sa mention impliquait une dépendance onéreuse pour eux.

Leur seul titre sérieux à la suzeraineté du Roussillon est le fameux traité de Corbeil, par lequel saint Louis, dans son extrême désir de la paix, échangea des droits contestés sur la Catalogne et ses dépendances, réelles ou supposées, contre des prétentions plus ou moins fondées sur la succession des comtes de Toulouse et sur diverses parties du

---

dit ensuite que, si saint Louis abandonna le Roussillon au roi d'Aragon, ce ne fut pas en raison des droits que celui-ci pouvait avoir, mais parce qu'il était le plus proche parent du comte de Toulouse.

1. Duchesne, IV, 648, 730.
2. Roderic de Tolède, *Chron. Hispan.*, liv. IV, ch. x. V., à ce sujet, Tillemont, IV, 137 ; *Hist. du Languedoc*, nouv. éd., VII, 112.

Languedoc [1]. Cette transaction, dont on a fait quelquefois un reproche au plus loyal politique de la race capétienne, paraît à un danger véritable; car Pierre d'Aragon, l'héritier de Jacques Ier, et le Conquérant lui-même avaient été sur le point d'allumer la guerre à propos des fiefs discutés, et, s'ils n'étaient pas en état d'imposer des lois à la France, saint Louis, de son côté, n'eût pu faire valoir des titres oubliés depuis deux ou trois siècles qu'au prix d'une lutte prolongée, incertaine pour lui, désastreuse pour tous. Le mariage de son fils Philippe avec Isabelle d'Aragon mit le sceau à l'accord des deux souverains. Dès lors, Jacques put disposer en toute liberté d'une seigneurie qui, au fond, n'avait pas cessé de relever de la couronne de son puissant voisin, et qui, même après, ne cessa point d'être comprise dans les limites naturelles du territoire français [2]. Son grand-père Alphonse II l'avait cédée en apanage à son propre frère Sanche, le père de ce Nuño Sanchez, qui se distingua tant dans l'expédition de Majorque. Lui-même put la céder avec beaucoup plus de droit à son fils cadet, puisque le traité de Corbeil lui en avait attribué la suzeraineté et que la mort de son cousin Nuño lui en rendit le domaine utile au moment même du partage de sa succession, comme on l'a vu plus haut.

---

1. Voici la clause de ce traité relative au Roussillon et aux pays voisins : « *Idem dominus rex Francie, pro se et heredibus et successoribus suis, predicto domino regi Aragonum, et heredibus ac successoribus suis in perpetuum.... diffinivit, quittavit, cessit et omnino remisit quicquid juris et possessionis vel quasi habebat, si quod habebat vel habere poterat, seu eciam dicebat se habere, tam in domaniis quam in dominicaturis, quam feodis et aliis quibuscumque, in predictis comitatibus Barchinone et Urgelli, Bisulduni, Rossilionis, Empurdani, Ceritanie, Confluentis, Gerundensi et Eusonensi, cum omnibus honoribus, homagiis, districtibus, juridicionibus et juribus universis...., promittens, et ad hoc se et heredes ac successores suos in perpetuum obligans, quod in predictis omnibus et singulis nichil de cetero per se vel per alium reclamabit vel petet.* » (*Inv. du Trésor des chartes*, III, 406. Cf. Tillemont, IV, 137 et ss.) La cession, comme on le voit, est sans réserve.

2. Le Roussillon et le Conflent étaient en Gaule; la Cerdagne et la Catalogne étaient en Espagne. Cervera était considérée comme la dernière ville française, Ampurias comme la première ville espagnole. (Marca, 13, 40 et ss; Zurita, I, 286.)

Le comté du Roussillon (*Rossilio,* nom dérivé de l'antique ville de *Ruscino,* alors en ruines depuis longtemps) n'était qu'une portion de la province appelée ainsi par la suite. Il était borné au nord par le bas Languedoc, à l'est par la Méditerranée, au sud-est par le Vallespir, au sud par la chaîne des Pyrénées et la Catalogne, à l'ouest par le Conflent. D'après nos documents, il allait, en suivant la route de Catalogne, jusqu'au mont de la *Clusa* ou de l'Écluse (près du fort de Bellegarde), et, en suivant la route de France, jusqu'à la fontaine de Salces *(fons de Salsis)* [1]. Cette fontaine, dont parle déjà Pomponius Mela [2], et qui figure sur la carte de Cassini sous le nom de *Font des Dames,* est située entre les bourgs de Salces et de Fitou ; elle servait de frontière depuis un temps immémorial. La limite qui séparait le Languedoc du Roussillon fit, vers 1302, l'objet d'une contestation et d'une enquête très curieuse, où furent appelés à déposer les pâtres, les pêcheurs et tous les anciens de la contrée. Cette pièce établit que le roi d'Aragon, toutes les fois qu'il se rendait à Montpellier, repliait son étendard à la fontaine en question, tandis qu'à son retour il l'y déployait, pour signifier qu'il quittait son domaine ou qu'il y rentrait ; que les guides venant de France, et accompagnant des voyageurs munis de sauf conduits français, les quittaient à la même fontaine et se contentaient de leur indiquer le chemin qu'ils avaient à suivre ensuite ; que Philippe III, passant par là dans son expédition de Catalogne, avait trouvé en ce lieu un pendu justicié par ses gens, et que les habitants du pays, le voyant manifester de l'étonnement, lui apprirent que ses terres venaient jusque-là ; que les ambassadeurs aragonais envoyés, vers la même époque, à sa cour furent emmenés, à partir de cet endroit, par les délégués du sénéchal de Carcassonne ; etc. La ligne séparant les deux royaumes de France et de Majorque est, du reste, nettement déterminée par l'enquête officielle : elle passe par une série de *puys* et de rochers qui répondent à peu près aux limites

---

1. Arch. nat., P. 1353, n° 737.
2. « *Ultra est Leucata, litoris nomen, et Salsulæ fons* (II. 5), » Cf. Marca, col. 16, 25 ; *Inv. du Trésor des Chartes,* III, 436.

actuelles des départements de l'Aude et des Pyrénées-Orientales [1]. Du côté de la mer, la presqu'île de Leucate (*Laucata*) était française jusqu'au *grau* [2] de Salces ou de Saint-Laurent, qui la terminait au sud et donnait accès dans l'étang de Leucate (près du château Saint-Ange). Une des *mâchoires* du grau, celle du côté nord, se trouvait ainsi dans le Languedoc, et l'autre dans le Roussillon [3]. Sur ce point, comme à Salces, le territoire français allait un peu plus loin qu'il n'alla plus tard.

La capitale du comté, au XIIIe siècle, n'était plus Elne, mais bien Perpignan. Le château de cette dernière ville devait plus tard servir fréquemment de résidence aux rois de Majorque, et nous voyons même ses consuls agir plus d'une fois comme les représentants de la population roussillonnaise tout entière, notamment quand ils jurent de maintenir l'accord intervenu, en 1279, entre les deux héritiers de Jacques Ier [4]. Les principales localités du pays étaient, d'après le procès-verbal de saisie :

Perpinianum (Perpignan).
Salses (Salces).
Estagell (Estagel).
Millars (Millas).
Soler (le Soler).
Opol (Opoul).
Fforça Reyal (Força-Réal, au-dessus de Millas).
Pesilla (Pézilla de la Rivière).
Castrum Rossilionis (Castel-Rossello, Château-Roussillon).
Cleyra (Claira).

1. « *De fonte de Salsis usque ad podium Comitale, et de dicto podio recte usque ad rocham Miganam, et de dicta rocha usque ad podium Esquilier, et de dicto podio usque ad capud plane de Ramiols, et de capite plane usque ad rocham podii de Labalca versus Ortones, et de dicta rocha usque ad capud campi del Senhe, et de dicto campo usque ad rocham del Magalneu de Salvi, et inde cum alia terra dicti vicecomitis* [*Narbonnensis*] ». Arch. nat., J 893, n° 27.
2. On appelle *graux* (*gradus*) les bouches ou petits canaux qui font communiquer avec la mer les étangs échelonnés le long des rivages du Languedoc et des pays voisins. Cependant ce nom s'étend quelquefois à ces étangs eux-mêmes. Cf. Du Cange, GRADUS.
3. Arch. nat., J 893, *ibid.*
4. *Ibid.*, JJ 270, f° 3 v°.

Sanctus Ipolitus (Saint-Hippolyte).
Bellaguarda (Bellegarde).
Terrats (Terrats).
Tuyr (Thuir).
Fforques (Forques).
Pontellan (Ponteilla).
Vernet (Vernet).
Euna (Elne) [1].

A l'est du Roussillon proprement dit se trouvait le pays de Vallespir *(Vallespirium* ou *Vallis Asperia),* qui, comme lui, faisait autrefois partie de la Septimanie et, par conséquent, de la Gaule. Il fut réuni de très bonne heure à ce comté ; cependant il en est encore distingué dans les textes du XIIIe et du XIVe siècles, bien qu'il n'ait jamais formé lui-même un comté particulier, comme l'a cru Marca [2]. Le Vallespir était borné par le Roussillon, par le comté d'Ampurias, qui dépendait de la Catalogne, et par la mer. Il comprenait notamment les lieux suivants :

Argilers (Argelès).
Banyuls (Banyuls-sur-mer).
Arles (Arles).
Prats (Prats-de-Mollo).
Corçavi (Corsavi).
El Pertus (le Perthus).
Els Bayns (les Bains d'Arles ou Amélie-les-Bains).
Ceret (Céret).
Maurellas (Maureillas).
Sanctus Johannes (Saint-Jean).
Castrum Novum (Castellnou, Castelnau).
Mont-Esquiu (Montesquiou, Montesquieu).

---

1. Arch. nat., JJ 270, f° 386; Documents, n° LXXII. Une notice géographique due à M. Bladé et insérée dans la nouvelle édition de l'*Histoire du Languedoc* (VII, 274) donne la liste des paroisses et communautés du Roussillon vers la fin de l'ancien régime. Elle est naturellement bien plus fournie que celle du procès-verbal de 1342. Cependant elle ne reproduit pas tous les noms de lieu indiqués dans celui-ci : Château-Roussillon, Bellegarde n'y figurent point, non plus que Força-Réal et Forques.
2. Col. 9, 14, 253.

Ça Rocha (la Roca).
Toczo (Tatso).
Sent Genis (Saint-Genis).
Sanctus Andreas (Saint-André).
La Clusa (la Clusa).
El Volo (le Boulou).
Copliure (Collioure)[1].

La Cerdagne *(Ceritania)*, ordinairement adjointe au Roussillon, s'étendait plus à l'ouest, entre ce pays et le comté de Foix, dans la partie la plus montagneuse de toute la région circonvoisine, et se trouvait, pour ainsi dire, à cheval sur la chaîne des Pyrénées. Aussi son territoire était-il contesté entre la Gaule et l'Espagne et le regardait-on généralement comme appartenant à cette dernière[2]. Après avoir formé un comté particulier, possédé par une branche de la maison de Barcelone, elle avait été donnée en apanage au père de Nuño Sanchez avec le Roussillon, et, comme lui, était rentrée sous la suzeraineté du roi d'Aragon par le traité de Corbeil, puis dans son domaine direct par la mort de Jacques Ier. Elle avait pour capitale Puycerda *(Podium Ceritanium)*, dont les habitants promirent aussi, en 1282, de se conformer à l'accord intervenu entre les rois d'Aragon et de Majorque[3]. Parmi les localités dont elle se composait, les unes étaient situées dans ce qu'on a nommé depuis la Cerdagne française, et font aujourd'hui partie, comme les précédentes, du département des Pyrénées-Orientales. Ce sont :

Alo (Llo).
Querol (Carol).
Bolquera (Bolquère).
Eguet (Egat).
Avia (Via).

---

1 Arch. nat, *ibid.*; Documents, *ibid*. Le Perthus, les Bains d'Arles, Saint-André ne sont pas non plus sur la liste des paroisses du Vallespir donnée par M. Bladé.
2. Marca, col. 56, 87.
3. Arch. nat., JJ 276, f° 12 v°.

Targassona (Targassonne).
Estavar (Estavar).
Eyna (Eyne).
Err (Err).
Arro (Ro).
Hix (Hix).
Oceia (Osséja).
Palau (Palau).
Enveig (Enveitg).
Ur (Ur).
Fflori (Flori).
Villanova (Villeneuve-des-Escaldes).
Angostrina (Angoustrine).
Dorres (Dorres).
Vilalta (Vilalte).
Palmanill (Palmonill ou Palmarill).
Baianda (Bajande).
Callastre (Callastres).
Roset (Rosset).
Gurgiva (Gorgiva).
Unzes (Unzès)[1].

Les autres se trouvaient dans la partie du comté qui est demeurée à l'Espagne et qui s'étend au-delà des Pyrénées. Je laisse sur la liste de celles-ci quelques villages dont l'identité est incertaine, mais qui, étant mentionnés avec elles, devaient plutôt appartenir à la même contrée :

Villa Podii Ceritani (Puycerda).
Livia (Llivia).
Belveer (Bellver).
Aia (Aja).
Adaç (Das).
Urx (Urg ou Urch).
Aup (Alp?).
Eruç (Urus).
Telo.

---

1. Arch. nat., *ibid.*; Doc., *ibid.* Flori n'est pas mentionné par M. Bladé.

Isogol (Isovol).
Corraç (Caraps?).
Eler (Ellar ou Ellers).
Olopde (Olopte).
Eguils (Guils).
Seneia (Saneja).
La Tor Cerdana (la Tour de Cerdagne).
Aragolisa (Rigolisa).
Cereia.
Vilanguli.
Bolvier (Bolvir).
Venteiola (Vantaiola).
Queralps (Queralps).
Perdines (Perdines).
Lo Gran dels Trelms.
Segura.
Vernet.
Cerola.
Eriç.
Pins (Pi ou Py?).
Bula.
Palera [1].

Le Conflent (*Confluens*), borné au nord par un rameau de la chaîne des Corbières, à l'est par les défilés de Terranera, qui le séparaient du Roussillon, à l'ouest par la Cerdagne et le Capcir, allait, du côté du sud, jusqu'au Mont-Canigou, au-delà duquel se trouvait l'Espagne. Il était donc territoire gaulois, quoique annexe du comté de Cerdagne [2], et fut cédé à l'Aragon en même temps que celui-ci. Il embrassait les localités suivantes, englobées aussi dans le département des Pyrénées-Orientales :

Ffelges (Fetges).

Prats (Prats).

Villafrancha Confluentis (Villefranche de Conflent).

---

1. *Ibid.*
2. V. Marca, col. 13, 28.

Ffont Pedrosa (Fontpédrouse).
Saorra (Sahorre).
Ffulla (Fuilla).
Cornella (Corneilla de Conflent).
Ffuyols (Fillols).
Codolet (Codalet).
Arria (Ria).
Prada (Prades).
Marquexanes (Marquixanes).
Illa (Ille).
Sant Feliu d'amunt (Saint-Félix d'amont).
Sant Feliu d'aral (Saint-Félix d'aval) [1].

À la Cerdagne et au Conflent étaient encore adjoints deux petits pays désignés quelquefois séparément : le Val de Ribes (*Vallis de Ribes*) et le Capcir (*Capcirium*). Le premier était situé au-delà des Pyrénées et ne se composait guère que du bourg de Ribes. Le second est un bassin plat, humide, qui se trouvait au nord de la Cerdagne française, en Gaule, par conséquent, et renfermait principalement :

Puig Balados (Puigvalador).
Fformiguera (Formiguera).
Angles (les Angles) [2].

Le Capcir, compris autrefois dans le Pays de Razès, a suivi les destinées du Conflent et fait partie aujourd'hui du même département.

Le deuxième groupe des dépendances continentales du royaume de Majorque était loin de se rattacher à la couronne d'Aragon par des liens aussi étroits que le précédent. Jacques Ier ne possédait qu'une partie de la ville et seigneurie de Montpellier, et encore en devait-il hommage à l'évêque de Maguelonne, qui lui-même la tenait sous la suzeraineté plus ou moins reconnue du roi de France, en même temps qu'il tenait du saint-siège le comte de Mauguio ou de

---

[1]. Arch. nat., *ibid.*; Documents, *ibid.*
[2]. *Ibid.*

Melgueil, auquel elle se trouvait ainsi rattachée. Les premiers seigneurs, ou, suivant la tradition, les deux sœurs de saint Fulcran, évêque de Lodève, qui étaient leurs héritières, en avaient cédé la propriété à l'église diocésaine, et le titulaire de celle-ci avait, dès la fin du xe siècle, inféodé la meilleure partie du domaine, c'est-à-dire le bourg de Montpellier proprement dit et le château de Lattes, avec leurs dépendances, à la famille des Guillem, qui la conservèrent longtemps de père en fils [1]. Ils l'agrandirent même à différentes reprises, notamment par l'acquisition de Castries, qui leur fut cédé, dès 1057, par Guillaume de Tortose [2]; de Montbazin, qu'ils reçurent en don de Bernard-Guillaume, seigneur du lieu, en 1113 [3]; de Frontignan, délaissé en leur faveur par le comte de Toulouse, en 1194, et tenu ensuite par Raymond *de Flexio*, par Jean de Lattes, jurisconsulte, puis par Talon de Frontignan et son fils Pierre, qui, en 1244, rendit l'hommage de cette terre au roi d'Aragon [4]; et surtout de l'Aumeladez (*Homeladesium*) ou de la baronnie d'Aumelas, qu'ils achetèrent, la même année, pour la somme de 77,000 sous melgoriens, des héritières du dernier baron, Raymond-Aton [5]. Cette dernière seigneurie, annexée dès lors à celle de Montpellier, est désignée à part dans les actes de fondation du royaume de Majorque et dans beaucoup de chartes postérieures, parce qu'elle ne relevait pas, comme elle, de l'église de Maguelonne, mais, pour une bonne partie au moins, du comté de Mauguio [6]. Elle comprenait, indépendamment d'Aumelas, les villages du Pouget, de Vindémian, d'Adissan, de Plaissan et plusieurs autres [7].

---

1. *Art de vérif. les dates*, X, 1 et ss.
2. Arch. nat., P 1353, n° 274.
3. *Ibid.*, n° 732.
4. *Ibid.*, n°ˢ 786, 787 ; J 340, n° 9.
5. D. Vaissète, III, 81.
6. En 1189, Guillem de Montpellier fit hommage au comte de Mauguio des terres de Castries, Sauteyrargues, le Pouget et Pignan. (Arch. nat., P 1353, n° 776.)
7. Adissan et Plaissan furent cédés plus tard par le roi de Majorque à Guillaume de Narbonne, seigneur de Montagu. (Arch. nat., P 1353, n° 788.)

En 1204, l'ensemble des possessions des seigneurs de Montpellier fut apporté en mariage par Marie, fille de Guillem VIII et son héritière légitime, en dépit des deux testaments faits par lui en faveur d'un fils adultérin [1], à Pierre II d'Aragon, père du Conquérant. En vertu du contrat passé entre eux, le 15 juin de cette année, ce prince reçut de sa femme, à titre de dot, Montpellier, Lattes, Castelnau, Montferrier, Castries, Aumelas, le Pouget, Montbazin, Cournonsec, Montarnaud, Frontignan, Pignan, Popian, Paulhan, Saint-Pargoire, Vendémian, *Arluz*, Tressan, Saint-Georges, Mireval et Loupian; de son côté, il lui assigne en douaire le comté de Roussillon [2]. L'année d'après, il obtint d'elle qu'elle lui cédât irrévocablement, par donation entre vifs, Montpellier, Lattes, Castelnau, Montferrier, Pignan, Castries, Loupian, Frontignan et Aumelas [3]. Aussi fidèle à sa promesse de laisser toute la seigneurie aux enfants à naître de cette union qu'à ses serments de fidélité conjugale, Pierre, qui, du reste, n'avait fait qu'un mariage d'intérêt et d'ambition, en inféoda plus tard une bonne partie à l'un de ses beaux-frères, par haine de sa femme, avec laquelle celui-ci se trouvait en lutte [4]. Mais le testament de la reine Marie, rédigé à Rome, où elle s'était retirée, en date du 20 avril 1213, prévalut contre cette disposition injuste, et même contraire à la teneur du traité de mariage : Jacques Ier hérita presque en même temps de sa mère et de son père [5]. Il reconnut de nouveau, en 1236 et 1255, les droits de l'évêque de Maguelonne sur Montpellier, déjà ratifiés par un accord solennel conclu entre les intéressés, l'an 1090. Ces actes désignent d'une façon précise la portion de la seigneurie qui lui appartenait : c'était bien celle qu'avaient

---

1. Arch. nat., P 1353, n⁰ˢ 733, 735.
2. *Ibid.*, n⁰ˢ 736, 737 (original en double). Je ne reproduis pas ce contrat parce qu'il se trouve *in extenso* dans Catel (*Mém. de l'hist. du Languedoc*, p. 669) et dans d'Achéry (*Spicilegium*, III, 565). Cf. Germain, *Hist. de la com. de Montpellier*, I, 26, 33.
3. *Ibid.*, n⁰ 738.
4. *Ibid.*, n⁰ 740.
5. *Art de vérif. les dates*. X, 14.

possédée les Guillem, à savoir le bourg de Montpellier ou la *baylie,* qui formait la partie la plus importante de la cité, et le château de Palud ou de Lattes, avec leurs dépendances et environs, composant ce qu'on appela ensuite la baronnie [1]. Le reste de la ville, c'est-à-dire le bourg ou faubourg de Montpelliéret, nommé aussi la *rectorie* ou la « part antique », était réservé comme autrefois à l'église de Maguelonne.

Quant aux droits supérieurs du roi de France, les princes aragonais les contestaient depuis longtemps à l'époque de la constitution de l'État de Majorque, et cette vieille querelle devait entrer pour une bonne part dans les difficultés, les négociations, les ruptures dont le récit va suivre. Il était cependant hors de doute que Montpellier se trouvait dans les limites du territoire français, et, bien que les premiers Capétiens aient été hors d'état d'y exercer matériellement leur pouvoir, Louis VII, puis Philippe-Auguste y firent acte d'autorité, le premier en confirmant à l'évêque de Maguelonne la possession de ses domaines, le second en appelant à son tribunal un procès intenté à la reine Marie par ses frères adultérins [2]. Les chartes données dans ces deux occasions ne rappellent pas en termes formels la suzeraineté de la France, et les négociateurs du traité de Corbeil évitèrent eux-mêmes de l'affirmer : cette question brûlante fut laissée à dessein en dehors de leur mission conciliatrice, parce qu'elle aurait pu la faire échouer; en effet, par les différends qu'elle suscita dans la suite, on peut voir que d'interminables luttes auraient été soulevées périodiquement dans le midi, si saint Louis n'avait pris soin d'étouffer en germe toutes celles qui pouvaient être prévenues sans de trop lourds sacrifices. Mais un appel interjeté, en 1264, devant le sénéchal de Beaucaire par un bourgeois de Mont-

---

1. Arch. nat., J 598, n⁰ˢ 1 et 2. Palud était un domaine très voisin de Lattes, acquis par Guillem VIII en 1202; l'un et l'autre furent souvent confondus et appelés du même nom. (*Ibid.*, P 1353, n° 763.)
2. D. Vaissète, nouv. éd., VIII, 997; Delisle, *Catal. des actes de Philippe-Auguste,* n° 1472 ª.

pellier fournit aux deux rois l'occasion de déclarer bien haut leurs prétentions respectives, et faillit même amener la guerre : Jacques nia formellement que la seigneurie de Montpellier relevât de son voisin, ce qui le plaçait dans la condition difficile et fort désavantageuse d'un arrière-vassal; les conseillers de Louis, au contraire, maintinrent le fait, en s'appuyant sur un acte récent de Pierre de Conques, évêque de Maguelonne, qui eût dû couper court à toutes les difficultés. Cet acte, rédigé le 15 avril 1255, n'était ni plus ni moins que la reconnaissance explicite des droits supérieurs de la couronne de France sur la totalité du fief de son église, et l'hommage rendu, en conséquence, au possesseur de cette couronne. L'évêque y déclare, entre les mains du sénéchal de Beaucaire, Guillaume d'Auton, et de Gui Foucois, clerc royal (élevé plus tard à la papauté), que la ville de Montpellier tout entière, avec ses diverses dépendances, fait, depuis un temps immémorial, partie intégrante du royaume [1], que ses prédécesseurs et lui l'ont toujours tenue du roi, qu'ils ont gardé le domaine direct du bourg de Montpelliéret, tant hors les murs que dedans, mais que le reste de la seigneurie a été inféodé à la maison d'Aragon, dont le chef y règne, *non ut rex, sed ut dominus Montispessulani*. A la suite de cette grave démarche, Pierre de Conques demanda à saint Louis de prendre la seigneurie sous sa protection et lui prêta un serment de fidélité, que la reine Blanche, sa mère, reçut en son nom. En 1271, hommage et serment furent renouvelés à Reims par son successeur, en présence de plusieurs prélats et chevaliers [2].

La situation était désormais bien nette. Quels qu'aient été, dans cette circonstance, les mobiles de la conduite de l'évêque, qu'il ait été circonvenu par l'habile politique d'une reine ambitieuse, comme on l'a prétendu [3], ou qu'il ait

---

1. « *Est et fuit, à tempore cujus non extat memoria, de feudo corone et regum Francie.* »
2. Arch. nat., J 598, n° 3; J 340, n°ˢ 20, 23, 24, 25; *Inventaire du Trésor des chartes*, III, 230. Le premier de ces actes a été publié par Germain (*Hist. de la commune de Montpellier*, II, 352) et par plusieurs autres.
3. Tourtoulon, *op. cit.*, II, 305.

cherché un appui contre les tracasseries du roi d'Aragon dans la protection d'un monarque plus puissant que lui, ou du moins plus élevé dans la hiérarchie féodale [1], le premier de ces princes se trouvait par la force des choses sous la dépendance du second, et son consentement n'était nullement nécessaire pour la validité de l'acte épiscopal. Aussi le plus fameux juriste de l'époque, Guillaume Durand, sanctionna-t-il le fait accompli en insérant dans son *Speculum* cette formule qui résume tout : « Le roi d'Aragon, maître de la majeure partie de Montpellier, la tient en fief de l'évêque de Maguelonne, auquel il doit l'hommage ; l'évêque tient en fief du roi de France, sous la même obligation, la ville entière, comme située dans le royaume de France [2]. »

Les protestations de Jacques Ier contre l'appel interjeté en 1264 ne pouvaient donc avoir et n'eurent, en effet, aucun résultat. Il eut beau réclamer que l'affaire fût soumise à son propre jugement (système par trop commode, que ses successeurs chercheront plus d'une fois à imposer) ; il eut beau menacer de se faire justice par la voie des armes, menace qu'il se serait, du reste, bien gardé de mettre à exécution : saint Louis, qui tenait bon, comme le dit Joinville, quand il voyait son droit clair et évident, éconduisit ses ambassadeurs avec des paroles gracieuses et fit provisoirement surseoir au jugement du procès, en attendant que la question de fond fût déférée au parlement [3]. Toutefois le parlement ne paraît pas en avoir jamais été saisi, et les

---

1. Jacques Ier chercha plusieurs querelles à l'évêque, qui, en raison de sa félonie, alla jusqu'à donner son fief au comte de Toulouse. L'évêque de Béziers s'entremit entre eux et leur fit conclure, en 1241, un accord portant principalement sur le jugement des causes d'appel. En 1260, une nouvelle transaction relative à la juridiction de Montpellier fut obtenue par l'intervention de l'archevêque élu de Narbonne (Clément IV) ; le Conquérant dut faire hommage à l'évêque, *dato osculo*, les mains jointes, mais en fut quitte ensuite pour le reste de ses jours. (Arch. nat., J 340, n° 20 ; P 1353, n°ˢ 742, 746 ; Arch. mun. de Montpellier, arm. A, cass. 14, n° 27.)

2. *Speculum juris*, *De feudis*, § 44. Ces faits ont été exposés de différentes façons par Tillemont, IV, 337 et ss ; Germain, *Comm. de Montpellier*, t. I, p. x et ss ; Tourtoulon, *loc. cit.* ; Molinier, *Étude sur la réunion de Montpellier au domaine royal*, p. 2-6 ; etc.

3. Tillemont, *loc. cit.*

événements se chargèrent de donner une autre solution à l'affaire. Dès lors, l'influence espagnole, prédominante à Montpellier depuis près d'un siècle, commença à céder le pas à l'influence française. Une lutte sourde, et parfois ouverte, allait s'engager. Mais, comme l'a dit un historien, « tout devait céder devant le merveilleux esprit de suite de la dynastie capétienne [1] ».

Ainsi donc, c'est un simple fief que le Conquérant avait adjoint au royaume de son fils cadet, et un fief ne dépendant en rien de sa propre monarchie ni du patrimoine de ses pères. La condition particulière de cette seigneurie devait être pour le roi de Majorque une source d'embarras terribles. Mais aussi sa possession lui apportait le plus beau fleuron de sa couronne, car, si elle avait peu d'étendue, étant enfermée par la sénéchaussée de Carcassonne et de Béziers à l'ouest, par le comté de Mauguio au nord et à l'est, par la Méditerranée au sud, en revanche elle valait mieux, comme richesse et comme produit, que tout le reste de ses États : telle était l'appréciation de Philippe le Hardi, qui devait savoir à quoi s'en tenir [2]. La cité de Montpellier, déjà fort peuplée, était alors plus prospère que de nos jours, grâce au commerce considérable dont elle était le centre. Elle était, sous ce rapport, la concurrente de Marseille, et une concurrente souvent heureuse. Autour d'elle étaient groupés des châteaux forts, des villages florissants. Le procès-verbal de saisie ne désigne que les localités suivantes :

Monspessulanus (Montpellier).
Lates (Lattes).
Miravalls (Miravaux, Mireval).
Castellnou (Castelnau).
Espira (Aspiran).
Mont Arnaut (Montarnaud).
Sent Jordi (Saint-Georges).
El Puget (Le Pouget).

---

1. Germain, *op. cit.*, t. I, p. XIII.
2. D'Esclot, ch. CXXXVIII.

Castras (Castries).

Sent Paul de Mont Camell (Saint-Paul du Mont-Carmel ou Saint-Paul-et-Valmalle).

Omelas (Aumelas).

Paolla (Paulhan).

Vendemya (Vendémian).

Seyt Amans (Saint-Amans) [1].

Mais il est facile de voir, d'après l'énumération des terres apportées à Pierre d'Aragon par sa femme, que cette liste est fort incomplète. Rédigée à Barcelone par des commissaires étrangers au pays et ne le connaissant qu'imparfaitement, elle devait offrir encore plus de lacunes que celles qui furent dressées pour Majorque et pour le Roussillon. Aussi le rédacteur a-t-il fait ses réserves en répétant, une fois de plus, qu'il n'avait pu vérifier la consistance totale de la seigneurie.

La troisième et dernière annexe du royaume de Majorque était, comme on l'a vu, le Carladez (*Carladensis*) ou la petite vicomté de Carlat, située, partie en Rouergue, partie dans la haute Auvergne. Possédé longtemps en franc-aleu par des seigneurs particuliers, ce pays fut également apporté à la maison d'Aragon par un mariage. Douce, fille de Gilbert, vicomte de Gévaudan, et de Gerberge, comtesse de Provence, ayant épousé Raymond-Bérenger III, comte de Barcelone, lui abandonna, en 1113, tous ses droits sur la succession de son père, qui comprenait notamment le Carladez. Le roi Alphonse II, en 1167, rétrocéda ce domaine au descendant des anciens vicomtes, en s'en réservant la foi et hommage [2]. Les droits légués à son petit-fils auraient dû être abandonnés par lui avec tous ceux qu'il revendiquait sur

---

[1]. Arch. nat., JJ 270, f° 386. Toutes ces localités se trouvent dans le département de l'Hérault. Sur l'ensemble de la seigneurie de Montpellier, cf. le dictionnaire topographique de ce département par M. Thomas, la dissertation de M. A. Molinier sur la géographie de la province du Languedoc, dans la 2ᵉ édition de dom Vaissète (XII, 335), et la carte ajoutée par M. Longnon à l'édition illustrée du *Joinville* de M. de Wailly, avec l'éclaircissement qui l'accompagne.

[2]. *Art de vérif. les dates*, X, 399; Deribiers, *Dict. statistique du Cantal*, III, 17 et ss.

le midi de la France, lorsqu'il conclut avec saint Louis le traité de Corbeil. Mais il paraît, bien que ce traité lui-même n'en fasse pas mention, que Jacques Ier fit une exception pour Carlat et continua à en garder la suzeraineté [1]. Il est difficile de comprendre pourquoi il y tenait tant, car c'était là encore un territoire français, dont la possession était faite pour susciter à ses successeurs de nouveaux embarras. On ne voit pas davantage pourquoi il le mit sur les bras de son fils cadet, pour qui cet accroissement d'héritage ne pouvait être d'aucun secours, puisqu'il ne s'agissait point du domaine utile. La raison de proximité (proximité très relative, car il y avait encore loin de Montpellier à Carlat), put seule l'y déterminer. En tout cas, l'on ne saurait admettre qu'il ait gardé dans ce but une enclave aussi incommode, et ceux qui prétendent qu'il voulut en demeurer le possesseur nominal en souvenir de son aïeul paraissent des historiens faciles à contenter. Le Carladez s'étendait au sud-ouest du mont Cantal, jusque vers la ville de Maurs; la Jordanne le bornait au nord-ouest, la Truyère au sud-est. Il embrassait dix châtellenies ou paroisses : Carlat, Vic, Boisset, Cromières, Calvinet, Vigouroux et Turlande, en Auvergne; le Mur de Barrès, Vinzelles et Barres, en Rouergue [2]. Mais le procès-verbal de saisie ne mentionne ni la vicomté ni ses dépendances.

Naturellement, chacune des annexes du royaume de Majorque devait conserver son administration propre et ses coutumes locales : les privilèges si étendus conférés aux habitants de l'île ne s'étendaient pas à ceux du Roussillon ni de Montpellier, sauf toutefois quelques immunités d'un ordre général. Mais le système en vigueur dans ces deux derniers pays avait beaucoup de rapport avec celui que le Conquérant avait implanté aux Baléares. On y retrouvait, comme principaux agents du roi, le baile et le viguier. La viguerie de Montpellier formait même un office judiciaire

---

[1]. Tillemont, IV, 137, et ss; Vaissète, III, 490. Cf. l'*Inventaire du Trésor des chartes*, III, 405, 422, etc.

[2]. Deribiers, *loc. cit.* Ces villages font partie du Cantal et de l'Aveyron.

très important, subordonné à la bailie : on la voit inféodée, dès l'an 1104, à Raymond et à Bernard Guillaume, tous deux frères, pour eux et leurs enfants [1]; elle subsista jusqu'en 1552. Mais la ville de Montpellier était surtout administrée par ses consuls, magistrats puissants, qui en avaient fait une espèce de petite république, à l'instar de celles d'Italie. Malgré les liens compliqués qui la rattachaient à la fois aux rois de France, aux rois d'Aragon, aux comtes de Toulouse, aux évêques de Maguelonne, au saint-siège, elle avait su conserver une certaine autonomie et résistait, au besoin, à ces différentes puissances, excepté aux papes, avec lesquels elle avait à cœur d'entretenir des relations d'intimité.

Comment pouvait prospérer, comment pouvait vivre un État aussi morcelé, aussi hétérogène que celui que Jacques Ier avait eu l'idée de constituer? La chose semblait déjà malaisée, étant donné sa consistance. Elle devait devenir impossible par suite des complications de toute espèce qu'allaient faire surgir les ambitions et les convoitises du dehors, surexcitées par sa faiblesse même de plusieurs côtés à la fois, et surtout du côté où il devait s'attendre, au contraire, à trouver appui et protection, je veux dire chez les princes aragonais. C'est ce que démontrera notamment l'étude des rapports de ce royaume artificiel avec les successeurs de saint Louis, étude que nous pouvons maintenant aborder avec une connaissance à peu près suffisante du terrain.

---

1. Charte originale du 24 janvier 1104, où sont détaillés les droits et les attributions du viguier (Arch. nat., P 1353, n° 731).

LIVRE II

MAJORQUE ALLIÉE A LA FRANCE

SOUS PHILIPPE LE HARDI

CHAPITRE PREMIER

DIFFÉREND DES ROIS DE MAJORQUE ET D'ARAGON

Au moment de la mort de Jacques le Conquérant, Philippe le Hardi régnait en France depuis six ans déjà. Le mariage que son père lui avait fait contracter, dès 1258, avec Isabelle d'Aragon semblait avoir assuré la paix et noué une amitié durable entre les deux puissances. Mais la fin inopinée de la jeune reine, qui eut à peine le temps de ceindre la couronne et fut emportée par un mal subit à Cosenza, en revenant d'Afrique avec son époux, avait changé bien des choses. Philippe, ne se sentant plus retenu par des liens de famille et s'étant remarié, en 1274, avec Marie de Brabant, qui n'aimait ni les parents ni les enfants d'Isabelle, se montrait indifférent pour ses deux beaux-frères et se tenait sur la réserve, prêt à les soutenir ou à les combattre suivant les circonstances, ou plutôt suivant les intérêts de sa politique. Un autre motif le mettait en garde contre eux, ou tout au moins contre l'aîné. Pierre III, ayant épousé, comme on l'a vu, Constance, fille de Mainfroi, roi de Sicile, élevait des prétentions à la succession de ce prince, et, dans un pays où les droits des femmes n'étaient pas sans valeur, ces prétentions pouvaient se changer un jour en revendications formelles. Or, Charles d'Anjou, l'heureux compétiteur de Mainfroi, régnait à Palerme comme à Naples. Son influence était grande à la cour de France, et, sans aller jusqu'à dire que le roi fût subjugué par l'ascendant de son oncle, comme l'a prétendu son dernier historien [1], on peut affirmer

---

[1]. Langlois, *Le règne de Philippe III le Hardi*, p. 136.

que ses intérêts le touchaient directement et que la grave question qui allait se poser entre les maisons d'Anjou et d'Aragon était avant tout une question française. Pierre, il est vrai, n'avait pas encore franchi le Rubicon; mais, à en juger par ses précédents, par les sentiments d'hostilité qu'il avait manifestés du vivant de son père, on était en droit de se méfier de lui. Quant à son frère le roi de Majorque, on ne savait encore quelle attitude il prendrait. Serait-il un allié? Serait-il un ennemi? Rien ne l'avait fait pressentir jusque-là. Philippe III les attendit tous deux à l'œuvre.

En effet, si la grande honnêteté qui avait fait la règle suprême de saint Louis survivait chez son successeur, elle n'était plus seule à inspirer sa conduite. La politique d'intérêt et d'agrandissement commençait à se mêler à la politique du droit strict, à celle qui avait pour premier objectif la paix et la concorde entre les princes chrétiens. L'épopée de la croisade était close, et, malgré tous les efforts des papes pour lui donner un épilogue, elle ne devait point se rouvrir. Le rôle de la chevalerie guerrière était à son déclin; celui de la diplomatie européennne s'annonçait. Sous ce rapport, le règne de Philippe le Hardi n'est pas seulement une transition : c'est une rupture; c'est le commencement de la fin du moyen âge. Le roi qui emploiera au profit de sa cause personnelle les forces imposantes réunies contre les infidèles, qui changera la guerre sainte en guerre internationale, j'allais dire fratricide, vainement décorée du nom de croisade intérieure, pouvait être le successeur de saint Louis et, sous certains rapports, l'imitateur de ses vertus : il n'était pas son continuateur. Les événements ne vont pas tarder à nous le prouver.

Le roi de Majorque, auquel on doit laisser le nom de Jacques Ier comme à son père, puisqu'il était souverain d'un royaume différent [1], ne se préoccupa point, tout d'abord, de

---

[1]. Certains auteurs ont voulu l'appeler Jacques II, ce qui a engendré une véritable confusion dans les numéros d'ordre des rois ou des prétendants de Majorque ayant porté le même nom.

prendre parti pour ou contre la France, pour ou contre la maison d'Anjou. Après s'être fait couronner solennellement dans son île et avoir renouvelé, augmenté même, au double point de vue de la propriété du sol et des instructions judiciaires, les privilèges déjà si étendus des habitants, en reconnaissance de l'affection qu'ils lui témoignaient [1], il se rendit à Perpignan et y tint ses *cortes* en présence d'une quantité de barons de Catalogne, d'Aragon, de Languedoc, de Gascogne, accourus en curieux [2]. De là, il poussa jusqu'à Montpellier, où ses sujets, enthousiasmés de sa bonté, voulurent lui jurer obéissance à genoux, « en dépit des murmures des libérâtres du temps », dit le moderne historien de la cité [3]. Puis, remplissant ponctuellement ses obligations, il rendit l'hommage et prêta le serment de fidélité à l'évêque [4]. Il ratifia aussi le traité conclu, l'an 1260, entre son père et ce prélat, au sujet de la juridiction de la seigneurie [5].

Jacques semblait vouloir jouir paisiblement de sa part d'héritage et du plaisir tout nouveau de régner par lui-même ; mais son frère ne lui en laissa pas longtemps savourer la douceur. Pierre, avant de monter sur le trône paternel, avait été passer plusieurs semaines en France. On lui avait sagement fait bon accueil. Il avait rencontré ses neveux, les fils de sa sœur Isabelle, et c'est probablement dans cette entrevue empreinte de cordialité que le jeune Philippe, celui qui devait s'appeler un jour Philippe le Bel, et dont la mort inopinée d'un frère aîné allait faire, cette année même, l'héritier présomptif de la couronne, voua à son oncle d'Aragon une affection sincère, assez vive pour le mettre, à un moment donné, en opposition avec son propre père, ainsi qu'avec ses oncles de Valois et de Majorque. Cette tendance n'était guère faite pour le rapprocher de sa belle-mère, la reine Marie de Brabant. Néanmoins elle

---

1. Arch. de Barcelone, reg. 26, p. 147, 150 ; Documents, nos XXV, XXVI.
2. Muntaner, ch. xxix.
3. Germain, *op. cit.*, II, 87.
4. Arch. nat., P. 1353, n° 747.
5. Arch. mun. de Montpellier, arm. E, cass. 7, n° 5.

n'avait pas laissé paraître sa jalousie, et tout s'était bien passé. Cette réception avait-elle fait germer dans l'esprit de Pierre l'espoir que l'on ne contrarierait point ses visées ambitieuses, et qu'on le laisserait notamment regagner dans les pays de langue d'oc le terrain volontairement perdu par son prédécesseur? C'eût été une grande illusion ; car il ne pouvait être indifférent à la France de voir régner à ses portes et, pour ainsi dire, chez elle, à Montpellier, en Roussillon, un prince puissant comme lui ou un petit roi sans armée ni prestige comme l'était son frère. Fut-il en même temps grisé par les témoignages de dévouement qui lui vinrent de toutes parts au milieu des fêtes de son couronnement, à Saragosse, à Valence, à Barcelone, et qui étaient de nature à l'abuser sur ses forces véritables [1]? Ou bien nourrissait-il depuis longtemps le projet arrêté de revenir, malgré ses serments réitérés, sur le partage réglé par son père, le jour où celui-ci aurait fermé les yeux? Ces différentes causes agirent, sans doute, sur son esprit. Presque aussitôt après, il jeta le masque, et, se plaignant de la part excessive laissée à Jacques, part taillée, d'après lui, dans le patrimoine d'Aragon (ce qui était inexact) et portant préjudice à l'unité du royaume (ce qui se trouvait mieux fondé), il entreprit de la faire rentrer, d'une manière ou d'une autre, sous son autorité. Le roi de Majorque, saisi de ses réclamations, fit naturellement la sourde oreille, et, tous les griefs d'autrefois se réveillant, la querelle s'envenima avec une telle rapidité, que, dès 1277, ils furent sur le point d'en appeler aux armes [2].

Jacques, sentant sa faiblesse, chercha immédiatement un appui. Il songea d'abord à la cour de Rome. Le pape, à ses yeux, était l'arbitre naturellement désigné, d'autant plus que la question de la validité des serments se trouvait en jeu [3]. Mais, au même moment, trois pontifes se succédaient à de brefs intervalles sur le siège de saint Pierre : ses démar-

---

1. Muntaner, *ibid.*
2. D. Vaissète, IV, 25.
3. Arch. nat., KK 1413, f° 74; Documents, n° XXXVI.

ches demeurèrent sans résultat. Du côté du roi de France, il ne fut pas plus heureux. Philippe III, qui n'avait pas encore de motifs sérieux pour rompre avec l'Aragon, paraissait décidé à tenir la balance égale entre les deux frères ennemis. Il fit seulement prier Roger-Bernard, comte de Foix, rentré tout nouvellement en grâce auprès de lui, de s'employer à les mettre d'accord et à prévenir les hostilités [1]. Ce seigneur, dont les terres étaient également voisines de l'un et de l'autre, eût pu, en effet, travailler utilement à les apaiser. Mais, comme Jacques se trouvait être son beau-frère, ayant épousé, en 1275, sa sœur Esclarmonde, et comme, d'un autre côté, il venait de prendre part à une ligue formée contre Pierre par une portion de la noblesse catalane, il se sentait plutôt porté à soutenir la cause du premier. Peut-être aussi fut-il touché de ses raisons et du mauvais vouloir de son adversaire. Toujours est-il que, ne pouvant arriver au résultat désiré par le roi de France, il conclut, pour cinq ans, le 10 mai 1278, une alliance offensive et défensive avec le roi de Majorque, pour le cas où celui-ci serait attaqué par son beau-frère [2]. C'était de sa part un acte assez hardi, car les forces combinées des deux alliés n'étaient pas suffisamment redoutables pour arrêter un ennemi aussi résolu que le roi d'Aragon, et le comté de Foix se trouvait bien exposé. Mais Pierre, de son côté, avait à craindre une nouvelle levée de boucliers en Catalogne : telles étaient la versatilité des seigneurs de ce pays et leur humeur inquiète, que Roger-Bernard pouvait encore les entraîner avec lui, ce qui devait être vérifié par l'événement à quelque temps de là. L'adroit monarque préféra donc la ruse à la violence. Il parvint à séduire le comte par des promesses, puis par des avantages immédiats dont l'importance devait être décisive à ses yeux : la main de Constance de Foix, sa fille, fut demandée pour l'héritier d'Aragon; le mariage fut convenu sur l'heure, et Pierre s'engagea de plus, le 17 décembre

---

1. D. Vaissète, *ibid.*
2. D. Vaissète, IV, 28.

suivant, à appuyer son futur gendre dans la revendication de certaines terres possédées par le vicomte de Béarn, beau-père de celui-ci, en Catalogne et dans l'île de Majorque [1]. L'union projetée ne devait jamais s'accomplir, en raison de la nouvelle ligue ourdie par Roger-Bernard; mais l'alliance conclue contre le roi d'Aragon ne s'en trouva pas moins rompue au bout de quelques mois, sans avoir été suivie d'aucun effet.

En détachant de Jacques son unique appui, Pierre III était certain de l'amener à sa merci. Le roi de France était loin, son intervention plus que douteuse. Que restait-il à faire devant les menaces réitérées d'un frère inflexible, et surtout devant les préparatifs d'une guerre doublement impossible à soutenir? Rien, sinon à s'incliner devant la nécessité. Une transaction forcée intervint donc. Dans une entrevue qu'ils eurent chez les Frères Prêcheurs de Perpignan, le 20 janvier 1279, les deux rois en arrêtèrent les termes et signèrent avec plusieurs grands seigneurs, en tête desquels osa s'inscrire le comte de Foix, un acte mémorable, qui modifiait profondément les conditions de l'existence, à peine commencée, du malheureux royaume de Majorque. Dans ce contrat synallagmatique, Jacques reconnaît tenir en fief de la couronne d'Aragon tous les domaines qu'il possède, à savoir : Majorque, Minorque, Iviça avec les îles adjacentes, le Roussillon, la Cerdagne, le Conflent, le Vallespir avec Collioure, la vicomté (autrefois baronnie) d'Aumelas et celle de Carlat, enfin les terres de la seigneurie de Montpellier qui lui appartiennent à titre d'aleu, c'est-à-dire celles qui ne sont point du ressort de l'évêque de Maguelonne et qui ont pu être acquises d'autres propriétaires par les seigneurs précédents. Il ne restait, on le voit, en dehors de cette humiliante vassalité que le fief de Montpellier proprement dit, pour lequel Jacques relevait directement de l'évêque; mais, par un autre acte du même jour, il dut promettre à son frère de se faire dégager de son hommage et de s'employer

---

1. Arch. nat., J 879, n° 75; D. Vaissète, IV, 29.

à faire substituer le nom du roi d'Aragon à celui du roi de Majorque [1], de telle sorte que, de vassal de l'église de Maguelonne, il serait devenu son arrière-vassal. Pierre lui-même déclara, le mois suivant, par devant le cardinal Géraud de Basilique, l'archevêque de Narbonne et l'évêque de Maguelonne, qu'il était prêt à rendre à ce dernier, dans la même forme que ses prédécesseurs, tous les devoirs féodaux attachés à la seigneurie de Montpellier [2]. Toutefois, comme cette combinaison l'aurait rendu à son tour l'arrière-vassal du roi de France, elle n'était guère viable, et il ne paraît pas, en effet, qu'elle se soit réalisée.

L'acte du 20 janvier 1279 stipule, en outre, que les rois de Majorque rendront aux rois d'Aragon, chaque fois qu'ils en seront requis, l'hommage de toutes les terres énumérées, et que cet hommage sera accompagné de la garantie ou de la ratification des habitants de Palma pour les îles Baléares, de ceux de Puycerda pour la Cerdagne et le Conflent, de ceux de Perpignan pour le Roussillon, le Vallespir et Collioure, de ceux d'Aumelas pour la vicomté de ce nom. Ils devront se soumettre à la juridiction supérieure de leur suzerain et se présenter une fois par an à la cour de Catalogne. Jacques Ier est seul exempté, pour sa vie durant, de ces différentes obligations et du devoir de se conformer personnellement aux nouvelles coutumes à établir par son frère. Mais il s'engage, pour lui et ses successeurs, à prêter aux rois d'Aragon secours et assistance contre tout le monde, à faire observer dans le Roussillon les *Usages de Barcelone* et les constitutions ultérieures que ces mêmes rois édicteront, sauf le respect dû aux coutumes locales, et à n'y faire circuler que la monnaie barcelonaise; il se réserve seulement de faire frapper telle monnaie qu'il lui plaira pour les îles. Les jugements rendus par lui ou par ses officiers ne seront pas susceptibles d'appel devant la cour d'Aragon. Les rois

---

1. Arch. nat., JJ 270, f° 3.
2. *Ibid.*, f° 10. Ces actes justifient, contre l'assertion des *Gesta comitum Barcinonensium*, l'affirmation renouvelée plus tard par le roi de Majorque, que le fief de Montpellier était excepté de son hommage au roi d'Aragon.

de Majorque établiront librement aux îles tous les péages et leydes qu'ils voudront, pourvu qu'ils n'aillent pas à l'encontre des privilèges concédés aux habitants. Ils percevront sans contradiction le *bovage* [1]. Ils ne seront tenus d'obéir aux défenses et aux bans publiés par leurs suzerains que dans le cas où ces mesures seront arrêtées d'un commun accord avec eux ou leur conseil. A ces conditions, Jacques renonce à toute réclamation, à toute action contre son frère. De son côté, Pierre accorde et ratifie chacune de ces clauses, promet de défendre de tout son pouvoir et de secourir contre toute attaque le roi de Majorque, ses sujets et ses terres, et abandonne toutes ses poursuites, toutes ses demandes, tous ses griefs. Enfin, tous deux déclarent que les substitutions d'héritiers inscrites au testament de leur père seront maintenues intégralement, telles qu'elles sont formulées. Pour plus de sûreté, les deux parties jurent ces conventions sur l'Évangile et se prêtent mutuellement, de la bouche et des mains, un genre particulier de serment, celui qui, chez les Aragonais, a reçu par extension le nom d'*hommage* [2].

Tel est ce traité funeste qui, au lieu de rétablir l'accord entre les deux branches de la maison d'Aragon, devait les brouiller à jamais. Il équivalait, en réalité, à la cassation du testament de leur commun auteur; car, si quelques-unes de ses clauses étaient confirmées, sa disposition essentielle, celle qui assurait l'indépendance respective des deux royaumes, se trouvait complètement abolie. Les descendants de son fils cadet se plaindront amèrement de l'iniquité de cette convention et de son caractère abusif; ils protesteront contre la violence faite par le fort au faible, et ils n'auront pas tout

---

1. V. ci-dessus, p. 29.
2. Bibl. nat., ms. lat. 9261, n° 12 (transcrit original de 1281); Arch. nat., J 588 (vidimus de 1351); JJ 270, f° 1, et KK 1413, f° 71 (copies du xiv° siècle); documents, n° XXVII. Cf. *Coleccion de documentos ineditos*, XXIX, 119. Les historiens espagnols ont étrangement pallié le caractère odieux de cette spoliation. Il suffit de citer la phrase curieuse de Ferreras : « Déterminé de se faire rendre hommage par don Jayme de tous les païs dont Il avait hérité, Pierre se transporta à Perpignan, et don Jayme, informé de son dessein, *n'hésita point* de l'aller trouver dans cette ville, où il lui fit hommage pour tous ses États. » (*Hist. d'Espagne,* IV, 316.)

à fait tort, car enfin, ou l'acte de partage était une loi fondamentale et inviolable, ou il ne l'était pas : s'il l'était, il fallait le respecter, et, s'il pouvait être modifié, rien n'empêchait de le modifier encore à l'avenir. Des conventions, des violences ultérieures pouvaient venir annuler celle-ci ou l'aggraver : c'était la porte ouverte à l'arbitraire, aux discussions, à la guerre. Voilà pour le fond. Quant aux clauses de détail, elles rendaient la suzeraineté du roi d'Aragon fort dure, et même périlleuse pour le roi de Majorque. L'obligation de se soumettre au jugement de la cour de Catalogne en cas de différend, celle de faire respecter les ordonnances générales de son frère et de le soutenir matériellement contre ses ennemis, tout en ne dépassant pas, en apparence, les conditions ordinaires des fiefs, le plaçaient dans une situation particulièrement pénible et difficile, étant donné l'homme auquel il avait affaire, et mettaient entre les mains de celui-ci des armes perfides. Son héritage n'était plus un royaume, mais un simple apanage, et un apanage exposé aux convoitises d'un maître aussi ambitieux que puissant. Tous ses efforts et ceux de ses successeurs allaient tendre à secouer la lourde chaîne qui leur était imposée; tous ceux de Pierre III et des siens devaient viser, au contraire, à la resserrer. Mais le premier résultat du traité désastreux arraché à la faiblesse de Jacques Ier fut, comme on va le voir, de le jeter dans les bras de la France.

Un grand luxe de précautions fut déployé par le roi d'Aragon pour consolider sa victoire et pour empêcher les populations, généralement sympathiques à la victime de son odieux procédé, de regimber contre son usurpation manifeste. Les habitants de Perpignan, réunis en assemblée publique dans le cloître des Frères Prêcheurs, durent nommer des délégués spéciaux pour jurer en leur nom d'observer la convention du 20 janvier et de ne prêter aucun aide à leur souverain, s'il venait à la violer. Leurs représentants rendirent eux-mêmes l'hommage à Pierre III. Ceux de Puycerda en firent autant. Ceux de Palma, convoqués dans l'église de Sainte-Eulalie, furent soumis aux mêmes formalités. Plusieurs grands seigneurs, tels que le comte de Foix, Hugues, comte d'Ampurias, Guillaume de Canet, Bernard-Hugues de Serralonga, Dalmace de Castelnau, Ponce de Guardia, Arnauld de Corsavi, Guillaume de Sono, Dalmace de Rocaberti, se portèrent garants pour le roi de Majorque, tandis que d'autres, le comte de Pallars, Pierre d'Ampurias, Gilabert de Cruilles, Pierre de Queralt, Bernard d'Anglesola, etc., fortifièrent de leur parole les promesses de la partie adverse [1]. Mais tous ces engagements, plus ou moins sincères, ne pouvaient tenir contre la force des choses. Dès l'année suivante, les partis se dessinèrent, et les conséquences fatales de la violence faite à Jacques Ier par son frère commencèrent à se dérouler.

Le sénéchal de Beaucaire, agissant au nom du roi de France, mais à son insu peut-être, venait de soulever quelques difficultés au sujet de l'exercice de la juridiction du roi de Majorque à Montpellier. Il prétendait, notamment, remplacer les fourches de ce prince par celles de son maître, et le lieutenant de Jacques ainsi que le baile de la cité refusaient de le laisser faire ou de comparaître à son tribunal [2]. C'était l'origine d'un conflit assez grave, dont j'aurai à parler bientôt. Philippe III, saisi des réclamations de ses deux beaux-frères à ce sujet, et désireux, d'autre part, de régler la fameuse question des infants de la Cerda, peut-être aussi de tenter un rapprochement entre les maisons d'Anjou et d'Aragon, dont l'hostilité s'accusait de jour en jour, leur donna rendez-vous à Toulouse. Une conférence importante se tint dans cette ville entre les trois rois, vers la fin de décembre 1280, après la fête de Noël [3]. Les chroniqueurs catalans nous en ont laissé un récit fort curieux, qui nous donne la clef de bien des événements [4]. Les Ara-

---

1. Arch. nat., JJ 270, f⁰ˢ 3-12 ; Bibl. nat., ms. lat. 9261, n⁰ 11.
2. Arch. nat., P 1353, n⁰ 749.
3. D. Vaissète la place vers le mois d'octobre, Buchon au mois de septembre ; mais la chronique de Bernard d'Esclot nous donne la date exacte (ch. LXXVI).
4. D. Vaissète (IV, 535) a consacré une longue note à révoquer en doute, sur ce point, le témoignage de Muntaner, témoin oculaire pourtant, sans

gonais arrivèrent en grande pompe, au nombre de cinq cents chevaliers, richement montés, couverts d'armures neuves et de vêtements éclatants. Derrière eux venaient, sur des mules ou des roussins, quatre cents serviteurs, portant, les uns des bagages, les autres des provisions de figues, de raisins, de dattes, de grenades, dont les Français étaient très friands. A la fin du cortège, on vit s'avancer côte à côte les deux héritiers du Conquérant. Le fils aîné de saint Louis, qui les avait prévenus, sortit à leur rencontre et les accueillit avec bonne grâce. Des réjouissances variées préludèrent aux conversations sérieuses : on donna des festins, on organisa des jeux, on distribua des cadeaux aux cavaliers et aux jongleurs, des chevaux de luxe aux barons, des fruits et des *confits* d'Espagne à tout le monde [1]. Puis, au bout de quelques jours, on commença à songer aux affaires.

On attendait Charles d'Anjou, qui avait sa place marquée dans ce congrès royal, car ses plus graves intérêts devaient, selon toute apparence, y être débattus ; mais le gouvernement de son royaume de Sicile absorbait tout son temps : il se contenta de se faire représenter par le jeune prince de Tarente, son fils, qui se trouvait alors à la cour de France et qui fut amené à Toulouse par Philippe III [2]. Cependant il ne le vit point aller là sans quelque appréhension. Telle était la réputation du monarque aragonais, tels étaient les sentiments hostiles dont on le savait animé, que l'on pouvait tout craindre de sa part. Aussi Charles recommanda-t-il à son neveu de veiller à la sécurité du prince et de prendre garde aux tentatives de leur antagoniste. C'est Muntaner

avoir à lui opposer aucune autorité formelle. Le savant historien du Languedoc ne connaissait pas la chronique de d'Esclot, qui confirme absolument, quant au fond, celle de son compatriote et qui repose, en général, sur des renseignements certains. L'accord de ces deux auteurs est plus que suffisant pour nous permettre de nous en rapporter à eux.

1. D'Esclot, ch. LXXVI.
2. Muntaner, ch. XXXVIII. Guillaume de Nangis parle aussi de ce voyage du prince de Tarente en France dans le courant de l'année 1280 ; mais il prétend qu'il était reparti en Italie au moment du congrès de Toulouse (*Chron. de Philippe III*). Le chroniqueur français, éloigné du théâtre de l'événement, paraît en avoir ignoré les détails, et mérite ici moins de créance que d'habitude.

lui-même, c'est le panégyriste de la maison d'Aragon qui nous rapporte ce trait caractéristique.

« Que vous dirai-je? continue naïvement le chroniqueur. Si jamais rois se fêtèrent et se réjouirent entre eux, ce fut bien ceux-là. Mais le prince ne reçut point un bon accueil du roi Pierre, qui se montra, au contraire, fort sauvage et fort rude envers lui ; de sorte que le roi de France et celui de Majorque prirent un jour le roi d'Aragon à part dans sa chambre, et lui demandèrent comment il se faisait qu'il ne parlât jamais au prince, qu'il devait bien savoir que ce jeune homme était son proche parent, étant fils de sa cousine, la fille du comte de Provence, qu'il avait pour femme sa proche parente, la fille du roi de Hongrie, et qu'il y avait ainsi beaucoup de liens entre eux : mais, malgré tous leurs efforts, ils ne purent rien obtenir de lui. Une fois, le prince convia les rois de France, d'Aragon et de Majorque; mais, le roi Pierre ne voulant pas accepter, il fallut renoncer au festin. Cependant le roi de Majorque traitait le prince honorablement, et le prince lui rendait la pareille. Quand les conférences furent closes, le prince s'en alla avec le roi de Majorque, et *je les vis* entrer ensemble à Perpignan. Là on leur fit de grandes fêtes, et le roi de Majorque l'y retint pendant huit jours. Je laisse le prince et je reviens aux conférences [1]. »

Faisons comme le bon Muntaner, mais non toutefois sans avoir recueilli la leçon qui se dégage de ce petit tableau de mœurs royales, pris évidemment sur le vif. Dans ces simples lignes, on devine tout le caractère et toutes les dispositions des deux frères. L'un tourne grossièrement le dos au fils de son rival et trahit sa nature farouche, indomptable; il songe en secret à l'invasion de la Sicile, à celle de Majorque, et ne veut entendre à aucun arrangement. L'autre, au contraire, se montre aimable, empressé : il fait fête à l'héritier d'Anjou, pressentant en lui un ami sûr et dans son frère un ennemi intraitable ; c'est déjà l'allié de la maison

---

[1]. Muntaner, *ibid.*

de France, c'est déjà le compagnon d'armes de Philippe III.
Le peu que nous savons des entretiens politiques échangés
dans cette conférence de Toulouse est fait pour confirmer
l'attitude prêtée ici à chacun d'eux. Le roi de France, qui,
dans le premier moment, témoignait à l'un et à l'autre une
égale bienveillance, exposa au roi d'Aragon ses légitimes
demandes au sujet des infants de la Cerda, nés du mariage
de Ferdinand de Castille et de Blanche de France, fille de
saint Louis. Ces jeunes princes étaient retenus captifs, dans
un but intéressé, au château de Xativa, au fond du royaume
de Valence [1] : il était équitable, il était humain qu'ils fussent
délivrés et rendus à leur mère, puisque leur père n'était
plus. Pierre ne voulut entendre aucune raison. Il venait,
d'ailleurs, de recevoir un message du roi de Castille, l'engageant à refuser tout et lui disant de compter sur son appui : c'était plus qu'il n'en fallait pour le rendre intraitable. Philippe comprit alors à quel homme il avait affaire et
se tint sur la défensive. A son tour, il écouta ses requêtes.
Elles étaient audacieuses ; c'est l'épithète que leur applique
une chronique aragonaise, où ce terme est peut-être employé dans une bonne acception [2]. L'une avait pour objet
la restitution de Carcassonne, du comté de Rodez, de la vicomté de Milhau, du Fenouilhèdes, etc. Ce n'était rien moins
que l'annulation du traité de Corbeil, par lequel deux sages
monarques avaient, à grand peine, et à force de sacrifices,
assuré la paix entre leurs peuples. Le successeur de saint
Louis, même s'il eût été favorablement disposé, n'eût pu,
on le comprend de reste, prêter l'oreille à de pareilles propositions. L'autre portait sur la question naissante de
Montpellier. Le roi était prié de renoncer à ses prétentions
sur la justice de la seigneurie, de ne point s'occuper des
affaires de la ville, de ne jamais songer à acquérir les droits

1. D. Vaissète, IV, 35.
2. *Gesta comit. Barcinon.* (Marca, 560). Ce n'est donc pas seulement Carbonel, un historien moderne, qui parle de ces demandes exagérées du roi d'Aragon, comme l'a cru dom Vaissète, qui les a révoquées en doute sous ce prétexte (IV, 536).

de l'évêque de Maguelonne. Sur l'accueil fait à cette double demande, les récits diffèrent. Muntaner assure que Philippe répondit d'une manière affirmative et jura même de se conformer aux désirs des rois d'Aragon et de Majorque ; ce dont il prend acte pour l'accuser de mauvaise foi, sous prétexte qu'il aurait plus tard acheté la part épiscopale de la seigneurie ; mais l'écrivain catalan commet ici une étrange méprise, s'il est de bonne foi lui-même : il confond Philippe le Hardi avec Philippe le Bel, qui parvint, en effet, à conclure cette opération fructueuse, et par conséquent, son reproche est mal fondé. Suivant Bernard d'Esclot, le roi répondit simplement (et cette version est beaucoup plus vraisemblable) qu'il en référerait à son conseil ; ce qui, ajoute notre auteur, n'était qu'une défaite et mécontenta gravement le roi Pierre [1]. Le seul fait certain, c'est que la seconde requête ne fut pas plus exaucée que la première et que les choses restèrent en l'état.

L'entrevue de Toulouse en n'eut pas moins un résultat très appréciable et des suites fécondes. Les trois souverains s'étaient vus, s'étaient parlé ; chacun d'eux avait pénétré la pensée des deux autres. En évitant d'indisposer le roi de Majorque par un refus, Philippe s'était assuré d'avance un allié dans la guerre qu'il pressentait prochaine. En faisant bonne figure au roi de France et à sa famille, en témoignant de la sympathie pour la cause angevine, Jacques s'était acquis un protecteur puissant. Aussi la chronique ajoute-t-elle que leur amitié réciproque sortit de là tout à fait consolidée. L'un s'en alla, ainsi qu'on l'a vu, dans sa ville de Perpignan, emmenant le prince de Tarente comme une conquête ; l'autre rentra dans sa capitale par Cahors et Figeac. Quant à leur farouche adversaire, il se retira en Catalogne pour méditer sa vengeance [2].

Il ne paraît pas que la question de Sicile ait été directement abordée dans les conférences ; en face de l'attitude du

---

1. Muntaner, ch. xxxviii et s ; d'Esclot, ch. lxxvi.
2. Muntaner, ch. xxxviii.

roi d'Aragon, toute tentative de conciliation dut sembler inutile. Au contraire, cette question brûlante entra dès lors dans la phase aiguë. N'ayant plus rien à ménager, Pierre se posa en prétendant déclaré et n'omit rien pour se créer un parti parmi les sujets de Charles d'Anjou. Trempa-t-il dans la fameuse conspiration qui aboutit, quinze mois plus tard, aux Vêpres siciliennes? Ses relations avec Jean de Procida, ses armements mystérieux, dont il refusa de faire connaître le but au roi de Majorque [1], tendraient à le faire croire; cependant ce point capital n'a jamais été bien éclairci. Toujours est-il qu'à peine le massacre consommé, il parut en vue de l'île à la tête de forces navales imposantes, réunies, en apparence, pour une expédition sur les côtes de Barbarie, fut accueilli en libérateur par les rebelles, et profita de la stupeur générale pour se faire proclamer roi à Palerme [2]. Son entrée à Messine, sa victoire sur la flotte de Charles accrurent encore son audace. Mais alors se dressa devant lui la plus redoutable barrière à laquelle pussent se heurter les potentats du moyen âge, l'autorité pontificale. Excommunié par Martin IV pour son usurpation sacrilège, qui lésait gravement les droits de l'Église romaine, suzeraine légitime des Deux-Siciles, en même temps que les intérêts de la maison de France, son alliée, il ne fut plus, pour la masse de la chrétienté, qu'un souverain déchu, un perturbateur de la paix publique et, comme disaient ses contemporains, un tyran. Ses sujets furent déliés de leur serment de fidélité, et son royaume d'Aragon dévolu à Charles de Valois, deuxième fils de Philippe le Hardi. C'était la lutte ouverte, avec cette circonstance aggravante qu'elle prenait, par la faute de l'agresseur, le caractère d'une guerre sainte, d'une croisade intérieure, comme on l'a appelée; et, bien que l'on pût regretter de voir ainsi détourner contre un prince chrétien l'effort immense qui se préparait en faveur de la Terre-

---

1. Muntaner, ch. XLV.
2. Naturellement, tous ces faits, bien connus, sont racontés d'une autre façon et arrangés pour la plus grande gloire de Pierre III par ses deux historiographes (Muntaner, ch. LX et ss; d'Esclot, ch. XC et ss).

Sainte, la cause pour laquelle on allait recruter des croisés n'en était pas moins celle de la justice : la dureté du gouvernement de Charles d'Anjou ne légitimait pas la perfidie de son adversaire. A cette époque, où le droit héréditaire des princes et le droit divin de l'Église étaient tout, l'usurpation ne trouvait point d'excuse aux yeux des peuples. Aussi le détenteur du royaume de Sicile devait-il rencontrer peu d'adhérents en dehors de ses propres sujets.

Il n'entreprit pas moins de résister à la coalition générale, et il le fit avec un certain courage, qu'il serait puéril de nier. Cependant il y avait chez lui plus de forfanterie que de bravoure personnelle. On le vit bien à l'occasion du champs-clos arrêté entre son rival et lui. Après un échange de messages outrageants, il avait provoqué Charles à un combat singulier [1], auquel devaient assister cent chevaliers de chaque parti et dont le trône de Sicile était l'enjeu. Rendez-vous avait été pris dans la ville de Bordeaux, pour le 1ᵉʳ juin 1282. Le pape eut beau réprouver bien haut ce duel scandaleux, dégager le duc d'Anjou du serment de s'y rendre, conjurer les rois de France et d'Angleterre d'y mettre obstacle [2] : les deux champions voulurent pousser les choses jusqu'au bout. Seulement, le jour venu, le roi de Sicile et ses chevaliers, derrière lesquels se tenait le roi de France avec une suite nombreuse, attendirent vainement l'auteur du défi. Celui-ci était venu de grand matin, et sous un déguisement, faire au galop le tour de la lice; puis, après avoir fait constater sa présence par un notaire, il s'était enfui à la hâte jusque dans son pays, au moyen de relais préparés à l'avance. Ses biographes ont trouvé toute sorte de bonnes raisons pour expliquer sa conduite; son successeur, à l'occasion d'un rendez-vous semblable qui lui fut donné également à Bordeaux par son oncle Jacques, pré-

---

1. Guillaume de Nangis (*Histor. de la France*, XX, 522). Quoi qu'en dise M. Langlois (*Le règne de Philippe le Hardi*, p. 141), Muntaner et d'Esclot n'attribuent point la provocation à Charles, mais à Pierre ; le premier raconte seulement que le duc d'Anjou s'était arrangé de façon à l'amener (ch. LXXII).
2. Arch. nat., J 714, nᵒ 305 ⁴.

tendit que Pierre ne s'était pas battu parce que le roi d'Angleterre, qui devait l'assister, n'avait pu lui garantir sa sécurité [1] : il n'en resta pas moins convaincu, aux yeux des Français, d'avoir joué son adversaire. C'est de cette singulière journée que date surtout la résolution de Philippe le Hardi de porter la guerre en Aragon.

Par suite de toutes ces complications, les affaires de Majorque se trouvèrent forcément mêlées aux affaires de Sicile. Rejetées jusque-là au second plan sur la scène politique, elles devaient prendre, pour ce motif, un intérêt international. En effet, ni le spoliateur ni sa victime n'entendaient renoncer à leur querelle particulière pour la querelle générale. Le jour approchait, au contraire, où ils allaient être forcés de révéler leurs desseins et d'en poursuivre la réalisation. Jacques Ier, en particulier, était dans l'impossibilité de reculer ; car, dans une lutte comme celle qui s'annonçait, et où tous les princes catholiques étaient appelés à défendre la cause du saint-siège, nul ne pouvait songer à garder la neutralité. L'alliance française s'imposait donc à lui avec toutes ses conséquences, et pour plusieurs raisons. Elle était dans ses vœux; elle était dans l'ordre des choses. Toutefois, avant de se consommer et de passer dans le domaine des faits, elle faillit être compromise, au dernier moment, par le conflit de juridiction soulevé à Montpellier, qui tout à coup, et malgré les pourparlers échangés à Toulouse, prit, comme on va le voir, une tournure alarmante.

---

1. Arch. de Barcelone, reg. 77, f° 25; Documents, n° XXXII. Cf. Muntaner, ch. xc et s; d'Esclot, ch. civ; Langlois, *op. cit.*, p. 143 et s.

CHAPITRE II

AFFAIRE DE MONTPELLIER

Les diverses juridictions qui s'entrecroisaient à Montpellier devaient tôt ou tard se trouver en conflit. Depuis que le domaine direct de la partie principale de cette seigneurie avait passé au roi d'Aragon et que l'évêque de Maguelonne avait formellement reconnu la suzeraineté de la France, quatre pouvoirs superposés, et souvent en opposition les uns avec les autres, s'exerçaient à la fois sur la ville et ses environs : celui de la municipalité ou des consuls, fondé sur d'antiques privilèges plus d'une fois confirmés et renouvelés; celui du roi de Majorque, substitué régulièrement au roi d'Aragon; celui de l'évêque, premier suzerain, demeuré, en outre, le seigneur unique de Montpelliéret; enfin celui du roi de France, suzerain suprême, dont l'autorité, longtemps oubliée, tendait de plus en plus à s'affirmer, ou, pour parler comme le parti aragonais, à empiéter sur les autres. Il résultait de cette situation compliquée, aggravée par les excès de zèle des fonctionnaires ou des agents subalternes, des conflits de toute nature. C'était là un des inconvénients ordinaires du régime féodal, et c'est ce qui, chez nous, valut bien souvent aux progrès de la puissance royale la complicité de l'opinion publique : pour avoir trop de maîtres, on en venait à désirer de n'en avoir qu'un seul, eût-il la main plus lourde.

A Montpellier, la lutte des juridictions s'ouvrit dès le temps de saint Louis, c'est-à-dire presque aussitôt que les deux royautés rivales se trouvèrent en contact. Mais, tant que le saint roi vécut, elle ne pouvait avoir de graves conséquences. Telle était sa loyauté, tels étaient ses scrupules, qu'il préférait, répondit-il une fois aux délégués du Conquérant, venus pour se plaindre des agissements d'un de ses grands sénéchaux, que le roi d'Aragon détînt quelque chose appartenant à lui, roi de France, plutôt que de détenir lui-même quelque chose appartenant au roi d'Aragon [1]. On reconnaît bien là le monarque timoré qui rendait à ses barons, voire même au roi d'Angleterre, les fiefs dont il n'était pas certain d'être le légitime possesseur. Mais, sous le règne de son fils, les idées d'agrandissement commencèrent, comme je l'ai dit, à dominer dans les conseils de la couronne. Les sénéchaux voisins, ceux de Carcassonne et de Beaucaire principalement, ne se sentant plus retenus, se crurent autorisés à aller de l'avant et à se montrer (c'est le cas de le dire) plus royalistes que le roi; de sorte qu'indépendamment des tiraillements continuels qui se produisaient entre l'évêque, le seigneur et la commune, ou, pour mieux dire, à la faveur de ces tiraillements, on vit le terrain disputé, puis conquis peu à peu, non par un troisième, mais par un quatrième larron, s'il est permis d'employer ce terme à l'égard d'un pouvoir légal.

L'épisode capital de cette conquête progressive, le seul peut-être où la force ouverte ait eu à jouer un rôle, se passa en 1281 et 1282. Des procès-verbaux détaillés, conservés dans le fonds de Majorque, nous apprennent toutes les péripéties de ce drame, dont les historiens ont parlé jusqu'ici d'une façon très sommaire, d'après des documents moins circonstanciés [2]. Il avait eu son prologue dès le mois de juin 1280, antérieurement à l'entrevue de Toulouse. Un peu avant cette époque, dans la nuit du vendredi saint, des inconnus avaient forcé les portes du palais de Montpellier, pénétré, en brisant les serrures, dans la chambre où dormait Pierre de Claramont, lieutenant du roi de Majorque, et tenté

---

1. *Hist. du Languedoc*, t. III, preuves, n° 347.
2. V. *Hist. du Languedoc*, IV, 37, 38; *Thalamus parvus*, introd., p. LIII et 338; Germain, *Hist. de la comm. de Montpellier*, II, 84; Langlois, *Le règne de Philippe le Hardi*, p. 182 et s.

de l'assassiner à coups d'arbalète. Les consuls avaient offert mille sous melgoriens de récompense à qui découvrirait les coupables [1]. A cette occasion sans doute, les officiers majorquins avaient pris des mesures sévères et érigé des fourches patibulaires sur la *ceinture,* en différents endroits. Guillaume de Pontchevron, sénéchal de Beaucaire, homme entreprenant, résolu, qui paraît avoir mené toute l'affaire dont on va lire le récit, se mit en tête d'abattre celles qu'ils avaient élevées, au lieu et place des fourches de l'évêque, sur la *ceinture* de l'étang de Lattes, près de l'ouverture du *grau* [2], et de les remplacer par celles du roi de France, dont ce lieu était, disait-il, le fief; il envoya même quelques-uns de ses gens pour procéder, sans autre formalité, à l'exécution de son dessein. Depuis longtemps sa juridiction s'exerçait jusqu'aux environs de Montpellier, dans des limites assez indécises : il serait difficile, et il l'était sans doute déjà, de dire si la prétention qu'il émettait constituait un empiétement manifeste. Quoi qu'il en soit, les justiciers du seigneur s'émurent. Les deux principaux d'entre eux, Pierre de Claramont, chevalier, lieutenant du roi de Majorque à Montpellier, et Raymond Atbrand, damoiseau, baile de la cour du lieu, envoyèrent au sénéchal, par le notaire Pierre Davin, une protestation en règle. Il y était dit que le titulaire de la seigneurie avait toujours joui du mère et mixte empire et de la juridiction entière sur la terre de Lattes et sur l'étang du même nom; que le droit d'ériger des fourches sur la *ceinture* ne lui avait jamais été contesté, et qu'il y avait fait pendre autrefois plusieurs criminels; que les gens de Lattes tenaient à cens, depuis un temps immémorial, « l'étang où le dit grau a été fait et coule ». En conséquence, le sénéchal était requis de ne pas troubler le paisible exer-

1. Arch. mun. de Montpellier, arm. E, cass. 8, n° 22. Le palais qu'habitaient à Montpellier les rois de Majorque, et avant eux les rois d'Aragon, était situé à l'endroit le plus élevé de la ville. Ses derniers vestiges, déjà bien altérés, ont été effacés, en 1845, par la construction du palais de justice.
2. *Corrigia, ubi gradus est apertus* (Arch. nat., P 1353, n° 749). Cf. un procès-verbal du 6 juin 1280, conservé aux Archives municipales de Montpellier, arm. B, cass. 21, n° 7 *bis*.

cice de la justice seigneuriale et de détruire, dans le délai de dix jours, tout ce que ses gens avaient pu faire. Cette protestation fut remise au destinataire à Rochemaure, où il se trouvait alors, le 12 du mois de juin [1]. Aussitôt Guillaume de Pontchevron en fit citer les deux auteurs à son propre tribunal, afin d'instruire l'affaire : ses mandataires, Raymond Arnaud et Ferrier Espérandieu (*Sperandei*) allèrent les assigner à Montpellier même, c'est-à-dire chez eux. Ils se révoltèrent néanmoins contre un tel procédé, et, dans une deuxième protestation, rédigée avec le concours de Germain de Collioure, procureur du roi de Majorque, ils déclarèrent qu'ils se refusaient à comparaître ; qu'ils déclinaient le jugement du sénéchal et ne lui reconnaissaient aucune juridiction sur eux ; enfin que ses citations étaient de nulle valeur, tant en raison de l'incompétence de son tribunal qu'en raison du lieu où elles avaient été signifiées. Cet acte fut notifié à Sommières, cinq jours à peine après le premier, par le notaire Jean Dosca [2]. Jacques Ier, qui se trouvait alors à Majorque, fut informé des faits par les consuls et supplié de venir à Montpellier, ou tout au moins en Roussillon, pour leur prêter le secours de son autorité. Il se rendit alors à Perpignan, et leur écrivit de là de résister aux empiétements du sénéchal, mais avec déférence et sans le blesser, car il n'entendait pas qu'on le brouillât personnellement avec le roi de France [3].

Les choses ne semblent pas être allées plus loin pour cette fois. Les princes au nom desquels on agissait firent sans doute arrêter le procès : ils étaient sur le point de se se réunir à Toulouse ; là, ils pensaient exposer leurs mutuels griefs et chercher les bases d'un accord. On a vu cependant qu'il n'en fut rien : les mauvaises dispositions de Pierre III impressionnèrent désagréablement Philippe le Hardi, et il lui fallut un vif désir de ménager son beau-

---

1. Arch. nat., *ibid.*
2. *Ibid.*, n° 794 *bis*.
3. Lettres des 3 septembre et 22 novembre 1280 (Arch. mun. de Montpellier, arm. A, cass. 9, n°s 1 et 2).

frère de Majorque pour faire à ses plaintes une simple réponse dilatoire, dont celui-ci parut, d'ailleurs, se contenter. Mais, aucune solution n'intervenant, le débat ne tarda pas à se réveiller et à s'envenimer. Plusieurs difficultés nouvelles furent soulevées. Les habitants de Montpellier commettant un crime ou un délit sur le territoire de la sénéchaussée devaient-ils être renvoyés au tribunal du sénéchal et punis par lui? L'individu lésé ou condamné à tort par les officiers du roi de Majorque pouvait-il soumettre sa cause à ce même tribunal, et les sentences défectueuses de ces magistrats locaux pouvaient-elles être révisées par le sénéchal? De quel roi convenait-il d'inscrire le nom en tête des actes publics? Fallait-il plus d'un juge d'appel à Montpellier, et de celui-ci les appels ne devaient-ils pas venir à la cour du roi de France? Autant de questions embarrassantes, qui font voir combien de sujets de conflit surgissaient journellement dans la pratique, et combien l'accord des membres était malaisé à maintenir, dans un corps à trois ou quatre têtes comme celui de l'ancienne seigneurie des Guillem.

Saisi de ces questions par Jacques Ier, Philippe le Hardi ne voulut pas les résoudre à la légère, bien qu'au fond il fût persuadé de son droit. A la demande de ce prince, il ouvrit une enquête (*apprisiam*), et de cette enquête il résulta que les officiers de justice de Montpellier avaient coutume de renvoyer eux-mêmes au sénéchal les hommes de la seigneurie pris en faute dans la sénéchaussée; que le sénéchal, d'après les précédents, pouvait contraindre ces mêmes officiers, même par la saisie de leurs biens, à réformer leurs sentences injustes ou mal rendues; que le droit et la coutume voulaient également que le nom du roi de France fût seul inscrit, à l'exclusion de tout autre nom de souverain régnant, en tête des actes et contrats notariés, à Montpellier comme dans toutes les autres parties du royaume, et que là-dessus il ne pouvait subsister aucun doute, d'après le témoignage des anciennes chartes rédigées dans le pays; qu'il ne devait exister dans la ville qu'un seul juge d'appel, renvoyant les causes au roi de France en dernier ressort, et que l'institution d'un second magistrat du même ordre, jugeant au nom du roi de Majorque, était un abus manifeste. En conséquence, Philippe enjoignit à son sénéchal, par un mandement du 16 août 1281, de faire respecter, sur ces différents points, la légalité fondée sur la tradition acquise, et de contraindre, au besoin, les fonctionnaires du roi de Majorque à s'y conformer scrupuleusement[1].

Toutes les difficultés sont tranchées ici en faveur du suzerain et par lui-même. Est-ce à dire que l'enquête n'ait pas été loyalement faite ou que les conclusions en aient été faussées? Ce serait, je pense, aller beaucoup trop loin. Mais il était fâcheux que le roi parût être juge et partie, et voulût imposer le résultat d'une information sérieuse comme la simple expression de sa volonté. Dans un pays où le parti français ne faisait que de naître, et où ses adversaires, identifiant leur cause avec celle de l'autonomie et de la liberté locale, possédaient la force du nombre avec l'apparence du patriotisme, il devait s'attendre à de vives résistances, bien que, d'après l'historien de la commune de Montpellier, il eût été déjà convenu, par une charte de la même année, que les appels seraient portés, non pas aux sénéchaux, mais au monarque en personne, par faveur spéciale, et que l'hommage de la seigneurie serait rendu au même par le roi de Majorque[2]. Dès la notification de la lettre royale, ces résistances éclatèrent.

Guillaume de Pontchevron, malgré sa bouillante ardeur, avait laissé passer quatre mois sans communiquer officiellement aux intéressés les ordres qu'il avait reçus; sans doute, il avait des instructions et guettait une occasion favorable. Cette occasion lui ayant été fournie par une violation du territoire de la sénéchaussée, commise, à main armée, par Raymond Atbrand et plusieurs de ses compatriotes, il en-

---

1. *Ibid.* n° 750 (original); Documents, n° XXVIII. M. Langlois a publié cette pièce d'après une autre source (*op. cit.*, p. 408).
2. Germain, *op. cit.*, II, 85. Le fonds de Majorque ne contient pas trace de de cette pièce, tirée des Archives municipales de Montpellier; mais il renferme une concession analogue datée de 1283 et renouvelée en 1285. (V. plus loin, ch. III.)

treprit aussitôt une campagne énergique, qui faillit l'entraîner au-delà du but. Au mois de décembre, il déléguait auprès de Guillaume de Pavo, lieutenant du roi de Majorque à Montpellier, du juge de la cour, Jean Favre, du baile et des consuls, cinq commissaires spéciaux, qui étaient les suivants : Rostaing de Puigalt, chevalier, son propre lieutenant; Bernard Augier, juge de Nîmes; Pierre Rancurel, procureur du roi de France; Bernard Marquets, juge d'Aigues-Mortes; Étienne Augelard, viguier du même lieu. Par son ordre, ces délégués remirent d'abord aux magistrats désignés une copie du mandement royal. Puis ils les invitèrent à envoyer aux prochaines assises du sénéchal tous les individus prévenus d'avoir enfreint les traités de paix en envahissant le sol français, et cela sous peine de s'y voir contraints par la cour du roi. En même temps, ils leur signifièrent que tous les actes rédigés dans la seigneurie devaient dorénavant contenir la formule *regnante domino Philippo, rege Franciæ,* sans adjonction d'aucun autre nom de prince; que le juge d'appel institué au nom du roi de Majorque devait être supprimé; enfin qu'on devait laisser porter tous les appels à leur souverain. Ils ajoutèrent même une injonction dont il n'est pas question dans la lettre royale, mais qui peut-être avait fait l'objet d'un mandement ultérieur, celle de respecter le statut monétaire promulgué par le roi de France et de ne laisser circuler à Montpellier, concurremment avec les monnaies majorquines, que les deniers tournois et parisis, avec défense à qui que ce soit de les refuser, à moins que leur effigie ne fût oblitérée à tel point, que l'on n'y distinguât plus ni la croix ni la pile et que l'on ne reconnût plus l'origine de la pièce [1]. Effectivement, une ordonnance de Philippe III avait récemment imposé à ses sujets le cours forcé de ces « deux types [2]. » Ce règlement était applicable au royaume

---

1. « *Dum tamen ibi apareat crux seu pila, ita quod possit discerni quod sit turonensis vel parisiensis.* » (Arch. nat., P 1353, n° 750.)
2. *Ordonnances des rois*, I, 297.

tout entier, et l'on ne demandait aux habitants de la seigneurie rien de plus qu'aux autres.

A ces ordres rigoureux, les officiers de Jacques Ier et les autorités municipales répondirent par une fin de non recevoir absolue. Ils étaient les sujets du roi de Majorque : ils entendaient n'obéir qu'à lui seul. Jamais, à leur connaissance, les causes d'appel n'avaient été portées au sénéchal ni au parlement ; jamais les notaires du pays n'avaient inscrit dans leurs actes le nom du roi de France ; jamais les magistrats de leur cité n'avaient été soumis à la correction de personne pour défaut de justice. Les anciens seigneurs de Montpellier avaient toujours eu leur juge d'appel. En fin de compte, ils refusaient nettement toute innovation. L'enquête, pour eux, n'existait pas ; ils en niaient hardiment les résultats. Demandes et réponses furent consignées dans un procès-verbal dressé le 2 décembre, au palais même du roi de Majorque, en présence de l'archidiacre d'Elne, de Pierre de Tornamira, professeur de droit, et d'autres autorités compétentes [1].

Cette dénégation formelle, et quelque peu imprudente, exaspéra Pontchevron. Il résolut de brusquer les choses et d'avoir raison, par n'importe quel moyen, d'une opposition aussi arrogante. Des sommations énergiques furent adressées par lui au nom du roi : la troisième et dernière, en date du 16 janvier 1282, n'eut pas plus de succès que les autres [2]. Alors il passa de la parole à l'action et se mit, sans autre forme de procès, à rassembler des troupes pour marcher contre les récalcitrants. La noblesse du pays fut convoquée. Une véritable armée se trouva réunie, au printemps, à Nîmes et à Sommières, et se tint prête à partir au premier signal. En attendant, l'on saisit sans scrupule les biens de plusieurs citoyens de Montpellier qui se trouvaient à portée. Mais, pendant ce temps, la ville avait dépêché auprès de Philippe III des ambassadeurs, pour le supplier d'ar-

---

1. Arch. nat., P 1353, n° 750.
2. Arch. mun. de Montpellier, arm. H, cass. 3, n°s 1 et 1 bis.

rêter les violences. Ils firent si bien, que, dans le courant de mai, leurs instances obtinrent de ce prince, qui avait intérêt à ménager tout le monde et qui, au fond, était peu désireux de recourir aux voies de fait, un ordre de sursis. Par mandement spécial, envoyé de Maubuisson, il invita son sénéchal à suspendre les hostilités pendant un mois à partir du jour de la réception de ses lettres, afin de permettre aux sujets du roi de Majorque d'informer leur maître des fâcheuses conséquences que pourrait entraîner pour eux la prolongation de leur résistance; toutefois il l'autorisait à maintenir les saisies opérées [1]. Les préparatifs militaires n'en continuèrent pas moins et prirent même, avant la fin du délai fixé, une importance hors de proportion avec les forces que pouvait opposer aux troupes royales la cité menacée. Le 25 mai, Simon de Melun, maître des arbalétriers de France, envoyé en Languedoc pour commander la province, transmit de Sommières à Philippe de Monts, sénéchal de Carcassonne, l'ordre de se tenir prêt à secourir, avec tous les gens d'armes de la sénéchaussée, son collègue de Beaucaire [2]. On devait se mettre en campagne quinze jours après.

C'est ici que l'affaire prend véritablement une tournure dramatique. Les magistrats, saisis de peur, se décident à faire quelques concessions. Le 9 juillet, le baile et le juge de Montpellier chargent deux hérauts ou crieurs publics, Pierre Favre et Bernard Raymond, d'annoncer par les rues de la ville le cours forcé des deniers tournois et parisis et l'inscription obligatoire du nom du roi de France dans les formules des contrats. Cette annonce est faite le jour même aux places accoutumées, à son de trompe et en langue vulgaire, afin que nul n'en ignore [3]. Mais ne cela suffit pas pour désarmer le terrible sénéchal. Il insiste, et fait mine de mettre ses compagnies en mouvement. Dès le surlendemain, les gens du

---

1. *Ibid.*, n° 2.
2. D. Vaissète, IV, 37.
3. « *Vulgari eloquio, tubis pulsantibus.* » (Arch. nat., P 1353, n° 751.)

roi de Majorque se présentent en suppliants à Nîmes, où l'armée s'ébranle déjà.

Le juge Arnaud Baile[1], procureur de Jacques Ier, assisté de l'abbé de Fontfroide, de Jacques de Muredine, chevalier, de Brémond de Montferrier, docteur en droit, se réfère d'abord aux propositions de fait soutenues précédemment et dont la teneur a été envoyée à Rochemaure; elles sont demeurées sans réponse: il demande avec instances qu'on les examine. Pontchevron, fort de l'effroi qu'il inspire, se contente de répondre que les barons avec lesquels il veut en délibérer ne sont pas encore arrivés, et que l'on ait à repasser le jour suivant.

Le 12, Arnaud reçoit la nouvelle que des pourparlers sont engagés par l'archevêque de Narbonne et l'abbé de Pamiers, et que l'on espère arriver à une entente. L'assurance lui revient quelque peu : il refuse de comparaître à l'audience du sénéchal. Puis il va trouver l'évêque de Nîmes et son official, et dépose entre leurs mains une protestation, portant qu'il était chargé, ainsi que ses compagnons, d'aller régler l'affaire avec le roi Philippe; que, malgré toutes ses affirmations, toutes ses offres, le sire de Pontchevron ne voulait rien entendre et refusait d'arrêter les préparatifs militaires commencés à Nîmes et à Sommières; qu'il n'avait, quant à lui, nul moyen de s'opposer à de pareilles violences, et que, s'il venait à céder, c'était seulement pour empêcher la destruction de la ville. Le prélat rassure sa conscience et lui dit qu'évidemment il subit la loi de la nécessité. Consulté à son tour, l'évêque de Maguelonne, le suzerain de son maître, lui répond qu'il a le devoir de préserver ses concitoyens d'un péril imminent[2]. Néanmoins il hésite encore; il voudrait ne pas tout sacrifier.

Mais, le lendemain 13, il voit défiler une multitude con-

---

1. Les historiens qui ont mentionné ce personnage l'appellent *Arnaud, baile de Montpellier* (Vaissète, IV, 38; Langlois, 183). C'est une erreur causée par son nom de famille. Les chartes originales portent en toutes lettres : *Arnaldus Bajuli, judex et procurator illustris domini regis Majoricarum*.

2. Arch. nat., P 1353, n° 753.

sidérable (*quasi innumerosam*) de cavaliers et de fantassins ; la ville de Nîmes et ses environs sont couverts d'hommes d'armes : ils se rendent, dit-on, à Montpellier pour *tailler* les champs, les propriétés, les jardins[1]. Alors le malheureux juge, ne songeant plus qu'à conjurer ce désastre, comparaît, la mort dans l'âme, et déclare que les ordres apportés par Guillaume de Pavo vont être exécutés, qu'ils le sont déjà en partie ; il offre d'en fournir la preuve. D'ailleurs, le sénéchal pourra s'en convaincre par lui-même ou par ses délégués : on leur ouvrira les portes de la ville, on les laissera accomplir leur mission, on livrera des ôtages, s'il le faut ; mais, pour Dieu, que la soldatesque se retire, que la liberté de la circulation et la sécurité des routes soient rétablies ! Trois jurisconsultes, trois avocats appuient de leur éloquence sa prière instante. Ils promettent que les habitants souffriront tout patiemment, laisseront tout faire, accompliront tout ce qui aura été convenu avec Arnaud, remettront en ôtage des personnes de qualité. C'est un effarement général ; c'est un abandon complet.

Cependant Pontchevron demeure inébranlable. Il a tenu conseil et ne peut modifier ses résolutions ; il lui faut tout ou rien : ou ses soldats entreront à Montpellier en vainqueurs, ou on lui donnera satisfaction sur tous les points, sans exception ni restriction d'aucune sorte ; et ses exigences, loin de diminuer, semblent grandir d'heure en heure. Il demande maintenant que l'ambassadeur reconnaisse explicitement, au nom de son maître et de ses concitoyens, que la seigneurie de Montpellier dépend du royaume de France et en fait virtuellement partie, qu'elle est un arrière-fief de la couronne. Il veut que la ville lui soit livrée sur le champ, et qu'elle lui soit remise de nouveau, en termes officiels, quand il se présentera devant les portes, afin d'as-

---

1. La *taille* consistait à raser entièrement les arbres fruitiers et autres des pays ennemis. C'était un procédé de guerre très redouté des populations et très usité au moyen âge. En 1412, il fut appliqué par les Anglais aux riches campagnes de la Normandie (voy. Coville, *Les Cabochiens*, p. 9), et plus loin nous le verrons employé impitoyablement autour de Perpignan par le roi d'Aragon.

surer l'exécution intégrale des ordres du roi. Il prendra autant d'ôtages qu'il voudra et les choisira lui-même. Les frais occasionnés par l'expédition lui seront remboursés comme il l'entendra, et des garanties lui seront données pour le payement. Acte est donné de sa réponse et de ses nouvelles conditions, en présence de l'archevêque de Narbonne, des évêques de Nîmes et de Béziers, de l'abbé de Pamiers, d'Adhémar de Poitiers, vicomte de Valentinois, et d'autres personnages de marque, réunis pour cet objet en séance solennelle [1].

On se demande, devant une pareille attitude, si le sénéchal n'outrepassait pas les instructions qu'il avait reçues, et s'il ne méditait pas la conquête violente de Montpellier pour le compte de son maître. Telle dut être certainement l'opinion générale dans l'un et l'autre camp. Cette appréhension fit tomber les dernières résistances. Le 15, voyant les actes d'hostilité se multiplier et s'étendre, Arnaud se résigne enfin aux derniers sacrifices et déclare qu'il consent à tout, sans entendre cependant déroger aux droits de son seigneur. Il promet de remettre la ville aux Français, pour procéder uniquement à l'exécution des ordres royaux, et non pour autre chose. La formule de cette remise est réglée à l'avance, mot pour mot. Au moment où le sénéchal se présentera, il lui dira : « *Intretis, domine, villam quam vobis trado, ad exequenda tantum illa mandata et exequi facienda per curiales vestros que continentur in dicta littera dicti domini regis Francie...., propter defectum, ut dicitis, curialium domini regis Majoricarum, domini Montispessulani* [2]. » Quant au choix des ôtages, quant au remboursement des dépenses, il s'engage également à ne faire aucune opposition.

1. Arch. nat., *ibid.* n° 752. Cf., aux Archives municipales de Montpellier, le procès-verbal coté E IV, n° 21, et cité par M. Langlois (p. 184). Il est différent de celui-ci et donne notamment le motif invoqué par le sénéchal pour justifier ses exigences : « *Cum, propter defectum et manifestam inobedienciam curialium Montispessulani, ad dominum regem Francorum esset juridiccio devoluta quantum ad predicta complenda, debebat habere villam Montispessulani, que sibi tradi debebat propter predicta exequenda, ut securius et sine impedimento predicta possent fieri et compleri.* »
2. Arch. nat., *ibid.*

Le même jour, il dépose, avec une nouvelle protestation destinée à le couvrir, une délibération des consuls ratifiant ses promesses, engageant même, en garantie de leur exécution, les biens de la commune et leurs propres personnes. Toutes les sûretés sont données, toutes les précautions prises. Pourtant Guillaume de Pontchevron se fait prier encore : il lui en coûte de renoncer à ses beaux projets, de ne pas jouer au général victorieux. On le conjure d'éloigner immédiatement ses gens d'armes, d'envoyer contre-ordre et de relâcher les individus arrêtés, car on avait déjà fait des prisonniers. A son tour, il cède à regret et s'en tire par une promesse [1].

Il était temps; les dévastations étaient commencées, et les renforts qu'amenait le sénéchal de Carcassonne allaient arriver. Malgré toute sa richesse, la ville de Montpellier, prise entre deux feux, n'eût pu organiser la moindre défense sérieuse. Elle s'exécuta, et elle fit bien. Quelques jours après, Pontchevron entra dans ses murs comme il l'avait dit, mais en vainqueur pacifique. Il siégea au palais au nom de Philippe III, et là, en présence des consuls, de Guillaume de Villars, prieur de la maison de Saint-Jean de Jérusalem à Saint-Gilles, de Bernard, abbé de Pamiers, d'Arnaud, abbé de Fontfroide, de Pierre Pelet, seigneur d'Alais, etc., il promulgua lui-même, le 22 juillet, les ordres royaux relatifs à la rédaction des actes, aux causes d'appel, au cours des monnaies [2]. Il cita lui-même à son tribunal les individus dont l'agression armée avait fait éclater cette longue querelle; il requit l'hommage de la seigneurie, et, après avoir obtenu satisfaction pleine et entière, il se retira, content, malgré tout, d'avoir affirmé, d'avoir introduit dans le domaine des faits reconnus la suzeraineté trop longtemps nominale de son maître. Les frais mis à la charge de la

---

1. *Ibid.*, n° 754. Cf. le procès-verbal des Archives de Montpellier (arm. A, cass. 9, n° 2 *bis*).

2. Arch. mun. de Montpellier, *ibid.*, n° 4. Les derniers procès-verbaux rédigés dans cette ville et cités ci-dessus portent déjà la formule *Philippo regnante*.

ville s'élevèrent à 100,000 livres tournois; mais cette somme fut abandonnée par le roi à son beau-frère, qui se contenta de 20,000 livres. Jacques n'en toucha même que la moitié, par suite d'une opposition formée par la municipalité, alors en procès avec lui pour une somme égale, qui fut partagée en deux par sentence du sénéchal d'Amplepuis [1]. Grâce à Guillaume de Pontchevron, la puissance française avait mis le pied à Montpellier : dès ce moment, elle y fera des progrès rapides, jusqu'au jour où elle parviendra à régner à tous les titres sur l'ancien fief des Guillem et des rois de Majorque.

Le récit authentique de ces évènements, emprunté aux actes originaux, serait encore corroboré, s'il en était besoin, par la chronique locale. Aux environs de Pâques, dit le *Thalamus parvus*, ce recueil de notes historiques rédigé sur les lieux en langue romane par plusieurs auteurs successifs, le sénéchal de Beaucaire fit de grandes demandes à la ville de Montpellier : il réclamait les seconds appels, la mention du règne du roi de France par les notaires, le cours des deniers tournois et parisis *non pelés*. Sur le refus qui lui fut opposé, il fit mettre ses troupes sous les armes, garder les chemins, les issues de l'étang, et cerner la cité, de manière à empêcher les vivres d'y entrer. Alors notre roi (le roi de Majorque) lui envoya son procureur Arnaud Baile, qui traita avec lui et lui concéda tout ce qu'il voulut. Quatre-vingts prud'hommes, des meilleurs de la ville, se rendirent en ôtage à Nîmes. Le sénéchal entra à Montpellier et fit quelques proclamations; après quoi les ôtages revinrent. On procura une entrevue entre les rois de France et de Majorque, et le second rendit l'hommage au premier moyennant certaines conditions, qui furent arrêtées d'un commun accord à Paris [2]. Telle est la version succincte reproduite par un chroniqueur ordinairement bien informé. Elle ne

---

[1]. Arch. mun. de Montpellier, *ibid.*, n° 5.
[2]. *Thalamus parvus*, éd. de la Société archéologique de Montpellier, p. 338. L'auteur de l'Introduction, en renvoyant à ce passage (p. LIII), parle à tort de Philippe le Bel, au lieu de Philippe le Hardi.

s'écarte guère, on le voit, de la narration officielle ; mais elle ajoute quelques traits nouveaux, dont le plus intéressant concerne l'intervention personnelle de Jacques I*er*. On ne s'expliquerait point, en effet, l'abstention de ce prince dans une affaire aussi grave et le touchant d'aussi près. Son éloignement l'empêcha sans doute de s'en mêler au moment où elle entra dans la phase aiguë [1], et cela seul nous fait toucher du doigt les inconvénients sérieux de l'étrange composition de son royaume, dont les différentes parties étaient séparées par des distances considérables. Mais, lorsqu'il put enfin être informé de ce qui se passait, il fit certainement des démarches actives auprès de son beau-frère aussi bien que du sénéchal, et il paraît avoir été bien accueilli, car l'accord des deux souverains, qui pouvait être à jamais détruit par un incident de cette nature, n'en subsista pas moins et prit, au contraire, un caractère plus intime.

Il n'est pas certain, toutefois, qu'ils se soient rencontrés en 1282 à Paris, comme le donne à entendre le Petit *Thalamus*. L'hommage du roi de Majorque au roi de France, dont j'aurai à reparler tout à l'heure, est daté seulement du 18 août de l'année suivante, et d'un tout autre lieu, sans paraître cependant le renouvellement d'un acte antérieur [2]. Mais ils se trouvèrent ensemble et s'entretinrent à loisir, à cette dernière époque, dans plusieurs localités du midi ; et c'est là que nous allons les voir régler à la fois, d'une manière définitive, et la question de Montpellier et les conditions de leur alliance offensive contre le roi d'Aragon. L'intérêt général de la chrétienté, celui de leurs États respectifs leur commandaient de s'unir : une querelle toute locale entre leurs lieutenants ou leurs officiers ne pouvait, quelle que fût sa vivacité, aboutir à les diviser.

---

1. Jacques était encore à Montpellier le 13 avril 1281 ; mais le silence gardé sur sa personne par les procès-verbaux de 1282 indique bien qu'il ne s'y trouvait plus alors.
2. Arch. nat., J 339, n° 11 ; D. Vaissète, IV, 42.

CHAPITRE III

CONCLUSION DE L'ALLIANCE

C'est un spectacle singulier que de voir, à la veille d'une guerre qui devait mettre aux prises les principaux États de la chrétienté, et, pour bien dire, de la première des grandes guerres internationales, l'alliance d'un petit potentat comme le roi de Majorque recherchée avec un égal empressement par les deux partis en présence, comme si elle eût été l'appoint d'où dépendait la victoire. Ce souverain si peu redoutable, et qui n'était même pas le maître chez lui, sembla, un moment, appelé à devenir l'arbitre de la situation et à faire pencher la balance du côté où il pencherait lui-même. Telle était, du moins, l'idée que se faisaient, chacun par devers soi, le roi de France et le roi d'Aragon, s'il faut en juger par les efforts tentés auprès de leur frère et beau-frère pour l'attacher à leur cause respective. Si Jacques Ier eût été doué du génie politique, s'il se fût trouvé dans son entourage un de ces ministres ambitieux qui savent fonder la grandeur de leur pays sur le malheur des autres, il aurait eu là une belle partie à jouer : il pouvait doubler l'étendue de ses domaines et se tailler sur les bords de la Méditerranée un royaume véritablement fort, avant que le premier coup d'épée ne fût donné. Mais, débonnaire et irrésolu par nature, ne songeant qu'à sauvegarder sa part de l'héritage paternel, il n'était d'aucune façon en mesure de lutter contre un des deux puissants princes entre lesquels il lui fallait faire un choix. Ce qu'on recherchait dans son alliance, ce n'était ni les renforts qu'il pouvait amener, ni l'importance de son concours personnel; c'était la clef des passages des Pyrénées, qu'il détenait, et qui devait faire de celui des deux auquel il la livrerait l'envahisseur et le vainqueur de l'autre. De là, toute une série de démarches et de négociations entreprises des deux côtés à la fois, soit pour reconquérir ses sympathies, soit pour les conserver.

Les premières tentatives vinrent de son ennemi secret. Pierre III, fort du traité qu'il avait imposé à son frère en 1279, croyait n'avoir qu'à parler pour l'enrôler parmi ses auxiliaires. N'était-il pas devenu son vassal? N'avait-il pas promis d'être *son homme* et de lui faire *valensa*, c'est-à-dire de lui apporter, en cas de guerre, le secours effectif dû à tout suzerain? Oui, mais le roi de France se trouvait aussi, maintenant, le suzerain reconnu du seigneur de Montpellier et son protecteur naturel. Un traité arraché par la peur ne comptait pas; et, d'ailleurs, Pierre étant désormais excommunié, ayant été déclaré déchu, tous les serments prêtés, tous les engagements pris envers lui par ses vassaux petits ou grands étaient annulés de plein droit. L'esprit du temps le voulait ainsi; le pape l'avait déclaré, et c'est un argument que tous les rois de Majorque devaient invoquer par la suite. Cependant le roi d'Aragon, soit qu'il comptât encore sur la frayeur qu'il inspirait à Jacques, soit qu'il cherchât simplement à le mettre dans son tort, lui envoya des messages pressants. Il se méfiait, et avec raison, de ses tendances françaises, de ses relations amicales avec Philippe III, de la diplomatie persévérante de celui-ci : il demandait que la question fût nettement posée, tout en affectant de croire qu'elle ne pouvait être résolue qu'à son profit. Suivant un de ses apologistes ordinaires, qui s'est fait une loi de dissimuler les discordes fâcheuses des deux fils du Conquérant, et qui nous les représente toujours dans les bras l'un de l'autre, Pierre aurait même fait venir Jacques à Girone, et là, tous deux se seraient entendus à merveille pour duper le roi de France, le pape, le légat et tous leurs sectateurs [1]. Mais la suite des événements et la teneur des actes authen-

---

1. Muntaner, ch. cxix. Cf. le ch. xcv.

tiques démentent absolument cette version fantaisiste, au moins dans sa seconde partie ; et la première elle-même est bien douteuse, car le roi de Majorque négociait en ce moment avec le parti opposé et devait peu se soucier de se trouver en face de son terrible frère, qu'il semble, au contraire, avoir soigneusement évité. Il éluda même, comme on va le voir, la réponse catégorique qui lui était demandée.

Le 20 juillet 1283, on vit arriver au château de Perpignan, où il résidait alors, deux ambassadeurs aragonais : Simon de Gerundella, chevalier, et Raymond de Toylano, juge de la cour royale. Ils furent admis en la présence du prince, qui les reçut, entouré de Guillaume de Canet, de Ponce de Guardia, de Raimond, abbé d'Arles, de Jacques de Muredine, viguier de Roussillon, etc., et lui remirent en mains propres les lettres de créance dont ils étaient porteurs. Puis ils exposèrent de vive voix l'objet de leur mission : le roi Philippe de France, conjointement avec le roi Charles (le roi de Sicile, mais ses adversaires se gardaient bien de lui donner ce titre), sans aucune raison de droit, sans aucun prétexte d'agression, se préparait à faire la guerre à leur maître ; ils venaient, de la part de celui-ci, requérir le roi de Majorque, tant au nom de l'amour fraternel (bien mal à propos invoqué ici) que des conventions passées entre eux, de se préparer à venir avec toutes ses forces au secours du roi d'Aragon, de prendre sa défense et celle de ses États contre l'injure faite à ses droits souverains, enfin de leur faire connaître ses intentions à cet égard. Devant cette mise en demeure, Jacques se sentit assez embarrassé. Une réponse affirmative était loin de sa pensée ; un refus positif était maladroit et prématuré, en l'état des négociations. Il déclara simplement qu'une aussi grave affaire demandait réflexion, que la question était ardue et, pour lui personnellement, pleine d'écueils, et qu'il en délibérerait avec toute la maturité nécessaire ; après quoi, il transmettrait sa décision au roi d'Aragon par des messagers spéciaux [1].

1. Arch. nat., JJ 270, f° 13.

Au fond, c'était déjà un refus; Pierre ne devait pas s'y tromper. Mais la forme, du moins, était sauvegardée, et les termes employés étaient calculés de façon à ne pouvoir amener une rupture subite. C'est ainsi que les détours de la langue politique du moyen âge préludaient aux habiletés plus raffinées de la diplomatie moderne.

A partir de ce moment, les soupçons de l'ombrageux monarque devinrent une quasi-certitude. La réponse annoncée ne fit que les corroborer davantage lorsqu'elle arriva. Jacques, sans déclarer qu'il combattrait son frère, lui donna clairement à entendre qu'il ne l'aiderait point : la guerre qui s'engageait était la guerre de l'Église, dont Pierre avait envahi le patrimoine en Sicile; cette circonstance, d'après les conventions intervenues, déliait le roi de Majorque de toute obligation envers lui : dans ces conditions, personne au monde, fût-ce son propre père, n'eût obtenu son assistance [1]. Le roi d'Aragon se le tint pour dit. Mais des projets de vengeance éclatante germèrent dans son esprit : ils ne devaient pas tarder à se révéler au grand jour.

Il n'y avait pas un mois que son invitation avait été repoussée, que les négociations entamées par son adversaire aboutissaient, par contre, à un succès complet. J'arrive ici à un fait historique qui est toujours demeuré enveloppé d'obscurité et que les chroniqueurs contemporains ont eux-mêmes expliqué de la manière la plus embrouillée, justement parce que la convention officielle sur laquelle il repose devait être tenue secrète et l'avait été en effet; elle ne l'a même été que trop, puisqu'elle est encore inconnue. Suivant quelques-uns, le roi de Majorque aurait été contraint par la menace à embrasser la cause de la France et de

---

[1]. Arch. nat., KK 1413, f° 74; Documents, n° XXXVI. Jacques Ier ne refusait pas d'une manière générale d'assister son frère comme il s'y était engagé, car, en 1280, il lui avait prêté main-forte contre les vassaux rebelles de la Catalogne et contre le comte de Foix, qui avait rompu la paix; il leur avait même enlevé le château de Balaguer. (V. Castillo Solorzano, *Vida del rey don Pedro*, p. 31.) Mais il refusait, dans l'espèce, de se joindre à lui pour les raisons données ici. Il ne violait donc pas, à son point de vue, le serment qu'il lui avait fait : il s'en trouvait délié.

la papauté[1]. Pour d'autres, il aurait sollicité, au contraire, l'appui de Philippe le Hardi et l'aurait appelé à son secours[2]. D'après dom Vaissète, la ligue offensive et défensive des deux princes aurait été négociée et conclue par le cardinal Jean Chollet, légat du pape, et par le sénéchal de Toulouse, envoyés ensemble auprès de Jacques, en 1285 seulement, au moment où l'armée royale se concentrait à Narbonne[3]. Cette version se rapprocherait davantage du récit de Bernard d'Esclot, d'après laquelle le roi de Majorque, après son invasion de Perpignan, c'est-à-dire dans le courant de la même année, aurait, pour se venger des mauvais traitements de son frère, envoyé offrir à Philippe et au cardinal *Carlet* (lisez *Chollet*) de leur livrer les passes du Roussillon[4]; on va voir cependant que l'un et l'autre sont inadmissibles. Mais la plus curieuse et la plus menteuse de toutes ces explications est celle de Muntaner, à laquelle je faisais allusion tout à l'heure, et dont la naïve ingéniosité (car il l'a évidemment inventée, toujours sous l'empire de la même préoccupation) fera certainement sourire :

« Le roi de France envoya le cardinal légat et le sénéchal de Toulouse à Montpellier, pour s'entendre avec le seigneur roi de Majorque, afin que ses troupes pussent passer sur son territoire. Le seigneur roi de Majorque se rendit à Montpellier. Le cardinal l'admonesta et lui fit de grandes offres de la part du Saint-Père, et le sénéchal en fit autant de la part du roi de France. Leurs exhortations auraient cependant produit peu d'effet sans l'accord conclu entre les seigneurs rois d'Aragon et de Majorque, portant que celui-ci laisserait passer les troupes françaises sur ses terres, et cela par deux fortes raisons : la première, que le roi de Majorque ne pouvait nullement empêcher les Français d'entrer en Roussillon, et que, si c'était de vive force qu'ils y entraient, Montpellier, le Roussillon, le Conflent, la Cerda-

---

1. Chron. de Nicolas Specialis, dans Marca, col. 623.
2. Zurita, I, 282.
3. *Hist. du Languedoc*, IV, 48.
4. D'Esclot, ch. CXXXVI.

gne étaient à jamais perdus pour lui ; la seconde, que, s'ils n'entraient point par là, ils passeraient par la Navarre ou la Gascogne et y trouveraient un bien meilleur passage que par le Roussillon, car ils avouaient eux-mêmes que c'était une assez rude tâche de pénétrer en Catalogne par le Roussillon. Telles furent les raisons qui décidèrent le roi de Majorque à faire ce que désiraient le pape et le roi de France. Le cardinal et le sénéchal retournèrent fort satisfaits vers le roi de France, croyant avoir partie gagnée. Et, de la même manière qu'ils avaient annoncé le résultat de leurs négociations au roi de France, ils les communiquèrent à Charles, roi du chapeau [1], et l'écrivirent au pape, qui en fut fort content [2]. »

Ainsi, ce serait Pierre lui-même qui aurait autorisé son frère à favoriser l'ennemi, et l'alliance du roi de Majorque avec le roi de France n'aurait été qu'une feinte habile. Peut-être aussi la part qu'il devait prendre à la campagne de Catalogne, peut-être les combats qu'il devait soutenir à côté de son allié n'étaient-ils que des ruses de guerre. Comment le bon chroniqueur ne s'apercevait-il pas qu'à force de vouloir enlever à ses princes jusqu'à l'apparence du moindre tort, il arrivait à leur prêter des actions ou des intentions plus blâmables encore [3] ? Comment conciliait-il sa narration, je ne dis pas avec les pièces officielles, qui lui étaient sans doute inconnues, mais avec les événements ultérieurs, qu'il a lui-même racontés ? On a là un spécimen tout à fait caractéristique de sa façon d'écrire l'histoire quand l'honneur ou l'intérêt de ses maîtres sont en jeu, en même temps que l'on a une preuve nouvelle de la nécessité de contrôler le témoignage des chroniques par celui des chartes.

La vérité, c'est que le traité d'alliance fut rédigé et signé à Carcassonne dès le 16 août 1283, deux ans avant son exé-

---

1. Charles de Valois, à qui les Aragonais avaient donné ce sobriquet, parce que le cardinal légat l'avait investi du royaume d'Aragon au moyen de son propre chapeau. (V. d'Esclot, ch. cxxxvi.)
2. Muntaner, ch. cxix.
3. Zurita lui-même, révoquant ici le témoignage de Muntaner, a observé que, pour blanchir un prince, il en noircissait deux (I, 283).

cution. Vers cette époque, Philippe le Hardi fit une tournée dans les provinces du midi, afin de préparer l'expédition qu'il méditait [1]. Jacques Ier le rejoignit dans cette ville et l'accompagna dans plusieurs localités des environs. Là, ils arrêtèrent ensemble les conditions du contrat; car ce fut un contrat véritable, asssurant aux deux parties des avantages compensatoires et comprenant plusieurs actes successifs. Les négociations préliminaires avaient été conduites dans le plus grand mystère, car il n'en est pas resté trace dans les archives. Le cardinal Chollet et le sénéchal de Toulouse purent, à la rigueur, y prendre part [2]; mais on a vu que, depuis l'entrevue de 1280, le terrain était admirablement préparé. Jacques Ier était on ne peut plus désireux de sceller par un lien définitif l'amitié quelque peu intéressée qui l'unissait à son beau-frère. Il espérait tirer de sa participation à la croisade d'Aragon des bénéfices considérables, le recouvrement de son indépendance, et peut-être un agrandissement de domaine (on parlait d'ajouter à ses États le royaume de Valence, que son père lui avait assigné dans un de ses partages et qu'il lui avait ensuite retiré pour apaiser Pierre, bien que ce pays conquis eût dû, d'après le principe adopté, suivre la destinée du royaume de Majorque [3]). Toutefois, comme il était, pour le moment, impossible de lui rien garantir de semblable, il mit son alliance à un prix beaucoup plus modeste.

Le premier acte échangé fut celui dont je viens de parler. Jacques y déclare, en commençant, qu'en raison du respect et de l'affection qu'il porte et portera toujours, avec l'aide de Dieu, au magnifique et illustre seigneur Philippe, roi de France, il lui prêtera aide et assistance dans deux cas spécifiés : le premier, lorsqu'il attaquera son frère Pierre, ex-roi d'Aragon, et entreprendra la conquête de ses États,

---

[1]. D. Vaissète, IV, 41 et s.
[2]. D'après un passage de d'Esclot (ch. cxxxiv), le sénéchal et Aimery de Narbonne auraient eu plusieurs entrevues avec le roi de Majorque.
[3]. V. l'*Index comitum Ruscinonensium*, dans les *Acta SS. Junii*, t. III, p. lxxxv et s. Cf. Zurita, I, 282.

dévolus par la donation du pape à l'un des enfants du même Philippe ; le second, lorsqu'il marchera au secours de son oncle Charles, roi de Sicile et de Jérusalem. (Charles d'Anjou devait avoir lui-même imposé cette clause, car il avait accompagné son neveu dans le midi [1], et peut-être ne l'avait-il pas encore quitté). L'aide promise consistera en ceci. A partir de ce moment, et dès qu'il le désirera, le roi de France ou les siens, et tous ceux qu'il jugera bon d'envoyer à sa place pour effectuer la conquête en question, auront, par grâce et faveur spéciale du roi de Majorque, la faculté de passer sur ses terres et d'y séjourner; ils y achèteront librement les victuailles que les gens du pays consentiront à leur vendre. Les *pas* ou les défilés par lesquels on pénètre des dites terres en Catalogne leur seront ouverts ; ils les franchiront tant qu'ils voudront, sans aucun trouble ni empêchement. Ils auront aussi le libre usage des châteaux et forteresses élevés pour la défense de ces passages. Quant aux autres places fortes dont le roi de France jugera avoir besoin pour l'exécution de ses plans, le roi de Majorque les lui assignera et livrera, à charge de les fortifier et de les entretenir à ses frais comme il l'entendra, et pour les tenir tant que durera l'expédition. Aussitôt que l'ex-roi d'Aragon aura envahi ou fait envahir le territoire de son frère, celui-ci prêtera à son allié un concours plus actif : il lui amènera ses chevaliers, ses gens d'armes, pour les mettre à sa disposition pendant toute la durée de la guerre, et l'aidera, en outre, de ses avis et de toutes les façons qu'il pourra. La protection réciproque du roi de France sur le roi de Majorque et ses sujets est sous-entendue. Toutes ces conditions seront remplies loyalement, sans réserve aucune, et, pour ajouter à ses promesses une sanction nouvelle, Jacques les fait jurer sur son âme et sur les saints évangiles par son fidèle juge Arnaud Baile (celui que nous avons vu défendre si ardemment sa cause dans l'affaire de Montpellier); lui-même les scelle de son sceau royal [2].

1. D. Vaissète, IV, 41.
2. Arch. nat., J 598, n° 5 (charte originale scellée); Documents, n° XXX.

Le surlendemain, 18 août, les deux alliés se trouvaient à Palairac, dans le Fenouillèdes, non loin du Roussillon, que Philippe, sans doute, était bien aise de connaître à l'avance. Là, l'hommage de la seigneurie de Montpellier, qui avait été convenu, lui fut rendu dans toutes les formes. Jacques reconnut tenir de lui en arrière-fief la ville et ses environs, le château de Lattes et les autres terres possédées jadis par les Guillem. Le tout était déclaré du ressort de la couronne de France. Les droits de l'évêque de Maguelonne étaient, bien entendu, sauvegardés [1].

Enfin, le 23 du même mois, les deux princes étant revenus à Toulouse, Philippe fit au roi de Majorque des concessions auxquelles il tenait beaucoup, et dont le différend suscité l'année précédente lui avait démontré l'utilité. Il lui donna la garantie écrite que toutes les causes des habitants de Montpellier seraient appelées dorénavant devant le roi de France personnellement, et non plus devant le sénéchal de Beaucaire ; que les fonctionnaires et les agents français ne porteraient plus aucune atteinte à son autorité judiciaire lorsque les siens se montreraient prêts à rendre eux-mêmes bonne justice ; que lui et ses successeurs pourraient librement porter des armes sur leur territoire et qu'eux seuls permettraient ou défendraient à leurs sujets d'en faire autant, sans que le sénéchal eût à s'en mêler ; que ni lui ni les futurs seigneurs de Montpellier ne seraient tenus de plaider aux sénéchaussées, excepté dans le cas où ses officiers viendraient à saisir des biens appartenant à un sujet français ou placés sous la garde du roi, cas auquel le sénéchal serait en droit de lui adresser une réclamation ; enfin qu'il lui serait fait remise, ainsi qu'à ses gens, de tous les frais et amendes encourus à l'occasion des troubles de Montpellier et de la destruction des fourches royales ou épiscopales [2]. Ces privilèges, sans doute, n'étaient pas de nature à balancer les risques et périls auxquels s'exposait

---

1. Arch. nat., J 339, n° 11. Cf. D. Vaissète, IV, 42.
2. Arch. nat., J 598, n° 6. Vidimus aux archives de Montpellier, arm. F, cass. 2, n° 3, et cass. 7, n° 34.

le roi de Majorque en se liguant avec la France contre le chef de sa maison ; mais Jacques se promettait, je le répète, bien d'autres compensations, qui n'avaient rien d'invraisemblable. D'ailleurs, ils lui assuraient la paisible possession de son plus riche domaine continental ; ils lui permettaient de donner satisfaction, dans une certaine mesure, aux désirs de liberté et d'autonomie qui travaillaient les esprits des habitants : ce n'était pas peu de chose. On a voulu voir dans la dispense de la juridiction supérieure des sénéchaux une concession dérisoire. Qu'importait, a-t-on dit, que le roi fît juger les appels par les magistrats placés à la tête des provinces ou par sa propre cour? Le droit d'appel ne lui en était pas moins reconnu [1]. Sans doute ; mais cette reconnaissance était déjà acquise, et, d'un autre côté, l'événement prouvait que l'on devait s'attendre à beaucoup plus de justice et de longanimité de la part du juge suprême que de la part de ses fonctionnaires. Et puis, ce point, ne l'oublions pas, n'était pas le seul qui fût réglé à l'avantage du roi de Majorque dans l'acte du 23 août. Philippe le Hardi, qui avait cru devoir briguer son concours et qui avait besoin de le ménager, n'était pas homme à se jouer de lui : autrement il se serait dupé lui-même.

Tel est l'ensemble des conventions écrites qui devaient enchaîner pour longtemps le petit royaume baléarique à la fortune de la France. Heureux s'il fût demeuré toujours fidèle à cette alliance loyale, car nous verrons tous ses revers, et même sa chute finale, découler de la défection maladroite de ses souverains et de l'inconstance de leur politique. Jacques Iᵉʳ, tant qu'il vécut, se tint à peu près à l'abri de ce reproche. Il resta quelque temps encore en la compagnie de son allié, et l'amena bientôt avec lui jusqu'à Montpellier. Philippe entra le 9 octobre, jour de la Saint-Denis, dans cette grande cité, qui avait failli être détruite par son sénéchal, et y trouva certainement un accueil tout

---

1. Germain, *op. cit.*, II, 85. « Acte étrange, dit M. Langlois, qui consacra l'*usurpation* d'un droit sous la forme d'une concession. » (P. 182.) Voilà un bien gros mot pour la circonstance.

différent de celui qu'il aurait rencontré l'année précédente : les habitants voyaient maintenant en lui un protecteur, non plus un conquérant, et ce résultat, dû à son habile politique, était encore fait pour aider au développement du parti français dans le pays. Il passa deux jours à visiter la ville ; puis il quitta Jacques pour rentrer chez lui par Nîmes et le Velay [1]. Les derniers préparatifs de la campagne allaient maintenant absorber son attention.

Le roi de Majorque, de son côté, ne resta pas inactif. Son premier soin fut d'entreprendre de fortifier les places du Roussillon, afin de prémunir cette contrée contre une brusque attaque de son frère, qui, d'un jour à l'autre, pouvait maintenant passer du soupçon à la certitude et prendre les devants en fondant sur lui. Il demanda même au souverain pontife de lui concéder les décimes de ses États pour cet objet spécial, et le pape Martin IV fit droit un peu plus tard à sa requête, en le félicitant de son dévouement à la cause du saint-siège, qui alors, sans doute, n'était plus un mystère. « Vous avez craint avec raison, disait la bulle, que l'ennemi de l'Église, que l'ex-roi d'Aragon, sachant votre adhésion à l'entreprise de notre très cher fils Philippe, roi de France, ne tentât l'occupation ou l'invasion de vos terres, voisines des siennes, et, voulant parer à ce danger, vous avez résolu de mettre en état de défense les villes, châteaux et autres lieux de votre royaume, particulièrement ceux des comtés de Roussillon et de Cerdagne, sur lesquels le dit roi pourra s'appuyer pour pénétrer en Catalogne ; et, comme une telle opération exige des frais énormes, vous avez prié le siège apostolique de vous prêter un secours des plus nécessaires en vous accordant, pour un certain temps, les décimes des revenus ecclésiastiques de vos domaines : nous vous les abandonnons, en conséquence, pour trois ans [2]. »

---

1. *Thalamus parvus*, p. 338 ; D. Vaissète, IV, 43 et s.
2. Bibl. nat., ms. lat. 9261, n° 16 ; Raynaldi, an. 1285, n° 25. Les décimes n'étaient donc pas accordées à Jacques à la condition qu'il unirait ses forces à celles du roi de France, comme l'a cru M. Langlois (p. 153, n. 5), mais plutôt parce que cette union était déjà faite.

Une faveur analogue avait été, comme on le sait, octroyée au roi de France. Tous les avantages réservés d'ordinaire aux croisés étaient prodigués par le pape ou le légat à ceux qui s'engageaient à marcher contre l'Aragonais. On eût dit que Rome était impatiente de débarrasser la chrétienté de cette affaire intempestive, pour reporter ensuite les efforts communs vers la véritable croisade, ce rêve si ardemment caressé par elle et si mal à propos délaissé par les princes. La concession faite à Jacques Ier n'était, du reste, que trop urgente pour lui, et l'on peut même dire qu'elle arriva trop tard ; car, trois mois après la délivrance de la bulle, et peut-être à la suite de la nouvelle qui en parvint aux oreilles de Pierre, ce monarque, ainsi qu'on le redoutait, s'avança à marches forcées vers le Roussillon, la vengeance au cœur, mais dissimulant soigneusement son dessein. Nous rentrons ici dans le drame, et dans un drame plus accidenté que tous les précédents. Il nous a été raconté en détail par Bernard d'Esclot, qui n'éprouvait pas les mêmes scrupules que Muntaner [1] : laissons-nous diriger à travers ses péripéties par le vieux chroniqueur catalan, témoin sincère et narrateur attachant.

C'était au mois d'avril 1285. Le roi d'Aragon venait de célébrer les fêtes de Pâques à Barcelone. Il chevauchait, silencieux, à travers le Lampourdan, suivi d'une troupe nombreuse de cavaliers, en tête desquels se trouvaient notamment le comte de Pallars et Raymond Folch, vicomte de Cardona, et d'une compagnie de sergents de pied, qu'il avait amenés de Girone. On allait grand train, et tout le monde se demandait où l'on allait. D'après l'opinion la plus accréditée dans les rangs de cette petite armée, il s'agissait tout simplement d'aller fermer un passage de montagne donnant accès du royaume de France en Roussillon, afin que l'ennemi ne pût arriver par là. Mais, à peine était-on parvenu en vue de Perpignan, que le roi fit reposer ses soldats et, après qu'ils eurent un peu dormi, leur fit

---

[1]. *Cronica del rey en Pere*, ch. CXXXIV et ss.

apprêter leurs armes. Les chevaliers, surpris, chuchotaient entre eux : « Il faudrait lui demander ce que l'on va faire. » Mais on connaissait son caractère : nul n'osait hasarder une question semblable. A la fin, l'un d'eux, qui appartenait à la maison royale et qui était plus familier que les autres avec son souverain (il s'appelait Ambert de Mediana), dit à ses compagnons :

« Barons, votre pensée est la mienne. Je ne puis deviner ce que notre sire a dans le cœur. Il ne m'en a rien découvert, ni à personne au monde, je crois. Si vous voulez, je vais m'aventurer à l'interroger.

— C'est cela, firent-ils ; il vous le confiera plutôt qu'à nous. Que Dieu vous donne de réussir ! »

Ambert s'approcha du roi et lui dit respectueusement :

« Seigneur, tous ces riches hommes et ces chevaliers qui sont ici se demandent quelle prouesse vous méditez ; nul ne sait à quoi s'en tenir. »

Pierre esquissa un sourire ; puis il répondit en plaisantant :

« Apprenez donc, Ambert, que, si nous pouvons chevaucher toute la nuit de manière à dépasser, au jour, la fontaine de Salces (on a vu plus haut que cette fontaine était le point limitrophe de la France et du Roussillon), nous accomplirons une prouesse telle, que le monde n'en a pas vu de longtemps une pareille. »

A ces mots, le bon chevalier se retira tout joyeux et vint répéter le propos à ses frères d'armes. Mais cela ne fit que piquer davantage leur curiosité. Il va s'emparer de Narbonne, dirent les uns ; on doit lui livrer la place. Il veut gagner le pays de Carcassonne afin de le ravager, pensèrent les autres. Il doit simplement avoir une entrevue avec le roi de France, murmurèrent les sceptiques.

Tout à coup, au moment où l'on approchait des murs de Perpignan, le roi s'écrie : « En avant, sergents ; sus, aux armes ! C'est ici que nous allons faire notre journée. »

Alors on commence à deviner son intention, et, tout en admirant avec quel empire sur lui-même il avait su la tenir cachée jusqu'à la dernière heure, on s'étonne, on se regarde. Le vicomte de Cardona fait un pas vers son redouté maître, et lui dit avec une noble hardiesse :

« Seigneur, nous vous avons suivi pour vous obéir, avec la ferme volonté de marcher avec vous n'importe où et contre n'importe qui. Vous voulez entrer dans Perpignan, nous le voyons. Je sais, et vous savez aussi que le roi Jacques de Majorque est là, avec madame la reine et ses enfants. Or, la reine est ma parente et me touche de près [1] : il ne serait ni honnête ni convenable que je donne mon assentiment à une entreprise dirigée contre elle, encore moins que j'y participe. Je ne dis point cela parce je désire abandonner votre service ; mais je vous laisserai, s'il vous plaît, ma compagnie, et j'irai vous attendre ailleurs.

— Toujours courtois, le vicomte, répondit Pierre en se contenant. Soit ; j'accepte votre proposition. »

Raymond baisa la main de son souverain et se retira avec deux ou trois compagnons. Le comte de Pallars et les autres suivirent le monarque avec plus ou moins de bonne grâce : n'allaient-ils pas attaquer un prince de la maison d'Aragon, un descendant de leur antique dynastie nationale ? Cependant le jour allait poindre ; il fallait se hâter, si l'on voulait que la surprise réussît. Alors Pierre prend le parti de s'avancer lui-même jusqu'au pied des remparts, avec quatre ou cinq hommes, et, couvert seulement de son pourpoint, sans autre arme qu'une lance, il crie à la sentinelle de lui ouvrir. La sentinelle refuse ; elle lui dit d'attendre le grand jour et l'invite à passer au large, s'il ne veut s'exposer à des désagréments. Le prince prend une voix douce et supplie qu'on le laisse entrer. L'homme appelle d'autres gardes. Une douzaine de soldats accourent et demandent quel est cet importun, si pressé de pénétrer dans la ville.

— Ouvrez-moi ; je ne viens pas pour faire du mal.

— Si vous ne déclarez pas qui vous êtes, vous n'entrerez pas.

---

[1] Ambert de Mediana était de la famille du comte de Foix, père de la reine de Majorque.

— Je suis le roi d'Aragon !

Alors les gardes le reconnurent. Ils furent enchantés, d'après le bon chroniqueur, de voir leur souverain naturel ; ce qui n'empêche que, pour ne pas trahir leur devoir, ils se mirent à crier : A mort ! à mort ! Et ils lancèrent contre lui des pierres, des *carreaux,* en poussant des clameurs retentissantes, qui firent accourir toute sa troupe. Les sergents aragonais se mirent à frapper de grands coups contre les portes, et finirent par briser chaînes et cadenas. Avant qu'on ait pu leur barrer le passage, ils étaient dans la place. Pierre se dirigea aussitôt vers le château avec ses gens.

Il faut savoir que le château de Perpignan, dont Jacques Ier de Majorque avait commencé la construction sur une colline réunie à la ville, et qui était destiné à former un ouvrage de défense couronné de créneaux et flanqué de trois tours sur chacune de ses quatre faces, n'était pas encore terminé : il ne pouvait, par conséquent, offrir à celui qui voulait y pénétrer une résistance sérieuse. C'était un vaste bâtiment rectangulaire, enfermant une cour de la même forme, sur laquelle s'ouvraient, du côté nord, les appartements du roi, et, du côté opposé, ceux de la reine. Une galerie établie à la hauteur du premier étage mettait en communication ces deux corps de logis. Elle se composait d'une série d'arcades ogivales très élancées. Des arcades à plein cintre, beaucoup plus basses, correspondaient à celles-ci au rez-de-chaussée. Les deux autres côtés de la cour, qui étaient les plus larges, étaient occupés en partie, l'un par la chapelle, l'autre par l'entrée principale, précédée d'un pont-levis ; mais là, les constructions étaient beaucoup moins avancées, et l'entrée n'était sans doute pas encore bien défendue [1].

---

[1]. La chapelle ne dut être terminée qu'en 1291, d'après le chiffre inscrit sur ses murs. Cet ancien château, masqué par des constructions modernes, qui l'ont englobé et complètement mutilé, forme aujourd'hui une partie de la citadelle (celle qu'on nomme le *donjon*), et, pour ce motif, l'on n'obtient que difficilement la permission de le visiter. J'ai pu cependant, grâce à une autorisation spéciale, et en dépit du portier-consigne, qui prétend que « l'histoire, c'est des on-dit », jeter sur le peu qui en reste un coup d'œil assez attentif pour restituer l'ensemble comme on vient de voir. La chapelle, dont

Le roi de Majorque, alors malade, s'était enfermé dans son logement particulier et gardait la chambre. Pierre ne put donc le surprendre. Mais, s'étant rencontré devant la poterne du château avec Aimery de Narbonne, qui arrivait au même instant de France avec quelques cavaliers, sans doute pour entretenir Jacques des affaires de la croisade d'Aragon, il fit saisir sa personne et ses gens, et les mit sous bonne garde : les hostilités commençaient avant l'entrée en campagne. Puis, voyant qu'il ne pouvait pénétrer auprès de son frère, il se retira momentanément, non sans l'avoir instruit de sa présence.

Il employa cette journée et la suivante à chevaucher par la ville, à jouir de la stupeur des habitants, à se faire saluer par eux comme leur suprême seigneur. Puis il fouilla la maison du Temple, où le trésor du roi était déposé en garde, comme à Paris et dans d'autres capitales, confisqua les coffres et les fit monter au château[1]. Qu'y trouva-t-il, avec une quantité de deniers? Une charte en parchemin, munie, dit le chroniqueur, de deux sceaux de plomb pendants, l'un du pape, l'autre du roi de France, et par laquelle Jacques s'engageait à aider ce dernier de tout son pouvoir contre le roi d'Aragon, jusqu'à ce qu'il eût conquis sa terre. Le roi de France lui promettait, en retour, de le mettre en possession du royaume de Valence lorsqu'il l'aurait pris, et le pape ratifiait cet accord. Mais d'Esclot, qui n'avait point vu la pièce, a dû la mal décrire : Philippe le Hardi ne scellait point ses lettres d'un sceau de plomb, et ses actes

---

la porte est remarquable, a été divisée à l'intérieur en trois étages, servant de dépôt d'armes ; du haut de son clocher, qui était le meilleur des observatoires, la vue s'étend sur toute la plaine du Roussillon et sur les montagnes qui l'enferment. On voit encore une partie de la belle galerie du premier étage, qui a tous les caractères du XIIIe siècle, ainsi que les arcades basses du rez-de-chaussée, et, çà et là, quelques traces de fenêtres gothiques depuis longtemps condamnées. Mais ces débris sont à peine connus du public ; le château n'est même pas indiqué sur le plan imprimé de la ville de Perpignan.

1. Depuis 1180, cette maison du Temple servait de dépôt aux actes publics d'une certaine importance. C'était une espèce de château-fort, qui fut plus tard entouré d'arcades et de boutiques et se trouvait dans la rue de Mailly, près de l'évêché actuel. (V. l'étude de M. Allart sur la *Suppression de l'ordre du Temple du Roussillon.*)

étaient toujours séparés de ceux du pontife romain, même lorsqu'ils avaient un objet commun. D'ailleurs, aucune pièce ne répond exactement à ce signalement parmi celles qui ont été citées par les historiens ou conservées dans les archives. Il est probable que celle qui fut trouvée était tout simplement l'original du traité de Carcassonne, c'est-à-dire l'exemplaire même d'après lequel j'ai reproduit ce curieux document, exemplaire venu justement du château de Perpignan aux Archives nationales par le chemin que l'on sait, avec les autres titres des rois de Majorque. En effet, le chroniqueur ajoute qu'après avoir lu la charte, Pierre se contenta de la cacher, sans l'emporter et sans dire un mot de sa découverte. D'un autre côté, l'analyse qu'il en donne est le résumé fidèle de ce traité, sauf la clause relative au royaume de Valence et la confirmation pontificale. Mais il peut très bien avoir fait ces deux additions de lui-même, sur la foi des bruits qui circulaient. Il peut aussi, pour ce qui concerne la seconde, avoir confondu en une seule deux pièces différentes, dont l'une aurait été le traité d'alliance et l'autre la bulle de Martin IV, félicitant Jacques Ier de son empressement à se joindre aux princes catholiques contre le roi excommunié. Cette explication est la plus vraisemblable, et, si on l'admet, le récit de d'Esclot se trouve plutôt confirmé que démenti par les actes authentiques.

Une pareille trouvaille n'était pas faite, on le comprend, pour calmer la colère de l'envahisseur. Il n'y avait aucun doute à conserver : son frère était lié à ses ennemis par une convention en règle. Dès lors, il se jura de s'emparer de lui à tout prix et de lui faire expier cruellement sa défection. En attendant, il ordonna de saisir toutes les marchandises des négociants français établis à Perpignan, dont la valeur était considérable : c'était le pillage méthodique, suivant un mot et un procédé ressuscités de nos jours. Il fit aussi arrêter et dépouiller deux conseillers de Jacques, Raymond Balle et Puig d'Orfila. Puis il occupa militairement les parties ouvertes du château et se constitua le geôlier de l'infortuné prince, plaçant des sentinelles dans tous les coins, faisant clore et garder toutes les issues, à tel point qu'un oiseau, dit le narrateur, n'aurait pu s'échapper. Au bout de deux jours, voyant que le prisonnier ne se montrait pas (il avait de bonnes raisons pour cela, et, d'ailleurs il était alité par la fièvre), il envoya deux chevaliers frapper à la porte de sa chambre, avec l'ordre de lui dire qu'il n'était pas venu pour lui faire du mal, mais au contraire pour lui rendre honneur et le défendre, lui, ses enfants et sa terre; qu'il lui demandait seulement, au nom de leur étroite parenté, au nom des serments échangés entre eux et qui les obligeaient à se prêter mutuellement secours, de lui remettre les châteaux et forteresses du pays, afin qu'il pût les lui garder et s'opposer au passage du roi de France. Ces paroles doucereuses, et d'autres encore, lui furent répétées textuellement. Obsédé, fatigué, Jacques finit par répondre qu'il ferait tout ce que voudrait son frère. On se hâta d'en prendre acte, et, un instant après, un notaire se présentait pour lui faire ratifier par écrit son imprudente promesse. Mais, cette fois, sa porte resta hermétiquement close. Ses gens déclarèrent qu'excédé par tant de tracas il s'était endormi, et qu'ils n'osaient le réveiller. A trois reprises, le notaire revint à la charge, sur l'injonction du roi d'Aragon; à trois reprises, il fut évincé sous le même prétexte. Lassé à son tour, Pierre, sans s'éloigner, alla se jeter sur un lit, car la nuit était venue; mais il recommanda de faire bonne garde.

Cependant l'on ne dormait pas chez le royal captif. Rassemblant le peu de force qui lui restait, décidé à tout pour s'échapper des mains d'un adversaire furieux, Jacques avait tenu conseil avec sa femme, qui l'avait rejoint par la galerie, et quelques serviteurs dévoués. Tous l'avaient engagé à mettre ses jours en sûreté; mais on avait beau chercher: nul ne pouvait lui en indiquer le moyen. Alors il manda en secret le maître des œuvres du château. Quand cet homme fut arrivé, il lui dit :

« C'est aujourd'hui, maître, qu'il faut me montrer votre savoir-faire. Trouvez-moi une fenêtre, une ouverture, un trou, par où je puisse m'en aller.

— Seigneur, je ne crois pas qu'une souris puisse sortir d'ici sans être aperçue, tant il y a de surveillants apostés de tous les côtés.

— Eh bien! creusez-moi un souterrain dans cette chambre; j'aime mieux mourir dehors, ou ici même, si je ne puis m'évader, que de tomber dans les serres du roi d'Aragon.

— Seigneur, c'est facile à dire, mais bien malaisé à faire. S'il s'agissait de tout autre que de votre personne, j'essayerais bien de vous faire partir par un chemin que je connais.

— Comment? Est-ce que je ne suis pas capable de m'aventurer aussi bien qu'un autre?

— Si fait; mais j'ai honte de vous proposer une pareille issue, à vous, qui êtes un haut et puissant seigneur, qui avez été si longtemps malade et qui n'êtes pas encore rétabli.

— Qu'est-ce donc? Je suis résolu à tout braver.

— Seigneur, quand nous avons travaillé au château, nous avons fait faire un égout partant de la cuisine, et passant justement sous cette chambre; il aboutit hors du château, à la distance d'un trait d'arbalète [1]. Il est assez large pour qu'un homme plié en deux puisse y entrer; mais il est plein d'immondices : vous y seriez suffoqué.

— Je puis bien passer par où un autre passerait. Percez-moi, sur le champ, une communication avec ce conduit. »

Et voilà l'architecte qui se met à défoncer lui-même, à grands coups de pioche, parois et planchers. Il atteint bientôt l'égout, et le trouve plus large qu'il ne pensait. Puis il y fait couler une quantité d'eau pour le purifier, s'y introduit lui-même avec une lumière, l'explore jusqu'au bout, et trouve le passage praticable. Aussitôt le roi se couvre les épaules d'un manteau de blanc de Narbonne fourré de vair, prend congé de la reine, toute en pleurs, et se glisse dans

1. J'ai cherché dans le château les vestiges de ce conduit. La sévérité des règlements militaires m'a empêché d'en vérifier l'existence par moi-même; mais un habitant de la citadelle m'a affirmé avoir vu un souterrain partant d'une des casernes et aboutissant dans la campagne, à cinq ou six cents mètres de là. Un autre conduit, établi sous la cour, mène au puits de Sainte-Florentine. Au reste, le sol de la ville elle-même était dès lors sillonné d'égouts conduisant les eaux hors des murs.

le conduit. Le maître des œuvres, tenant une lanterne à la main, marche devant lui et l'éclaire; deux serviteurs viennent derrière eux. On parvient sans difficulté jusqu'à l'orifice extérieur. Jacques se trouve dans la campagne : son corps, ses habits sont couverts de boue; mais il est sauvé, il pousse un cri de joie, et, tout épuisé qu'il est, gagne à pied le château de la Roca [1], où il trouve enfin un abri sûr avec des amis dévoués [2].

Pendant ce temps, le roi d'Aragon était réveillé en sursaut par ses gardes, qui poussaient de grands cris comme si le château était attaqué. Il se lève, saisit son épée, se précipite dehors :

« Qu'y a-t-il donc?

— Nous avons entendu frapper de grands coups dans les murailles; nous ne savons si cela vient du dehors.

— Vous êtes fous; il n'y a rien. Ne criez pas ainsi, et ne vous troublez pas; mais faites le guet. »

Un instant après, les sentinelles se mettent à crier de nouveau. Il s'élance sur elles, une masse à la main, et fait mine de les en frapper.

« Me laisserez-vous dormir?

— Seigneur, vous direz et ferez ce que vous voudrez : nous sommes certains que l'on démolit les murs à coups de pic et de marteau. »

Mais on n'entend plus rien; le roi retourne se coucher en les maudissant.

Une troisième fois, ils le réveillent : il accourt à moitié vêtu, les menaçant de sa lance; son aspect les met en fuite.

« Ou nous sommes ensorcelés, disent-ils, ou l'on recommence à frapper. »

Aussitôt le bruit cesse.

« Écoutez bien, fait le monarque ébranlé, et, si vous entendez encore quelque chose, criez fort, cette fois; je saurai ce que cela veut dire. »

1. Près du Boulou, à deux lieues au sud de Perpignan.
2. Tous ces détails sont racontés dans le ch. cxxxiv de la chronique de Bernard d'Esclot.

Les coups, par bonheur, ne se renouvellent plus. Pierre dort tranquillement jusqu'au jour, et, à peine levé, il renvoie son notaire, avec le comte de Pallars et deux autres chevaliers, frapper à la porte du roi de Majorque. Ils trouvent cette porte grande ouverte ; ils entrent : la reine est là, seule avec ses quatre fils et une de ses filles, en train de se lamenter. Le comte s'avance et lui baise la main.

« Où est le roi ? demande-t-il tout étonné.

— Hélas ! nous ne savons, et nous craignons bien de ne jamais le revoir. »

Pierre, informé sur le champ, arrive à son tour. On cherche partout le prince, et l'on découvre, au bout d'un moment, le chemin qu'il a pris : des chandelles allumées sont encore là pour l'indiquer.

« Madame, dit alors le roi d'Aragon, votre mari m'a fait grande injure. Je ne suis pas venu pour lui prendre sa terre ni pour lui causer le moindre préjudice, mais, au contraire, pour le protéger. Il m'a outragé en se défiant de moi ; mais il s'est fait surtout du tort à lui-même, et à vous, et à vos fils [1]. »

Et, tout en protestant de ses bonnes intentions, il fit garder la reine à vue, ainsi que ses enfants.

Cependant le peuple, ayant appris la disparition de Jacques, commençait à se rassembler et à pousser des cris de désespoir : « On nous l'a enlevé ! On nous l'a tué ! Jamais nous ne retrouverons un aussi bon seigneur. » Quelqu'un vint dire à Pierre qu'il était perdu avec tous les siens s'il ne partait sur le champ, attendu que les habitants s'armaient et fermaient les portes de la ville ; déjà plusieurs de ses gens étaient arrêtés, et l'on s'apprêtait à venir le cerner lui-même, car on l'accusait du meurtre de son frère. Il fit aussitôt rentrer tout son monde dans le château, avec le butin et les bagages, et, montant sur son cheval, se porta à la rencontre

---

[1]. D'Esclot parle ici de trois fils ; mais plus loin il en compte quatre, et ce chiffre, conforme, d'ailleurs, au récit d'un acte officiel (Documents, n° XXXVI), était bien celui des enfants mâles de Jacques Ier. (V. le tableau généalogique des rois de Majorque, en tête de notre second volume.)

de la foule, qui s'avançait menaçante. Il y avait là environ trois mille hommes, armés et résolus. Il voulut les haranguer ; mais le tumulte grandissait et couvrait sa voix. A la fin, cependant, il put faire entendre quelques mots :

« Mauvaise gent ! Pourquoi crier ainsi et vous élever contre moi ? Vous croyez que j'ai fait périr mon frère, votre seigneur ? Je ne le ferais pas pour tout l'or du monde. Voici ce qui s'est passé. Hier soir, il m'avait promis de faire toute ma volonté, de m'aider en toute chose et de tout son pouvoir. Voyez plutôt : voici la charte qui contient sa promesse. »

Et il fit lire par Pierre de Saint-Clément, son notaire, l'acte préparé la veille, en se gardant bien de dire qu'il ne portait ni l'acceptation ni le sceau du roi de Majorque.

« Eh bien ! ajouta-t-il, croyez-vous maintenant que je vous dise la vérité ?

— Oui, cria le peuple ; mais qu'avez-vous fait de notre seigneur ?

— Il s'est enfui, cette nuit, par une fenêtre de sa chambre, à l'aide d'une corde.

— Non ! non ! vous l'avez tué ! »

Et l'exaspération allait croissant.

Voyant que les choses allaient tourner mal pour lui, Pierre prit le parti de faire faire une sortie à ses gens. Deux cents chevaliers se montrèrent, avec un certain nombre de sergents, et refoulèrent la multitude par la force. Alors il fit charger à la hâte les trésors qu'il avait enlevés, les marchandises, la monnaie, et sortit de la ville. Il revint, au bout d'un moment, délivrer le comte de Pallars et quelques autres officiers de sa suite, dont les citoyens s'étaient emparés ; mais il dut en laisser une centaine entre leurs mains. Enfin il se décida à reprendre le chemin de l'Aragon, emmenant avec lui sa belle-sœur, Aimery de Narbonne, les deux conseillers du roi de Majorque et ses autres prisonniers. Il s'en retourna ainsi jusqu'à la Jonquère, où le vicomte de Cardona le rejoignit et le supplia, avec le comte de Pallars et divers personnages, de rendre la liberté à la reine : il n'était pas beau, il n'était pas honorable de détenir une si noble dame ; d'ailleurs, elle se trouvait en état de grossesse : voulait-il donc la faire accoucher en prison ? Le farouche monarque dut s'incliner devant ces raisons et fit relâcher Esclarmonde, qui s'en retourna en Roussillon avec sa fille. Mais il retint ses fils et les enferma dans la forteresse de Torrella de Montgri, sur le bord de la mer, d'où il les fit transférer à Barcelonne quand les Français envahirent la Catalogne. Peu de temps après, un chevalier français, nommé Vilar et originaire de Carcassonne, qui était exilé depuis plusieurs années en Espagne, s'enfuit avec eux et les rendit à leur père. Quant aux autres captifs, ils durent tous se racheter à prix d'argent [1].

Le tragique épisode qu'on vient de lire ressemble à un chapitre de roman. La narration de d'Esclot est cependant véridique. Elle est confirmée, dans son ensemble, par plusieurs chroniqueurs du parti aragonais ; ce qui est, d'ailleurs, à l'éloge de leur sincérité [2]. Mais surtout elle concorde d'une façon remarquable avec la protestation rédigée plus tard par Jacques Ier contre l'inféodation de son royaume et contre les procédés de son frère. Cet acte important contient en effet, l'exposé des mêmes faits, sous une forme plus sommaire. Il y ajoute simplement un détail qui n'est guère fait pour atténuer la perfidie commise par le roi d'Aragon : trois jours avant sa descente à Perpignan, il avait envoyé à Jacques, qu'il savait gravement malade, un de ses chevaliers, Bérenger de Rosanes, pour lui porter des consolations et des assurances d'amitié, c'est-à-dire pour mieux le tromper [3].

En somme, cette rapide campagne, par laquelle l'ambitieux monarque se promettait d'assouvir sa vengeance, était un échec. Le but principal était manqué : l'adversaire si

---

1. D'Esclot, ch. cxxxv, cliii ; *Gesta comitum Barcinonensium*, dans Marca, col. 564 et ss.
2. *Gesta com. Barc.* (ibid.) ; *Thalamus parvus*, p. 339 ; etc. La première de ces chroniques parle, entre autres, de l'évasion du roi de Majorque « *per quandam secretam et immundam ac fœtidam castri fistulam* ».
3. Arch. nat., KK 1413, f° 74 ; Documents, n° XXXVI.

ardemment poursuivi se retrouvait libre, et, de plus, les habitants de Perpignan, dont l'énergique attitude avait éloigné de leur pays l'envahisseur, au lieu d'être gagnés à la cause de leur suzerain, lui étaient maintenant opposés, au moins en partie. Leur affection pour leur seigneur direct était doublée par les souffrances qu'ils lui avaient vu endurer, lui et sa famille; doublé aussi, le ressentiment de la victime contre son oppresseur, et, par conséquent, son ardeur à mettre au service de la France toutes les forces dont il pouvait disposer. Aussi allons-nous le voir passer immédiatement des promesses à l'action.

CHAPITRE IV

LES FRANÇAIS EN ROUSSILLON

Pendant que ces dramatiques événements se passaient au pied des Pyrénées, Philippe le Hardi, pressé par le pape et son légat d'entrer en campagne sans plus tarder, prenait l'oriflamme à Saint-Denis et s'avançait vers Narbonne, où devaient se concentrer toutes ses forces, accompagné de ses deux fils, Philippe et Charles, le premier déjà roi de Navarre, le second roi désigné d'Aragon, du cardinal lui-même et d'une partie de la cour. La croisade avait été prêchée avec une ardeur sans pareille. Du nord, du centre, du midi, les chevaliers, les gens de pied, les volontaires de toute espèce affluaient. Il en vint de France, de Picardie, de Flandre, de Bretagne, de Gascogne, de Languedoc, de Provence, de Bourgogne, même d'Angleterre, d'Allemagne et d'Italie. Trois cent mille hommes, d'après les évaluations des Catalans, très probablement exagérées, cent mille, d'après les chiffres les plus modérés, se trouvèrent bientôt réunis près de la frontière, tandis qu'une flotte imposante, composée de plus de cent galées et d'une infinité de petites barques, s'apprêtait, dans les ports de Marseille et d'Aigues-Mortes, à transporter sur les côtes espagnoles des provisions de toute espèce [1]. C'était là, de toute façon, un ensemble de forces bien supérieur à celui que les princes du moyen âge étaient habitués à mettre en mouvement; c'était l'inauguration des grandes guerres internationales et des grandes armées d'invasion, depuis longtemps oubliées.

[1]. D'Esclot, ch. cxxxvii; Muntaner, ch. cxix; Villani, ch. cii; etc.

Mais, dans ces éléments si bigarrés, la quantité était au détriment de la qualité. On eût dit une de ces cohues qui se précipitaient sans discipline et sans expérience contre les infidèles, au début des expéditions d'Orient. Beaucoup se proposaient simplement de gagner les indulgences promises en faisant un acte de présence, et de revenir aussitôt après les premières opérations. D'autres, les « ribauds », comme on les appelait, dignes précurseurs des grandes compagnies, ne se souciaient même pas des faveurs spirituelles et n'étaient attirés que par l'appât du butin. Mauvaises conditions pour entreprendre la conquête d'un pays de montagnes, où tout se dressait contre l'envahisseur, la nature et l'homme, et où les plus belles armées ont toujours échoué. Pour en ouvrir l'accès, la complicité du prince qui en détenait les clefs était doublement indispensable.

De son côté, le roi d'Aragon, apprenant que les Français étaient en marche, avait convoqué, dans tous ses États, les riches-hommes, les chevaliers, les gens des villes et des églises, les frères du Temple, de l'Hôpital et des autres ordres militaires [1]. Il leur avait donné rendez-vous au col de Panissars, sur les frontières de la Catalogne et du Roussillon, dans la pensée que les Français tenteraient de le franchir, car c'était le passage ordinaire, et lui-même s'était établi sur ce point avec son fils Alphonse, confiant aux comtes d'Ampurias et de Rocaberti la garde des cols voisins de Banyuls, de la Massane et du Pertus [2]. Il avait, en outre, à sa disposition l'armée et surtout la flotte de Sicile, force navale considérable, commandée par Roger de Loria, des bandes d'*almogavares*, milice irrégulière particulièrement redoutable, composée de montagnards à demi sauvages, pillards de profession [3], et même des troupes auxiliaires de Sarrazins, plus féroces encore, levées dans son royaume de Valence. Il avait aussi demandé des renforts au roi de Cas-

---

1. D'Esclot, ch. cxxxix.
2. Muntaner, ch. cxx. On trouvera un peu plus loin des explications sur ces différents cols.
3. V. les détails donnés à leur sujet par d'Esclot (ch. lxxix).

tille, son neveu et son allié, et celui-ci, d'après Muntaner, lui en avait promis [1]. Mais Philippe avait pris les devants et l'avait invité, par ambassade, à ne pas se compromettre avec les excommuniés, ce dont il se donna garde. Assurément Pierre III, réduit ainsi à ses seules forces, ne pouvait opposer à ses adversaires la puissance du nombre; mais il n'en avait guère besoin, car le terrain de la lutte lui était favorable, et, malgré les foudres de l'Église, ses sujets se montraient animés d'un patriotisme aussi ardent que s'il se fût agi de recommencer les grandes guerres contre les Maures [2].

Le 30 avril 1285 [3], Philippe le Hardi faisait son entrée à Narbonne et prenait le commandement de ses troupes. Le roi de Majorque n'alla point le retrouver dans cette ville, ainsi qu'on l'a cru [4]. Le fugitif était resté caché au fond de son château de la Roca, dans un dénuement presque absolu, et, voyant que sa femme et ses enfants ne l'y rejoignaient point, il se morfondait dans l'attente des événements. La nouvelle de l'arrivée de son puissant allié lui rendit l'espoir. Il lui dépêcha aussitôt un courrier pour lui faire savoir tout ce qui venait de se passer à Perpignan, les hontes qu'il avait dû supporter, l'enlèvement de sa famille, la perte de son trésor : jamais il ne pourrait tirer de cet affront une vengeance assez éclatante; les Français n'avaient qu'à venir en toute hâte; il leur livrerait immédiatement les passes des montagnes et les forteresses du Roussillon, comme il l'avait

---

1. Muntaner, *ibid*.
2. Les archives de Barcelone contiennent de nombreux témoignages de l'ardeur et du dévouement déployés dans cette circonstance par les seigneurs catalans. N'écrivant pas l'histoire de leur pays ni celle de leur souverain, je me borne à signaler cette source de documents à ceux qui voudraient s'occuper de la guerre franco-aragonaise à un point de vue plus général.
3. Et non le 1er mai, comme on l'a dit. V. les tablettes de cire de Pierre de Condé (*Histor. de la France*, XXII, 446, 454, 461). Ce précieux document me servira à fixer tout l'itinéraire de la campagne.
4. D. Vaissète, IV, 47; Langlois, p. 154. Les Grandes Chroniques de Saint-Denis disent bien que Jacques Ier, « si tost qu'il sot sa venue, si s'en vint contre le Roy au plus honnourablement qu'il pot ». Mais on voit, par la phrase qui précède, qu'à ce moment Philippe était déjà entré en Roussillon, comme le veulent les chroniques aragonaises. (*Hist. de Phil. III*, ch. xxxix.)

promis, et les aiderait de tout son pouvoir; ils n'avaient pas à craindre la présence du roi d'Aragon, qui s'était enfui, tant il appréhendait leur venue. L'arrivée de ce message donna lieu à une scène curieuse, qui, si elle est authentique (et elle doit l'être), jette un jour singulier sur les dispositions respectives du roi de France et des personnages qui l'entouraient. Le conseil était réuni. Le légat prit le premier la parole et s'écria, plein de feu : « Levez-vous, beau sire; Pierre d'Aragon a pris la fuite; vous allez vous emparer de sa terre sans coup férir. — Seigneur cardinal, lui répondit le prince avec sang-froid, je ne crois pas que Pierre d'Aragon se soit enfui, car c'est un des meilleurs et des plus braves chevaliers du monde. S'il n'avait personne avec lui, il serait homme à se défendre seul jusqu'à la mort. Du reste, il est capable de tout : voyez ce qu'il vient d'entreprendre contre le roi de Majorque. — Certes, ce n'est pas une prouesse, reprit le légat; il l'a fait par surprise [1]. »

Le fils aîné du roi, Philippe, était présent. Depuis son enfance, et probablement depuis la visite qu'avait faite à Paris, avant de monter sur le trône, son oncle Pierre III, ce jeune prince avait reporté sur le frère de sa mère une part de l'affection qu'il éprouvait pour celle-ci, au temps où elle vivait. Sa belle-mère n'aimait, comme je l'ai dit, ni les parents ni les enfants de l'Aragonaise : Marie de Brabant n'avait-elle pas été accusée (à tort, il est vrai) de l'empoisonnement de l'aîné de ses beaux-fils? Le cadet, devenu par ce fait l'héritier du trône, avait donc plus d'une raison pour pencher en faveur du prince que l'on allait combattre; peut-être aussi nourrissait-il dès lors une secrète antipathie contre Rome et ses idées. En un mot, il représentait à la cour le parti de l'opposition, et, dans cette expédition de Catalogne, il ne suivait son père qu'à contre-cœur; il ne devait que trop le laisser voir un peu plus tard. Aussi

---

1. D'Esclot, ch. cxxxvi. Il ne faut pas oublier que ce propos, si flatteur pour le roi d'Aragon, est rapporté par un Catalan. Mais il est également à l'honneur de Philippe le Hardi, et il est bien dans la tradition de la chevalerie.

le mot du cardinal Cholet le fit-il bondir de sa place : « Vous dites, s'écria-t-il, que le roi d'Aragon n'a pas fait une prouesse ? — Oui ! Mais vous voilà excommunié, fit le légat à moitié sérieux, vous avez appelé Pierre d'Aragon *le roi d'Aragon*. Je vais vous absoudre ; mais n'y revenez plus. »

Un troisième personnage voulut s'interposer entre eux. C'était le duc de Brabant, beau-père du roi, qui, paraît-il, avait suivi l'armée. « Monseigneur, dit-il au cardinal, peut-être avec une intention perfide, Philippe n'a pu s'empêcher de donner à son oncle la qualité de roi, parce qu'il est plein de bon vouloir à son égard. Mais il devrait aimer autant son frère Charlot, qui sera roi d'Aragon lorsque nous aurons conquis le pays. »

Ici, le roi en personne intervint, et, trahissant à son tour ses sentiments intimes : « Sire duc, vous dites vrai ; mais Philippe est lui-même de ce mauvais lignage d'Aragon ; c'est ce qui le fait mal parler. — Mon seigneur et père, répliqua audacieusement le jeune prince, je suis du plus noble sang du monde du côté paternel, et aussi du côté maternel. La famille de ma mère n'est pas un mauvais lignage ; c'est une race des plus nobles et des plus honorées, et, quoi que vous en disiez, personne n'osera soutenir le contraire. » Puis, s'oubliant : « Croyez-le bien, l'Aragon nous fera encore trembler ; nous y serons pris, tués, détruits, et, si vous comptez vous en emparer en peu de temps, vous vous trompez. »

Alors le cardinal, pour détourner l'orage, interpella le comte de Foix : « Voyons, comte, vous qui êtes quasi-catalan, dites-nous si nous pouvons faire promptement cette conquête. » Le comte expliqua qu'une fois que l'on serait entré en Aragon, si Pierre pouvait réunir seulement trois mille chevaliers, il livrerait bataille, et que, s'il était vaincu, la campagne serait presque aussitôt terminée, mais que, s'il l'emportait, jamais les Français ne seraient maîtres de la Catalogne. Le roi, qui avait eu le bon esprit de ne point se fâcher de la sortie de son fils, sourit à la pensée que son adversaire, « un des trois rois pauvres de la contrée [1] », pût lui livrer une bataille rangée ; et la séance fut levée [2].

On voit quelle belle confiance animait Philippe III et la plupart de ses conseillers. Son héritier seul pressentait le danger, peut-être parce qu'il avait reçu des informations particulières ; mais il avait une singulière façon d'agiter la cloche d'alarme, et l'on connaissait trop ses tendances pour ajouter foi à ses paroles. Quant à la réponse à donner au messager du roi de Majorque, elle fit, le lendemain matin, l'objet d'une seconde délibération. Le cardinal Cholet prononça un grand discours en l'honneur des rois de France, qui, depuis la conversion de leur pays au christianisme, n'avaient jamais dévié de leur fidélité envers l'Église romaine. Il exposa les méfaits de Pierre, qui avait envahi la Sicile, fait révolter les vassaux du saint-siège, renversé les églises et les monastères, et qui, scandale inouï, s'alliait aux Sarrazins pour faire la guerre à la chrétienté. Il fallait que cette honte fût lavée et que, dans huit jours, son royaume fût occupé, pour être aussitôt remis au prince Charles, fils du roi de France. Et, par un beau mouvement oratoire, le légat, ôtant son chapeau rouge, le posa sur la tête de Charles de Valois, en signe d'investiture. Il promit ensuite d'entretenir aux frais du pape un corps de six mille arbalétriers et adjura tous les clercs d'accorder aux croisés les plus larges indulgences. Philippe III, plus calme et plus bref, remercia en deux mots le légat, et jura devant lui qu'il ne retournerait point en France avant d'avoir vengé l'injure de l'Église et la sienne. Le comte de Flandre fit valoir que la saison des chaleurs approchait et qu'il était nécessaire de la devancer. Tous les chevaliers s'écrièrent d'une voix : En avant ! en avant ! L'ordre fut donné de se mettre en marche le lendemain, et le roi de Majorque en fut averti [3].

Partie de Narbonne de grand matin, l'armée royale, em-

---

1. Les deux autres étaient, d'après Buchon, les rois de Majorque et de Castille.
2. D'Esclot, *ibid*.
3. *Ibid*.

barrassée par une foule d'*impedimenta* et par l'excès même de son formidable effectif, n'atteignit que le quatrième jour la frontière du Roussillon [1]. Un seul passage donnait et donne encore, du côté du Languedoc, un accès facile dans cette contrée, enfermée tout entière par de hautes montagnes et par la mer, les Corbières au nord, les Pyrénées et leurs contreforts au sud et à l'ouest, la Méditerranée à l'est. C'est l'étroit défilé de Salces, qui s'ouvre entre l'étang du même nom, communiquant avec la mer, et une ligne de rochers arides, se rattachant aux Corbières. La fontaine de Salces, dont j'ai parlé plus haut, jaillit de ces rochers. Philippe s'y arrêta, puisqu'il trouva tout à côté un criminel pendu par ses officiers et qu'il apprit ainsi que cette fontaine dépendait encore de son royaume [2]. Lorsque l'armée française fut arrivée là, elle se trouva tout à coup en face de la vaste plaine du Roussillon et des monts Pyrénées, qui surgissent brusquement au fond de cette plaine et la séparent de la Catalogne ainsi qu'un rempart naturel, protégé lui-même par l'imposant Canigou comme par un fort avancé. Par une illusion d'optique très fréquente dans les régions montagneuses, les soldats crurent toucher au but et poussèrent, suivant d'Esclot, de tels cris de joie, qu'on eût dit qu'ils avaient conquis toute la terre [3]. Effectivement, c'est de ce point que le voyageur venant de Narbonne découvre pour la première fois la redoutable chaîne, et cette particularité, que j'ai pu vérifier *de visu*, confirme singulièrement l'exactitude du chroniqueur catalan, qui a raconté ces faits avec un grand luxe de détails.

Mais, en approchant du château de Salces, forteresse construite un peu plus loin pour défendre ces autres Thermopyles, et remplacée, à la fin du xve siècle, par une citadelle encore debout, cette joie éclatante se changea en déception.

---

1. Le départ eut lieu sans doute le 2 mai, puisque le 6, précisément quatre jours après, l'armée se trouvait *in castris*, c'est-à-dire arrêtée devant une place qui nécessairement n'était plus en France. (Tablettes de P. de Condé, *ib.*, 446.)
2. Arch. nat., J 893, n° 27. V. plus haut, p. 133.
3. D'Esclot, ch. cxxxvii.

Au lieu de leur ouvrir les portes, la garnison leur lança quelques traits, qui blessèrent un petit nombre d'hommes et arrêtèrent les autres. Personne ne s'attendait à un semblable accueil. Philippe III, tout étonné, se crut trahi par son allié et demanda ce que cela voulait dire. Le comte de Foix dut lui faire entendre que les Roussillonnais préféraient le roi d'Aragon au roi de Majorque et commettraient probablement, pour l'amour du premier, plus d'un acte d'hostilité. Cela n'était vrai que d'une partie de la population, ainsi qu'on a déjà pu le voir. En réalité, les uns tenaient pour leur seigneur immédiat, dont la personne était plus sympathique ; les autres, se souvenant de la promesse qu'ils avaient faite, en 1279, de ne jamais l'aider contre son suzerain, croyaient mieux faire en se conformant à cet engagement forcé. Les villes comme la noblesse étaient divisées ; mais d'Esclot, qui rapporte cette explication, prend sur lui d'étendre à la totalité les sentiments de son parti, au risque d'être démenti un peu plus loin par son propre récit. Moins passionné, en général, que le bouillant Muntaner, il se laisse cependant entraîner, dans toute l'histoire de cette campagne, par son ardent patriotisme, et les détails de la lutte prennent très facilement, sous sa plume, un tour favorable aux Aragonais. Il est nécessaire, lorsqu'on les lui emprunte, de tenir compte de cette disposition d'esprit, qui nuit parfois à l'exactitude dont je viens de parler. Malheureusement les annalistes français, beaucoup plus éloignés du théâtre des événements, les ont racontés d'une façon plus sommaire et ne nous fournissent pas souvent la contre-partie. Mais on peut, à la rigueur, démêler la vérité sans leur secours, surtout lorsqu'on se trouve en face d'assertions en aussi flagrante contradiction avec les faits. Il est certain que les Français rencontrèrent en Roussillon, tantôt un bon, tantôt un mauvais accueil, suivant que les habitants et les garnisons étaient pour ou contre le roi de Majorque ; c'était dans l'ordre des choses [1]. Toutefois, en ce qui concerne le

---

[1]. On possède une série de sentences de confiscation rendues plus tard au nom de Jacques Ier contre divers Roussillonnais qui avaient embrassé le parti

château de Salces, il faut reconnaître qu'il entreprit de résister, et sa position très forte le lui permettait, bien que d'Esclot ose dire, pour atténuer le dénouement de cette première lutte, que la place n'avait ni défenses ni *gens de mur*. « Ce sont donc des traîtres? s'écria Philippe en répondant au comte de Foix. Alors enlevons-les de vive force. » Il fallut, pour y arriver, livrer un premier combat, et même, s'il faut en croire notre chroniqueur, trois combats consécutifs, où les assaillants perdirent, dit-il, un bon nombre d'hommes, et les assiégés sans doute davantage, puisqu'ils eurent le dessous. Une fois dans la place, les troupes royales, toujours d'après le même auteur, massacrèrent tout ce qu'elles trouvèrent sous leurs pas. C'est, nous le verrons, l'expression ordinaire des Aragonais quand ils parlent des rencontres sanglantes qui furent fatales à leurs armes, dans le cours de cette guerre acharnée [1].

Averti par cet exemple des obstacles qui pouvaient l'attendre sur son chemin, le roi, dès le lendemain matin, disposa son armée en corps de bataille. En avant, il plaça les compagnies de « ribauds », au nombre de soixante mille hommes, marchant à pied, sans autres armes que de gros bâtons, avec mille chevaux pour les soutenir. Derrière elles, venait l'élite de la chevalerie, en tête de laquelle on voyait les sénéchaux de Toulouse, de Beaucaire et de Carcassonne, le sire de Lunel, le comte de Foix, et même un seigneur de Catalogne, Raymond-Roger, frère du comte de Pallars; il y avait là cinq mille chevaliers, avec leurs suivants. Ces deux premiers corps se trouvaient protégés de chaque côté par une haie d'arbalétriers, bardés de fer des pieds à la tête, et qui n'étaient pas moins de treize mille. Un troisième comprenait l'*ost* de Narbonne, de Béziers, de Carcassonne, d'Agen, de Toulouse, du comté de Saint-Gilles et de tous les pays de Languedoc relevant du roi de France; environ soixante mille piétons. Un quatrième était formé de l'*ost*

du roi d'Aragon. Il est facile de voir qu'ils ne représentaient qu'une faible partie de la population. (Arch. des Pyrénées-Orientales, B 19.)

1. D'Esclot, ch. cxxxvii.

de l'Ile-de-France, de Picardie, de Normandie, plus quelques compagnies de Flamands, d'Allemands et d'autres soldats étrangers ; encore quatre-vingt mille gens de pied. Ensuite marchait, sous l'étendard de saint Pierre, le contingent fourni et soldé par le légat : six mille chevaliers armés. Enfin arrivaient le roi, ses deux fils, les comtes, les seigneurs bannerets, au milieu d'un cortège innombrable, où l'on comptait bien trois mille chevaliers et cent mille hommes en tout. Suivaient les bagages, les chariots, le bétail, conduits par une nombreuse troupe de serviteurs, de femmes, d'enfants, pouvant s'élever à dix ou douze mille personnes. Tels sont, du moins, les chiffres ronds donnés par le chroniqueur [1]; chiffres dont le total dépasserait trois cent mille, et qui sont, par conséquent, quelque peu invraisemblables. Mais, tout en voyant l'effectif de l'armée française, comme ses fautes ou ses excès, à travers un prisme grossissant, d'Esclot paraît avoir été bien informé sur sa marche et sa composition ; nous pouvons donc nous en rapporter à lui pour les autres détails.

On se remit en marche ainsi, en se tenant sur ses gardes, et l'on se dirigea sur Perpignan, qui n'était plus qu'à quatre lieues de là. Lorsque la tête de ligne fut en vue des remparts, dans l'*orta* ou dans la zône de jardins fruitiers sans clôture dont la capitale du Roussillon, comme la plupart des villes du midi, était autrefois entourée [2], on fit halte, on dressa les tentes, et, pendant qu'un immense camp s'établissait, le 10 au plus tard, de Perpignan jusqu'au Boulou [3], c'est-à-dire sur une étendue de quatre lieues, le roi envoya prévenir Jacques, dans sa retraite de la Roca, qu'il avait répondu à son appel et qu'il l'attendait. En voyant le malheureux prince si pauvrement installé, dénué de tout, les messagers royaux demeurèrent stupé-

---

1. D'Esclot, *ibid*.
2. Cet ancien usage s'explique, surtout dans les villes fortifiées, par l'augmentation graduelle du nombre des habitants et des maisons, qui obligeait à rejeter les jardins en dehors des murs. L'*orta* de Perpignan est toujours florissante et fournit même à l'exportation.
3. Muntaner, ch. cxxi; Tablettes de P. de Condé, *ib.*, 461.

faits, et se demandèrent si c'était bien là le puissant seigneur qui régnait à Montpellier et devait leur ouvrir l'accès de la Catalogne. Jacques, après s'être équipé de son mieux, alla trouver Philippe le lendemain à midi, et c'est là seulement, sous les murs de Perpignan, que se fit la jonction placée par quelques-uns dans la ville de Narbonne. Il fut reçu à bras ouverts ; on le fit dîner, et, quand il fut bien restauré, le cardinal, qui était dans toutes les circonstances l'orateur et le diplomate de la croisade, le prit à part, avec le roi, le duc de Bretagne et le comte de Foix. Il lui dit qu'ils avaient tous appris avec le plus vif déplaisir les affronts qu'il avait reçus de son frère, qu'ils avaient accéléré leur marche pour l'amour de lui et qu'ils se chargeaient de venger son injure. On lui demandait seulement de livrer les forteresses du Roussillon, comme il s'y était engagé, d'ouvrir aux croisés les portes de Perpignan et d'en laisser emmener cent habitants à titre d'ôtages, afin que l'on fût plus sûr des autres, d'autoriser les troupes royales à acheter librement les denrées dont elles auraient besoin et à payer en monnaie de leur pays, enfin de mander à tous les hommes d'armes de sa terre de rallier l'armée ou la flotte française. Jacques, se tournant vers le roi avec de grandes marques de respect, répondit qu'il mettait tout ce qu'il possédait à sa disposition et que son allié pouvait se considérer comme chez lui. Il ajouta qu'il allait lui remettre sur le champ les châteaux de la Roca [1] et de la Clusa [2], voisins de la frontière d'Aragon, qu'il ne pouvait lui en offrir d'autres pour le moment, parce qu'une partie de ses sujets, voyant qu'il voulait les livrer aux Français, s'étaient soulevés contre lui, mais que

---

1. La Roca ou la Roque n'est, à vol d'oiseau, qu'à environ deux lieues de la frontière, qui était alors la même qu'aujourd'hui. C'est par une confusion évidente qu'Henry a placé dans ce château, où Jacques s'était réfugié, les logements de Philippe III et l'entretien échangé à Perpignan. (*Hist. du Roussillon*, I, 154.)

2. La Clusa ou l'Écluse (traduction mauvaise) est à peine à une lieue du fort de Bellegarde, élevé sur la limite même des deux pays. On y voit les ruines de trois châteaux, dont un seul, celui qui était situé au nord, sur la rive droite de la rivière, appartenait à l'époque féodale. C'est ce lieu de la Clusa que Charlemagne, d'après sa légende, aurait enlevé au roi Marsile.

de ces deux points il serait facile de soumettre en fort peu de temps la montagne et la plaine. Philippe le remercia avec effusion. Aussitôt le roi de Majorque emmena soixante chevaliers de Picardie, avec deux cents sergents de Toulouse, et s'en vint les établir dans les deux places en question, qui furent désormais gardées au nom du roi de France [1]. Il fit ensuite crier l'*ost* dans toutes les terres de son comté, en ordonnant à ses vassaux de se tenir prêts à le suivre en Catalogne contre les ennemis de l'Église et des princes alliés, avec des armes et du pain pour quinze jours. Les abbayes et monastères lui accordèrent volontairement, et par grâce spéciale, le concours de leurs hommes [2].

A Perpignan, l'occupation fut plus difficile. Depuis la fuite de Jacques, le parti aragonais avait repris le dessus. La garnison reçut mal le premier détachement qui se présenta pour demander l'entrée de la ville. Les gardes se cachèrent d'abord pour le laisser entrer sans défiance, puis firent pleuvoir sur lui une grêle de traits, en poussant de si grands cris, que l'on pouvait croire à la présence d'une armée entière. Aussi les soldats français se retirèrent-ils, convaincus que le roi d'Aragon se trouvait dans la place à la tête de ses troupes. D'Esclot les accuse d'avoir, en s'en allant, saccagé un monastère de cisterciennes, qui se trouvait tout près de là, et violenté les religieuses : la trahison dont ils avaient été les victimes les entraîna peut-être à la vengeance et aux excès; toutefois il n'y avait sur leur passage, comme l'a remarqué un écrivain du pays, aucun couvent de femmes, et ce fait paraît controuvé [3]. Philippe se réjouissait déjà de se trouver en face de son adversaire; mais son allié

---

1. D'Esclot, ch. cxxxviii.
2. Arch. des Pyrénées-Orientales, B 2.
3. V. *Bull. de la Soc. agric., scientif. et littér. de Perpignan*, XXI, 415. M. Delamont ajoute qu'il s'agit peut-être du monastère de religieuses augustines établi à Espira de l'Agly ; mais rien ne justifie ce déplacement du lieu, qui transporte, d'ailleurs, le fait dans une direction toute différente, au nord-ouest de Perpignan. Pourtant cette conjecture hasardée a suffi pour faire dire à M. Langlois : « *Il est certain* que, à Salces, *à Espira de l'Agly*, les croisés avaient commis des excès regrettables. » (P. 156.)

le détrompa en lui certifiant que celui-ci était encore à six journées de distance, et il pouvait le savoir, car, au milieu de populations aussi divisées, il était facile à chacune des parties belligérantes d'être informée des faits et gestes de l'autre. Alors le comte de Foix et le sénéchal de Toulouse furent envoyés en ambassadeurs auprès des autorités locales. Ils leur dirent, de la part du roi, que, si les habitants laissaient seulement les Français s'approvisionner, ils seraient bien payés, et qu'il n'entrerait en ville que le nombre d'hommes qu'ils voudraient, qu'on leur pardonnerait tout, mais, que dans le cas contraire, ils devaient s'attendre à voir leurs vignes et leurs plantations *taillées* et à n'obtenir aucune merci. Ceux-ci, voyant qu'ils ne pourraient longtemps résister à une pareille armée, acceptèrent les propositions; mais les partisans décidés de Pierre d'Aragon, se refusant à toute transaction, abandonnèrent leurs demeures la nuit suivante, avec leurs femmes, leurs enfants, leur mobilier, et passèrent la frontière. Ce fait nous montre bien que la capitale du Roussillon était partagée en deux camps, comme presque tout le pays. Le roi s'approcha donc des murs, établit sa tente auprès d'une des maisons du Temple, nommée le Mas-Deu, et reçut lui-même le serment des habitants[1]. C'était une véritable prise de possession. Maître de Perpignan, Philippe devait l'être, à bref délai, du comté tout entier. Il n'avait plus qu'à rayonner autour de cette position centrale afin d'abattre les dernières résistances; car il importait de ne laisser derrière soi aucune force ennemie, et, avant de songer à franchir les Pyrénées, il fallait assurer les communications avec le Languedoc.

Il paraît cependant qu'une première tentative eut lieu, dès ce moment, pour forcer le passage du Panissars. Les troupes aragonaises, qui avaient eu le temps d'arriver et de se masser sur la crête de la montagne, faisaient de nombreuses descentes dans les vallées voisines et harcelaient,

---

1. D'Esclot, *ibid*. Le Mas-Deu (dans les actes latins *Mansio Dei*) était le principal établissement des Templiers dans ce pays; il remontait à l'an 1132. (V. Henry, *Hist. du Roussillon*, I, 202.)

presque sans danger, les détachements français qui s'y aventuraient. On voulut, sans doute, mettre un terme à ces incursions, et l'armée, qui était déjà repartie de Perpignan le 13 mai [1], s'avança hardiment vers le col. Malheureusement ce défilé, situé derrière le col du Perthus et, de même que celui-ci, au pied du mont pyramidal couronné par le fort de Bellegarde, mais à gauche au lieu d'être à droite, était alors d'un abord difficile pour peu qu'il fût gardé, même lorsqu'on se trouvait maître de la Clusa; il suffisait d'une petite troupe pour le barrer complètement. Non content de l'occuper avec le gros de son armée, Pierre fit allumer sur les hauteurs voisines une quantité prodigieuse de feux, comme son père l'avait fait autrefois dans le but d'effrayer les Sarrazins de Minorque. Le soldat français, peu habitué à de pareils stratagèmes, s'imagina que les forces du monde entier se trouvaient là et allaient descendre sur lui comme un torrent irrésistible. En effet, cinquante mille hommes, les almogavares en tête, furent lancés, à un moment donné, sur l'avant-garde, et la bousculèrent tellement, qu'on voyait de loin hommes et chevaux rouler dans les précipices. Philippe consterné, se plaignit au légat d'avoir été trompé : « Je le savais bien, que le roi d'Aragon n'était pas en fuite! » Et son fils aîné, se tournant vers Charles de Valois, de lui dire d'un ton railleur : « Voyez, beau frère, avec quels honneurs vous accueillent vos sujets [2]. »

En redescendant dans la plaine, les croisés, pour se dédommager, voulurent enlever la petite place du Boulou, qui leur résistait encore, et qui, paraît-il, était défendue par

---

1. *In castris ultra Perpinianum,* disent à cette date les tablettes de P. de Condé (*ib.,* 446).

2. Muntaner, ch. CXXI; d'Esclot, ch. CXL. Cette tentative infructueuse est placée par dom Vaissète (IV, 49) et par M. Langlois (p. 157) après la prise d'Elne, vers le 7 ou le 8 juin. L'ordre du texte des deux chroniqueurs ne permet pas de la reculer jusque-là. D'ailleurs, Muntaner nous dit formellement qu'elle eut lieu quinze jours après l'établissement du camp du Boulou, qui se fit vers le commencement de mai, et qu'elle précéda le sac d'Elne. D'autre part, après la prise de cette ville, Philippe III, suivant les tablettes de Pierre de Condé (*ib.,* 435, 446), demeura *in castris Elnensibus,* puis au lieu voisin dit *Palatium Templi* (Palau del Vidre), jusqu'au moment de franchir les Pyrénées, dans les premiers jours de juin.

une noble châtelaine à qui elle appartenait, Aligsen de Montesquieu [1]. Ils n'y purent réussir et perdirent là un certain nombre d'hommes. Sur ces entrefaites, un transfuge vint leur annoncer que le roi d'Aragon, avec deux mille Sarrazins et cent mille piétons, allait se jeter sur Perpignan, où un nouveau parti s'était formé en sa faveur et devait lui livrer la ville. Avant de s'occuper des places environnantes, il fallut de nouveau s'assurer la possession de celle-ci. Philippe se hâta d'y retourner. Il reconnut vite que la nouvelle était fausse; néanmoins, par prudence, et sur le conseil du légat, il fit sortir des murs les principaux habitants, sous prétexte qu'il avait à leur communiquer certaines choses touchant de près les intérêts du roi de Majorque. Lorsqu'ils furent en sa présence : « Vous savez, leur dit-il, que je suis venu ici du consentement et par la volonté de votre seigneur naturel. Maintenant j'ai besoin d'avoir des gages de votre fidélité, afin d'être tranquille à votre sujet. — Sire, vous avez notre promesse, vous avez notre serment; quelle garantie nouvelle pourrions-nous vous donner? — Je vais le leur apprendre en deux mots, fit le cardinal en coupant la parole au roi; il n'y a pas besoin de tant parlementer. Barons, je vous requiers, de par Dieu, de nous remettre en otage cent de vos meilleurs concitoyens, ceux que je vous désignerai par écrit, et de laisser entrer dans vos maisons tous ceux des nôtres qui voudront se loger en ville. »

Les malheureux se crurent perdus. Ils réclamèrent, ils se lamentèrent; mais ce fut peine inutile. Un nouveau flot d'émigrants partit de Perpignan le soir même, emportant, sans doute, ceux qui se sentaient le plus compromis; et, le lendemain, les otages étaient livrés, les rues et les habitations étaient pleines de Français, qui, s'il faut en croire le chroniqueur catalan, prenaient des libertés de toute espèce. Il arriva même à ce propos, d'après lui, une aventure plus que fâ-

---

[1]. Aligsen n'était pas dame de Montesquieu, mais appartenait à une famille de ce nom, qui a été retrouvée par M. Alart. (V. *Bull. de la Soc. agricole, scientifique et littéraire de Perpignan*, XXI, 418.)

cheuse à certain comte originaire de Picardie, logé chez un « riche homme » de la ville. Cet hôte forcé essaya de séduire la maîtresse de la maison, qui était la plus belle des femmes du pays, et, n'en pouvant venir à bout, il trouva plus simple de lui planter son couteau dans la gorge. Le mari, ayant trouvé son épouse morte, eut la force de dissimuler, et, le soir venu, il servit au comte et à ses gens un vin blanc si généreux, qu'ils s'enivrèrent tous. Il les fit porter dans leur lits, envoya ses enfants, avec ses effets les plus précieux, rejoindre le camp aragonais, et resta seul avec deux de ses neveux. Puis, quand tout le monde fut profondément endormi, il fit tranquillement le tour des lits et coupa toutes les têtes l'une après l'autre, en commençant par celle du comte; après quoi, il prit lui-même le chemin de la montagne. Le lendemain, on trouva chez lui trente-deux hommes décapités [1]. Ce trait barbare, s'il est authentique, est encore moins à l'éloge des mœurs locales qu'à celui des officiers de Philippe le Hardi.

Parmi les faits d'armes auxquels donna lieu la soumission des autres places du Roussillon, il en est un qui a conquis dans l'histoire une juste célébrité et qui a particulièrement donné lieu à des récits exagérés : c'est la prise et le sac de la ville épiscopale d'Elne, située à deux lieues au sud de Perpignan, sur une petite éminence qui domine au loin la plaine, jusqu'aux montagnes de l'Albera d'un côté, jusqu'à la mer de l'autre. Ici, heureusement, nous retrouvons pour guides les chroniqueurs français, et, de leur confrontation avec les historiographes étrangers, nous pouvons dégager d'une manière à peu près sûre la vérité. L'antique *Illiberis*, Elne l'orgueilleuse, comme l'appellent les contemporains [2], était alors un des lieux les mieux fortifiés du comté. Elle comprenait, comme à présent, une ville basse

---

1. D'Esclot, ch. cxl.
2. Peu de noms ont été aussi défigurés dans les chroniques que celui d'*Elna*, venu, dit-on, d'*Helena*. On le rencontre sous les formes suivantes : *Enna, Ieune, Jaune, Diane, Janne, Janua, Genne* (ce qui l'a fait parfois confondre avec Gênes), etc.

et une ville haute, reliées ensemble par une ceinture de murailles d'époque et d'appareil variés. Au sommet de la seconde, s'élevait et s'élève encore une belle église à façade et à tours romanes, autrefois cathédrale, aujourd'hui simple paroisse, avec une crypte dont l'ouverture a été obstruée et un cloître qui est un des plus élégants spécimens de l'architecture méridionale des XIIe, XIIIe et XIVe siècles. La ville basse était remplie de fugitifs du parti aragonais, qui avaient les meilleures raisons d'appréhender de tomber entre les mains de l'envahisseur. Sommés de se rendre au roi de France, les habitants avait refusé sur un ton très hautain, bien que la plaine tout entière, de l'aveu de d'Esclot, tînt déjà pour lui, et Pierre III leur avait fait parvenir en secret des renforts, qui les encourageaient à la résistance. Mais ce n'était pas là le seul motif qui les désignait à la vindicte des croisés. Ils avaient ignominieusement chassé leur évêque, parce qu'il se montrait, comme il le devait, favorable à la cause du chef de l'Église. Philippe III leur avait écrit à ce sujet; mais ils n'avaient rien voulu écouter et se refusaient à recevoir le prélat dépossédé [1]; grief des plus sérieux aux yeux du légat. Lorsqu'on vit que toutes les négociations étaient inutiles, l'assaut de la place fut décidé. Dès le 22 mai, et peut-être quelques jours plus tôt, elle était investie [2].

Par malheur pour elle, ses défenseurs se divisèrent. Raymond d'Urig, envoyé à leur secours par le roi d'Aragon, avait laissé ses hommes piller quelques maisons; les habitants murmuraient : il se figura qu'ils complotaient d'ouvrir les portes à l'ennemi, et, pendant la nuit, il les abandonna avec toute sa troupe [3]. Les assiégeants s'en aperçurent et

---

1. Chronique anonyme (*Histor. de la France*, XXI, 132) et Chronique de Flandre (*ibid*., XXII, 349). Muntaner prétend que l'évêque et le clergé d'Elne sortirent processionnellement de la ville pour aller au devant des Français, et que ceux-ci, au lieu de s'humilier devant la croix, se jetèrent sur eux pour se venger de leur échec de Panissars (ch. CXXI.) On voit combien le vieux chevalier aragonais était parfois mal informé.
2. Tablettes de P. de Condé (*ib*., 446).
3. D'Esclot, ch. CXLI.

passèrent, sans plus tarder, de la résolution à l'action.
Alors la population effrayée fit demander trois jours de répit, promettant de se rendre ensuite. Ce délai fut accordé [1].
Mais, loin de songer à ouvrir leurs portes, les citadins en
profitèrent pour mettre le feu à une tour située tout en haut
de la ville, dans l'espoir d'attirer l'attention des Aragonais
(les feux, en Catalogne, servaient d'appels aux armes [2]), et de
voir arriver de nouveaux secours. Cette action déloyale
exaspéra les croisés. Philippe donna l'ordre de recommencer immédiatement l'assaut. Le cardinal Chollet adressa
aux soldats une exhortation énergique : il prenait, disait-il,
tous leurs péchés sur lui, « mais que il alassent sus les
ennemis de la crestienté bien et hardiement, et que il n'y
espargnassent riens, comme ceux qui estoient escommeniés
et dampnés de la foy crestienne [3] ». L'attaque eut lieu vraisemblablement du côté du nord, par où les croisés étaient
venus : elle fut terrible, et la résistance également. Au
moment où les échelles se dressaient contre les murs, un
grand seigneur français, dont le nom n'est pas indiqué, fut
atteint mortellement d'un carreau d'arbalète. On s'empressa
autour de lui avec tant de sollicitude, que les assiégés crurent avoir tué le roi de France, ou tout au moins son fils :
le combat n'en devint que plus acharné de part et d'autre.
Enfin une partie des remparts s'écroula, les portes furent
enfoncées, et les assaillants se précipitèrent dans la ville,
l'épée à la main, tuant ou arrêtant tous ceux qu'ils rencontraient. Une partie de la population, celle qui ne put réussir
à s'échapper, au lieu de se soumettre, eut la malheureuse
idée d'aller se réfugier à l'autre extrémité de la ville et de
s'enfermer dans l'église cathédrale. Mis hors d'eux-mêmes
par cette obstination inattendue, les vainqueurs brisèrent
les portes de l'édifice; le sang coula au dedans et au dehors;

---

1. Guillaume de Nangis et Grandes Chroniques de Saint-Denis, *Hist. de Phil. III*, ch. xl.
2. Voy., relativement à l'usage des feux, une étude d'Alart, dans les *Notices historiques sur les communes du Roussillon*, I, 116 et ss.
3. G. de Nangis et Grandes Chron., *ibid*.

hommes, femmes, enfants furent immolés sans distinction. Un seul des combattants fut, dit-on, épargné dans ce moment suprême. C'était un écuyer, qu'on appelait le bâtard de Roussillon, et qui était monté au sommet d'une des tours avec une poignée d'héroïques compagnons, sans autre espoir que celui de prolonger de quelques instants la défense : il finit par se rendre, et on l'amena devant le roi de France, qui ordonna de respecter ses jours. Pendant que les troupes régulières achevaient d'assouvir leur vengeance, les « ribauds », qui les suivaient comme une nuée d'oiseaux de proie, mirent le feu aux maisons et se livrèrent au pillage. « En celle manière, ajoute la chronique, fu la cité destruicte, et le peuple afolé et mort [1]. »

Le sac d'Elne, qui eut lieu le 25 mai, était à la fois un malheur et une faute. Il devait déconsidérer la croisade, peut-être même en compromettre le résultat, et dépassait assurément les intentions des chefs. Il ne peut guère s'expliquer que par l'entraînement d'une lutte à outrance et la participation des plus mauvais éléments de la grande armée. Toutefois, après avoir reconnu la triste vérité, l'historien a le devoir de repousser l'exagération. Pour les chroniqueurs aragonais, comme pour certains historiens français de notre temps, toujours pressés, par un scrupule excessif d'équité ou par tout autre sentiment, d'accuser leurs ancêtres, la prise de la vieille cité romaine aurait abouti à une de ces destructions irrémédiables et complètes,

---

[1]. Guillaume de Nangis et Grandes Chron. de Saint-Denis, *ibid.*; Chron. de Flandre (*Histor. de la France*, XXII, 349). Le passage où Guillaume Guiart dépeint l'armée de Philippe le Hardi montre bien que les dévastations commises par elle étaient l'œuvre des ribauds :

> Et ribauz nuz esturmelez,
> Chacun d'entr'eus chière levée,
> S'espandent aval la contrée
> Hardiement aus aventures,
> Prennent les bues par les pastures,
> Les moutons, les brebiz, les vaches...
> Et ocient, pour tiex loiers,
> Vilains en leurs propres foiers,
> Huches rompent, *maisons bruissent* (brûlent),
> Vilètes de blez desgarnissent.
>
> (*Histor. de la France*, XXII, 213.)

telles qu'on en voyait du temps des barbares [1]. Sur la foi de ces auteurs, ceux qui n'ont point visité le théâtre de l'événement s'imaginent volontiers que l'on en fut réduit à cherla trace de la malheureuse Elne

Et campos ubi Troja fuit.

Il y a là, d'une part, une amplification facile à comprendre, de l'autre, une interprétation abusive de certains termes généraux et vagues. Lorsque, par exemple, d'Esclot nous raconte que toutes les églises furent dépouillées, les croix renversées, les reliques jetées au vent, les femmes violées au pied des autels et massacrées ensuite, les enfants écrasés contre les murailles, lorsqu'il prétend que les cruautés d'Hérode furent dépassées, que la ville entière fut démolie ou brûlée, au point qu'il n'en resta pas pierre sur pierre [2], il épouse avec trop d'ardeur le ressentiment, toujours si long et si profond, de ses fiers compatriotes, et se conforme trop fidèlement à leur façon habituelle de raconter leurs défaites, dont les « rodomontades » de Muntaner (l'expression est de Buchon) nous offrent de si curieux spécimens. Que des profanations sacrilèges aient été commises, la chose n'est que trop certaine [3], et nous venons d'en avoir l'explication; mais qu'elles aient été érigées en système et que la masse des croisés se soit livrée à de pareils excès, c'est ce qu'il est difficile d'admettre, quand, à l'exception de l'auteur des *Gesta comitum Barcinonensium*, qui paraît suivre d'Esclot, aucun autre contemporain ne relate cet amas d'horreurs [4]. Une telle barbarie n'était guère dans les mœurs

---

[1]. « La ville fut rasée, dit notamment M. Langlois; elle n'a jamais été reconstruite. » (P. 156.)

[2]. Ch. cxli.

[3]. V. sur la rupture de la châsse de sainte Eulalie le récit d'un clerc de Narbonne, qui se trouvait à Elne au moment de la prise de la ville. (*Gallia Christ.*, VI, 489.)

[4]. Les *Gesta comitum*, chronique généralement très partiale, due à un moine anonyme de Ripoll, parle des attentats perpétrés par la *gens effera Gallorum*, des églises souillées *humano sanguine et semine*, etc. (Marca, col. 564 et ss.) Mais Muntaner lui-même, comme Nangis, comme Primat,

militaires des Français, et, si la petite allocution du légat, qui a fourni le thème de tant de déclamations [1], était faite pour exciter leur animosité, elle était loin d'autoriser des actes de cette nature; un prince de l'Église n'eût pu, en particulier, vouloir que l'on souillât l'enceinte sacrée et que l'on jetât les reliques. Quant à l'ordre formel de détruire Elne, qui lui a été attribué [2], on ne saurait le voir dans ses paroles sans en étendre singulièrement le sens, et il est bien probable qu'un tel ordre ne fut donné par personne.

Au reste, la destruction fut loin d'être aussi complète que le veulent l'historiographe du roi d'Aragon et, d'après lui, quelques modernes. La ville basse seule fut incendiée, comme nous l'apprennent les traditions du pays et l'examen des lieux; la haute ville offre encore sa disposition ancienne, ses rues étroites et tortueuses, tandis que la première a été visiblement reconstruite sur un plan plus régulier; la cathédrale et le cloître sont demeurés debout [3], et, si les remparts, de ce côté, paraissent avoir été entamés par la sape ou le bélier autant que par l'action du temps, c'est plutôt à un siège ultérieur qu'il faut rapporter ces dégradations, puisque les croisés ne paraissent pas avoir attaqué par là, mais bien par le bas, où les murs sont justement moins abîmés. En effet, qui le croirait? cette ville rasée, cette place de guerre radicalement détruite se trouvait, soixante ans après, assez forte pour résister à un nouvel assaut : le roi d'Aragon l'attaquait à son tour et ne la prenait que par capitulation, comme nous le verrons en son lieu, et cela sans qu'elle eût été rebâtie ni restaurée. Plus tard encore, en 1474, elle

---

comme les Chroniques de Saint-Denis et de Saint-Bertin, comme le *Thalamus parvus*, se borne à mentionner le massacre des habitants et la ruine de la ville.

1. V. notamment Henry, *Hist. du Roussillon*, I, 155 et ss. Le récit de cet ancien bibliothécaire de la ville de Perpignan est généralement hostile aux Français.
2. Chron. de Saint-Bertin (Martène, *Thes.*, III, 766).
3. Une partie du cloître seulement paraît avoir été refaite vers l'an 1300, d'après M. Brutails (*Revue agric., scient. et litt. des Pyrénées-Orientales*, XXVIII, 236 et ss). Mais rien ne prouve même que cette restauration partielle ait été nécessitée par les ravages de l'armée française.

était en état de lutter contre les troupes victorieuses de
Louis XI. C'est alors seulement, c'est à la suite d'un troisième et dernier siège, qu'elle fut en partie démantelée et
que sa décadence réelle commença ; et c'est au siècle suivant
que, le délabrement ou l'insuffisance des maisons ayant
décidé les principaux habitants à émigrer à Perpignan, il fut
question d'y transférer également la résidence de l'évêque. Ce
transfert ne s'accomplit qu'en 1604 [1]. Par conséquent, les
événements de 1285 ne furent pour rien ou furent pour peu
de chose dans la chute étonnante qui a réduit la capitale primitive du Roussillon, la florissante *Helena*, au rang d'une
misérable bourgade, et dont elle ne paraît pas près de se relever. Du reste, une quantité de documents la mentionnent
comme toujours existante après sa prétendue destruction, et
nous en rencontrerons plus d'un sur notre chemin [2]. Non seulement elle ne tomba pas en ruines à cette époque, mais le
palais épiscopal demeura habitable, car l'évêque y fut réinstallé par Philippe III après l'occupation de la place [3], et il
est peu vraisemblable qu'il fût le seul édifice dans ce cas.
Lors donc que la chronique nous parle de l'anéantissement de la *cité*, cette expression doit s'entendre plutôt de la
communauté des citoyens que de la ville de pierre [4]. Il est
à croire, en effet, que la population, par la fuite d'une partie et la mort de l'autre, se trouva pour quelque temps ramenée à un chiffre insignifiant. Toutefois il est absolument
certain que le massacre lui-même ne fut pas complet : en
effet, les comptes royaux portent, à la date du 28 juin, la
mention d'une somme de 54 livres 1 sou et 4 deniers tour-

---

1. V. le *Guide historique dans le département des Pyrénées-Orientales*, par M. Vidal, sous-bibliothécaire de la ville de Perpignan, p. 177 et ss.
2. Les fonds de l'évêché et du chapitre d'Elne, aux archives du département des Pyrénées-Orientales (série G), contiennent notamment un bon nombre de ventes, de concessions et de baux de maisons sises dans cette ville pour la période postérieure à 1285.
3. Chron. de Flandre (*Histor. de la France*, XXII, 349).
4. Il en est de même, ce semble, de la phrase qui se lit dans la chronique latine de Nangis : « *Januam civitatem sibi contrariam aggressus est, et in brevi totam destruens...* » (Éd. Géraud. p. 264.)

nois dépensée *pour l'entretien des prisonniers faits à Elne* [1]. Ce seul texte, éloquent dans sa brièveté, indique bien qu'il ne faut attribuer ici aux expressions des chroniqueurs qu'une valeur toute relative et qu'elles sont simplement, pour employer la locution courante, une manière de parler. Nous voyons, d'autre part, et d'après le récit d'un témoin oculaire, des clercs de l'église Sainte-Eulalie assister au pillage sans prendre la fuite et sans être tués ni blessés le moins du monde [2] : ils ne devaient pas non plus être les seuls. Ainsi l'on ne peut même prétendre, à proprement dire, que tous les habitants aient péri. La ville ne fut pas plus changée en désert qu'en amas de décombres, et l'on n'eut jamais à rechercher son emplacement, par la bonne raison qu'elle ne disparut jamais.

Le mot le plus juste, au sujet de ce malheureux événement, est celui d'un anonyme qui écrivait fort peu de temps après : « Toute la cité fu *gastée*, et les genz (ceux qui étaient dans le moutier) morz par leur folie ; car, se il eussent rendu la vile au roi Phelippe paisiblement et il se fussent mis à sa volenté, il n'eussent perdu ni les vies ni les châteus [3]. » En effet, aucune question d'intérêt national n'était en jeu dans cette lutte meurtrière : les Français ne venaient point conquérir le Roussillon ; ils étaient, au contraire, ligués avec son seigneur naturel. Les habitants d'Elne auraient donc pu, sans se déshonorer, sans rien sacrifier, se soumettre dans les mêmes conditions que ceux de Perpignan et d'autres localités voisines. Mais, comme on l'a remarqué, les guerres civiles ont toujours été plus féroces et plus acharnées que les autres ; et celle-là en était une, puisque les sujets du roi de Majorque se battaient contre leur prince et contre ses gens. Il est même à croire que ceux-ci prirent une part active à la prise de la ville ; car,

---

1. *Pro expensis captivorum Elnensium* (*Hist. de la Fr.*, XXII, 476). Un autre article du même compte parle d'une somme de 35 livres 3 sous et 8 deniers reçue ou prélevée à Elne (*ib.*, 435).
2. *Gall. Christ.*, *loc. cit.*
3. *Histor. de la France*, XXI, 99.

dans les derniers jours de mai, Philippe III, se trouvant encore « au camp devant Elne » avec Jacques Ier, reconnut ses services en confirmant par une nouvelle charte le privilège qu'il lui avait octroyé, le 23 août 1283, au sujet des appels de Montpellier. Cette ratification définitive était accordée comme une marque spéciale de bienveillance, et reproduisait presque identiquement la teneur de la concession précédente. Seulement la clause relative à la rébellion armée des habitants de Montpellier n'y était point répétée ; en revanche, les droits de l'évêque de Maguelonne étaient expressément réservés [1]. En même temps, le roi s'occupa d'établir une forte garnison dans la principale tour d'Elne et sur d'autres points de la ville [2] ; ce qui montre une fois de plus que celle-ci n'avait pas péri tout entière, car l'on ne prend pas de pareilles précautions pour garder un monceau de ruines.

Fort heureusement, les croisés n'eurent pas besoin de recourir à des moyens semblables pour s'assurer des autres places du Roussillon. Celle de Collioure, notamment, leur fut acquise sans combat, après une tentative de défection ourdie par quelques meneurs. Cette position avait pour eux une double importance. Elle se trouvait tout à fait au pied de la chaîne des Pyrénées, à l'endroit où son extrémité orientale, s'abaissant graduellement, vient, pour ainsi dire, tomber dans la mer ; elle touchait, par conséquent, la frontière de Catalogne. En même temps, le port de Collioure, qui conservait encore quelque chose de son antique prospérité, était un refuge précieux pour la flotte franco-provençale, et cette flotte était justement venue y mouiller avant de s'avancer dans les eaux aragonaises [3] ; ce qui prouve déjà que la

---

1. Arch. nat., J 598, n° 7 ; JJ 61, n° 267 ; D. Vaissète, IV, 77 (preuves). L'acte est daté seulement du mois de mai 1285, *in castris ante Elnam* ; mais il ne put guère être donné qu'après la fin du siège. Il fut confirmé à son tour par les successeurs de Philippe le Hardi en 1317, 1322 et 1328. (Arch. nat., JJ 65^a, n° 202 ; Arch. de Montpellier, arm. A, cass. 11, n° 5.)

2. « Et pour la garde de la ville il mist en la tour de *Codepha* et ailleurs grans gens. » (Chron. de Flandre, *loc. cit.*)

3. On s'explique difficilement que les deux petites rades formant aujourd'hui le port de Collioure et qui n'ont qu'un faible tirant d'eau aient pu

masse des habitants n'était point hostile. Il était indispensable de mettre à l'abri d'un coup de main les immenses approvisionnements que portaient ces nombreux vaisseaux et de maintenir les communications entre eux et l'armée de terre. La chose était d'autant plus urgente, que les amis du roi d'Aragon se remuaient, là aussi, et travaillaient la garnison : tout était à craindre de leur part. Bientôt, en effet, ils nouèrent des intelligences avec le camp de Panissars et firent proposer à Pierre III de s'approcher en secret de la ville, en affirmant qu'elle lui serait livrée sans coup férir. Le monarque, naturellement défiant, refusa d'abord, flairant un piège. Mais enfin, cédant à des instances réitérées, il promit de venir, avec une compagnie d'élite, reconnaître si on lui disait vrai. Dès le lendemain, il tint parole; car il lui était facile de descendre du col de Panissars à Collioure par la montagne, sans mettre le pied dans la plaine. Au point du jour, cinquante chevaliers et mille hommes de pied apparaissaient avec lui sous les murs de la ville. Il se détacha de la troupe et s'avança, suivi d'un seul écuyer, jusqu'à portée de la voix.

« Ouvrez, dit-il au capitaine Armand de Sagra, je suis le roi d'Aragon, et je viens prendre possession du castel, comme on est venu me l'offrir. »

Ce vigilant officier, que les conjurés croyaient endormi dans une sécurité trompeuse, mais qui était informé de tout, prit le parti de feindre et faillit, par son stratagème, faire expier chèrement au prince sa tentative téméraire.

« Le roi d'Aragon? fit-il d'un air étonné. Je ne vous reconnais pas; venez plus près.

— Comment? Vous refusez de me reconnaître? Mais regardez donc mon pourpoint, mon enseigne, ma selle, mon armure !

— Il faudrait vous approcher encore; je ne distingue pas très bien. »

---

abriter un nombre aussi considérable de gros navires; mais il se peut que celle de Port-Vendres, qui est contiguë et qui a depuis accaparé tout le mouvement de sa voisine, ait reçu une bonne partie de la flotte.

Le roi fit plusieurs pas en avant, parlant très haut pour mieux faire discerner le son de sa voix. Mais toujours le capitaine répétait : « Plus près, plus près encore. »

A la fin, Pierre s'écria : « Voulez-vous tenir votre promesse ? Sinon, dites-le moi. »

Au même instant, un des gardes qui se tenaient sur le rempart fit signe à un arbalétrier de tirer. Le trait partit. Le monarque n'eut que le temps de l'éviter, et, jouant des éperons, rejoignit sa compagnie en dévorant l'outrage. Pour le venger, ses gens envahirent le port, brûlèrent des barques, des vaisseaux, et regagnèrent ensuite le col de Panissars. On essaya de le faire revenir une autre fois. Mais, sur ces entrefaites, le roi de Majorque, prévenu par ses sujets fidèles, accourut en personne à Collioure. Sa présence raffermit ses partisans. Il prit aussitôt les mesures commandées par la situation. Les habitants lui demandèrent seulement de ne pas faire occuper le château par les Français : il se contenta de le faire garder par des troupes à lui [1].

Bientôt aucune velléité de résistance sérieuse ne se manifesta plus en Roussillon; deux ou trois places sans importance, comme Montesquiou, Castellnou [2], persistaient seules à tenir leurs portes fermées [3]. Mais, du haut de leurs retranchements naturels, les Aragonais inquiétaient à chaque instant leurs adversaires; abrités derrière des monts inaccessibles, ils leur faisaient éprouver des pertes cruelles, sans s'exposer au danger des représailles. Un jour, le comte d'Ampurias, à la tête de cinquante chevaliers et d'une centaine de sergents, intercepta un convoi de quinze cents bêtes de somme qui amenaient au camp français une provision de vin, apportée par un navire de Majorque, et mit l'escorte en déroute. Il remonta ensuite tranquillement à Panissars, sûr de ne pas y être poursuivi [4]. Ces faciles exploits exci-

---

[1]. D'Esclot, ch. CXLII.
[2]. Aujourd'hui Castelnau, près de Thuir (Pyrénées-Orientales).
[3]. D'Esclot, ch. CLIII. Cf. *Thalamus parvus*, p. 339.
[4]. D'Esclot, ch. CXLIII.

taient l'enthousiasme des soldats de Pierre III; on comprend que ses biographes les aient célébrés comme des prodiges de vaillance. Par contre, ils décourageaient ceux de Philippe le Hardi, impuissants à lutter contre un adversaire insaisissable. Tandis qu'ils se renouvelaient, les jours, les semaines se succédaient, sans que l'on découvrît le moyen de sortir de l'impasse où l'on s'était engagé; les cîmes des Pyrénées se dressaient toujours menaçantes, et leur seule vue effrayait les plus braves, qui ne s'imaginaient pas qu'on pût jamais escalader un pareil rempart. Aussi un grand nombre de croisés se débandèrent-ils, croyant avoir assez payé de leur personne en prenant part aux premières opérations de la campagne. Ceux qui aspiraient uniquement à gagner les indulgences se dirent qu'elles leur étaient, par ce fait, virtuellement acquises, et désertèrent en masse pour retourner dans leurs foyers. En se retirant, raconte d'Esclot, ils jetaient vers le col de Panissars trois pierres, une pour le salut de l'âme de leur père, une pour celui de l'âme de leur mère, la troisième pour la rémission de leurs propres péchés; puis ils ramassaient un peu de terre au pied de la montagne, et ils s'en allaient disant qu'ils avaient gagné le pardon, puisqu'ils rapportaient avec eux de la terre enlevée à l'ennemi [1]. La faim et la maladie vinrent aussi faire des vides dans leurs rangs : une telle agglomération d'hommes ne pouvait vivre longtemps sur un si petit espace sans voir fondre sur elle ces deux fléaux inévitables. Ainsi la grande armée diminait à vue d'œil avant même d'avoir commencé la conquête, et fondait comme la neige au soleil. On ne saurait dire, toutefois, que les défections qui se produisirent fussent pour elle une cause d'affaiblissement véritable. Elles la débarrassèrent de ses plus dangereux éléments, car rien n'est plus funeste, en campagne, qu'une queue de parasites et de pillards comme celle qui se traînait à sa suite, et elle se trouva fort à propos épurée, passée au crible, au moment d'engager

---

[1]. D'Esclot, ch. cxlv.

sérieusement la lutte : on devait bientôt s'apercevoir, à l'élan et à la discipline des troupes, que les principaux auteurs du sac d'Elne avaient disparu.

Le légat s'émut néanmoins du nombre considérable des désertions. Il s'en vint trouver le roi et lui reprocha, assez injustement, son inaction prolongée : « Il y a plus de trois semaines que nous sommes en ce pays, et vous n'avez pas encore passé la montagne. Si cela continue, mieux vaut nous en retourner en France; car nous consumons le bien de l'Église et le vôtre à boire et à manger sans exécuter notre projet. Vous avez juré de conquérir la terre de Pierre d'Aragon : il faut que dans trois jours vous ayez franchi le col de Panissars.

— Cela vous est facile à dire, lui répliqua le prince, à vous qui vous reposez tranquillement sous votre tente. Mais je connais mieux la guerre que vous, monseigneur; je sais quelles sont les forces de Pierre d'Aragon et quel terrible travail est le passage de la montagne. »

Et il ajouta aussitôt, à moitié sérieux :

« Puisque vous avez avec vous six mille chevaliers, que ne prenez-vous l'avant-garde? Marchez; nous vous suivrons, moi et mes gens, et nous saurons mourir s'il le faut [1]. »

Cependant Philippe III, plus ennuyé qu'il ne le laissait paraître et résolu à en finir, venait d'envoyer à son rival le défi solennel qui, suivant les lois de la chevalerie, devait précéder toutes les entreprises armées. De par Dieu et de par le roi de France, Pierre était sommé de laisser passer les croisés sur la terre de Catalogne, donnée par le pape audit roi et à Charles de Valois, son fils. « Cette terre, répondit-il aux messagers royaux, a été acquise par l'épée de mes ancêtres; si quelqu'un la veut prendre, il lui en coûtera [2]. »

Une si fière riposte, jointe à la mise en demeure du légat, ne pouvait que précipiter l'action. Philippe allait tenter de

---

1. D'Esclot, ch. CXLV.
2. *Ibid.*, ch. CXLIV.

forcer le passage, lorsque le roi de Majorque, tenant jusqu'au bout sa promesse, vint lui éviter cette peine et lui ouvrir une porte à laquelle nul ne songeait. Il avait quitté depuis peu le camp français pour se livrer à des recherches dans la montagne et questionner les gens du pays, offrant les plus grandes récompenses à ceux qui lui indiqueraient un chemin dérobé. Enfin, il avait trouvé. Sans perdre un moment, il dépêcha auprès de Philippe, qui était encore aux environs d'Elne, l'abbé de Saint-Pierre de Roses avec quatre de ses frères, originaires comme lui du royaume de France (car ce monastère, bien que situé en Catalogne, tirait, paraît-il, une partie de ses religieux de l'abbaye de la Grasse, voisine de Narbonne [1]). Ce messager sûr tint au roi le discours suivant :

« Sire, notre seigneur le roi de Majorque nous envoie vous dire qu'il a travaillé pour vous et qu'il a étudié le moyen de vous faire entrer en Catalogne malgré Pierre d'Aragon : il a découvert un sentier par où vous passerez facilement, s'il plaît à Dieu.

— Beaux fils, dit Philippe, soyez les bienvenus. Nous avions la ferme confiance que le roi de Majorque ferait tout ce qu'il pourrait pour l'honneur et profit de l'Église romaine et de la couronne de France. Je lui en suis reconnaissant ; mais expliquez-vous.

— Le roi de Majorque s'est entendu avec certains hommes du comté d'Ampurias, spécialement de la ville de Castello d'Ampurias, et leur a promis de grands avantages s'ils voulaient enseigner le moyen de faire franchir les Pyrénées à vos troupes ; il les a assurés qu'ils seraient affranchis de toute redevance, eux et leurs descendants. Il a garanti la même faveur aux habitants de Collioure, et il a menacé les uns et les autres des plus graves dommages s'ils refu-

---

1. D. Vaissète substitue à l'abbé de Saint-Pierre de Roses celui de Saint-André de Sureda, sous prétexte que Muntaner parle de l'abbé d'un monastère voisin d'Argelès (IV, 547). Mais l'historien du Languedoc ne connaissait pas, comme je l'ai déjà observé, la chronique de d'Esclot et croyait redresser ici une simple interprétation erronée de Zurita, qui n'a fait que suivre le texte formel de cette chronique.

saient. Alors ils ont indiqué un pas qui est au-dessus de la ville de Péralade, et par où le roi d'Aragon et ses gens ne soupçonnent pas que l'on puisse pénétrer en Catalogne, tant il est mauvais, étroit et impraticable en apparence. Le roi de Majorque a déjà fait travailler pendant plusieurs jours avec des pics, pour élargir la voie, et un piqueur (ou pionnier) de Castello, banni par le comte d'Ampurias, a reçu la promesse de mille sous tournois pour avoir, le premier, révélé ce passage [1]. »

Telle est la version de Bernard d'Esclot, adoptée avec raison par Zurita [2]. Muntaner passe sous silence l'intervention de Jacques : d'après lui, l'initiative de la proposition serait venue des religieux eux-mêmes, qui auraient agi simplement sous l'impulsion d'un sentiment patriotique [3]. Mais on devine trop le motif qui le fait parler ainsi pour ajouter foi à son témoignage : évidemment le panégyriste de

---

[1]. D'Esclot, ch. CXLVI.
[2]. *Anales*, I, 288.
[3]. Le discours mis par Muntaner dans la bouche de l'abbé offre assez d'intérêt pour être mis en regard de celui qu'a reproduit d'Esclot. Voici la traduction qu'en donne Buchon : « Seigneur, moi et ces moines, nous sommes nés en votre royaume, et vos sujets. Nous verrions donc avec douleur que vous fussiez contraint de vous retirer avec si grand déshonneur; et ainsi, seigneur, si vous le désirez, nous vous indiquerons un lieu par où vous pourrez passer. A la vérité, ce lieu est très fort; mais, par cette raison, on dédaigne de s'en occuper, et personne ne se trouve là pour s'opposer à vous. Il peut se faire qu'il y ait là cinquante hommes de garde; mais vous, seigneur, qui avez beaucoup de gens munis de hoyaux, de houes, de pieux, de haches, envoyez un riche-homme à vous avec mille chevaux bardés, et que beaucoup de gens de pied marchent en avant avec lesdits instruments et tracent un chemin. Ils pourraient être précédés d'un millier de piétons, afin que, si les travailleurs étaient aperçus, on eût affaire d'abord à ces hommes armés, et que ceux qui travailleraient ne fussent point obligés de se déranger de leur ouvrage. Ainsi, seigneur, vous pourrez passer sûrement, vous et toutes vos troupes; car, si une fois vous avez mille de vos soldats en un lieu qui domine ce passage, personne au monde ne pourra vous l'enlever ni vous empêcher de monter tous, vous et votre chevalerie. — Abbé, comment savez-vous cela? demanda le roi de France. — Seigneur, parce que nos hommes et nos moines vont tous les jours en ce lieu-là pour y prendre du bois et de la chaux; souvent aussi les gens de pied qui ont à se rendre au comté de Barcelone passent par ce chemin. Le lieu dont je vous parle, seigneur, se nomme le *col de la Massane*. Demandez au comte de Foix, qui connaît le pays, et à Raymond Roger, et vous trouverez que tout est ainsi que je vous le dis. — Nous ne le demanderons à personne, répliqua le roi de France; nous nous fions à vous, et, cette nuit même, nous ferons ce que nous avons à faire. »

la maison d'Aragon ne voulait pas qu'il fût dit qu'un de ses membres avait livré à un prince étranger la clef du royaume. On reconnaît bien là le biographe complaisant qui a dissimulé de parti pris les discordes des deux fils du Conquérant, et qui a voulu faire croire à ses compatriotes que l'alliance du cadet avec la France était une ruse concertée avec l'aîné. Au fond, cependant, son récit confirme ici, comme sur beaucoup d'autres points, celui de son confrère, tout en le contredisant dans quelques détails. Quant aux chroniqueurs français, ils attribuent la révélation du passage ignoré au bâtard de Roussillon, cet écuyer sauvé de la mort, à la prise d'Elne, par la clémence de Philippe III [1]. Il est possible qu'un sentiment de gratitude ait inspiré à ce personnage la pensée de mettre au service du roi de France sa connaissance particulière des lieux, et qu'il ait contribué de quelque manière à faciliter la marche de l'armée. Toutefois cette assertion se lie à plusieurs inexactitudes, qui doivent peut-être nous la rendre suspecte. On conçoit que nos annalistes, étrangers aux hommes et aux choses du pays, à sa langue même, aient été moins bien informés que les Catalans, qui avaient dans le Roussillon de nombreuses intelligences, un parti puissant, et que ceux-ci, tout en altérant au profit de leur nation les faits généraux, aient rapporté plus fidèlement certaines particularités. C'est ce que nous permettront de constater une fois de plus les explications qui vont suivre.

Sans perdre un moment, le roi de France réunit son conseil. La joie rayonnait sur tous les visages; on croyait déjà la partie gagnée. Il fut décidé que l'on se mettrait en marche immédiatement. Le soir même, on plia les tentes, on brûla les baraquements, on chargea les bagages, et l'on vint camper au pied de la montagne indiquée par le roi de Majorque [2]. Mais, si les chroniques sont d'accord pour dire que l'on prit une route inusitée, dont la révélation inespérée permit de

1. Guill. de Nangis; Chron. de Saint-Denis (*Histor. de la France*, XX, 532 et s); etc.
2. D'Esclot, ch. CXLVI.

tromper la surveillance des Aragonais, elles cessent de s'entendre lorsqu'il s'agit de désigner le lieu précis où s'effectua le passage. C'est ce lieu qu'il nous faut, avant tout, essayer de reconnaître, en nous aidant à la fois de la confrontation des textes et de l'examen des lieux.

D'Esclot, notre guide ordinaire, ne nomme pas la montagne en question : il parle seulement d'un « mauvais pas » situé au-dessus de Péralade, ville catalane qui s'élève au pied de l'extrémité orientale de la grande chaîne pyrénéenne, à trois lieues de la mer. Toutefois, comme il dit plus loin que les Français, en arrivant au sommet, eurent affaire à des sergents de Castello d'Ampurias, et que nous savons d'autre part que le comte d'Ampurias, chargé de la garde des cols de Banyuls et de la Massane, avait posté les hommes de Castello au premier de ces deux points [1], c'est le col de Banyuls qui se trouve implicitement désigné ici. L'auteur des *Gesta comitum Barcinonensium* le nomme, de son côté, en toutes lettres, ainsi que le chroniqueur aragonais Nicolas Specialis [2]. Muntaner, lui, parle du col de la Massane [3]. Primat, Nangis et les Grandes Chroniques de Saint-Denis indiquent le pas de l'Écluse, ou, du moins, un endroit situé à un mille de là, et où l'avant-garde, une fois parvenue sur la hauteur, aurait été aperçue des gens du roi d'Aragon qui gardaient ce même pas [4]. Les historiens postérieurs n'ont fait que reproduire l'une ou l'autre version. Mais laquelle est la bonne?

Tout d'abord, il faut, semble-t-il, écarter celle des chroniqueurs français. Le pas de l'Écluse, situé entre le Boulou et Bellegarde, était complètement dominé par le col de Panissars, et nous avons vu que les croisés, bien que maîtres du château de la Clusa ou de l'Écluse, avaient échoué pour ce motif dans leur première tentative d'ascension. De

---

1. Muntaner, ch. cxx.
2. Marca, col. 566, 623.
3. Ch. cxxii.
4. *Histor. de la France*, XX, 533; XXIII, 104. Chron. latine de Guillaume de Nangis, p. 264.

plus, ce défilé était le point sur lequel Pierre III avait accumulé les plus redoutables obstacles, jusqu'à des quartiers de roche et à des tonneaux de gravier [1], et tous ses environs étaient étroitement surveillés, tant les Aragonais étaient persuadés que c'était là le seul chemin que pût prendre une armée venant du Roussillon. D'ailleurs, il s'agissait précisément de dérober à la vue de l'ennemi le mouvement hardi des croisés : on ne pouvait songer à les faire passer aussi près de lui, presque sous ses yeux. Enfin le pas de l'Écluse ne conduisait pas à Péralade et à Castello d'Ampurias, où eurent lieu les premières opérations de Philippe III en Catalogne, mais à la Jonquère, où il ne passa qu'à son retour.

Les différentes versions catalanes lèvent, au contraire, toutes les difficultés, et, en outre, loin de se contredire, elles peuvent se concilier entre elles de façon à n'en plus former qu'une seule. En effet, les cols de la Massane et de Banyuls, très voisins l'un de l'autre, s'ouvrent tous deux à trois lieues et demie à l'est de Panissars, au-dessus de Collioure et d'Argelès du côté du Roussillon, au dessus de Saint-Cirice ou San-Quirch de Colera du côté de la Catalogne [2]. Or, c'est précisément San-Quirch de Colera qui fut la première station de l'armée française au-delà des Pyrénées. En passant par la Massane, on était obligé de passer aussi par le col de Banyuls, ou du moins tout près de lui, pour gagner San-Quirch. Il n'y avait, à cette distance, aucun danger d'être aperçu du camp retranché où se trouvait le roi d'Aragon avec le gros de ses forces. Tout concourt donc à prouver que le chemin révélé par le roi de Majorque était bien celui-là, et, partant de ce principe, nous pouvons reconstituer de la manière suivante le brillant fait de guerre qui inaugura la campagne de Philippe III dans la péninsule.

Le passage des Pyrénées par ce prince rappelle, sous certains rapports, les glorieux passages des Alpes accomplis

---

1. *Histor. de la France*, ibid.
2. On peut étudier la situation de toutes ces montagnes sur notre carte, et, mieux encore, sur celle de l'état-major français (n° 258) ou sur la carte ancienne de Cassini (n°° 178, 181).

avec une audace prodigieuse par Annibal et Napoléon. L'un entraîna son armée à travers les neiges; l'autre se fraya, au moyen d'un acide mystérieux, une route à travers les rochers. Philippe le Hardi, justifiant dans cette circonstance le surnom que lui donnèrent ses contemporains, transporta, en une nuit, sur une cîme inaccessible des milliers d'hommes accompagnés de chevaux, de chariots, d'équipages, et cela par un véritable sentier de pâtre, encombré de ronces et d'épines. Le chemin qui monte à la Massane, encore très abrupt aujourd'hui, part d'Argelès, à une lieue et demie au sud d'Elne, et serpente, en décrivant des lacets nombreux, sur le flanc septentrional d'une des plus âpres montagnes de l'Albera. L'armée française n'avait, par conséquent, qu'un très court trajet à faire pour s'y engager. Le col se trouvait tout à fait en face d'elle, mais dissimulé par les replis du terrain. A sa gauche, s'étendait la mer, barrière infranchissable; à droite, la haute cîme du Canigou se dressait comme pour lui interdire de chercher une issue vers l'ouest, et, plus près encore, le mont de Panissars, solidement gardé, lui fermait la voie de ce côté. Il lui fallait nécessairement avancer ou reculer. Cependant, au moment de se mettre en marche, Philippe lança un détachement dans la direction du col occupé par les Aragonais. L'ennemi put croire à une deuxième tentative sur ce point; mais ce n'était qu'une feinte, destinée à l'abuser sur le mouvement qui se préparait. Le stratagème réussit parfaitement. L'attention de l'ennemi était attirée vers la route de l'Écluse : l'ascension de la Massane pouvait maintenant s'effectuer avec une certaine sécurité.

Par surcroît de précaution, le roi attend jusqu'à minuit, car, au mois de juin, l'obscurité complète est longue à venir. A ce moment précis, il sort de sa tente. Huit mille chevaliers et deux mille sergents sont là, portant pour quatre jours de vivres [1]. Le comte d'Armagnac et le séné-

---

[1]. Muntaner donne un chiffre inférieur : mille chevaux bardés et deux mille piétons languedociens (ch. cxxii).

chal de Toulouse commandent cette intrépide avant-garde. Un corps de pionniers, munis de houes, de pieux, de haches, les accompagne. Les religieux envoyés par Jacques, peut-être aussi le bâtard de Roussillon, les précèdent pour leur montrer le chemin. Philippe ordonne à ses gens d'atteindre le sommet coûte que coûte, et leur recommande d'envoyer des éclaireurs de distance en distance. Si les premiers partis ne peuvent avancer, ils reviendront le dire; sinon, ils monteront sans s'arrêter et se feront tuer au besoin; où qu'ils soient, il ira les retrouver avec toute l'armée.

La petite troupe s'ébranle en silence. Deux moines conduisent les piétons par l'ancien sentier, à peine assez large pour eux. Deux autres dirigent les ouvriers, ou, si l'on veut, le corps du génie, et achèvent de frayer le passage aux cavaliers. Au milieu des ténèbres, on coupe les ronces, on taille les rochers, on égalise le sol. Jamais, paraît-il, on n'avait vu un chemin plus effrayant, et le fait est qu'à pareille heure les horreurs accumulées par la nature dans cette région sauvage devaient prendre des proportions plus grandes encore. On marchait au milieu d'un désert sinistre, à travers des bois sombres, où l'on eût dit que l'homme n'avait jamais pénétré. Dans la seconde moitié du trajet, la végétation, au contraire, disparaît; quelques arbustes rabougris poussent seuls à travers le roc nu, resserré de part et d'autre par deux vallées profondes. C'est sur une des pointes les plus élevées de ce roc que s'élève la vieille tour de la Massane, dont on a attribué la construction, soit aux Maures, soit aux rois de Majorque [1]; mais elle n'a rien de mauresque, et elle ne devait même pas exister du temps de Jacques Ier, qui, sans cela, n'eût pas eu tant de peine à découvrir ce défilé : il est probable que c'est justement le passage de l'armée de Philippe le Hardi qui aura fait songer à protéger ce point oublié au moyen d'un ouvrage défensif, soit sous les rois de Majorque, soit sous les rois d'Aragon, leurs successeurs.

[1]. Vidal, *op. cit.*, p. 195.

Malgré tant d'obstacles réunis, le mouvement s'opère avec célérité. Au moment où les premières lueurs de l'aube viennent blanchir les plus hautes cîmes des Pyrénées, l'échancrure de la montagne s'offre aux regards étonnés des soldats français. Leur marche a été tenue tellement secrète, qu'avant d'avoir eu le temps de se reconnaître, le petit poste chargé de garder le passage tombe entre leurs mains. Sur les cinquante hommes dont il se compose, cinq seulement parviennent à s'échapper et vont jeter l'alarme au col de Banyuls, placé un peu en arrière, sur la gauche. Par le plus grand des hasards, le comte d'Ampurias se trouve absent : il est allé à Castello avec une partie de ses gens, pour assurer la défense des châteaux voisins. Ceux qu'il a laissés, en entendant le bruit, courent aux armes et se précipitent vers la Massane; mais, en levant les yeux, ils voient ce point déjà tout envahi, couvert d'une multitude armée [1] : alors l'épouvante les prend, ils rebroussent chemin et se dispersent, après avoir envoyé prévenir le roi d'Aragon. Pierre refuse d'en croire ses oreilles : comment une armée pourrait-elle être montée par là? Il détache aussitôt mille almogavares pour aller reconnaître ce qui en est. Ceux-ci viennent se heurter à des forces très supérieures, car l'avant-garde française a été presque immédiatement suivie d'un corps considérable : ils se tiennent cois, résolus à se cacher jusqu'à la nuit suivante, pour surprendre les envahisseurs à l'improviste.

Pendant ce temps, Philippe, averti du succès de l'entreprise, fait déployer l'oriflamme et gravit à son tour la montagne, accompagné de sa chevalerie, du légat, des princes, et probablement aussi du roi de Majorque. Le lendemain, de grand matin, presque toute l'armée était déjà passée, lorsque les almogavares, exécutant leur dessein, fondent sur les arrivants et les déciment par leurs flèches meurtières. Des prodiges de valeur se font de part et d'autre.

---

1. Ce sont les Aragonais postés près du col de Banyuls qui durent apercevoir les Français arrivés au col de la Massane, et non ceux qui gardaient le pas de l'Écluse, comme le voudrait Nangis.

Enfin le nombre l'emporte : les croisés, dont les rangs grossissent de minute en minute, demeurent maîtres du terrain. Les terribles montagnards aragonais se replient sur Panissars et vont raconter ce qui s'est passé à leur prince ; aussitôt Pierre donne l'ordre de lever le camp et se retire en toute hâte vers Péralade avec son fils Alphonse, le comte de Pallars, le vicomte de Cardona, le vicomte de Rocaberti et ses autres riches-hommes. En effet, ils risquaient d'être coupés en demeurant plus longtemps, l'avant-garde française se trouvant déjà, en raison même de la route qu'elle avait prise, plus avancée qu'eux vers le midi. A la nouvelle de leur fuite, les vainqueurs reviennent sur la droite et envahissent leurs tentes, faisant main basse sur tout ce qu'ils rencontrent. Le gros de l'armée s'installe en leur lieu et place pour jouir d'un repos bien gagné, tandis que le roi et sa suite, après avoir occupé sans doute le col de Banyuls, descendent à gauche jusqu'au couvent de San-Quirch, afin d'y prendre gîte. Ils y étaient déjà parvenus lorsque Pierre, longeant la vallée du Lobregat, passa à quelque distance de là, dissimulant sa marche derrière un des contre-forts de la chaîne des Pyrénées [1].

Ce mémorable passage, dont les textes n'indiquent pas la date exacte, était complètement effectué avant le 11 juin, jour où les troupes royales se trouvaient, d'après les tablettes de cire de Pierre de Condé, « dans les premières vallées du comté d'Ampurias [2] ». Comme le même document nous montre que Philippe était encore campé à Palau-del-Vidre, auprès d'Elne, le 6 du même mois [3], et que les préliminai-

---

1. D'Esclot, ch. CXLVI; Muntaner, ch. CXXII; Nangis et Chron. de Saint-Denis, *loc. cit*. Muntaner, par exception, est ici plus précis que d'Esclot, et sur les temps et sur les lieux. Le second prétend que le roi de France et le légat n'osèrent franchir la montagne de plusieurs jours, ce qui ne saurait se concilier avec les indications détaillées du premier ni avec l'itinéraire fourni par les tablettes de Pierre de Condé.

2. *In primis vallibus Appuriæ* (*Histor. de la France*, XXII, 453). C'est par erreur que dom Vaissète, sans doute sur la foi des *Gesta comitum Barcinonensium*, le place au 20 juin (IV, 49). A cette date, les croisés étaient déjà depuis plusieurs jours à Péralade (*Histor. de la Fr.*, XXII, 435, 446, 461).

3. *Ibid*., 446. Palau-del-Vidre avait été donné à l'ordre du Temple par le testament de Guirard de Roussillon, publié ci-après (Documents, n° I). C'est

res de l'opération, en les supposant aussi courts que le veut la chronique, prirent nécessairement deux ou trois journées, le col de la Massane dut être franchi par l'avant-garde dans une des dernières nuits qui s'écoulèrent entre ces deux dates, et plus probablement dans celle du 8 au 9. Dans cette hypothèse, le roi serait monté le lendemain ou la nuit suivante; le combat livré par les almogavares aurait eu lieu le 10 au matin, et Philippe serait descendu le soir à San-Quirch. En tout cas, si l'événement peut, à l'extrême rigueur, s'être accompli un ou deux jours plus tôt, on ne saurait le reculer de vingt-quatre heures sans venir à l'encontre du témoignage officiel que je viens de citer [1].

Ce moment est un des plus beaux et des plus solennels de toute la campagne. Aux pieds des conquérants se déroulent les plans inclinés des montagnes de la Catalogne et les immenses plaines qui s'étendent derrière elles : tout cela semble d'avance leur appartenir; tout leur sourit. L'alliance des rois de France et de Majorque a déjà porté ses fruits. Mais, l'histoire nous l'apprend, quand une armée d'invasion a mis le pied sur le sol espagnol, elle n'est pas au bout de ses peines : c'est alors justement que s'ouvre pour elle l'ère des difficultés sérieuses.

pourquoi cet antique château avait pris le nom de *Palatium Templi*. Plus tard, des verreries établies dans le pays firent changer la seconde partie de cette dénomination.

1. M. Langlois (p. 157) le place du 10 au 11, tout en citant le texte des tablettes de cire; mais alors, où trouver la nuit et les deux jours nécessaires avant l'arrivée du roi à San-Quirch?

CHAPITRE V

LA CAMPAGNE DE CATALOGNE

Les envahisseurs de la Catalogne se heurtèrent dès le début à l'animosité violente des populations, barrière plus insurmontable encore que tous les obstacles naturels. Ils avaient cru que, venant au nom de l'Église et derrière l'étendard de saint Pierre, ils seraient accueillis, sinon à bras ouverts, du moins pacifiquement par les fidèles catholiques du royaume d'Aragon, et que ceux-ci ne prendraient pas fait et cause pour un prince excommunié : ils avaient compté sans le patriotisme local, vivement surexcité par leur présence même. La vue de l'étranger exalta, comme toujours, la tête de ces indomptables montagnards, et l'amour de l'indépendance prima chez eux tout autre sentiment. Il n'y avait plus ici deux partis comme en Roussillon : le pays tout entier s'était rangé derrière son roi comme un seul homme, prêt à se défendre et à mourir avec lui, décidé, au besoin, à ne laisser entre les mains de l'ennemi qu'un amas de cendres. Malgré cette terrible opposition, la première partie de la campagne des rois de France et de Majorque fut des plus brillantes : cela suffit à faire l'éloge de l'armée coalisée.

Philippe III commença par faire venir sa flotte de Collioure au port de Roses, le plus vaste et le plus sûr de toute la côte. Elle l'occupa facilement, et se trouva dès lors assez rapprochée des troupes de terre pour en assurer la subsistance. Au bout de trois jours de repos, celles-ci abandonnèrent le camp de Panissars et vinrent rallier à San-Quirch le roi et sa maison. Une semaine se passa dans ces opérations préliminaires. Après quoi, l'armée, ayant repris son ordre de bataille, s'avança avec une sage lenteur, les rangs serrés, les armes à la main, à travers la vallée qui descend à Péralade. Elle fit halte aux villages de Garigellas, de Garriga, de Valguarnera, de Puyamilot, et, le 14 juin au plus plus tard [1], on la vit couvrir au loin la plaine fertile qui s'étendait devant les remparts de la petite cité. « Dans cette plaine, dit Muntaner, il n'y a pas un seul arbre; ce sont partout des labours et des champs de blé. Péralade est placée de telle manière, que sur l'un des côtés s'étendent, jusqu'au milieu de la ville, les champs labourés, et de l'autre côté sont des ruisseaux passant tout près des jardins, ce qui produit un fort beau coup-d'œil. Et il n'est pas étonnant qu'on vît là une si grande réunion d'hommes, car il y avait, à la solde du roi de France et de l'Église, plus de vingt mille chevaux bardés et plus de deux cent mille piétons (nous avons vu ce qu'il fallait penser de ce chiffre), sans compter tant et tant d'autres gens de cheval et de pied, accourus pour gagner des indulgences; aussi la multitude était-elle sans fin [2]. » Le roi d'Aragon, qui était descendu jusqu'à Figuères pour remonter de là à Péralade, prévenant ainsi son adversaire par une marche plus rapide, contempla du haut des murs cet océan de têtes déchaîné contre lui. Encore sous le coup de l'impression profonde que lui avait causée le passage si imprévu des Français à travers les Pyrénées, il poussa un soupir de découragement et s'écria : « Je n'aurais jamais pensé qu'on pût rassembler tant de troupes à la fois. » Puis, se tournant du côté opposé, il aperçut au fond du golfe de Roses une nuée de voiles blanches. « O mon Dieu! murmura-t-il, ne m'abandonnez pas [3]. »

Un siège en règle fut entrepris contre cette petite place, très solidement fortifiée. Pierre envoya son fils Alphonse, avec le comte d'Urgel, le comte de Pallars, le vicomte de

---

1. Tablettes de cire de Pierre de Condé (*Histor. de la Fr*, XXII, 446).
2. Muntaner, ch. cxxiii.
3. *Ibid.*

Rocaberti et l'élite de sa chevalerie, attaquer à l'improviste les lignes des assiégeants. Le combat fut sanglant; mais le comte de Foix, le comte d'Astarac, le sénéchal de Mirepoix, le sire de l'Isle-Jourdain, Roger de Comminges et les chevaliers languedociens donnèrent avec tant d'énergie, que l'infant dut rentrer dans la place, après avoir essuyé un échec mal dissimulé par les fleurs dont le couvre le chroniqueur catalan. Pendant cinq jours consécutifs, on se livra de part et d'autre à des escarmouches très meurtrières, dont aucun Français ne revenait, au dire du même auteur. Pourtant Muntaner semble avoir eu sur ces faits des informations toutes particulières, car sa famille et ses biens étaient en grande partie dans le pays, et lui-même se plaint amèrement des pertes qu'il éprouva à Péralade, où il ne voulut plus remettre les pieds depuis [1]. Nous devons à sa connaissance des lieux quelques détails intéressants, entre autres un curieux trait d'audace accompli par une marchande de la ville, surnommée La Mercadière, qu'il dit avoir vue plus d'une fois. Cette femme, qui était grande et forte, avait voulu aller revoir son jardin, situé hors des remparts, et s'était revêtue d'une robe d'homme. Armée d'une lance, d'un écu, d'une épée, elle s'avance, ainsi accoutrée, jusqu'à l'entrée de sa propriété. Là, elle entend un bruit de campanelles : elle lève les yeux et voit un cheval tout bardé de fer, le poitrail garni de grelots, dont le maître semble errer à travers les jardins sans pouvoir trouver une issue. Sans hésiter, elle s'approche, et, d'un seul coup de lance, elle traverse la cuisse du cavalier, la selle, et les côtes de l'animal; puis elle somme l'inconnu de se rendre. Celui-ci, tout surpris et se tenant déjà pour mort, jette son estoc et la suit. Quelques instants après, les habitants de Péralade voyaient la virago revenir triomphante avec son prisonnier. L'homme et les armes lui furent adjugés : la rançon du premier lui valut deux cents florins d'or [2]. Cette anecdote, si elle est

---

[1]. Muntaner, ch. cxxiii, cxxv.
[2]. *Ibid.*, ch. cxxiv.

authentique, prouve à quel point les populations étaient excitées contre l'envahisseur. Pourquoi faut-il que l'amusant conteur nous autorise parfois à douter de l'exactitude de ses souvenirs?

Au bout de six jours, le comte d'Ampurias, dont la fidélité était suspecte à son maître depuis que les Français, en arrivant au col de la Massane, l'avaient trouvé absent de son poste, quitta la place sous prétexte d'aller fortifier ses autres châteaux. Plusieurs des principaux seigneurs aragonais suivirent son exemple. Alors Pierre prit le parti de se retirer à son tour : au milieu de la nuit, il sortit secrètement de Péralade pour se replier sur Castello d'Ampurias. Tous sentaient, quoi qu'en dise son historiographe, que la défense ne pouvait se prolonger davantage. Mais ce qui entache plus gravement la mémoire du roi d'Aragon, c'est qu'en abandonnant ses fidèles sujets, il fit mettre le feu à leurs maisons. Réveillés en sursaut par un épouvantable fracas, les infortunés reconnurent avec terreur que la ville était en flammes et que tout s'écroulait autour d'eux : au bout de quelques heures, il ne resta debout que deux hôtels. L'acte de vandalisme commis à Elne se trouvait dépassé; car ici l'incendie avait été allumé froidement, clandestinement, par le souverain du pays, par le père de famille, et il avait tout dévoré. Muntaner a beau rejeter la faute sur les almogavares laissés dans la place, qui auraient voulu profiter de l'embrasement général pour se livrer au pillage et qui s'y livrèrent en effet [1] : un de ses compatriotes, plus sincère, avoue que le roi en personne avait ordonné de brûler Péralade, mais après l'avoir fait préalablement évacuer [2] : les habitants n'en auraient pas moins perdu leur avoir, leurs foyers, leurs biens meubles. D'après d'Esclot, ceux-ci auraient eux-mêmes incendié leurs demeures après avoir sauvé tout ce qu'ils pouvaient emporter, et cela à l'instigation de Dalmace de Rocaberti, leur seigneur, et de l'infant

---

1. Muntaner, ch. cxxv.
2. *Gesta comit. Barcinon.*, Marca, 566.

Alphonse, demeuré sur les lieux en qualité de lieutenant de son père [1]. Les chroniqueurs français, de leur côté, donnent tous une version analogue, en affirmant que ce procédé barbare n'avait d'autre but que de priver les assiégeants du fruit de leur victoire [2]. L'histoire a le droit d'admirer, avec de fortes réserves toutefois, l'acte d'héroïque désespoir par lequel les Moscovites mirent le feu à leur capitale pour enlever à un vainqueur redouté la clef d'un vaste empire. Mais, dans la destruction préméditée d'une bourgade sans importance stratégique, elle ne peut voir qu'une vengeance inutile, atteignant principalement des innocents. Au reste, l'incendie de Péralade paraît n'avoir été que le commencement de l'exécution d'un plan général ; car Pierre voulut infliger le même sort à la ville de Figuères, et, si elle y échappa, elle ne le dut qu'à l'opposition de l'évêque d'Huesca, du comte de Pallars et des riches-hommes qui se trouvaient là avec eux [3].

Au petit jour, le 20 juin, selon toute probabilité [4], les Français entrèrent dans la place abandonnée. Ils éteignirent le feu comme ils purent, dit Muntaner ; « et ceux qui avaient bon cœur déploraient qu'une si belle et bonne ville fût consumée par les flammes ». Mais il y en avait d'autres, comme les Picards, « la pire race de l'armée », qui étaient d'un avis contraire et qui mirent à mort, sur les marches de l'autel, une pauvre bonne femme restée seule au milieu des ruines fumantes [5]. Toute la population s'était enfuie du côté de Girone. Quant au roi d'Aragon et à sa chevalerie, ils avaient pris la route de Castello d'Ampurias. En l'apprenant, Philippe III témoigna une véritable joie ; car justement le roi de Majorque et lui avaient noué des intelligences

1. D'Esclot, ch. CL.
2. Nangis, Chron. de Saint-Denis, Primat, etc. (*Histor. de la France*, XX, 532 et s ; XXI, 100 ; XXIII, 104). Un chroniqueur anonyme accuse même le roi d'Aragon d'avoir « bouté le feu » à Péralade (*ibid.*, XXI, 132).
3. Zurita, I, 288.
4. Le 20, Philippe le Hardi se trouvait encore devant Péralade, et, le 21, il campait au-delà de cette ville. (Tablettes de P. de Condé, *loc. cit.*, p. 435, 461.)
5. Muntaner, ch. cxxv.

avec les gens de ce pays, qui déjà, on se le rappelle, les avaient aidés à franchir les Pyrénées, et ils s'attendaient à voir livrer entre leurs mains et Pierre et tous ses riches-hommes [1]. Ils les y poursuivirent donc, pendant que le jeune roi de Navarre (Philippe le Bel), qui venait de s'emparer de Figuères et d'envoyer à son père les principaux habitants, affermissait, de son côté, cette conquête importante, qui ouvrait la route de Girone [2].

Les citoyens de Castello, effrayés du sort de leurs voisins, supplièrent le comte d'Ampurias, leur seigneur, d'intercéder auprès du souverain pour qu'il leur épargnât la présence des almogavares, ces intraitables pillards, offrant de mettre plutôt le feu de leurs mains à leurs habitations, si la chose était nécessaire. Le comte rencontra Pierre à quelque distance de la ville et lui transmit leur requête. Celui-ci leur fit répondre qu'il était navré du désastre de Péralade, qu'il ne songeait pas à leur en imposer un pareil, et qu'il les autorisait à se rendre aux envahisseurs, s'ils n'étaient pas en état de leur résister. La vérité est qu'il avait entendu parler de la trahison ourdie par quelques-uns d'entre eux. En ayant reçu l'avis formel par l'entremise du comte, il essaya d'abord de démasquer les coupables. Puis, leur abandonnant la place et emmenant avec lui ses sujets fidèles, il rebroussa chemin et battit en retraite sur Girone, où l'attendait le gros de ses troupes. A peine avait-il chevauché l'espace d'un mille, que les enseignes du roi de France et du légat étaient arborées sur les remparts. Les cris de *Montjoie! Montjoie! France! France!* se faisaient entendre, et de toutes parts les croisés entouraient Castello. Les habitants ouvrirent sur le champ des pourparlers. L'abbé de Roses, celui de Saint-Pierre leur servirent d'intermédiaires, et, grâce à l'intervention du cardinal Chol-

---

1. D'Esclot, ch. cl.
2. Nangis, Chron. de Saint-Denis, *loc. cit.* Les chroniqueurs aragonais ont soin de taire la prise de Figuères. Pourtant cette place, malgré sa force, est renommée dans leur pays pour appartenir d'avance aux envahisseurs. Les Espagnols avouent spirituellement que « la citadelle de Figuères est à eux en temps de paix et aux Français en temps de guerre ».

let, qui se fit leur avocat, ils obtinrent d'être reçus par Philippe III sous la dépendance et protection de la couronne, de n'ouvrir que deux de leurs portes et de ne les laisser franchir que par des soldats munis d'un permis spécial, enfin d'être dégagés de toute obligation envers ce prince s'il s'en retournait sans avoir achevé la conquête de l'Aragon. Ces conditions très douces leur furent accordées par écrit. Aussi l'occupation étrangère fut-elle chez eux des plus pacifiques [1].

Ce nouveau succès, remporté en un jour [2], et peut-être aussi le bon traitement dont fut favorisée la ville de Castello, désarmèrent un moment la résistance. Ils furent suivis de la reddition de la forteresse voisine de San-Salvador, qui dominait le golfe de Roses. Aussitôt après, l'armée française, et surtout la flotte, firent un pas énorme en avant. Les troupes de mer, n'ayant plus à craindre aucune attaque de l'intérieur sur le port qui les abritait, se répandirent sur toute la côte catalane. Tandis que les nefs et les barques chargées de provisions restaient mouillées à Roses, les galées, sur l'ordre du roi, se portaient rapidement sur San-Feliu de Guixols, bien au-dessous de Girone; puis, par un coup d'audace non moins heureux, elles descendaient jusqu'à Blanes, à huit lieues de Barcelone. La *Ribera* entière, de Collioure à ce dernier port, fut soumise en quelques jours, presque sans coup férir; et alors les navires circulèrent librement et continuellement entre les rivages du nord de l'Espagne et ceux de la Provence ou de Narbonne, allant chercher ou rapportant des renforts et des vivres [3]. Pendant ce temps, l'armée de terre s'enfonçait dans l'intérieur et ne rencontrait que des populations terrifiées. La retraite du roi d'Aragon avait fait dans ces cantons le plus déplorable effet : on disait qu'il avait abandonné tout le

---

1. Muntaner, ch. cxxvi; d'Esclot, ch. cli et s.
2. Philipe le Hardi, qui n'était pas encore à Castello le 21 juin, était déjà beaucoup plus loin le 24 (Tablettes de P. de Condé, *ibid.*, 435, 447), et il avait pris d'autres places dans l'intervalle.
3. Muntaner, ch. cxxvii; d'Esclot, ch. cliv.

Lampourdan à l'ennemi et qu'il était allé se réfugier derrière les murailles de sa capitale. Torrella de Mongri, château voisin de la mer, ouvrit ses portes pour ce motif. Le roi de Majorque espérait, sans doute, retrouver ses enfants, que leur oncle tenait sous les verroux dans cette citadelle. Mais l'inexorable Pierre, prévoyant tout, les avait déjà fait enlever par un homme sûr et emmener jusqu'à Barcelone [1]. Lers, autre forteresse située un peu au-dessus de Figuères, fit une défense honorable; cependant elle se rendit, après une série d'engagements meurtriers. D'Esclot n'en compte pas moins de quatorze dans les vingt-quatre heures; mais il est évident que sur ce nombre beaucoup durent être sans importance, et le chroniqueur semble ici dominé par la préoccupation de sauver l'honneur de ses compatriotes, car il affirme ensuite, assez légèrement, que cette place était la première dont les Français s'emparaient par la force depuis leur entrée sur le territoire catalan [2]. Quoi qu'il en soit, cet exploit donna aux croisés une pleine confiance dans la supériorité de leurs armes : ils se crurent, un peu trop vite, assurés du succès définitif et commencèrent à regarder le pays tout entier comme leur domaine. Le légat voulut que Charles de Valois ceignît la couronne d'Aragon, et cette cérémonie se fit en grande pompe; la fête dura deux jours. Mais ce qui était peut-être plus prématuré, c'est que le nouveau roi partagea dès ce moment les terres de Catalogne entre ses barons, nomma un sénéchal pour l'y représenter, et confirma solennellement les bonnes coutumes du royaume [3]. Faire acte de souveraineté dans les conditions où l'on se trouvait encore, et avant l'occupation d'une grande ville, c'était commettre une imprudence qui, pour être un usage reçu chez les conquérants, ne les expose pas moins à la raillerie dans le cas où la victoire leur devient infidèle; les Aragonais ne devaient pas manquer une si belle occasion.

---

1. D'Esclot, ch. CLII.
2. *Ibid.*, ch. CLIV.
3. *Ibid.*, ch. CLV; *Gesta comit. Barcin.*, *loc. cit.*

De Lers, Philippe III se lança résolument sur la grande route qui mène à Girone par Figuères. Dès le 24 (car toutes ces conquêtes s'étaient opérées en quelques journées), il campait à moitié chemin de ces deux villes, auprès de Bascara [1]. De là, en remontant la rivière de la Fluvia, l'armée, française, ou du moins un corps détaché, fit une tentative sur Besalu, place très forte, située à l'ouest, dans la montagne, et commandant aussi une des routes de Girone. Mais, dans cette région peu accessible, les envahisseurs se heurtèrent à une opposition plus exaltée et durent se replier sur leurs positions [2]. Alors, renonçant à s'emparer d'un lieu imprenable, dont l'occupation ne lui était pas absolument nécessaire, le roi accéléra sa marche vers la redoutable cité qui était son objectif et qui était alors le boulevard de l'Aragon. Arrêté par un cours d'eau que les pluies avaient démesurément grossi (c'était probablement le Ter), il attendit trois jours qu'il redevînt guéable, et perdit là un temps précieux, dont les défenseurs de la ville, qui apercevaient de loin son avant-garde, profitèrent pour incendier les faubourgs et tout ce qui se trouvait en dehors des fortifications. Mais, le 27, l'armée entière, étant venue à bout de franchir le torrent, vint planter ses tentes sous les remparts, du côté du pont ; presque aussitôt, la place fut complètement investie [3].

Le siège de Girone, qui devait durer près de deux mois et demi, commença donc le 28 [4] : deux semaines avaient suffi aux croisés, malgré des difficultés de toute espèce, pour soumettre le pays compris entre cette ville et les Pyrénées. Ce blocus mémorable constitue la principale opération

---

1. Tablettes de P. de Condé (*ibid.*, p. 435.) La prise de Lers avait bien précédé la halte à Bascara, puisqu'à cette date du 24, le clerc des comptes du roi fait mention d'une somme provenant *de inventione castelli de Laribus*. (*Ibid.*)
2. *Gesta comit. Barcin.*, *loc. cit.*
3. Guillaume de Nangis (*Histor. de la France*, XX, 532); Tablettes de P. de Condé, *loc. cit.*
4. Cette date est donnée aussi par dom Vaissète ; mais, dès le 26, le roi de France se trouvait *in castris versus Gironam*. (Tablettes de cire de Pierre de Condé, *loc. cit.*)

militaire de la campagne; aussi les chroniqueurs français, si brefs sur le reste, vont retrouver à son sujet quelque peu de leur fécondité ordinaire. Il marque en même temps l'apogée et le terme des succès de l'armée d'invasion. Jusque-là, elle a triomphé de tout : elle triomphera encore devant cette importante place de guerre; mais ensuite elle ne connaîtra plus que la mauvaise fortune. Protégée à l'ouest par deux rivières, le Ter et l'Ona, et de tous les autres côtés par des hauteurs escarpées, Girone avait été, de plus, admirablement fortifiée par la main des hommes. D'Esclot nous en fait une description doublement curieuse, en ce qu'elle montre combien la vieille cité aragonaise a peu changé depuis le xiiie siècle :

« Vous devez savoir que la ville de Girone est située dans un repli de terrain, arrosé par un cours d'eau que l'on appelle le Ter. Et elle est emmurée tout autour d'une bonne et forte muraille, qui est très ancienne. En haut, à l'extrémité de la ville, du côté du levant, se trouve l'église Sainte-Marie, qui est la *Seu major* (la cathédrale). A côté de cette église, vers le midi, est le palais de l'évêque. En amont, au plus haut point de la cité, à main droite du palais de l'évêque, il y a une tour très belle et très élevée, bâtie en gros murs, à pierre et à chaux. Elle se nomme la tour Gironelle, et elle forme la principale défense de Girone [1]. »

Il restait donc peu de chose à faire pour rendre la place inexpugnable. A son retour précipité de Castello d'Ampurias, Pierre III s'était hâté de la mettre en état de soutenir un long siège, en la munissant d'une garnison solide et de provisions considérables. Il avait trouvé les habitants en train d'abandonner leurs foyers, car la panique s'était étendue jusque-là. Toute la chevalerie aragonaise, qui s'était débandée au col de Panissars, l'attendait, et la soldatesque

---

1. Je traduis ce passage d'après le texte catalan, publié par Buchon (p. 706). La tour Gironelle sert encore de bastion. On peut en voir l'emplacement exact sur le plan stratégique de Girone que renferme l'atlas du maréchal Gouvion Saint-Cyr, dressé pour les campagnes de 1808 et 1809.

remplissait les rues ; les almogavares profitaient déjà du tumulte pour piller le quartier des Juifs. Sa présence, ses adjurations rétablirent l'ordre et ranimèrent les courages. Il laissa toutefois partir les fuyards, ordonna même aux bouches inutiles de déguerpir dans un délai de trois jours, car la disette sévissait, et fit réquisitionner tous les vivres de la contrée. Puis il confia la défense de la place au châtelain Raymond Folch, vicomte de Cardona, lui adjoignit les plus braves de ses riches-hommes, avec une centaine de chevaliers et deux mille cinq cents sergents de choix, tant arbalétriers que lanciers, au nombre desquels figuraient six cents archers sarrazins venus du royaume de Valence ; et, après avoir pris toutes les mesures de sûreté commandées par la situation, il se retira avec le reste de ses troupes, fidèle à sa tactique habituelle, consistant à ne pas s'enfermer dans les enceintes fortifiées, mais à les défendre extérieurement. Se replia-t-il de là, comme le veut d'Esclot, jusqu'à Barcelone, au risque d'amener la désertion de toute la province, dont les habitants, le voyant s'éloigner, se sauvèrent, en effet, dans les forêts ou les montagnes, à l'exception de ceux de quelques bourgades qui tenaient bon encore [1] ? S'en alla-t-il fortifier Besalu et d'autres châteaux des environs de Girone, comme le rapporte Muntaner, qui ne saurait admettre un instant que son héros ait reculé [2] ? Les deux versions ne sont pas absolument inconciliables, car il put faire les deux choses l'une après l'autre. Toujours est-il que nous le verrons bientôt revenir sous les murs de la cité bloquée, pour inquiéter et harceler les assiégeants. Raymond Folch fit garder avec soin toute la partie de la ville renfermée dans l'intérieur de l'antique rempart, en interdisant sévèrement à ses gens de le franchir sans son ordre, et, comme on vient de le voir, il sacrifia le reste. Il essaya de comprendre aussi dans son plan de

---

1. D'Esclot, ch. cliii. Le chroniqueur nomme, parmi les huit ou dix localités fidèles, San-Salvador et Lers ; il oublie qu'il nous a raconté lui-même leur reddition.
2. Muntaner, ch. cxxviii.

défense l'église Saint-Félix, placée en dehors, au pied de l'escalier par où l'on montait à la *Seu;* mais il fut vite obligé d'y renoncer [1].

Le roi de France s'installa avec son légat et sa suite dans le couvent des Frères Mineurs, à proximité d'une des portes [2]. Son premier acte, après l'investissement, fut d'envoyer sommer le commandant de se rendre. Le comte de Foix Roger-Bernard, dont Raymond Folch était justement le chevalier et le parent, vint lui dire, en termes des plus courtois, que, s'il voulait faire sa soumission, il deviendrait le seigneur le plus honoré de toute l'Espagne après les têtes couronnées, et que, s'il refusait, il devait s'attendre à être attaqué dès le lendemain. Le loyal capitaine répondit, sur le même ton, qu'il était prêt à soutenir toutes les attaques du monde et qu'il était inutile de lui parler de capitulation. Mais, la nuit suivante, tandis que les Français, comptant prendre l'offensive, ne se méfiaient de rien, une soixantaine d'archers sarrazins eurent l'audace de les prévenir. Ne pouvant sortir par une des portes de la ville, puisqu'ils n'avaient ni ordre ni autorisation, ils percèrent en secret un pan de muraille, et, se glissant par une étroite ouverture, fondirent sur les premières tentes qu'ils rencontrèrent. Un chevalier normand était encore en train de souper dans la sienne, avec plusieurs seigneurs français qu'il avait invités. Tout à coup apparaît sur le seuil une troupe de bandits maures, armés de coutelas et d'arbalètes. Ils tirent à bout portant et tuent cinq des convives; puis ils s'emparent de trente-huit hommes de leur compagnie, les attachent, et rentrent avec eux dans la ville par le même chemin. Raymond Folch se fâcha d'abord; mais, considérant l'importance de leur capture, il eut la faiblesse de ne pas les punir. Le lendemain matin, les assiégeants trouvaient cinq de leurs compagnons assassinés dans leurs tentes, et, croyant à la trahison de quelques Catalans venus du comté de Foix,

---

1. D'Esclot, *ibid*.
2. *Gesta comit. Barcin.*, loc. cit.

pendirent par le cou deux de ces malheureux. Les Catalans de l'intérieur, trompés par le costume des victimes, se figurèrent qu'on avait immolé deux des leurs, et aussitôt ils pendirent les trente-huit prisonniers par les pieds, en les exposant tout autour des remparts. Alors un détachement de trois ou quatre cents chevaliers s'approcha menaçant d'une des portes, voisine de la rue des Juifs, qui se trouvait en dehors de l'enceinte. Mais le commandant ordonna une sortie, qui les décima. Un d'entre eux, le neveu d'un grand seigneur, paraît-il, demeura mort sur la place, avec un certain nombre d'autres. Ses amis firent tous leurs efforts pour enlever son corps ; son oncle lui-même y perdit sa peine et succomba à son tour, tant les traits et les pierres tombaient dru du haut des murs. Enfin le roi, ému de pitié, fit offrir à Folch cinq cents livres tournois s'il voulait laisser ramasser les cadavres. « Il me donnerait cent mille livres, dit noblement Raymond, que je n'y consentirais pas ; je n'ai pas besoin d'argent, car j'en ai plus que lui. Mais, puisque ce sont des gens de haute qualité, je lui accorde par courtoisie ce qu'il me demande [1]. »

Tels furent les débuts du siège de Girone. Au milieu des cruautés qui assombrissent le récit de cette guerre acharnée, on aime à rencontrer d'un côté comme de l'autre les généreux procédés de la vieille chevalerie. Mais que dire de ce prince chrétien qui fait défendre sa cause par les infidèles, et de ce fils du Conquérant qui emprunte des sicaires aux mortels ennemis de son royaume et de sa race ? Ne rappelle-t-il pas un autre excommunié, cet empereur Frédéric, qui installait les Sarrazins à Lucera et les enrôlait pour son service ? L'Église avait exclu le roi d'Aragon de son sein : il se plaçait lui-même en dehors de la chrétienté.

Les travaux du siège avancèrent lentement. De longs jours se consumèrent en efforts stériles. Du haut des murs, les Aragonais faisaient pleuvoir une grêle continue de grosses pierres et de flèches qui arrêtait l'assaillant. Telle était

[1]. D'Esclot, ch. CLVI.

la force de la place, telle était l'énergie communiquée à ses défenseurs par les discours et par l'exemple du commandant, que toutes les attaques tentées étaient aussitôt repoussées. Philippe III, voyant que la lance et l'écu ne servaient à rien, ordonna à ses ingénieurs de creuser sous le rempart, comme nous l'avons déjà vu faire au siège de Majorque, une « cave » qui permît d'en amener l'écroulement. Malheureusement, la ville était entièrement bâtie sur le roc ; il était très difficile de trouver un point où la pioche pût mordre. On le trouva pourtant; mais Raymond Folch, devinant le but que l'on se proposait, fit construire à l'avance, derrière le rempart, une seconde muraille, formée de pierres énormes, de sorte que les mineurs, après avoir entamé la première, se trouvèrent en face d'un nouvel obstacle, qui les découragea [1]. Alors le roi songea à employer une de ces galeries de bois que l'on appelait des *chats* [2] et qui, en abritant un certain nombre d'hommes, leur permettait d'approcher impunément des murs et de pratiquer des mines ou des brèches. L'engin fut bientôt dressé ; on le recouvrit de madriers, puis de peaux de bœufs tannées, et, à la faveur de ce toit improvisé, l'on entreprit de creuser un nouveau souterrain. Déjà l'ouvrage avançait, et la machine entière se trouvait engagée sous le sol avec les travailleurs qu'elle protégeait, lorsqu'une nuit, cinq cents sergents sortirent secrètement de la place, portant chacun un bidon d'huile, et, avant que les Français n'eussent le temps de se reconnaître, versèrent toute cette huile sur le *chat* et y mirent le feu : il fut entièrement consumé, avec l'ingénieur qui l'avait construit et plusieurs autres. L'exploit si audacieusement accompli par ces ancêtres des « pétroleurs » et le résultat qu'ils obtinrent sont un fait à noter pour l'histoire de l'art militaire [3]. Cet échec poussa le roi de France à bout : il

---

1. Nangis (*Histor. de la France*, XX, 534); d'Esclot, ch. CLXI.
2. D'Esclot les nomme *gates* (ch. CLXII). Les *chats-châteaux* sont mentionnés fréquemment dans Joinville (éd. de Wailly, n°* 192, 200, 203, etc.).
3. Le chroniqueur catalan, qui rapporte seul ce détail, place les opérations en question après le combat du 15 août; mais Nangis les met avant (*Histor. de la France*, ibid.).

jura, dit-on, de ne pas quitter Girone avant de l'avoir réduite à sa merci par la force ou autrement.

Les opérations continuèrent donc, et les assiégés comme les assiégeants eurent bientôt à endurer de terribles souffrances. Les premiers, malgré les provisions accumulées dans la ville, en vinrent à manquer de tout, car nul n'avait prévu un blocus aussi prolongé, et la famine les décima. Les seconds, habitués pour la plupart à des climats plus tempérés, succombèrent par centaines à l'excès de la chaleur. Puis leur camp fut infesté par une nuée de mouches venimeuses, noires, vertes, rouges, d'une espèce inconnue, d'une grosseur monstrueuse, qui, par une seule piqûre, par leur simple contact, faisaient périr hommes et chevaux. Ces insectes effrayants, que les écrivains aragonais comparent à une des plaies d'Égypte et que l'on disait sorties du tombeau de saint Narcisse, voisin des remparts, en punition de sa profanation par les Français, se glissaient dans les narines, dans la bouche, et rien ne pouvait les en arracher. Trois ou quatre mille montures de prix et une quantité d'autres bêtes furent empoisonnées de la sorte; leurs corps tombèrent en putréfaction et répandirent dans l'air des germes pestilentiels, qui augmentèrent considérablement le nombre des victimes [1]. Enfin, pour comble de misère, l'armée des croisés, déjà fort éprouvée par des sorties meurtrières et quotidiennes, se vit en même temps harcelée sur ses derrières par d'insaisissables ennemis, qui se cachaient dans la montagne, soit pour tenter de délivrer Girone, soit pour intercepter les convois arrivant de Roses [2]. Pierre III lui-même revint se mettre à la tête de ces guerillas et battit avec elles toute la campagne environnante. Les populations du pays d'Aragon, qui étaient en querelle avec lui au sujet de leurs franchises, lui avaient refusé des renforts, et il s'était d'abord retiré sous sa tente, c'est-à-dire dans son

---

1. Nangis, *ibid.*; Chron. de S. Bertin (Martène, *Thes.*, III, 766); d'Esclot, ch. cix; *Gesta com. Barcin.*, *loc. cit.*; Nicolas Specialis (Marca, col. 623 et ss).

2. Muntaner, ch. cxxviii; d'Esclot, ch. clvii.

palais de Barcelone. Mais les Catalans, plus directement menacés par l'invasion, lui avaient fourni de nouvelles troupes et l'avaient décidé à continuer la lutte. D'Esclot met, à cette occasion, dans leur bouche comme dans celle de leur souverain de véritables harangues à la Tite-Live : « Je ne suis qu'un chevalier, fait-il dire à Pierre ; pourvu qu'il me reste mon cheval et mes armes, je vivrai de chevalerie aussi bien qu'un autre. Il est vrai que ce ne serait point votre avantage [1]. » Parole trop désintéressée pour être vraisemblable, mais qui, si elle était authentique, pourrait montrer à quelle extrémité le roi d'Aragon se trouvait alors réduit. Quoi qu'il en soit, il commença dès lors une guerre d'embuscades qui fit beaucoup de mal à ses adversaires, jusqu'au jour où un engagement plus sérieux que les autres vint compromettre gravement et sa cause et sa vie.

C'était le jour de l'Assomption (15 août). Pierre, avec un détachement de quatre cents chevaliers et de deux ou trois mille hommes de pied, dont deux cents almogavares, s'était posté, la veille au soir, à proximité de la route de Roses à Girone, où devait passer un convoi de vivres. Mais, grâce à la protection de la Vierge dont on célébrait la fête, dit Guillaume de Nangis, il fut découvert par une sentinelle placée en observation dans le voisinage, qui vint aussitôt prévenir le connétable Raoul de Nesle et le maréchal de l'ost, Jean d'Harcourt. Ceux-ci, prenant avec eux le comte de la Marche et cinq cents chevaliers armés, se mirent en marche dès l'aurore pour aller débusquer l'ennemi [2]. Suivant Muntaner, au contraire, le roi d'Aragon se dirigeait ouvertement vers Besalu, et c'était les quatre cents chevaliers français qui s'étaient mis en embuscade pour défendre le convoi contre une agression probable [3]. La version de d'Esclot est peut-être plus sûre, car il déclare ici, par une exception remarquable, avoir été témoin de certaines par-

---

1. D'Esclot, ibid.
2. Nangis, loc cit.
3. Muntaner, ch. cxxxiv.

ticularités consignées dans son récit, et l'on peut, à la rigueur, le concilier avec les chroniqueurs du parti opposé. D'après lui, Pierre, qui venait de Barcelone et de Notre-Dame de Montserrat, où il avait été faire ses « présentailles », s'était arrêté à Hostalrich, à sept lieues au sud de Girone, et de là il s'était avancé jusque sous les murs de cette ville, dans l'intention d'établir un poste sur une des hauteurs voisines, appelée Tudela. Déjà il avait passé fièrement sous les yeux de l'armée française, séparée de lui par la rivière du Ter, et Philippe III, qui l'avait reconnu trop tard, avait lancé à sa poursuite l'élite de sa chevalerie, sous le commandement de trois ou quatre de ses principaux officiers. Ceux-ci l'atteignirent dans la matinée du 15, entre Girone et Bañolas [1], au moment où, après avoir mis son projet à exécution, il prenait le chemin de Besalu. Les divers témoignages sont d'accord pour lui donner l'initiative de l'attaque ; mais, selon les uns, il voulait profiter de sa supériorité numérique, tandis que, d'après les autres, il bravait courageusement un ennemi plus fort que lui.

Les Français, qui se croyaient en face d'un corps plus considérable, eurent un moment d'hésitation : un de leurs capitaines, Mahy de Roye, les entraîna par une allocution chaleureuse, en les assurant que Notre Dame, dont c'était la fête, ne les laisserait pas battre par des excommuniés [2]. Une compagnie de sergents, que Pierre avait placée en avant de ses troupes, fut accueillie de telle façon, qu'il n'en restait plus rien quand il accourut à la tête de sa cavalerie, précédé par Raymond et Pierre de Moncade. Alors une lutte homérique s'engagea entre les chevaliers des deux armées, lutte que Muntaner a chantée sur le mode épique : « Ni Galaor, ni Tristan, ni Lancelot, ni les autres héros de la Table-Ronde, quand tous ensemble auraient été réunis, n'auraient

---

1. C'est l'auteur des *Gesta comitum* qui désigne ainsi le lieu de la rencontre (Marca, *loc. cit.*). Son indication s'accorde avec le récit de d'Esclot, d'après lequel Pierre avait dépassé Girone et se trouvait à quelque distance au nord de cette ville.
2. Chron. de Saint-Denis (*Histor. de la France*, XX, 535).

pu, avec une troupe aussi peu nombreuse que celle du roi d'Aragon, accomplir autant de beaux faits d'armes contre ces quatre cents chevaliers de France, tous vaillants, la fleur de l'armée conduite par leur souverain [1]. » D'Esclot aussi évoque, à cette occasion, le souvenir de Roland et déclare que le célèbre paladin n'eût pas fait mieux ; mais il omet de dire que les prouesses furent égales de part et d'autre. Pierre et les siens, s'élançant au galop, renversaient à grand coups de lance leurs plus solides adversaires. Ils les croyaient morts ; mais ces braves étaient si fortement trempés, ils avaient de si bonnes armures, qu'au bout d'un instant ils se relevaient sans aucun mal, sautaient sur leur selle et se mettaient à frapper à leur tour. Quand les lances furent émoussées, les almogavares coupèrent les leurs en deux et s'en firent des bâtons ferrés ; les autres se battirent à l'épée ou s'assommèrent avec les lourdes masses d'armes.

Le roi d'Aragon, après avoir tué de sa main un seigneur banneret, porteur d'une grande bannière vermeille à bande d'argent, fut atteint par un chevalier navarrais [2], dont la pique traversa la selle de son cheval et faillit le transpercer lui-même. Fondre sur son agresseur, lui fendre la tête avec sa masse, dont il jouait, paraît-il, avec une adresse particulière, fut pour lui l'affaire d'un instant ; il le fit ensuite achever par Guillaume Escrivân, un de ses *macips* (huissiers du palais), qui ne le quittait jamais d'un pas. Alors un des compagnons du Navarrais frappa ce Guillaume entre les deux épaules, si rudement, qu'il l'étendit mort sur la place ; puis la terrible masse du roi, s'abattant sur la salade de fer dont le survenant était coiffé, le coucha à son tour sur le sol, en lui faisant jaillir la cervelle par les deux oreilles. C'est ce que les chroniqueurs catalans appellent les beaux coups de leur seigneur. L'art militaire en était encore là : les ba-

---

1. Muntaner, ch. cxxxiv.
2. *Hun Navares*. C'est probablement ce nom, répété de bouche en bouche par les Aragonais, qui a fait croire à Muntaner que Pierre III avait abattu dans la mêlée un comte de *Nevers*. Aucun seigneur de ce nom ne mourut dans l'expédition de Catalogne, comme l'a observé Buchon.

tailles se composaient d'une série de combats singuliers; les chefs y prenaient part autant et plus que les autres, et la victoire appartenait à l'armée qui possédait les meilleurs champions. Pierre III accomplit, dit-on, plus de quinze exploits semblables. Enfin un chevalier français coupa les rênes de sa monture, et le malheureux prince erra quelque temps à l'abandon, ballotté par les remous de la mêlée. C'est à ce moment, sans doute, qu'il fut blessé ; car il paraît certain qu'il sortit de cette rencontre avec une blessure grave, dont il devait mourir un peu plus tard. Primat, Nangis, les Chroniques de Saint-Denis et de Saint-Bertin, Bernard Gui, Villani, d'autres encore affirment le fait [1], et le silence gardé sur ce point par ses compatriotes et sujets s'explique trop bien pour que l'on puisse y voir une preuve du contraire. En tout cas, lorsque le jour tomba, ce fut lui qui donna le signal de la retraite. Les Français s'étaient établis sur un monticule, et ils s'y tenaient tellement serrés, que tous ses efforts pour enfoncer leurs rangs demeuraient inutiles : « Barons, dit-il, voici la nuit ; nous pourrions, en continuant, nous férir les uns les autres ; ainsi replions-nous [2]. » Ce mot, sous la plume de son panégyriste, en dit plus long qu'il n'en a l'air. Tous les récits, d'ailleurs, attribuent aux Français l'avantage de la journée, même celui des *Gesta comitum*, qui leur est d'ordinaire si défavorable [3]. Muntaner a beau nier que le champ de bataille leur soit resté : son confrère, plus impartial, le reconnaît implicitement, et nous donne à entendre que Pierre se retira jusqu'à Santa-Pau, au-delà de

---

1. V. *Histor. de la France*, XX, 534, 535 ; XXI, 132, 708 ; XXII, 349 ; XXIII, 104 ; Raynaldi, an. 1285, nº 26, etc. Primat, en attribuant à Pierre lui-même la rupture du frein de son cheval, comme le fait, du reste, la Chronique de Saint-Denis, semble bien dire que c'est pour cette raison qu'il fut blessé : « Et dient aucuns que Pierres fu tenu au corps en celle bataille ; et si comme nos gens crioient que l'on le tenist au frain, il coupa les cheveiches du frain et eschapa par la force du cheval ; et là fut navré à mort. »
2. Muntaner, ch. cxxxiv.
3. Marca, col. 564 et ss. Cf. Villani et les *Historiens de la France*, loc. cit. Un auteur espagnol, Ferreras, avoue aussi que le roi d'Aragon battit en retraite (IV, 355).

Besalu [1] ; ce que ses adversaires exprimèrent d'une façon plus brutale en disant qu'il prit honteusement la fuite [2].

Le combat du jour de l'Assomption coûta cher aux deux armées, bien que les pertes avouées de part et d'autre soient insignifiantes. C'était pour les croisés un succès disputé, mais, en somme, glorieux et pur de tout excès. Pour la première fois que la chevalerie française s'était rencontrée en rase campagne avec sa rivale et avec les farouches almogavares, elle s'était montrée à la hauteur de sa vieille réputation. Philippe III en remercia Dieu et la sainte Vierge, regrettant seulement d'avoir laissé échapper son ennemi, que l'on avait poursuivi en vain [3]. Cette victoire produisit un effet moral qui précipita le dénouement du siège. En effet, dès le lendemain [4], les Gironais, découragés, épuisés par la famine, entrèrent en pourparlers, et, de leur côté, les assiégeants, non moins éprouvés, comme on l'a vu, fatigués, en outre, de voir leurs *chats-châteaux* réduits à l'impuissance par les archers sarrazins, qui lançaient d'une main sûre de longues flèches de deux pieds, leurs tentatives d'assaut déjouées par les ruses de Raymond Folch, qui laissait poser les échelles et monter les assaillants pour les écraser subitement à l'aide de grosses pierres lancées par un engin redoutable [5], se prêtèrent aux négociations avec empressement. S'il faut en croire la Chronique de Saint-Bertin, l'archevêque de Saragosse vint lui-même offrir la reddition de la place au nom du roi d'Aragon ; mais le légat, consulté, fut d'avis de n'accepter aucune capitulation et de n'épargner personne. Alors le fils aîné de Philippe III, toujours présent aux conseils, plaida de nouveau la cause de son oncle et s'écria imprudemment: « Qu'ils se défendent donc, car mieux vaut mourir en combattant qu'en implorant sa grâce. » Puis, se tournant vers

---

1. D'Esclot, ch. CLIX.
2. Nangis, *ibid*.
3. *Ibid*.
4. Cette date résulte de celle de la reddition de Girone, qui eut lieu le 7 septembre, et de l'intervalle de vingt-trois jours qui s'écoula, d'après d'Esclot, entre l'ouverture des négociations et la fin du siège.
5. D'Esclot, ch. CLXIII et s.

l'archevêque : « Répondez à votre seigneur qu'il tienne bon, car nous ne pourrons plus rester ici bien longtemps [1]. » Le prélat se retira enchanté de lui, et le bruit se répandit dans l'armée que le roi de Navarre trahissait son père. Son attitude antérieure, et certaines intelligences nouées par lui avec le frère de sa mère dans le cours de la campagne, confirmeraient assez cette rumeur, recueillie par l'auteur de la chronique que je viens de citer [2]. Mais, bien que Philippe le Bel fût capable de tout, elle ajouterait à son histoire une si triste page, qu'on hésite à l'adopter sur la foi d'une seule déposition. D'après Guillaume de Nangis, c'est le comte de Foix et Raymond-Roger de Pallars, tous deux parents de Folch, avec lequel ils avaient de fréquentes entrevues, devenues même suspectes aux yeux de leurs compagnons d'armes, qui offrirent au roi de France d'aller entretenir ce capitaine d'un projet de traité, sachant bien qu'il ne le repousserait pas. Philippe III, avec l'assentiment de ses barons et celui du légat, leur donna son autorisation [3]. D'Esclot dit à peu près la même chose ; seulement il attribue l'initiative au roi de France [4]. Le commandant prit trois jours pour répondre, et, dans cet intervalle, dépêcha en toute hâte un « trotier » à Pierre, qui se trouvait, comme on l'a vu, du côté de Santa-Pau, à cinq ou six lieues à l'ouest de Girone. Ce prince, voyant que la place ne pouvait plus tenir et que lui-même, après l'échec qu'il venait de subir, était hors d'état de la délivrer, fit dire à Folch de conclure le meilleur traité qu'il pourrait, en stipulant toutefois un délai de vingt jours, durant lequel il espérait au moins lui faire parvenir des vivres. La réponse fut conforme à ces instructions : les assiégés demandèrent vingt jours, et promirent, comme ceux d'Elne, d'ouvrir leurs portes s'ils n'étaient pas secourus auparavant, à la condition d'avoir la vie sauve, de sortir avec armes et bagages et d'avoir huit

---

1. Martène, *Thes.*, III, 766.
2. *Ibid.* Cf. Carini, cité par Langlois, p. 160.
3. Nangis, *ibid.*, 536.
4. Ch. clxv.

autres jours pour vider la place [1]. On traita sur ces bases, et des chartes publiques, jurées de part et d'autre, garantirent l'exécution fidèle de la convention. Mais, pendant que le roi d'Aragon cherchait à mettre à profit le temps de la trêve et réunissait des provisions de farine, il reçut une nouvelle qui devait changer du tout au tout la face des choses.

Le jour de la Saint-Barthélemy, 24 août, il était redescendu au sud jusqu'à Hostalrich, lorsqu'un de ses huissiers se présenta soudain devant lui, venant de Barcelone, et lui dit :

« Seigneur, me ferez-vous un cadeau si je vous apprends un heureux événement?

— Tu l'as; mais, pour Dieu, parle vite.

— Votre amiral de Sicile, Roger de Loria, que vous aviez mandé, est arrivé avec trente galères. Ce sont les meilleures que l'on ait jamais vues. Il en attend un grand nombre d'autres, qui ont été retardées en route. »

A ces mots, Pierre, ne se sentant pas de joie, piqua des éperons, s'élança dans la plaine comme un fou, et, ajoute son historien, s'en alla dîner [2]. Le lendemain, il était à Barcelone et vérifiait par lui-même l'exactitude de la nouvelle. Il la fit aussitôt tenir, dans le plus grand secret, à Raymond Folch, en l'engageant de nouveau à traiter de son mieux avec les Français et à ne pas désespérer s'il perdait Girone, car on la recouvrerait bientôt. Les plus grandes précautions furent prises pour laisser les assiégeants dans l'ignorance. Déjà, peu de temps auparavant, la flotte des croisés avait éprouvé un premier échec. Autorisés par leur maître et pourvus d'un titre officiel, deux puissants armateurs barcelonais, Raymond Marquet et Béranger Mayol, l'avaient attaquée par surprise dans le port de Roses. Grâce à la trahison de quelques matelots, au concours très utile d'arbalé-

---

[1]. Six jours, selon d'Esclot (*ibid.*). A part ce détail, la convention de Girone est un des rares points sur lesquels le chroniqueur catalan soit complètement d'accord avec Nangis (*ibid.*).

[2]. D'Esclot, *ibid.*

triers de profession, remplaçant avec avantage, entre les deux rangées de rameurs, les *tersols* ou tiersiers chargés à la fois de relayer ces derniers et de tirer sur l'ennemi, ils avaient capturé vingt-cinq bâtiments et s'étaient emparés de la personne de l'amiral Guillaume de Lodève [1]. Mais le roi leur avait fait donner la chasse, et ce premier choc avait fait croire que leurs galères constituaient toutes les forces navales des Aragonais. Philippe ne se défiait donc de rien ; il pensait même n'avoir plus besoin d'une flotte aussi considérable, puisque Girone allait se rendre. Il songeait, d'ailleurs, soit à marcher aussitôt après sur Barcelone, qui serait tombée entre ses mains sans coup férir [2], soit à venir hiverner à Toulouse, pour reprendre la campagne après la mauvaise saison, qui arrivait à grands pas. S'il prenait le second parti (et le triste état de son armée le faisait pencher de ce côté), il devenait inutile de faire amener par mer des convois importants et des renforts nouveaux. Dans cette pensée, il licencia ou désarma la majeure partie de ses vaisseaux : cette mesure imprudente, que Nangis attribue à de mauvais conseils, donnés sans doute par des intendants avides ou des spéculateurs intéressés, devait avoir des conséquences fatales [3].

Roger de Loria se concerta immédiatement avec Mayol et Marquet, dont les navires se joignirent aux siens. D'au-

---

1. Muntaner, ch. cxxix-cxxxi; d'Esclot, ch. clviii. La manœuvre consistant à amarrer les navires ensemble au moyen des rames et des cordages, à laquelle M. Langlois attribue également le succès de ce combat naval, n'était pas une invention spéciale à la marine aragonaise : les Français l'employaient aussi, comme on peut le voir dans Muntaner (ch. cxxx). Ce dernier, qui paraît avoir eu des connaissances spéciales en fait de marine de guerre, rapporte la victoire de ses deux compatriotes avec force détails offrant un intérêt technique, mais quelque peu diffus (ch. cxxix-cxxxi); je les laisse de côté, comme trop étrangers aux faits et gestes des rois de Majorque.
2. Bernard Gui, *Flores Chronicorum* (*Histor. de la Fr.*, XXI, 708). L'auteur des *Gesta comitum* avoue lui-même que, sans la résistance de Girone, les Français eussent conquis tout le pays jusqu'au delà de Barcelone. (Marca, *loc. cit.*)
3. Nangis, *ibid.* Quelques auteurs ont porté contre les *magistri curiæ*, au sujet de l'état de la flotte, des accusations d'avarice et de négligence. (V. Raynaldi, an 1285, n° 27.)

tres lui vinrent encore de Sicile ; si bien qu'au bout de quelques jours il se trouva à la tête de quatre-vingts voiles, force très supérieure à celle de ses adversaires, car, quoique Muntaner, toujours exagéré, parle de cinquante-quatre galères, sans compter quinze autres amenées par des Génois, il paraît, d'après le récit de d'Esclot, qui fut presque témoin oculaire [1], que les croisés n'en avaient plus que vingt-cinq, employées en ce moment à poursuivre celles des deux armateurs. La complicité de la population des côtes le servit à souhait. Parti de Barcelone un dimanche (2 septembre), il fit voile vers le nord. Le lendemain soir (3 septembre), il était rallié par un nouveau renfort, composé de quatre vaisseaux siciliens et de huit *lins* catalans qui, chassés par la flotte française, le prévinrent de sa présence. La nuit même, c'est-à-dire le 4 avant l'aube, il fondit sur elle avec toutes ses forces, non loin des îlots appelés *las Hormiguas*, entre le cap Gros et le cap Saint-Sébastien, voisins des villes de Palamos et de Palafurgell. L'obscurité engendra une confusion inexprimable. Les cris d'*Aragon ! Aragon ! Sicile ! Sicile !* retentissaient des deux côtés, car Charles de Valois s'intitulait roi d'Aragon, et les Provençaux, sujets de Charles II d'Anjou, acclamaient leur prince comme roi de Sicile ; de sorte qu'il devint complètement impossible de s'y reconnaître. Alors Roger de Loria fit allumer un fanal à la poupe de chaque embarcation et s'écria : « En avant ! Que chacun frappe de son mieux et tâche de distinguer les siens. » Les arbalétriers « d'enrôlement » firent encore leur office, et leur habileté l'emporta. Aubert de Longueval, qui s'était aventuré au milieu des ennemis, et beaucoup de gens de la maison du roi de France tombèrent morts. L'amiral Enguerrand de Bailleul fut fait à son tour prisonnier. Douze galères seulement parvinrent à s'échapper à force de rames ; les treize autres furent prises et envoyées immédiatement à Barcelone. Le lendemain, Roger com-

---

[1]. Sa description de la flotte arrivant de Sicile (ch. CLXV) est celle d'un patriote ayant assisté à ce spectacle.

plétait sa victoire en entrant dans le port de Roses, où il s'emparait de quelques barques demeurées en arrière, et reprenait possession de la ville au nom de Pierre III, tandis que la petite garnison qui l'occupait, après une résistance énergique, l'abandonnait en y mettant le feu, à l'exemple des Aragonais; elle fut, toutefois, assez heureuse pour racheter l'amiral à prix d'argent [1]. La magnifique flotte des coalisés n'était plus : cinq mille des leurs avaient péri, soit sous les coups de l'ennemi, soit en se jetant dans la mer. C'était un désastre lamentable; mais on en a, bien inutilement, doublé les proportions.

Ce tragique événement, si mal compris et si laconiquement rapporté par les historiens modernes, eut un épisode lugubre, que tous ont omis de signaler. Aussitôt qu'il eut reçu les prisonniers qui lui étaient envoyés par Roger de Loria, le roi d'Aragon voulut se venger de ses échecs antérieurs sur la personne de ces malheureux. Il le fit de la façon la plus cruelle : le lendemain matin (5 septembre), trois cents d'entre eux, grièvement blessés, furent par son ordre attachés à la poupe d'un navire, puis noyés à la vue de son peuple et sous ses propres yeux. Deux cent soixante autres, qui étaient sans blessure, eurent les yeux arrachés, et, pour les diriger, il leur laissa un chef auquel il se contenta d'enlever un œil. Après quoi, sans plus tarder, il les fit conduire au roi de France à titre de « présentailles ». Muntaner laisse soigneusement dans l'ombre ces actes inexcusables; d'Esclot, lui, les rapporte froidement, comme ils furent accomplis, et comme la chose la plus naturelle [2], ce qui est encore plus choquant. Mais l'histoire, qui a jugé avec sévé-

---

1. Nangis et Chron. de Saint-Denis, *ibid.*; d'Esclot, ch. CLXVI; Nicolas Specialis (Marca, col. 626); etc. Muntaner raconte cette bataille navale d'une manière un peu différente, en exagérant, comme on l'a vu, l'effectif et les pertes des Français (ch. CXXXV et s). Il faut se garder de le suivre exclusivement, comme l'a fait ici M. Langlois, qui a négligé pour lui le texte de Nangis et celui de d'Esclot, non traduit en français.

2. D'Esclot, *ibid.* Ces cruautés ne sont pas les seules que l'on puisse reprocher aux Aragonais. D'autres mutilations, d'autres procédés inhumains vinrent attester la haine sauvage qu'ils portaient aux Français. V. notamment le récit de Nicolas Specialis, dans Marca, *loc. cit.*

rité les excès commis par le rebut de l'armée des croisés, a le devoir de flétrir également ceux de ce précurseur du sinistre Carrier, et de reconnaître qu'il a dépassé la barbarie de ses adversaires.

Philippe III apprit ainsi la dispersion de ses vaisseaux. Cette terrible nouvelle et la vue de tant d'innocentes victimes faillirent lui faire perdre le sens, ainsi qu'au cardinal Chollet. L'infortuné prince en tomba malade [1]. Cependant, surmontant sa faiblesse, il prit sur le champ le chemin de Roses avec un petit corps de troupes, laissant à son fils le soin de recevoir la soumission des Gironais, car le délai fixé par eux expirait le jour même ou le lendemain. Il espérait, sans doute, reprendre cette position importante, ce port précieux dont la possession assurait, pour le présent et pour l'avenir, l'alimentation de son armée. Mais, arrivé en vue de ses remparts, à Castello d'Ampurias, il reconnut que la situation était fort mauvaise. Non seulement Roses était solidement occupé, mais Roger de Loria s'était encore emparé de Cadaquès, et tout le pays s'insurgeait contre la domination étrangère [2]. A Castello même, les habitants dissimulaient mal leur contentement, car les partisans des Français y étaient, malgré tout, en petit nombre, et, s'il fallait en croire le vieux chevalier du roi d'Aragon, dont le système ne se dément pas un instant, le roi de Majorque en personne aurait partagé les sentiments de la majorité, mais n'aurait pas osé le témoigner, parce que ses deux fils, Jacques et Sanche, se trouvaient alors à Paris, au pouvoir de leur oncle maternel [3]. Comme si la conduite tenue jusque-là par Jacques Ier, et plus encore celle qu'il allait tenir

---

1. D'Esclot, *ibid*. Ainsi la contagion qui régnait dans le camp ne fut pas la première cause de sa maladie.
2. D'Esclot, *ibid*.
3. Muntaner, ch. cxxxvii. Quelques auteurs modernes ont compris que les deux infants avaient été livrés en ôtage au roi de France par leur propre père. (V. Delamont, *Bull. de la Soc. agricole, scientifique et littéraire de Perpignan*, XXI, 408.) Les textes ne disent rien de semblable. Mais les jeunes princes, délivrés de captivité vers le début de la campagne, pouvaient avoir été envoyés à Paris pour un tout autre motif, et peut-être, au contraire, pour les mettre à l'abri d'un nouveau coup de main.

bientôt, ne démentaient pas complètement cette audacieuse assertion ! Elle est évidemment due au secret désir de l'innocenter, lui aussi, aux yeux des Catalans; mais ne serait-elle pas au contraire, si on l'admettait, une accusation formelle de déloyauté? Ne se trouvant pas en forces et se voyant exposé à de graves dangers, menacé d'un insuccès, qui, cette fois, pouvait devenir irréparable, Philippe prit le parti de demander une trêve à l'amiral aragonais. Il lui dépêcha à Cadaquès les deux ambassadeurs qui avaient si bien réussi auprès de Raymond Folch, le comte de Foix et Raymond-Roger de Pallars. Mais le terrible marin répondit, sur un ton très haut, qu'il n'aurait jamais de trêve avec les Français, même si son maître en signait une.

Pendant ce temps, les défenseurs de Girone, plus fidèles à leur parole que les habitants d'Elne, ouvraient leurs portes au jour convenu, le 7 septembre, et se voyaient traités de la façon la plus pacifique. Muntaner a cru sauver leur réputation en se taisant sur ce fait capital de la campagne : il dit simplement que le siège fut levé [1]. C'est le comble des accommodements qu'un patriotisme mal placé peut faire subir à la vérité. On fait plus d'honneur à ces braves en citant, avec les autres chroniqueurs, la façon dont ils évacuèrent la place : tous sortirent en file avec un ordre parfait, les malades d'abord, puis ceux qui ne pouvaient porter les armes, puis les gens de pied, puis la chevalerie, le commandant en tête. Les Français rendirent hommage à leur fière allure; et quand ils pénétrèrent dans la ville déserte, ils y trouvèrent une telle pénurie de vivres, qu'ils en furent saisis : quelques jours encore, et tous les assiégés seraient morts de faim [2]. Ils n'auraient donc pu tenir plus longtemps, malgré le bruit de la victoire de l'amiral. Cette nouvelle, en les confirmant dans l'espoir d'une prompte revanche, les avait, au contraire, déterminés à exécuter quand même les conventions.

---

1. Ch. CXXXVIII.
2. Nangis, d'Esclot, *ibid.*

La prise de Girone eût sans doute décidé du sort de toute l'expédition si elle se fût produite dans d'autres circonstances. Les croisés se hâtèrent de s'en réjouir ; mais leur joie allait se changer en deuil. En effet, la maladie de Philippe III prit tout à coup, à Castello, un caractère alarmant : atteint définitivement de la fièvre pestilentielle qui sévissait dans son camp, il fut obligé de renoncer à monter à cheval. Pendant plus d'une semaine, on attendit en vain son rétablissement. Il s'affaiblit tellement, qu'il fut bientôt hors d'état de donner à ceux qui l'avaient suivi un ordre, une direction. Le désarroi se mit parmi eux ; le temps pressait, et l'on ne savait quelle résolution prendre. En toute hâte, le jeune Philippe le Bel fut mandé ou vint de lui-même retrouver son père, avec le conseil et le gros de l'armée ; à peine arrivé, il prit de fait le commandement. C'est alors que, pour la première fois, il fut question de retraite. Le roi n'en avait jamais parlé ; il y songeait si peu, qu'il avait ordonné de réparer les murs de Girone, de l'approvisionner, d'y établir une garnison solide (deux cents chevaliers et cinq mille sergents toulousains, sous les ordres du sénéchal Eustache de Beaumarchais), ce qui fut exécuté. Il venait de demander des renforts à Narbonne, à Carcassonne, à Toulouse, renforts qui lui furent envoyés, mais qui ne purent franchir les Pyrénées. Pendant son séjour à Castello, il fit encore tenter une diversion sur Besalu, non, comme le dit un chroniqueur, pour se frayer le passage de ces montagnes, car ce n'était pas le chemin, et c'eût été, d'ailleurs, une peine inutile, mais plutôt pour éviter d'être pris entre les troupes retranchées dans cette place et celles de Roger de Loria, campées à Roses et à Cadaquès [1]. Tout cela n'indique nullement le projet d'abandonner la partie. Évidemment il persistait dans son idée d'aller hiverner en Languedoc pour réparer ses forces ; il l'avait fait annoncer, et c'était peut-être le parti le plus sage. Mais l'héritier du trône, dont la politique était toute différente de la sienne, et qui, loin

---

[1]. D'Esclot, ch. CLXVII.

d'être partisan de la guerre d'Aragon, entretenait, comme on l'a vu, des intelligences avec l'ennemi, fit prévaloir ses vues comme s'il eût été déjà le maître. Il écrivit aussitôt à son oncle : son père, lui disait-il, était au plus mal et ne pouvait en réchapper; son intention, à lui, était de sortir de la Catalogne avec toute son armée; il le priait, en conséquence, de lui assurer un libre passage, ce qui serait l'avantage de tout le monde. Pierre, enchanté, lui fit répondre par le même messager qu'il l'aimait et l'honorait comme son neveu, et qu'il le servirait en toute chose, mais qu'il ne pouvait lui garantir que l'abstention de ses chevaliers, non celle des sergents ni des autres, qui ne lui obéiraient pas [1]. Par cette dernière phrase, l'astucieux monarque se réservait le moyen de faire attaquer à son gré les Français pendant leur marche en arrière. Le jeune prince se contenta néanmoins de sa réponse, et fit tout apprêter pour le départ.

Le roi, de plus en plus malade, avait été transporté de Castello à Villanova de la Muga, village situé à une lieue en arrière et déjà plus éloigné de l'ennemi. Il y demeura, d'après les tablettes de cire de Pierre de Condé, du 20 au 27 septembre. En effet, il dut attendre là quatre ou cinq jours, nous dit d'Esclot, qu'on lui fabriquât une litière ou une espèce de chaise à porteurs en planches [2]. Les restes de la grande armée, qui ne comptait plus que quatre mille chevaliers de haut parage, avec leur suite et un nombre indéterminé de piétons, achevèrent de se rallier autour du nouveau chef, et c'est alors (dans les derniers jours de septembre) que commença réellement la retraite. On voit combien les faits qui la précédèrent et la firent décider sont peu conformes à

---

1. Nous n'avons pas le texte même de ces deux messages; mais d'Esclot en donne l'analyse (*ibid.*).
2. D'Esclot, *ibid*. On remarquera l'accord de cette indication avec les dates fournies par les tablettes(*Hist. de la Fr.*, XXII, 467). La double erreur d'Henry, qui fait venir Philippe à Péralade pour gagner de là les Pyrénées, après l'avoir fait demeurer sur les ruines de cette bourgade pendant le siège de Girone (*Hist. du Roussillon*, I, 170, 174), ne saurait s'expliquer. Au reste, tout son récit de l'expédition de Catalogne est très défectueux, quoi qu'en dise M. Langlois.

Tome I.

l'opinion reçue jusqu'à présent. Le petit nombre des historiens qui se sont occupés de l'expédition de Philippe le Hardi nous ont dépeint ce prince, d'une part comme entrant victorieux dans Girone, où personnellement il ne devait pas mettre les pieds, de l'autre comme fuyant de cette ville à petites journées, en vaincu, brisé par le chagrin et la maladie, presque dévoré de remords. L'exposé qu'on vient de lire, fondé sur la comparaison attentive des sources les plus sûres, dément cette interprétation trop superficielle des textes, et l'ordre des événements, dont les dates précises sont établies ici pour la première fois, suffirait à le justifier [1].

    1. La date de l'entrée des Français à Girone et celle du séjour du roi à Villanova sont seules données formellement, la première par les *Gesta comitum*, la seconde par les tablettes de Pierre de Condé. Voici comment j'établis les autres et sur quoi je les base :
    16 août. Ouverture des négociations avec le commandant de Girone. — Trois jours pris par sa réponse et vingt jours de sursis accordé (d'Esclot, ch. CLXV) mènent, en effet, au 7 septembre, date authentique de la reddition.
    23 août. Arrivée de Roger de Loria à Barcelone. — La nouvelle fut portée à Pierre III le lendemain, qui était le jour de la Saint-Barthélemy. (D'Esclot, *ibid.*)
    2 septembre. Roger de Loria met à la voile. — Effectivement, il quitta Barcelone un dimanche soir, et ce dimanche ne pouvait être que le 2, parce que, huit jours plus tôt, la bataille navale livrée le surlendemain n'aurait pas eu lieu *en septembre*, comme le veut le texte du Petit *Thalamus* (p. 339), et que, huit jours plus tard, elle n'aurait pu arriver à la connaissance de Philippe III avant la reddition de Girone (7 septembre), comme l'exige le récit de d'Esclot (ch. CLXVI et s).
    3 septembre. Roger est informé de la présence de la flotte française. — Il reçut cet avis dans la soirée qui suivit celle de son départ. (*Ibid.*, ch. CLXVI.)
    4 septembre. Bataille et dispersion de la flotte. — Elle fut attaquée dès le matin suivant, avant le jour. (*Ibid.*) Guillaume de Nangis semble placer l'événement après la soumission de Girone (*Hist. de la Fr.*, XX, 536); mais c'est l'enchaînement de son récit qui le veut, et, en y regardant de près, l'on ne saurait voir là une contradiction formelle.
    6 septembre. Nouvelle de la défaite apportée au camp de Girone par les prisonniers aveugles. — Ces prisonniers furent mutilés dès le lendemain de la bataille, au matin, et furent envoyés aussitôt à Girone, où ils durent arriver le jour suivant. (*Ibid.*)
    6 ou 7 septembre. Départ subit de Philippe III. — Il eut lieu à la réception de cette nouvelle. (*Ibid.*, ch. CLXVII.) D'après les comptes de Pierre de Condé, la cour, il est vrai, serait restée à Girone jusqu'au 12 septembre au moins; mais le chroniqueur catalan a précisément soin de nous expliquer que le roi partit seul et que son fils, son conseil, sa maison demeurèrent; ce qui explique que le clerc des comptes ait continué son service au même lieu.
    7 septembre. Reddition de Girone entre les mains de Philippe le Bel. (*Gesta comitum, loc. cit.*)

Les croisés reprirent donc le chemin des Pyrénées, et, comme ils n'avaient plus besoin de chercher des passages, comme ils se croyaient certains de ne pas être inquiétés sérieusement, ils se dirigèrent tout droit vers le col de Panissars, qui était la voie la plus courte et la plus commode. Le cortège royal avait déjà l'allure d'un convoi funèbre. La lenteur de la marche, retardée par le grand nombre des malades et par des pluies torrentielles, qui détrempaient le terrain au point de le rendre impraticable [1], la légitime tristesse empreinte sur les visages, cette espèce de cercueil ambulant cachant un roi moribond firent croire, sur tout le trajet, que Philippe était trépassé et que ses gens n'emportaient qu'un cadavre. Ainsi s'explique le bruit qui en courut dans la Catalogne entière, et dont les chroniques du pays se firent l'écho ; car, chose curieuse, tandis que les annalistes du parti français font expirer le roi d'Aragon quelques jours après le combat de l'Assomption, soit dans une abbaye voisine, soit dans son propre lit [2], et que quelques-uns le représentent perdant tout son sang à la suite d'une nuit de débauche, dont les excès auraient fait rouvrir sa blessure [3], les auteurs catalans, par contre, font mourir le roi de France en chemin, à Girone, à Castello d'Ampurias, à Puyamilot ou à Péralade [4]. Aucune de ces versions populaires n'est

---

8-19 septembre. Séjour de Philippe III, malade, à Castello ; négociation avec Roger de Loria ; tentative sur Besalu ; Philippe le Bel rejoint son père. — Ces faits sont mis à cette place par d'Esclot, qui nous dit que le roi demeura « gran temps » arrêté à Castello (ch. CLXVII).

20-27 septembre. Arrêt à Villanova. (Tablettes de cire, *Hist. de la Fr.*, XXII, 448, 467.) Après l'avoir fait battre en retraite le 13, M. Langlois prétend, en se fondant sur les mêmes articles de comptes, que Philippe III, sept jours après, n'avait encore franchi que les treize lieues qui séparent Girone de Villanova (p. 163) : il y a là plusieurs erreurs connexes, tenant à l'omission du séjour à Castello et des autres faits racontés par d'Esclot.

1. Nangis, *ibid.*, 536.
2. Bernard Gui (*Hist. de la Fr.*, XXI, 708) ; Primat (*ib.*, XXIII, 104) ; Nangis (*ib.*, XX, 534) ; Chron. de Saint-Denis (*ib.*, 535) ; etc.
3. Les chroniques de Villani et de S. Antonin relatent ce détail, et Raynaldi ajoute que la mort de Pierre fut tenue secrète de peur que le pays ne se soumît aux Français (an. 1285, n° 26).
4. Nicolas Specialis (Marca, *loc. cit.*) ; *Thalamus parvus*, p. 339 ; *Chron. breve Barcinon.* (d'Achery, *Spicil.*, III, 140-142) ; Muntaner, ch. CXXXVIII. Ce dernier, comme l'observe M. Langlois, a brodé sur ce thème, évidemment

exacte, leur seul désaccord l'indique; mais toutes flattaient les espérances ou les désirs de l'un des belligérants, et c'en était assez pour les accréditer.

Dès le lendemain de leur départ (29 septembre), les Français campaient à la Jonquère, au pied de la chaîne pyrénéenne [1]. Ils avaient fait environ six lieues; par conséquent, ils marchaient encore avec une célérité relative. Mais les passages avaient été occupés d'avance par les troupes du roi d'Aragon et de Roger de Loria. Il y avait là, entre autres, un corps d'almogavares et un détachement d'archers sarrazins, accompagnés de juifs rapaces, prêts à se partager les dépouilles [2]. Pierre lui-même était sur les talons de l'armée, sous prétexte d'empêcher toute agression, comme il l'avait promis à son neveu. Avec ou sans son assentiment, tous ces hommes de proie fondirent sur elle, le 30, au moment où elle commençait à gravir le Panissars. S'attaquant de préférence aux soldats qui marchaient par petits groupes, et se retirant ensuite dans des repaires inaccessibles, ils tuèrent ainsi un certain nombre d'hommes sans qu'ils pussent se défendre [3]. Puis ils s'en prirent aux bagages, défoncèrent les coffres et y puisèrent à pleines mains. Dans leur avidité, ils violèrent même les caisses où les Français avaient recueilli pieusement les restes de leurs compagnons d'armes, croyant y trouver des trésors; si bien que le chemin demeura jonché de pièces de monnaie, d'effets et d'ossements, car ils ne purent emporter tout leur butin [4]. Arrivés au sommet, les croisés tombèrent de Charybde en Scylla : l'amiral les y attendait avec

---

controuvé, toute une mise en scène, accompagnée d'une longue instruction de Philippe III à ses fils. Ce procédé, qui rappelle ceux de certains romanciers, antiques et modernes, donne bien l'idée de la façon dont l'amusant conteur, si intéressant au point de vue littéraire, entendait l'histoire.

1. D'Esclot, ch. 167.

2. « *Cum paganis et judeis quamplurimis quos habebant.* » Contin. de Girard de Frachet (*Hist. de la Fr.*, XXI, 7.)

3. Nangis, *loc. cit.* Un écrivain aragonais avoue même qu'ils en firent périr *ignobili gladio*, c'est-à-dire, j'imagine, à l'aide du couteau catalan. (Nicolas Specialis, dans Marca, *loc. cit.*)

4. *Gesta com. Barcin.* (Marca, *loc. cit.*)

dix mille sergents, pris dans l'infanterie de marine : la tuerie et le pillage recommencèrent ; la disposition du terrain paralysait toute résistance. Ce jour-là, on ne put faire qu'une demi-lieue. Le lendemain, le roi d'Aragon et ses chevaliers, jetant le masque, s'élancèrent à leur tour sur l'arrière-garde et la poursuivirent, à la descente, pendant près d'une lieue [1]. Ces surprises réitérées rendirent le passage désastreux. La litière royale eut bien de la peine à échapper : elle fut épargnée cependant, grâce à la conviction répandue chez les Aragonais qu'elle n'abritait qu'un cercueil.

Aimery de Narbonne, amenant les compagnies de renfort que Philippe III avait fait demander, était à quelques pas de là ; mais on ne lui permit pas de joindre à temps l'armée qu'il venait secourir. Au-dessus de la Clusa, on rencontra le roi de Majorque, qui, ayant pris les devants et étant rentré depuis quelque temps, sans doute, dans son comté de Roussillon, arrivait à la rescousse avec sa chevalerie. L'allié de Philippe III, qui jusque-là avait joué dans la campagne de Catalogne un rôle assez effacé, reparaît alors au premier plan : il se dévoue, il se multiplie, car il est maintenant chez lui ; et cette fidélité à la foi jurée était d'autant plus méritoire, que la cause commune pouvait lui sembler à jamais perdue. Après avoir embrassé le roi moribond et promis au légat, sur sa tête, qu'il ne leur arriverait aucun mal, il se remit en marche à leurs côtés et ne les quitta plus d'un pas. On atteignit ainsi le Boulou, où l'on s'arrêta le 2 octobre [2], et de là on eut toutes les peines du monde à transporter la litière jusqu'à Perpignan,

---

1. D'Esclot, ch. CLXVII. Muntaner prétend que Pierre céda, en cette circonstance, aux excitations de ses gens, qui tous lui criaient comme des enragés : « Férons, seigneur, férons ! » Rien de curieux comme le chant de triomphe entonné, à l'occasion de ce combat, par le vieux chevalier, sans qu'il y eût vraiment de quoi, et les invectives lancées par sa plume, en guise d'adieu, au légat, au roi de France et à tous les croisés. « Ils s'en retournèrent en si piteux état, dit-il en terminant, qu'aussi longtemps que le monde durera, on n'entendra jamais en France et dans tout son pourtour prononcer le nom de Catalogne sans qu'on se rappelle ce désastre. » (Ch. CXXXIX.)
2. Tablettes de P. de Condé (*ib.*, 462) ; Muntaner, *ibid.*

car Philippe était à la dernière extrémité. Il y arriva le 4, pour expirer le lendemain, au milieu de ses soldats consternés [1]. L'Église le pleura comme son défenseur et comme un roi mort à la croisade. Jacques, très affecté également, rendit à la dépouille mortelle de son beau-frère les plus grands honneurs; il fit célébrer pendant huit jours des messes, des absoutes, des processions publiques, et brûler à ses dépens mille brandons de cire. Il pourvut lui-même, durant tout ce temps, aux nombreux besoins des débris de la grande armée. Puis il reconduisit les princes français jusqu'au-delà des frontières du Roussillon. Mais, dès le 7, Philippe le Bel était rentré en Languedoc avec la plus grande partie des survivants, semant encore des morts et des malades sur son passage, et s'arrêtait dans la ville de Narbonne, d'où, après les obsèques solennelles de son père et quelques générosités faites aux serviteurs de son oncle de Majorque [2], il regagna au plus vite sa capitale, pour prendre possession du trône et affirmer la nouvelle politique de la couronne [3].

Ainsi se termina cette campagne célèbre, et pourtant si mal connue, qu'on a eu tort de raconter jusqu'ici au seul point de vue aragonais, et qui pour les nôtres ne fut pas sans gloire. Elle a pu être qualifiée d'inutile et d'inique par ceux qui ont fait abstraction, soit de ses origines, soit de ses conséquences, et qui n'ont envisagé qu'une des faces de la question : mais il est certain que la cause du roi de Majorque, qui, on l'a trop oublié, était en jeu aussi bien que celle du pape et du roi de Sicile, était loin d'être injuste; les historiens espagnols le reconnaissent eux-mêmes. Quant à la nullité des résultats, il faut voir, pour en juger, la suite des événe-

---

1. Tablettes *(ib.*, 462); d'Esclot, ch. CLXVII; Nangis, *loc. cit.* Sur le lieu et la date de la mort de Philippe le Hardi, il circula plusieurs versions, dont j'ai parlé plus haut. La seule exacte est celle que je suis ici. V. à ce sujet la dissertation spéciale de dom Vaissète *(Hist. du Languedoc*, IV, 544).

2. Don de 100 sols au fou du roi de Majorque, le 9 octobre *(Histor. de la Fr.*, XXII, 482); don de 50 livres tournois à cinq sergents ou serviteurs de ce prince *(servientes)*, à la même date *(ibid.*, 483); etc.

3. Tablettes *(ib.*, 467); Muntaner, *ibid.*; Nangis, *ib.*, 538.

ments et ne pas s'arrêter à un dénouement qui n'était, en réalité, qu'une péripétie, car le drame n'était nullement terminé. Le premier acte semblait donner gain de cause au roi d'Aragon ; aussi triompha-t-il bruyamment. Toutefois il ne devait pas jouir longtemps de son succès inespéré. Lui aussi allait expier au prix de sa vie une guerre fratricide, où il s'était déshonoré par des atrocités, et la scène politique allait être occupée, des deux côtés des Pyrénées, par de nouveaux personnages. Seul, Jacques de Majorque était destiné à ne pas disparaître encore. Jusque-là, sans doute, son alliance avec la France n'avait pas été bien fructueuse ; mais la partie n'était pas perdue pour lui, et ce que la force des armes avait été incapable de lui rendre, les ressources de la diplomatie pouvaient le lui faire retrouver. Son intérêt évident était donc de rester étroitement uni à son allié et protecteur, qui, malgré tout, était toujours le plus puissant ; d'autant plus, qu'il n'avait désormais aucune merci à espérer de son frère. Le roi de France, de son côté, avait de fortes raisons pour ne pas l'abandonner et pour se ménager son concours. Ainsi l'avantage commun faisait à tous deux une loi rigoureuse de continuer la lutte ensemble, sur quelque terrain qu'elle fût transportée. Jusqu'à quel point devaient-ils adopter cette sage ligne de conduite et se tenir serrés l'un contre l'autre? Quelles circonstances allaient amener peu à peu le relâchement des nœuds scellés sur les champs de bataille? C'est ce qui sera examiné dans le livre suivant.

LIVRE III

ÉBRANLEMENT DE L'ALLIANCE

SOUS PHILIPPE LE BEL ET SES FILS

CHAPITRE PREMIER

OCCUPATION DES BALÉARES PAR ALPHONSE D'ARAGON; SES CONSÉQUENCES

Philippe le Hardi, connaissant les mauvaises dispositions de son héritier, avait pris, sur son lit de mort, la précaution de lui faire jurer qu'il continuerait la croisade et aiderait son frère Charles à se mettre en possession du royaume d'Aragon [1]; preuve nouvelle qu'il ne considérait nullement la partie comme perdue. Mais le jeune prince, nous le savons déjà, nourrissait bien d'autres idées; et puis Philippe le Bel n'en était pas à un serment près. Il eût plutôt revendiqué pour lui le Roussillon, sous prétexte que son père l'avait occupé; il y songea même, à un moment donné : mais cette volte-face eût été par trop cynique, et, en réalité, les victoires paternelles n'étaient pas, comme le dit son historien, assez éclatantes pour justifier une pareille prétention [2]. Il se contenta donc de renoncer à poursuivre personnellement l'expédition entreprise pour la querelle de l'Église, et, moins pressé d'assurer une couronne à son cadet que d'affermir la sienne sur sa propre tête, il s'absorba aussitôt dans les soucis de la politique intérieure, laissant, le cœur léger, l'allié de la France essuyer seul la tempête. Il le savait pourtant, Jacques Ier n'était pas en état de soutenir la lutte contre les forces aragonaises, augmentées de la flotte et d'une partie de l'armée de Sicile. Aussi ne voulut-il pas avoir l'air de se séparer de lui brusque-

---

1. Contin. de Girard de Frachet (*Histor. de la France*, XXI, 7).
2. Boutaric, *La France sous Philippe le Bel*, p. 383.

ment, après tant de services rendus. Il laissa dans le pays soumis à son autorité quelques compagnies de mercenaires (*stipendiarios gallicanos*), et lui accorda un peu plus tard des subsides pécuniaires, en lui permettant cependant d'agir en leur nom collectif[1]. C'était, au fond, une désertion déguisée de la cause commune ; c'était déjà un prélude de la dénonciation de l'alliance. Toutefois les choses ne devaient pas marcher aussi vite.

Pierre III, de son côté, ne songea point à inquiéter son neveu : il se croyait sûr de lui et connaissait mieux que personne ses dispositions secrètes. Mais, comme il arrive presque toujours en pareil cas, il fit retomber sur le plus faible tout le poids de sa vengeance. L'issue de la campagne n'avait fait que réveiller ses colères et redoubler son audace. Après avoir traité avec la garnison de Girone, qui, en capitulant, obtint de rentrer en France sans être inquiétée, et repris successivement possession de Castello d'Ampurias, de Péralade, de Torrella de Mongri et des dernières places demeurées au pouvoir de ses adversaires, sa première pensée fut d'aller se jeter en personne sur l'île de Majorque, afin de l'arracher à son frère par la force. Il se concerta pour cette descente inopinée avec Roger de Loria, et fit immédiatement armer des navires dans le port de Salou, sur les rivages de Tarragone[2]. L'amiral lui demandant le motif de sa subite détermination, il prétendit avoir appris par des lettres d'Italie que le pape machinait la cession de l'île aux Français, qu'on devait obliger le roi de Majorque à y consentir en menaçant de faire périr ses deux fils, retenus à Paris, et que ce prince, prévenu par lui-même, avait envoyé à ses fidèles sujets l'ordre de *faire semblant* de se lais-

---

[1]. Contin. de Girard de Frachet, *ibid.* Cf. *Bull. de la Soc. agric., scientif. et littér. de Perpignan*, XXI, 445 et ss. Trente mille livres en temps de guerre, vingt mille en temps de trêve, tel fut le subside annuel ordonné par la suite en faveur de Jacques. (*Arch. nat.*, J 598, n° 8; Documents, n° XXXVII.) En 1299, il donnait encore à Philippe le Bel quittance de 30,000 livres, que celui-ci lui redevait sur l'allocation qu'il lui avait accordée pour la guerre d'Aragon. (D. Vaissète, IV, 66.)

[2]. Nangis, *Chron. latine*, p. 266 ; *Gesta comit. Barcin.* (Marca, col. 564 et ss); d'Esclot, ch. CLXVIII.

ser forcer par les Aragonais, pour leur livrer tout le pays quelques jours après. A ce dernier trait, on reconnaît le système invariable de l'ingénieux Muntaner; c'est lui, en effet, qui nous le rapporte [1], et l'authenticité de tout le propos atttribué à Pierre en souffre quelque peu. D'Esclot, plus sincère, nous dit qu'il s'agissait réellement d'une conquête violente, mais que cette invasion pouvait se faire sans péché, vu que Jacques n'avait pas rempli ses obligations envers son suzerain [2]. Quoi qu'il en soit, au moment même où il se préparait à mettre à la voile, la maladie vint arrêter net l'ambitieux monarque. Les suites de sa blessure, suivant les uns, un refroidissement, suivant les autres, et peut-être les deux à la fois, le clouèrent à son tour sur un lit de douleur. Consumé par la fièvre et se morfondant d'impatience, il envoya en toute hâte un courrier à son fils Alphonse, pour lui enjoindre de partir à sa place et d'aller sur le champ s'emparer de Majorque. L'infant se mit en devoir de lui obéir. Cependant il jugea bon de venir, avant de s'embarquer, embrasser son père.

« Que venez-vous faire ici? lui dit Pierre, courroucé de ce retard.

— J'ai appris que vous étiez malade et viens vous faire révérence.

— Allez-vous en faire votre voyage. Vous n'êtes pas médecin; Dieu me guérira l'âme, et les médecins me guériront le corps [3]. »

En effet, les docteurs les plus renommés, entre autres le fameux Arnaud de Villeneuve, entouraient le malade. Mais ni leurs soins, ni leurs pronostics, ni l'inspection attentive de son urine, à laquelle ils se livrèrent

---

1. Ch. cxli. Muntaner augmente encore l'invraisemblance de son récit en faisant ajouter à son héros : « Il est bon que cela ne se fasse pas incontinent, mais qu'ils paraissent y être forcés, de manière que les Français ne puissent avoir le moindre soupçon contre notre frère le roi de Majorque; car les périls de sa personne nous sont aussi à cœur que les nôtres. » Quelle naïveté ou quelle mauvaise foi !

2. D'Esclot, *ibid.*

3. Chronique de Pierre IV, ch. iv. Cet entretien se trouve délayé dans Muntaner (ch. cxliii).

consciencieusement, suivant l'usage de l'époque, ne purent enrayer les progrès du mal [1]. Et, tandis que ses historiographes nous le montrent mourant de la mort la plus édifiante, réconcilié avec l'Église, absorbé dans de pieuses préoccupations, le grand roi des Aragonais s'éteignit, le 10 novembre 1285, en suivant par la pensée son héritier, qui franchissait la mer en son nom pour assouvir sa soif de vengeance contre son plus proche parent. Philippe III et Pierre III, tous deux vainqueurs, tous deux battus, se suivirent ainsi dans la tombe, à trente-six jours de distance.

Alphonse d'Aragon était déjà débarqué dans l'île de Majorque, avec l'amiral Roger de Loria, lorsque l'avis du décès de son père lui parvint par un messager spécial. Il venait d'investir la capitale et d'entamer des pourparlers avec le lieutenant du roi Jacques et les prud'hommes; il avait même, pour mieux les attirer à lui, interdit sévèrement à ses troupes de causer aux insulaires le moindre dommage. La triste nouvelle, qu'il pressentait sans doute, ne lui fit pas interrompre ses opérations. Il les pressa, au contraire, si bien que, quarante-huit heures après l'arrivée du message, la cité, au dire de Muntaner, lui ouvrit ses portes, et se livra ensuite pendant six jours aux manifestations du deuil le plus sincère [2]. Mais d'autres contemporains nous apprennent que les choses ne se passèrent point aussi tranquillement, tant s'en faut. Les Majorquins fidèles se réunirent, paraît-il, à un groupe de Français et de Provençaux qui se trouvaient parmi eux, et essayèrent de défendre la ville du haut d'une église, qui la dominait comme une citadelle. Alphonse leur livra inutilement plusieurs assauts. Enfin Roger de Loria fit donner ses marins siciliens, en leur promettant le pillage. Ceux-ci, entassant les rames et les échelles les unes sur les autres, escaladèrent les remparts, envahirent la place, et, en vrais écumeurs de mer, firent main basse sur tout ce qu'ils trouvèrent. Tous ceux qui avaient

---

[1]. Muntaner, *ibid.*; *Gesta com. Barc.*, *ibid.*; d'Esclot, ch. CLXVIII. Ce dernier arrête sa chronique à la mort de Pierre III.
[2]. Muntaner, ch. CXLIV, CXLVII, CLI.

pris part à la défense furent tués ou faits prisonniers. C'est un écrivain du parti aragonais qui nous rapporte ces détails [1] : ils ne sauraient donc être révoqués en doute.

L'opposition fut encore plus violente dans l'intérieur de l'île. La plupart des habitants avaient reçu de Jacques ou de son père des faveurs exceptionnelles, des biens au soleil ; les avantages de l'autonomie se joignaient aux raisons de sentiment pour les maintenir dans une fidélité obstinée à leur souverain. Les châteaux-forts de Santueri, de Pollenza, d'Alaro refusèrent énergiquement de se soumettre à l'envahisseur, bien que la couronne d'Aragon brillât sur sa tête. La force et la terreur purent seules venir à bout de leur résistance. A Alaro, deux soldats de la garnison, Guillaume Cabrit et Guillaume Bassa, furent brûlés vifs par ordre d'Alphonse, digne imitateur des procédés de son père. Les historiens locaux ont célébré leur invincible constance et celle d'un grand nombre de leurs compatriotes, qui, à l'instar des Espagnols de tous les temps, conservaient profondément gravé au fond du cœur le culte de leurs princes légitimes [2]. Ces faits, bien connus dans le pays, permettent de prendre en flagrant délit l'optimisme décidé de Muntaner, qui nous peint l'île tout entière acceptant de bonne grâce le nouveau joug, le lieutenant du roi de Majorque rendant avec empressement son épée au fils de Pierre III, puis embarqué par lui, avec beaucoup d'autres, pour Collioure, et, bien mieux, trouvant auprès de son maître, après cette espèce de trahison, l'accueil le plus cordial [3]. Il est vrai que, suivant l'étrange prétention du vieux chevalier aragonais, tout cela était une comédie, et que Jacques était d'accord avec ses propres ennemis pour se faire dépouiller.

Alphonse prit aussitôt toutes les précautions possibles pour assurer la durée de cette soumission forcée. Le jour

---

[1]. Nicolas Specialis (Marca, col. 626 et s).
[2]. V. Bover, *Noticias de la isla de Mallorca*, p. 50, 54, 56. Cf. Dameto, p. 402 ; etc.
[3]. Muntaner, ch. CLI.

même de son entrée à Palma (19 novembre), il réunit les habitants en conseil général, au siège de la municipalité, et leur fit nommer en sa présence douze sindics pour lui prêter en leur nom commun l'hommage et le serment de fidélité, non comme à leur suzerain, mais comme à leur seigneur immédiat, à l'exclusion de tout autre [1]. Le surlendemain, il ordonna d'élire, dans toute l'île, six prud'hommes par paroisse ou par village, et leur imposa l'obligation de jurer une formule identique. Il employa ensuite plusieurs semaines à se faire livrer les principales places de l'intérieur et à les annexer l'une après l'autre, comme la capitale, au domaine de la couronne d'Aragon, conformément aux volontés de son père [2]. Nous avons toute la série des serments écrits qu'il recueillit en cette circonstance, du 22 novembre au 9 décembre. La plupart sont prêtés, d'après leur teneur, « de bon gré, sans aucune violence, avec une joie unanime [3] » ; ce qui montre la valeur réelle de toutes les belles phrases de ce genre. Ils émanent des sindics des localités suivantes : Inca, Lluchmayor, Robines, Selva, Castalig, Santañy, Felanitx, Campanet, Montuiri, Porreras, Campos, Arta, Muro, Manacor, Bellver, Sineu, Petra, Soller, Guinyent, Alcudia, Camino, Marratxi, Buñola, Sansellas, Valle de Mussa, Oleron (Alaro), vallées de Bañalbufar, de la Soperna et de Bolonyno, Calvia, Andraitx, Puigpuñent, Escorca. On observera que deux des châteaux qui résistèrent avec le plus d'énergie et que j'ai nommés tout à l'heure (Santueri et Pollenza) ne figurent pas sur cette liste, non plus qu'une dizaine d'autres lieux

---

1. Arch. nat., JJ 270, f° 13 v°; Arch. de Barcelone, Registres d'Alphonse III, n° 63, f° 134. Il est à remarquer que, dans le procès-verbal de la séance, Alphonse est qualifié seulement du titre de *primogenit* ou de fils aîné du roi défunt, sans doute parce que la mort de Pierre III n'avait pas encore été notifiée officiellement aux Majorquins. Suivant une brève chronique barcelonaise, la cité n'aurait été prise que le 1er janvier (d'Achéry, *Spicil.*, III, 142); le *Thalamus parvus* place le fait quinze jours avant Noël (p. 339). Ces deux dates sont erronées, comme le prouve celle des actes publics cités ici et plus bas.
2. Arch. nat., *ibid.*, f° 2 et ss.
3. *Gratuitis animis et gaudentibus unanimiter, absque omni vi*, etc. (Arch. nat., JJ 270, f°° 14-38.)

habités dont l'existence a été constatée plus haut [1] : ainsi leur opposition fut bien réelle, et paraît s'être prolongée assez longtemps.

Après avoir consolidé son autorité par différentes mesures administratives et par la nomination d'Asbert de Mediona comme lieutenant général, le nouveau roi d'Aragon passa de Majorque à Iviça. Il avait fait sonder à l'avance les colons de cette île ; trop faibles pour soutenir une lutte, ils lui avaient répondu qu'ils feraient comme les Majorquins. Ils le reçurent donc avec déférence et lui remirent leur unique place forte, qui portait également le nom d'Iviça [2]. Il y installa un châtelain et exigea d'eux les mêmes engagements ; en conséquence, le 18 décembre, ils lui promirent fidélité pour le château, pour la ville et pour l'île entière [3]. Mais la nécessité de se faire couronner, les affaires urgentes qu'amène toujours un changement de règne le rappelèrent, aussitôt après, à Barcelone et l'empêchèrent de pousser plus loin, pour l'instant, une spoliation dont l'achèvement lui semblait désormais facile. Il ne devait pas tarder à revenir la poursuivre, et, en attendant son retour, il octroya à ses nouveaux sujets une charte d'union, soi-disant rendue pour répondre à leurs vœux, mais donnant plutôt satisfaction à ses propres désirs, par laquelle il s'engageait à ne jamais séparer Iviça de la couronne d'Aragon, même à titre de fief [4].

Pendant cette courte interruption, Roger de Loria, ne voulant pas laisser ses galères sans emploi, s'en vint, avec l'autorisation de son maître, faire une descente sur les côtes du Languedoc. Ses marins saccagèrent tour à tour Sérignan, Agde, Vias, mettant tout à feu et à sang, de l'aveu de Muntaner, et se conduisant en vrais pirates. A

---

1. V. page 125.
2. Ou Castel d'Iviça (v. ci-dessus, p. 76 et 127); Muntaner, *ibid.*; Zurita, I, 301.
3. Arch. nat., *ibid.*, f° 38 v°.
4. Cette charte est datée de Valence, le 16 septembre 1286. (Arch. nat., P 1354¹, n° 838; Documents, n° XXXI.) Elle fut renouvelée ou confirmée par deux actes semblables, rendus le 12 octobre suivant et le 8 août 1291. (Arch. nat., *ibid.*, n°ˢ 839, 840; Documents, n° XXXIII.)

Agde, tous les habitants de quinze à soixante ans furent passés au fil de l'épée, et la ville entière fut incendiée. Roger s'avança ainsi jusqu'à Aigues-Mortes, où il surprit encore un certain nombre de vaisseaux, qu'il emmena en Catalogne avec un riche butin [1]. C'était là un acte des plus graves, pouvant attirer des représailles terribles. En effet, si aucune trêve n'avait été signée avec Philippe IV, si l'état de guerre existait toujours entre Français et Aragonais, il s'était produit entre les deux souverains, après la retraite des croisés, une certaine détente; en vertu d'un accord tacite, dont nous avons vu les motifs, Pierre III et son neveu avaient suspendu les hostilités, et le roi de Majorque semblait seul disposé à les continuer. La brusque irruption de l'amiral sur les terres du roi de France était donc au moins une surprise : elle avait trouvé les ports sans clôture, les habitants sans défense. Tout autre que Philippe le Bel eût immédiatement organisé une contre-expédition. Mais, dans la disposition d'esprit où se trouvait ce prince, on ne pouvait s'attendre à une répression aussi énergique. L'incident paraît néanmoins avoir exercé une certaine influence sur sa politique à l'égard de l'Aragon. Il lui démontrait qu'il ne pouvait compter sur Alphonse : se rapprocher de lui devenait impossible ; favoriser plus activement les tentatives de Jacques était la moindre des vengeances. L'éclosion de ses projets lointains subit donc un temps d'arrêt. Sans entreprendre lui-même une campagne nouvelle, il manda au sénéchal de Carcassonne, dès le mois de janvier 1286, de faire armer toute la noblesse de la sénéchaussée, et mit cette troupe d'élite au service de son oncle de Majorque, dont l'intention était de rentrer bravement sur le territoire catalan. On prétend même qu'il le poussa à le faire; ce qui paraît un peu excessif [2]. A la tête de ses propres soldats et de ce renfort opportun, qui comprenait les seigneurs de Mirepoix, de Lombez, de Castres, avec un

---

[1]. Muntaner, ch. CLII.
[2]. D. Vaissète, IV, 57 et s; Ferreras, IV, 361.

certain nombre de chevaliers et de damoiseaux du Languedoc, le tout formant encore un effectif assez restreint, Jacques reparut, seul cette fois, dans ce pays de Lampourdan, où il était entré naguère en vainqueur avec son puissant allié. Il en reprit une petite partie et détruisit les murs de Castellnou [1]. Mais le pauvre prince ne devait pas aller plus loin. Il dut reculer, vers la fin de juin, devant un corps d'armée imposant, commandé par Alphonse en personne, qui, prévenu par le comte d'Ampurias et le vicomte de Rocaberti de l'apparition de nouveaux envahisseurs, revenait subitement d'une expédition en Castille pour les repousser [2]. A son tour, le roi d'Aragon pénétra en Roussillon et s'avança jusqu'au Boulou ; puis il se retira [3].

Les hostilités reprenaient donc de plus belle entre ces deux princes. Mais ici intervient, dans la mêlée des partis et des événements, un personnage nouveau, qui devait, lui et ses successeurs, exercer une influence considérable sur la suite des relations des rois de France et de Majorque. Édouard Ier d'Angleterre, monarque ambitieux, remuant, avait besoin d'alliés pour l'exécution de ses vagues projets d'agrandissement. Bien qu'il eût épousé en secondes noces la propre fille de Philippe le Hardi et qu'il eût tout récemment rendu l'hommage à son héritier, peut-être même un peu à cause de cet hommage et de l'état d'infériorité qu'il consacrait, sa situation faisait de lui un rival plutôt qu'un ami de son puissant voisin. Tous deux vivaient encore en bonne intelligence ; néanmoins la rupture était proche, et une sorte d'inimitié latente les séparait déjà. Les Anglais n'avaient jamais pu se résigner à la suprématie conquise en Occident par Philippe-Auguste et saint Louis, ni surtout à la suzeraineté de nos rois sur les leurs. Ces motifs, joints à d'autres, poussèrent Édouard à rechercher l'alliance de l'Ara-

---

1. *Thalamus parvus*, p. 339 ; Zurita, I, 307. C'est par erreur, sans doute, que dom Vaissète parle à ce propos de *Castillon*.
2. *Ibid.*, 58 ; Muntaner, ch. CLVIII.
3. Muntaner, ch. CLX. Suivant cet écrivain, aucun ennemi n'aurait mis le pied sur le territoire catalan ; mais alors l'irruption d'Alphonse en Roussillon ne se comprendrait pas.

gon. Alphonse III était jeune ; il n'était pas encore marié : il députa auprès de lui Jean de Grailly, captal de Buch, sénéchal du Bordelais, et lui fit offrir par cet ambassadeur la main de sa fille Éléonore, promettant, dans le cas où il accepterait, de s'interposer pour lui obtenir une paix avantageuse avec l'Église de Rome, le roi de France et le roi de Sicile. La perspective de rentrer dans le concert des puissances catholiques était on ne peut plus tentante. Il avait déjà été question d'un projet de mariage analogue du vivant de Pierre III. Le terrain était donc doublement bien préparé. Aussi les négociations marchèrent-elles très vite. Les deux rois eurent une entrevue à Oloron, et les fiançailles y furent immédiatement célébrées. On stipula en même temps la mise en liberté de Charles II de Sicile, prisonnier du roi d'Aragon, moyennant une somme de cent mille marcs d'argent, qui devait être avancée au premier par Édouard [1]. Par ce coup habile, le roi d'Angleterre se posait en médiateur, en arbitre, et s'attachait à la fois deux des parties qui se trouvaient en lutte : il acquérait ainsi, dans les affaires politiques du moment, une situation presque prépondérante.

Le pape Honorius IV, qui venait de monter sur le trône pontifical et dont tous les désirs tendaient au rétablissement de la paix, approuva l'initiative prise par le monarque anglais, et, en attendant que l'on pût jeter les bases d'un accord, dont la négociation comportait des questions très compliquées, Édouard proposa aux deux principaux belligérants la conclusion d'une trêve. Cette demi-solution répondait trop bien aux premiers desseins du roi de France pour qu'il la repoussât ; mais il exigea que son allié de Majorque fût compris dans la trêve, ce dont Alphonse ne se souciait probablement pas, ayant ses raisons pour cela. Ce dernier accrédita néanmoins auprès de Philippe IV et de ses deux sœurs, Marguerite, reine d'Angleterre, et Blanche, future duchesse d'Autriche, qui probablement se trouvaient

---

[1]. Muntaner, ch. CLXII, CLXVI et s.

auprès de lui, deux de ses conseillers, Martin d'Arcasona, chevalier, et Jean Zappaca, chargés de traiter en son nom [1]. A force de discuter, l'on convint, par acte signé à Paris, le 25 juillet 1286, d'écrire d'abord à Jacques pour lui demander s'il consentait à participer, lui et toutes ses terres, à la suspension des hostilités. Il devait répondre avant l'octave de l'Assomption. S'il refusait et continuait de faire la guerre à son neveu, la France ne devait plus l'aider. Mais, s'il acceptait, et s'il était, au contraire, attaqué par le roi d'Aragon, Philippe aurait le droit de lui prêter son concours lorsqu'il en serait requis. En tout cas, les châteaux tenus par le comte de Foix, par Raymond-Roger de Pallars et par les autres auxiliaires du roi de Majorque seraient compris dans le traité; seulement, si quelques-uns se trouvaient encore actuellement assiégés, le siège pourrait être continué avec la coopération des Français [2]. Ainsi l'action commune devenait déjà conditionnelle; la ligue offensive se transformait en alliance purement défensive, et Philippe le Bel imposait ou adoptait cette modification sans attendre l'avis de son confédéré. Néanmoins Jacques ne réclama pas : qu'eût-il pu faire, seul contre tant de hauts et puissants princes? Il répondit de son camp (car il guerroyait toujours, en désespéré) que, se rendant à la prière du roi de France, il acceptait la trêve avec toutes ses clauses. L'arrangement fut aussitôt ratifié par le roi d'Aragon, et la suspension d'armes conclue jusqu'à la Saint-Michel de l'année suivante (1287) [3].

Or, le 2 décembre 1286, Alphonse III débarquait de nouveau à Majorque, avec une véritable armée et une flotte de quarante galères, commandée par le fameux Roger de Loria. De là, malgré un froid intense, qui l'arrêta jusqu'à Noël, il se dirigea, sans aucun scrupule, sur la seconde Baléare et en entreprit la conquête [4]. Assurément, son

---

1. Arch. de Barcelone, Registres d'Alphonse III, n° 64.
2. Rymer, t. I, part. III, p. 12.
3. *Ibid.*, p. 15.
4. Muntaner, ch. CLXX; Zurita, I, 310.

oncle n'exerçait sur cette île qu'une espèce de suzeraineté ou de protectorat; on a vu plus haut dans quelles conditions ce régime particulier s'était établi. Toutefois l'autorité supérieure du roi de Majorque y était toujours reconnue; Minorque lui payait tribut, l'appelait son seigneur, et faisait virtuellement partie de l'État baléarique; les Sarrazins, tout en continuant à l'habiter, n'y dominaient plus. C'était, sans doute, rendre un service à la chrétienté que de les en expulser; mais on doit croire que l'expédition subitement entreprise par le fils de Pierre III, devenu l'exécuteur de ses vengeances, avait moins pour but de déposséder les Maures que d'achever la spoliation de Jacques, commencée l'année précédente et interrompue malgré lui. Les historiens aragonais, passant la trêve sous silence et feignant d'ignorer que l'île relevait du gouvernement majorquin, ont célébré cette campagne comme une nouvelle croisade. Muntaner lui assigne un motif plus curieux et tout à fait amusant : il prétend qu'Alphonse voulut s'emparer de Minorque « pour éviter cette peine à son oncle et pour lui rendre son royaume agrandi [1]. » Touchante sollicitude! « Mais quittez ce souci », aurait pu lui dire le malheureux prince. La suite des événements montre assez ce qu'il faut penser de ces intentions généreuses.

Après avoir vu une partie de son escadre dispersée par une tempête formidable, qui ne dura pas moins de huit jours, l'envahisseur, descendu d'abord à l'îlot des Connils ou des Lapins, tout près de la côte orientale de l'île, un peu au-dessus de Mahon, finit par aborder dans ce dernier port, et trouva les troupes du moxérif, ou plutôt de l'alfaqui Abou-Omar-Ibn-Hakem, rangées en bataille non loin du rivage, car elles avaient eu le temps de s'organiser. Avec elles se trouvaient, paraît-il, des Turcs et des Sarrazins de Barbarie. Le tout formait près de quarante mille hommes de pied, plus cinq cents cavaliers, si les évaluations du chro-

---

1. Muntaner, *ibid*.

niqueur catalan ne sont pas exagérées [1]. Le roi d'Aragon, d'après le même auteur, avait amené un nombre de chevaux à peu près égal et trente mille almogavares; mais tous n'étaient pas encore débarqués. Suivant la version arabe, il avait en tout vingt mille soldats [2]. Un combat acharné s'engagea entre ces deux armées. La lutte fut longue, meurtrière, et Alphonse, pour empêcher la déroute des siens, dut payer de sa personne. Enfin les Maures reculèrent, et leur chef alla se renfermer dans le château avec vingt de ses parents. Le siège de la forteresse fut entrepris sans retard. Alors Ibn-Hakem, voyant le reste de la flotte arriver et le nombre de ses adversaires augmenter d'heure en heure, offrit de se rendre si on le laissait passer en Barbarie avec ses femmes, ses enfants et toute sa famille. Le vainqueur accepta et fut, en conséquence, mis en possession de la place de Mahon, le 1ᵉʳ janvier 1287. Celle de Ciudadela lui fut remise également. La chronique ajoute qu'il paya de ses deniers une nef génoise pour embarquer l'alfaqui. Puis, rassemblant tous les Sarrazins qui restaient dans l'île, il les emmena captifs ou les fit vendre comme esclaves, pour les remplacer par une population nouvelle, composée principalement de Catalans. Mais, on le voit, il n'imitait que de fort loin les procédés du Conquérant [3]. Minorque fut dès lors annexée purement et simplement

---

[1]. *Ibid.*, ch. cLxxii.
[2]. Ibn-Khaldoun, *Hist. des Berbères*, II, 398.
[3]. Muntaner, *ibid.*; *Gesta com. Barc.* (Marca, col. 574); Zurita, I, 310 et s. C'est évidemment de cette expédition qu'Ibn-Khaldoun a voulu parler dans le passage suivant, où, par mégarde, il a écrit Majorque au lieu de Minorque : « En l'an 685 (1286-87), l'ennemi s'empara de Maïorque. Une flotte portant vingt mille soldats et commandée par le roi de Barcelone parut devant l'île; et, comme leurs chefs se donnaient pour négociants, ils obtinrent du gouverneur Abou-Omar-Ibn-Hakem la permission de renouveler leur provision d'eau. Une fois débarqués, ils commencèrent les hostilités et combattirent les Musulmans pendant trois jours. Dans ce conflit, ils eurent plusieurs milliers d'hommes mis hors de combat, et leur roi, qui jusqu'alors s'était tenu à l'écart avec ses grands officiers, prit lui-même le commandement de l'armée et marcha au secours de ses gens, qui battaient en retraite. Les Musulmans furent mis en déroute et allèrent s'enfermer dans leur forteresse. Mais Ibn-Hakem, ayant obtenu de l'ennemi la permission de se rendre à Ceuta avec sa famille, plaça les habitants dans la nécessité de se rendre à discré-

à la couronne d'Aragon, comme la première Baléare. Il existe aux archives de Barcelone tout un recueil de pièces relatives à l'organisation qui lui fut donnée par son nouveau maître, aux serments qu'il se fit prêter, aux doubles taxes imposées par lui sur le petit nombre des infidèles qui obtinrent de rester dans l'île, etc.[1] Ces divers documents tendent à montrer que le joug aragonais fut beaucoup plus dur que ne l'avait été la domination majorquine.

Cette audacieuse infraction à la trêve ne fut pas la seule que se permit le digne successeur de Pierre III. Voici un fait dont les historiens n'ont point parlé, et qui n'eut même pas pour excuse l'expulsion des Sarrazins. La place de Saint-Laurent des Cerdans, non loin de Prats-de-Mollo, en Roussillon, fut occupée violemment par ses troupes bien avant la fin de l'armistice, et encore après. Une déposition faite par l'abbé d'Arles entre les mains de Bérenger, évêque d'Elne, nous apprend que cette forteresse, dépendant de son abbaye et relevant du roi de Majorque, eut à subir une attaque à main armée, et que ses habitants, après avoir souffert des dommages de toute espèce, furent chassés de leur propriété. Divers témoins, des prêtres, des moines, des ouvriers, déclarèrent, au mois d'octobre suivant, que le pays avait été de tout temps soumis à Jacques, à l'exception de quelques rebelles qui avaient embrassé le parti aragonais, et n'appartenait qu'à lui seul; que le château avait été enlevé de force par Guillaume du Boulou et

---

tion... Les trésors et les approvisionnements renfermés dans la forteresse tombèrent entre les mains des chrétiens. » (*Hist. des Berbères*, II, 398.) Le traducteur dit, en note, qu'il doit s'agir d'Iviça, car Majorque avait été enlevée aux chrétiens dès l'an 1232 (pour 1229). Mais l'île d'Iviça était elle-même conquise depuis longtemps et ne fut jamais le théâtre d'une lutte semblable. La conformité frappante du récit d'Ibn-Khaldoun avec celui de Muntaner, jointe à la précision de la date, prouve que l'historien arabe s'est trompé, non sur l'époque, mais sur le lieu, et qu'il a confondu Minorque avec Majorque; *lapsus* bien plus concevable que celui qui eût consisté à écrire Minorque pour Iviça. Ses compatriotes le commettaient, d'ailleurs, souvent, même dans les actes officiels. (V. de Mas-Latrie, *Traités avec les Arabes; Documents*, p. 182-185.)

1. Arch. de Barcelone, Registres d'Alphonse III, n° 70.

d'autres chevaliers, qui avaient mis le feu aux portes, emporté les munitions, les armes, les grains, les vivres, et jusqu'aux habits; que ces faits s'étaient passés dans les premiers jours de septembre, en pleine trêve, et qu'ils devaient, conséquemment, être portés à la connaissance du roi de France, peut-être aussi à celle du roi d'Angleterre. C'est pourquoi le procès-verbal en fut dressé [1].

De pareilles violations de la parole donnée n'étaient pas faites, on le conçoit, pour faciliter les négociations ouvertes par l'initiative d'Édouard Ier en vue d'arriver à la paix. Le pape eut beau envoyer à Bordeaux, quelque temps après la prise de Minorque, deux légats chargés de s'aboucher avec ce prince et avec les plénipotentiaires d'Alphonse III : on n'arriva point à s'entendre. Ce dernier, non content de maintenir toutes ses prétentions antérieures et de demander la révocation du don de la couronne d'Aragon fait à Charles de Valois, soutenait que le roi de Majorque était déchu de ses droits, pour n'avoir pas observé la convention passée avec son frère, et ne devait plus même avoir le domaine direct sur les Baléares et le Roussillon. La question de Sicile, celle des infants de la Cerda, réveillées mal à propos, achevèrent de mettre obstacle au rapprochement des parties. Les dispositions de Philippe le Bel à l'égard de son cousin subirent, au contraire, un refroidissement, et les préparatifs militaires recommencèrent dans la sénéchaussée de Carcassonne [2].

Le monarque anglais n'en continua pas moins d'échanger ses vues avec les divers intéressés, dans l'espoir de les amener à une transaction quelconque. Le 20 mars de la même année, Alphonse déléguait auprès de lui un de ses conseillers intimes, Gilabert de Cruilles, pour lui exposer en détail, avec pièces à l'appui, ses réclamations et ses griefs : ceux qui concernaient son oncle de Majorque avaient trait principalement au refus de la monnaie barce-

---

1. Acte du 3 octobre 1287 (Arch. nat., P 1353, n° 793).
2. Zurita, I, 311, 315; D. Vaissète, IV, 59.

lonaise et de l'assistance due à son suzerain [1]. Le même Gilabert, avec quatre autres ambassadeurs, parmi lesquels les deux conseillers envoyés à Paris l'année précédente, était porteur d'une procuration l'autorisant à traiter de la paix au nom de son maître par devant le roi d'Angleterre [2]. Les Aragonais avaient bonne envie d'arriver à une entente ; mais ils prétendaient ne faire aucune concession, et cela seul arrêtait tout. Enfin, pour mieux s'expliquer, Alphonse eut avec Édouard, au mois de septembre, une entrevue à Oloron, en Béarn. On espérait, faute de mieux, proroger de trois ans la trêve qui allait expirer. Mais on ne parvint même pas à s'accorder sur ce point, et tout ce que l'on put décider fut une nouvelle trêve d'une année, jusqu'à la Saint-Michel 1288 [3]. Il ne sortit rien d'autre de l'entretien prolongé des deux têtes couronnées, si ce n'est toutefois la mise en liberté de Charles de Sicile. Philippe le Bel accepta d'abord cette courte prorogation. Mais, le 9 décembre, ayant appris, sans doute par la plainte de l'abbé d'Arles, ce qui s'était passé à Saint-Laurent des Cerdans, il se considéra comme dégagé de toute obligation, et manda aux trois sénéchaux de Carcassonne, de Toulouse et de Beaucaire de laisser le roi de Majorque, « son très cher oncle », lever des troupes dans leurs provinces, et même de lui en fournir à ses propres dépens, contrairement à l'ordre qu'ils avaient reçu précédemment de ne pas faire la guerre [4]. Le premier de ces hauts fonctionnaires, qui était depuis peu Guérin d'Amplepuis,

---

1. « *Super facto Majoricarum, si fiat aliqua peticio, respondeatur quod dominus Jacobus, quondam rex Majoricarum, convenit cum domino rege Petro, ut in instrumentis conventionalibus continetur ; que quidem instrumenta producant, si necesse fuerit. Item, allegent quod idem Jacobus venit contra conveniencias et pacta multis modis, non recipiendo monetam in terram suam, ut fieri debebat juxta pacta ; item, requisitus per ipsum dominum Petrum, noluit sibi facere valenciam, ut debebat, ymmo eam sibi expresse negavit. Et super hoc producantur instrumenta requisicionis dicte valencie et denegacionis ejusdem, si necesse fuerit.* » (Arch. de Barcelone, Registres d'Alphonse III, n° 64, f° 193.)
2. *Ibid.*, f° 194.
3. Rymer, t. I, part. 3, p. 20; D. Vaissète, IV, 59.
4. D. Vaissète, IV, 60; *ib.*, preuves, 83. L'historien du Languedoc, ayant ignoré les violations de la trêve par le roi d'Aragon, n'a pu expliquer ce revirement de conduite.

convoqua encore une fois la noblesse de la région et prit des mesures pour préserver d'une nouvelle agression les côtes languedociennes. Le 29 janvier 1288, un mandement royal déclara qu'il n'y avait plus aucune trêve entre les sujets des deux royaumes. Philippe se rendit même à Nîmes au mois de mai, et l'on a supposé avec assez de vraisemblance qu'il n'entreprit ce voyage que pour se concerter avec Jacques Ier, qui se trouvait en ce moment dans sa seigneurie de Montpellier, au sujet de la reprise des hostilités [1]. Mais le temps de l'action commune était passé. Le pauvre roi de Majorque fut encore laissé à lui-même, et, sous l'empire de la profonde irritation que lui causait l'attentat commis contre son autorité aux Baléares, il envahit de nouveau le territoire catalan. Son prétexte, dit Zurita, était l'invasion de Minorque; il violait la trêve en alléguant qu'Alphonse l'avait violée le premier [2]. Mais ce prétexte était une raison parfaitement fondée, et, d'ailleurs, la trêve était maintenant dénoncée, tandis qu'elle ne l'était pas au moment de l'expédition du roi d'Aragon. Malheureusement, la campagne de 1288 avorta presque aussi vite que celle de 1286, et pour des causes analogues. Jacques, qui s'était fait prêter des munitions par le sénéchal de Carcassonne [3], mit le siège devant Cortavignon, dans le Lampourdan, comme il l'avait mis devant Castello, puis se retira à l'approche d'un corps d'armée commandé par son adversaire. Celui-ci, à son tour, remit le pied en Cerdagne, s'avança dans le Conflent jusqu'à Villefranche, en brûlant les blés, et tout se borna de part et d'autre à quelques dévastations. De pareils exploits ne pouvaient mener à rien; il régnait entre les deux antagonistes une telle animosité, que la lutte menaçait de s'éterniser.

En même temps qu'il partait en guerre et qu'il mandait à Roger de Loria de repousser une flotte équipée, disait-on, à Marseille par les soins de ses ennemis [4], Alphonse III

---

1. D. Vaissète, IV, 62; *ib.*, preuves, 89.
2. Zurita, I, 321.
3. Molinier, nouv. éd. de l'*Histoire du Languedoc*, IX, 133, n° 3.
4. Lettre du 1er juin 1288 (Arch. de Barcelone, Reg. d'Alphonse III, n° 77, f° 1).

cherchait à rentrer en grâce auprès du saint-siège. Il ne voulait pas entendre parler d'un accord avec son oncle de Majorque : celui-là était faible; il se chargeait de l'amener à résipiscence par la force. Mais, vis à vis des puissants, il protestait de ses bonnes intentions, de son dévouement à l'intérêt commun. Le 3 juin, il s'adressait directement à Nicolas IV, qui venait de remplacer Honorius IV sur la chaire de saint Pierre. Il lui écrivait qu'il n'avait offensé en rien l'Église romaine ni le roi de France, qu'il avait toujours obéi à la première et chéri le second, et qu'il ferait tout ce que celui-ci désirait, s'il n'aspirait à le déposséder injustement de son trône. Il suppliait, en conséquence, le nouveau pape d'obtenir le désistement de Philippe et se déclarait prêt à répondre à toutes les plaintes formulées contre lui [1]. Une prière analogue fut portée de sa part au pied du trône pontifical par deux Frères Mineurs qui remplissaient l'office de gardien, l'un à Saragosse, l'autre à Barcelone. Nicolas IV, qui appartenait lui-même à cet ordre célèbre, et qui avait eu autrefois d'excellentes relations avec la maison d'Aragon, fit relativement bon accueil à cette double démarche. Il y avait, du reste, répondu à l'avance, car deux légats, les archevêques de Ravenne et de Monréal, étaient déjà partis pour Barcelone, avec une lettre où il avertissait Alphonse d'avoir à cesser de prêter secours à son frère Jacques, usurpateur du royaume de Sicile, et à venir dans les six mois se présenter devant le siège apostolique, sous peine d'être atteint à son tour par les armes spirituelles et temporelles [2]. Malgré la sévérité de cette réponse, on doit reconnaître que l'envoi d'une légation était déjà un grand pas de fait; le temps n'était plus où Rome entendait supprimer toute relation avec l'Aragonais. Et le vif désir du rétablissement de la paix lui dictait seul cette nouvelle conduite, car, chose remarquable, dans ces premières négociations comme dans celles qui allaient suivre,

---

[1]. Arch. de Barcelone, *ibid*.
[2]. Zurita, I, 328.

les succès militaires de Pierre III ne sont comptés pour rien, et son fils lui-même ne songe pas à prendre l'attitude d'un vainqueur. A une époque où il semblerait que la diplomatie, à peine née, dût subir encore l'empire de la violence, les raisons de droit sont seules invoquées, seules admises. Plus d'un conquérant moderne pourrait trouver là une leçon de justice et de modération.

Malheureusement, les causes qui empêchaient les prières d'Alphonse d'être prises en considération subsistaient toujours : il ne voulait rien céder. Le roi d'Angleterre lui-même ne pouvait obtenir de lui aucune réparation, aucun dédommagement pour ses infractions à la trêve, qui étaient des excès criants. Philippe le Bel s'en plaignait avec amertume. « Je vous ai requis à plusieurs reprises, écrivait-il encore à Édouard, le 2 avril 1289, de faire cesser et amender les torts causés au roi de Majorque, en pleine trêve, par le roi d'Aragon ou ses gens. Je m'en suis rapporté là-dessus, non à sa parole, mais à la vôtre. Il a envahi l'île de Minorque, il a pris encore d'autres terres à son oncle [1], il lui a tué des hommes et causé différents dommages, toutes choses qu'il n'aurait osé entreprendre sans la trêve. Vous pouvez vous assurer facilement et promptement de ces faits. Je vous requiers de nouveau d'exiger réparation et restitution. Le roi de Majorque a été trompé et lésé de diverses façons ; il n'en est pas content, ni moi non plus. C'est la dernière requête que je vous adresse à ce sujet ; désormais je ne procéderai plus par voie de litige, comme vos gens, envoyés naguère à Perpignan, ont paru vouloir le faire [2] ». Cette réclamation énergique eut un résultat : Édouard ouvrit une enquête et envoya deux délégués constater sur place les dommages que les deux belligérants s'étaient mutuellement causés pendant que les hostilités devaient être suspendues. Il demanda à son futur gendre de se faire représenter, pour cette affaire, par deux fondés

---

[1]. Allusion probable à l'occupation de Saint-Laurent des Cerdans. Elle achève de montrer que Philippe avait reçu les dépositions dont j'ai parlé.
[2]. V. le texte de cette missive, que j'abrège, dans Rymer, t. I, part. 3, p. 22.

de pouvoirs, qui s'aboucheraient à Perpignan avec les siens et avec ceux des autres intéressés. Alphonse répondit d'abord qu'il ne demandait pas mieux, pourvu que la procédure commencée régulièrement fût continuée de même. Mais il n'en fit rien, et le monarque anglais dut lui adresser une seconde invitation en lui disant que lui-même s'était rendu responsable des dommages en question vis-à-vis du roi de France. Cette fois, le roi d'Aragon déclara nettement qu'il n'enverrait personne à Perpignan, parce que ses conseillers n'étaient pas de cet avis et qu'il ne pouvait rien faire sans leur assentiment [1]. C'était évidemment une défaite, car les princes aragonais, en général, ne nous apparaissent pas si complètement esclaves de leurs conseils. D'ailleurs, si leurs riches-hommes avaient pu trouver impolitique la disposition testamentaire par laquelle Jacques le Conquérant avait séparé de sa couronne le royaume de Majorque, ils avaient obtenu satisfaction sur ce point par la fatale convention de 1279, qui replaçait ce royaume sous la suzeraineté de leur propre souverain, et ils n'en avaient pas demandé davantage. La conquête de Minorque, l'occupation des places du Roussillon n'entraient nullement dans leurs *desiderata*; Pierre III et son fils en avaient pris personnellement l'initiative, et le second trouvait, sans doute, que ce qui était bon à prendre était bon à garder. Il consentait bien à rendre la liberté au compétiteur de sa maison en Sicile; mais, pour rien au monde, il n'eût voulu concéder la moindre chose à son oncle : tant il est vrai que les haines de famille sont les plus fortes de toutes, et que sa rancune contre la faible victime de son ambition dominait chez lui, comme chez son père, tout autre ressentiment. En attendant, les délégués anglais, français et majorquins s'étaient réunis au lieu indiqué. Ils en furent pour leur peine, et, après avoir passé plusieurs jours à discuter sur le mandat dont ils étaient porteurs, sur les termes du sauf-conduit que Jac-

---

[1]. Rymer, *ibid.*, p. 59, 62.

ques devait accorder aux procureurs du roi d'Aragon, ils durent se séparer sans rien faire [1]. La question des indemnités demeura donc encore une fois sans solution.

Cependant les deux héritiers du Conquérant, loin de songer à un accord, s'envoyaient des défis et projetaient de vider leur querelle en champ-clos. La première provocation vint, paraît-il, du roi de Majorque, bien qu'il fût le moins belliqueux et le plus âgé. La défection d'un de ses vieux serviteurs, Raymond-Roger de Pallars, l'avait profondément blessé : un jour, il lui reprocha hautement sa trahison ; celui-ci riposta, et des paroles violentes s'échangèrent [2]. Jacques, sous l'empire de la colère, écrivit aussitôt à son neveu qu'il lui donnait rendez-vous à Bordeaux, pour le combattre sous les auspices du roi d'Angleterre. C'était l'exacte répétition du fameux duel de Charles d'Anjou et de Pierre III. « Je veux me battre avec vous, répondit Alphonse, non pas à cause des vilains propos que vous a tenus Raymond-Roger, mais à cause du reproche de félonie que vous lui avez adressé et de votre parjure envers mon père, à qui vous aviez prêté l'hommage. J'accepte le roi d'Angleterre pour juge du camp, et je m'en rapporte à lui pour le jour et le lieu. Toutefois il me paraît que vous voulez fuir la bataille quand vous la fixez de votre propre volonté à Bordeaux, car le choix du terrain n'appartient pas à vous, mais à lui, qui est un homme courtois. Ne savez-vous pas que le combat arrêté entre monseigneur Pierre et le duc d'Anjou n'a déjà pu avoir lieu dans cette ville, parce que le roi d'Angleterre était hors d'état d'y garantir la sécurité de mon père ? Malgré cela, c'est chose entendue, je me battrai au lieu qu'il désignera, soit à Bordeaux, soit ailleurs [3]. »

Cette affaire n'eut point de suite, sans doute parce

---

1. *Ibid.*, p. 62-66.
2. Zurita, I, 336.
3. Arch. de Barcelone, Reg. d'Alphonse III, n° 77, f° 25. V. plus loin le texte catalan de cette curieuse lettre, datée du 7 septembre 1289 (Documents n° XXXII). On a ici une explication nouvelle de la retraite de Pierre III au champ-clos de Bordeaux.

qu'Édouard eut le bon sens de ne pas s'y prêter. Mais les deux princes en vinrent aux armes d'une autre façon : la guerre recommença de plus belle en Catalogne et en Cerdagne ; dans le cours de l'année, Jacques reprit plusieurs places du Lampourdan, et Alphonse s'empara de Ribes, que le premier revint assiéger inutilement avec des gens d'armes français[1]. Le sénéchal de Carcassonne fut prié, en octobre, de venir à son secours avec deux cents chevaux au moins, pour défendre les châteaux du Roussillon et ceux qui avaient été conquis au delà des Pyrénées ; il y avait urgence, car on annonçait l'arrivée de Charles de Sicile, qui devait se rencontrer dans les environs avec le roi d'Aragon, et celui-ci, à cette nouvelle, s'était mis en marche de son côté : il fallait parer à toute éventualité[2]. Effectivement, Charles se présenta, le 31 de ce mois, entre le col de Panissars et la Jonquère. Il venait se reconstituer prisonnier, parce qu'il n'avait pu remplir toutes les conditions exigées pour sa délivrance, et demander à son allié de délivrer un sauf-conduit aux Aragonais chargés de reprendre possession de sa personne[3] ; mais la rencontre projetée n'eut pas lieu, et le conflit redouté ne se produisit point. Jacques se trouvait donc, à ce moment-là, maître du pays environnant. En même temps il préparait une expédition maritime pour recouvrer les Baléares. Mais son terrible adversaire prenait les devants en y envoyant une escadre commandée par un de ses frères, et, par un message daté du 18 novembre, il ordonnait aux habitants des trois îles de lever chez eux un subside afin d'armer des galées pour la défense de leurs côtes[4]. Vers la même époque, deux envoyés aragonais, se rendant à Rome, étaient arrêtés à Narbonne par les officiers de Philippe le Bel et jetés en prison. Jusque dans la Navarre, le roi mettait des troupes en

---

1. *Gesta com. Barcin.* (Marca, col. 576); D. Vaissète, IV, 65 et s.
2. V. deux lettres de Jacques Ier reproduites parmi les preuves de dom Vaissète (IV, 91).
3. Rymer, *ibid.*, p. 54 et s.
4. Arch. de Barcelone, Reg. d'Alphonse III, n° 80, f° 111.

mouvement, et faisait occuper la place de Sauveterre, qu'il devait garder plusieurs années [1].

Les hostilités s'étendaient donc de plus en plus, et nul n'était capable d'en prévoir la fin, lorsque, sur les instances d'Édouard Ier, qui s'obstinait malgré tout dans son dessein bienveillant, mais quelque peu intéressé, et du roi Charles de Sicile, qui avait reconquis définitivement sa liberté à condition de travailler à réconcilier son vainqueur avec l'Église, le pape se résolut, au mois de mars 1290, à charger deux légats *ad hoc* de tenir des conférences solennelles dans le même but. Les cardinaux Benoît Colonna et Gérard de Parme se rendirent d'abord à Montpellier, où ils s'entretinrent avec le roi de Majorque et le roi de Sicile, qui venait d'avoir une entrevue avec Alphonse [2]. Les conférences s'ouvrirent bientôt après, à Tarascon, et durèrent fort longtemps. On vit alors, dans ce petit coin de la Provence, un véritable congrès d'ambassadeurs. Le saint-siège était représenté par ses légats, le roi d'Angleterre par le comte de Lincoln, le sire de Saint-Jean, le chancelier de Chichester et un chanoine d'York [3]. Les rois de France et de Majorque n'avaient envoyé aucun plénipotentiaire attitré, car les négociations avaient été entreprises en dehors d'eux ; mais leur allié et parent, Charles d'Anjou, était là pour défendre leurs intérêts et mener toute l'affaire. Le roi d'Aragon, prié d'accréditer des délégués, eut beaucoup de peine à s'y décider. Il réunit les *cortes*, leur soumit la question, et finalement, après de longs jours d'hésitation et d'attente, douze personnages de marque furent désignés pour se rendre de sa part à Tarascon. C'était, dit Muntaner, deux riches-hommes, quatre chevaliers, deux prud'-hommes ou jurisconsultes, deux bourgeois et deux simples citoyens [4]. En effet, l'on retrouve dans les actes du congrès les noms de douze députés aragonais répondant assez bien

---

1. Zurita, I, 335 et s.
2. *Ibid.*, 343.
3. Rymer, *ibid.*, p. 78.
4. Muntaner, ch. CLXXIII.

à cette énumération : Hugues, archevêque de Saragosse, Raymond d'Anguilara et Hugues de Puig-Vert, riches-hommes; frère Raymond de Ripelles et Ponce, prévôt de Celso; Maymon de Castell-Auli et Ximénès de Salanova, chevaliers; Guillaume Durfort et Raymond de Saint-Clément, citoyens de Barcelone et de Lérida; Jacques de Biania, chanoine d'Urgel; Bernard-Guillaume de Pinelles et Guillaume *de Jafero,* hommes de loi [1]. Cette ambassade ne partit de Barcelone que le 21 janvier de l'année suivante, à la tête d'un pompeux cortège, ne comptant pas moins de cent chevaux, et avec des instructions mûrement rédigées, où le roi avait corrigé et modifié à sa guise tout ce qui ne lui plaisait pas. Attendue avec impatience, elle fut accueillie par des témoignages de joie; chacun croyait déjà la paix assurée. Les questions si compliquées qui faisaient le fond du litige furent alors abordées de la façon la plus sérieuse. Les cardinaux exposèrent méthodiquement les griefs de la cour de Rome. La cause aragonaise fut plaidée avec feu, principalement par Maymon de Castell-Auli, dont la parole exerça, paraît-il, une grande influence [2]. Il fallut, des deux côtés, se résigner à certains sacrifices. Enfin, le 19 février 1291, un projet de traité fut signé. Il portait, en substance, qu'Alphonse se rendrait en personne à Rome et prononcerait devant le pape une formule de soumission, dont les termes étaient arrêtés d'avance; qu'il serait alors absous de toute censure, de toute peine spirituelle, et reprendrait, aux yeux du monde catholique, la qualité de roi d'Aragon, mais qu'il ne prêterait plus aucun secours à son frère Jacques, « tyran de Sicile », dont l'usurpation ne serait point reconnue; en outre, que l'on demanderait pour toutes ces clauses l'assentiment du roi de France [3]. L'Église et ses alliés renonçaient à priver Alphonse de sa couronne;

---

1. Arch. nat., J 915, n° 15; Rymer, *ibid.*
2. Muntaner dit que son discours et ceux de ses collègues furent recueillis et mis en ordre, sous le titre de *Gesta,* par Galceran de Vilanova. J'ai cherché vainement cette relation.
3. Arch. nat., *ibid.*; Rymer, *ibid.*

en retour, celui-ci abandonnait les prétentions de sa maison sur le royaume de Sicile. Mais, lorsque la question de Majorque fut soulevée, l'on ne s'entendit plus, nous avons vu pourquoi. C'était, pour l'irréconciliable ennemi de Jacques Ier, le point délicat, intangible. Il espérait même qu'on ne l'aborderait pas, sous le prétexte, souvent allégué par ses successeurs, que c'était purement une affaire entre suzerain et vassal, dans laquelle aucun tiers n'avait le droit de s'immiscer. Et, de fait, les négociateurs avaient tout simplement omis de la régler ; à dessein ou non, ils avaient oublié le roi de Majorque! Il fallut que le pape, défenseur-né de la cause des faibles et des opprimés, exigeât l'insertion de son nom dans le traité. Il avait déjà refusé, du reste, de recevoir en grâce son adversaire parce qu'il craignait que l'infortuné prince, déjà dépouillé de son domaine essentiel pour avoir embrassé le parti de l'Église, ne fût abandonné de tout le monde [1]; c'est, en effet, ce qui devait arriver plus tard, et, ce jour-là, le pontife romain devait rester l'unique appui du malheur. Les raisons de Nicolas IV étaient trop justes pour qu'on ne lui cédât point. Toutefois, sur la solution à donner à cette question si grave, il fut impossible aux cardinaux de triompher de la rancune d'Alphonse. Charles d'Anjou eut beau déclarer que le roi de France ne ratifierait jamais l'accord si son allié n'obtenait les restitutions, dédommagements et sûretés auxquels il avait droit : il en fut pour ses frais d'éloquence. Cet article fut la pierre d'achoppement des négociations; le traité tout entier demeura en suspens jusqu'à nouvel ordre, et le terme de cette longue querelle se trouva encore reculé par un ressentiment dont rien ne justifiait la vivacité exceptionnelle [2].

---

1. Raynaldi, 1290, an. n{os} 20, 21.
2. « *Item, cum ageretur inter eundem regem Sicilie ac nuncios supradictos super restitucione regni Majoricarum et satisfaccione atque securitate eidem regi Majoricarum per eundem regi Aragonum faciendis, ex eo quod sine restitucione, satisfaccione et securitate predictis idem rex Sicilie non credebat regem Francie ad pacem flecti vel ad concordian posse deduci, ex certis causis est tractatus ipse suspensus, in brevi per sollicitudinem ipsius regis Sicilie per concordiam, Deo auctore, complendus.* » (Arch. nat., J 915.

Les cardinaux se retirèrent donc, et avec eux les ambassadeurs anglais. Après leur départ, le roi de Sicile, que rien ne décourageait, voulut tenter une dernière démarche. Il se rendit au camp d'Alphonse III, qui guerroyait alors aux environs du col de Panissars. Là, il eut avec lui, au mois d'avril, une nouvelle entrevue, où l'on prit de part et d'autre les précautions les plus minutieuses pour éviter toute surprise. Il lui fit ratifier, le 7, les clauses qui venaient d'être stipulées avec ses représentants [1] ; puis, le lendemain, l'ayant suivi auprès de la Jonquère, il aborda de front la difficulté et parvint à lui faire agréer, en apparence du moins, les propositions dont voici la substance : « Le roi d'Aragon, ne se reconnaissant pas tenu de restituer Majorque et ses dépendances, consent à s'en rapporter à la décision du souverain pontife et de deux membres du sacré collège ; il s'engage à s'y soumettre, sous peine d'être exclu du bénéfice du traité de Tarascon. La sentence arbitrale sera rendue à Rome dès qu'il s'y présentera, c'est-à-dire avant la fête de Noël, et sans autre forme de procès. Si cet arrangement n'est pas accepté par la partie adverse, il ne s'en tiendra pas moins aux ordres du pape et des cardinaux. Il se réserve seulement ses droits de suzeraineté, qui seront reconnus par les arbitres dans les conditions où ils s'exerçaient antérieurement [2]. » Charles se hâta de transmettre ce résultat au roi d'Angleterre, et, le 12, il lui écrivit encore de Montpellier, où sans doute il avait été en conférer avec Jacques Ier, que les deux princes envoyaient leurs procureurs en cour romaine, dans l'espoir que leur différend y serait tranché

---

n° 15.) Plusieurs historiens, notamment dom Vaissète (IV, 67), semblent voir dans le traité de Tarascon la conclusion de la paix définitive et générale, et disent que la restitution du royaume de Majorque fut alors convenue. La suite de ce récit montrera qu'ils anticipent sur les événements. Henry se trompe plus gravement encore lorsqu'il prétend, avec Zurita, qu'il fut arrêté alors que le royaume resterait sous la puissance du roi d'Aragon, qui serait seulement tenu d'indemniser le fils de Jacques Ier. (*Hist. du Roussillon*, I, 186.)

1. Zurita, I, 346.
2. Rymer, *ib.*, p. 86.

à la satisfaction de l'un et de l'autre [1]. Mais tout cela était l'expression de ses désirs personnels plutôt que celle de la réalité, car le monarque aragonais avait levé le camp de la Jonquère en déclarant de nouveau qu'il ne pouvait rien décider sans consulter les *cortes* [2]. On sait ce que cela voulait dire : aussi la convention ébauchée avec lui n'eut-elle aucune suite, d'autant plus qu'il n'eut pas le temps d'entreprendre le voyage de Rome.

Ce ne fut donc pas la mort prématurée de ce monarque de vingt-sept ans, enlevé, deux mois après, par une maladie contractée au milieu des fêtes et des plaisirs, qui empêcha, comme le prétend Muntaner, la réalisation immédiate des espérances du monde chrétien; ce fut plutôt sa persistance obstinée dans une haine héréditaire ou dans la politique d'ambition. Le vieux chroniqueur feint jusqu'au bout d'ignorer qu'il y eût une question majorquine, et il se plaît à tirer de ce coup inattendu une grave leçon sur l'impénétrabilité des desseins de la Providence, qui semblait par là s'opposer à la conclusion de la paix. L'histoire peut aujourd'hui juger que la Providence a, au contraire, facilité la concorde en substituant soudain à l'homme dont la volonté personnelle était l'obstacle un prince plus disposé aux sacrifices nécessaires. Nous verrons, en effet, Jacques II d'Aragon, appelé par la mort de son frère aîné à troquer son sceptre usurpé pour un trône légitime, se montrer bientôt moins sourd à la voix de la justice et à la voix du sang. Mais jusque-là Rome tint bon, et s'obstina, elle aussi, à ne pas restituer leurs droits aux détenteurs du bien d'autrui. Le 11 août 1291, Honorius IV écrivait encore à l'évêque de Majorque et aux autorités de l'île pour les adjurer de rester fidèles à leur seigneur naturel et de ne prêter aucun serment, aucune obéissance au « tyran », mais de résister plutôt à ses tentatives. Il faisait appel à leur dévouement à l'Église, et il ajoutait même que leur devoir était de reve-

---

1. Rymer, *ibid.*
2. Zurita, *ibid.*

nir sous la loi de son très cher fils l'illustre roi de Majorque, de se réconcilier avec lui et de conserver ses bonnes grâces [1]. L'évêque Ponce s'était précisément signalé par sa constante adhésion au parti romain; il avait été chassé de son siège par Alphonse III pour avoir promulgué l'anathème fulminé contre son prédécesseur. Aussi le pape lui octroyait-il en même temps plusieurs privilèges. Mais que pouvaient, contre la force matérielle, les fidélités les plus intrépides? Comme Rome elle-même, elles en étaient réduites à attendre des jours meilleurs.

1. « *Quin imo ad devotionem et fidelitatem vestri domini naturalis, charissimi in Christo filii nostri Jacobi, regis Majoricarum illustris, prudenter redire, sibique intendere, ut tenemini, et parere curetis; ita quod inter vos et eum gratia reconciliationis adveniat, vosque gratiosum et propitium vobis habeatis eundem.* » Raynaldi, an. 1291, n° 52.

CHAPITRE II

ACQUISITION DE MONTPELLIÉRET PAR PHILIPPE LE BEL

Pendant que, sur le terrain diplomatique, Philippe IV semblait défendre avec énergie les intérêts de son allié, il préparait d'un autre côté une annexion qui, bien que légitime, était appelée à lui porter un coup fatal dans l'avenir. La ville de Montpellier comprenait, nous l'avons vu, deux parties inégales : l'une, soumise à l'autorité du roi de Majorque, se nommait plus proprement Montpellier; l'autre, réservée à l'évêque de Maguelonne, qui avait néanmoins la suzeraineté des deux, s'appelait Montpelliéret, diminutif trahissant une origine postérieure, en dépit du nom de *part antique*, qu'elle porta plus tard. Ces deux bourgs ou ces deux paroisses, d'étendue inégale, adossés à la même colline, l'un du côté du nord, l'autre du côté de l'est, avaient fini, en raison d'accroissements successifs, par se rapprocher et se rejoindre. Au xiiie siècle, une enceinte commune les réunissait déjà. Peu à peu, ils ont couvert toute la montagne et même une partie de la plaine voisine. Ils sont si bien confondus dans la ville moderne, qu'on a peine à retrouver leurs limites respectives [1]. Du reste, les guerres de religion et des révolutions de toute sorte ont tellement transformé l'aspect de Montpellier, que celui qui cherche à en reconstituer la physionomie ancienne se trouve plus dérouté que partout ailleurs. Du

---

[1]. V. à ce sujet Germain, *Hist. de la comm. de Montpellier*, III, 349 et ss. La part antique ou part *de lay* (par opposition à la part *de say*) s'étendait de la porte de Lattes à celle du Pila-Saint-Geli (*Thalamus parvus*, p. 590).

château des rois d'Aragon et de Majorque, dont quelques vestiges se voyaient encore en 1845, au point culminant de la cité, il ne subsiste plus que l'emplacement, occupé depuis cette époque par le Palais de justice. De Montpelliéret, dont les constructions du génie militaire ont effacé les dernières traces, une seule rue a conservé le nom et le souvenir. C'est sur cette part épiscopale que Philippe le Bel avait jeté les yeux, pour y planter le premier jalon de la domination française. Son père avait fait reconnaître, par l'entremise du sénéchal de Beaucaire, ses droits suzerains sur la cité entière. Par un progrès naturel, et dont la politique de nos rois était, pour ainsi dire, coutumière, il voulut, lui, entamer la conquête de la souveraineté directe, qu'un de ses successeurs ne manquerait pas d'achever. C'est cet esprit de suite dans les idées, c'est ce travail lent, mais continu d'extension territoriale qui, érigé en principe, a fait, comme l'a remarqué M. Auguste Longnon [1], la grandeur et la force de la dynastie capétienne.

La réunion de Monpelliéret au domaine royal ne répondait pas seulement à un désir d'agrandissement : elle parait à un danger que la faiblesse du royaume de Majorque et son absorption possible par l'Aragon rendaient presque imminent. Cette dernière puissance pouvait, à un moment donné, ressaisir la possession de Montpellier, ou du moins la revendiquer. C'était, à bref délai, ou une nouvelle guerre internationale, ou un voisinage inquiétant. Ainsi, comme dans une foule d'autres cas, les projets ambitieux de la couronne se trouvaient justifiés par une raison de prévoyance et d'opportunité. D'un autre côté, l'alliance avec Jacques Ier, conclue par Philippe le Hardi après sa première entreprise sur la vieille cité des Guillem, et subsistant toujours, quoique déjà moins solide, empêchait son héritier de s'attaquer à la part royale : il ne pouvait songer, pour le moment, qu'à l'acquisition de la part épiscopale, dont l'acquisition,

---

[1]. Leçon d'ouverture du cours d'histoire au Collège de France.

en faisant du roi de Majorque son vassal immédiat, assurait la dépendance perpétuelle de ce prince, en même temps qu'elle opposait d'avance une barrière aux prétentions aragonaises.

Tels furent, du côté du roi de France, les motifs déterminants de l'acte considérable dont j'ai à parler, et ce n'était pas, on l'a vu, la crainte de déplaire à son oncle de Majorque ou de léser ses intérêts qui pouvait arrêter Philippe le Bel. Du côté de l'évêque de Maguelonne, souverain incontesté de Montpelliéret, le mobile fut tout différent. Depuis longtemps des conflits continuels surgissaient entre les titulaires du diocèse ou leurs officiers de justice et le seigneur de Montpellier d'une part, les consuls de l'autre, et les premiers en étaient excédés : c'est là, d'après les annales rédigées par un de leurs successeurs, la raison principale qui décida Bérenger de Frédol [1]. Le caractère facile et débonnaire de Jacques Ier était impuissant à modifier un état de choses résultant, non de la volonté des personnes, mais de l'organisation défectueuse de la seigneurie et de la confusion des pouvoirs. Tout récemment, une véritable guerre s'était engagée entre l'évêque et la commune, à propos des exactions commises par celle-ci sur les clercs de son territoire, qui avaient été soumis aux tailles, puis contraints par la violence à les acquitter. L'intervention du pape, dont l'autorité était d'ordinaire profondément respectée dans cette cité si romaine de cœur, était restée inutile. Une enquête, ouverte à la sénéchaussée de Beaucaire par ordre de Philippe le Bel et sur la plainte des consuls, n'avait pas eu de résultat concluant [2]. Le roi de Majorque, de son côté, n'avait rien fait ni pu faire pour réprimer les excès de l'administration communale, dont la puissance balançait la sienne ; bien mieux, son lieutenant les avait favorisés en concourant à l'élection du baile Guillaume du Verteil, auteur de tout le

---

1. *Catalogue d'Arnaud de Verdale*, éd. Germain, p. 148.
2. Arch. mun. de Montpellier, armoire G, cass. 4, n° 1.

mal, d'après la version de l'évêque. Finalement, après plusieurs sentences d'excommunication lancées contre les officiers municipaux et royaux, l'interdit fut jeté par l'official de Maguelonne, le 19 juillet 1291, sur la ville entière [1]. Les offices religieux cessèrent complètement, et la situation des habitants, victimes innocentes du conflit, devint intolérable. Elle dura néanmoins sept grands mois, au cours desquels le sénéchal de Beaucaire détint pendant vingt-et-un jours le fief épiscopal sans pouvoir obtenir la levée de l'interdit. Au bout de ce temps, l'archevêque de Narbonne le leva lui-même, après avoir fait promettre aux deux parties de s'en rapporter au jugement du suzerain suprême, le roi de France, et de son conseil [2].

L'affaire fut donc portée à Paris, et c'est pendant qu'elle s'instruisait que furent échangés, selon toute apparence, les premiers pourparlers relatifs à la cession de Montpelliéret. Qui prit l'initiative, du roi ou de l'évêque? Dom Vaissète assure que la proposition vint de Philippe [3]; l'historien de la commune de Montpellier paraît croire que Bérenger en eut d'abord l'idée [4]. En l'absence de tout témoignage officiel, il est bien difficile de trancher la question ; mais la solution était trop favorable à l'intérêt commun pour ne pas se présenter en même temps à l'esprit de tous deux. Néanmoins la négociation fut longue et, par conséquent, laborieuse. C'était une espèce de coup d'État qui se préparait : il importait que les conditions en fussent mûrement pesées et l'exécution assurée d'une manière certaine avant que le fait ne fût porté à la connaissance du roi de Majorque et de la commune, car l'on pouvait rencontrer de l'opposition, soit chez l'un, soit chez l'autre. Selon toute apparence, ce n'est qu'au bout d'un an, ou à peu près, que l'on tomba d'accord sur tous les points et que le traité fut signé. En effet, l'original porte simplement la date

---

1. V. le texte de la sentence dans Germain, *op. cit.*, II, 99 et ss.
2. *Thalamus parvus*, an. 1292; D. Vaissète, IV, 77.
3. *Ibid.*
4. Germain, *op. cit.*, II, 113.

du mois de mars 1292, et la plupart des historiens ont traduit avec raison ce millésime en 1293 (style moderne), attendu que, dans le mois de mars de cette dernière année, vingt-neuf jours sur trente-et-un sont au nombre de ceux qui, suivant le comput du temps, durent être régulièrement attribués à l'année 1292. On a, d'ailleurs, d'autres pièces, datées du 6 et du 13 du même mois, dont la teneur semble indiquer que l'acte de cession leur est antérieur [1]. Il est donc très probable qu'il remonte réellement aux premiers jours de mars 1293.

Voici, en quelques mots, l'analyse de son contenu.

Adémar de Cabrols, prévôt de Maguelonne, Martin de Vabre, chanoine de la même église, tous deux procureurs de l'évêque et du chapitre, et Bertrand Mathieu, chanoine de Viviers, official de Maguelonne, procureur spécial de l'évêque, délégué, comme les deux premiers, auprès du roi de France, ayant jugé, après de longues délibérations, que la cession projetée devait apporter à leur église de grands avantages et lui éviter de graves désagréments, dans le présent comme dans l'avenir; considérant, notamment, que la juridiction temporelle dont elle était en possession était un lourd fardeau et ne produisait qu'un très mince revenu, tandis que ce qu'on leur offrait en échange serait pour la dite église d'une utilité certaine et ne lui coûterait aucune peine ni aucuns frais; ont arrêté avec le roi de France les articles suivants :

La juridiction pleine et entière qui appartient à l'évêque de Maguelonne sur la part épiscopale de Montpellier, appelée vulgairement Montpelliéret, et sur le territoire qui en dépend, est transférée au roi et à ses successeurs. L'évêque conservera toutefois le jugement des légers délits qui seront commis dans son hôtel par les gens à son service, à condition que ce personnel ne dépasse pas le nombre accoutumé.

La suzeraineté et l'hommage auxquels a droit le même

---

[1]. Ils sont cités dans l'*Histoire du commerce de Montpellier*, du même auteur (I, 132).

prélat sur le seigneur de Montpellier et sur son fief, comprenant la ville de Montpellier, le château de Lattes et leurs dépendances, avec tous les avantages temporels qu'ils impliquent, sont également transportés au roi, sans que l'évêque puisse en rien distraire ni céder à un tiers. Ils ne pourront sortir de la main du roi, ou tout au moins de la maison royale, et aucun autre suzerain ne pourra être donné à l'église de Maguelonne.

Ce transfert comprend tous les droits seigneuriaux et domaniaux exercés sur les Juifs de Montpellier, excepté les cens ou usages et les lods et ventes que l'évêque perçoit à raison de leurs biens, et dont il se réserve la moitié par indivis.

L'évêque retient pareillement la moitié des produits du four existant dans la part épiscopale et de la concession de tout nouveau four sur le même territoire. A sa requête ou à celle de ses gens, les officiers royaux seront tenus de construire un second four ; puis, à la demande de ceux-ci, il devra lui-même en faire construire un troisième, s'il devient nécessaire, sous peine de perdre la moitié des revenus qu'il s'est réservée.

En retour, le roi donne et assigne à l'église de Maguelonne, et, pour elle, à l'évêque qui en sera le titulaire, une rente annuelle de cinq cents livres melgoriennes, qui seront assises sur une terre du domaine royal, dont la pleine juridiction, le mère et mixte empire et les premiers appels leur appartiendront entièrement. L'assiette et l'estimation seront faites par des arbitres compétents. Le roi gardera seulement sur cette terre le droit d'ost et chevauchée et les autres prérogatives militaires appartenant au suzerain ; les officiers royaux signifieront la chevauchée à l'évêque, qui convoquera lui-même les hommes, suivant la manière de procéder usitée dans la sénéchaussée de Beaucaire.

Est également cédée au roi de France la moitié par indivis des cens, usages, lods et ventes revenant à l'évêque ou à son official sur tous les biens que possède leur église à Montpellier, à Montpelliéret et aux environs, excepté ceux qui seraient à percevoir sur les moulins et leurs dépendances, lesquels demeureront en entier à l'évêque. Celui-ci recevra pour ces revenus une compensation convenable, estimée aussi par des arbitres dignes de foi.

Tout ce qui est assigné au prélat en échange de ses droits précités et tout ce qu'il se réserve sur Montpellier ou Montpelliéret sera tenu en fief de la couronne, tant par lui que par ses successeurs. Au reste, il jouira, dans l'ancienne part épiscopale, devenue la part royale, de toutes les immunités ou prérogatives dont il a coutume de jouir dans celle du roi de Majorque, et le baile du roi de France, en entrant en fonctions, jurera d'observer les privilèges de l'église et du chapitre de Maguelonne.

Les terres sur lesquelles doivent être assises la rente et l'indemnité mentionnées plus haut sont, dès à présent, cédées aux procureurs de Bérenger de Frédol, sous les réserves stipulées. Les sujets du roi qui y sont domiciliés seront tenus d'obéir à l'évêque à partir du jour où l'assiette aura été réglée et la remise opérée.

Les trois commissaires ecclésiastiques déclarent accepter, au nom du prélat qu'ils représentent, ces différentes clauses, et s'engagent personnellement à les faire exécuter, réservant seulement les droits du saint-siège et ceux de l'archevêque de Narbonne en ce qui peut les toucher. En conséquence, ils apposent leurs trois sceaux au présent traité, fait à Paris, au mois de mars [1].

Tout semblait bien prévu, bien arrêté par ce contrat synallagmatique. Dès le mois suivant, Alphonse de Rouvray, sénéchal de Beaucaire et de Nîmes, fut chargé de le mettre à exécution et d'aller prendre possession des nouvelles acquisitions de la couronne. Il se rendit donc à Montpellier,

---

1. Arch. nat., J. 339, n° 12. Je ne reproduis pas le texte même de la pièce, parce qu'il a été publié par Germain (*Hist. de la commune de Montpellier*. II, 354), d'après l'exemplaire conservé aux Archives départementales de l'Hérault. Cet exemplaire, étant la contre-partie de celui du Trésor des chartes, est rédigé au nom du roi, au lieu de l'être par les procureurs de l'évêque, et scellé du sceau royal : c'est à peu près la seule différence qu'on remarque entre les deux.

et là, il fit convoquer à son de trompe dans le cloître des Frères Mineurs tous les citoyens, ou du moins tous les chefs de famille habitant la part antique. Il manda en même temps Raymond de Montferrier, lieutenant du roi de Majorque, les autres agents de ce prince et les consuls. Lui-même avait amené ses principaux officiers et la plupart des barons de sa sénéchaussée. Devant cette assemblée imposante, il déclara, le 16 avril, par l'organe de Pierre de Béziers, procureur du roi de France, que son souverain seigneur avait acquis de l'évêque de Maguelonne tous ses droits de suzeraineté sur Montpellier, ainsi que le domaine direct de Montpelliéret. Le roi avait l'intention de gouverner ses nouveaux sujets avec bonté, de les traiter favorablement, de les défendre énergiquement, eux et leurs biens, contre la violence ou l'oppression, et de conserver tous leurs usages, toutes leurs bonnes coutumes. Conséquemment, des officiers royaux étaient préposés à leur administration : Guichard de Marzy [1], chevalier, était nommé *recteur*, et, en son absence, Rainaud de Misy, viguier de Sommières, était chargé de le remplacer provisoirement; Sevin d'Antony était nommé juge et Jean Roger notaire de la cour du roi. Leur serment était reçu; mais, s'ils commettaient quelque injustice envers les habitants, ceux-ci n'auraient qu'à recourir au sénéchal. Un sceau royal était créé pour le domaine de Montpelliéret, et tous les contrats passés sur ce territoire devaient en être munis pour être considérés comme valables. Le lieutenant du roi de Majorque et Étienne Sabors, son procureur, étaient requis de notifier à leur maître la prise de possession et de le prier de rendre désormais au roi de France les devoirs qu'il rendait précédemment à l'évêque [2].

---

1. Et non de Marsiac, comme l'appelle dom Vaissète. Son nom est écrit en latin *de Marsiaco*, en français *de Marzi* (Arch. nat., J 339, n° 13).
2. Arch. nat., J 339, n° 13. Un acte analogue existe aux archives de Montpellier sous la date du 14 avril (arm. C, cass. 18, n° 1). D'autre part, le *Thalamus parvus* dit que le transfert de Montpelliéret eut lieu le 17, la prise de possession le 19, et l'assemblée du peuple le lendemain (p. 32 et s).

Cette déclaration fort nette, et quelque peu impérieuse, fut accueillie par de timides protestations, qui paraissent, du reste, n'avoir été faites que pour la forme. Le même jour et au même lieu, Raymond de Montferrier, tant en son nom qu'au nom du procureur et du baile du roi de Majorque, tous deux présents, fit observer que ce prince avait sur Montpelliéret des droits nombreux et variés, et qu'il ne pouvait consentir à les voir léser; cependant il n'entendait point intervenir par voie judiciaire (*parare judicium*). Ses officiers, d'ailleurs, lui en référeraient, et feraient comme il leur serait ordonné. Alphonse de Rouvray, digne successeur de Guillaume de Pontchevron, répondit fermement qu'il n'admettait pas de semblables réserves et qu'il se proposait de passer outre. Pierre Lambert, assesseur des consuls, exposa ensuite que ceux-ci ne pouvaient reconnaître les nominations qui venaient d'être faites, attendu que les fonctionnaires nommés étaient des étrangers, ni aucune infraction aux coutumes et privilèges de la ville. Le sénéchal répliqua, d'un ton dégagé, qu'il se souciait peu (*non multum curabat*) de cette opposition superflue, puisque le maintien des coutumes était chose entendue. Puis il fit dresser du tout un procès-verbal détaillé, et, comme il l'avait dit, passa outre [1]. Les consuls n'insistèrent pas; au fond, ils espéraient trouver dans Philippe le Bel un soutien puissant contre Jacques Ier, avec les officiers duquel ils étaient en difficultés. Quant à ce dernier, il fit bien rédiger, un peu plus tard, une vague protestation [2]; mais tout se borna là, pour le moment du moins. La résistance matérielle opposée par les prud'hommes de Montpellier à l'occupation de leur ville par les Français, arrivés avec une force armée considérable, leur résolution de se faire tuer plutôt que de les laisser pénétrer chez eux, l'intervention du roi de Major-

---

Il est possible que les opérations aient duré plusieurs jours. En tout cas, la date des actes officiels doit être préférée. Il y avait d'ailleurs longtemps, au 17 avril, que le traité d'échange était signé.

1. Arch. nat., *ibid*.
2. Arch. mun. de Montpellier, arm. C, cass. 18, n° 1; Germain, *op. cit.*, II, 361.

que, qui les aurait suppliés de laisser faire, sous prétexte qu'il était certain de rentrer un jour dans son droit à cause de son alliance avec le roi de France, tout cela est une légende forgée de toutes pièces dans le cerveau de Muntaner, entraîné, comme d'habitude, au-delà des limites de la vraisemblance par son aversion déclarée pour les adversaires de ses princes. Du reste, le bon chroniqueur a mêlé à son étrange version des faussetés si évidentes, qu'il en a démontré lui-même le caractère fabuleux. Ne va-t-il pas jusqu'à mettre en cause Philippe le Hardi et à lui attribuer, au lieu et place de son fils, l'acquisition de la part épiscopale, afin de le faire manquer à la parole qu'il aurait donnée à Toulouse de ne jamais contracter aucun échange avec l'évêque de Maguelonne [1]? C'est, en vérité, trop présumer de la simplicité de ses lecteurs. Sans doute, les sujets de Jacques Ier lui étaient attachés et devaient voir dans l'annexion d'une petite portion de leur cité à la France une menace pour l'avenir; sans doute, ils étaient encore loin d'être tous français de cœur, comme s'est plu à le dire, avec une certaine exagération, un historien moderne [2]. Toutefois ils ne professaient nullement les sentiments d'antipathie que Muntaner s'est plu à leur faire épouser, et, quand il nous dit ailleurs que la domination française n'a jamais été et ne sera jamais agréable aux véritables naturels du pays, qu'elle n'a pu y prendre racine que par l'arrivée d'une foule de gens

---

1. Muntaner, ch. xxxix. Dom Vaissète (IV, 78) et après lui Germain (*op. cit.*, II, 304 et ss) ont déjà relevé l'absurdité de cette explication intéressée. Mais ce qu'il y a de plus joli, ce sont les conséquences que l'historiographe aragonais tire du fait qu'il vient d'inventer. Le roi de Majorque, dit-il, alla plusieurs fois réclamer en France; mais il ne reçut jamais que des réponses dilatoires. « Et avec ces belles paroles il le trompa sa vie durant; et ainsi ont fait tous les rois de France jusqu'à ce jour. Et il ne leur a pas suffi de prendre possession de la partie de l'évêché : ils se sont emparés de tout le reste de la ville. Quelle fraude plus manifeste a jamais eu lieu? Aussi vous pouvez être certains qu'un jour ou l'autre une grande guerre amènera de grands maux; car *les rois d'Aragon* ET DE MAJORQUE *ne l'endureront point,* et je crois qu'il en coûtera cher à la maison de France. » On pourrait croire à une confusion involontaire entre les événements de 1293 et ceux de 1282. Mais quelle ignorance de son sujet il faudrait supposer au chroniqueur, si l'on admettait ici sa bonne foi!

2. Germain, *op. cit.*, II, 306.

de Cahors, de Figeac, de Saint-Antoine, etc. [1], il amplifie à son tour; car, si les bourgeois de Montpellier n'étaient pas encore gagnés à la cause nationale en 1293, ils l'étaient en grande partie à l'époque où il écrivait, et l'annexion en question devait fortement contribuer à cette transformation graduelle de l'esprit public. Leur intérêt bien entendu les poussait dans les bras de la France : ils n'étaient pas hommes à résister à des considérations de cette nature.

Mais, si la prise de possession s'effectua facilement, il n'en fut pas de même de l'assiette des cinq cents livres de rente assignées au suzerain dépossédé. Bien que les conseillers du roi eussent eu tout le temps nécessaire pour s'entendre, sur ce point comme sur les autres, avec les procureurs de l'évêque, et que le traité eût été mûrement discuté, les deux parties eurent de la peine à s'accorder lorsqu'on en vint au choix de la terre qui devait être dévolue, à titre de garantie, à l'église de Maguelonne. Dans le courant de mai, Alphonse de Rouvray fit à Bérenger de Frédol une première proposition et le pria de lui envoyer des commissaires le mardi après l'Ascension. Le prélat répondit que l'affaire était ardue et qu'il préférait assister lui-même aux opérations, mais qu'en raison de son état de faiblesse (il était alors très âgé) il ne pouvait chevaucher bien loin et demandait à être excusé s'il ne pouvait arriver au jour fixé. On songeait à lui assigner la ville d'Alais; mais il s'en souciait peu, pour différentes raisons, et cherchait sans doute une échappatoire. Au mois de juillet, le recteur de Montpelliéret, Guichard de Marzy, lui fit de nouvelles offres et se déclara prêt à lui donner satisfaction au nom du roi. Il l'assura, de la part du sénéchal, que le lieu de Sauve et sa bailie formeraient une assiette très convenable. Une enquête avait été ouverte sur leur produit exact, et quatre officiers royaux, parmi lesquels le même Guichard et Guillaume de Nogaret, le célèbre légiste, avaient recueilli dans le pays même une quantité de dépositions sur le prix du blé, sur la valeur des

---

1. Ch. xv.

biens-fonds, sur les juridictions dont ils dépendaient, car les gens du roi n'étaient pas d'accord sur ces bases essentielles de l'estimation [1]. Finalement, les revenus de Sauve et des paroisses voisines avaient été jugés supérieurs à la somme nécessaire. On voulut les faire accepter à Bérenger, en stipulant que, s'il éprouvait un mécompte, il en serait dédommagé ailleurs, et que, s'il y avait, au contraire, excédant de recettes, cet excédant serait laissé au roi. Le vieillard, se méfiant des calculs faits par des serviteurs aussi empressés, observa qu'il était bien étonnant que cette terre, après avoir été évaluée au-dessous de cinq cents livres, se trouvât tout d'un coup valoir beaucoup plus; que les chiffres étaient incertains, contradictoires; que les habitants de ce pays, sujets dévoués de Philippe le Bel, prendraient ses intérêts; bref, tout en ayant le plus vif désir de terminer l'affaire, il demandait de nouveau à réfléchir. Cette fois, le sénéchal se formalisa et déclara que, toutes ses offres ayant été repoussées ou ajournées, il s'abstiendrait d'en faire à l'avenir [2]. Ce n'est qu'au commencement de l'année suivante que l'évêque de Carcassonne, à la suite d'une négociation plus heureuse, décida son collègue à se contenter de l'hypothèque qu'on lui proposait sur le bailliage de Sauve, avec les châtellenies de Durfort, de Sainte-Croix, de Fontanès et de Poussan, qui demeurèrent entre les mains de ses successeurs pendant plus d'un siècle [3]. Mais, qu'importait aux officiers du prince? Ils avaient mis la main d'avance sur l'objet cédé; la livraison du gage leur semblait moins pressée. Depuis longtemps, les sénéchaux et leurs agents se montraient plus royalistes que le roi; nous en avons eu plus d'une preuve, et l'on ne sait vraiment pas s'il faut leur en faire un crime.

---

1. Arch. nat., J 339, n° 13. Cette enquête forme avec les autres pièces relatives à cette affaire, cousues bout à bout, un rouleau très long, qui semble avoir échappé à l'attention des historiens du Languedoc et de ceux de Montpellier. Elle contient des renseignements utiles au point de vue économique.
2. *Ibid.*
3. D. Vaissète, IV, 78; Gariel, *Ser. Præs.*, I, 421.

L'intervention personnelle de Philippe IV dans l'exécution du traité est donc assez douteuse. Les conditions de l'échange elles-mêmes sont-elles de nature à légitimer la remarque faite à ce propos par l'historien de la commune de Montpellier, que « le petit-fils de saint Louis était décidément passé maître en affaires » et que le « bon évêque » avait été dupé [1]? En tout cas, il ne dut pas être dupé à son insu, car, d'après ce qu'on vient de voir, ce n'était pas précisément un homme facile à abuser, et il avait à loisir pesé les bons et les mauvais côtés de sa détermination. Sans doute, une rente de cinq cents livres était peu de chose en comparaison des droits de suzeraineté qu'il abandonnait. Mais il faut se rappeler que cette suzeraineté était assez illusoire, puisqu'il voyait s'exercer par dessus sa tête l'autorité d'un seigneur suprême reconnu et salué par lui, de celui-là même en faveur duquel il résignait ses pouvoirs. Il perdait peut-être quelques avantages matériels; en revanche, son église y gagnait de n'être plus impliquée dans de perpétuelles et mesquines querelles, et lui-même, dans une lettre où il informait son ancien vassal du transfert de ses droits, déclarait que cette considération, jointe à son respect pour le roi de France, lui avait dicté sa conduite [2]. La société civile, de son côté, y gagnait la suppression d'un intermédiaire entre le roi et le possesseur du domaine direct; il restait toujours trop de complications dans le fonctionnement du système féodal, trop d'échelons inutiles dans sa hiérarchie. En somme, les plus compromis parmi les intérêts en jeu dans ce grave événement étaient peut-être ceux qui se trouvaient, en apparence, le moins lésés : Jacques Ier aurait fait entendre bien d'autres protestations, s'il avait prévu les conséquences qu'allait avoir pour son petit royaume un contact immédiat, j'allais dire une promiscuité de tous les instants avec la plus grande puissance de l'époque.

---

1. Germain, II, 115.
2. « *Propter ipsius domini nostri regis honorem et pro evidenti utilitate nostra et ecclesie nostre et recompensacione decenti.* » Arch. nat., P. 1353, n° 756.

Dès les premiers temps qui suivirent l'annexion de Montpelliéret, les difficultés créées par la nouvelle situation commencèrent à se traduire en plaintes réciproques. Quelques années auparavant, le roi de Majorque et les consuls avaient déjà fait remettre à un sergent français une cédule en papier, contenant l'énumération de certains torts que leur causaient le sénéchal de Beaucaire et ses officiers, en empêchant les marchands italiens de venir trafiquer dans la ville; le Parlement avait été saisi de l'affaire, et l'arrêt intervenu avait seulement autorisé les gens du pays à aller faire à Nîmes le négoce avec les Lombards, lorsque ceux-ci auraient apporté là leurs marchandises [1]. A partir de 1294, les différends se multiplièrent, en dépit des tempéraments apportés alors dans la pratique par quelques mandements royaux, plus ou moins bien obéis du reste, ordonnant de respecter les conventions passées autrefois avec l'évêque au sujet du partage de la juridiction, de ne pas incarcérer les sujets majorquins pour des délits commis sur le territoire français, etc. [2]. Dans le cours de cette année, des enquêteurs chargés d'empêcher le transport des laines hors du royaume eurent maille à partir avec les sujets de Jacques : Philippe le Bel, satisfait pour le moment, sembla vouloir amortir le coup qu'il venait de porter à son oncle : il envoya l'ordre de cesser toute procédure contre ses gens, et de laisser les fabricants de draps du pays s'approvisionner où bon leur semblerait [3]. Afin de lui rendre la transition un peu plus douce, il l'autorisa provisoirement à nommer, comme par le passé, des notaires publics dans les deux parties de la ville de Montpellier [4]. L'année suivante, tandis que les consuls étaient aux prises avec Alphonse de Rouvray, qui exigeait d'eux un service de gens d'armes et les avait ajournés devant Guillaume de Nogaret, devenu juge-

---

[1]. Arch. mun. de Montpellier, arm. B, cass. 8, n°ˢ 7, 8; Boutaric, *Actes du parlement de Paris*, n° 692*.

[2]. Bibl. nat., ms. lat. 11017, cité par M. Molinier dans la nouvelle édition de l'*Hist. du Languedoc* (IX, 170).

[3]. Arch. mun. de Montpellier, arm. A, cass. 16, n° 4.

[4]. D. Vaissète, IV, 78.

mage de la sénéchaussée [1], les officiers majorquins, de leur côté, réclamaient contre les criées ordonnées par le recteur de la part antique sur le fait des monnaies d'or et d'argent ; le lieutenant de leur prince se rendait même à Paris pour tâcher d'arranger ce différend [2]. A la même époque, le représentant du roi de France interdisait aux habitants de Montpelliéret d'assister en armes aux montres organisées sur le territoire voisin, et cette défense était accueillie par une protestation, comme attentatoire aux droits seigneuriaux [3]. Les nouveaux sujets de la couronne et ceux de son nouveau vassal immédiat avaient peine à se plier au joug ; mais ils avaient affaire à plus fort qu'eux, et Philippe, tout en les ménageant, était résolu à affirmer nettement son pouvoir, en attendant qu'il cherchât à l'étendre.

Bientôt la cour du Petit-scel, créée par saint Louis pour les besoins des croisés, et chargée principalement de juger en matière de dettes, ce qui lui donnait une grande importance, fut transportée d'Aigues-Mortes à Montpellier. Le transfert de l'établissement monétaire de Sommières dans cette dernière ville fut également décidé. Une bourse de commerce fut fondée, sous la surveillance du recteur. L'institution d'une bourgeoisie royale, avec tous les avantages qu'elle entraînait d'ordinaire, acheva de créer dans la vieille cité un parti français et d'attirer au roi des dévouements intéressés [4]. Ce n'était pas encore des empiétements ; mais c'était des indices très clairs d'un projet d'annexion complète. L'acquisition de Montpelliéret était déjà un coup de maître. Toutefois l'habileté de la politique de Philippe le Bel se dénote encore plus, peut-être, dans la savante gradation qu'il observa pour arriver à une domination sans partage et dans le mélange heureux qu'il sut faire de ses faveurs avec les actes d'autorité.

Quelque temps après le rétablissement définitif de la paix

---

1. Arch. mun. de Montpellier, arm. E, cass. 1, n°ˢ 15, 16.
2. *Ibid.*, arm. B, cass. 8, n° 6.
3. *Ibid.*, arm. dorée, cass. 9, n° 3.
4. Germain, II, 124.

avec l'Aragon, dont je parlerai dans le chapitre suivant, le roi de Majorque, se jugeant, et non tout à fait sans raison, victime des excès de zèle des fonctionnaires français, dut élever contre eux une série de plaintes. Il les fit coucher par écrit sur un long rouleau de parchemin, et, comme il se trouvait alors en bonnes relations avec le nouveau monarque aragonais, Jacques II, rentré lui-même en grâce auprès du roi de France et du pape, il fit appuyer par lui ses réclamations comme si ce prince eût été personnellement intéressé dans la question, ce qui n'était peut-être pas très adroit, ni surtout très conséquent, après tout ce qui s'était passé. L'exposé des griefs est même rédigé en leur nom commun, sur un ton très respectueux, d'ailleurs, et essentiellement pacifique [1]. Il ne contient pas moins de quarante-six articles. En voici les principaux, en dehors de ceux qui concernent les petits conflits de juridiction devenus presque journaliers :

Les navires venant d'Espagne à Lattes ou à Frontignan sont forcés de se rendre d'abord à Aigues-Mortes, pour transporter de là leurs marchandises à Montpellier.

Le recteur de Montpelliéret reçoit en qualité de bourgeois du roi de France des sujets du roi de Majorque, et cela sans qu'ils transfèrent leur domicile sur la part antique, contrairement aux statuts édictés par saint Louis.

Le roi de France veut que l'on porte par devant lui tous les appels de Montpellier, bien que l'évêque de Maguelonne, ancien suzerain, n'en exigeât pas autant.

---

1. On en peut juger par les premières lignes de ce long document, demeuré inédit : « *Hec sunt, inter alia, gravamina que dominis regibus Arragonie et Majoricarum inferuntur per officiales domini regis Francorum in baronia Omeladesii et vicecomitatu Carladesii ac in villa Montispessulani; que tamen non offeruntur in figura judicii, nec animo subeundi judicium nec litigium aliquatenus, sed ad domini regis Francorum conscienciam solummodo informandam.* » (Arch. nat., J 594, n° 23.) La pièce ne porte aucune date. Cf. un autre mémoire, en neuf articles, apporté à Paris, vers le même temps, par le roi de Majorque en personne, et contenant diverses réclamations contre les agissements des officiers du roi de France, qui vexaient les habitants des deux parts. (Bibl. nat., ms. lat. 9192, f° 68; Molinier, nouvelle édition de l'*Hist. du Languedoc*, IX, 214.)

Les Lombards et les Italiens sont contraints d'aller habiter sur les terres du roi, à Montpelliéret ou à Nîmes.

Plusieurs changeurs de Montpellier, justiciables du roi de Majorque, ont été arrêtés ou rançonnés à Montpelliéret.

Le sénéchal de Beaucaire a fait mettre en sa main le port de Lattes.

Les notaires du roi de Majorque se voient troublés dans l'exercice de leurs fonctions par les notaires français.

Les officiers du roi de France vont habiter sur la part du roi de Majorque et y font tout ce qu'ils veulent; ils y font même battre monnaie, contre l'usage antique.

Le roi de Majorque est forcé de faire plaider tous ses procès devant la cour du roi de France, bien qu'il ne soit son vassal que pour Montpellier et Lattes.

On voit par ce seul résumé combien les bons rapports étaient difficiles et les sujets de querelle variés entre les deux voisins. Il y avait là des griefs imaginaires; il y en avait aussi de fondés. L'empiètement commençait quand les fonctionnaires de l'un, par exemple, allaient faire la loi sur le territoire de l'autre. Mais comment les contraindre à fixer leur demeure dans un faubourg, lorsqu'ils avaient toute la ville à leur portée? Sur la plupart des points, les conseillers de Philippe le Bel avaient de bonnes raisons à opposer, et ils n'y manquèrent pas. Le roi saint Louis, répliquèrent-ils, s'est entendu avec les marchands étrangers lorsqu'il a fondé le port d'Aigues-Mortes, et c'est à leur propre requête qu'il a ordonné aux navires de s'y arrêter [1]. Le roi de Majorque est l'homme-lige du roi de France et doit remplir tous les devoirs résultant de cette situation. Dix-sept villes de Lombardie ont obtenu pour leurs citoyens le droit de séjour à Montpellier; les autres sont encore soumises à la règle générale. Le roi a le droit de créer des notaires à volonté; il ne le fait pas comme seigneur de Montpellier, mais comme

---

1. Cette mesure, d'après Germain, fut prescrite par une lettre de Philippe le Hardi, de même que celle qui avait pour but d'attirer les marchands italiens à Nîmes; mais son père avait pu donner antérieurement des ordres conformes.

suzerain. Quant aux abus commis par ses officiers, il est prêt à les réprimer et à nommer deux délégués pour aller les vérifier [1].

Ainsi, fidèle à sa tactique, Philippe donnait d'une main et retenait de l'autre. Toutefois ce qu'il accordait en consentant à une enquête était, dans le fond, assez peu de chose, car cela ne l'engageait à rien. Nous possédons justement l'information très détaillée qu'il fit faire à cette occasion, en 1299, par Gui de la Charité, évêque de Soissons, et Richard Neveu, archidiacre de Lisieux [2]. Elle eut lieu de concert avec les parties intéressées, et porta principalement sur l'obligation imposée aux négociants italiens ou espagnols de débarquer à Aigues-Mortes et d'y acquitter un droit de transit; car, pour la cité marchande qui formait le plus beau fleuron de la couronne de Jacques Ier, les questions commerciales primaient tout, et celle-ci avait d'autant plus d'importance, que les privilèges réservés au port fondé par saint Louis attiraient de ce côté tout le trafic maritime des côtes languedociennes au détriment des autres villes. On entendit une foule de témoins, pris de préférence parmi les anciens du pays; on recueillit des renseignements très précieux pour l'histoire de la navigation et des variations si curieuses du rivage méditerranéen, de ses étangs, de ses *graux*. Mais ce travail considérable n'aboutit à aucun résultat pratique. Il fallut recommencer, l'année suivante, une deuxième enquête, dont le procès-verbal tient encore plus de place, et celle-ci à son tour ne termina rien [3]. Le monopole attribué à Aigues-Mortes fut maintenu même après l'annexion de la totalité du territoire de Montpellier, et ce n'est que dans les temps modernes que le port de cette dernière ville fut, en réalité, transféré à Cette. Toutefois Philippe le Bel s'empressa de compenser ce désavantage en encourageant de

---

1. Arch. nat., *ibid.*
2. Arch. nat., J 892, n° 9. Cette pièce a été publiée par Germain (*Hist. du commerce de Montpellier*, I, 326-378).
3. Elle remplit un gros cahier de papier, conservé aux Archives nationales sous la cote J 915, n° 28.

toutes les façons, à titre de suzerain, le commerce de la riche cité [1]. Ce fut chez lui une véritable tactique, par laquelle il prépara admirablement le terrain à ses successeurs. Mais autant il s'attachait à flatter ses nouveaux vassaux et les futurs sujets de la couronne, autant il semblait enclin à résister à son « très cher oncle » : c'est que, d'un côté, il avait une terre à conquérir, tandis que, de l'autre, il avait des cœurs à gagner.

C'est dans ce dernier but qu'il se rendit lui-même, en 1302, dans son domaine de Montpelliéret, accompagné de la reine, sa femme, et de ses trois fils. Là, il se montra à toute la population comme un bon père de famille, venant visiter son héritage avec ceux qui doivent le recueillir après lui. Il prodigua ses faveurs aux bourgeois, suivant le procédé qui devait si bien réussir à Louis XI. On lui répondit par un accueil presque enthousiaste ; un *Te Deum* fut chanté en son honneur à Notre-Dame des Tables [2]. Bref, il chercha visiblement à accaparer, en attendant mieux, la popularité de Jacques Ier, et il parut dès lors la partager; bientôt après, il devait achever de la capter en prenant la ville sous sa protection et en confirmant ses privilèges, à la seule réserve de ses droits souverains et de la rémission des crimes extraordinaires [3]. C'est probablement dans le cours de cette visite, et peut-être à la suite d'un entretien avec le roi de Majorque ou l'un des siens, que lui vint l'idée d'un arrangement singulier, dont le projet original nous a été conservé, mais qui, s'il fut conclu, ne devait jamais être mis à exécution [4]. Il s'agissait d'un véritable *condominium* à établir sur la ville entière. L'intérêt public était le prétexte apparent de ce traité de pariage [5], prétexte, à la vérité, fort plausible ; mais l'intérêt particulier du roi de France en

---

1. Il faut lire, à ce sujet, les détails donnés par Germain dans l'ouvrage que je viens de citer (tome I, ch. ii-iv).
2. *Hist. de la com. de Montpellier*, par le même, II, 129.
3. Arch. nat., J 340, n° 36 (acte daté de 1310).
4. On en a la preuve dans un acte publié ci-après, où l'on voit qu'un pariage semblable était encore en projet en 1323 (Documents, n° LI).
5. « *Pro publica utilitate patriæ illius.* »

était, au fond, l'inspirateur, et il suffit, pour s'en convaincre, de lire la minute rédigée par ses conseillers. A la prière de l'archevêque de Narbonne et de l'évêque de Béziers, y est-il dit, une *communion* ou une régie en commun a été convenue entre les deux princes sur les bases suivantes :

Tout d'abord, la part dévolue au roi de France dans cette association étant bien plus importante que celle du roi de Majorque, le premier accorde au second, en compensation, une rente de cinq mille livres tournois sur la ville de Milhau, qui demeurera indivise entre eux [1].

Jacques retient pour lui seul, à Montpellier, son palais, sa chapelle, avec le patronat de celle-ci et les maisons environnantes [2], les cens et autres redevances perçus sur lesdites maisons, le droit de cuisson du pain au four seigneurial. Philippe se réserve un emplacement convenable pour construire un château avec une chapelle, et des droits équivalents. Il excepte aussi de la communauté la forteresse de Milhau et son entourage, en abandonnant à son associé une place pour se bâtir également un château.

Le roi de Majorque et ses successeurs pourront s'intituler seigneurs de Montpellier, et même comtes de Milhau, bien que l'ensemble de ces domaines ne leur appartienne pas en propre.

La haute et la basse justice de Montpellier et de Lattes, avec leur produit, seront partagées entre les deux princes. Les officiers judiciaires seront communs; seulement les causes intéressant la suzeraineté et le ressort, qui étaient précédemment soumises au tribunal du roi de Majorque seront désormais jugées par le sénéchal de Beaucaire, et le produit en appartiendra au roi de France.

---

1. En marge de cet article, il est noté que le roi de Majorque doit faire valoir à sa seigneurie de Montpellier 5,607 livres 4 sols. C'est donc à 10,000 livres de revenu ou environ que l'on évaluait la part de bénéfice du roi de France.

2. « *A portali de Perrono usque ad portale novum, circumeundo cappellam et vallatum de uno portali ad aliud, et puteum, et domum in qua est puteus dictus de Castello, et omnes domos que sunt inter plateam Pellerie et curtem palacii, procedendo per vias publicas usque ad portale novum.* »

Le sceau sera également commun.

Le sénéchal pourra tenir ses assises à Montpellier; les officiers de Jacques pourront rendre leurs jugements dans le palais de leur maître.

Il n'y aura qu'un seul lieutenant pour représenter les deux rois. Il sera nommé alternativement par l'un et par l'autre, à la fin de chaque année, et il leur prêtera serment à tous deux. Ce lieutenant nommera lui-même les autres fonctionnaires de la seigneurie, le baile, le juge, les notaires publics, etc.

Les bans ou annonces publiques, les commandements, les règlements de jeux (*statuta jocalia*) se feront au nom des deux parties; les sergents porteront à la fois les armes de l'une et de l'autre.

Les prisons et les archives de la cour commune [1] appartiendront aux deux.

Les appels pourront être portés du lieutenant au sénéchal de Beaucaire, nonobstant le privilège accordé au roi de Majorque de les renvoyer directement à la cour de Paris. Mais, si l'honneur ou les possessions de ce dernier sont en jeu, il ne sera répondu que par devant le roi de France ou son délégué spécial.

Les crimes seront jugés en commun, excepté les cas de lèse-majesté ou de rébellion contre le roi de France.

La communauté s'étendra, en outre, aux taxes prélevées sur les moulins et les vignes, aux péages, aux *leudes*, aux tailles sur les Juifs, etc. Pour la perception des impôts, chacun des deux princes nommera un collecteur ou receveur; mais les deux receveurs n'auront qu'une seule caisse, dont ils auront chacun la clef.

Tous les marchands du dehors, à l'exception de ceux qui viendront d'Italie, pourront commercer librement à Montpellier, sans être forcés de passer par Aigues-Mortes et d'y déposer leurs marchandises; ils passeront, s'ils le veulent

---

1. « *Archivium in quo cartularia, acta, gesta, registra, etc. ad communem curiam pertinentia servabuntur.* »

par les *graux*, en payant un droit spécial au roi de France et un autre au roi de Majorque pour son port de Collioure. Aucune entrave ne sera mise au transport des vivres du territoire commun sur le sol français, ou *vice versâ*.

L'ost et chevauchée appartiendra aux deux princes. Lorsque le roi de France aura besoin des hommes astreints au service militaire, le roi de Majorque ne pourra les employer.

Les bourgeois prêteront le serment de fidélité à l'un et à l'autre.

Tous deux auront le droit de battre monnaie, s'il est prouvé que Jacques le possédait auparavant, ce dont les gens du roi de France doutent fort [1].

Les rois de Majorque tiendront en fief de la couronne de France tout ce qu'ils auront à Montpellier, à Lattes, à Milhau, et chacun d'eux en fera l'hommage personnellement, dans l'année qui suivra son avènement [2].

Ce beau projet était un chef-d'œuvre d'habileté; mais c'est précisément là, peut-être, ce qui l'empêcha de passer de la théorie dans le domaine des faits. Sous l'apparence d'un partage égal, c'était un véritable contrat léonin à l'avantage de Philippe le Bel, et la chose sautait aux yeux avec une telle évidence, que le rédacteur se croyait obligé de le reconnaître en tête de l'acte, en annonçant à l'avance une compensation pécuniaire. Le possesseur du petit fief de Montpelliéret se trouvait appelé à exercer son pouvoir sur toute une grande cité, ce qui était le plus cher de ses vœux; le seigneur légitime de la ville et de sa banlieue n'y gagnait, au contraire, qu'un agrandissement de juridiction presque insignifiant. Dans ce rêve de *condominium*, imaginé, soi-disant, pour mettre fin à toute espèce de conflit, le fort, devenu plus fort encore, devait en venir

---

1. « *Quod gentes nostre non concedunt* ».
2. Arch. nat., J 340, n° 45. Cette pièce est sans date; mais elle doit être de très peu postérieure à l'an 1302. L'évêque de Béziers Bérenger de Frédol, homonyme de l'évêque de Maguelonne, n'était pas encore cardinal lorsqu'il prit part à la négociation du projet; or, il reçut la pourpre en 1305.

fatalement à étouffer le faible, et sans résistance possible, puisque tout était sanctionné par l'accord des deux parties. La prépondérance forcée, l'expropriation légale se substituaient ainsi aux hasards d'une lutte plus ou moins longue, lutte inégale, c'est vrai, mais toujours incertaine. En outre, si Philippe accordait à son rival, déjà presque son adversaire, quelques indemnités, quelques concessions au sujet du port d'Aigues-Mortes, il avait l'art de lui retirer en partie le privilège des appels directs à la cour royale, qui avait été, on s'en souvient, le prix du concours prêté par Jacques à l'expédition de Catalogne, et auquel, par conséquent, il attachait une valeur considérable. C'était plus qu'il n'en fallait pour l'empêcher de ratifier un marché de dupe. Le traité demeura donc lettre morte; mais ce document inconnu [1] n'en est pas moins curieux ni moins utile à signaler comme caractéristique de la politique envahissante de Philippe le Bel.

Quelle attitude pouvait prendre, en face de convoitises si mal dissimulées, le malheureux roi de Majorque? Faire contre mauvaise fortune bon cœur, suivant l'expression vulgaire, et profiter, en attendant, des marques de condescendance, des dédommagements de diverse nature que son haut et puissant seigneur jugerait bon, dans sa prudence, de lui accorder. C'est ce qu'il fit en effet. Lorsqu'un nouveau différend vint à surgir entre eux, au sujet de l'ordonnance rendue par Philippe IV pour la confiscation des monnaies étrangères fabriquées dans le royaume, Jacques s'inclina, après avoir, toutefois, obtenu une modération en sa faveur, et les plaintes qu'il fut obligé de formuler un peu plus tard contre les empiétements des commissaires royaux sur la juridiction monétaire aboutirent encore un coup à une enquête sans résultat [2]. Le jour où un autre désaccord s'éleva à propos des gens d'armes requis pour les besoins de la guerre de Flandre, il céda également, bien qu'il

---

1. D. Vaissète ne fait que le citer (IV, 151); Germain n'en parle pas.
2. D. Vaissète, IV, 109 et s; Arch. nat., JJ 42, n° 40.

jouît dans sa seigneurie des droits régaliens, et se déclara prêt à soutenir son suzerain de toutes ses forces, non seulement avec les ressources que lui fournissait Montpellier, mais avec celles de ses différents domaines ; il voulut seulement, pour cela, un ordre particulier, le roi l'ayant dispensé verbalement d'obéir aux mandements de cette espèce [1]. Jacques se faisait ainsi l'interprète des vœux légitimes de ses sujets et en obtenait la réalisation, quand ils ne lésaient pas les intérêts de son puissant voisin. C'est ainsi qu'il le pria, dans une lettre pleine de marques de respect, de concéder aux Frères Mineurs de Montpellier une tenure contiguë au cimetière de leur église, afin de leur permettre d'agrandir celui-ci et en même temps de faire disparaître quelques petites maisons très mal fréquentées, bâties sur cette tenure [2] ; mais, ici, la suite donnée à sa requête n'est pas indiquée, et, comme le terrain dont il s'agissait dépendait de la part royale, il est assez douteux qu'elle ait été favorablement accueillie. Après avoir une première fois payé au sénéchal de Beaucaire la somme de 3,500 livres tournois pour la quote-part assignée à la ville et à la baronnie, il s'empressa d'accorder un nouveau subside, de concert avec les consuls. Ceux-ci concédèrent même, dans leur zèle de néophytes, plus qu'il ne leur était réclamé. Il est vrai que le maître avait déclaré que ce service ne constituerait point un droit ni un précédent pour l'avenir, car « il ne voulait porter aucun préjudice à son très cher oncle l'illustre roi de Majorque, non plus qu'aux bourgeois et habitants de la cité ». Comment refuser, dit plaisamment Germain, à un roi si honnête et si scrupuleux [3] ? En 1304, Philippe accordait encore aux gens de Montpellier, sur les instances de son oncle, la permission d'exporter les vins du pays, à la condition d'en garder une provision

---

[1]. D. Vaissète, *ibid*. Cf. les lettres écrites à cette occasion par le roi de Majorque et les consuls de Montpellier, publiées dans la seconde édition du même ouvrage (t. X, preuves, p. 400).

[2]. Arch. nat., J 892, n° 2³; Documents, n° XXXVIII.

[3]. *Op. cit.*, II, 130.

suffisante [1]. Un peu plus tard, il partageait avec lui le produit de la vente des immeubles confisqués aux Juifs, et il voulait bien se contenter du tiers de ce produit dans la partie de la ville qui ne lui appartenait pas [2]. Sa tactique lui réussissait trop bien pour qu'il ne continuât pas à l'observer.

Cependant, dans la grave et célèbre querelle de Philippe IV avec le pape Boniface VIII, Montpellier ne devait point pousser le dévouement jusqu'à la servilité. Bien que les officiers du suzerain, qui étaient précédemment des clercs, eussent été remplacés par des séculiers à la dévotion du roi, et que l'administration supérieure eût été ainsi laïcisée, les magistrats se souvinrent des antiques liens qui les unissaient au saint-siège; car, au fond, ils étaient toujours ses arrière-vassaux, et ses droits, trop oubliés, avaient été réservés dans l'acte de cession de l'évêque de Maguelonne. Jacques lui-même, dont le souverain pontife avait pris les intérêts dans le traité de paix générale, et qui reçut plus d'une fois les félicitations de Rome pour sa fidélité à la cause de l'Église, ne pouvait se prêter à l'exécution des desseins hostiles nourris contre elle par son neveu. Lorsque les commissaires royaux se présentèrent pour recueillir les adhésions au concile national, la catholique cité, qui s'était déjà abstenue d'envoyer des députés aux États-Généraux convoqués pour cette triste affaire, souleva des difficultés, et, malgré les actes de soumission d'une grande par-

---

1. V. la requête adressée à ce sujet par les consuls, et contenant encore de nouvelles plaintes (Bibl. nat., ms. lat. 9192, f° 51; *Hist. du Languedoc*, nouv. éd., t. X, preuves, p. 422).

2. Saige, *Les Juifs du Languedoc*, p. 308 et ss. Jusque dans le Roussillon, qui ne dépendait nullement de son domaine, Philippe IV imposa son autorité dans cette affaire. A Perpignan et ailleurs, les sénéchaux firent saisir des Juifs qui étaient sujets majorquins, en dépit d'un mandement de leur maître déclarant qu'il n'avait pas entendu les comprendre dans l'ordonnance générale faite pour son royaume. On exhiba ce mandement. Le sénéchal de Beaucaire répondit qu'aucun des individus en question n'avait été pris sur les terres de Jacques. — Oui, dirent les officiers de ce prince; mais vous en avez pris plusieurs dans votre sénéchaussée. — C'est qu'ils y faisaient l'usure. Ceux qui se sont mis dans ce cas seront relâchés en considération du roi de Majorque; mais les autres seront gardés. (Arch. nat., J 598, n° 13).

tie des habitants, les consuls déposèrent entre les mains du recteur une protestation en règle, où ils en appelaient des délégués du roi au roi lui-même [1]. Mais, dans le procès des Templiers, les injonctions de Philippe le Bel ne devaient rencontrer aucune opposition. La maison de Montpellier était, du reste, au nombre des plus compromises parmi les succursales du Temple, puisque c'est là que se trouvait, d'après l'enquête, la fameuse tête honorée par quelques frères d'un culte idolâtrique. Les chevaliers qui la composaient furent arrêtés sur le territoire majorquin, puis emprisonnés et interrogés à Aigues-Mortes par le délégué royal, Oudard de Maubuisson. C'était au mois d'octobre 1307, quelque temps avant l'ordre d'arrestation générale lancé par Clément V; par conséquent, c'est bien aux volontés du roi que Jacques Ier obéit dans cette circonstance, comme il le fit, du reste, en Roussillon et ailleurs [2].

Pour l'hommage de la seigneurie, que ce prince devait personnellement à Philippe depuis l'acte de cession de 1293, il ne surgit aucune des difficultés qui devaient se produire plus tard. Seulement, sous prétexte des affaires qui étaient encore pendantes entre eux, Jacques demanda et obtint une souffrance d'hommage pour autant de temps qu'il voudrait. Enfin, en 1307, s'étant rendu à Poitiers au moment où le pape et le roi y conféraient ensemble sur la question des Templiers, il accompagna le second jusqu'à Loches, et là il lui rendit l'hommage, le 7 juin, dans les formes voulues [3]. Mais, malgré tout, c'en était fait de l'union

---

[1]. Le texte en a été donné par Germain (*ibid.*, II, 364).
[2]. Ménard, *Hist. de Nîmes*, t. I, preuves, p. 198 et ss; Alart, *Suppression de l'ordre du Temple en Roussillon*, *passim*. Les Templiers du Roussillon furent absous plus tard. Les rois de Majorque et d'Aragon intervinrent auprès du pape en faveur de ceux des Baléares, mais uniquement dans l'intention de recouvrer quelques-uns de leurs domaines, au sujet desquels ils forcèrent les Hospitaliers, héritiers des biens de l'ordre supprimé, à transiger avec eux. (*Ibid.*)
[3]. Arch. nat., J 598, n° 12. Le séjour de Jacques Ier à Poitiers et à Loches est attesté encore par les tablettes de cire de Pierre de Condé, qui mentionne un don fait à son ménestrel Guillaume Rémond par Philippe le Bel, et enfin par la chronique de Saint-Martial, qui nous apprend qu'à son retour il fut reçu à Limoges par les moines de cette abbaye au son des cloches et en grande procession. (*Hist. de la Fr.*, XXI, 811; XXII, 550.)

cordiale des deux monarques. La réunion de Montpelliéret à la France créait entre eux une situation difficile, ne ressemblant plus guère à celle de deux confédérés. L'alliance adroitement scellée par Philippe le Hardi se trouvait déjà ébranlée, pour faire place à d'autres combinaisons et à d'autres habiletés.

CHAPITRE III

RESTITUTION DES BALÉARES OBTENUE PAR LE PAPE ET LA FRANCE

L'acquisition de Montpelliéret eut un contre-coup direct et presque soudain sur les dispositions de Philippe le Bel à l'égard du roi de Majorque, dans les négociations pour le rétablissement de la paix générale. On a vu que, dans les pourparlers ouverts à Tarascon, il s'était montré assez tiède, et que le pape avait dû intervenir pour réclamer la restitution des îles Baléares à leur légitime possesseur, ce qui avait fait avorter le traité au moment où il allait se conclure. Un changement de front rentrait dans la politique de compensation ou de bascule inaugurée par le roi de France envers le seigneur de Montpellier, le jour où il lui avait fait pressentir sa prochaine expropriation. Autant il avait jusque-là négligé les intérêts de ce prince, autant il parut alors les prendre à cœur. D'ailleurs, en provoquant sa réintégration à Majorque, il le poussait vers ses États maritimes et l'éloignait de son voisinage. Le roi d'Aragon devait payer les frais de cette habile opération; mais peu lui importait maintenant : il n'avait plus avec Jacques II des relations aussi affectueuses qu'avec son père. Puis, son oncle de Majorque étant devenu son vassal immédiat, il se considérait sans doute comme tenu de le défendre et de l'assister en tout ce qui ne gênait pas ses intérêts propres. Il faisait donc des vœux pour la réunion d'un nouveau congrès.

De son côté, le successeur d'Alphonse III ne professait plus les sentiments hostiles ni les idées ambitieuses qui avaient poussé son père et son frère à refuser toute concession au sujet du royaume de Majorque. Parvenu inopinément à un trône qui lui était dévolu par le droit dynastique, et non plus par une conquête injuste et contestée, comme celui qu'il occupait précédemment à Palerme, il ne songeait qu'à s'y asseoir solidement et à se faire reconnaître par les adversaires de sa maison. Pour cela, de nouveaux sacrifices étaient nécessaires; mais, après tout, la possession tranquille du royaume paternel, à laquelle son frère Alphonse avait déjà immolé ses prétentions sur la Sicile, valait bien, à plus forte raison, l'abandon de trois petites îles plus ou moins soumises au joug de leur nouveau maître. Ces considérations inclinaient son cœur vers la paix; pourtant, nous allons le voir résister encore et ne céder que peu à peu, tant était vivace la haine de famille qui séparait les deux branches de la race du Conquérant.

Malheureusement, le pape Nicolas IV, qui avait travaillé avec tant d'ardeur au traité avorté de Tarascon, était mort l'année précédente, et le saint-siège était resté vacant. En outre, Édouard Ier était à la veille d'entrer en guerre contre la France : il ne pouvait plus être accepté comme médiateur. Ce fut le roi Sanche de Castille qui reprit son rôle et se chargea de renouer les négociations interrompues. Ayant à la fois un pied dans les deux camps, il était assez bien placé pour remplir cette tâche délicate. Déjà il avait fait sonder les dispositions de Philippe et s'était entendu, à Logroño, avec le roi d'Aragon [1], lorsqu'au mois d'avril 1293 il envoya au premier une nouvelle ambassade, avec mission de préparer officiellement les voies à un traité. Elle se composait de l'évêque d'Astorga et du chantre de Palencia. Charles d'Anjou se trouvait alors à Pontoise avec la cour. C'est là que les délégués castillans furent reçus et que se tint une conférence préliminaire, mais décisive, dont les historiens ont omis de parler [2]. Un projet de con-

---

1. Zurita, I, 353 et s.
2. Le rouleau de parchemin qui en contient le résultat ne porte pas de date ; mais la promesse faite par Charles de Valois dans la conférence est datée de Pontoise, le 5 avril 1293. (Bibl. nat., ms. fr. 23386, f° 189.)

vention très étudié, très détaillé, y fut arrêté d'un commun accord. On prit pour bases les clauses arrêtées, la première fois, à Tarascon; mais on y ajouta quelques articles, et surtout l'on y aborda de front, avec la ferme intention de la trancher, la terrible question de Majorque.

Après avoir stipulé de nouveau que le roi Charles de Sicile s'emploierait à obtenir pour la maison d'Aragon et ses partisans le pardon complet de l'Église romaine, on convint que le jeune monarque aragonais épouserait Isabelle de Castille, fille de Sanche, et solliciterait en même temps une dispense pour ce mariage. Le médiateur n'oubliait pas ses intérêts personnels ; toutefois ce mariage ne devait pas avoir lieu, et la paix devait être cimentée d'une façon bien plus utile par l'union de Jacques II avec la propre fille de son ancien compétiteur. En retour de la renonciation de ce prince à la Sicile, la maison de France s'engagea formellement à abandonner les droits qui lui avaient été conférés sur l'Aragon, et l'on demanda que cet abandon fût confirmé par l'Église.

Au sujet du royaume de Majorque, le projet de traité est particulièrement intéressant, parce que sa minute, à laquelle j'emprunte tous ces détails [1], nous montre, en regard de la rédaction française, les corrections ou les observations des délégués castillans. Trois solutions se présentaient aux négociateurs : ou le maintien de la situation actuelle, qui avait été jugé impossible par le pape et le roi de France; ou la réintégration de Jacques Ier dans l'intégralité de ses droits, avec une pleine indépendance à l'égard de la monarchie aragonaise, ce qui peut-être était la stricte équité; ou enfin le simple rétablissement du *statu quo ante bellum*, c'est-à-dire la restitution des Baléares et la subordination du royaume entier à la suzeraineté de l'Aragon. La troisième parut un moyen terme acceptable. On inscrivit donc dans le projet qu'un délai convenable, mais court, serait assigné pour la remise à Jacques Ier de toutes

---

1. Arch. nat., J 915, n° 13 (rouleau de parchemin).

les terres qui lui avaient été enlevées, à condition qu'il les tiendrait en fief comme par le passé [1]. En revanche, toutes les places prises au roi d'Aragon par les rois de France, de Sicile ou de Majorque devaient lui être également rendues. Si ces conditions étaient agréées par l'Église, les trois alliés garantiraient la paix par lettres scellées de leurs sceaux.

A ces clauses, les Castillans n'ajoutèrent qu'une seule observation : « Il n'a pas été question, dans la discussion, de lettres du roi de Majorque ; sa terre ne lui sera point restituée, s'il ne veut pas s'engager par écrit à observer les conditions de la paix [2]. » On voit que la question de vassalité était toujours une pierre d'achoppement, et que l'on n'était pas du tout sûr de faire accepter au prince dépossédé une restauration aussi incomplète.

Quant à la manière d'effectuer la restitution, on imagina un moyen nouveau, qui devait ménager l'amour-propre singulièrement délicat des deux parties, et qui rappelle tout à fait le procédé employé naguère pour la cession déguisée de la Vénétie à Victor-Emmanuel. Nos diplomates eux-mêmes n'auraient-ils donc rien inventé ? Jacques d'Aragon devait remettre les deux Baléares, avec leurs dépendances, entre les mains du roi de France ou du roi de Sicile, et ceux-ci devaient la remettre à leur tour entre les mains du roi de Majorque, *s'ils le jugeaient à propos* [3]. Le retour au propriétaire légitime était ici plus que sous-entendu : il était laissé à la volonté des intermédiaires. L'Aragonais,

---

[1]. « *Assignabitur eciam terminus competens et brevis ad restituendum regi Majoricarum terras suas, quas Petrus, quondam rex Aragonum, Alfonsus, Jacobus et Fredericus, vel alii eorum nomine occupaverunt, tenendas ab eodem rege Majoricarum eo modo quo tenebat eas ante motam guerram.* » (Art. 7.)

[2]. « *Non fuit actum de litteris regis Majoricarum; verumptamen, nisi velit promittere quod pacem concordatam tenebit, non restituatur sibi terra sua.* » (Art. 9.)

[3]. « *Item de rege Majoricarum tractatum est quod dompnus Jacobus totam terram ipsius regis, videlicet Majoricam et Minorcam, cum earum pertinenciis, ponet in manu regis Francie vel regis Sicilie vel utriusque vel mandati ipsorum aut alterius eorumdem, reddendam dicto regi Majoricarum si ipsi reges vel alter eorum viderint faciendum.* »

de cette façon, ne cédait rien à son rival et ne s'inclinait pas devant son ennemi intime.

Une addition faite après coup stipule toutefois cette réserve, que la remise des îles aux rois de France ou de Sicile n'aura lieu que si leur allié jure la paix et rend lui-même toutes les terres qu'il a prises autrefois à Pierre d'Aragon [1]. Cette phrase donne à supposer que les confédérés avaient conservé en Catalogne quelques-unes de leurs conquêtes; car il ne saurait être ici question des places prises postérieurement à l'expédition de Philippe le Hardi, Pierre III ne vivant plus alors. Les Castillans insistent encore sur la condition, et demandent que Jacques soit lié envers son neveu par tous les serments, par toutes les garanties qui l'obligeaient précédemment envers son frère. Leur observation est pleine de redondances significatives [2]. On accusait le roi de Majorque d'avoir trahi sa foi : on appréhendait qu'il ne recommençât.

La rédaction française dit, en outre, que ce prince devra remettre à ses sujets tous les torts, dommages et offenses dont ils ont pu se rendre coupables à son égard, et les traiter le mieux qu'il pourra. Mais, ces mots sonnant mal aux oreilles des défenseurs de la partie adverse, ils exigent qu'on les supprime et qu'on dise simplement que toutes choses seront remises en l'état où elles étaient avant la guerre [3]. Dans une dernière addition, inscrite au dos de la minute, une clause

---

1. « *Eodem rege Majoricarum bonam pacem et firmam dompno Jacobo et suis promittente, et totum quod occupavit de terra quam dompnus Petrus, quondam rex Aragonum, ante guerram tenebat restituente.* »

2. « *Ut pluries tractatum extitit quod, si debeat fieri restitucio, fiat super eisdem condicionibus, convencionibus, pactis, serviciis et homagiis et fidelitatibus et obligacionibus et penis in quibus Petro, regi quandam Aragonum, fratri suo, tenebatur, ut similiter teneatur dompno Jacobo, et de hoc fiat securitas eidem et suis successoribus ab eodem rege Majoricarum pro se et suis successoribus.* »

3. « *Item teneatur idem rex Majoricarum pacem facere, occupata restituere, toltas absolvere, homagia et juramenta hominum remittere, et Majoricanos meliori modo quo poterit assecurare, et eis injurias et offensas et dampna et interesse remittere. — Ponentur loco verborum predictorum, que sonare videntur in malum, verba que sequntur, videlicet : Reddenda dicto regi Majoricarum, et ab ipso et suis successoribus tenenda eo modo quo ipse rex Majoricarum tenebat easdem terras ante motam guerram.* » (Art. 16.)

analogue est encore répétée, avec la demande d'une amnistie complète et préalable en faveur des Majorquins [1].

Que de défiance et que de précautions! Mais le point essentiel était acquis : la restitution des Baléares était accordée en principe; le droit primait la force, et le vaincu, en somme, avait gain de cause. C'était, pour notre diplomatie naissante, un véritable triomphe. Il restait seulement à faire agréer et ratifier ces conventions par tous les intéressés. Philippe le Bel et son frère donnèrent l'exemple : Charles de Valois signa immédiatement une nouvelle promesse de se conformer à la décision suprême de l'Église, et tous deux renoncèrent d'avance, entre les mains du futur pape, à la concession qui leur avait été faite du royaume d'Aragon, moyennant l'acquiescement de Jacques II aux conditions stipulées, notamment à l'abandon de Majorque et des autres îles [2]. Du côté de Rome, les choses ne pouvaient aller aussi vite, car le saint-siège était toujours inoccupé. Ce n'est que l'année suivante que l'élection de Célestin V permit de songer à terminer les négociations. Les deux nonces chargés de notifier son avènement à la cour de Barcelone s'y rencontrèrent avec Raoul, comte de Clermont, et Pierre Flotte, envoyés de leur côté par le roi de France pour avancer la rédaction définitive du traité. Jacques II, qui avait eu une nouvelle entrevue avec le roi de Sicile entre Panissars et la Jonquère, fit bon accueil aux uns et aux autres et se montra bien disposé [3]. Mais le nouveau pontife eut à peine le temps de lui faire signer une convention particulière avec Charles d'Anjou et de le décider à combattre son frère Frédéric, que les Siciliens, toujours obstinés dans leur rébellion, avaient appelé à régner sur eux. Il abdiqua la tiare immédiatement après, et ce fut à

---

[1]. « *Restituatur terra regi Majoricarum super condicionibus et convencionibus super quibus tenebat eam ante motam guerram, et remittat prius injurias, offensas et dampna que et quos intulerunt dominus Jacobus et sui ei tempore guerre, et parcat Majoricanis, et remittat eis dampna et injurias, et assecuret eos.* »

[2]. Bibl. nat., ms. fr. 23386, f°s 189, 191.

[3]. Zurita, I, 354 et s.

Boniface VIII qu'échut l'honneur de couronner l'œuvre commencée en amenant la conclusion tant désirée d'une paix générale.

Ce pape, fin diplomate, entreprenant, actif, était bien l'homme qu'il fallait pour accorder entre eux des intérêts si divers. Il prit aussitôt la direction de cette grande affaire; il la fit sienne, et, ne prévoyant guère alors que celui dont il allait appuyer les droits et les démarches deviendrait bientôt son mortel ennemi, il s'attacha avec ardeur à faire triompher la cause de sa maison et celle de son allié, qui étaient en même temps la cause de l'Église. Dans le courant de février 1295, moins de deux mois après son élection, il il reçut à Anagni une double ambassade, composée, d'une part, de Pierre de Mornay, évêque d'Orléans, et de Pierre de Cumènes, abbé de Saint-Germain-des-Prés, conseillers du roi de France, représentants de Philippe le Bel et de Charles de Valois; d'autre part, de Gilabert de Cruilles, de Guillaume de Durfort, de Pierre Costa et de Guillaume Galban, légiste, fondés de pouvoir de Jacques II [1]. Les premiers avaient pour instructions de remettre « au noble Jacques d'Aragon » (car ce prince n'était pas encore reconnu comme roi par les anciens adversaires de son père) toutes les places qui avaient été enlevées à Pierre III ou à son successeur, soit par Philippe le Hardi, soit par Philippe le Bel, soit par le roi de Majorque, et qui pouvaient être encore occupées [2]. Les seconds, tout en ayant l'ordre de s'en tenir aux termes du traité de Tarascon, devaient se montrer plus conciliants sur la question de la restitution des Baléares. Des ambassadeurs majorquins, Bérenger de Calderes, chevalier, et Jacques de Bernis, professeur de droit, se joignirent bientôt aux précédents; ils étaient autorisés à faire remise des dommages dus à leur maître personnellement, mais non de ceux qui pouvaient être récla-

---

[1]. Zurita, I, 356.
[2]. La procuration de Charles de Valois qui contient ces instructions est datée du 8 février 1295; elle a été publiée par Baluze (*Vit. pap. Avenion.*, II, 17).

més par d'autres à l'occasion de la guerre, et notamment de l'invasion de l'île de Minorque au temps de la trêve [1]. Cette réunion de délégués forma avec la curie romaine un nouveau congrès diplomatique, où furent débattus, une fois de plus, les griefs réciproques et les conditions d'un traité acceptable pour tous.

Pendant ce temps, d'autres ambassades, d'autres messages s'échangèrent entre les parties intéressées. Charles de Sicile, accompagné de Boniface de Salamandrana et d'un cardinal, vint trouver Philippe le Bel de la part du pape, et fit le sacrifice de son comté d'Anjou en faveur de Charles de Valois, afin de le dédommager de sa renonciation au trône d'Aragon. Philippe, de son côté, envoya porter à Jacques II les projets d'arrangement dont il était question, et les *cortes* se réunirent à Barcelone pour en délibérer [2]. Néanmoins les délibérations du congrès traînèrent en longueur. On alla jusqu'au mois de juin sans pouvoir s'entendre sur la question des Baléares. Les délégués aragonais prétendaient n'avoir point d'instructions suffisantes à ce sujet. Les Français, de leur côté, affirmaient énergiquement que leur maître ne consentirait pas à laisser dépouiller de son bien un allié qui avait combattu avec son père et lui pour la cause commune [3]. Le traité menaçait d'échouer une fois de plus.

A la fin, le pape, effrayé des conséquences d'une nouvelle rupture, prit sur lui de le faire conclure quand même. Tous les articles sur lesquels on était tombé d'accord furent rédigés dans leur forme définitive et signés à Anagni, le 20 juin, avec la participation du cardinal de

---

1. Procuration du 11 mars 1294.
2. Muntaner, ch. CLXXXI et s. Les *cortes*, d'après ce chroniqueur, étaient réunies pour cette affaire au moment de la mort du roi Sanche de Castille (25 avril 1295). Mais, si les démarches dont il parle sont exactes, elles ne furent pas, comme il le dit, l'origine première du traité de paix.
3. « *Cum prefati nuntii regis Francorum firmiter dicerent non esse intentionis regis ejusdem te spoliatum dimittere, quem a guerræ principio ipse ac claræ memoriæ Philippus, rex Francorum, pater ipsius, sicut ejusdem litis consortem, susceperant defendendum.* » (Bulle du 22 juin; Baluze, *Vit. pap. Avenion.*, II, 21.)

Saint-Clément : ils comprenaient les renonciations des rois de France, de Sicile et d'Aragon à leurs conquêtes, à leurs prétentions ou réclamations respectives, la remise réciproque des frais qui leur incombaient, l'oubli de leurs injures, etc. Quant au royaume de Majorque, le pape prononçait *de sa propre autorité* une décision conforme au projet de Pontoise, et qui devait être la condition *sine quâ non* de la ratification de l'Église [1]. Le jour même, il notifiait au roi de France la solution intervenue. Les Baléares, dit la bulle, seront restituées, ainsi que les autres terres enlevées à Jacques; le roi d'Aragon conservera la suzeraineté de ces îles; on rétablira entièrement le *statu quo ante bellum*, sans qu'aucun des deux princes perde ou gagne la moindre chose. En ce qui concerne spécialement Minorque, les Sarrazins chassés de l'île par l'invasion aragonaise n'y seront point replacés, et les colons chrétiens qui leur ont été substitués par l'envahisseur ne pourront pas, dans le cas où ils seraient suspects au roi de Majorque, être bannis au-delà d'un certain nombre ni avant un certain délai, nombre et délai à fixer par le cardinal de Saint-Clément. Les donations de biens faites par les princes aragonais dans la même île seront cassées, et les terres cédées ou acensées par eux au-dessous de leur valeur seront ramenées à leur estimation véritable [2]. L'intérêt de la civilisation chrétienne se trouvait ainsi concilié avec l'intérêt du souverain restauré.

1. Arch. nat., J 589, n° 10. Je ne reproduis pas ce traité parce qu'il est conforme aux conventions antérieurement arrêtées. Mais voici, du moins, la phrase relative à Majorque : « *De facto restitucionis regni Majoricarum et insularum Evice et Minoricarum, cum aliis terris et insulis ei adjacentibus, faciende per predictum dominum Jacobum magnifico principi domino Jacobo, regi Majoricarum, concordatum non extitit inter partes, quia dixerunt procuratores et nuncii predicti domini Jacobi super hoc protestatem aliquam non habere; sed tamen per predictum dominum nostrum summum pontificem super restitucione hujusmodi quedam ordinacio facta est, que in litteris ipsius domini pape que diriguntur dicto domino Jacobo declaratur; cui ordinacioni procuratores et nuncii dictorum dominorum regis Francie et Karoli comitis consenserunt.* »
2. Bulle donnée à Anagni le 20 juin 1295 (Arch. nat., J 715, n° 305¹¹; Documents n° XXXIV).

Le surlendemain, 22, pour ne laisser subsister aucune obscurité dans le règlement de la question, Boniface VIII déclara, en s'adressant de nouveau à Philippe le Bel, que Jacques Ier avait été délié par sentence pontificale de ses serments d'hommage et de fidélité envers le roi d'Aragon, ainsi que tous les vassaux de celui-ci, et que, par conséquent, il le réintégrait justement dans tous ses droits, à la charge de faire dorénavant l'hommage et de donner les garanties autrefois convenues, et moyennant la restitution réciproque des places conquises [1]. Puis une autre bulle du même jour, à l'adresse du roi de Majorque, l'avertissait de la décision prise et le priait instamment (c'était là le point délicat) de ne pas réclamer davantage, dans l'intérêt de la concorde et du bien public. Pour éviter une issue lamentable et imminente, lui disait le souverain pontife, nous avons arrangé ainsi votre affaire, d'accord avec vos défenseurs. Réfléchissez bien aux dangers qu'entraînerait un refus de votre part, à l'état de la chrétienté, aux vœux de l'Église entière. En sacrifiant l'indépendance de votre couronne, vous la consoliderez sur votre tête [2]. Quelques jours après, Boniface, qui avait déjà demandé l'adhésion du roi d'Aragon, insistait pareillement auprès de lui, en faisant ressortir les avantages et la nécessité de son acceptation [3].

Tant d'activité, tant d'instances furent enfin couronnées de succès. Les deux princes se soumirent, du moins en apparence; le décret royal qui avait réuni les Baléares au comté de Barcelone fut annulé; Catalans et Majorquins furent relevés des serments prêtés par eux à cette occasion [4]. En même temps furent arrêtées les conditions du mariage de Jacques II avec Blanche de Sicile, fille de Charles d'Anjou : cette heureuse union, en fusionnant le sang et les droits des

---

1. Bulle donnée au même lieu le 22 juin (*ibid.*, J 715, n° 305¹¹; Documents, n° XXXV).
2. Baluze, *Vit. pap. Avenion.*, II, 21.
3. *Ep.* 163 et 208 (Raynaldi, an. 1295, n°^{s} 25 et ss).
4. *Ep.* 165 (*ibid.*, n° 28).

deux races ennemies, allait effacer la trace de leurs longues discordes. Toutefois l'on ne devait procéder à la cérémonie nuptiale et à la levée des interdits qu'une fois les restitutions, principalement celle de Majorque et des autres îles, réellement opérées [1]. Malgré cela, le mariage fut célébré le 1ᵉʳ novembre suivant, et le monarque restauré par le pape, espérant rentrer plus vite dans son bien, n'attendit même pas jusque-là pour accepter les obligations qui lui étaient imposées. Dès le mois d'août, il reconnut qu'il devait l'hommage au roi d'Aragon ; mais il le fit à contre-cœur, en accompagnant cet acte de soumission d'une protestation secrète et rédigée par devant notaire, à laquelle le sentiment profond de ses droits violés, le ressouvenir amer des violences et des injustices passées communiquent une certaine éloquence juridique. Dans cette pièce curieuse, qui est un véritable résumé historique, il remonte aux origines du débat. Le roi notre père, dit-il, a légué en franc-alleu à l'aîné de ses fils les royaumes d'Aragon et de Valence, avec le comté de Barcelone, au second le royaume de Majorque, embrassant les îles de Minorque et d'Iviça avec les îles adjacentes, les comtés de Roussillon, de Cerdagne et de Conflent, la ville et baronnie de Montpellier. Le premier a formellement ratifié ce partage ; mais, après la mort du père, il a honteusement méconnu ce testament et manqué à sa propre parole, en cherchant à nous dépouiller de notre part légitime. Il a même voulu nous faire la guerre pour ce motif. Nous avons eu recours à l'Église romaine, en raison de cette violation de serment, et à nos autres amis, afin qu'ils nous protègent : ils ont refusé, et, nous voyant hors d'état de nous défendre par nous-même, nous avons dû, par crainte et par nécessité urgente, reconnaître notre domaine pour un fief de la couronne d'Aragon, à l'exception de Montpellier, et conclure avec notre frère Pierre une alliance défensive envers et contre tous. Ensuite l'Église romaine, l'ayant excommunié, ainsi que ses com-

---

1. Baluze, *ibid.*, 18.

plices, pour s'être emparé indûment de la Sicile, et l'ayant privé de tous ses titres, dignités et royaumes, a délié ses vassaux et sujets de leurs serments de fidélité. Le roi de France, soutien du saint-siège, s'apprêtait à descendre en Catalogne : ledit Pierre nous a requis de l'aider contre ce prince ; mais, après mûre délibération, nous avons refusé, parce que cette guerre était la guerre de l'Église et qu'en pareil cas nous n'étions plus obligés de lui prêter notre assistance : nous ne l'aurions même pas fait pour notre propre père, s'il eût vécu. Alors il a envahi traîtreusement, de nuit, à main armée, notre ville de Perpignan, où nous gisions en proie à la maladie; il nous a tenus captifs, nous, la reine, nos enfants, nos conseillers, et c'est par un miracle de la protection divine que nous avons pu personnellement lui échapper. La reine a été emmenée en Catalogne avec nos quatre fils; nos conseillers ont dû payer rançon. Puis l'infant don Alphonse est venu dévaster et occuper, en pleine trêve, les îles de Majorque, de Minorque et d'Iviça. Il les a retenues sa vie durant, et son frère Jacques, aujourd'hui régnant, les a gardées à son tour. En ayant appelé une seconde fois au saint-siège et à l'Église romaine, pour laquelle nous avons souffert tant de maux, nous n'avons pu recouvrer nos biens usurpés qu'aux conditions arrêtées dans le traité de paix négocié par le pape entre le roi de France et ledit Jacques d'Aragon, notre neveu, traité qui nous astreint à reconnaître de nouveau sa suzeraineté. En conséquence, ne voulant point qu'un tel acte puisse porter préjudice à nos droits, nous protestons devant Dieu que nous ne le faisons que contraints et forcés, et parce que nous n'avons pas d'autre moyen de rentrer en possession de notre patrimoine; affirmant que nous ne nous considérerons nullement comme liés par lui, non plus que nos successeurs, et qu'au contraire nous viendrons à l'encontre en temps opportun; refusant, en outre, audit Jacques le droit de concéder ces domaines à nous ou à qui que ce soit. Si jamais il nous arrive de démentir de quelque manière la présente déclaration, ce ne sera que sous l'empire de la violence. Et nous la faisons en secret, à l'insu de notre neveu, parce que, si nous la faisions par devant lui, il s'opposerait à la restitution effective de nos États [1].

Les protestations de ce genre ne sont pas sans exemple dans l'histoire du moyen âge, en particulier dans les annales de l'Espagne. Assurément, elles ne sauraient s'accorder avec les principes de la stricte morale. Tout en ayant l'air de souscrire aux conditions stipulées, Jacques les repoussait, et recueillait néanmoins le bénéfice de leur acceptation. Remarquons cependant qu'il ne fait guère ici que réserver la question de droit, et que des réserves semblables se rencontrent dans la plupart des anciens actes publics. Lorsqu'elles n'y sont pas inscrites, elles sont ordinairement sous-entendues ; à tel point, qu'un traité imposé par la violence n'avait pas force de loi et pouvait être dénoncé. Quant au caractère clandestin de ces réserves, c'était, comme le dit le rédacteur, une des nécessités de la situation ; il fallait protester en secret ou ne pas protester. C'est une grande légèreté de prétendre, comme l'a fait l'auteur de l'*Histoire du Roussillon*, que le roi d'Aragon eut connaissance de la déclaration de son oncle et que ce fut là, sans doute, le motif qui lui fit retarder de quatre ans encore la remise des Baléares [2]. Les termes même de l'acte s'opposent à une explication aussi étrange, et la nature des négociations qui suivirent en démontre également l'inanité. La restitution n'aurait pas été seulement retardée, elle n'aurait jamais eu lieu, et

1. Arch. nat., KK 1413, f° 74; Documents, n° XXXVI.
2. Henry, I, 189 et s. « La protestation ne fut pas secrète comme l'avance dom Vaissète, dit cet écrivain. » On voit qu'il fait bon réfléchir avant de rectifier les autres. C'est dom Vaissète qui a raison ici, tandis que l'ancien bibliothécaire de Perpignan commet à la fois plusieurs erreurs. Après avoir dit que, dans la conférence du 14 novembre 1294, le pape fit renouveler par son légat ses sollicitations en faveur du roi de Majorque, et que celles-ci, appuyées par les rois de France et de Sicile, déterminèrent Jacques II à lui rendre son royaume (lisez : la partie insulaire de son royaume), il décoche, un peu plus loin, à l'un une accusation de déloyauté, à l'autre une accusation de bassesse, pour avoir accepté le titre d'amiral et de gonfalonier de l'Église après avoir été au nombre de ses adversaires. L'animosité d'Henry contre le parti français, qui est constante, l'entraîne parfois au-delà des bornes.

la guerre eût recommencé immédiatement entre les deux princes, si le langage de ce vassal malgré lui était revenu aux oreilles du suzerain.

Le traité d'Anagni ne fut pas exécuté aussi vite qu'on l'avait espéré. Beaucoup de questions de détail restaient à régler et furent soulevées au moment de sa mise en pratique ; de sorte que l'on demeura encore assez longtemps sous le régime d'une trêve périodiquement renouvelée [1]. Le 14 octobre suivant, Pierre de Mornay, évêque d'Orléans, et Pierre de la Chapelle, évêque de Carcassonne, qui lui avait été adjoint à la place de l'abbé de Saint-Germain des Prés, entreprirent de hâter la remise des places appartenant au roi d'Aragon et confièrent ce soin à Jacques Ier en personne, avec les pleins pouvoirs de Philippe IV ; mais il fut encore entendu que rien ne serait fait avant que lui-même n'ait été réintégré dans la possession de ses îles [2]. Or, cette dernière opération, qui demandait elle-même certaines formalités, fut traînée en longueur d'une façon déplorable ; on eût dit que le loup ravisseur avait peine à lâcher sa proie. Le 30 du même mois, à Villa-Beltran, en Catalogne, devant les archevêques d'Arles et d'Embrun, Jacques II se déclara prêt, par révérence pour le pape Boniface, par égard pour le roi de France et par affection pour son oncle de Majorque, à rendre à ce dernier toutes ses terres, si le serment de vassalité était prêté, non seulement par lui, mais par son fils aîné et par ses barons. Cette condition devait être acceptée dans le délai d'un an à partir de la Toussaint ; sinon, le roi d'Aragon ne serait plus obligé à rien. Il ratifiait, d'ailleurs, toutes les décisions prises par le saint-siège ; il demandait seulement que le pape voulût bien constater son offre et l'approuver. Elle ne fut agréée que le 14 août suivant, après plusieurs difficultés : le principal intéressé n'en avait

---

[1]. Au mois de novembre 1297, le roi d'Aragon envoyait encore à Paris Bérenger de Cardona, maître de la milice du Temple, et deux autres délégués pour proroger d'un an la trêve avec les rois de France et de Majorque. (Arch. de Barcelone, Registres de Jacques II, n° 252, f°s 177, 180.)

[2]. Baluze, *Vit. pap. Avenion.*, II, 25.

pu obtenir copie en temps opportun; néanmoins il se soumettait encore et se disait prêt, de son côté, à prendre matériellement livraison de l'objet rendu [1]. Dans l'intervalle, Philippe le Bel avait insisté pour le prompt règlement de l'affaire, et, dans le but de le hâter, il avait fait prendre à son protégé l'engagement de renoncer au reliquat de la provision annuelle de trente mille livres en temps de guerre, et de vingt mille en temps de trêve, qui lui avait été allouée pour soutenir la lutte commune, dans le cas où l'exécution du traité serait arrêtée ou retardée par sa faute [2]. Mais ce n'était pas de sa part que pouvaient venir les lenteurs. Un désaccord imprévu avait surgi au sujet de la vallée d'Aran, dans les Pyrénées, contestée précédemment entre la France et l'Aragon; un tel incident n'était pas de nature à avancer les choses. D'un autre côté, Boniface VIII, sur les instances du détenteur des îles Baléares, qui cherchait évidemment à gagner du temps, lui avait accordé, pour s'exécuter, jusqu'à la fête de Noël 1297. Il avait averti Philippe de cette concession, et celui-ci, sans réclamer positivement, l'avait supplié de lancer de nouveaux anathèmes si la date fixée venait à être dépassée. Le pape lui avait promis de le faire [3]; mais le roi, ne se contentant pas de cette promesse, écrivit directement à Jacques II, cinq ou six semaines avant l'expiration du délai, en le menaçant de l'obliger à se justifier s'il manquait à sa parole. Il lui offrait de mettre la vallée d'Aran sous séquestre dans les mains d'un tiers et de lui envoyer ses délégués, qui l'attendraient durant trente jours au col de Panissars ou aux environs, pour recevoir, avec le roi de Majorque, la saisine des terres confisquées à ce prince et de la place de Ribes, toujours occupée. L'évêque de Carcassonne et Pierre de Bourges, sous-chantre de

---

1. Bibl. nat., ms. lat. 9261, n° 21. Le roi d'Aragon, ayant apposé au procès-verbal de sa proposition un sceau où il était encore qualifié roi de Sicile, malgré son abdication, fit ajouter une formule dans laquelle il s'excusait de n'avoir pas eu assez de temps pour rayer ce titre sur la matrice. Cette irrégularité fut peut-être une nouvelle source de difficultés.
2. Arch. nat., J 598, n° 8; Documents, n° XXXVII.
3. *Ibid.*, J 715, n° 305³⁴; Documents, n° XXXIX.

l'église d'Orléans, reçurent des instructions dans ce sens et furent chargés de faire parvenir la missive royale à destination. Eux-mêmes confièrent cette commission à deux de leurs clercs. Pendant que ceux-ci faisaient route vers Barcelone, la fête de Noël arriva; elle passa, et rien n'était encore exécuté. Quand les messagers se présentèrent, Jacques II n'était plus dans sa capitale. Ils durent aller le chercher jusqu'à Valence, et là, le 1ᵉʳ janvier 1298, ils lui remirent la lettre en mains propres, en le priant instamment de se dessaisir sans plus de retard des domaines qu'il détenait. Il lut attentivement, et leur dit qu'il en délibérerait avec son conseil; ce fut la seule réponse verbale qu'ils obtinrent [1].

La mauvaise volonté du roi d'Aragon éclate encore mieux dans la réponse écrite qui leur fut portée de sa part le surlendemain. Il y exposait qu'il était toujours prêt à rendre à Philippe les places qui lui appartenaient, à observer toutes les conventions, et même à mettre la vallée d'Aran sous séquestre, mais, que pour la remise de Majorque, il s'émerveillait fort d'une pareille requête : en effet, le message qu'il avait lu n'en parlait point expressément; ni le traité ni l'Église n'avaient assigné de terme pour cette dépossession (mensonge évident, les pièces sont là pour l'attester); par respect pour le saint-siège et par gracieuseté pour le roi de France, qui lui en avait écrit, il avait offert d'y procéder dans le délai d'un an, mais ce délai était passé depuis longtemps, et, d'ailleurs, son oncle n'avait pas voulu accepter; cependant, par amour de la paix, il observerait ce qui avait été convenu et se tiendrait aux ordres du pape [2]. Les envoyés français ne se payèrent point de semblables défaites, et, le prenant au mot, lui donnèrent rendez-vous à Panissars pour le 30 du même mois.

Au jour dit, l'évêque de Carcassonne et le sous-chantre

---

1. Baluze, *op. cit.*, II, 26 et ss; Arch. nat., P 1354 ¹, n° 841 (pièce en déficit, mais dont il subsiste une courte analyse).
2. Baluze, *ibid.*

d'Orléans se trouvaient sur la montagne. Avec eux étaient venus trois représentants du roi de Majorque, Arnaud Baile, juge de Montpellier, Brémond de Montferrier et Jacques de Muredine, chevaliers. De la part du roi d'Aragon se présentèrent Bérenger de Castell-Auli, viguier, et Raymond Calvet, juge de Girone. Tous ces délégués s'assemblèrent dans une église voisine, dédiée à Notre Dame, et y tinrent séance. Les Français offrirent, les premiers, de remettre à Jacques II les places qu'ils détenaient encore, notamment celle de Sauveterre, située sur les confins de la Navarre et de l'Aragon, et tous les lieux que le roi de Majorque pouvait occuper au nom de leur maître, de passer un compromis au sujet de la vallée d'Aran, etc., pourvu que leur ancien adversaire accomplît sa promesse à l'égard des îles et du château de Ribes, comme il avait été dit à Valence. Puis, pour éviter un différend sur la question de savoir laquelle des deux parties s'exécuterait avant l'autre, ils proposèrent, conjointement avec les Majorquins, soit d'opérer d'abord les restitutions dont ils étaient chargés, contre la certitude, basée sur une garantie acceptable, de voir accomplir à jour fixe celle des Baléares, soit de suivre la marche inverse. Il était difficile de se montrer plus conciliant. Les Aragonais se bornèrent, ce jour-là, à se faire délivrer copie des offres en question et à communiquer leurs procurations officielles. Le lendemain 31 janvier, dans la matinée, on se réunit au même lieu, et les représentants de Jacques II remirent par écrit cette réponse laconique : « Nous sommes tout disposés à recevoir ce que vous avez à nous rendre, à accepter le séquestre de la vallée d'Aran, et à observer le traité. » Surpris de cette attitude réservée, les Français renouvelèrent leurs propositions de la veille, ils insistèrent, ils leur laissèrent l'option : tout fut inutile. « Nous n'avons pas mandat de répondre sur ce point; nous ne pouvons que prendre possession des places et accéder au séquestre. » Ils n'en purent tirer autre chose. Évidemment, l'on ne songeait qu'à les ajourner encore; on semblait se jouer d'eux. Où donc prétendait en venir le roi d'Aragon? Il voulait une chose bien simple :

se munir de toutes les garanties, de toutes les sûretés possibles avant d'en donner aucune, se faire livrer tout avant de rien livrer. Il y réussit en partie, comme on va le voir.

Cinq mois après, les négociateurs se rassemblaient de nouveau devant Argelès, au camp majorquin. Mais, cette fois, les deux rivaux, les deux héritiers du Conquérant étaient présents en personne, et leur entretien leva sans doute les dernières difficultés. D'un côté comme de l'autre, à la vérité, on était excédé : il fallait en finir à tout prix. On en vint à bout au moyen d'une série d'actes échangés les 29 et 30 juin, et dont je vais donner successivement l'analyse.

1° Le pape Boniface VIII ayant stipulé, dans le traité de paix arrêté par lui entre Philippe, roi de France, Charles, roi de Sicile, Charles, comte de Valois, et Jacques, roi de Majorque, d'une part, et Jacques, roi d'Aragon, d'autre part, que ce dernier restituerait au roi de Majorque les terres qui lui avaient été enlevées par la violence, à la condition que tous deux renouvelleraient l'accord intervenu jadis entre Pierre III et ledit roi, celui-ci, par déférence envers la sainte Église et la personne du souverain pontife, et dans l'intérêt de la concorde, reconnaît tenir du roi d'Aragon en fief *honoré* (*in feudum honoratum, sine omni servicio*) la totalité de ses domaines, à l'exception de ceux qui relevaient naguère de l'évêque de Maguelonne et de ceux qu'il a acquis à titre de francs aleux. Ses successeurs devront en faire également l'hommage et se rendre tous les ans à la cour de Barcelone, s'ils en sont requis, à moins qu'ils ne se trouvent à Majorque; mais lui-même sera exempté, sa vie durant, de la seconde de ces charges [1]. Il sera dispensé aussi de se conformer aux nouvelles constitutions qui seront établies par le monarque aragonais; il fera seulement observer sur ses terres ceux des Usages de Barcelone qui ont été régulièrement édictés. Il ne battra point monnaie dans ses États maritimes contre la volonté du suzerain. Il pourra y lever

---

1. Baluze, *op. cit.*, II, 36 et ss.

des péages, ainsi qu'une *leude* nouvelle, à la condition de respecter les privilèges accordés aux habitants. Il renonce à toutes les actions, à toutes les réclamations intentées autrefois contre son frère Pierre, et le roi d'Aragon, de son côté, le tient quitte de toute répétition. Les substitutions portées sur le testament de Jacques le Conquérant, en ce qui touche la succession au trône de Majorque, sont maintenues [1].

2º Les deux princes, transigeant sur la question de l'assistance demandée par l'un et refusée par l'autre, pour les motifs précédemment exposés, se promettent à l'avenir un mutuel secours dans tous les cas, sans qu'ils puissent invoquer ni admettre aucun prétexte d'injustice, de préjudice ou autre, à moins cependant que ces excuses ne soient légitimées par une sentence de la cour de Rome. Ils se jurent réciproquement une alliance offensive et défensive envers et contre tous, qui obligera également leurs successeurs, et s'engagent à ne solliciter, ni du pape, ni des légats, ni des cardinaux, aucun privilège les dispensant d'observer ce serment. Qui le violera sera réputé infâme, et privé de tout le bénéfice des conventions échangées en ce jour [2].

3º Le fils aîné du roi de Majorque, nommé Jacques comme son père, jure d'observer toutes les clauses arrêtées, le même jour, avec le roi d'Aragon. Son serment sera nul si le fils aîné de ce dernier, arrivé à l'âge de puberté, n'en prête un semblable; ce que le père accorde d'avance [3]. (On a vu que c'était là une des garanties exigées par Jacques II.)

4º Les rois de Majorque et d'Aragon s'engagent à faire jurer les mêmes conventions, le premier par les barons et les communes de son royaume qui ont ratifié les pareilles en 1279, ou par leurs remplaçants, dans le délai de trois mois après qu'ils en auront été requis, le second par les

---

[1]. Arch. nat., J 588, nos 22 et 22 *bis*; JJ 270, fº 40 vº; KK 1413, fº 76 vº. Cette convention est conforme à celle du 20 janvier 1279.
[2]. *Ibid.*, KK 1413, fº 79; Documents, nº XL. Chacun des deux rois, à la fin de cet acte, prête à l'autre l'hommage, qui n'est ici qu'une forme particulière et plus solennelle du serment, usitée jadis en Aragon.
[3]. *Ibid.*, JJ 270, fº 43 vº.

seigneurs ou les riches-hommes de ses États, ainsi que par les citoyens de Barcelone, de Girone et de Lérida [1].

5° Le roi de Majorque s'oblige à remettre pour le jour de la Saint-André (30 novembre) entre les mains de Raymond Folch, lieutenant du roi d'Aragon, ou, à son défaut, entre les mains du maître de l'Hôpital, les châteaux réclamés par leur souverain, avec leurs fruits et revenus à partir du moment actuel, déduction faite des frais de garde, évalués avec modération. Le roi d'Aragon, par contre, s'engage ainsi que Raymond Folch, chargé de garder pour lui les Baléares, à remettre au précédent ces îles, avec la place de Ribes, pour la prochaine fête de Noël, dans les mêmes conditions et après la restitution effective de ses propres châteaux [2].

6° L'évêque de Carcassonne et le sous-chantre d'Orléans, représentants du roi de France, et le roi d'Aragon acceptent que la vallée d'Aran soit mise en séquestre dans les mains du pape et gardée en son nom par le roi de Majorque, jusqu'à ce qu'une sentence pontificale ait tranché la question de souveraineté qui la concerne. En conséquence, ce prince en prend possession et s'engage à la remettre à qui de droit [3].

Les actes qui précèdent sont tous du 29 juin; les suivants sont du 30.

7° Le roi d'Aragon, bien qu'il se soit obligé, la veille, à livrer les îles et la place de Ribes pour le jour de Noël seulement, promet, afin de témoigner sa bonne volonté, d'opérer cette remise avant le 1ᵉʳ août, pourvu qu'on lui rende auparavant les châteaux qui lui appartiennent, et fait

---

1. *Ibid.*, JJ 270, f° 42 v°.
2. *Ibid.*, J 588, n° 23; J 598, n° 9. Jacques II, dans cette pièce, s'intitule encore roi d'Aragon et de Majorque; mais peut-être est-ce uniquement le fait du notaire. Les châteaux réclamés par le roi d'Aragon étaient les suivants : Castellnou, Bellpuig, San-Feliu, Céret (pour la moitié), la Bastide, *Rainiero*, Palauda, Fontanils, Rocaberti, Capmany, *Capraria*, Massanet, Cantalops, la Jonchère, Requesen, Avalrino. Ainsi le roi de Majorque avait pris à son adversaire un assez grand nombre de places.
3. *Ibid.*, J 588, n° 21.

faire la même promesse à Raymond Folch [1]. (Les négociateurs ou le roi de Majorque en personne avaient probablement insisté, dans l'intervalle, pour faire fixer un délai moins long; c'était encore une singulière exigence que de ne pas vouloir s'exécuter immédiatement, après tant de sûretés données.)

8° Pierre, évêque de Carcassonne, et Pierre, sous-chantre d'Orléans, remettent sur le champ les châteaux de Sauveterre, d'Ul et de Filera, pris par les rois alliés pendant la guerre, entre les mains de Jacques Ier, roi de Majorque, pour qu'il les remette à son tour, lorsqu'il en sera requis, à Loup Ferrand, procureur général d'Aragon [2].

9° Les mêmes ambassadeurs s'obligent à faire délivrer au roi d'Aragon, dans les six mois qui suivront l'abandon réel des Baléares, des lettres officielles du roi de France et de son frère, dont la teneur lui est communiquée à l'avance, ratifiant leur renonciation au trône qui leur avait été dévolu par le saint-siège et leur acceptation de toutes les clauses du traité d'Anagni. Le roi d'Aragon prend, de son côté, l'engagement d'adresser à ces deux princes, ainsi qu'au roi de Majorque, une ratification définitive du même traité, dans les six mois qui suivront son entier accomplissement [3].

Comme on le voit, l'exécution du traité ne fut pas moins laborieuse que ne l'avait été sa rédaction. L'honneur d'avoir surmonté toutes ces difficultés revient principalement aux deux habiles négociateurs que Philippe IV avait chargé de ses intérêts, Pierre de la Chapelle et Pierre de Bourges. Le premier s'était déjà distingué comme professeur de droit civil à l'Université d'Orléans. Devenu ensuite clerc du roi, il avait tenu en son nom, avec plusieurs autres personnages de marque, le parlement de Toulouse, en 1288, et celui de Paris, en 1290. Il avait aussi pris part

---

1. Baluze, *op. cit.*, II, 44, 48.
2. *Ibid.*, J 164, n° 10; Baluze, *op. cit.*, II, 51. *Ul* est sans doute ici pour *Ur*, village de Cerdagne. (V. ci-dessus, p. 137.)
3. *Ibid.*, J 164, n° 7; J 588, n° 24; J 915, n° 17.

à l'affaire de l'échange de Montpelliéret et s'était vu chargé de plusieurs arbitrages. C'était un véritable homme politique, qui fut plus tard récompensé par l'important évêché de Toulouse, érigé bientôt après en archevêché, et par la pourpre cardinalice [1]. Néanmoins son rôle dans toutes ces conférences n'avait pas encore été signalé. Quant au second, il est inconnu; mais le clergé était alors si intimement mêlé à la vie publique de la nation, qu'il n'est pas étonnant de voir les diplomates du temps recrutés parmi ses membres les plus obscurs. On se tromperait pourtant, et les explications précédentes n'auraient montré que bien insuffisamment le caractère des événements qu'elles concernent, si l'on se figurait que tout fut fini après les arrangements pris à Argelès. Jacques II avait obtenu toutes les garanties qu'il désirait; il avait même vu sa partie commencer à s'exécuter avant qu'il n'eût donné, lui, le moindre gage matériel de sa bonne volonté; il avait fixé la date qu'il lui avait plu. Malgré tout cela, cette date fut encore dépassée. La remise des Baléares ne fut ordonnée officiellement que le 9 août. Avant de partir pour Rome, où le pape le citait en raison de ses retards prolongés et pour l'opposer à son frère Frédéric, le roi d'Aragon avait donné rendez-vous à son oncle dans la ville de Collioure. Là, au grand contentement de leurs sujets, ils se prodiguèrent des marques publiques d'amitié, « comme eussent pu faire un père et un fils », écrit Muntaner; après quoi, Raymond Folch et Bérenger de Saria reçurent de leur maître la mission de se dessaisir en son nom des domaines usurpés [2]. L'opération fut encore assez lon-

---

[1]. V. *Gall. Christ.*, VI, 891 et s.
[2]. Muntaner, ch. CLXXXVI; *Art de vérif. les dates*, VI, 557. « Le roi d'Aragon, dit à ce sujet le chroniqueur catalan, *jugea à propos* de rendre à son oncle les îles de Majorque, Minorque et Iviça. » Il les lui avait donc ravies? Qui s'en douterait, d'après la façon dont Muntaner a arrangé les événements? Mais ce qu'il y a de vraiment joli, et ce qui caractérise admirablement sa manière d'écrire, c'est l'observation qu'il ajoute à la fin de ce chapitre : « Quelques personnes diront sans doute : Pourquoi donc Muntaner parle-t-il si sommairement de ces faits? Si cette question s'adresse à moi, je dirai qu'il est des demandes qui ne méritent pas de réponse. »

gue, car ce n'est que le 8 janvier suivant que, toutes les formalités étant remplies, le monarque restauré put aviser ses protecteurs de sa prise de possession. Il se rendit dans ce but à Paris, où il remit à Philippe IV une lettre contenant l'expression de sa reconnaissance : c'était à l'appui de l'Église romaine et de la France qu'il devait le rétablissement de son autorité dans la partie principale de ses États ; il les en remerciait humblement, déclarant qu'il se tenait pour satisfait et ne leur demandait plus rien [1]. Le jour même, il recevait, comme il avait été convenu, les lettres de ratification du roi et celles de Charles de Valois, qu'il était chargé d'échanger contre de pareilles lettres signées de son neveu [2] : ce n'est qu'au bout de quatre ans qu'il devait obtenir et rapporter ces dernières [3] ! Aussitôt après, il se hâta d'aller revoir ses fidèles sujets d'outre-mer, qui, au fond de leur cœur, lui avaient gardé la foi jurée. Il s'occupa d'effacer la trace des dégâts occasionnés par l'invasion dans la cité de Majorque, de réparer les églises, les monastères, les remparts. Nous le retrouvons là, en 1300, prenant ses dernières dispositions, comme si tous ses vœux étaient remplis. Après avoir légué son royaume à son fils Sanche et réglé l'ordre de la succession au trône, suivant un mode de substitution dont j'aurai à reparler plus loin, il assura par un codicille la continuation des travaux d'utilité publique qu'il avait entrepris et l'entretien de quelques œuvres pies, tant dans son île qu'ailleurs [4]. Il régna ensuite paisiblement, partageant son temps entre ses différents domaines.

1. Arch. nat., J 598, n° 11 ; Documents, n° XLI.
2. *Ibid.*, J 598, n° 10.
3. Baluze, *op. cit.*, II, 53.
4. Voici les principales dispositions contenues dans ce codicille, daté du 12 septembre 1300, à Majorque : Choix d'une sépulture à l'église Saint-Jean de Perpignan. Assignation du douaire de la reine Esclarmonde. Achèvement des ouvrages de Notre-Dame de Vauvert et de la chapelle du palais de Montpellier. Curage du port maritime de Port-Vendres et construction d'une tour pour y entretenir un phare allumé depuis la Notre-Dame de septembre jusqu'à la Pentecôte. Réparation du couvent des frères prêcheurs de Majorque. Dons aux sœurs mineures et à l'hôpital de Palombaria du même lieu, aux frères mineurs et aux sœurs de Saint-Claire de

En 1302 seulement, les habitants de Majorque, assemblés dans l'église Sainte-Eulalie, nommèrent les délégués chargés de jurer les conventions renouvelées entre leur seigneur et son neveu. Ces commissaires durent promettre fidélité au second et s'engager à ne jamais défendre le premier contre lui. Les mêmes serments furent prêtés par les syndics des villes de Perpignan et de Puycerda. Les principaux vassaux de Jacques Ier, Ponce Ugo, comte d'Ampurias, Dalmace de Rocaberti, Jaspert et Dalmace de Castellnou, Raymond de Canet, Arnaud de Corsavi, Bernard de Sono, fournirent également les garanties exigées d'eux. Ils firent personnellement l'hommage au suzerain; toutefois ils prirent soin de spécifier qu'ils ne seraient plus tenus à rien envers lui, s'il venait à l'encontre des dites conventions [1]. A

Minorque, aux frères prêcheurs et aux sœurs mineures de Montpellier, aux monastères de Prouille, de Saint-Michel de Cusan, en Conflent, de Saint-Martin du Canigou, d'Arles en Roussillon, au prieuré de Font-Clara, dans le même pays. Restauration des murs de Palma. Achèvement du pont de Perpignan, sur la Tet, et de plusieurs autres. Dons pour le rachat des captifs et aumônes diverses. (Arch. nat., P 1354¹, nᵒ 803.) Par trois autres codicilles, rédigés en 1306, Jacques Ier légua à son fils Jacques, frère mineur, une rente viagère de 1,400 sous barcelonais, pour ses livres et son entretien ; à Philippe, son troisième fils, une somme de 1000 livres ; à Ferrand, le quatrième, les terres d'Aumelas, du Pouget, de Pouzols, Saint-Bauzille, Vendémian, Plaissan, Saint-Paul, Saint-Georges, Paulhan, Adissan, Vailhan, Frontignan, avec quelques autres biens ou revenus dans la seigneurie de Montpellier, à tenir en fief de Sanche ; à ce dernier, le produit du port et de la tour, alors terminée, de Port-Vendres. En même temps il ordonnait de nouveaux travaux à Majorque, notamment pour le service des eaux; l'érection d'une chapelle à Saint-Jean de Perpignan, pour y mettre son tombeau et celui de ses successeurs s'il venait à mourir sur le continent, et d'une autre à l'église Notre-Dame de Palma, pour la même destination s'il mourait aux îles; l'achèvement des ponts de Rivesaltes, de *Peracanç*, d'Elne, de Perpignan et de celui qu'il faisait construire au Boulou sur le Tech. Une clause particulièrement remarquable accordait aux hommes de Brouilla et de Saint-Genis une indemnité de cent livres pour les dommages qu'ils avaient eu à subir lorsque Jacques était allé faire le siège de la Roque, et à ceux de ce dernier lieu une autre indemnité de quinze cents livres en réparation du tort que ledit siège leur avait causé. (*Ibid.*, nᵒˢ 804-896 ; Arch. des Pyrénées-Orientales, B 12.) Que de souverains auraient ruiné leurs héritiers s'ils avaient eu de pareils scrupules! Ces legs réparateurs marquent bien le caractère chrétien des royautés du moyen âge. Il faut les rapprocher de certaines enquêtes de saint Louis, du testament de Guirard de Roussillon (Documents nᵒ 1) et de celui de Jacques II de Majorque, analysé plus loin (tome II).

1. Arch. nat., JJ 270, fᵒˢ 44-51.

la même époque, le fils aîné de Jacques, ou du moins le cadet, Sanche, substitué à l'aîné, qui venait de revêtir l'habit des Frères Mineurs, déclara qu'après avoir pris connaissance des traités de 1279 et de 1298, déjà ratifiés par son frère avant son entrée en religion, il les confirmait à son tour et jurait de s'y soumettre. Le monarque aragonais s'obligeait de nouveau, dans cet acte, à les faire confirmer par son propre héritier, lorsqu'il aurait atteint l'âge de puberté [1]. Cette fois, tout était bien terminé, tous les engagements étaient remplis. Il y avait seize ans que le roi de Majorque avait été dépouillé; il y en avait sept que sa réintégration avait été stipulée.

Mais les vieilles rancunes étaient-elles réellement oubliées? On en douterait, à lire une nouvelle protestation secrète, rédigée par ce prince le 14 août de la même année, et dans laquelle il se plaint vivement des exigences, des menaces de son terrible parent, qui l'ont forcé de reconnaître la supériorité de celui-ci, de lui livrer une foule de garanties, d'enchaîner sa liberté, celle de ses enfants, celle de ses vassaux. Ce n'est pas seulement sa conscience qui se révolte contre ces injustices, c'est celle de son fils don Sanche, lequel proteste avec lui et réserve tous ses droits pour l'avenir. Ils ne peuvent élever la voix, parce que ce serait encore une fois la guerre et la spoliation; mais ils déposent confidentiellement leur réclamation entre les mains d'un notaire, dans la chambre même du roi, au château de Perpignan [2].

Assurément, Jacques avait raison, dans le fond. La situation qui lui était faite par les événements était pleine d'amertume, pleine aussi de périls. Placé désormais entre deux suzerains redoutables, qui, d'un moment à l'autre, pouvaient se retrouver en lutte, il devait se résigner à louvoyer entre deux écueils, sans espoir maintenant de reconquérir sa pleine indépendance. La guerre l'avait laissé meurtri; la diplomatie ne lui apportait qu'un demi soulage-

---

1. *Ibid.*, f° 46 v°; KK 1413, f° 82.
2. Arch. nat., KK 1413, f° 81: Documents, n° XLII.

ment et le sacrifiait quelque peu à l'intérêt commun : c'est le sort des faibles. Mais il devait encore s'estimer heureux d'avoir été si chaleureusement défendu, si énergiquement appuyé. En somme, sa cause avait triomphé; hier vaincu, dépouillé, il pouvait aujourd'hui relever la tête. Il avait recouvré les plus précieuses perles de sa couronne, celles qui en faisaient un diadème royal, Majorque, Minorque, Iviça, ces trois joyaux enchâssés dans l'azur de la Méditerranée. Il n'était plus un roi sans royaume, réduit à un comté par ici, à une baronnie par là. Son titre, son prestige étaient saufs. Il retrouvait des sujets fidèles, des dévouements éprouvés. Il y avait là de quoi le consoler.

S'il ne se consola pas, il eut du moins le bon esprit d'adopter la ligne de conduite qu'il avait suivie à Montpellier, après le partage forcé que lui avait imposé Philippe le Bel, et de faire contre mauvaise fortune bon cœur. Gardant au fond de son âme et dans les tiroirs les plus secrets de ses archives ses protestations indignées, il s'efforça de les mettre lui-même en oubli. Jusqu'à sa mort, arrivée le 29 mai 1311, à Majorque [1], il entretint des relations bienveillantes avec celui qui était devenu, aux yeux de tous, son seigneur et son ami. Il poussa même la complaisance jusqu'à lui prêter, une fois, 160,000 tournois d'argent au coin de saint Louis et du meilleur aloi, que son neveu promit de lui rendre au bout de trois mois, et qu'il ne lui rendit pas [2]. Il est vrai que celui-ci avait engagé contre cette somme son droit de suzeraineté sur le royaume de Majorque : Jacques Ier espérait peut-être recouvrer par ce moyen

---

1. *Thalamus parvus*, p. 344; Muntaner, ch. ccLV; Marca, col. 796. La chronique de Montpellier ajoute à tort que Jacques fut enterré au monastère de Poblet, sépulture ordinaire des rois d'Aragon. Son corps fut déposé dans le tombeau qu'il s'était préparé à l'église Notre-Dame de Palma. Zurita (I, 447) place sa mort au 13 mai 1312; dom Vaissète et l'*Art de vérifier les dates* (IV, 151 et VI, 557), vers la fin de juin 1311; tous les trois se trompent, mais moins gravement encore qu'un ancien historien du Languedoc, qui le fait mourir à la bataille de Courtrai, en 1302. (V. dom Vaissète, *ibid.*)

2. Bibl. nat., ms. lat. 9261, n° 28. Le roi d'Aragon renouvela son obligation au successeur de Jacques Ier. Cette quantité de monnaie française devait provenir des versements faits à ce prince par Philippe le Bel, car lui-même était aussi pauvre que son neveu.

bizarre l'indépendance que les événements lui avaient fait perdre ; mais c'eût été compter sans son hôte. Il le seconda aussi dans ses expéditions contre les Maures et les Castillans, notamment dans le siège d'Almeria, entrepris en 1310. Le roi d'Aragon, forcé par des affaires urgentes d'abandonner cette opération difficile, écrivit à son oncle une lettre presque affectueuse pour excuser sa retraite. Il l'informait, dans cette missive, de ses affaires de famille, des événements de Corse et de Sardaigne ; en un mot, il le traitait comme un allié, comme un proche parent [1]. Des messages de ce genre s'échangeaient entre eux de temps en temps. On a vu plus haut que, dans une des réclamations adressées au roi de France au sujet de Montpellier, les deux princes avaient agi de concert, bien que cette seigneurie ne relevât point de la monarchie aragonaise. Mais c'était justement se heurter à l'un des écueils que je signalais. Philippe le Bel eût pu se formaliser d'une telle immixtion, s'il n'avait eu des motifs impérieux pour ménager ses deux voisins. En effet, leur rapprochement les éloignait de lui. Après s'être allié avec la France contre l'Aragon, le roi de Majorque semblait à présent partager son amitié entre ces deux puissances, et, si, pour le moment, ses sentiments intimes le faisaient encore pencher du côté de la première, son successeur devait bientôt incliner vers la seconde. C'est cette espèce de régime de transition que nous allons maintenant observer, en attendant que nous nous trouvions en face d'une véritable interversion des rôles.

---

1. Arch. de Barcelone, Registres de Jacques II, n° 336, f° 5. Jacques Ier fut félicité par le pape Clément V de son zèle à combattre les infidèles et à chasser les pirates ; les dîmes de son royaume lui furent, pour cette raison, concédées pendant cinq ans, de 1305 à 1310. (Bibl. nat., ms. lat. 9261, n° 26.)

CHAPITRE IV

LE ROI DE MAJORQUE ENTRE L'ARAGON ET LA FRANCE

Jacques Ier de Majorque laissait de son mariage avec Esclarmonde de Foix sept enfants, dont quatre fils et trois filles. Les deux aînés, nous l'avons vu, avaient passé une partie de leur enfance à Paris. Ils n'avaient pu y demeurer sans contracter pour le reste de leur vie des sentiments d'affection envers la France, envers sa capitale, centre des arts, du savoir et de l'élégance, envers sa maison royale, dont l'esprit généreux et hospitalier corrigeait la politique envahissante. Le premier, appelé Jacques comme son père, avait certainement pris là le goût des études religieuses, qui le rappela plus tard sur les bancs de la grande Université parisienne. Il y était encore assis en 1301, lorsqu'il prit la résolution un peu précipitée d'entrer chez les Frères Mineurs [1], comme tant d'autres héritiers de grande famille, attirés par l'éclat des vertus et des succès qui, depuis près d'un siècle, illustraient l'institut de saint François. Un autre motif avait déterminé cette apparente vocation. A l'époque du mariage du roi d'Aragon et de Blanche de Sicile (dame Blanche de Sainte-Paix, comme l'avaient très heureusement surnommée ses nouveaux sujets), et dans les fêtes données à cette occasion à Perpignan, l'infant de Majorque s'était rencontré avec le jeune Louis d'Anjou, fils de Charles II et frère de cette princesse. Une étroite amitié s'était alors établie entre eux ; à

---

[1]. Jean de Saint-Victor (*Histor. de la France*, XXI, 638).

tel point, qu'ils se promirent, dit-on, de renoncer ensemble au monde et d'embrasser le même genre de vie [1]. Peu de temps après, Louis revêtit la robe franciscaine. Jacques l'imita ensuite ; mais la conformité de leurs destinées devait s'arrêter là. En effet, le premier devint un grand évêque, et même un saint renommé [2] ; le second, au contraire, finit par reprendre l'habit séculier pour se marier [3] ; néanmoins il ne prétendit jamais à la succession paternelle, et mourut prématurément [4].

Son frère cadet, Sanche, l'héritier du trône, avait resserré, de son côté, les liens qui l'unissaient à la France en épousant, l'an 1304, la princesse Marie, fille du même Charles II ; et en même temps le fils et le successeur de ce dernier, Robert, duc de Calabre et futur roi de Naples, avait pris pour femme l'infante Sancia, sœur de Sanche, en lui promettant que le premier fils qui naîtrait d'eux hériterait du trône de Sicile [5]. Cette double union, arrêtée simultanément par Jacques Ier, l'ancien allié et le beau-frère de Philippe le Hardi, et par le chef de la dynastie angevine, qui avait tant contribué à lui faire rendre ses États, avait eu pour but et pour résultat de rattacher plus intimement l'une à l'autre les deux maisons de France et de Majorque ; car les rois angevins de Naples faisaient toujours partie de la famille de saint Louis, et ce n'est pas parce qu'ils avaient régné un demi-siècle en Italie qu'ils avaient pu perdre la

---

1. Muntaner, ch. CLXXXII. Buchon, dans une note ajoutée à ce chapitre, a confondu l'infant Jacques de Majorque avec l'infant Jacques d'Aragon, fils du roi Jacques II. C'est le second, et non le premier, qui entra dans l'ordre de Saint-Jean de Jérusalem et devint grand-maître de Calatrava.
2. C'est saint Louis, évêque de Toulouse, qui mourut à trente-trois ans et fut canonisé dès l'an 1317.
3. Jean de Saint-Victor, ibid. ; Art de vérif. les dates, VI, 558.
4. En 1304, suivant quelques auteurs ; mais on a vu plus haut que son père lui faisait encore des legs dans son codicille de 1306.
5. Arch. nat., P 1354¹, n°ˢ 854-829 ; P 1354¹, n° 854. Sancia mourut religieuse en 1345. La seconde fille de Jacques Ier épousa, en 1299, le fils de Manuel, empereur de Constantinople (Chron. Barcinon., dans Marca, col. 756). La troisième, Isabelle, dont les historiens ne parlent pas, fut mariée, la même année, à Jean de Castille, fils de l'infant Emmanuel. (Arch. nat., P 1354¹, n°ˢ 818, 836.)

qualité de princes français ; tous les contemporains la leur donnent.

Ferrand ou Ferdinand, troisième fils de Jacques Ier, avait dû se marier avec Isabelle, fille de Sanche le Grand, roi de Castille, qui épousa, l'année suivante, Jean III, duc de Bretagne [1] ; mais, étant allé se mettre à la tête de l'expédition des Catalans dans la principauté de Morée, dont il fut un instant le souverain, il s'unit d'abord à Isabelle de Sabran, dame de Mategrifon [2], puis, en secondes noces, à Isabelle d'Ibelin, fille de Philippe d'Ibelin, sénéchal de Chypre [3]. C'était encore là des alliances françaises, bien que ce prince belliqueux se soit trouvé plus d'une fois dans les rangs des adversaires de nos rois. Enfin, le dernier, Philippe, entré aussi dans les ordres, devait remplir successivement les fonctions de *coutre* ou de sacristain de l'église de Saint-Quentin et de trésorier de Saint-Martin de Tours [4]. Toute cette branche de la race du Conquérant gravitait donc autour de la maison ou du royaume de saint Louis. L'hostilité de la branche aînée l'avait poussée vers la France : les liens du sang la retenaient maintenant de ce côté, et il n'en fallait pas moins pour combattre les tendances espagnoles qu'allaient réveiller chez elle le rétablisssement de la paix et des intérêts divers.

Sanche était d'une nature encore plus pacifique que son père. Il paraît même avoir poussé cette qualité jusqu'au défaut correspondant, qui est la faiblesse. Il n'eût voulu avoir de querelle avec aucun de ses puissants voisins ; mais la situation, plus forte que lui, amena sous son règne, sinon une lutte armée, du moins plus d'un démêlé assez vif, dont il eut quelque peine à sortir intact. La première difficulté lui vint précisément du côté de la France ; il faut dire, toutefois, qu'il se l'attira par sa maladresse. Aussitôt après

---

1. *Ibid.*, P 1354', n° 830.
2. Akova, en Morée.
3. *Ibid.*, n°^{s} 832 et 833.
4. Boutaric, *Actes du Parlement*, n° 6991. V. ci-après, liv. IV, ch. I.

son avènement, Jacques II lui ayant demandé de reconnaître qu'il tenait en son nom la baronnie de Montpellier, il céda. Naturellement, Philippe le Bel le cita à son parlement, et ce n'est qu'après une certaine résistance qu'il obtint de lui, le 8 décembre 1311, un hommage et serment de fidélité dans toutes les règles. Par cet acte, Sanche déclarait tenir de la couronne de France la ville de Montpellier et le château de Lattes, avec leurs dépendances ; mais il avait soin d'ajouter qu'il entendait ne devoir au roi que ce qui était dû jadis à l'évêque de Maguelonne, et il réservait expressément les droits du roi d'Aragon sur la baronnie d'Aumelas, sur le Carladez et autres fiefs, exceptant nominativement ce prince de sa promesse d'aider le monarque français envers et contre tous [1]. La législation féodale l'autorisait peut-être à formuler une restriction semblable. Cependant les termes de cet acte de soumission renfermaient déjà comme un germe de dissidence, qui n'allait pas tarder à se développer.

En 1312, après avoir reçu lui-même le serment des habitants de Montpellier, par l'entremise de son lieutenant Guillaume de Vilaragut [2], Sanche renouvela de plein gré les conventions onéreuses que son prédécesseur avait été contraint de signer avec les princes aragonais en 1279 et 1298, sans paraître alors se souvenir des protestations auxquelles il s'était associé [3]. Il est vrai qu'en échange son cousin lui renouvelait l'obligation souscrite à Jacques Ier pour les 160,000 livres tournois d'argent qu'il en avait reçus [4]. Un peu plus tard, la question de la vallée d'Aran,

---

1. Arch. nat., J 598, n° 14 (original scellé) ; JJ 270, f° 52 v° ; P 1353, n° 757. L'acte est daté de Samois, le 6 des ides de décembre. Ainsi les auteurs de l'*Art de vérifier les dates* se trompent en le plaçant au 18 de ce mois (VI, 568). Cf. ci-après, le document n° XLIII.

2. *Ibid.*, P 1353, n° 758. L'acte contient l'énumération des principaux citoyens, le consul en tête.

3. *Ibid.*, JJ 270, f° 53 ; KK 1413, f° 84. Cet acte ne contient qu'une seule clause nouvelle : elle concerne le droit de *bovage*, dont le roi de Majorque avait fait l'abandon à ses sujets contre une redevance annuelle de 20,000 livres, et dont le roi d'Aragon à son tour lui fait remise à titre gracieux.

4. Bibl. nat., ms. lat. 9261, n° 28.

qui n'avait pas été tranchée par le traité d'Anagni, fut résolue en faveur de l'Aragon. Sanche, qui tenait cette vallée en séquestre comme successeur de son père, ne fut pas tout à fait étranger aux négociations qui amenèrent ce résultat. Au mois de juin 1313, il recevait encore une ambassade de Jacques II chargée d'obtenir de lui la remise du territoire en question, et, le 1ᵉʳ juillet, les deux parties intéressées étant enfin tombées d'accord, il ordonnait à Pierre de Castello, chevalier, auquel il avait confié le gouvernement provisoire de la vallée, de la restituer au délégué espagnol [1]. L'année suivante, il s'entendait avec le même souverain pour élever de nouvelles réclamations au sujet de Montpellier, et tous deux envoyaient simultanément leurs procureurs à Paris, après s'être concertés pour leur faire tenir le même langage [2]. Mais, sur ces entrefaites, Philippe le Bel vint à mourir : leur démarche commune était à recommencer. Sanche, tout en renouvelant au successeur de ce prince l'hommage de Montpellier et de Lattes [3], pria son cousin d'accréditer ses délégués auprès de Louis X, afin de poursuivre l'affaire ensemble. Jacques lui répondit qu'il ferait mieux d'aller lui-même trouver le nouveau roi ; cependant, pour lui complaire, il renouvela les pouvoirs qu'il avait confiés à Bernard-Guillaume Zaportella, chevalier, et à Jean Bourguignon, sacristain de l'église de Majorque, et il leur remit, avec des instructions diplomatiques, un *memento* plus familier, où il leur recommandait d'adresser au jeune monarque des paroles aimables. Ils devaient lui dire, entre autres choses, que leur maître se proposait d'envoyer à Paris son fils don Juan, *per apendre à estudiar*, et qu'il le priait à l'avance de le traiter comme son propre enfant [4]. Cette apparente cordialité cachait cepen-

---

1. Arch. de Barcelone, Reg. de Jacques II, nº 336, fᵒˢ 95 et 100. Il est donc inexact que l'affaire de la vallée d'Aran n'eût pas encore été réglée à la mort de Philippe le Bel, comme l'a avancé Boutaric (*op. cit.*, p. 383).
2. *Ibid.*, nº 337, fᵒˢ 235, 237, 238.
3. Acte daté du 14 décembre 1315, au bois de Vincennes (Arch. nat., P 1353, nº 759).
4. Arch. de Barcelone, *ibid.*, fᵒˢ 241, 247.

dant un désaccord très grave, comme nous l'apprend la teneur des instructions officielles.

Dans ce document, Jacques II semble émettre la prétention d'avoir hérité des anciens droits de ses prédécesseurs sur Montpellier. A ses yeux, la cession faite par l'évêque Bérenger de Frédol ne comptait évidemment pas; même le testament de Jacques le Conquérant, léguant la seigneurie en pleine souveraineté à son fils cadet et aux descendants de celui-ci, n'avait pas annulé la juridiction supérieure des souverains aragonais; les rois de Majorque devaient être leurs vassaux pour cette terre comme pour le reste. Cette théorie n'est pas nettement professée ici; elle eût, d'ailleurs, offusqué le fils de Jacques Ier, qui, en reconnaissant, contraint et forcé, la condition dépendante de son royaume vis-à-vis de l'Aragon, en avait toujours excepté les terres relevant de l'évêque de Maguelonne, exception admise par les princes qui avaient reçu son hommage [1]. Mais elle transparaît à travers les périphrases et les réticences, et pour la *baronnie*, territoire distinct de la ville, comprenant une partie de ses environs, le texte dit formellement que le roi de Majorque la tenait en fief de son cousin, ce qui était d'ailleurs plus admissible. L'auteur des instructions se plaint des prétentions émises par le roi de France et des abus d'autorité commis par ses officiers dans la cité de Montpellier, au préjudice des droits de Jacques Ier, qui avait inutilement réclamé auprès de Philippe le Bel, l'avait suivi en divers lieux, s'était efforcé de lui complaire en toutes choses, avait prodigué ses revenus et sa peine, envoyé plus de quatre ambassades, le tout sans pouvoir obtenir autre chose que des promesses d'enquête. Ces abus subsistaient toujours; le nouveau seigneur les avait portés à la connaissance de son suzerain : celui-ci, étant le chef de sa maison et son protecteur naturel, avait, par conséquent, qualité pour réclamer. Au nom des liens d'affection et de parenté qui l'unissaient également à

---

[1]. V. les traités de 1279 et de 1298 (Documents, n°s XXVII, XL).

la dynastie française, il priait le roi Louis d'y porter remède. Le premier roi de Majorque avait bien mérité de cette famille souveraine en admettant sa suprématie sur Montpellier. Le second avait été élevé au milieu d'elle ; il était, d'ailleurs, trop pauvre pour que ses amis, ses parents cherchassent à diminuer son avoir. Enfin, les sujets aragonais ne se trouvaient pas moins lésés que les majorquins par l'obligation d'aller débarquer leurs marchandises à Aigues-Mortes ; plusieurs s'étaient perdus corps et biens pour ce motif ; une indemnité leur était également due ; etc.

L'exposé de ces raisons devait être fait par le sacristain, car les clercs étaient généralement meilleurs orateurs et plus habiles diplomates. Ensuite les ambassadeurs du roi de Majorque devaient développer leurs griefs, longuement ou brièvement, suivant le cas ; et, si le roi de France avait l'air de rejeter leurs communes demandes, leurs maîtres devaient en être informés aussitôt, afin de pouvoir faire de nouvelles instances [1]. C'est, en effet, le seul résultat auquel aboutit, comme on pouvait le prévoir, cette démarche simultanée. Louis le Hutin répondit simplement qu'il ignorait les faits, qu'il était trop récemment monté sur le trône ; il promit d'envoyer en Aragon ses ambassadeurs et, suivant la tactique de son père, d'ouvrir une enquête. Les deux princes insistèrent, l'un par lettre, l'autre de vive voix ; ils n'obtinrent pas davantage [2]. Alors ils résolurent d'expédier à Paris une seconde mission, composée, cette fois, de deux seigneurs, Géraud de Rocaberti et Martin Lopez de Rueda. Ces nouveaux négociateurs reçurent leurs lettres de crédit le 6 juin 1316 [3]. Mais, au moment où ils venaient de partir, la mort s'abattit encore une fois sur la descendance de Philippe le Bel ; Louis X fit place à un enfant naissant, qui ne vécut point,

---

1. Arch. de Barcelone, Reg. de Jacques II, n° 337, f° 242 ; Documents, n° XLIII. Ces instructions sont un des premiers textes officiels rédigés en catalan. En même temps que les pièces diplomatiques commençaient à se multiplier, la langue vulgaire y pénétrait.
2. *Ibid.*, f° 254 ; Documents, n° XLIV.
3. *Ibid.*, f° 251 et ss.

puis à son frère Philippe V, qui lui-même ne devait faire que passer sur le trône, en attendant que le dernier rejeton de la race fût emporté à son tour, comme si elle eût été tout entière sous le coup d'une sentence inexorable. Au milieu de ces bouleversements et des graves préoccupations qu'ils engendraient, les affaires de la nature de celles-ci perdaient quelque peu de leur importance et passaient nécessairement au second plan. Cependant le roi d'Aragon ne se découragea point. Il fit revenir sur leurs pas les deux ambassadeurs et attendit quelques mois. Au bout de ce temps, il en choisit deux autres parmi les membres de son conseil : c'était Ferrer de Villafranca, viguier de Barcelone, et Sancho Sanchez de Muños, juge de la cour royale. En février 1317, ces deux magistrats reçurent à leur tour des instructions sommaires, bientôt remplacées par de plus amples, dont le contenu nous montre que le débat s'était étendu à la baronnie d'Aumelas [1].

Cette baronnie, disaient-elles, avait été, de notoriété publique, possédée en franc-aleu par le roi Jacques le Conquérant et ses prédécesseurs les seigneurs de Montpellier. Jamais le roi de France n'y avait eu aucune juridiction, aucun droit souverain. Jacques Ier de Majorque avait reçu ce domaine en héritage sous la suzeraineté de Pierre III, son frère, et Sanche le tenait de même en fief de son cousin Jacques II. Le premier avait reconnu au roi de France trois prérogatives dans la ville et seigneurie de Montpellier : le ressort, le cours de sa monnaie, l'inscription de son nom en tête des actes ; mais une concession semblable ne pouvait préjudicier aux droits du roi d'Aragon sur la baronnie d'Aumelas, qui relevait de lui, et, d'ailleurs, ces droits avaient été expressément réservés par les actes d'hommage. Cependant le roi de France ou ses gens avaient revendiqué naguère, dans la dite baronnie, les seconds appels, l'ost et chevauchée, la connaissance des fiefs et arrière-fiefs, etc. Il dira peut-être, comme son frère,

---

1. *Ibid.*; Documents, n° XLIV.

qu'il prendra des informations, ou que la question sera soumise à sa cour. Dans ce cas, les ambassadeurs lui répondront : « Seigneur, nous ne sommes pas ici pour discuter des points de droit ; cela nous est expressément défendu. Nous sommes venus pour vous requérir de faire cesser les sujets de plainte de notre maître. » S'il refuse, ils se borneront à dire que sa réponse sera fidèlement rapportée, et dans les mêmes termes. S'il parle d'ajourner ou de renvoyer l'affaire, ils n'accepteront pas. S'il veut surseoir pour sa vie durant, ils le prieront d'en écrire au roi d'Aragon, sans toutefois recourir à une enquête. Enfin, s'il admet le bien fondé de leur réclamation, ils lui demanderont de se désister également de ses agissements dans la ville de Montpellier, afin que toute occasion de discorde et de scandale soit supprimée ; l'exposé des griefs du roi de Majorque sur ce point particulier sera remis aux messagers aragonais à Perpignan [1], et le roi de France sera supplié de regarder les intérêts de ce prince comme les siens.

Comme on le voit, c'était toujours les mêmes plaintes que sous Philippe le Bel. Les fils de ce monarque ne faisaient que continuer sa politique, envahissante et circonspecte à la fois. Aucun acte nouveau n'était intervenu de leur part, et c'est par une erreur ou un manque de bonne foi manifeste que Zurita, pour défendre ses princes, avance qu'après la mort de Jacques Ier les rois de France prétendirent hériter de toute la seigneurie de Montpellier [2]. Il n'était nullement question, on en a la preuve, de réunir cette seigneurie à la couronne : Montpelliéret suffisait pour le

---

1. Cet exposé, rédigé la même année (1317), remplissait un grand rouleau de parchemin coté, dans le Trésor des chartes, J 339, n° 15. Cette pièce est aujourd'hui en déficit ; mais des documents relatifs à la même affaire subsistent sous la cote J 340, n° 37.
2. *Anales*, II, 30. Cette erreur a été reproduite par Henry, qui prend toujours le parti des adversaires de la France (*Hist. du Roussillon*, I, 209). Mais je crains bien qu'il ne faille imputer à l'historien espagnol une bourde beaucoup plus forte, quand il parle, à ce propos, d'un domaine ou d'un droit appelé *Refort*, pour dire le *ressort* (*y se usurpava el dominio, como era lo que llamavan Refort*).

moment. Le débat roulait uniquement sur les agissements des officiers royaux, qui avaient étendu peu à peu les limites de leur ressort et voulaient faire sentir l'action du suzerain jusque dans la baronnie d'Aumelas. En cela, ils dépassaient vraisemblablement leur mandat. Mais, d'un autre côté, il était difficile d'admettre que cette baronnie, qui dépendait presque entièrement du comté de Melgueil et qui avait été disputée au comte de Toulouse par le roi d'Aragon, eût jamais appartenu régulièrement à ce dernier, et l'on a vu que la seigneurie de Montpellier, à laquelle elle avait été rattachée et réunie, relevait de la couronne de France. L'une comme l'autre faisait, d'ailleurs, partie du territoire de la Gaule et de l'ancien royaume des Francs. Il était faux, en outre, que Jacques Ier de Majorque eût hérité de la baronnie à titre de fief et sous la suzeraineté de son frère : c'était là, nous le savons, la théorie aragonaise; ce n'était nullement les termes de l'acte constitutif du royaume baléarique ni du testament laissé par le Conquérant. La question était donc au moins douteuse. Philippe le Long répondit à Jacques II par une lettre datée du 28 mars 1317, où il lui disait qu'il avait entendu traiter favorablement ses ambassadeurs et que, dans le but de mieux s'entendre avec lui, il lui envoyait à son tour trois délégués, Pierre de Beaujeu, prieur de la Charité, Pierre de Chalon, archidiacre d'Autun, et Jean d'Arblay, chevalier [1]. Ceux-ci eurent, en effet, plusieurs entrevues avec les conseillers de la couronne d'Aragon, à Barcelone; mais ils ne purent tomber d'accord avec eux ni au sujet de Montpellier ni au sujet d'Aumelas. Le désistement qu'on exigeait d'eux n'était pas inscrit dans leurs pouvoirs. Ils se bornèrent à promettre qu'ils essayeraient, en s'en retournant, d'arrêter les excès des fonctionnaires royaux, et Jacques II, n'osant témoigner trop de mécontentement ni provoquer une rupture pour un pareil motif, écrivit,

---

[1]. Arch. de Barcelone, reg. cité, f° 255. Les noms de ces délégués sont encore étrangement défigurés par Zurita (*ibid.*).

le 19 juin, à leur maître pour lui exprimer l'espoir
qu'il trouverait un autre moyen de maintenir entre eux
la bonne intelligence [1].

Pendant ce temps, l'affaire avait été portée au parlement;
mais, au mois de janvier suivant, un accord provisoire
fut proposé, aux termes duquel, sans rien préjuger sur le
fond de la question, les deux monarques en remettaient le
règlement à deux ans : jusque-là, les officiers français
devaient se conformer rigoureusement aux privilèges de la
ville de Montpellier, de manière à ôter tout sujet de
plainte au roi de Majorque. Une nouvelle lettre du roi
d'Aragon informa Philippe de son acquiescement; il le
priait, en conséquence, de faire suspendre tout procès et
de ratifier, de son côté, cet arrangement [2]. Le roi de France
ne demanda pas mieux, et, pour faire patienter Sanche,
qui était venu insister auprès de lui à Paris, non moins
que pour contenter le pape Jean XXII, qui lui avait écrit
en faveur de ce prince [3], il lui accorda, dans le courant de
juin, des satisfactions partielles : ordre au sénéchal de
Beaucaire de ne plus entraver le droit d'essayage des ma-
tières précieuses (*esmerum*) qui appartient au seigneur de
Montpellier, ce droit n'ayant été cédé au suzerain que pour
les ouvrages en or; permission de placer des gardes à
Frontignan et au port de Lattes, pour arrêter au passage les marchandises dont l'exploitation était interdite;
autorisation de lever sur les deux parts de la cité une taille
de cinq mille livres, à employer par le roi de Majorque
pour les besoins communs; suspension du payement d'une
somme de quinze mille livres, promise autrefois à Philippe le Bel pour la confirmation des privilèges de la ville.

1. *Ibid.*, f° 256.
2. *Ibid.*, f° 264.
3. Raynaldi, an. 1317, n° 5. Les lettres de recommandation du pape eurent
leur effet, dit dom Vaissète (IV, 167); et là-dessus l'historien du Roussillon
part de nouveau en guerre contre ce savant écrivain, en disant que ce ne
fut point là la cause qui fit renoncer Philippe V à ses prétentions et que,
s'il céda, c'est qu'il reconnut son tort (I, 210). La vérité est qu'il ne se
désista point et que ses concessions portèrent sur autre chose, comme on
va le voir.

En même temps, il confirma les grâces et concessions octroyées autrefois à Jacques Ier. En retour, Sanche lui rendit bénévolement l'hommage qu'il lui devait, et toutes les difficultés cessèrent momentanément [1].

Au bout de deux ans, on voulut naturellement rouvrir les négociations. Rendez-vous fut pris par les représentants des trois princes pour le 1er juin 1319, à Montpellier. Mais, quand ce terme arriva, les Aragonais ne se présentèrent point. Leur souverain s'excusa auprès de Philippe V, en disant qu'il avait supposé que les délégués français ne pourraient se trouver au lieu convenu, à cause des intempéries exceptionnelles de la saison, qui rendaient les voyages dangereux. C'était là un prétexte bien frivole. Que pouvait-il cacher ? Jacques II le laissait deviner dans le même message : ses relations avec son cousin de Majorque s'étaient considérablement refroidies; il n'était plus assez satisfait de lui pour prendre souci de ses intérêts [2]. Nous sommes donc ici en présence d'un revirement inopiné, d'une véritable volte-face. L'infortuné vassal des rois de France et d'Aragon commençait à porter la peine de sa faiblesse et de l'indécision de sa politique. Après l'avoir vu fermement soutenu contre les empiètements du premier par les démarches du second, nous allons maintenant le voir aux prises avec celui-ci. Ce sera le début d'un différend qui se réveillera plus aigu à l'avènement de son successeur ; ce sera comme le prélude du duel à mort où se jouera, un jour, l'existence même de son royaume. D'où provenait, au

---

1. Arch. nat., J 340, n° 37; JJ 53, n° 223; JJ 54ᵃ, n° 541. Le payement des 15,000 livres réclamées pour la confirmation des privilèges de Montpellier fut encore prorogé par un arrêt du 13 avril 1321. (Boutaric, *Actes du Parlement*, n° 6367.) Cette confirmation avait été sollicitée par les consuls, et, les officiers majorquins ayant prétendu qu'elle n'était pas dans les attributions du roi de France, l'affaire avait été portée au parlement. (Arch. nat., J 340, n° 37.) La politique de temporisation et de bascule suivie par les fils de Philippe le Bel comme par ce prince lui-même a été très bien appréciée par Germain, qui, après un examen attentif des pièces conservées dans les archives municipales, l'a résumée d'un mot : ils faisaient « patte de velours ». (*Op. cit.*, II, 137, note.)

2. « *Non se habet nobiscum taliter, quod habeamus curam de tractando vel tractari faciendo de factis suis.* » (Arch. de Barcelone, reg. cité, f° 266.)

milieu d'un ciel complètement rasséréné en apparence, une saute de vent aussi brusque? La correspondance manuscrite des deux cousins va nous l'apprendre.

Dans le courant de l'année 1318, ils s'étaient rencontrés à Tortose, probablement pour se concerter ensemble au sujet de l'affaire de Montpellier. Au milieu d'une conversation familière, Jacques II, qui avait entendu parler de certains projets de testament, émit, comme en passant, l'idée que, si Sanche ne laissait pas d'enfant mâle (et il n'en avait aucun), ses États devaient revenir à la couronne d'Aragon, d'après les termes du partage fait par son grand-père, et qu'il serait peut-être bon que la question fût réglée entre eux à l'avance. Il ajouta qu'en disant cela il n'était pas mû par l'ambition, mais par l'amour de la paix et de la justice. En dépit de cette parole doucereuse, on a peut-être là, au contraire, la clef de sa conduite récente et de sa sollicitude empressée pour les intérêts de son parent, devenu à ses yeux un cousin à succession. Ce dernier répondit un peu légèrement, ou par suite de la faiblesse naturelle de son caractère, qu'il consentait au règlement qu'on lui demandait. Le roi d'Aragon devait venir peu de temps après à Perpignan visiter la reine de Majorque : il fut convenu que l'on profiterait de cette circonstance pour faire élucider la question et rédiger l'accord par des savants (*sapientes*), c'est-à-dire par des juristes pris des deux côtés. Mais la visite n'eut pas lieu; Jacques se trouva empêché, peut-être volontairement, car son conseil était divisé à ce sujet. Sanche, qui avait déjà réfléchi, lui écrivit, le 22 septembre, en le priant de lui envoyer des fondés de pouvoirs pour discuter avec les siens; autrement, disait-il, il se verrait à regret obligé de prendre seul une décision et de la notifier à ses sujets le jour de la Toussaint au plus tard [1]. Le monarque aragonais, qui était à Espona, dans le comté

---

[1]. Arch. de Barcelone, reg. 347 (*Registrum ordinatum super facto declaracionis quam illustris Sancius, rex Majoricarum, intendit facere, ut facit, super jure successionis regni Majoricarum et aliarum terrarum suarum*), f° 1.

de Pallars, répondit dès le lendemain : ses gens n'étaient pas encore tombés d'accord ; il voulait faire examiner l'affaire par les hommes de loi les plus compétents ; aucune déclaration, du reste, ne pouvait préjudicier à son droit [1].

Le dernier mot était tranchant. Le 18 octobre, il écrivit de nouveau que l'on n'avait pu terminer ; la fièvre l'avait pris à Girone, et, comme il tenait à être présent aux délibérations, il priait son cousin de remettre son manifeste à la fête de Pâques. Tout retard dans ma déclaration, répliqua celui-ci, peut avoir de graves inconvénients (ses vassaux étaient impatients de savoir de quel prince ils dépendraient après lui) ; mais, pour vous complaire dans la limite du possible, j'attendrai jusqu'à la fête de saint Vincent martyr (22 janvier). Au mois de décembre, l'infant Jean, fils du roi d'Aragon et son chancelier, demande une nouvelle prorogation, son père étant toujours malade. Sanche, cette fois, oppose un refus motivé, joint à des condoléances bien senties [2]. Dès lors, les bonnes relations cessent, et une nouvelle lutte s'engage, sur le papier d'abord.

Le 13 janvier 1319, Jacques II charge son lieutenant et conseiller, Bernard de Fenollet, de protester en son nom contre le projet formé par Sanche de disposer de ses terres après sa mort, lesdites terres devant revenir à la couronne d'Aragon en vertu de la clause de substitution inscrite dans l'acte de partage : s'il entend les léguer à l'infant Jacques, son neveu, fils de son frère Ferrand, réclamer énergiquement ; s'il veut les diviser entre celui-ci et le roi d'Aragon, attendre des instructions nouvelles [3]. Sept jours après, la protestation est déposée au château de Perpignan. Le surlendemain, Sanche répond par écrit qu'il ne violera pas la volonté de son grand-père ni les droits de son cousin, mais qu'il usera de son droit à lui. Le même jour, réplique de Bernard de Fenollet, rédigée dans un hôtel privé de la ville, par devant témoins. Le jour suivant, contre-réplique, puis

---

1. Arch. de Barcelone, *ibid.*
2. *Ibid.*, f° 2.
3. *Ibid.*, f° 3.

publication du manifeste, qui proclame l'infant Jacques héritier présomptif. Le 24 et le 25, troisième et quatrième protestations, en présence des seigneurs du royaume et des syndics des villes assemblés au château. Mais, cette fois, les sujets du roi de Majorque prennent position dans le débat : ils déclarent que leur prince n'a fait qu'user de son droit, qu'il a agi sagement, qu'ils lui obéiront en toute chose. Devant leur ferme attitude, Bernard recule et se retire en protestant toujours [1].

Le débat se prolongea longtemps encore. Bientôt même, de nouveaux griefs vinrent s'ajouter aux précédents et aggraver la situation. Sanche, naturellement indisposé contre son suzerain espagnol, refusa d'aller lui rendre l'hommage et de paraître en personne à sa cour, comme l'exigeaient les fatales conventions dont il avait si facilement accepté le renouvellement, mais qu'il n'avait pas encore exécutées. D'après les auteurs aragonais, il y fut incité par certains chevaliers français de son entourage, qui auraient fait valoir à ses yeux que l'inféodation de son royaume avait été imposée par la violence, et qu'il trouverait un appui à Paris s'il était attaqué à Barcelone [2]. La chose n'est pas impossible, car la France avait tout intérêt à le détourner de l'Aragon, vers lequel il avait sensiblement penché jusque-là, et son caractère bien connu le prédisposait à écouter tour à tour les conseils les plus opposés. Mais Jacques II, informé de tout, le menaça de le déclarer traître et de le traiter en vassal rebelle. La guerre était donc sur le point de se rallumer. Les choses allèrent si loin, que le pape, dont les événements antérieurs aussi bien que la prééminence de son rang avaient fait le gardien de la paix jurée, crut devoir intervenir. Il écrivit à Sanche, le 2 août 1319, pour l'exhorter à un accommodement : il avait appris, disait-il dans cette bulle, que le diable avait suscité une

---

1. *Ibid.*, fᵒˢ 8-11. Les historiens n'ont rien dit de cette affaire, qui avait pourtant une réelle importance.
2. Chron. de Pierre IV, liv. III, ch. v; Dameto, *op. cit.*, II, 95; Zurita, II, 41.

querelle entre le roi d'Aragon et lui ; il le suppliait d'éviter les horreurs et les frais énormes d'une lutte armée, d'incliner son cœur vers la concorde, qui devait toujours régner entre parents si proches, et de choisir plutôt avec son cousin des amis communs pour juger leur différend [1].

Malgré ces objurgations, qui vraisemblablement furent adressées aussi à Jacques, plus d'une année s'écoula encore avant que les deux princes se décidassent à entrer en pourparlers. Enfin, le 18 janvier 1321, deux négociateurs, Guillaume de Canet, chevalier, et Nicolas de Saint-Just, trésorier de Majorque, partirent de Perpignan, porteurs de propositions conciliantes. Ils joignirent le roi d'Aragon à Valence, et, après une longue discussion avec son conseil, ils trouvèrent ensemble deux issues honorables pour sortir de l'impasse où l'on était engagé. La première consistait dans le payement d'une somme de quarante mille livres barcelonaises à faire par Sanche à son cousin, moyennant quoi il serait exempté pour le reste de sa vie de l'obligation de venir lui faire l'hommage à sa cour de Catalogne; la teneur du privilège d'exemption était arrêtée à l'avance. La seconde était qu'il se rendît aux prochaines *cortes* et là demandât, en présence de plusieurs conseillers du roi, de ne plus être forcé de s'y représenter ; après cette démarche unique, mais pénible, il serait dispensé personnellement de la renouveler, et cela à titre gracieux, sans le versement d'aucune somme, en promettant toutefois que ses successeurs exécuteraient les conventions dans toute leur rigueur [2]. Il y avait, comme on le voit, dans cette affaire un singulier mélange de questions d'honneur ou de droit et de questions d'argent. Mais le roi de Majorque n'était pas riche ; il dut faire céder la dignité à l'intérêt. Après avoir entendu le rapport de ses délégués, il choisit la seconde voie, et, par une lettre datée du 21 mars, il en avertit Jacques, en le priant de lui envoyer une acceptation écrite de l'arrangement proposé.

---

[1]. Bibl. nat., ms. lat. 9261, n° 32.
[2]. Arch. de Barcelone, reg. 338, f° 76 ; Documents, n° XLV.

Cette acceptation lui fut envoyée dix jours après : le roi d'Aragon, dans sa réponse, l'engageait à fermer l'oreille aux suggestions des gens mal intentionnés qui cherchaient à semer la zizanie entre eux, et lui accordait toutes les garanties de sécurité possibles pour se rendre auprès de sa personne [1].

Sanche alla donc le trouver à Girone, où se tenait sa cour, au mois de juin suivant. Dans cette entrevue, un nouveau rapprochement s'opéra. Laissant dormir la question de succession, qu'il se proposait bien de réveiller à son heure, et sur laquelle nous aurons nous-mêmes à revenir, le suzerain se borna prudemment à exécuter les conditions arrêtées avec son vassal au sujet de l'hommage. Il l'admit à le prêter, et, le 28 du même mois, dans le couvent des Frères Prêcheurs, il lui remit une charte scellée de son sceau, confirmée par son fils, dans laquelle il le dispensait, en raison de sa parenté et de ses bonnes dispositions, de venir chaque année faire acte de soumission. Sanche, de son côté, donna la promesse écrite que ses successeurs accompliraient régulièrement cette formalité[2]. L'habile monarque aragonais trouva, malgré tout, le moyen de se faire octroyer une forte somme d'argent; de sorte qu'il eut pour lui et l'honneur et le bénéfice. Comme il s'apprêtait à tenter une descente dans l'île de Sardaigne, qui, vainement cédée par le Conquérant à son fils cadet et, plus récemment, par le pape aux rois d'Aragon, demeurait encore soumise à la domination à moitié barbare des juges d'Arborée [3], il eut l'art d'obtenir de Sanche, en le comblant de prévenances, un secours bénévole des plus importants pour cette expédition aventureuse. Ce secours consistait d'abord dans le prêt de vingt-cinq mille livres, puis dans l'armement de vingt galées et dans l'entretien des troupes qui devaient les monter pendant quatre mois consécutifs,

---

1. *Ibid.*
2. Arch. nat., JJ 270, f° 55 v°.
3. V. sur ces souverains particuliers de la Sardaigne la notice historique ajoutée par Buchon à sa traduction de Muntaner (ch. CCLXXI).

enfin dans la fourniture de deux cents chevaux et d'un corps d'infanterie [1]. La puissance maritime du royaume de Majorque était donc plus considérable qu'on serait tenté de le supposer, et son trésor, à cette époque, était encore moins épuisé que celui de l'État voisin, plus fort et plus étendu. Les revenus de la riche seigneurie de Montpellier et les subsides de la France avaient dû contribuer pour beaucoup à l'alimenter. Les ports des Baléares furent, en effet, d'une grande utilité pour la flotte catalane, qui, en partant, fit escale à Palma et y rallia des vaisseaux construits pour la circonstance. C'est en grande partie au concours de la marine majorquine que l'infant don Alphonse, placé à la tête du corps expéditionnaire, dut les succès qui lui valurent la soumission du juge d'Arborée. Muntaner qui, nous l'avons vu, avait en matière de guerre navale une certaine compétence, aurait voulu accompagner le jeune prince; ne pouvant le faire, il composa pour lui une sorte d'instruction en vers catalans, qualifiée de « sermon », où il rend hommage, en passant, au mérite de Sanche et de ses galées, qu'il trouvait seulement un peu trop lourdes en face des embarcations remarquablement légères des Génois et des Pisans [2]. Au reste, on a d'autres preuves de la valeur que cette marine avait alors acquise. Quelques années auparavant, elle s'était brillamment exercée contre les Maures de Septa, dont les incursions et les cruautés désolaient les Baléares. Le roi de Majorque avait reçu à cette occasion la concession des dîmes et les félicitations du pape [3]. Il entretenait à Tunis et à Bône des consuls particuliers, comme un souverain complètement indépendant, un *fondouk*, un four et d'autres établissements commerciaux, efficacement protégés par ses navires. Enfin il avait imposé la paix et un traité avantageux au potentat musulman qui trônait dans la première de ces deux vil-

---

1. Arch. nat., *ibid.*, f° 68 v°; Muntaner, *ibid.*
2. Muntaner, ch. CCLXXI-CCLXXIII.
3. Raynaldi, an. 1317, n° 37.

les [1]. Ni pour l'Aragon ni pour la France, un tel allié n'était à dédaigner.

Le premier résultat du rapprochement des deux cousins fut la reprise de leurs négociations et de leurs instances communes auprès de Philippe le Long. Mais, cette fois, ils changèrent de tactique. L'empressement témoigné par Jean XXII pour les intérêts de Sanche, le crédit dont jouissait à Paris ce pape ami de la paix, français d'origine, les persuadèrent que son intervention serait plus efficace que toutes les ambassades. Ils s'adressèrent donc directement à Avignon, et par une lettre écrite de Perpignan, où il était allé à son tour voir son parent, Jacques II supplia le pontife de prendre en considération les droits seigneuriaux de ce dernier, ses droits de suzeraineté à lui, et les atteintes continuelles portées aux uns comme aux autres depuis le temps de Philippe le Bel. Par la même missive, datée du 29 août 1321, il accréditait auprès de Sa Sainteté son conseiller Gérald de Rocaberti, qui devait lui exposer en détail l'objet de sa requête [2]. La communication qu'avait à lui faire ce confident intime est contenue tout au long dans une instruction reproduite à la suite de la lettre de crédit. Cette dernière est rédigée en latin, suivant l'usage; mais l'autre pièce, destinée uniquement au porteur, est en catalan, et ce mélange des deux langues se retrouve dans la plupart des documents diplomatiques de l'époque. Ceux qui concernent cette affaire sont nombreux et instructifs. Le roi d'Aragon y jette le masque, et en vient à contester ouvertement la validité de la cession faite par l'évêque de Maguelonne. Ce serait, dit-il, un grand scandale qu'une querelle entre les rois de France et de Majorque; le souverain pontife est la personne la mieux placée pour le prévenir, car « il lui appartient d'ôter tout sujet de discorde et de mauvaise intelligence entre les princes de la terre » (ceci est la maxime fondamentale de la politique européenne au moyen âge) : il serait donc bon

---

[1]. Bibl. nat., ms. lat. 9261, n° 29. Cf. de Mas-Latrie, *Traités*, p. 176.
[2]. Arch. de Barcelone, reg. 338, f° 79; *Documents*, n° XLVI.

qu'il envoyât un messager faire des représentations au roi de France, et que ce messager fût un homme bien vu des divers intéressés, comme l'abbé de la Grasse. Il aurait à montrer que Montpellier n'a jamais été terre française, et que le contrat d'acquisition dont on se prévaut est nul, attendu que l'Église romaine, de qui l'évêque tenait son fief, ne l'a ni autorisé ni ratifié. Par cet argument, remarquons-le, le pape se trouvait personnellement impliqué dans le débat ; c'était son propre droit qu'il avait à défendre aussi bien que ceux des deux princes catholiques : la manœuvre était habile. Enfin, si l'on invoquait la reconnaissance de la suzeraineté de la France par Jacques Ier, il fallait dire qu'elle ne comptait pas non plus, puisqu'elle avait été effectuée sans l'agrément du véritable suzerain de ce prince, à savoir du roi d'Aragon [1]. Jean XXII répondit comme il devait le faire à la requête présentée par Rocaberti. Il se garda bien de tomber dans le piège, et de confondre avec la cause de l'une des parties celle de l'Église même en faisant revivre les anciens droits du saint-siège sur la seigneurie de Montpellier. Mais il écouta avec bienveillance, ainsi que le collège des cardinaux, les raisons des plaignants, et témoigna de son désir de travailler au maintien de la concorde, dans l'intérêt de laquelle il leur conseilla d'employer la voie de la douceur et de l'humilité. Il promit même d'envoyer pour cette affaire un négociateur à Paris [2].

Philippe V, cependant, suivait toujours vis-à-vis de son vassal la politique de prudence et de ménagements adoptée par ses deux prédécesseurs. Il venait encore de mander au sénéchal de Beaucaire et au recteur de Montpellier de ne porter aucune atteinte à la juridiction de ce prince et de ne pas inquiéter ses sujets, comme ils le faisaient, sous prétexte des lettres de protection accordées jadis aux bourgeois du roi par saint Louis et par son petit-fils [3]. Une nouvelle

---

1. *Ibid.*
2. *Ibid.*, f° 81 ; Documents, n° XLVII.
3. Lettres du 8 janvier 1321, aux Archives départementales de l'Hérault, reg. 1 de la sénéchaussée de Nîmes, f° 29.

surséance avait été accordée pour les procès du roi de Majorque et des consuls devant le Parlement [1]. Mais, dans les premiers jours de l'année 1322, la maladie de Philippe et sa mort inopinée vinrent jeter de nouvelles incertitudes sur la situation. On se demanda anxieusement quelle attitude allait prendre son successeur. Le pape engagea les deux princes espagnols à rappeler leurs envoyés et à délibérer sur ce qu'ils avaient à faire ; lui-même était disposé à tenter une démarche auprès du nouveau roi, toujours par la voie de la douceur. Ils comprirent qu'inaugurer par des réclamations trop vives leurs rapports avec un souverain encore inconnu d'eux serait une grave imprudence. Sanche émit la crainte de l'offenser en lui faisant dire officiellement que Montpellier n'avait jamais fait partie du royaume de France ; le pape lui-même pouvait désapprouver cela, car il l'avait déjà trouvé mauvais, et en prendre prétexte pour retirer aux réclamants son précieux appui (preuve péremptoire que cette théorie était fausse). Il fut convenu que leurs représentants risqueraient simplement cet argument dans la conversation, si on voulait bien les écouter et s'ils trouvaient l'occasion de le faire adroitement [2]. Othon de Moncade, conseiller du roi de Majorque, et un légiste nommé Vinader furent désignés comme les diplomates les plus capables de remplir cette mission délicate. Ils partirent au mois de mars de la même année, chargés par le roi d'Aragon d'instructions très précises, dont voici la substance.

Après avoir félicité Charles IV de son avènement, les messagers aragonais lui diront qu'ils espèrent en lui pour réparer les torts et les injustices commis par ses prédécesseurs à Montpellier, dans la baronie d'Aumelas et dans le Carladez (le terrain du débat s'élargissait de plus en plus, comme on le voit ; mais pour le Carladez, Jacques avait raison, puisque le traité de Corbeil avait réservé à son

---

[1]. Boutaric, *Actes du Parlement*, n° 6367.
[2]. Arch. de Barcelone, *ibid.*, f° 81 ; Documents, n° XLVIII.

grand-père la suzeraineté de ce fief, et c'était de l'habileté de sa part de joindre à la réclamation de droits incertains une demande plus solidement fondée). Aumelas et Carlat sont des aleux appartenant à la couronne d'Aragon et tenus en leur nom par les rois de Majorque. Les agents français y ont commis, comme à Montpellier, toute sorte d'empiètements. On s'est plaint à Philippe le Bel : il est mort sans avoir rien fait pour les arrêter. On a réclamé auprès de Louis X : il a répondu qu'il enverrait des ambassadeurs au roi d'Aragon ; puis il est mort. On a recommencé à nouveaux frais auprès de Philippe V : il a envoyé, lui, trois commissaires, lesquels n'ont rien fait ; puis il est mort. Le roi Charles voudra-t-il s'en tirer à son tour par une promesse d'enquête et l'annonce d'une ambassade ? En ce cas, les messagers répliqueront qu'ils ne sauraient se contenter d'une pareille réponse : les gens du roi de Majorque sont là, avec leurs griefs exposés tout au long ; on n'a qu'à s'informer auprès d'eux et à révoquer les mesures prises injustement. Si l'on veut soumettre la question au Parlement, ils refuseront. Si l'on veut s'en référer à l'accommodement négocié entre le roi d'Aragon et les trois commissaires de Philippe V, ils diront que le premier n'en a pas été satisfait. Ils prieront le roi de recevoir l'hommage de Sanche par l'entremise d'un procureur, car il est actuellement aux îles, et de le dispenser de le prêter en personne, ou, sinon, de lui accorder une souffrance pour trois ou quatre ans [1].

Othon de Moncade était, en outre, porteur de recommandations particulières. Il devait rappeler que le roi de Majorque, en faisant l'hommage du fief de Montpellier, avait expressément réservé les droits de la couronne d'Aragon sur les deux autres baronnies et produire une expédition authentique de cet acte d'hommage. Si le pape était disposé à ne pas faire la démarche qui lui avait été demandée, il fallait passer outre. Si le nouveau roi de France

---

[1]. *Ibid.*, f° 86 ; Documents, n° XLVIII.

était empêché ou tombait malade, cet accident, auquel on était maintenant habitué, ne devait rien arrêter : les deux messagers aragonais, sans se séparer des envoyés majorquins, s'adresseraient avec eux à la personne qui serait chargée de gouverner le royaume. Moncade et son compagnon avaient posé, avant de partir, une série de questions auxquelles Jacques II avait répondu lui-même : Que ferons-nous si le roi Charles veut soumettre le différend à l'arbitrage du pape, et que les autres négociateurs s'en aillent trouver celui-ci? — Vous n'irez point. — Et si l'on essaye une transaction, sur la proposition du pape ou de tout autre ? Vous assisterez aux pourparlers, mais en disant que vous n'avez pas le pouvoir de conclure un accord. — Et si quelqu'un de nous formule d'autres plaintes que celles qui sont contenues dans l'instruction, par exemple sur l'obligation où sont les navires espagnols d'aller débarquer à Aigues-Mortes et d'y stationner contre vents et marée au lieu d'aborder à Frontignan, ou bien sur la mesure qui force à porter à Paris les causes du roi de Majorque, votre vassal? — Vous pourrez vous associer à ces plaintes. — Et si le souverain pontife conseille ou permet d'alléguer devant le roi de France que la baronnie et la ville de Montpellier n'ont jamais fait partie de son royaume, et que l'échange conclu avec l'évêque de Maguelonne est sans valeur, en raison des prohibitions du pape Grégoire ou pour tout autre motif, pourrons-nous faire valoir cet argument? — Oui, mais non comme un point faisant expressément partie de votre mandat. Etc [1].

La dernière réponse est curieuse, parce qu'elle montre non seulement que la théorie excluant Montpellier du royaume de France fut rayée réellement du programme, comme le désirait le pape, mais que la nullité de la cession faite par l'évêque à Philippe le Bel n'était elle-même avancée que timidement, comme une chose dont on n'est pas

---

1. *Ibid.*; Documents, n° XLIX. Toutes ces instructions, qui nous montrent les procédés minutieux de la diplomatie du moyen âge, sont beaucoup plus développées dans le texte original, publié ci-après.

bien sûr et qu'on n'ose pas soutenir ouvertement. Au reste, malgré ces prudentes réserves et les sages conseils de Jean XXII, l'ensemble des instructions du roi d'Aragon ne dénotait pas des dispositions très conciliantes ; leur ton est plutôt celui de l'impatience que celui de la bonne volonté. Aussi l'éloquence d'Othon de Moncade ne devait-elle pas produire grand effet. D'ailleurs, au lendemain d'un avènement, à la veille d'une guerre avec l'Angleterre, Charles le Bel avait sur les bras des affaires plus urgentes que celle-ci. Fidèle à la tactique de son père et de ses deux frères, il accorda quelques petites satisfactions au roi de Majorque. Déjà il avait mandé au garde du Petit-Scel de lui payer sans retard la part qui lui revenait sur les produits de cette cour, et fait surseoir jusqu'à nouvel ordre à la levée des quinze mille livres tournois dues par ses sujets de Montpellier [1]. Il voulut bien se contenter d'un hommage par procuration, comme on le lui demandait, et, le 22 avril, Ferrier de Canet remplit auprès de lui, au nom de son maître, ce devoir féodal [2]. Mais, sur le fond de la question, il ne céda pas plus que ses prédécesseurs. Bien mieux, la politique de Charles IV fut alors sur le point de remporter un véritable triomphe et d'accomplir, dès 1323, l'annexion définitive et complète opérée vingt-six ans plus tard par Philippe VI. Ce fait important et absolument inconnu, qui montre que la question de la réunion de Montpellier à la couronne était mûre longtemps avant de recevoir sa solution et ne fut pas seulement due à l'habileté du premier des Valois, nous est révélé, ainsi qu'on va le voir, par des conventions formelles, enfouies jusqu'à ce jour dans les registres secrets de la chancellerie de Barcelone [3].

1. Arch. de l'Hérault, reg. I de la sénéchaussée de Nîmes, f°s 32, 57.
2. Arch. nat., P 1353, n°s 760, 761. Ainsi les trois fils de Philippe le Bel reçurent l'hommage de Sanche, bien que, d'après M. de Tourtoulon (*op. cit.*, I, 65), il ne l'ait rendu à aucun d'eux.
3. *Registrata pro secretis, de quibus actum secrete inter dominum regem nostrum et dominum Sancium, regem Majoricarum.* (Arch. de Barcelone, reg. 339, n° 384 et s ; Documents, n° L, LI.)

Devant l'échec réitéré de ses réclamations, Sanche ne pouvait se dissimuler qu'il n'obtiendrait jamais rien et que l'action irrésistible de la puissance française était destinée à absorber, dans un temps assez court, la seigneurie où elle avait déjà mis le pied. Prince pacifique avant tout, il était excédé des luttes sourdes qu'il avait à soutenir quotidiennement contre les officiers du suzerain, et des procès, des démarches de toute espèce qu'elles entraînaient. Dans un de ses voyages en France, qui étaient assez fréquents, ou dans le cours des négociations qui venaient d'amener ses conseillers à Paris, on lui fit, sans doute, entendre adroitement qu'il avait tout intérêt à se défaire d'un fief aussi gênant, d'une administration aussi difficile contre de gros revenus ou des terres indépendantes. Les citoyens de Montpellier, placés eux-mêmes entre plusieurs autorités rivales, et voyant qu'ils avaient tout à gagner à se mettre du côté du plus fort, tournaient de plus en plus les yeux vers le soleil levant. Depuis l'acquisition de Monpelliéret, le parti français avait fait parmi eux des progrès immenses : Jacques Ier, le seigneur populaire, n'était plus là ; les fonctionnaires, les agents royaux, qui demeuraient en grande partie sur le territoire majorquin, faisaient une propagande de tous les instants. On en était venu à compter sur les gens du pays pour seconder la révolution qui se préparait et sur leur bourse pour la faciliter. Jacques II, revenu aussi de ses illusions, doutant lui-même de ses droits, ne défendait son cousin qu'avec une arrière-pensée, celle de le décider à faire de lui son héritier ; de plus, il avait avantage à le soustraire à la suzeraineté d'une puissance voisine pour le tenir entièrement sous la sienne.

Toutes ces circonstances réunies favorisaient l'exécution du plan bien arrêté de la monarchie capétienne. Mais, pour ne pas créer de nouvelles difficultés entre elle et la maison d'Aragon, on persuada Sanche qu'il fallait, avant de céder sa seigneurie, en acquérir la juridiction supérieure ; de cette façon, son cousin serait désintéressé de l'affaire, et tout sujet de conflit ou de revendications ultérieures se trouverait écarté. Cette acquisition devait être facile, car les finances aragonaises étaient épuisées par la conquête de l'île de Sardaigne, pour laquelle Jacques avait même dû s'endetter, et il lui fallait, comme l'on dit, faire argent de tout. Elle forma, en effet, l'objet d'une première convention, qui fut conclue au mois d'août 1323, après avoir été négociée à Barcelone par Gui, évêque de Palma, Nicolas de Saint-Just, trésorier, et Jacques Scudéri, notaire du roi de Majorque. Aux termes du contrat, le roi d'Aragon abandonnait à ce prince tous ses droits actuels ou à venir sur Montpellier et Lattes, la baronnie d'Aumelas et le Carladez, afin qu'il les tînt désormais à titre d'alleux, en pleine souveraineté, et qu'il pût en toute liberté les vendre, les céder ou les mettre en pariage; il s'engageait, pour lui et ses successeurs, à n'élever jamais aucune prétention sur ces domaines. Par un acte additionnel, il garantissait au même le bénéfice des substitutions ordonnées par le Conquérant pour le cas où la branche aînée de sa race viendrait à s'éteindre, et lui conservait ses droits éventuels à la couronne d'Aragon, même s'il cessait d'être seigneur de Montpellier; mais c'était là un avantage bien illusoire. Il est dit expressément dans cette pièce que la cession consentie par Jacques II a pour but de faciliter la vente ou l'échange des terres en question avec le roi de France, et que, si cette vente ou cet échange n'est pas un fait accompli au bout de deux ans, les choses demeureront dans leur ancien état. Ainsi le projet était déjà assez avancé pour que l'on comptât sur sa prochaine réalisation [1].

Quelques jours après, dans le préau du château de Perpignan, Sanche acceptait ces conditions et déclarait qu'il allait envoyer immédiatement en France pour traiter avec le roi de l'abandon de Montpellier, d'Aumelas et de Carlat. En même temps il s'engageait à payer à son cousin, pour prix de sa renonciation, la somme de cent mille

---

1. *Ibid.*

livres barcelonaises, et stipulait que la caution de cette somme serait fournie par la noblesse, la bourgeoisie et les marchands du pays, tant il était sûr de leur adhésion. Il espérait que la vente de ses fiefs produirait au moins autant et que la recette couvrirait la dépense, car il ajoutait que, s'il n'y avait point vente, mais simple échange ou contrat de pariage, et s'il ne touchait pas d'argent immédiatement, il aurait la faculté de se libérer en quatre années, par termes égaux. Enfin, si cette affaire entraînait Jacques dans quelques frais, il promettait de les lui rembourser intégralement [1]. C'était donc lui qui était considéré comme le principal bénéficiaire de l'opération ou comme son promoteur; mais, au fond, l'initiative venait certainement de la France, et c'est à elle aussi que devait revenir le profit.

Sanche se mit, peu après, en campagne pour arriver à conclure un traité avec Charles le Bel. Non content de lui envoyer des messagers, il se rendit en personne auprès de lui. Il le vit notamment à Toulouse, lorsque ce prince y tint solennellement sa cour avec la reine, sa femme, Charles de Valois, son oncle, le roi de Bohême et d'autres grands seigneurs, au commencement de l'an 1324 [2]. Le projet arrêté en secret eût très probablement abouti, car tout le monde semblait d'accord. Malheureusement, la mort vint encore une fois déranger les combinaisons de la politique. Bien avant l'expiration du délai qu'il s'était fixé, le 4 septembre de la même année [3], le second roi de Majorque était contraint d'abandonner, non seulement Montpellier, mais tout ce qu'il possédait sur la terre. Il était allé respirer la fraîcheur à Formiguera, dans le Capcir, quand il fut enlevé par une maladie subite. Il eut cependant le temps de consigner sur le parchemin ses dernières

---

1. *Ibid.*, f° 386; Documents, n° LII.
2. *Thalamus parvus*, p. 345; Vaissète, IV, 193.
3. Dameto, II, 101; Vaissète, IV, 200; Zurita, II, 62. D'après le petit *Thalamus*, (p. 346), cet événement serait arrivé le 28 août; mais c'est là une erreur évidente, puisque nous avons un codicille de Sanche daté du 29 de ce mois.

volontés. Déjà, le 24 décembre 1322, étant à son château de Palma, il avait rédigé un testament en bonne et due forme, où il nommait décidément son héritier universel le petit Jacques, fils de son frère Ferrand, âgé alors de sept ou huit ans, qu'il avait recueilli orphelin et qu'il élevait auprès de lui en lui servant une rente de vingt mille sous barcelonais [1]. Cet acte substituait au jeune prince, en cas de besoin, un enfant d'un âge plus tendre encore, issu du même frère, mais du second lit, et, à défaut de celui-ci, léguait tous les domaines des rois de Majorque à la couronne d'Aragon, pour obéir à l'acte constitutif du royaume [2]. Mais l'extrême jeunesse de l'héritier imposait à Sanche le devoir de prendre des dispositions plus précises et plus efficaces pour le bon gouvernement de ses États. Par un codicille écrit quelques jours avant sa fin, le 29 août, il institua une sorte de conseil de régence chargé d'assister dans sa tâche le jeune prince ou son tuteur. Ce conseil, tout à fait démocratique par sa composition, comprenait trois colons de Majorque, deux prud'hommes de Perpignan et un prud'homme de Puycerda, à renouveler d'année en année. Seule, la seigneurie de Montpellier n'y était pas représentée, parce que le testateur songeait à s'en défaire. Quant au tuteur, évidemment destiné à jouer le rôle principal, ce devait être primitivement Guillaume, vicomte

---

1. Arch. des Pyrénées-Orientales, B 121.
2. Arch. mun. de Montpellier, arm. E, cass. 7, n° 6. Cf. Muntaner, ch. CCLXXX. Par les autres clauses de ce testament, Sanche élisait sa sépulture à Saint-Jean de Perpignan, dans la chapelle érigée par son père, ou à Notre-Dame de Majorque s'il venait à décéder aux îles; fondait des anniversaires dans ces deux églises et leur faisait différents dons, ainsi qu'à Notre-Dame de la Réal, à Perpignan, et à plusieurs autres; demandait que l'on célébrât *deux cent mille messes* pour le repos de son âme, et laissait pour chacune d'elles douze deniers de Barcelone; abandonnait à Marie d'Anjou ou de Sicile, sa femme, la propriété de sa dot et de ses joyaux; léguait un peu de bien à ses filles naturelles et aux enfants mâles qui pourraient naître d'elles; etc. Les filles naturelles de Sanche, nées d'une fille de Guillaume de Puig Badro, chevalier, originaire d'Ossuna, étaient au nombre de trois; ce qui n'empêche pas Zurita d'attribuer à ce descendant de ses rois une vie très exemplaire. Elles furent mariées noblement, l'une à don Galceran de Pinos, l'autre à Gilabert de Cruilles, la troisième à Pierre de Talarn. (Dameto, II, 102.) La première a été donnée par d'Achéry comme une fille de Jacques Ier. (*Spicil.*, VIII, 259.)

de Canet, l'homme de confiance et l'ami de son maître ; mais, ce fidèle serviteur l'ayant précédé au tombeau, le roi ordonna, dans le même codicille, que son remplaçant serait élu par les six conseillers ci-dessus désignés, auxquels plusieurs autres, notamment l'évêque d'Elne, s'adjoindraient pour la circonstance. Ce tuteur devait diriger les affaires avec le jeune prince jusqu'à ce que celui-ci ait atteint l'âge de vingt ans [1]. Il n'en avait que dix à peine ; ainsi, lors même qu'il eût été, comme le veut Muntaner, « la plus sage petite créature qui ait vu le jour depuis cinq cents ans [2] », la régence devait être longue et difficile, et les événements allaient la rendre plus laborieuse encore. Mais il n'y avait pas d'autre décision à prendre, du moment qu'on ne voulait pas de Jacques II pour légataire. Sanche n'avait point d'enfants légitimes. Ferrand, le seul de ses frères qui eût été apte à lui succéder, s'était fait tuer dans le cours de ses expéditions lointaines, en 1316, et, malgré la bravoure de ce prince, on ne sait vraiment si, avec son caractère aventureux, il eût pu gouverner prudemment au milieu de tant d'écueils. Il ne restait que ses deux enfants, dont la nature comme la loi successorale faisaient les héritiers du trône. En les entourant d'un conseil de sages, leur oncle remédiait autant qu'il était en son pouvoir aux dangers de la situation.

Le lundi 10 septembre, le viguier de Girone, Galiners, apprit à Jacques II, de passage dans cette ville, qu'il avait rencontré, la veille, un des portiers du roi de Majorque, nommé Costa, et que celui-ci l'avait assuré que son maître

---

1. Muntaner, ch. cclxxx.
2. *Ibid.* ; Arch. nat., P 1354 ¹, n° 810. Ce codicille contient, en outre, de nouveaux legs à la reine Marie et à sa maison, aux hôpitaux, aux monastères et pour les ponts de Montpellier. Sanche y recommande particulièrement à son héritier Nicolas de Saint-Just, son trésorier, qui, on l'a vu plus haut, avait été chargé par lui de plusieurs négociations importantes. Il ajoute aussi certains dons à la pension qu'il servait à Astorine, femme de Majorque, envers laquelle il se déclare obligé, et, suivant le bel exemple donné par son père, alloue deux mille livres d'indemnité pour ceux de ses sujets dont il a abîmé les vignes ou les blés en allant, non pas à la guerre, qu'il ne fit jamais, mais à la chasse. Enfin, il exprime le vœu que l'évêque de Majorque soit adjoint aux conseils de son successeur.

était mort. On l'avait rapporté dans la capitale du Roussillon, avait-il ajouté. Le testament n'était pas encore lu ; mais on savait que l'héritier était le fils de don Ferrand. Galiners avait aussitôt couru à Perpignan, et, là les habitants en armes s'étaient jetés sur lui, en criant : « A mort le viguier ! Il est pour le roi d'Aragon ! » Tous les châteaux étaient déjà occupés au nom du nouveau souverain ; les cris publics se faisaient en son nom ; il était reconnu partout [1]. A cette nouvelle, qui le prenait au dépourvu, le cousin du prince défunt s'émut. Toutes ses espérances étaient détruites, toutes ses manœuvres déjouées. Dans son dépit, il résolut de revendiquer quand même la succession sur laquelle il avait compté. Cette décision fut le signal de mesures violentes, dont j'aurai à parler plus loin.

Il convient toutefois de suspendre ici le récit des événements. La mort de Sanche marque, en effet, une division importante dans l'histoire du royaume baléarique : elle la sépare en deux parties bien distinctes. Soit par leur politique, soit par leur caractère, les deux premiers souverains de cet État artificiel sont arrivés à se maintenir tant bien que mal, contre vents et marée. Pris entre deux puissants voisins, ils ont su se faire appuyer tour à tour par l'un et par l'autre ; ils ont oscillé, mais enfin ils ont pu garder à peu près l'équilibre. L'avènement du troisième, sa nature impatiente et fière, son humeur belliqueuse, et encore plus son isolement, joint à la haine implacable d'un adversaire pire que tous les précédents, changeront la situation et précipiteront la chute de l'édifice branlant élevé, en un jour d'erreur, par le Conquérant. La main de la France ne sera plus

---

[1]. Ce fait est tiré d'une note remise par Galiners au roi d'Aragon et publiée, avec d'autres pièces curieuses, à l'appendice du procès de Jacques II de Majorque, dans la *Coleccion de documentos ineditos del Archivo general de la corona de Aragon* (XXXI, 266). Cette note n'est point datée, et ne désigne pas le roi de Majorque, dont il s'agit. L'éditeur dit qu'elle se rapporte indubitablement à la mort de Jacques Ier, qu'il appelle Jacques II (*ibid.*, 478). Mais c'est là un *lapsus* incompréhensible, puisqu'elle parle d'un prince décédé au mois de septembre, en laissant pour héritier un neveu appelé Jacques et fils de Ferrand. Ces particularités ne peuvent s'appliquer à un autre que Sanche.

là pour l'étayer ; car, bien qu'elle battît en brèche une de ses dépendances, elle le soutenait partout ailleurs, et cet appui partiel faisait encore sa principale force. A la faveur de ce délaissement trop justifié, l'ennemi juré de la dynastie de Majorque fondra sur elle comme sur une proie et l'étouffera dans ses terribles serres. Ainsi ce changement de règne sera pour le petit royaume le commencement de la fin ; mais cette fin sera un véritable drame, long et mouvementé, plein de péripéties et d'aventures tragiques, tel qu'il s'en rencontre bien rarement dans les annales des peuples.

DOCUMENTS

DOCUMENTS

I

TESTAMENT DE GUIRARD II, COMTE DE ROUSSILLON.

1172, 4 juillet.

In Dei nomine. Ego G[uirardus][1], comes Rossilionnensis, futuri metuens discutionem judicii, et eres esse cupiens regni celestis, in meo bono sensu et plena memoria, condo testamentum meum totius averis et honoris mei, testesque presentes subsistere et confirmare illud precipio. In primis, dono Domino Deo et beate Marie Fontis Frigidi meipsum, per vitam et per mortem, ita quod, si vivens seculum relinquero, ibi ad religionem veniam, ibique monachus pauperque miles Christi Jhesu efficiar; si autem citra mare mortuus fuero, ibidem corpus meum ad sepeliendum relinquo. Relinquo monasterio Fontis Fridigi M. C. morabatinos bonos, quos donent predicto monasterio Templarii, pro mea laboracione, quam relinquo eis in Pugols. Relinquo predictis Templariis, pro amore Dei et salute anime mee, meum castrum de Palaz, cum omnibus terminis suis, cum ingressibus et egressibus suis, et cum omni jure suo, sicut ego possideo et possidere videor, sicut melius potest scribi vel intelligi. Similiter relinquo Templariis furnos de Perpiniano, et ut in predicta villa sine licentia eorum furnus vel furni fieri non possint. Relinquo etiam eis ipsas ciminas de Perpiniano et molinos qui juxta portal sunt, qui exiit ad Malolas. Relinquo Hospitali de Jherusalem meum castrum de Malpas, cum omnibus terminis suis, cum ingressibus et egressibus suis, et cum omni jure suo.

---

1. La table alphabétique placée à la fin du second volume contiendra l'identification ou la traduction des noms de lieux et de personnes inscrits dans nos documents.

sicut ego possideo et possidere videor, tam eremis quam condirectis, sicut melius potest scribi vel intelligi. Relinquo Guillelmo de Castronovo honorem quem ibi clamabat in predicto castro, et teneat illum per predictos Ospitalarios. Relinquo etiam eis campum de Stagno, qui est in adjacentia Sancti Johannis Perpiniani, de quo ejeci aquam, et molinos quos ¹ Bernardus Sancius habet in pignore pro M. solidis, qui sunt subtus domum leprosorum. Relinquo monasterio Sancti Genesii albergam quam in eo habeo, et ut in valle Sancti Petri in proprio habeant proprium custodem, qui diligenter custodiat ne bajulus meus de colligendis expletis aliquod dampnum faciat predicto monasterio. Relinquo monasterio Sancti Andree boschum quem habeo in adjacentia et in decimali Sancti Martini de Ripa, cum omnibus terminis suis, cum ingressibus et egressibus suis et cum omni jure suo, et albergam quam habeo in predicto monasterio per me et per omnes successores meos. Relinquo etiam predicto monasterio omne pignus quod Bernardus de Rocha habet per me in villa de Cabannes et in villa Sancti Martini de Ripa, et ipsius abbas monasterii trahat eam de pignore. Relinquo ecclesie Sancti Johannis Perpiniani agrarium illorum ortorum qui sunt a Cannonica juxta regum qui vadit ad molendina nova, excepto illo quem dedi leprosis. Relinquo etiam predicte ecclesie Sancti Johannis Perpiniani condaminas quas habeo in adjacentia ejus. Relinquo leprosis Perpiniani agrarium de orto Johannis Rotberti. Relinquo Guillelmo Sancti Laurentii et Petro Sancti Ypoliti albergas quas mihi faciebant. Relinquo populo Perpiniani presenti et futuro viduaticum quem in eis recipiebam. Hominibus de Albera omnes meas novas defensas relinquo. Illud quod supramiseram in guidonatico relinquo, excepto legitimo usatico. Relinquo Beatrici, consobrine mee, meum castrum ² de Mesova per alodium, emendo Berengario de Orle unum locum in villa Perpiniani ante furnos, ubi possit edificare duos mansos, ad recognitionem Pontii de Tacidon., et Ramundi de Redorta et Guillelmi Sancti Laurentii. Ecclesie et populo de Polestres, pro malefacto quod eis feci, restituo II millia solidos Melgorienses bonos et mittibiles, ut consilio bonorum hominum dividant inter se juste. Hominibus de Cereto, pro malefacto quod eis feci, restituo mille solidos Melgorienses

---

1. *Quem* ms.
2. *Chastrum* ms.

bonos et mittibiles. Hominibus de Candel, quibus abstuli suum aver, restituo C. solidos Melgorienses. Heredibus[1] Pontii de Bajuls et ceteris hominibus de predicta villa restituo CCC. solidos Melgorienses, quibus malum feci. Petro Mortuo, feneratori, pro dampno quod ei intulit quidam latro, restituo CL. solidos Melgorienses. Canonicis Sancte Marie de Campo restituo CC. solidos Melgorienses, pro malefacto quod eis feci. Restituo hominibus de Vilamulacha, pro malefacto quod eis feci, M. solidos Melgorienses. Hominibus de Cannonials restituo, pro malefacto quod eis feci, CCC. solidos Melgorienses. Pro parte latrocinii Poncii Danauga quam ego habui, restituo M. solidos Melgorienses, ex quibus induantur C. pauperes tunicis novis; si quid residuum fuerit de illis, M. solidi in cibos pauperum itidem expendantur[2]. Hominibus Maurelianis restituo, pro malefacto quod eis feci, D. solidos Melgorienses. Hominibus de Volo restituo, pro malefacto quod eis feci, CC. solidos Melgorienses. Hominibus de Gairiz, pro malefacto quod eis feci, restituo CC. solidos Melgorienses. Hominibus de Pareztortas restituo, pro malefacto quod eis feci, CC. solidos Melgorienses. Hominibus de Rogis, pro malefacto quod eis feci, restituo C. solidos Biterrensium[3]. Restitutionem istam, que scripta est in hoc testamento, faciant Templarii et Ospitalarii de medietate expletorum illius elemosine quam eis facio, medium per medium, exceptis illis mille C. morabatinis quos soli[4] Templarii debent persolvere monasterio Fontis Frigidi. Istam restitutionem predictam faciant Templarii et Ospitalarii ad recognitionem abbatis Fontis Frigidi. Ad persolvenda debita mea, que sunt III^M D. solidi, relinquo ad recognitionem manumissorum meorum omnia expleta que habeo in Albere et in Pugols, excepta laboracione, quam dono Templariis, et tabernam Perpiniani, et guidonaticum vetulum, et expleta que exierint de condaminis[5] Perpiniani, quas reliqui ecclesie Sancti Johannis. Omnia alia expleta que habere debeo in villaPerpiniani, excepto illo quod[6] dedi Templariis et Ospitalariis et leprosis et ecclesie Sancti Johannis, tamdiu teneant donec omnia debita sint persoluta.

1. *Heresibus* ms.
2. *Solidos... expendatur* ms.
3. *Biterrensis* ms.
4. *Solii* ms.
5. *Condaminas* ms.
6. *Quem* ms.

Quod si post hec clamor venerit pro debitis vel dampnis, secundum recognitionem suam tamdiu prefati manumissores predicta expleta Alberie et Pugols et Perpiniani teneant, donec omnia, sicut justicia et racio dictaverit, sint persoluta. Omnem meum alium honorem, videlicet comitatum Rossilionensem, et quicquid ad jus illius pertinet in Petralatensi et in Empuriensi comitatu, sicut habeo vel habere debeo, et sicut in antiquis cartis inter me et comitem Empuriensium scriptum est, exceptis his que [1] in hoc testamento expresse reliqui monasteriis, Templariis et Ospitalariis, et ecclesiis et hominibus meis, totum integriter dono domino meo regi Aragonensium et successoribus ejus, si obiero sine infante de legitimo conjugio, tali convenientia et tali inspecta racione, ut ipse ea que in hoc testamento pro salute anime mee religiosis et venerabilibus locis reliqui [2] manuteneat, et predicta religiosa et venerabilia loca ea que illis reliqui in pace et quiete, absque diminutione seu vexatione, inperpetuum tenere ac possidere faciat. Rogo etiam dominum meum regem, per illam fidem et per illum amorem quem illi demonstro in hoc testamento, quando meum honorem, qui ad jus illius non pertinebat, illi dono, ut Berengarium Dorle, meum parentem et meum charissimum amicum, et Poncium de Tacidon., et Guillelmum Sancti Laurentii, et Raimundum Sancti Laurencii, et omnes meos homines diligat et defendat ab omnibus hominibus et honoret, et omnia que illis sunt. Si quis contra hoc testamentum venire temptaverit, agere non valeat, sed in duplo componat. Factum est hoc testamentum IIII° nonas julii [3], anno dominice incarnationis M° C° LXX° II°, regnante Lodoyco rege in Francia. Signum Guirardi, comitis Rossilionnensis, qui hoc testamentum scribere jussit, firmavit testibusque [4] firmari rogavit. Testes hujus testamenti sunt Vitalis, abbatis Fontis Frigidi, et Petri, abbatis Sancti Andree, et Arnaldum, monachum Fontis Frigidi, et Berengarium Dorle, et Pontium de Tacidon., et Raimundum de Redorta, et Guillelmum Sancti Laurentii, et Raimundum de Caneto, templarii, et Raimundus Catalani, ospitalarii, qui hoc testamentum testificant; Arnal-

1. *Qui* ms.
2. *Reliqi* ms.
3. *Juli* ms.
4. *Testibus firmarique* ms.
5. Je laisse les noms et qualités des témoins aux cas où le scribe les a mis dans l'original.

dus, levita et monachus Sancti Andree, qui illum testamentum scripsit jussu G[uirardi] comitis, de quo iste fuit translatatus; Willelmus Peregrini, levita, qui hoc translatavit testamentum rogatus atque jussus.

(Arch. nat., P 1353, n° 790; original. — Publié, d'après un exemplaire défectueux, par Caseneuve, *Catalonia francica*, p. 202, et, d'après un manuscrit des coutumes de Perpignan, par Henry, *Hist. du Roussillon*, I, 504.)

II

JACQUES Ier, ROI D'ARAGON, PROMET A TOUS CEUX QUI L'ACCOMPAGNE-
RONT A MAJORQUE UNE PART PROPORTIONNELLE DE LA CONQUÊTE,
NOMME DES RÉPARTITEURS ET FAIT PRÊTER A DIVERS SEIGNEURS
LE SERMENT DE LE SUIVRE.

1229, 28 août, Tarragone, et 18 septembre, Majorque.

In Christi nomine. Manifestum sit omnibus quod nos Jacobus, Dei gracia, rex Aragonum, comes Barchinone et dominus Montispessulani, promittimus vobis venerabilibus in Christo patribus S[parago], Dei gracia, Terrachonensi archiepiscopo, G[uillelmo], Vicensi, B[erengario], Barchinonensi, et G[uillelmo], Gerundensi episcopis, vobis quoque fratri Bernardo de Campanes, tenenti locum magni preceptoris Ripperie Micaberti, et vobis carissimo consanguineo nostro Nuno Sancii, Hugoni, comiti Impuriarum, G[uillelmo] de Montechatano, vicecomiti Biarnensi, R[aymundo] de Montechatano, R[aymundo] Alaman, G[uillelmo] de Claromonte, et aliis omnibus qui nunc presentes estis in Terrachona et debetis personaliter nobiscum proficisci ad insulas Majoricarum, Minoricas, Eviça, et alias insulas que vocantur generaliter Baleares, ad expugnandas inde barbaras naciones, quod de tota terra, civitatibus, villis et castris, terris heremis et populatis, cum suis redditibus et rebus mobilibus et inmobilibus et exitibus universis, que in hoc viatico acquiremus, Domino concedente, tam per terram quam per mare, letdis, pedaticis, ribaticis et aliis exitibus universis, dabimus vobis vel vestris justas porciones secundum numerum militum et hominum armatorum quos vobiscum duxeritis. Et nos similiter habeamus partem nostram omnium predictorum secundum numerum militum et hominum armatorum qui nobiscum fuerint; retentis nobis alcaceriis et staticis regum in civitatibus ultra debitam porcionem nobis expetentem. Et si forte acquireremus in hoc viatico alias insulas vel terras Sarracenorum vel res mobiles vel inmobiles, per terram vel per mare, eodem modo inter vos et nos pro porcionibus legitimis dividantur. Et omnes divisiones iste fiant per cognicionem Berengarii, Barchinonensis episcopi, et G[uillelmi], Gerundensis episcopi, fratris B[ernardi] de Campanies, Nunonis Sanccii, Hugonis, comitis Impuriarum, G[uillelmi] de Montechatano, vicecomitis Biarnensis [1], per quorum eciam cognicionem assignentur ecclesiis et clericis porciones et redditus competentes. Item, ad eorum cognicionem remaneant ibi, in stabilimento et retinimento terre, illi qui partem terre habere voluerint, vel aliquos per se constituant deffensores. Porciones autem vestras, quas inde habebitis, vos et vestri teneatis per vos et successores vestros ad nostram fidelitatem et consuetudinem Barchinone. Et detis nobis potestatem [2] quandocunque voluerimus, irati et paccati. Et porciones quas inde habebitis possitis vendere et alienare, salva nostra fidelitate et dominio supradicto. Pretera omnes homines de terra nostra et aliunde venientes qui hic juvare voluerint et venire nobiscum in viatico supradicto, habeant similiter partes suas ad cognicionem supradictorum. Volumus tamen et statuimus quod illi qui partes habuerint de terris illis non possint guerriare inter se, dum fuerint in partibus illis, nec guerram facere de terris illis. Ad majorem securitatem omnium et singulorum predictorum, nos Jacobus, rex predictus, juramus per Deum et hec sancta euvangelia, coram nobis posita, hec [3] fideliter servaturos et ducturos nobiscum ducentos milites. Datum apud Terrachonam, V° kalendas septembris, anno Domini millesimo CC° vicesimo nono.

1. *Barnensis* ms.
2. *Dare potestatem* signifiait, en Catalogne, remettre les forteresses d'un pays.
3. *Hic* ms.

Postea, in obsidione civitatis Majoricarum, XIIII° kalendas octobris, fuerunt positi et electi, de consensu domini regis et omnium predictorum, in porcionibus faciendis, loco Guillelmi et R[aymun]di de Montechatano, R[aymundus] Alaman, R[aymundus] Berengarii d'Ager, qui hec juraverunt, et cum eis similiter, in porcionibus faciendis, Eximinus de Urrea [1] et Petrus Cornelii, qui hec jurarunt.

Signum Jacobi, Dei gracia, regis Aragonum, comitis Barchinone et domini Montispessulani; Berengarii, Barchinonensis episcopi, qui hoc promitto in manu S[paragi], archiepiscopi Terrachonensis, me iturum et ducturum usque ad centum milites et quos potero servientes; G[uillelmi], Gerundensis episcopi, qui promitto me iturum et ducturum milites quos potero et servientes; fratris B[ernardi] de Campaniis, tenentis locum magni [preceptoris], qui promitto me iturum cum militibus quos potero; N[unonis] Sanccii, qui juro me iturum et dicturum usque ad centum milites, salvo jure nostro de Sentuerio; Hugonis, comitis Impuriarum, qui juro me iturum et ducturum usque ad septuaginta milites, et servientes quos potero; G[uillelmi] de Montechatano, vicecomitis Biarnensis [2], qui juro me iturum et ducturum usque ad centum milites, et servientes quos potero. Et juramus porciones terrarum et rerum facere, ut predictum est, bona fide; R[aymundi] de Montechatano, qui juro me iturum et ducturum usque ad quinquaginta milites; R[aymundi] Berengarii de Sancta Eugenia et Guillaberti de Cruiels, qui juramus nos ituros et ducturos usque ad triginta milites; R[aymundi] Alaman et G[uillelmi] de Claromonte, qui juramus nos ituros et ducturos usque ad triginta milites; Geraldi de Emerlion [3]; F[errerii] de Sancto Martino.

Signum G., scribe, qui mandato domini, etc.

(Arch. nat., KK 1413, f° 127. — Publié, d'après un autre exemplaire, par Quadrado, *Conquista de Mallorca*, p. 416; Bofarull, *Coleccion de doc. ined. del Archivo general de la corona d'Aragon*, VI, 98, et XI, 3; Tourtoulon, *Jacme Ier*, I, 451; et en partie par d'Achéry, *Spicil.*, III, 597.)

1. *Eximius de Vinea* ms.
2. *Barnensis* ms.
3. Sans doute pour *Cervelion*. D'achéry lit *Gervilion*, et M. de Tourtoulon *Servilion*.

III

CHARTE PRIMITIVE DU ROYAUME DE MAJORQUE.

1231, 1ᵉʳ mars, Majorque, et 1257, 8 février, Alcañiz.

Noverint universi quod nos Jacobus, Dei gracia, rex Aragonum, Majoricarum et Valencie, comes Barchinone et Urgelli et dominus Montispessulani, habentes et tenentes in nostra presencia instrumentum sive cartam privilegiorum et franchitatum quas vobis, dilectis et fidelibus nostris universis et singulis populatoribus et habitatoribus civitatis et regni Majoricarum, olim sub anno Domini millesimo ducentesimo tricesimo, kalendas marcii, apud Majoricas, dedimus et concessimus, ac ipsius diligenter intellecto tenore, quia vos, tanquam fidelissimi et devotissimi nostri, karissimum filium nostrum infantem Jacobum recepistis libenter et jurastis habere post dies nostros dominum naturalem, quedam ad precum vestrarum instanciam corrigimus, et quedam capitula de gracia speciali addicimus. Que omnia in predicto instrumento ad utilitatem et salvamentum vestrî existunt; et ideo instrumentum predictum sic correctum vobis et vestris per nos et nostros laudantes, concedentes ac perpetuo confirmantes, tenorem ejus de verbo ad verbum, et ea capitula que nunc ibi addicimus, ad perpetuam rei memoriam hic facimus annotari.

Tenor instrumenti jam dicti talis est.

In Christi nomine. Manifestum sit omnibus tam presentibus quam futuris quod nos Jacobus, Dei gracia, rex Aragonum et regni Majoricarum, comes Barchinonensis et dominus Montispessulani, cum presenti publica scripturaper petuo valitura, per nos et omnes heredes ac successores nostros, damus, concedimus et laudamus vobis, dilectis et fidelibus nostris, universis et singulis populatoribus regni et civitatis Majoricarum et habitatoribus, predictam civitatem et totam insulam, ut ibi habitetis et populetis; et damus vobis casas et casales, ortos et ortales, et terminum civitatis, prata, paschua, aquas dulces, maria et litus maris, venaciones, pascheria, plana et montanas, herbas, ligna ad domos et naves et ligna alia construenda et ad omnes alios vestros usus; et possitis piscari in mari libere, stagnis tamen retentis nobis.

Possessiones autem omnes quas in civitate vel in regno Majoricarum habebitis, habeatis francas et liberas, sicut eas habebitis per cartas nostre donacionis, et possitis de eis facere, cum prole et sine prole, omnes vestras voluntates cuicumque volueritis, exceptis militibus et sanctis.

Damus iterum vobis quod in civitate et regno Majoricarum et per totam aliam terram dominacionis nostre et regni Aragonum, tam hiis terris quas hodie habemus vel in antea poterimus adipisci, per terram et mare sitis franchi et liberi, cum omnibus rebus et mercaturis vestris, ab omni lezda, pedatico, portatico, mensuratico et penso et ribatico, et ab omni questia, tolta, forcia et demanda, prestito, hoste et cavalcata, et earum redemptione, postquam insula fuerit adquisita.

Non donetis carnaticum de vestro bestiario ullo tempore, passaticum, herbaticum nec quarantenum.

Naufragium aliquod non erit unquam in partibus insule supradicte.

Si quis traxerit cultellum vel ensem versus alium minando vel irascendo, donet nostre curie LX solidos vel manum perdat.

Si quis fuerit captus in latrocinio aliquas res furando, teneat ille cujus res fuerint latronem illum, donec suas res recuperet; postea reddat illum curie, ad justiciam faciendam.

Nullus de adulterio puniatur in rebus vel in personis, nisi mulier vel vir proponat querelam de violencia vel de forcia sibi facta.

Omnia malefacta que fuerint inter habitatores civitatis possint probi homines pacificare et diffinire, antequam sit clamor vel firmamentum ad curiam factum.

De injuriis et maleficiis de quibus curie fuerit factus clamor, firmabitis in posse nostre curie, et reus dabit quintum pro calonia, si fuerit convictus; sed primo debet satisfacere conquerenti.

Pro quinto curie lectum, archa non pignorabitur, neque vestes, neque arma persone sue.

Si querimonia facta fuerit de possessione vel re inmobili, non dabitis caloniam neque quintum.

Habitatores civitatis et tocius insule placitabunt de tercio in tercium diem; extraneus, de die in diem, si conveniatur; sed, si conveniet, utetur jure vicini.

In causis injuriarum, dampnis, vulneribus illatis, procedatur secundum usaticos Barchinone.

Si debitor vel fidejussor aliquis sit effectus, et terminus sit transactus, et inventus fuerit in civitate vel regno Majoricarum, non possit foris privilegium allegare, set ibi teneatur respondere.

Pro aliquo crimine vel delicto vel demanda, non facietis nobiscum vel cum bajulo aut curia civitatis nec inter vos ipsos batalam, per hominem, per ferrum candidum, nec per aquam vel aliam ullam causam.

Curia, bajulus, sayo vel eorum locum tenens non intrabunt domus vestras pro aliquo crimine vel causa suspicionis per se solos, sed intrabunt cum duobus vel quatuor probis hominibus civitatis. Hoc idem servabitur in navibus et lignis, furnis et molendinis.

Sacramentum calumpnie facietis in causis vestris, set nil inde dabitis vel ponetis pro jurejurando faciendo.

Non dabitis curie, bajulo vel saionibus aliquid pro vestra justicia facienda vel exequenda; sed, si sayo ierit extra civitatem, det ei conquerens sex denarios pro legua.

Revenditor vini, farine vel rerum comestibilium, si inventus fuerit cum falsa mensura, perdat totam penitus rem venalem, et habeat inde terciam partem curia, et duas partes murus civitatis.

Flequeria, si vendiderit panem de minus penso, vel ponatur in costello, vel donet V solidos, de quibus habeat duas partes curia et murus terciam partem.

Nullus teneatur facere preconizari vinum, oleum aut res venales, nec teneatur habere pensum domini; tamen, ex quo posite fuerint res venales, non quis plus vendere possit precio posito, sed totam vendat rem venalem, nec faciat inea mesclam ullam.

Vicarius, bajulus aut sayo non possit cognoscere de falsitate pensi vel mensurarum nisi in loco publico et coram probis hominibus civitatis.

Non dabitur calonia nisi placitum firmatum fuerit ab utraque parte.

Omnes questiones que infra habitatores fuerint civitatis, agitentur in locis publicis, ubi vicarius fuerit cum probis hominibus civitatis, et non venietis ad domum curie vel bajuli pro placito terminando.

Debitor vel fidejussor possit dare pignus suo creditori ad X dies cum manulevatore ydoneo, et tenebit pignus per X dies, post quos vendet pignus; sed currere illud faciet per tres dies, et, si plus de suo debito inde habuerit, restituat debitori; si minus, debitor vel fidejussor restituet creditori.

Nullus fidejussor teneatur respondere dum principalis persona presens fuerit et ydonea ad satisfaciendum.

Si quis dixerit alicui *cuguz* vel *renegat*, et statim ibi dampnum aliquod acceperit, non teneatur respondere alicui domino vel ejus locumtenenti.

Si quis pro aliquo crimine a curia vel bajulo captus fuerit, non absolvatur nisi dederit firmanciam de directo.

Si miles noluerit facere justicie complementum nec a curia possit distringi, liceat adversario suo pignora capere propria auctoritate sua, preter equm quem ipse equitat; et si forte alia pignora non habeat, liceat adversario militis equm capere, nisi super eum equitet vel propria manu eum teneat.

Judicia omnia causarum et criminum judicabit curia cum probis hominibus civitatis.

Si quis de aliquo crimine fuerit condempnatus unde penam sustineat corporalem, non amittat bona sua nec partem bonorum suorum, sed possit de eis testari et dimittere heredibus et cui velit.

Quilibet possit se facere preconem, et possitis res vestras cuilibet facere preconizari.

Liceat cuilibet layco, tamen ydoneo, sed nemini ordinato, tabellionatus officium exercere, prestito sacramento in posse curie et proborum hominum quod sit in suo officio pro utraque parte legalis pariter et fidelis.

De omni clamo, sive dubitet, sive neget reus, sive confiteatur, primo a curia [et] consilio proborum hominum sentencia feratur que talis est : Per totam istam diem pausate cum vestro adversario, vel firmate directum, vel sero ascendatis in Almudaynam. Si non ad Almudaynam ascenderit, habeatur pro firmato directo, et exibebit inde directum.

Nos vel aliquis successor vel heres noster, curia, bajulus vel aliquis tenens locum nostrum non facient ullam forciam vel districtum in personis vel rebus vestris, dum parati fueritis dare firmanciam de directo, nisi sit enorme crimen.

Promittimus eciam vobis quod non dabimus nec excambiabimus vos alicui persone, militibus neque sanctis, in toto vel in parte, sed semper amabimus et defensabimus vos in omnis locis sicut nostros fideles, probos homines et legales.

Data apud Majoricas, kalendis marcii, anno Domini M CC⁰ tricesimo.

Hec sunt capitula que nunc addicimus ex gracia nostra. De novo honores et possessiones omnes vobis, prout continetur in capite brevi, per nos et nostros laudamus, concedimus et perpetuo confirmamus.

Littere vel instrumenta alicui vel aliquibus a nobis concessa et concedenda contra privilegia vel franquitates vestras nullam roboris obtineant firmitatem.

Volumus et perpetuo statuimus quod quilibet successor noster, curia, bajulus et nostrum quilibet locum tenens in civitate vel insula Majoricarum jurent hec omnia et singula, sicut superius scripta sunt, attendere fideliter et observare. Nos autem, ad majorem predictorum omnium et singulorum firmitatem, juramus et facimus jurari karissimum filium nostrum infantem Petrum, heredem Cathalonie, super sancta Dei euvangelia a nobis et ipso corporaliter tacta, quod predicta omnia et singula attendamus et compleamus omnino, et faciamus in omnibus et per omnia inviolabiliter observari. Et nos predictus infans Petrus, heres Catalonie, juramus, per Deum et sancta Dei euvangelia a nobis tacta, supradicta omnia et singula attendere firmiter et complere.

Data apud Alcanicium, sexto idus febroarii, anno Domini millesimo ducentesimo quinquagesimo sexto.

Signum Jacobi, Dei gracia, regis Aragonum, Majoricarum et Valencie, comitis Barchinone et Urgelli et domini Montispessulani.

Signum infantis Petri, illustris regis Aragonum predicti filii et heredis Cathalonie.

Testes sunt Bernardus Guillelmi d'Encensa; Examenus de Fossibus; Examenus de Hurrea; Artaldus de Luna; Michael de Leserva; Jasbertus, vicecomes Castri Novi; Arnaldus de Lers; Guilelmus de Castro Novo.

Signum Petri de Capelades, qui, mandato domini regis et infantis Petri supradicti, pro domino fratre Andrea, episcopi Valencie, jamdicti domini regis cancellario, hec scripsit, loco, die et anno prefixis.

(Arch. de Barcelone, reg. 26, p. 116-124. — Publié en partie par Dameto, *Hist. del regno balearico*, p. 265; Quadrado, *Con-*

quista de Mallorca, p. 420, d'après un exemplaire conservé à Majorque; Bofarull, *Col. de doc. ined. del Archivo general de la corona de Aragon*, XXIX, 1, d'après un vidimus.)

IV

DONATION FAITE A PONS ALOARD, PAR LES RÉPARTITEURS ARAGONAIS, DE LA MOITIÉ D'UNE ALQUERIA ET D'UN RAAL SIS A POLLENZA, DANS L'ILE DE MAJORQUE.

1231, 14 octobre, [Majorque].

Sit omnibus notum quod nos Guillelmus de Stephano et Johannes Punera, donatores statuti in cavalleriis Dertuse a Bernardo [1] de Sancta Eugenia, gerente vices domini regis in civitate et toto regno Majoricarum, auctoritate ipsius domini regis qua fungimur in hoc, per nos et omnes successores nostros, damus, concedimus et laudamus per alodium franchum et liberum tibi Poncio Aloard, et tuis successoribus in eternum, medietatem cujusdam algerie que dicitur Cupellos, et medietatem cujusdam raal que est ultra torrentem, et in ipsa medietate sunt tres jovate, in termino de Polenza; ita quod de cetero illam medietatem illius algerie et raal, cum medietate domorum, terris, pratis, pascuis, herbis, aquis et lignis, vineis, arboribus, introitibus et exitibus suis, et cum omnibus pertinentibus et pertinere debentibus ad ipsam medietatem predictorum omnium, habeatis, tu et tui, teneatis, possideatis et expletetis inperpetuum per alodium franchum et liberum, ad dandum, vendendum, inpignorandum et alienandum, et ad omnes tuas tuorumque voluntates inde faciendas, exceptis militibus atque sanctis, prout melius dici potest vel intelligi ad tuum tuorumque bonum et sincerum intellectum sine enganno. Actum est hoc II idus octobris, anno millesimo CC° tricesimo primo. Signum Guillelmi de Stephano; signum Johannis Punere, qui predicta

---

[1]. *Leonardo* ms.

laudamus, concedimus et confirmamus. Signum Petri Johannis; signum Petri de Pertusa; signum Berengarii de Podio, hujus rei testium. Signum Bernardi de Arters, notarii publici in civitate Majoricarum, qui hoc scripsit, cum literis rasis et emendatis in linea quarta, ubi dicitur in, die et anno prefixis.

Signum Jacobi Cerdani, notarii publici Majoricarum, testis. Signum Artusii Mathei, notarii publici Majoricarum, testis. Signum Michaelis Rotlandi, notarii publici Majoricarum ac curie bajuli ejusdem, qui hoc translatum a suo originali sumptum fideliter translatari fecit et cum eodem de verbo ad verbum comprobavit, septimo idus junii, anno Domini millesimo trecentesimo.

(Arch. nat., P 1354', n° 837.)

V

JACQUES Ier, ROI D'ARAGON, CONFIRME LES PRIVILÈGES DES COLONS DE MAJORQUE ET DÉCLARE LEURS POSSESSIONS EXEMPTES D'IMPÔTS.

1233, 22 mars, Lérida.

Manifestum sit cunctis presentibus atque futuris quod nos Jacobus, Dei gracia, rex Aragonum et regni Majoricarum, comes Barchinone et Urgelli et dominus Montispessulani, attendentes esse debitum, dignum atque justum quod omnes habitatores civitatis Majoricarum et insule ejusdem et eciam aliarum insularum, videlicet Minoricarum[1] et Evice, de nostra debeant semper et ubique franchitate et inmunitate gaudere, ideo scienter et consulte et spontanea voluntate cum hac presenti scriptura, munimine sigilli nostri corroborata, perpetuo valitura, per nos et omnes nostros successores, vobis dilectis ac fidelibus nostris omnibus et singulis habitatoribus civitatis et insule Majoricarum et quarumlibet aliarum insularum predictarum, presentibus et futuris, omnes franchitates et inmunitates quas-

[1]. *Majoric.* ms.

cumque vobis quondam dedimus et concessimus, iterum nunc de novo, leto animo et ex mera nostra liberalitate, eas vobis omnibus et singulis laudamus, concedimus ac penitus confirmamus, sicuti melius et plenius in vestris privilegiis, a nobis liberaliter vobis datis et concessis, continetur; addentes eciam et insuper concedentes ex nostra regia dominatione, per nos et omnes successores nostros, quod omnes hereditates sive possessiones quascumque aliquis vestrûm habet vel in futurum habebit in toto regno nostro Aragonum et Catalonie, sive in quolibet alio loco nostre dominacionis, sint in perpetuum franche, libere et quiete, ab omni videlicet oste et cavalcata et earum redemptione, et eciam ab omni questia, paria, peyta, tolta, forcia, ab [1] emprivio, servicio et secursu, et ab omni exaccione regali et vicinali et demanda que dici vel nominari possit quoquo modo : verumptamen possessor hereditatis sive possessionis staticam in civitate vel insula Majoricarum vel in quibuslibet aliis insulis prenominatis faciat corporalem. Mandantes itaque et firmiter statuentes senioribus, majoribus domus, repositariis, merinis, justiciis, juratis, judicibus et alcaldis Saab almedinis, vicariis, bajulis, consulibus, saionibus et aliis subditis et officialibus nostris statutis et statuendis, presentibus atque futuris, quod hanc nostre confirmacionis et franchitatis cartam, a nobis liberaliter factam et concessam, ratam ac firmam habeant et observent et ab omnibus ubique inviolabiliter faciant in perpetuum observari, et quod contra non veniant vel aliquem contra venire permittant, si de nostri confidant gracia vel amore. Datum apud Ylerdam, XI° kalendas aprilis, anno Domini millesimo ducentesimo XXX° secundo.

Signum Jacobi, Dei gracia, regis Aragonum et regni Majoricarum, comitis Barchinone et Urgelli et domini Montispessulani.

Hujus rei sunt testes Berengarius, episcopus Ylerdensis; G. de Montecatheno; Atto de Focibus, major domus Aragonum ; Eximinus de Orrea; Pelegrinus de Castro Azollo; Sancius de Orta; Assalitus de Gudal; Lupus Ferrenqui de Lurcenio.

Signum Petri de Sancto Melione, scriptoris, qui hoc de mandato domini regis scripsi pro Petro Sancii, notario suo, loco, die et anno prefixis.

(Arch. de Barcelone, reg. 26, p. 124.)

1. *Ad* ms.

VI

JACQUES Ier, ROI D'ARAGON, DISPENSE LES COLONS DE MAJORQUE DES LEUDES ET PÉAGES QUE SES SUJETS DOIVENT PAYER A VALENCE, A COLLIOURE, A DENIA, A BARCELONE ET AILLEURS.

1244, 10 mai, Xativa.

Noverint universi quod nos Jacobus, Dei gracia, rex Aragonum, Majoricarum et Valencie, comes Barchinone et Urgelli et dominus Montispessulani, per nos et nostros, concedimus et laudamus vobis fidelibus nostris universis populatoribus civitatis et insule Majoricarum omnes franchitates quos vobis in carta nostra dedimus, secundum quod in carta quam inde vobis fecimus continetur. Et, quia in carta franchitatum predictarum continetur quod sitis franchi et liberi ab omni lezda et pedagio per totam terram nostram, aque[1] lezda et pedagio, per nos et nostros, presentes atque futuros, in Valencia et in Chaucolibero et in Denia et in Barchinona et in aliis locis nostre jurisdiccionis que nos habemus et tenemus et possidemus, vos et vestros absolvimus. Mandantes itaque universis vicariis, bajulis et aliis locum nostrum tenentibus quatinus ab aliquo vestrum non exigant lezdam vel pedagium, immo sitis inde cum mercaturis vestris et rebus omnibus, et ipsi capitatores qui eas pro vobis portaverint, liberi et immunes. Datum in exercitu Xat[ive], VI idus madii, anno Domini millesimo ducentesimo XL° III°.

Signum Jacobi, Dei gracia, regis Aragonum, Majoricarum et Valencie, comitis Barchinone et Urgelli et domini Montispessulani.

Testes sunt dompnus Ladro; Marchus Ferris; Eximinus Petri; Petrus de Lobera; Eximinus de Thobia.

Signum Guillelmoni, scribe, qui mandato domini regis pro magistro B. de Solerio, notario suo, hec scribi fecit, loco, die et anno prefixis.

(Arch. de Barcelone, reg. 26, p. 127.)

1. *Aqua* ms.

VII

RÈGLES IMPOSÉES AUX AVOCATS, JUGES, NOTAIRES ET SCRIBES
DE MAJORQUE.

1247, 31 octobre, Valence.

Noverint universi quod nos Jacobus, Dei gracia, rex Aragonum, Majoricarum et Valencie, comes Barchinone et Urgelli et dominus Montispessulani, utilitati civitatis et regni Majoricarum providere volentes, statuimus per nos et nostros inperpetuum et sanccimus quod advocati jurent sub hac forma : Ego talis juro quod fideliter et legaliter in advocacionis officio me habebo, et nullam causam que secundum meam bonam consciendam injusta mihi videbitur recipiam sub advocacione mea nec sub patrocinio meo, nec aliquid maliciose agam vel dicam in aliqua causarecepta sub advocacione mea ; et, si in principio, medio vel fine cause injusta mihi causa videatur, statim dicam illi quem defendam ; et contra meam bonam consciencian in aliquo non allegabo ; et nunquam pactum faciam cum eo quem juvabo quod aliqua certa porcio illius rei [1] de qua agetur debeat esse mea, nec instruam vel informabo partes, nisi de veritate dicenda. Constituimus itaque quod aliquis clericus non advocet in curia seculari ; et omnes lites, quantecumque quantitatis vel condicionis fuerint, infra tres menses a tempore litis contestate penitus finiantur, nisi causa testium vel instrumentorum vel absencia judicis differre oportuerit. Volumus insuper quod omnium appellacionum placita in duos menses finiantur, nisi testes vel instrumenta vel alie probaciones produci debuerint que sint in locis remotis, et tunc detur dilacio ultra duos menses secundum loci distanciam. Item, statuimus quod nullus clericus portans coronam vel in sacris ordinibus constitutus sit publicus notarius, nec faciat instrumenta publica, sive testamenta aut cartas nupciales vel alios contractus, immo illa ab omni judicio et credulitate penitus repellantur. Et, si post assumptum

1. *Rey* ms.

officium tabellionatus clericus fiat vel coronam portaverit, tabellionatus officio privetur. Et nullus in scriptorem publicum statuatur nisi in eadem villa vel suburbiis habuerit proprium domicilium. Nec sit publicus notarius nisi vicesimum quintum annum excesserit; et tunc vicario presentetur, et a duobus litteratis viris de ejus sciencia scrutetur, et, si sufficiens ad instrumenta conficienda invenitur, recipiatur et juret se esse fidelem et legalem in suo officio. Datum Valencie, II° kalendas novembris, anno Domini M° CC° XL° VII°.

Signum Jacobi, Dei gracia, regis Aragonum, Majoricarum et Valencie, comitis Barchinone et Urgelli et domini Montispessulani.

Hujus testes sunt G. de Podio; R. de Montepessulano; G. de Montecathano; Eximinus Petri; S. Martini de Oblitis.

Signum Petri Andree, scriptoris, qui mandato domini regis pro Guilelmo scribo, notario suo, hec scripsit, loco, die et anno prefixis.

(Arch. de Barcelone, reg. 26, p. 154.)

VIII

JACQUES Ier, ROI D'ARAGON, ACCORDE AUX HABITANTS DE MAJORQUE PLUSIEURS PRIVILÈGES NOUVEAUX.

1249, 5 juillet, Valence.

Noverint universi quod nos Jacobus, Dei gracia, rex Aragonum, Majoricarum et Valencie, comes Barchinone et Urgelli et dominus Montispessulani, per nos et nostros, statuimus, concedimus et indulgemus vobis universis populatoribus et habitatoribus civitatis et tocius insule regni Majoricarum, tam nostris quam richorum hominum, episcoporum et prelatorum et quorumlibet ordinum et alterius cujuslibet dominii, et vestris et eorum successoribus in perpetuum, quod pro aliquibus causis criminalibus vel civilibus non trahamini nec teneamini mittere procuratorem vel aliquem extra insulam Majoricarum, nec alias respondere, sed respondeatis et faciatis justicie complementum infra eandem insulam, per vos vel per procuratores vel missos vestros, dominis quibus tenebimini respondere. Concedimus eciam et indulgemus vobis et vestris in perpetuum quod tenens locum nostrum vel bajulus vel vicarius vel ab eis aliquis substitutus, quamdiu fuerit in officio isto, non emat aliquam possessionem seu rem inmobilem per se vel personam interpositam, nec in fraudem istorum aliquid faciat, nec aliqua accio juris sive facti sibi fiat; et, si factum fuerit, jure vel concessione nostra vel nostrorum non obstante, non valeat. Nec teneamini at dominis, si quos in Cathalonia vel alibi habuistis, redimere vos, nec aliquid eis dare, dum honores sive possessiones quos pro ipsis dominis tenuistis dimitatis eisdem, aliqua consuetudine generali vel speciali contra hoc non obstante. Concedimus eciam et statuimus quod forum sive mercatum sit et fiat inperpetuum infra civitatem Majoricarum singulis diebus sabbati. Concedimus eciam et indulgemus vobis et vestris in perpetuum quod non teneamini solvere judeis, pro usuris, nisi quatuor denarios pro libra denariorum in mense, et prout plenius continetur in instrumento sive instrumentis a nobis factis super usuris et contractibus usurariis factis et faciendis inter christianos et judeos. Datum Valencie, tercio nonas julii, anno Domini M° ducentesimo quadragesimo nono.

Signum Jacobi, Dei gracia, regis Aragonum, Majoricarum et Valencie, comitis Barchinone et Urgelli et domini Montispessulani.

Testes sunt Eximinus de Focibus; Petrus de Cilliis; Guillelmus de Montecathano; Guillelmus de Crexello; Carrocius.

Signum Petri Andree, qui mandato domini regis pro Guillelmo scribo, notario suo, hoc scripsit, loco, die et anno prefixis.

(Arch. de Barcelone, reg. 26, p. 128.)

IX

INSTITUTION D'UN CONSEIL ÉLECTIF POUR L'ADMINISTRATION DE
LA CITÉ ET DE L'ILE DE MAJORQUE.

1249, 7 juillet, Valence.

Noverint universi quod nos Jacobus, Dei gracia, rex Aragonum, Majoricarum et Valencie, comes Barchinone et Urgelli et dominus Montispessulani, per nos et nostros, concedimus vobis universis et singulis probis hominibus et universitati Majoricarum, presentibus et futuris inperpetuum, quod liceat vobis habere inperpetuum VI juratos, habitatores tamen civitatis Majoricarum et regni, et liceat eisdem juratis gubernare et administrare et regere totam insulam ad fidelitatem et comodum nostrum et comune comodum universitatis. Qui jurati possint eligere, habere et vocare consiliarios annuatim quot et quos voluerint, et de omnibus que in illo ipsi jurati anno fecerint circa civitatem nostram et regimen civitatis et insule et habitatorum earumdem ex officio suo, cum consilio consiliariorum suorum, qui simul cum dictis consiliariis[1] vocati fuerint, erimus nos paccati, nec inculpabimus inde ipsos in aliquo, nec consiliarios eorum, nec aliquos quos de consilio demandaverint, super aliquo facto quod fecerint vel ordinaverint verbo vel facto, dum ipsi jurati et eorum consiliarii, in hiis que ordinaverint vel aministrare eos oportuerit, faciant juste. Statuentes quod singulis annis, in festo nativitatis Domini, ipsi jurati qui pro tempore fuerint, cum bajulo nostro insimul presente et consenciente, et cum consilio consiliariorum suorum, eligant VI juratos habitatores civitatis et insule, quos utiliores et meliores viderint et cognoverint secundum scienciam et cognicionem eorum, ad dictum officium exercendum, nec propter iram, odium, amorem, parentelam, precium, promissionem aliquem utilem ad hoc, secundum cognicionem eorum, dimitant eligere, et illos sic ab ipsis electos nobis, si presentes in regno fuerimus,

---

1. Il faudrait *cum dictis juratis*.

vel bajulo nostro si absentes fuerimus, antequam aministraverint presentabunt; qui in posse nostro vel in posse bajuli, vocatis et presentibus probis hominibus civitatis, jurabunt publice sicut inferius continetur; et aliquis juratorum non accipiat aliquod salarium, sed gratis et sine aliquo precio per illum annum quo electus fuerit gubernacioni et aministracioni civitatis intendere teneatur; nec aliquis aliqua causa possit se excusare vel occasionem pretendere quin dicti officii honus et laborem subeat et recipiat; et ille qui uno anno dictum officium tenuerit, sequenti anno illud non teneat; et de uno hospicio unus tantum, et non plures eligantur; et ipsi jurati teneantur jurare et consulere tenenti locum nostrum et bajulo et vicario super omnibus quibus eos consulendum ab eis fuerint requisiti; qui jurati in principio aministracionis sue istud facient juramentum : Ego talis promitto quod pro posse meo et sciencia, salva in omnibus fidelitate et jure et dominacione domini regis, procurabo utilitatem et comune comodum civitatis et regni Majoricarum et habitatorum ejusdem, et vitabo inutilia et dampnosa, et non recipiam precium vel salarium ; et ego et alii socii mei jurati fideles et utiles consiliarios vocabimus et in nostris consiliis habebimus; et in fine anni, pro posse meo et sciencia, omni ira, odio, timore, parentela, amore, servicio vel spe servicii vel munere exclusis, cum juratis sociis meis, presente bajulo et consenciente, alios VI probos homines civitatis et regni habitatores pro juratis eligemus, quos digniores cognov[er]imus, ad dictum officium exercendum, nec assumemus jurisdiccionem ordinariam nec arbitrariam, et custodiemus jura domini regis; et hec omnia sine fraude et dolo juro per Deum et sancta euvangelia, manibus meis corporaliter tacta. Volumus eciam quod annuatim sit miles unus juratus ex illis VI juratis. Predicta autem omnia concedimus vobis vel vestris inperpetuum, dummodo ipsi jurati bene et fideliter in ipso officio se habuerint. Datum Valencie, nonas julii, anno Domini M° CC° XL° IX.

Signum Jacobi, Dei gracia regis Aragonum, Majoricarum et Valencie, comitis Barchinone et Urgelli et domini Montispessulani. — Testes sunt Carrocius; G. de Montecathano; G. de Aquilone; G. de Angolaria; R. de Guardia. — Signum Petri Andree, qui mandato domini regis, pro G°. scriba, notario suo, hec scribi fecit, loco, die et anno prefixis.

(Arch. de Barcelone, reg. 26, p. 156.)

X

MESURES DIVERSES PRISES POUR L'EXERCICE DE LA JUSTICE
A MAJORQUE.

1251, 20 août, Lérida.

Noverint universi quod nos Jacobus, Dei gracia, rex Aragonum, Majoricarum et Valencie, comes Barchinone et Urgelli et dominus Montispessulani, per nos et nostros, concedimus juratis et probis hominibus et universitati Majoricarum, et statuendo decernimus inperpetuum quod omnes bajuli baronum et nobilium habencium honores in civitate Majoricarum et ejus jurisdiccione, quandocumque ibi ponentur et constituentur, jurent publice super sancta Dei euvangelia se servaturos in omnibus franchitates Majoricarum a nobis datas et concessas, prout bajuli nostri eas jurant observare; promittentes quod justicias curie nostre Majoricarum criminales et civiles non vendemus nec inpignorabimus aliqua causa vel racione. Dotes vero et sponsalicia mulierum que assignata sunt vel fuerunt a maritis suis in honoribus quos mariti vel ipse mulieres tenent in feudum, vel ad censum, sive in emp[h]iteosim, seu quibuslibet aliis habentibus honores in regno Majoricarum, sint salva et secura, sine aliquo firmamento dominorum feudi sive censualis, ac si domini expressim ea firmassent vel concessissent. Et si quis considerata mente secutus fuerit aliquem causa interficiendi eum, eadem pena puniatur quam interfector punitur vel puniri debet. Christiani et Judei et Sarraceni non accipiant pro usuris nisi quatuor denarios in mense de viginti solidis, licet habuerint certa pignora vel pacta aliter inita, et, ex quo usura equiparata sit sorti, reddere instrumenta et pignora et fidancias absolvere per nostrum vicarium compellantur. In omnibus eciam casibus aliis et capitulis observetur statutum a nobis heditum super usuris Judeorum. Et si quis tenuit vel amodo tenuerit domos vel quamlibet aliam possessionem bona fide et justo titulo continue per decem annos, sine demanda alterius, sine mala voce, sit ulterius ipsa sua; et hoc inter majores legitimam etatem habentes. Orphano autem vel pupillo legitimam etatem non habenti, vel majori XIIII annorum, qui extra regnum Majoricarum fuerit decem annorum, prescriptio non prejudicet. Similiter, si, infra illud tempus quo fuerint absentes, prescripserint, res illorum qui fuerint presentes adversus eos conserventur illese [1], quemadmodum ipsi absentes contra presentes conservantur illesi. Volumus insuper et statuimus quod quilibet habitator regni Majoricarum teneatur respondere sub curia civitatis Majoricarum de contractu et crimine et delicto quod in regno Majoricarum contraxerit, commiserit vel fecerit, vel si in civitate Majoricarum se promiserit soluturum, ita quod quilibet ipsorum sub examine curie et bajulorum civitatis Majoricarum sub quibus fuerint populati litigent et respondeant. Predicta autem omnia et singula inperpetuum per nos et nostros duximus statuenda et penitus observanda; mandantes itaque vicariis, bajulis et locum nostrum tenentibus et subditis universis, presentibus et futuris, quatinus omnia supradicta et singula firma habeant et observent, et non contraveniant nec aliquem venire permittant. Datum Ylerde, tercio decimo kalendas septembris, anno Domini millesimo ducentesimo L° primo.

Signum Jacobi, Dei gracia, regis Aragonum, Majoricarum et Valencie, comitis Barchinone et Urgelli et domini Montispessulani.

Testes sunt P. Cornelli; Petrus de Montechatano; Raymundus de Montechatano; Eximinus de Focibus; S. Dancilon.; Petrus Martini de Luna.

Signum Guillelmi de Rocha, qui mandato domini regis pro Guilelmo scriba, notario suo, hoc scripsit, loco, die et anno prefixis.

(Arch. de Barcelone, reg. 26, p. 130.)

1. *Illesi* ms.

XI

RENOUVELLEMENT DE L'EXEMPTION DES LEUDES ET PÉAGES POUR LES COLONS DE MAJORQUE.

1256, 2 août, Valence.

Jacobus, Dei gracia, rex Aragonum, Majoricarum et Valencie, comes Barchinone et Urgelli et dominus Montispessulani, universis bajulis, lezdariis sive pedagiariis, et aliis officialibus et locum nostrum tenentibus per totam terram dominacionis nostre ad quos presentes pervenerint, salutem et graciam. Dicimus et mandamus vobis firmiter quatinus de cetero, cum homines Majoricarum ad partes vestras pervenerint, non exigatis ab eis nec ab aliquo exigi permittatis lezdam sive pedaticum, sed ipsos cum omnibus bonis et mercibus suis permittatis ire, stare franche et libere, sine aliqua molestia vel inquietate, quam eis vel bonis suis nullatenus inferatis; quoniam volumus ipsos gaudere per totam terram nostram privilegio franchitatis prout solito utebantur. Datum Valencie, IIII nonas augusti, anno Domini millesimo ducentesimo LVI.

(Arch. de Barcelone, reg. 26, p. 133.)

XII

L'INFANT JACQUES, HÉRITIER PRÉSOMPTIF DU ROYAUME DE MAJORQUE, RATIFIE LES FRANCHISES, PRIVILÈGES ET DONATIONS ACCORDÉS A SES HABITANTS, ET JURE DE S'Y CONFORMER.

1256, 21 août, Majorque.

Manifestum sit omnibus presentem paginam inspecturis quod nos infans dompnus Jacobus, filius illustrissimi domini Jacobi,

Dei gracia, regis Aragonum, Majoricarum et Valencie, comitis Barchinone et Urgelli et domini Montispessulani, heres regni Majoricarum et Montispessulani, per nos et omnes heredes ac successores nostros, cum presenti publica carta omni tempore valitura concedimus, laudamus, approbamus et perpetuo confirmamus vobis dilectis et fidelibus nostris civibus et aliis probis hominibus populatoribus et habitatoribus in civitate et tota insula Majoricarum commorantibus, tam presentibus quam futuris per seccula cuncta, omnes franchitates et libertates a domino illustrissimo rege patre nostro predicto vobis concessas, ut instrumento illarum franchitudinum dinoscitur contineri[1]. Item, concedimus ac perpetuo laudamus et confirmamus vobis et vestris successoribus inperpetuum omnes cavallerias quas ibi habetis, prout eas tenetis et possidetis. Concedimus eciam, approbamus, laudamus et perpetuo confirmamus vobis et vestris perpetuo omnes donaciones et concessiones vobis factas ab eodem illustrissimo domino rege patre nostro seu ab aliquibus suum locum tenentibus, prout eas tenetis et possidetis. Mandantes vicariis, bajulis, officialibus et locum nostrum tenentibus, et aliis omnibus subditis nostris, tam presentibus quam futuris, quod hanc nostre cartam concessionis et confirmacionis a nobis spontanee vobis factam ratam habeant atque firmam perpetuo, et observent et faciant ab omnibus inviolabiliter observari, nec contra veniant vel aliquem venire permittant, si de nostris confidant gracia vel amore. Et, ut melius hec omnia predicta et singula vobis a nobis compleantur et attendantur, juramus in Deum et super sancta quatuor euvangelia, manibus nostris propriis corporaliter tacta, hec omnia, ut superius scripta sunt, attendere et complere nec in aliquo contravenire. Et, ut hec predicta majus robur vobis obtineant firmitatem, sigillo nostro proprio presentem cartam fecimus sigillari[2]. Datum Majoricis, in ecclesia Sancte Eulalie, duodecimo kalendas septembris, anno ab incarnacione Domini millesimo ducentesimo LVI°; et mandato nostro scripta.

Signum infantis Jacobi, illustris regis Aragonum filii et heredis regni Majoricarum et Montispessulani, qui predicta firmamus et laudamus.

---

1. *Disnocitur continenti* ms.
2. *Cartam munimine fecimus sigillari* ms.

Testes sunt Petrus Nuniz; Ferrandus Yanes; B. de Tornamira; R., Dei gracia, Majoricensis episcopus; Blaschus Petri; Aries Yanes; A. de Turrilliis; F. Garces de Roda; Rodericus de Yanes; Vitalis de Bisullero (?), legista; Martinus Petri Dersi.

Signum Bernardi de Luza, scribe domini infantis Jacobi, illustris regis Aragonum filii et heredis regni Majoricarum et Montispessulani, qui hoc scribi fecit mandato ejusdem, loco, die et anno prefixis.

(Arch. de Barcelone, reg. 26, p. 134.)

XIII

DONATION DE L'ÎLE D'IVIÇA, FAITE PAR JACQUES Ier, ROI D'ARAGON, A L'INFANT JACQUES, SON FILS.

1257, 11 janvier, Valence.

Noverint universi quod nos Jacobus, Dei gracia, rex Aragonum, Majoricarum et Valencie, comes Barchinone et Urgelli et dominus Montispessulani, per nos et omnes nostros successores presentes et futuros, damus et concedimus vobis carissimo filio nostro infanti domino Jacobo, heredi Majoricarum et Montispessulani, et vestris, et cui vel quibus volueritis imperpetuum, per allodium francum et liberum, omnes hereditates nostras et possessiones quas habemus et habere possumus vel debemus in Evissa et tota insula Evisse, que fuerunt quondam Petri, infantis Portugalie; ita quod omnes predictas hereditates et possessiones habeatis vos et vestri et quos volueritis imperpetuum per allodium proprium, francum et liberum, ad dandum, vendendum, impignorandum, alienandum, et ad omnes vestras et vestrorum voluntates cui et quibus volueritis libere perpetuo faciendas, prout melius dici potest et intelligi ad vestrum et vestrorum bonum et sanum ac utile intellectum, sine aliqua retentione nostra et nostrorum et cujuslibet alterius persone. Datum Valencie, III idus januarii, anno Domini millesimo CC LVI°.

(Arch. nat., KK 1413, f° 49.)

XIV

RÈGLEMENT DE LA DOT DE CONSTANCE DE SICILE, FEMME DE PIERRE, INFANT D'ARAGON, ET ASSIGNATION DE SON DOUAIRE SUR LES COMTÉS DE ROUSSILLON ET DE CERDAGNE, LE CONFLENT, LE VALLESPIR, ETC.

1262, 13 juin, Montpellier.

In nomine Domini Jhesu Christi. Amen. Anno ejusdem incarnacionis millesimo ducentesimo LXII°, idus junii. Pactorum declaracio pacem nutrit, sepelit materiam jurgiorum, et specialiter in matrimonii federe, in quo per parentele vinculum veri amoris et pacis concordia, concordie puritas et puritatis integritas copulatur. Ideoque nos Jacobus, Dei gracia, rex Aragonum, Majoricarum et Valencie, comes Barchinone et Urgelli et dominus Montispessulani, et nos Petrus infans, ejusdem domini regis filius, in presencia infrascriptorum virorum, obtimatum terrarum[1], et Guidonis Capitis-Porci, judicis curie Montispessulani, presenti scripto fatemur, pro contractu matrimonii inter nos predictum Petrum et illustrem dominam Costanciam, domini Matfredi, illustris regis Sicilie, filiam, nos presencialiter recepisse et recepimus a vobis domino Bonifacio de Anglano, egregio comite Montis-Albani et avunculo dicti domini regis Sicilie, speciali nuncio et procuratore ipsius, de quo plene constitit, numerantibus, solventibus et assignantibus pro parte ipsius domini regis Matfredi, nomine dotis, pro predicta Costancia, filia ejus, uxore nostri predicti Petri, inter aurum, argentum et

1. Il faudrait peut-être *terrarum nostrarum*.

lapides preciosos incastatos, ad pondus regni Sicilie, viginti quinque milia unciarum auri, videlicet, in auro, novem milia centum octuagintas uncias, et in auro, argento et lapidibus preciosis incastatis, communi extimacione extimatas, quindecim milia octingentas et viginti, ad dictum pondus, de summa quinquaginta milium unciarum, quas dominus Ginoldus de Posca, major de Jovenassio, voluntate et consensu predicti domini regis Aragonum, patris [nostri], nomine dotis pro dicta domina Costancia [1]... Alia vero viginti quinque milia unciarum auri, tam in auro ponderato quam in auro, argento et lapidibus preciosis extimanda, idem dominus rex Maffredus solvet nobis in terminis subscriptis, videlicet, in festo Resurreccionis proxime futuro presentis quinte indiccionis, in civitate Janue, duodecim milia et quingentas uncias, et reliqua duodecim milia et quingentas uncias solvet nobis in eadem civitate in fine unius anni a predicto festo Resurreccionis numerandi, licet dictus dominus rex Matfredus obligasset se soluturum nobis predicta viginti quinque milia unciarum auri reliqua breviori termino, quia placuit nobis ipsum terminum dicto domino comiti, pro parte dicti domini regis Matfredi, velut suo nuncio, prorogare. Predictam autem quantitatem viginti quinque milia unciarum auri integraliter recepimus et penes nos habemus. Renunciantes exepcioni non numerate dotis, doli, et non electi aut ponderati auri, et exepcioni non electorum lapidum preciosorum, seu minus justa extimacione extimatorum. Pro quibus dotibus sponte et expresse obligamus et impignoramus eidem domino regi Matfredo, pro parte dicte domine regine Costancie, et eidem domine, comitatum Rossilionis, comitatum Ceritanie et Confluentis et Vallispirii, et comitatum Besauduni[2] et Pratis, villas Calidar[um] et Lagustarie, cum omnibus juribus et racionibus suis, pro dicta docte, si casus restitucionis acciderit, tali pacto, scilicet, quod, si dictam dominam reginam premori contingerit, integraliter predictam quantitatem quinquaginta milium unciarum auri [restituemus], exepto eo quod dicta domina Costancia legabit pro anima sua, usque ad summam decem milium unciarum auri. Et, si contingerit nos predictum Petrum premori, eadem domina superstite, [sine] communibus legitimis liberis et prole,

---

1. Il manque un mot, bien qu'il n'y ait pas d'intervalle en blanc dans le manuscrit.
2. *Besauduii* ms.

obligamus nos nostrosque heredes eidem domino regi Matfredo
et domine Costancie integras predictas dotes, tam in pecunia
quam in rebus extimatis, restituere; concessa eis licencia et ple-
naria potestate predictos comitatus, villas et terras obligatas
capiendi, possidendi et usuffruendi, donec dotes ipse eidem
domino regi et domine Costancie vel eorum heredibus integre
restituantur. Et percipiant interim redditus et proventus ex eis,
pro victu et necessariis ejusdem domine, annuatim ad duo milia
libras[1] turonensium; reliquam quantitatem reddituum com-
putent ipsi in sortem docium predictarum, contradiccione nostra
nostrorumque heredum seu successorum omnino remota. Item,
quod si contingerit nos Petrum predictum premori, superstiti-
bus nostris filiis et prole ex eadem domina regina susceptis,
eadem domina tenebit et gubernabit comitatus et terras predictas, et percipiet redditus et proventus ex eis, et nutriet et
gubernabit communes filios usque dum pervenerint ad etatem
viginti annorum, dum tamen eadem domina ad secunda vota
non convolet. Que omnia prescripta pacta promittimus et juramus bona fide servare, sine fraude et dolo, et in nullo contravenire vel in aliquo predictorum; renunciantes omni auxilio
juris consuetudinarii. Unde, ad futuram memoriam, preffati
domini regis Matfredi et predicte domine Costancie et ipsorum
heredum cautela[m], presens scriptum publicum exinde fieri
jussimus per manum Ramundi d'Oscha, publici notarii Montispessulani, sigillis et subscripcionibus nobilium et dicti judicis,
qui rogati interfuerunt, roboratum. Acta fuerunt hec sollenniter
et laudata apud Montempessulanum, anno et die prefixis. Ego
Ramundus d'Oscha, publicus Montispessulani notarius, predicta
omnia et singula mandato predicti domini regis Aragonum et
dicti domini Petri infantis, filii ejusdem, hec scripsi, et ad majorem firmitatem et fidem in hoc presenti instrumento apposui
signum meum.

(Arch. nat., KK 1413, f° 54; dans un acte du 12 novembre 1264.)

1. *Annuatim duobus milibus libris* ms.

XV

PIERRE, INFANT D'ARAGON, DÉCHARGE ROGER, COMTE DE FOIX, DE L'HOMMAGE QU'IL LUI DEVAIT POUR SES TERRES DE CERDAGNE, DE CONFLENT ET DE BARIDAN, A LA CONDITION DE LE RENDRE DORÉNAVANT A SON FRÈRE JACQUES, HÉRITIER DE MAJORQUE.

1263, 17 février, Saragosse.

Noverint universi quod nos infans Petrus, illustris regis Aragonum filius, consulte et ex certa sciencia, per nos et nostros, absolvimus, diffinimus et [des]amparamus vos nobilem virum Rogerium, comitem Fuxensem, et vestros imperpetuum, ab omni vinculo fidelitatis seu alicujus alterius obligacionis homatgii vel sacramenti quibus nobis teneremini usque in hodiernam diem, racione feudorum de Ceritania et de Confluenti et de Barritano, que in dictis locis per dominum regem patrem nostrum et per nos tenebatis; ita quod nobis nec descendentibus a nobis nec nostris ab hac die in antea racione predictorum non sitis in aliquo obligati vos vel vestri, nec nos nec descendentes a nobis vel nostris aliquid a vobis vel vestris petere valeamus predicta racione; vobis tamen facientibus omatgium pro predictis infanti Jacobo, carissimo fratri nostro, prout nobis feceratis; salvis nobis et nostris condicionibus inter nos et dictum fratrem nostrum factis, prout in instrumentis inde confectis continetur. Que quidem condiciones sunt quod, si forte infans Jacobus, carissimus frater noster, decederet sine infante masculo legitimi conjugii, quod comitatus Rossilionis et Caucumliberum et Conflent et comitatus Ceritanie et Vallispirii, et totum id quod illustris pater noster ei dedit in divisione quam inter nos et carissimum fratrem nostrum infantem Jacobum predictum fecit, revertantur nobis et heredibus nostris masculis; et quod, si forsan terra Rossilionis et de Caucolibero et de Conflent et comitatus Ceritanie et Vallispirii per matrimonium vel alium modum haberent venire in personas extraneas, que non essent masculi filii predicti fratris nostri vel suorum descendencium masculorum, quod predicta loca teneantur in feudum pro nobis et pro nostris heredibus, et pro illo videlicet qui esset comes Barchinone. Datum Cesarauguste, XIII° kalendas marcii, anno Domini M° CC° LXII°.

Signum infantis Petri, illustris regis Aragonum filii.

(Arch. nat., KK 1413, f° 52.)

XVI

PIERRE, INFANT D'ARAGON, AYANT PROTESTÉ CONTRE LES NOMBREUSES DONATIONS DE SON PÈRE, EXCEPTE DE SA PROTESTATION LE DON DU ROYAUME DE MAJORQUE ET DE SES DÉPENDANCES, FAIT A SON FRÈRE CADET JACQUES, ET LE RATIFIE DE NOUVEAU.

1266, 31 juillet.

Noverint universi quod nos infans Petrus, illustris regis Aragonum filius, profitemur et recognoscimus vobis infanti Jacobo, fratri nostro, quod illustrissimus dominus Jacobus, Dei gracia, rex Aragonum, pater noster, tempore quo fecit de terra sua divisionem inter nos, dedit et divisit vobis predicto Jacobo, fratri nostro, totum regnum Majoricarum et Minoricarum integre, et totum id quod in Evissa habebat habiturusve esset, et Montempessulanum, cum castris et pertinenciis et juribus et dominacionibus ad ipsum pertinentibus, et comitatum Rossilionis, et Caucumliberum, et totum Confluentem, et comitatum Ceritanie, cum juribus et pertinenciis et dominacionibus eorumdem, et dominium Vallispirii cum valle de Pratis, que est de comitatu Ceritanie, prout hec plenius in instrumento dicte donacionis continentur; quam quidem donacionem nos laudavimus et approbavimus et confirmavimus, et contra predicta vel aliquid predictorum non venire, tactis a nobis corporaliter sacrosanctis quatuor euvangeliis, vobis promisimus. Verum, quia ante donacionem predictam, propter multas donaciones, assignaciones et contractus quos dictus pater noster cotidie faciebat, que interdum ad magnum cedebant nostrum incomodum et gravamen, in quibus nos laudare et consentire eidem opportebat propter timorem et metum ejusdem, ne ejus odium et ingratitudinem incurreremus, quamdam fecimus protestacionem juramento vallatam quod aliquem contractum donacionis, assignacionis vel alium quemlibet, quem de cetero cum dicto patre nostro faceremus, approbaremus sive consentiremus eidem, nunquam ratum habebimus nec servabimus ullo modo ; licet in donacione predicta, quam vobis, predicto fratri nostro, dictus pater noster fecit, non intellexerimus hanc protestacionem vobis posse obesse in aliquo ; adhuc tamen in presenti, ad majorem cautelam et firmitatem vestram, cum hoc presenti instrumento imperpetuum valituro predictam donacionem omnium predictorum, prout plenius et lacius in instrumento dicte donacionis continetur, ex certa sciencia certifficati de protestatione predicta, recedentes penitus ab ea, donacionem predictam, vobis factam a dicto patre nostro, laudamus et approbamus et confirmamus, innovantes omnia et singula in instrumento dicte donacionis contenta; dantes insuper gratis inter vivos, si quid juris in predictis omnibus et singulis vobis a dicto patre nostro datis nobis competit vel in futurum competere posset ullo modo. Et quod contra predicta non veniamus vel venire aliquem permittamus bona fide et per stipulacionem vobis promittimus. Actum est hoc pridie kalendas augusti, anno Domini millesimo ducentesimo sexagesimo sexto.

Signum infantis Petri, illustris regis Aragonum filii, qui hec laudamus et firmamus. Testes hujus rei sunt frater Raymundus de Pennaforti, de ordine Predicatorum, et Guillelmus Karles. Etc.

(Arch. nat., KK 1413, f° 58; vidimus, *ibid.*, P 1354', n° 801.)

XVII

JACQUES Ier, ROI D'ARAGON, CONCÈDE A SON FILS JACQUES, HÉRITIER DU ROYAUME DE MAJORQUE, LE DROIT DE FABRIQUER UNE MONNAIE SPÉCIALE, QUI AURA COURS DANS LES ÎLES DE MAJORQUE ET D'IVICA, A L'EXCLUSION DES RÉAUX DE VALENCE.

1270, 8 novembre, Valence.

Noverint universi quod nos Jacobus, Dei gracia, rex Aragonum, Majoricarum et Valencie, comes Barchinone et Urgelli et dominus Montispessulani, recolentes nos olim ordinasse et statuisse quod moneta regalium Valencie deberet currere imperpetuum in civitate et insula Majoricarum et insula Evisse; recognoscentes eciam nos distinxisse vos, carissimum filium nostrum infantem Jacobum, heredem Majoricarum et Montispessulani, Rossilionis et Ceritanie et Confluentis, ad jurandum et firmandum dictam ordinacionem et statutum; nunc autem attendentes ipsam ordinacionem et statutum in vestrum prejudicium esse factum et contra hereditamentum quod vobis dedimus; predicta ex certa sciencia duximus revocanda, et irrita esse volumus et cassata, ita scilicet quod vos, dictus infans Jacobus, filius noster, si nobis supervixeritis, possitis post vitam nostram libere et absque ullo impedimento monetam quamcunque et quomodocunque volueritis facere et fieri facere, que currat in predicta civitate et insula Majoricarum et insula Evisse, nec ex tunc vos nec homines civitatis et insule Majoricarum et insule Evisse teneamini dictam monetam regalium Valencie recipere, ymo illam possitis recusare et de predictis locis expellere. Et hoc vobis, dicto filio nostro, concedimus et in presenti, et ex certa sciencia statuimus et ordinamus et manere volumus imperpetuum et durare, non obstante aliqua alia ordinacione et statuto in contrarium per nos factis; ymo vos ab omni obligacione, promissione et vinculo sacramenti nobis vel cuilibet alio[1] inde

---

1. *Alii* ms.

per vos facti penitus absolvimus, et liberum ac quietum vos facimus et appellamus, sicut melius dici potest et intelligi ad verum, bonum et sincerum intellectum, ita videlicet quod vos predictam monetam, quamcunque scilicet volueritis, facere [possitis] post meum obitum, ut superius continetur. Datum Valencie, sexto idus novembris, anno Domini M° CC° LXX°.

Signum Jacobi, Dei gracia regis Aragonum, Majoricarum et Valencie, comitis Barchinone et Urgelli et domini Montispessulani. Testes, etc.

(Arch. nat., KK 1413, f° 59.)

XVIII

RÈGLEMENTS CONCERNANT LE COMMERCE DES BLÉS, LE GUET, LA JUSTICE, LE RÉGIME DE LA PROPRIÉTÉ ET L'ADMINISTRATION DANS L'ÎLE DE MAJORQUE.

1273, 18 août, Valence.

Noverint universi quod nos Jacobus, Dei gracia, rex Aragonum, Majoricarum et Valencie, comes Barchinone et Urgelli et dominus Montispessulani, per nos et nostros, damus et concedimus vobis probis hominibus et universitati civitatis et regni Majoricarum, ac universis et singulis ejusdem universitatis et regni, tam presentibus quam futuris inperpetuum, quod in civitate vel regno Majoricarum non fiat vetitum bladi a nobis vel a nostris successoribus nec ab aliquo vicario vel bajulo vel locum nostrum seu nostrorum tenente, presentibus et futuris, nisi dum caristia fuerit in terra Majoricarum. Damus et concedimus vobis et vestris inperpetuum quod, quando aliquis alicui bladum vendet, et, mensurato ipso blado emptori, aliqua quantitas bladi remanserit in circuitu quartarie ubi mensurabitur, totum ipsum bladum quod, completo et soluto jure suo emptori, remanebit in circuitu seu circumstanciis quartarie ubi mensurabitur sit illius qui ipsum bladum vendiderit, et nos vel nostri vel bajuli aut officiales nostri vel emptores quartarie nostre ipsum bladum remanens in circuitu seu circumstanciis quartarie retinere non possimus, soluto tamen nobis et nostris jure nostro seu mensuratico consueto. Item, damus et concedimus ac indulgemus vobis et vestris successoribus quod de aliquo fructu viridi qui vendatur in sistellis non petatur vel accipiatur aliquid jus, nec nos vel nostri aut nostri officiales inde jus aliquod petere valeamus; set de omnibus fructibus siccis qui vendentur accipiatur jus quod est actenus inde recipi consuetum. Concedentes eciam et dantes vobis ac perpetuo statuentes quod gaytam civitatis Majoricarum faciant et teneantur facere probi homines et habitatores civitatis predicte, ita quod vicarius noster vel quem voluerit loco suî possit interesse et intersit ipsi gayte, si voluerit interesse; et nos nec nostri successores vel vicarius aut alii officiales nostri ipsam gaytam alicui vel aliquibus non donemus vel vendamus, nec dare vel vendere valeamus, nec vos similiter ipsam dare vel vendere valeatis. Item, concedimus et damus vobis et vestris inperpetuum quod ab omni homine de quo querimonia habebitur sive fiet recipiatur satisdatio seu fidancia de directo, juxta querimonie quantitatem, et quod non capiatur aliquis pro querimonia alicujus dum satisdare voluerit vel dare fidanciam et satisdabit de directo, ut dictum est, excepto quando pro crimine lese magestatis vel si de morte fuerit accusatus vel convictus[1] aut denunciatus. Statuimus eciam per nos et nostros quod, si vicarius vel bajulus aut alii officiales vel locum nostrum tenentes seu nostrorum successorum movebunt contra aliquem questionem aliquam vel demandam civilem vel criminalem, ipsa questio seu questiones terminentur infra quadraginta dies a die questionis mote, nisi racione testium longincorum seu remotorum oporteret eam causam prorogari; que prorogatio fiat secundum locorum distanciam ubi testes fuerint. Concedentes eciam vobis et statuentes quod intersint examinacioni ipsius questionis probi homines Majoricarum, qui non sint de parte vel in aliis causis consueverunt hactenus interesse. Item, concedimus vobis et vestris et statuimus inperpetuum quod, si aliqui emphitheote tenentes modo vel in posterum terras vel domos vel alias possessiones ad certum censum pro secundario domino non solverint termino

---

1. *Conventus* ms.

condicto sive statuto ipsum censum, ille secundarius dominus cui census debeatur possit propria auctoritate et sine licencia curie et domini majoris ipsos emphiteotas pignorare, et extrahere portas ipsarum domorum et aliarum possessionum que ab ipso ad censum tenebuntur, pro censu qui sibi debebitur inde, donec scilicet idem census sibi fuerit persolutus. Item, concedimus et damus vobis et vestris perpetuo quod, si nos vel nostri successores aliquod mandatum fecerimus de cetero vicariis, bajulis seu aliis officialibus Majoricarum contra franchetates et privilegia vestra, et ille qui de mandato nostro senserit se gravatum voluerit venire ante nos seu nostros successores, ipsi vicarius, bajulus ac alii officiales teneantur subsedere et subsedant ab exequtione ipsius mandati nostri, [donec] venerit ante nos seu nostros ad diem competentem, que sibi ab ipso vicario, bajulo vel officiali nostro seu nostrorum fuerit assignata, et nos seu nostri super eo nostrum fecerimus mandamentum. Item, concedimus vobis et vestris ac statuimus perpetuo quod christiani et judei qui capti detinebuntur in carcere Majoricarum non detineantur capti in eadem domo, sed christiani in una domo et judei in alia detineantur capti. Et, si aliquis honoratus homo seu mulier honorata captus seu capta detinebitur ibidem, non detineantur in domo ubi homines seu mulieres modici valoris detinebuntur, sed teneantur et custodiantur in domo alia separatim in domo carceris antedicti. Nichilominus eciam damus et concedimus vobis et vestris inperpetuum quod nullus homo possit esse vicarius Majoricarum ex causa empcionis vel mutui, sed vicarius qui ibi fuerit statuatur per nos et nostros successores absque condicione vendicionis et mutui alicujus. Mandantes firmiter vicario et bajulo Majoricarum et aliis officialibus et subditis nostris, tam presentibus quam futuris, quod predicta omnia et singula firma habeant et observent ac faciant inviolabiliter observari, et non contraveniant nec aliquem contravenire permitant aliqua racione. Datum Valencie, quarto decimo kalendas septembris, anno Domini M° CC° LXX° III°.

Signum Jacobi, Dei gracia regis Aragonum, Majoricarum et Valencie, comitis Barchinone et Urgelli et domini Montispessulani.

Testes sunt Petrus Ferrandi; P. Martini de Luna; Ferricius de Lizana; Petrus Jordani de Roden; Bernardus G. de Entenza [1].

---

1. Ou *de Encenza*, comme plus haut.

Signum Simonis de Sancto Felicio, qui mandato domini regis predicti hoc scribi fecit et clausit, loco, die et anno prefixis.

(Arch. de Barcelone, reg. 26, p. 136.)

XIX

CONCESSION D'UN MÔLE A LA COMMUNAUTÉ DE MAJORQUE

1273, 20 août, Valence.

Noverint universi quod nos Jacobus, Dei gracia, rex Aragonum, Majoricarum et Valencie, comes Barchinone et Urgelli et dominus Montispessulani, per nos et nostros, damus et concedimus vobis probis hominibus et universitati civitatis Majoricarum, et universis et singulis ejusdem universitatis et regni predicti Majoricarum presentibus et futuris inperpetuum, ad usus vestros et omnium adveniencium ibidem, ripariam seu plateam molli maris civitatis Majoricarum predicte; ita videlicet ut nullus de cetero, ex concessione nostra vel nostrorum successorum, vel aliqua alia racione vel causa, possit nec audeat facere operari sive construere domum vel domos nec operatoria vel aliquod aliud hedificium in dicta riparia sive platea molli predicti, sed remaneat semper ipsa riparia sive platea libera et inmunis et sine aliquo impedimento vobis et vestris successoribus perpetuo, ad usus vestros et adveniencium ad civitatem predictam. Mandantes firmiter vicario et bajulo Majoricarum et universis aliis officialibus et subditis nostris, tam presentibus quam futuris, quod predicta firma habeant et observent ac faciant firmiter observari ut superius continetur, et non contraveniant nec aliquem contravenire permittant aliqua racione. Datum Valencie, XIII kalendas septembris, anno Domini Mº ducentesimo LXXº IIIº.

Signum Jacobi, Dei gracia, regis Aragonum, Majoricarum et Valencie, comitis Barchinone et Urgelli et domini Montispessulani.

Testes sunt Petrus Martini de Luna; Petrus Ferrandi; Carrocius, dominus Rebolleti; Ferricius de Lizana; Bernardus G. de Entenza[1].

Signum Simonis de Sancto Felicio, qui mandato domini regis predicti hec scripsit et clausit, loco, die et anno prefixis.

(Arch. de Barcelone, reg. 26, p. 159.)

XX

JACQUES Ier, ROI D'ARAGON, ORDONNE QUE TOUS LES HABITANTS DE MAJORQUE, SANS DISTINCTION, CONTRIBUENT AUX COLLECTES FAITES DANS UN INTÉRÊT LOCAL, POUR LA DÉFENSE DE L'ÎLE, LES FORTIFICATIONS, LE SERVICE DES EAUX, ETC.

1275, 11 mars, Lérida.

Noverint universi quod nos Jacobus, Dei gracia, rex Aragonum, Majoricarum et Valencie, comes Barchinone et Urgelli et dominus Montispessulani, per nos et nostros, damus et concedimus vobis probis hominibus et universitati Majoricarum presentibus et futuris inperpetuum, ac eciam statuimus quod, quandocumque contigerit collectam aliquam fieri in Majoricis pro aliquibus negociis que sint ad comodum et utilitatem civitatis et insule Majoricarum, teneantur ponere seu contribuere in eadem omnes et singuli habitatores civitatis et insule antedicte qui aliquos honores vel possessiones pro nobis vel pro filio nostro infante Jacobo tenent, sive ipsi honores actenus fuerunt de realencho, sive ad realenchum pervenerint racione empcionis vel alio modo; et quod omnes eciam et singuli advocati et judices et legiste civitatis predicte, exceptis clericis et Bernardo Dalmacii tantum, teneantur ponere et ponant partem suam in eisdem. Item, per nos et nostros, damus et concedimus vobis probis

1. *Ut supra.*

hominibus et universitati predictis, presentibus et futuris, ac eciam statuimus quod, quandocumque contingat armamentum fieri in Majoricis ad deffensionem terre, quod omnes et singuli habitantes in civitate et insula Majoricarum, tam milites quam alii, teneantur ponere et solvere partem suam in missionibus et expensis quas racione ipsius armamenti fieri oportebit. Item, damus et concedimus vobis et vestris inperpetuum quod omnes et singuli habitatores civitatis Majoricarum ponant et solvant et ponere et solvere teneantur partem suam in omnibus expensis et missionibus quas pro reparacione murorum civitatis predicte vel occasione vallium ejusdem facietis. Et eciam, si pro aquis adducendis ad civitatem predictam missiones aliquas feceritis seu expensas, quod omnes et singuli qui eadem aqua usi fuerint, seu comodum recipient ex eadem, in ipsis missionibus et expensis partem suam solvere teneantur. Mandantes bajulis, vicariis, juratis, curiis et universis aliis officialibus et subditis nostris, presentibus et futuris, quod predicta omnia et singula firma habeant et observent ac observari faciant ut superius continentur, et non contraveniant nec aliquem contravenire permittant ullo modo. Datum Ylerde, IIII° idus marcii, anno Domini millesimo ducentesimo septuagesimo quarto.

Signum Jacobi, Dei gracia, regis Aragonum, Majoricarum et Valencie, comitis Barchinone et Urgelli et domini Montispessulani.

Testes sunt Bernardus G. de Entensa [1]; Raymundus de Montecathano, dominus Frague; Garcias Ortis de Azagra; G[uillelmus] R[aymundus] de Montecathano; Petrus Martini de Luna.

Signum Bartholomei de Porta, qui mandato domini regis hec scribi fecit et clausit, loco, die et anno prefixis.

(Arch. de Barcelone, reg. 26, p. 141.)

1. *Ut supra.*

XXI

JACQUES Iᵉʳ, ROI D'ARAGON, DÉCLARE QUE LE SERVICE FAIT, A SA DEMANDE, PAR LES CITOYENS DE MAJORQUE NE SAURAIT PORTER PRÉJUDICE A LEURS PRIVILÈGES.

1275, 11 mars, Lérida.

Noverint universi quod nos Jacobus, Dei gracia, rex Aragonum, Majoricarum et Valencie, comes Barchinone et Urgelli et dominus Montispessulani, per nos et nostros, damus et concedimus vobis probis hominibus et universitati Majoricarum, presentibus et futuris, quod, racione servicii quod modo nobis fecistis ad preces et instanciam nostri non possit vobis vel vestris prejudicium generari, quantum scilicet ad franchitates, nobis vobis concessas cum cartis nostris, ut in eisdem plenius continetur; immo franchitates predicte sint salve vobis perpetuo, prout melius dici potest et intelligi ad vestrum vestrorumque bonum et sincerum intellectum. Mandantes vicariis, bajulis, juratis et universis aliis officialibus et subditis nostris, tam presentibus quam futuris, quod predicta omnia firma habeant et observent et faciant observari, et non contraveniant nec aliquem vel aliquos contravenire permittant aliqua racione. Datum Ylerde, quarto idus marcii, anno Domini millesimo ducentesimo LXX° quarto.

Signum Jacobi, Dei gracia, regis Aragonum, Majoricarum et Valencie, comitis Barchinone et Urgelli et domini Montispessulani.

Testes sunt Jacobus de Cervaria; R[aymundus] de Montecathano, dominus Frague; Petrus de Berga; G[uillelmus] R[aymundus] de Montecathano; B[ernardus] de Angolaria.

Signum Bartholomei de Porta, qui mandato domini regis hec scribi fecit et clausit, loco, die et anno prefixis.

(Arch. de Barcelone, reg. 26, p. 143.)

XXII

INTERDICTION FAITE AUX JUIFS DE MAJORQUE DE PRÊTER SUR GAGES AUX CAPTIFS.

1275, 11 mars, Lérida.

Noverint universi quod nos Jacobus, Dei gracia, rex Aragonum, Majoricarum et Valencie, comes Barchinone et Urgelli et dominus Montispessulani, per nos et nostros, damus et concedimus vobis probis hominibus et universitati Majoricarum, presentibus et futuris inperpetuum, ac eciam statuimus quod Judei civitatis vel insule Majoricarum non audeant de cetero mutuum aliquod tradere super pignoribus alicui vel aliquibus captivo vel captivis vestris. Et, si forte inveniretur quod aliqui Judei contra hanc constitucionem nostram pignora aliqua reciperent ab aliquo vel aliquibus captivis, amittant ipsa pignora, ita quod absque aliqua sorte domino captivi vel captivorum restituantur. Mandantes bajulo, vicario, juratis et universis aliis officialibus et subditis nostris Majoricarum, presentibus scilicet et futuris, quod predicta omnia firma habeant et observent ut superius continentur ac faciant observari, et non contraveniant nec aliquem contravenire permittant ullo modo. Datum Ylerde, quarto idus marcii, anno Domini millesimo ducentesimo LXX^a quarto.

Signum Jacobi, Dei gracia, regis Aragonum, Majoricarum et Valencie, comitis Barchinone et Urgelli et domini Montispessulani.

Testes sunt Bernardus G. de Entenza[1]; Raymundus de Montecathano, dominus Frague; Petrus de Berga; G[uillelmus] R[aymundus] de Montecathano; Petrus Marti de Luna.

Signum Bartholomei de Porta, qui mandato domini regis hec scribi fecit et clausit, loco, die et anno prefixis.

(Arch. de Barcelone, reg. 26, p. 144.)

---

1. *Ut supra.*

XXIII

NOUVELLE CONFIRMATION DES FRANCHISES ET PRIVILÈGES DE MAJORQUE PAR LE ROI D'ARAGON.

1275, 11 mars, Lérida.

Noverint universi quod nos Jacobus, Dei gracia, rex Aragonum, Majoricarum et Valencie, comes Barchinone et Urgelli et dominus Montispessulani, per nos et nostros, laudamus et concedimus et confirmamus vobis probis hominibus et universitati Majoricarum et vestris, inperpetuum, omnes franquitates a nobis vobis concessas cum cartis nostris sive privilegiis, ut in eisdem plenius continetur; promittentes quod contra dictas franquitates non veniemus nec aliquem venire faciemus aut permittemus, immo easdem observabimus et observari penitus faciemus. Mandantes vicariis, bajulis, juratis et universis aliis officialibus et subditis nostris presentibus et futuris quod predictam concessionem et confirmacionem nostram firmam habeant et observent ac faciant observari, et non contraveniant ullo modo. Datum Ylerde, quarto idus marcii, anno Domini millesimo ducentesimo LXX° quarto.

Signum Jacobi, Dei gracia, regis Aragonum, Majoricarum et Valencie, comitis Barchinone et Urgelli et domini Montispessulani.

Testes sunt Bernardus G. de Entenza[1]; Raymundus de Montecathano, dominus Frague; Garcias Ortis de Azagra; G[uillelmus] R[aymundus] de Montecathano; Petrus Martini de Luna.

Signum Bartholomei de Porta, qui mandato domini regis hec scribi fecit et clausit, loco, die et anno prefixis.

(Arch. de Barcelone, reg. 26, p. 146.)

---

1. *Ut supra.*

XXIV

JACQUES Ier, ROI D'ARAGON, PREND L'HABIT RELIGIEUX ET ABDIQUE EN
FAVEUR DE L'INFANT JACQUES, SON FILS CADET, LE GOUVERNEMENT
DES PAYS DONT CELUI-CI DEVAIT HÉRITER, NOTAMMENT DE LA SEI-
GNEURIE DE MONTPELLIER.

1276, 21 juillet, Alcira.

Jacobus, Dei gracia, rex Aragonum, Majoricarum et Valencie, comes Barchinone et Urgelli et dominus Montispessulani, dilectis et fidelibus suis tenenti locum et consulibus, probis hominibus et universitati ville Montispessulani, salutem et graciam. Noveritis quod nos, volentes ex nunc Dei servicio totaliter intendere, ut Paradisi gloriam facilius consequi mereamur, suscepimus modo habitum ordinis Cisterciensis, et destituimus ac derelinquimus carissimo filio nostro infanti Jacobo regnum et terras quod et que hereditare debet et ipsius regni regimina ac terrarum. Quare mandamus vobis firmiter, sub fidelitate qua nobis tenemini, quatinus eidem infanti Jacobo attendatis de cetero sicut nobis attendere tenemini, et ipsum pro vestro domino habeatis, et respondeatis eidem vel cui ipse voluerit loco sui de redditibus et aliis omnibus de quibus nobis respondere debetis, et pro ipso ex nunc faciatis in omnibus et per omnia sicut pro nobis facere tenemini et debetis; salva tamen vendicione quam de redditibus nostris Montispessulani fecimus Bertrando de Bellopodio cum carta nostra, prout in ea continetur, quam quidem firmam esse volumus et inviolabiliter observari, prout in dicta carta melius continetur; et salvis eciam aliis assignacionibus et obligacionibus que per nos esse facte ostenduntur in redditibus antedictis. Et hoc aliquatenus non mutetis. Datum Algesire, XII° kalendas augusti, anno Domini millesimo CC° septuagesimo sexto.

(Arch. nat., KK 1413, f° 68.)

XXV

JACQUES Ier, ROI DE MAJORQUE, JURE D'OBSERVER LES LIBERTÉS ET FRANCHISES ACCORDÉES PAR SON PÈRE AUX SUJETS DU ROYAUME DE MAJORQUE.

1276, 12 septembre, Majorque.

Noverint universi presentes pariter et futuri quod nos Jacobus, rex Majoricarum, comes Russilione et Ceritanie et dominus Montispessulani, illustrissimi patris nostri bone memorie vestigiis inherentes et ejusdem statuta servare volentes, habentes ante nostram presenciam instrumentum libertatum et franchisiarum per jamdictum dominum regem fidelibus nostris populatoribus et habitatoribus civitatis et regni Majoricarum quondam concessarum, et instrumentum aliud per nos olim super confirmacione dictarum franchitatum eisdem concessum et sigilli nostri munimine roboratum, et omnibus in predictis instrumentis positis diligenter et actente perlectis et intellectis, ipsorum fidelium et subjectorum nostrorum justis postulacionibus inclinati et eisdem graciarum[1] prestantes assensum, cum hac presenti pagina inperpetuum et inviolabiliter valitura, per nos et nostros heredes et successores, laudamus, approbamus, concedimus et confirmamus vobis omnibus civibus et habitatoribus civitatis et tocius regni Majoricarum, tam presentibus quam futuris, omnes libertates, franchitates et inmunitates per jamdictum illustrissimum patrem nostrum vobis concessas, prout in instrumento dictarum litterarum plenius continetur; et jamdictum instrumentum dicte confirmacionis dictarum libertatum per nos vobis olim factum, et omnia et singula contenta in dicto instrumento confirmacionis, nunc iterum de novo laudamus, concedimus, approbamus et eciam confirmamus, et ea omnia rata et firma semper habere promittimus et manere statuimus in posterum inconvulsa. Et, ut predicta omnia et singula majori gaudeant firmitate, juramus per Deum et ejus sancta quatuor

---

1. Peut-être pour *gratiosum*.

euvangelia, manibus nostris corporaliter tacta, ea omnia et singula semper servare et rata et firma habere, et in aliquo non contravenire per nos vel interpositam personam. Mandantes eciam tenenti locum nostrum in Majoricis, bajulo et vicario, et universis aliis officialibus et subditis nostris, presentibus et futuris, quod predicta, superius per nos vobis concessa et confirmata, firma habeant et observent, et non contraveniant nec aliquem contravenire permittant aliqua racione. Et, quia sigillum regni nostri nondum fieri feceramus, presens instrumentum sigillo nostro solito fecimus sigillari. Datum Majoricis, II° idus septembris, anno Domini millesimo ducentesimo LXX° VI°.

Signum Jacobi, Dei gracia, regis Majoricarum, comitis Russilione et Ceritanie et domini Montispessulani.

Testes sunt Michael Nunis; Gaucerandus de Urgio; Berenguarius Arnaldi, bajulus et tenens locum dicti domini regis in Majoricis; Aries Yanes; Arnaldus Bajuli, jurisperitus.

Signum Petri de Calidis, qui mandato predicti domini regis hec scribi fecit et clausit..., loco, die et anno prefixis.

(Arch. de Barcelone, reg. 26, p. 147.)

XXVI

PRIVILÈGES NOUVEAUX ACCORDÉS PAR JACQUES Iᵉʳ DE MAJORQUE AUX HABITANTS DE SON ROYAUME, CONCERNANT LA PROPRIÉTÉ, LES SUCCESSIONS, LES CONTRATS USURAIRES DES JUIFS, LA JUSTICE, etc.

1276, 12 septembre, Majorque.

Noverint universi presentes pariter et futuri quod nos Jacobus, Dei gracia, rex Majoricarum, comes Russilione et Ceritanie et dominus Montispessulani, attendentes devotam fidelitatem et affeccionem quam vos fideles nostri probi homines, cives et habitatores civitatis et regni Majoricarum erga nos habetis et actenus habuistis, et vestris multiplicibus meritis et serviciis, more regio, remuneracionem et vos donis et exortacionibus premiorum bonos et de bonis meliores facere cupientes, de speciali regie benignitatis gracia, per nos et nostros, damus et concedimus vobis predictis fidelibus et devotis nostris civibus et habitatoribus civitatis et regni Majoricarum, tam presentibus quam futuris, et concedendo statuimus quod de cetero primus emphiteota, et alii post ipsum sequentes, qui aliquos honores ad censum vel agrarium tenuerint, habeant quartam partem laudimiorum primo domino pertinencium de omnibus stabilimentis et intratis honorum, scilicet de omnibus stabilimentis et quibuslibet aliis alienacionibus, exceptis laudimiis intratarum novorum stabilimentorum, de quibus nichil laudimii habeat stabiliens de novo. Et predicta quarta pars dividatur inter omnes emphiteotas equis porcionibus, sub forma superius comprehensa. Ab hoc tamen excipimus honores qui sunt ad certum laudimium stabiliti, quia de dicto certo laudimio dominus major nullam partem dare tenebitur emphiteotis qui pro ipso tenent seu tenebunt res emphiteoticas seu ad certum agrarium stabilitas. Item, damus vobis et concedimus, et perpetuo statuimus quod quilibet qui honores ad censum seu certum agrarium tenuerit possit predictos honores, eciam ad certam peccuniam seu precium extimatos, liberis suis dare sine laudimio et consensu aliquo dominorum tempore nupciarum. Item, damus et concedimus vobis et vestris perpetuo quod, si aliquis honor emphiteoticus, seu qui ad censum seu agrarium teneatur, pro indiviso ex successione parentum pervenerit ad liberos ex legitimo matrimonio procreatos, possit dividi inter eos pro porcionibus hereditariis sine aliquo laudimio et consensu aliquorum dominorum; et hoc idem servetur si filii vel filie legitimi fratrum vel sororum premortuorum simul successerint cum predictis. Verumptamen, si racione dicte divisionis aliquam alii vel aliis peccuniam contribuere contigerit, de illa pecunia tantum habeat dominus suum laudimium consuetum. Item, damus, concedimus et perpetuo confirmamus vobis et vestris omnes donaciones omnium bonorum et possessionum vobis per dominum regem quondam et nos factas, et omnia stabilimenta per ipsum et nos et bajulos aut locum tenentes predicti domini regis et nostri facta aliquibus personis usque in odiernam diem, sicut in instrumentis dictarum donacionum et stabilimentorum plenius continetur, Item, damus et concedimus ac etiam statuimus perpetuo quod, in contractibus aliquibus factis vel faciendis inter christianos et judeos, nullus christianus teneatur jurare quod in dicto contractu statutum quondam domini regis bone memorie, scilicet ad racionem quatuor denariorum pro libra super lucro dando, fuerit observatum. Item, damus et concedimus vobis et vestris perpetuo, et eciam statuimus quod de cetero inquisicio specialis non fiat, specialiter in civitate et insula Majoricarum, contra aliquem, nisi primo ille contra quem debet fieri inquisicio fuerit citatus vel requisitus, et quod tunc videat jurare testes si voluerit, et possit se defendere, ut de jure fuerit faciendum; verumptamen, si super aliquo crimine vel maleficio fieret inquisicio generalis, cum forte ab inicio non constaret nec constare posset quis vel qui specialiter dictum crimen vel maleficium commiserit, et per dictam inquisicionem generalem aparuerit aliquem fore culpabilem dicti criminis seu maleficii, tunc possit procedi per dictam inquisicionem generalem contra illum qui specialiter culpabilis fuerit in eadem. Predicta autem omnia et singula, prout superius expressa sunt, per nos et nostros heredes ac successores, vobis predictis probis hominibus, civibus et habitatoribus civitatis et regni Majoricarum et vestris successoribus in eternum damus et duximus concedenda, et ea rata et firma servare semper promittimus et habere; mandantes tenentibus locum nostrum in Majoricis, bajulis et vicariis et universis aliis officialibus et subditis nostris, presentibus et futuris, quod predicta universa et singula a nobis data et concessa, ut superius sunt contenta, firma habeant et observent et faciant ab omnibus perpetuo inviolabiliter observari, et non contraveniant nec aliquem contravenire permittant aliqua racione. Et, quia sigillum regni nostri nondum fieri feceramus, presens instrumentum sigillo nostro solito fecimus sigillari. Datum Majoricis, II° idus septembris, anno Domini M° ducentesimo LXX° VI°.

Signum Jacobi, Dei gracia, regis Majoricarum, comitis Russilione et Ceritanie et domini Montispessulani.

Testes sunt Michael Nunis; Gaucerandus de Urgio; B[erenguarius] Arnaldi, bajulus et tenens locum dicti domini regis in Majoricis; Aries Yanes; Arnaldus Bajuli, jurisperitus.

Signum Petri de Calidis, qui mandato predicti domini regis hec scribi fecit et clausit, loco, die et anno prefixis.

(Arch. de Barcelone, reg. 26, p. 150.)

XXVII

CONVENTION CONCLUE ENTRE PIERRE III, ROI D'ARAGON, ET SON FRÈRE JACQUES, ROI DE MAJORQUE, PAR LAQUELLE LE SECOND SE RECONNAÎT LE VASSAL DU PREMIER, SOUS CERTAINES RÉSERVES.

1279, 20 janvier, Perpignan.

Noverint universi quod, litte mota inter nos Petrum, Dei gracia, regem Aragonum, et Jacobum, per eandem, regem Majoricarum, super regno Majoricarum cum insulis Minoricarum et Evisse et aliis insulis adjacentibus eidem regno, et super comitatibus et terris Rossilionis, Ceritanie et Confluentis cum Vallispirio et Cauquolibero, et super Montepessulano cum castris, villis dominacionis Montispessulani, que omnia nos predictus rex Aragonum dicebamus ad nos pertinere; tandem volentes a dicta litte discedere per composicionem et transaccionem, et fraterni amoris inter nos vinculum conservare; nos Jacobus, Dei gracia, Majoricarum rex predictus, gratis et ex certa sciencia ac spontanea voluntate, per nos et omnes successores nostros, recepimus a vobis, domino Petro, rege Aragonum predicto, fratre nostro, et successoribus vestris regibus Aragonum, in feudum honoratum, sine omni servicio, sub forma tamen infrascripta, totum predictum regnum Majoricarum cum insulis Minoricarum et Evisse et aliis insulis adjacentibus eidem regno, et omnes predictos comitatus et terras Rossilionis, Ceritanie et Confluentis et Vallispirii et Cauquiliberi. Item, sine prejudicio juris alieni, recepimus in feudum a vobis et vestris, secundum modum superius et inferius comprehensum, vicecomitatum Homeladesii et vicecomitatum de Carladesio cum omnibus villis et castris eorumdem vicecomitatuum, et omnia eciam castra, villas et loca quecunque pro allodio habemus in terris Montispessulani et dominacione et terminis ejusdem, et generaliter omnia alia quecunque habemus sive habere debemus, ubicunque sint, cum militibus, scilicet hominibus, feudis, jurisdiccionibus et dominacionibus universis, sive illa teneamus ad manum nostram, sive alii teneant à nobis in feudum, exeptis feudis que tenemus ab episcopo et ecclesia Magalonensibus. Pro quibus omnibus et singulis terris et locis et jurisdiccionibus eorumdem constituimus nos de presenti feudatarium vestrum ; recognoscentes deinceps nos et successores nostros predicta omnia tenere a vobis et successoribus vestris regibus Aragonum in feudum predictum honoratum ; transferentes eciam in vos et successores vestros directum dominium omnium predictorum, quod directum dominium confitemur nos ex nunc vestro vestrorumque successorum nomine possidere, et quasi in signum tradite possessionis dicti directi dominii. Exipimus tamen a predicta recognicione feudi nos Jacobus, rex predictus, empciones castrorum, villarum et locorum quas fecimus in predictis terris, quas nobis et successoribus nostris pro allodio retinemus. Sane volumus et concedimus quod heredes et successores nostri teneantur facere omatgium vobis et successoribus vestris, et dare potestatem de civitate Majoricarum nomine et vice tocius regni Majoricarum et insularum Minoricarum et Evisse, et de villa Podii Ceritanie nomine et vice Ceritanie et Confluentis, et de villa Perpiniani nomine comitatus Rossilionis et terrarum Vallispirii et castri Cauquiliberi, et de castro de Omelacio nomine et vice dicti vicecomitatus de Omelacio ; quas potestates dicti heredes et successores nostri teneantur dare vobis et successoribus vestris quandocunque et quociencunque requisiti fuerint per vos et successores vestros, irati et paccati, racione tantum recognicionis feudi et fatice juris, nec predictas potestates possitis vos vel successores vestri retinere racione valense. Teneantur eciam omnes heredes vel successores nostri firmare jus vobis et vestris in posse vestro et vestrorum, et semel quolibet anno, cum fuerint requisiti, ire ad curiam vestram et vestrorum in Catalonia, nisi tunc, quando fuerint requisiti, dicti heredes et successores nostri in regno Majoricarum... [1] Nos vero in vita nostra non teneamur vobis facere omatgium, nec dare potestatem, nec ire ad curiam vestram, nec firmare directum, nec consuetudines de novo faciendas per vos vel vestros observare. Promittimus tamen nos et nostri, et adhuc de presenti nos et successores nostros obligamus, quod juvemus,

---

1. Il manque, sans doute, le mot *fuerint*. Le « royaume de Majorque » est pris ici dans son sens le plus restreint : son souverain est dispensé de se rendre en Catalogne au premier appel s'il se trouve, en ce moment, dans l'île de Majorque, c'est-à-dire obligé de traverser la mer.

valeamus et deffendamus vos et successores vestros cum toto posse nostro contra cunctos homines de mundo. Item, promittimus per nos et nostros servare et servari facere in terris Rossilionis, Ceritanie, Confluentis et Vallispirii, et [de] Cauquolibero, usaticos, consuetudines et constituciones Barchinone factos et factas et eciam faciendos et faciendas per vos et vestros cum consilio majoris partis baronum Catalonie, sicut est mos fieri, salvis specialibus consuetudinibus locorum predictarum terrarum; et quod in predictis terris Rossilionis, Ceritanie, Confluentis, Vallispirii et de Cauquolibero currat moneta Barchinone, et non alia. Retinemus tamen nobis et successoribus nostris quod possimus cudere vel cudi facere, absque contradiccione et impedimento vestro et vestrorum, in regno Majoricarum et insulis eidem adjacentibus, monetam et monetas de novo. Item, retinemus nobis et successoribus nostris quod in nullo casu possit a nobis vel officialibus nostris vel successoribus nostrorum appellari, nec eciam per alium modum recurri ad vos dictum dominum regem Aragonum vel successores vestros, salvo quod per hoc non detrahatur in aliquo hiis que superius vel inferius continentur. Item, quod nos et successores nostri possimus, absque contradiccione et impedimento vestro et vestrorum, facere et ponere pedatgium et novam leudam in regno Majoricarum et aliis insulis eidem adjacentibus, salvis libertatibus per predecessores nostros concessis hominibus vestris, nisi predicte libertates vel privilegia sint de jure per contrarium usum vel alio modo abrogata. Item, retinemus nobis et successoribus nostris bovaticum in predictis terris. Que predicta omnia, que nobis retinemus, volumus et concedimus esse de feudo seu de feudis predictis, exeptis empcionibus supradictis. Inhibiciones vero seu banna per vos vel successores vestros factas vel faciendas non teneamur nos vel successores nostri servare, nisi facte fuerint de consilio et assensu nostro vel nostrorum. Remittimus eciam et diffinimus vobis predicto domino regi Aragonum, fratri nostro, et vestris perpetuo, omnem peticionem, questionem et demandam quam contra vos vel successores vestros facere possimus nos vel nostri usque ad hec tempora, aliqua racione.

Ad hec nos Petrus, Dei gracia, rex Aragonum predictus, tenentes nos pro contentis et paccatis cum predictis a vobis Jacobo, per eandem, rege Majoricarum, fratre nostro, nobis recognitis et concessis, volentes penitus discedere a dicta litte, per nos nostrosque successores, laudamus, approbamus et concedimus vobis predicto regi Majoricarum, fratri nostro, et vestris successoribus perpetuo, predictum regnum Majoricarum, insulas, comitatus et terras, quas a nobis in feudum recipitis sub pactis et convencionibus supradictis. Et promittimus, per nos et nostros, vobis et vestris juvare, valere, et deffendere vos et vestros et regnum, terras et comitatus predictos, et jurisdicciones vestras et dictarum terrarum, quas a nobis tenetis in feudum, toto posse nostro contra cunctos homines; remittentes, per nos et nostros, ex causa presentis composicionis, convencionis et transaccionis, vobis et vestris perpetuo omnem peticionem, questionem et demandam quam movimus vel movere possemus contra vos vel vestros usque ad hec tempora de predictis et terris et juribus eorumdem, aliqua racione.

Convenimus eciam et retinemus nos, Petrus et Jacobus fratres, reges predicti, quod substituciones facte in cartis hereditamenti inter nos et nostros per dominum Jacobum, inclite recordationis, regem Aragonum, patrem nostrum, et in testamento ejusdem patris nostri, sint salve et in sua remaneant firmitate, salvis hiis que in hoc instrumento continentur. Et, pro predictis omnibus complendis et firmiter attendendis, obligamus nos et nostros adinvicem et omnia bona nostra, et juramus per Deum et ejus sancta quatuor euvangelia, et facimus inter nos omatgium ore et manibus adinvicem in presenti.

Acta sunt hec omnia suprascripta in claustro domus Fratrum Predicatorum Perpiniani, tredecimo kalendas februarii, anno Domini Mº CCº LXXVIIIº, in presencia, etc.

Signum Petri, Dei gracia, regis Aragonum predicti, qui hec laudamus, firmamus et juramus.

Signum Jacobi, Dei gracia, regis Majoricarum predicti, qui hec laudamus, firmamus et juramus.

[Signum Rogerii Bernardi, comitis Ffuxensis, Guillelmi de Caneto, Arnaldi Rogerii, comitis Pallariensis, Dalmacii de Castro Novo, Poncii de Guardia, Arnaldi de Corsavino, Guillelmi de Sono, Petri de Queralt et Bernardi de Anglerola, testium.

Arnaldus Mironi, scriptor publicus Perpiniani, scripsit hoc.]

(Arch. nat., JJ 270, fº 1, et KK, 1413, fº 71. Publié, d'après une autre source, par Bofarull, *Col. de doc. ined. del Archivo general de la corona de Aragon*, XXIX, 119. — Les mots entre crochets se trouvent dans le reg. JJ 270.)

XXVIII

MANDEMENT DE PHILIPPE LE HARDI DÉCLARANT QUE LES HABITANTS DE MONTPELLIER SONT JUSTICIABLES DU SÉNÉCHAL DE BEAUCAIRE, QUE LE NOM DU ROI DE FRANCE DOIT FIGURER EN TÊTE DE LEURS ACTES, ET QU'IL NE PEUT Y AVOIR CHEZ EUX DEUX JUGES D'APPELS.

1281, 16 août, Paris.

Philippus, Dei gracia, Francorum rex, senescallo Bellicardi, salutem. Scire vos volumus quod, per informacionem seu aprisiam quam ad requisicionem egregii principis regis Majoricarum mandavimus fieri, inventum est quod curiales seu justiciarii ejusdem regis Majoricarum existentes apud Montempessulanum subditos suos in senescallia nostra Bellicadri delinquentes consueverunt remitere ad senescalliam nostram Bellicadri predictam, per nos vel gentes nostras, prout delicti quantitas exhigit, puniendos ibidem. Item, quando aliquis gravatur indebite per dictos justiciarios Montispessulani in causis que coram ipsis justiciariis ventilantur, vel quando ipsi justiciarii inveniuntur in defectu justicie exhibende, et ad mandatum senescalli nostri Bellicadri noluerint emendare, senescallus noster predictus consuevit eos compellere per capcionem bonorum vel alias ad predicta emendanda et ad statum debitum reducenda. Item, nulli revocatur in dubium quod in juridiccione Montispessulani, sicut in aliis partibus regni nostri, in publicis instrumentis per manus tabellionum ibidem factis debet apponi nomen nostrum, et de consuetudine et de jure, aliorum regum nomina minime exprimendo; et hoc in antiquis publicis instrumentis apud Montempessulanum olim factis invenitur. Item, cum apud Montempessulanum non debeat esse nisi unicus judex appellacionis et ab ipso ad nostram audienciam debeat appellari, ponitur ibi secundus judex appellacionis ex parte regis Majoricarum predicti, in prejudicium jurisdiccionis nostre non modicum et gravamen. Quare mandamus vobis quatenus, jura nostra in premissis omnibus et singulis illesa sollicite servantes, precipiatis ex parte nostra justiciariis predictis et aliis gentibus predicti regis Majoricarum apud Montempessulanum ut premissa omnia et singula sine transgressione aliqua tenere studeant firmiter et servare, ipsos ad observacionem premissorum omnium compellentes si ipsos precepti nostri predicti inveneritis transgressores. Actum Parisius, die sabbati in crastino Assumpcionis beate Marie virginis, anno Domini Mº CCº octogesimo primo.

(Arch. nat., P 1353, n° 750; dans un procès-verbal du 2 décembre suivant.)

XXIX

SOMMATION ADRESSÉE PAR PIERRE III, ROI D'ARAGON, A JACQUES Iᵉʳ, ROI DE MAJORQUE, D'AVOIR A L'AIDER CONTRE LES ROIS DE FRANCE ET DE SICILE, ET RÉPONSE DU SECOND A CETTE SOMMATION.

1283, 20 juillet, Perpignan.

Noverint universi quod in presencia nostrî, scriptoris infrascripti, et istium infrascriptorum, XIIIº kalendas augusti, anno Domini Mº CCº LXXXº tercio, Simon de Gerundella, miles, et Ramondus de Toylano, judex curie domini regis Aragonum, existentes in presencia illustris domini Jacobi, Dei gracia, regis Majoricarum, in palacio sive castro Perpiniani, proposuerunt et dixerunt predicto domino regi Majoricarum quod ipsi ex parte domini regis Aragonum extiterant missi ad eum, cum litteris credencie que fuerunt tradite per ipsos ipsi domino regi Majoricarum; et ipsi, exponentes mandatum seu legacionem eis commissa per dictum dominum regem Aragonie[1], dixerunt quod dominus rex Aragonum notificat eidem domino regi Majoricarum, per ipsos, quod illustris rex Ffranchorum simul cum rege Karulo, nulla juris faticha seu repulsa in ipso domino rege

1. Les formes *Aragonum* et *Aragonie* sont, ici et plus bas, écrites l'une et l'autre en toutes lettres.

Aragonum inventa, parabat se ad debellandum et faciendum guerram contra ipsum et terram et regna ipsius domini regis Aragonum. Quapropter predicti Simon de Gerundella et Ramundus de Toylano, nomini et mandato domini regis Aragonum, requirebant et monebant ipsum dominum regem Majoricarum, tam ex debito ffraternalis dileccionis quam ex debito convencionum inter ipsos initarum, quod pararet se cum toto suo posse ad juvandum et deffendendum ipsum dominum regem Aragonie et terram et regna sua, et eciam dominum regem deffendere et juvare de jamdicta guerra et injuria quam prenominatus rex Ffranchorum simul cum rege Karulo facit et facere intendit contra prelibatum dominum regem Aragonie et terram et eciam regna sua. Pecierunt eciam predicti nuncii a dicto domino rege Majoricarum eis fieri responsionem ad supraposita per eosdem. Et dictus dominus rex Majoricarum respondit dictis nunciis quod, cum dicta negocia sint ardua et sibi multum periculosa, ipse preponit habere majorem deliberacionem super predictis quam in presenti possit habere, et, habita dicta deliberacione, faciet de predictis, ab ipso per dictos nuncios requisitis, responsum dicto illustri regi Aragonum per nuncios suos speciales. Acta fuerunt hec die et anno quo suppra, in presencia et testimonio nobilis Guillelmi de Caneto, domini de Caneto, et nobilis Poncii de Gardia, et Ramondi, Dei gracia abbatis Montis Arularum, et Jacobi de Muredine, vicarii Rossilionis, et magistri Ramundi Torrentis, scriptoris publici Perpiniani, qui hec omnia predicta scripsi et in formam publicam redegi, ad instanciam et requisicionem dictorum nunciorum illustris domini regis Aragonum et de mandato illustris domini regis Majoricarum predicti.

Hoc signum fecit. (*Seing du notaire.*)

(Arch. nat., JJ 270, f° 13.)

XXX

ENGAGEMENT PRIS PAR JACQUES Ier, ROI DE MAJORQUE, D'AIDER LE ROI DE FRANCE A LA CONQUÊTE DE L'ARAGON, DE LUI LIVRER LES PASSAGES DES MONTAGNES, DE LUI REMETTRE LES PLACES FORTES QU'IL LUI DEMANDERA ET DE LUI AMENER SES GENS D'ARMES.

1283, 17 août, Carcassonne.

Noverint universi quod nos Jacobus, Dei gracia, rex Majoricarum, comes Rossilionis et Ceritanie et dominus Montispessulani, ob illius specialis reverencie [1] et illius intime et sincere dileccionis affectum quem semper habuimus et habemus et, Domino adjuvante, semper habebimus ad magnificum et illustrissimum principem dominum Philippum, Dei gracia, Francorum regem, eidem promisimus et promittimus quod nos, sive prefatus dominus rex fratrem nostrum P[etrum], quondam regem Aragonie, agredi voluerit et elegerit pro conquisicione regni Aragonie et comitatus Barchinone, racione donacionis a domino papa facte de predictis uni ex liberis prefati domini regis Francorum, quem ipse ad hoc duxerit deputandum, sive pro prestando auxilio magnifico principi Karolo, Dei gracia, Sicilie et Jerusalem regi, patruo suo, auxilium seu adjutorium prefato domino regi Francorum et suis prestabimus in hunc modum, quod ex nunc, cum sibi placuerit, ipse et sui, vel illi quos pro agrediendo dicto fratre nostro vel agrediendis seu conquirendis dictis regno et comitatu mittere voluerit loco sui, per totam terram nostram cum bona voluntate et gracia nostra libere transire poterunt et morari, et transeundo ac morando habere liberum commercium victualium que gentes eis vendere voluerint. Passus quoque sive introitus per quos habetur ingressus a terra nostra in Cataloniam eis non prohibebimus neque impediemus; immo volumus et placet nobis quod illos habeant liberos, sicut eis placuerit, cum castris et fortaliciis que habemus seu tenemus pro municione passuum vel

1. *Reverenciam* ms.

introituum predictorum; nec non alia castra nostra et fortalicia que dominus rex vel sui ad exsequenda predicta sibi viderint oportuna eisdem libere assignabimus et trademus, que muniri et teneri faciet et servari suis expensis, prout sibi videbitur oportunum, tenenda ab ipso quamdiu pro necessitate dicti negocii sibi visum fuerit expedire. Quamcito vero frater noster predictus per se vel alium nos invaserit, non solum predictis modis, set nos cum militibus et aliis gentibus nostris, quamdiu dicta guerra et contencio inter prefatum dominum regem Francorum et suos et dictum fratrem nostrum et suos et sibi adherentes duraverit, eisdem domino regi Francorum et suis contra dictum fratrem nostrum et sibi adherentes omne consilium et auxilium quod poterimus fideliter impendemus. Omnia autem et singula suprascripta eidem domino regi attendere et complere et fideliter observare promittimus bona fide; et, ad majoris roboris firmitatem, promittimus nos predicta omnia fideliter servaturos, per juramentum ad sancta Dei euvangelia in animam nostram et in presencia nostra per fidelem judicem nostrum Arnaldum Bajuli prestitum, de nostro speciali et expresso mandato; et eciam in testimonium omnium predictorum presentes litteras sigillo nostro pendenti sigillatas duximus concedendas. Datum Carcassone, XVI° kalendas septembris, anno Domini millesimo CC° LXXX° tercio.

(Arch. nat., J 598, n° 5; original scellé.)

XXXI

ALPHONSE III, ROI D'ARAGON, PROMET DE NE JAMAIS SÉPARER DE LA COURONNE D'ARAGON L'ÎLE ET LE ROYAUME DE MAJORQUE.

1286, 16 septembre, Valence.

Noverint universi quod nos Alfonsus, Dei gracia, rex Aragonum, Majoricarum et Valencie ac comes Barchinone, per nos et omnes successores nostros, convenimus et bona fide promittimus vobis probis hominibus et universitati civitatis Majoricarum quod nos vel nostri nullo tempore separabimus regnum et insulam Majoricarum a regno sive dominio ac corona Aragonum ac Catalonie. Imo volumus et concedimus quod sit semper unitum regno, dominio ac corone Aragonum et Catalonie sine aliquo intervallo, sic quod nullus habeat et teneat vel habere et tenere possit regnum predictum et insulam, nisi nos et successores nostri domini Aragonum et Catalonie inmediate. Promittimus eciam et bona fide convenimus vobis quod ipsum regnum et insulam nunquam ponamus in aliquo compromisso seu composicione vel obligacione, qualibet racione. Hec autem omnia predicta et singula, ut superius sunt expressa, promittimus et juramus per Deum et ejus sancta quatuor euvangelia, manibus nostris corporaliter tacta, attendere, complere et observare et facere inviolabiliter observari et eciam firmari ac jurari à probis hominibus civitatem Barchinone, Valencie et Ilerde, ac eciam a nobilibus terre nostre. Datum Valencie, XVI kalendas octobris, anno Domini millesimo ducentesimo octuagesimo sexto.

Signum Alfonsi, Dei gracia, regis Aragonum, Majoricarum et Valencie ac comitis Barchinone. Etc.

(Arch. nat., P 1354¹, n° 838; original jadis scellé de 14 sceaux.)

XXXII

LETTRE MISSIVE D'ALPHONSE III, ROI D'ARAGON, A JACQUES Ier, ROI DE MAJORQUE, AU SUJET DE LEUR DIFFÉREND.

1289, 7 septembre, Barcelone.

Al noble baro En Jacme, avoncle nostre, de nos N'Anfos, per la gracia de Deu, rey d'Arago et de Mallorches et de Valencia et comte de Barcelona, saluts. Reebem vostres letres de resposta, en lesquals nos trameses a dir que, si aviem volentat de combatre nos ab vos per raho d'En R. Roger, ne per paraules que ell nos aia trameses a dir en ses letres, vos vos combatriets ab nos en poder del rey d'Englaterra a Bordell, e d'aso erets aparellat de fermar et de pendre dia. A lesquals coses vos responem que nos no entenem de combatre-us ab vos per raho de paraules vilaines ne de desondries qui sien estades entre vos et En R. Roger, mas som aparalats que-us combatam ab vos per rahon del reptir que vos avets fet al dit En R. Roger, de que el vos a desmentit, et encara que avets trencades les cuvinenses que feeres al senior rey En P[ere], de bona memoria, rey d'Arago, pare nostre, ab sagrament et ab homanatge, en guisa qu'en val menys vostra fe e n' devets aver vergoya en cort et denant prohomens. Per que-us fem saber que som aparellats que nos e l' dit En R. Roger nos combatam ab vos et ab qualque rich hom senyor de senyera dar-li n' vulats, ho nos ab vos, per cabal, en poder del rey d'Englaterra. E asso som aparellats de fermar ab aytantes peyores com vos aver puschats del vostre, en aquel loch et aquell dia qu'el rey d'Anglaterra hi vula assignar. E con deyts que-us combatrems ab vos en poder del rey d'Englaterra a Bordell, vos responem que par que disfujats a la batayla, per so car no es a vos de triar loch, mas al rey d'Anglaterra, qui es cort. Esters no nomenats loc cuminal, per so car vos sabets que nos no poriem anar segurament al dit loc de Bordell, ne el rey d'Anglaterra no-us hi poria tenirs segurs; que vos sabets be que la bataylla qui era estada fermada entr'el senior rey, pare nostre, et el rey Carles romas per so com lo rey d'Anglaterra no poc assegurar lo dit senior rey, pare nostre, en lo loc d'amunt dit. Esters nos tenim per cuvinent qualque loc lo dit rey d'Anglaterra nos assigne, sia aquell de Bordell ho altre. Datum Barchinone, VII° idus septembris.

(Arch. de Barcelone, Registres d'Alphonse III, n° 77, f° 25; an. 1289.)

XXXIII

JACQUES II, ROI D'ARAGON, RENOUVELLE LA PROMESSE DE NE JAMAIS SÉPARER DE SA COURONNE LE ROYAUME DE MAJORQUE, MÊME A TITRE DE FIEF, ET FAIT PRENDRE A DIVERS PERSONNAGES L'ENGAGEMENT DE NE POINT SOUFFRIR CETTE SÉPARATION.

1291, 8 août, Majorque.

Noverint universi quod, cum nos Jacobus, Dei gracia, rex Aragonum, Sicilie, Majoricarum et Valencie ac comes Barchinone, promiserimus et corporaliter juraverimus probis hominibus et universitati civitatis et regni Majoricarum quod nunquam nos vel heredes aut successores nostri separabimus aut separari faciemus, consenciemus seu permitemus regnum Majoricarum et insulas sibi adjacentes, in totum vel in partem, a regno Aragonum et Valencie ac comitatu Barchinone, immo semper sit unitum et conjunctum predictis regnis Aragonum et Valencie ac comitatui Barchinone immediate et sine aliquo intervallo, sic videlicet quod aliqua persona non possit predictum regnum et insulas sibi adjacentes in totum vel in partem per nos aut heredes et successores nostros tenere in feudum honoratum vel alio modo, immo rex Aragonum et Valencie ac comes Barchinone illud perpetuo teneat corporaliter, seu *cors à cors*, et appropriate sibimet; et vos Poncius Ugonis, comes Empuriarum, Ermengaudus, comes Urgellensis, et Raymundus Rotgerii, comes Paylariensis, Jacobus Petri, dominus de Sogorp, Rotgerius de Lorea, almiratus, Petrus de Cervaria, Guillelmus Gaucerandi, Amor Dionisii, Gabriel, frater ejus, Gossalbo Xemenis Darenoso, Bernardus de Serriano, Arbertus de Mediona, Acardus de Muro, Raymundus Alamanni, et vos Johannes de Vidauni et Gil Martinis, procuratores cavallerie regni Valencie, et vos Arnaldus de Fonte, Thomasius Vives et Petrus Ricardi, procuratores Valencie, et vos Raymundus Mulinerii et Bonafonat de Vallebrera, procuratores civitatis Ilerde, et vos Berengarius Mayol et Thomasius Grony, procuratores civitatis Barchinone, et vos Bernardus de Vilademany, Raymundus de Perarola, Berengarius de Cabrera, Raymundus de Minorisa, Dalmacius Xacmar, Artal Deslor, Guillelmus de Pons et Petrus Rich, milites, juraveritis, laudaveritis et concesseritis, voluntate et assensu nostro, predicta omnia tenere, observare et complere et facere teneri, observari et compleri a nobis et heredibus et successoribus nostris, prout hec omnia in privilegio per nos predictis probis hominibus et universitati civitatis et regni Majoricarum concesso plenius continetur; per nos et omnes heredes et successores nostros, volumus et concedimus vobis et heredibus et successoribus vestris quod, si forte nos vel ipsi heredes et successores nostri contra predicta in aliquo veniremus, possitis et teneamini vos et heredes et successores vestri juvare et deffendere ac tueri predictos probos homines et universitatem civitatis et regni Majoricarum et insularum sibi adjacencium contra nos et omnes alios homines de mundo. Et, quantum ad hoc, scienter et consulte, ac gratis et ex certa sciencia, absolvimus vos et heredes et successores vestros ab omni homagio, fidelitate, naturalitate et debito quo vassalli teneantur suo domino naturali. Quod fuit actum Majoricis, sexto idus augusti, anno Domini millesimo ducentesimo nonagesimo primo.

Signum Jacobi, Dei gracia, regis Aragonum, Sicilie, Majoricarum et Valencie ac comitis Barchinone, qui predicta omnia laudamus, concedimus et firmamus.

Testes hujus rei[1] sunt Raymundus de Adarrone, precentor Majoricensis, Gisbertus de Castro Novo, Arnaldus de Mirayes, Petrus de Libiano, Petrus Bovis, Raymundus Calderoni, Jacobus de Gradu, Francischus de Clerico et Arnaldus Benedicti.

Signum Guillelmi de Solanis, scriptoris domini regis, qui de mandato ipsius domini regis hoc scribi fecit et clausit, loco, die et anno prefixis.

(Arch. nat., P 1354¹, n° 840; original.)

1. *Rey* ms.

XXXIV

EXTRAIT D'UNE BULLE ADRESSÉE PAR BONIFACE VIII A PHILIPPE LE BEL,
AU SUJET DU TRAITÉ DE PAIX CONCLU AVEC LE ROI D'ARAGON.

1295, 20 juin, Anagni.

... Super facto vero restitutionis regni Majoricarum, insularum Evice et Minoricarum et aliorum locorum, faciende per dictum Jacobum carissimo in Christo filio nostro Jacobo, regi Majoricarum illustri, cum nuntii dicti Jacobi dicerent se potestatem aliquam non habere, ac per consequens eidem tractatui discrimen dissolutionis instaret, ne tractatus tam Deo placidus mundoque proficuus perduceretur in cassum, quo multa periculosa discrimina sequi possent, negocium restitutionis ejusdem, cum satis expressa cogniventia nuntiorum prefati Jacobi, per nostre prosecutionis remedium assumpsimus, Deo propitio, per modum qui sequitur promovendum : quod predictus Jacobus restituat et restitui faciat dicto regi Majoricarum prefatum regnum Majoricarum et insulas cum ceteris immobilibus sive stabilibus occupatis per prefatum Jacobum et suos de terris, villis et possessionibus regis Majoricarum predicti, tenenda et possidenda per ipsum regem Majoricarum eo modo per omnia quo ipse tenebat ea tempore mote guerre prefate; ita quod per hoc nullum jus dictis regi Majoricarum et Jacobo crescat in aliquo vel decrescat; salvo quod Sarraceni qui de ipsa insula Minoricarum per dictum Jacobum vel suos ejecti fuerunt non reponentur ibidem. Sed de habitatoribus christianis ipsius insule, si aliqui sunt quos idem rex Majoricarum suspectos habeat vel odio ex rationabili causa, quam arbitrari habebit cardinalis predictus, usque ad certum numerum moderandum per cardinalem eundem, de insula prefata recedent, et, si nollent recedere, ministrorum manibus expellentur. Verum poterunt, si quas in eadem insula possessiones emerint, vendere, et secum portare pretium cum ceteris mobilibus eorumdem. Et ad hoc faciendum dabitur eis certus terminus, juxta ipsius cardinalis arbitrium statuendus. Ceteri christiani in quibus dicta insula Minoricarum populata est in subjectione dicti regis Majoricarum ibi, si voluerint, remanebunt; sic tamen quod, si per antedictum Jacobum aut quondam Alfonsum, fratrem suum, ipsorumve mandatum in eadem insula Minoricarum alique possessiones tradite fuerint in feudum aut emphiteotim vel ad censum pro minori servitio aut valore vel censu notabiliter quam valeant et equum aut rationabile censeatur, quod judicari debebit, tempore contractus inspecto, ad equum et rationabile, juxta dicti cardinalis arbitrium, reducentur. Donationes autem simplices facte per eundem Jacobum, dictum quondam Alfonsum, officiales seu ipsorum factores in predictis et de predi:is possessionibus omnifariam irritentur... Datum Anagnie, XII kalendas julii, pontificatus nostri anno primo.

(Arch. nat., J 715, n° 305 ??. Publié par Raynaldi, an. 1295, n°s 26, 27.)

XXXV

BULLE DE BONIFACE VIII FAISANT PART A PHILIPPE LE BEL DES CONDITIONS ARRÊTÉES POUR LA RESTITUTION DES BALÉARES AU ROI DE MAJORQUE.

1295, 22 juin, Anagni.

Bonifacius, episcopus, servus servorum Dei, carissimo in Christo filio Philippo, regi Francorum illustri, salutem et apostolicam benedictionem. Inest cordi nostro cura precipua ut, in tractatu pacis nuper habito et firmato, singula tractatum ipsum tangentia sic lucide posita clareant, quod obscuritatis dubium per anfractum aliquem non incurrant. Sane, super restitutione regni Majoricarum et aliarum insularum ei adjacentium facienda per Jacobum, natum quondam Petri, olim regis Aragonum, carissimo in Christo filio nostro Jacobo, regi Majoricarum illustri, patruo suo, certam ordinationem per nos habitam per alias nostras litteras tibi describimus seriose. Verum, ut nullum in ea dubitationis aut obscuritatis prepedium per ingestum alicujus altercationis emergat, declaramus apertius, cum per sententiam latam per apostolicam sedem contra dictum quondam Petrum, dicti Jacobi genitorem, vassalli omnes ipsius a sacramento fidelitatis et homagii quibus tenebantur eidem fuerint absoluti, ipseque Jacobus per beneficium nostre restitutionis in integrum ad omnia que sententia dicte sedis ademit nuper per nos certo modo gratiose fuerit restitutus, ut operetur dicta restitutio, quod ejus est proprium, omnia scilicet in pristinum statum reducere; quod in restitutione dictorum regni et insularum prefatus rex Majoricarum memorato Jacobo, idemque Jacobus regi prefato faciant invicem recognitiones, firmitates et homagia, juxta modum et formam contentam in instrumento publico, factam de conventionibus initis inter predictos regem Majoricarum et Petrum olim regem Aragonum, patrem Jacobi memorati; quodque castra et alia quecumque bona stabilia occupata per dictum Jacobum, antecessores, adjutores et valitores suos, de terris et aliis quibuscumque bonis stabilibus dicti regis Majoricarum, adjutorum et valitorum suorum, postquam guerra insule Sicilie extitit inchoata, eidem regi Majoricarum, adjutoribus et valitoribus suis per eundem Jacobum sine contradictione reddantur, et versa vice castra et alia quecumque bona stabilia occupata per ipsum regem Majoricarum, adjutores et valitores suos, de terris et aliis quibuscumque bonis stabilibus dicti Jacobi, antecessorum, adjutorum et valitorum suorum, post commotionem guerre predicte, prefato Jacobo et eis reddantur omnino. Datum Anagnie, X kalendas julii, pontificatus nostri anno primo.

(Arch. nat., J 715, n° 305 [23]; original scellé.)

XXXVI

PROTESTATION DE JACQUES Ier, ROI DE MAJORQUE, CONTRE L'ACTE PAR LEQUEL IL S'EST RECONNU LE VASSAL DE SON FRÈRE ET CONTRE LE RENOUVELLEMENT DUDIT ACTE, QUI LUI ONT ÉTÉ IMPOSÉS PAR LA NÉCESSITÉ ET LA VIOLENCE.

1295, 23 août, [Perpignan].

Pateat universis quod nos Jacobus, Dei gracia, rex Majoricarum, comes Rossilionis et Ceritanie et dominus Montispessulani, protestamur et in veritate profitemur coram notario et testibus infrascriptis quod, cum dominus Jacobus, inclite recordacionis, Dei gracia, quondam rex Aragonum et Majoricarum et Valencie et comes Barchinone et dominus Montispessulani, pater noster, volens dividere regna et alias terras suas inter filios suos Petrum quondam, olim regem Aragonum, fratrem nostrum primogenitum, [et nos], et jure hereditario donasset et assignasset predicto Petro, fratri nostro, regna Aragonum et Valencie ac comitatum Barchinone et quedam alia, nobis autem similiter donasset et assignasset jure hereditario regnum Majoricarum cum insulis Minoricarum et Evisse et aliis insulis eidem regno adjacentibus, et comitatus Rossilionis, Ceritanie, Confluentis, ac villam et baroniam Montispessulani, cum quibusdam aliis, pro libero et franco allodio, cum instrumentis publicis laudatis et juratis et omatgio dicto patri nostro et nobis eciam adinvicem prestito et facto roboratis, tam per dictum Petrum, fratrem nostrum, quam eciam per nos; postea eciam dictus frater noster, ad requisicionem et preces nostras, predictam donacionem et divisionem dictarum terrarum per dictum patrem nostrum factam laudavit et generaliter et favorabiliter approbavit per se, et absente et ignorante dicto patre nostro, adhuc vivente, cum alio publico instrumento, ac eciam dictus pater noster confirmavit, tempore mortis sue, cum testamento suo et codicillis, prout hec omnia et singula suprascripta in instrumentis publicis dicte divisionis ac hereditamenti et dicte ratifficacionis seu confirmacionis et in testamento et codicillis predictis lacius et plenius continentur; et, mortuo dicto patre nostro, dictus Petrus, frater noster, turpiter veniens contra proprium juramentum et omatgium et confirmacionem et approbacionem suam et ordinacionem paternam, movit nobis questionem de omnibus predictis terris, a dicto patre nostro nobis datis et assignatis, petendo ipsas a nobis penitus sibi dimitti et desamparari cum fructibus et redditibus et exitibus a nobis inde perceptis, volendo eciam super hoc nobis movere guerram; et super hoc nos habuimus recursum ad Romanam Ecclesiam, tanquam ad matrem spiritualem et racione dicti sacramenti facti, et ad alios amicos nostros, ut nos ab ejus violencia protegerent, quod facere recusarunt. Quare nos, videntes et cognoscentes non ita esse potentes quod ejus potentie resistere nec contra ipsum nos et terras nostras bono modo deffendere valeremus, metu et timore ipsius et potencie sue, et propter minas et terrores quos nobis inferebat, habuimus et opportuit nos de neccessitate sibi facere quandam recognicionem de accipiendo pro ipso in feudum honoratum predictum regnum Majoricarum et alias terras nostras, sub certis condicionibus, exepta villa Montispessulani et castro Latarum; et quedam alia pacta et convenciones fuerunt facte et inite inter nos et ipsum, inter quas adinvicem nos obligavimus et promisimus nos juvare et deffendere contra omnes homines de mundo, prout in eodem instrumento plenius et lacius continetur. Processu vero temporis, cum Ecclesia Romana, propter invasionem et occupacionem quam ipse fecerat de insula Sicilie, contra ipsum fratrem nostrum processisset, ipsum excommunicando et omnes ejus fautores et coadjutores, et ipsum per sentenciam privasset omnibus regnis et terris quas tenebat, cum honore et dignitate regia, et absolvisset omnes vassallos et subditos suos ab omni sacramento fidelitatis et omatgio quibus sibi antea tenerentur, et alias penas gravissimas imposuisset omnibus coadjutoribus suis et cunctis aliis sibi adherentibus, prout hec omnia et alia in predicta sentencia contra ipsum lata per summum pontificem lacius continentur; et diceretur quod illustris rex Francie, tanquam adjutor et fautor Ecclesie, ac mandato et auctoritate summi pontificis, pararet se ad veniendum manu armata contra dictum Petrum, fratrem nostrum, et terram Catalonie, et ipse, per virtutem dictarum convencionum de juvando nos adinvicem, fecisset nos moneri et requiri ut ipsum juvare deberemus contra dictum regem Francie; et nos

deliberate sibi respondissemus quod nos cum in illo casu juvare
non tenebamur nec debebamus, cum guerra ipsa esset guerra
Ecclesie, quam injuste et injuriose et sine consilio et voluntate
nostra sibi procuraverat, invadendo et occupando dictum regnum
Sicilie, quod erat et est patrimonium Romane Ecclesie, et sic
per pacta illa vel convenciones generales, que erant inter nos et
ipsum, nos non eramus astricti ad ipsum juvandum, cum hoc
eciam [quod], si hoc sibi promisissemus specialiter et expresse,
ad hoc minime teneremur, adjicientes quod pater noster, si viveret, in tali casu nullathenus juvaremus ; ipse vero, non obstantibus omnibus et singulis suprascriptis, absque omni causa
racionabili, atque prodicionaliter et injuste, nobis eciam jacenti-
bus de maxima et gravissima infirmitate, post suam visitacio-
nem nobis factam, per quemdam militem nomine Berengarium
de Rosaneś, quem nobis per tres dies ante miserat ad videndum
et visitandum nos et consolandum et offerendum pro ipso nobis
omnia que nobis grata esse possent, sicut fieri debet et consuevit
inter bonos fratres, manu armata et exercitibus congregatis de
nocte, more hostili ac prodicionali, invasit villam nostram Perpiniani, et castrum dicte ville, in quo eramus et jacebamus
infirmi, ut supradictum est, expugnavit, et cepit nos et reginam
consortem nostram ac liberos nostros et consiliarios similiter
nostros, et captos tenuit ; personam autem nostram divina mise-
racio de manibus ejus miraculose eripuit ; reginam autem predictam cum quatuor filiis nostris in Cataloniam secum duxit et
predictos nostros consiliarios, quos magnis quantitatibus redimi
fecit. Consequenter autem filium suum primogenitum Alfonsum
quondam cum magno navigio et multitudine magna hominum
armatorum, tam equitum quam peditum, ad insulam et terram
Majoricarum transmisit, et ipsam cum insula similiter Evisse
per ipsum Alfonsum capi et occupari fecit. Qui quidem Alfonsus, post mortem ipsius, dictas terras sive insulas Majoricarum
et Evisse cum insula Minoricarum, quam postea manu armata
invasit, devastavit et occupavit, durantibus treugis et quandiu
vixit tenuit occupatas. Postea vero, mortuo dicto Alfonso, Jacobus de Aragonia, ejus frater, nunc vivens, successor ejus, predictas omnes terras nostras similiter adhuc injuste et injuriose
detinuit occupans. Nos autem super hujusmodi injuriis, invasio-
nibus et violenciis, nobis illatis sic indebite et injuste, habuimus
recursum ad summum pontificem et Romanam Ecclesiam, tanquam ad illam pro qua omnia predicta mala et dampna sustine-

mus, ideo quia fratrem nostrum contra ipsam juvare noluimus,
et eciam ad alios amicos nostros; in quibus repulsam et deffectum
invenimus, in tantum quod nos predictas terras nostras sic nobis
ablatas et occupatas, propter deffectum potencie et juvaminis
Ecclesie Romane et aliorum amicorum nostrorum, nec alia jura
nostra recuperare potuimus, nisi sub modo et forma facta et ordinata per summum pontificem cum rege Sicilie in pace per ipsum
tractata inter illustres reges Francie et Sicilie ex una parte et
dictum Jacobum de Aragonia, nepotem nostrum, seu eorum
nuncios, ex altera, in qua nos intendit astringere ad renovandam
predictam recognicionem dicto Jacobo de predictis regno et terris nostris. Nos igitur, volentes nobis providere et precavere ne
propter predictam renovacionem predicte renognicionis posset
videri nobis quodam modo aliquod prejudicium generari, si
gratis et voluntarie consentiremus, Deo nobis teste, profitemur,
inquam, et protestamur quod nos predictam renovacionem recognicionis et alia... [1] facimus coacti et inviti sive compulsi, scilicet quia aliter predictum regnum nostrum Majoricarum, quod
est caput nostrum et nominis et honoris nostri et major pars
patrimonii nostri, et insulas sive terras Minoricarum et Evisse
recuperare non poteramus; profitentes et protestantes coram
notario seu tabellione et testibus infrascriptis, per nos et successores nostros, quod nos non intelligimus aut reputamus per hanc
recognicionem, nec per aliqua alia nunc facta vel facienda vel
dicenda per nos vel successores nostros, eciam [2] obligatos vel
astrictos ad ea tenenda vel observanda vel aliquid predictorum,
nec ipsa servare nec attendere nos nec successores nostros, nisi
secundum ordinacionem paternam superius expressam et confir-
matam postea per dictum fratrem nostrum, ymo contravenire
suo loco et tempore opportunis; protestantes eciam recognicionem et renovacionem istam nullius fore momenti, cum dictus
Jacobus de Aragonia, nepos noster, dictum regnum et terras
nostras sive insulas vi a nobis [ablatas] possideat, et sit successor in vicium patris et eciam fratris sui, et nullum jus habeat in
veritate in predictis quod in nobis vel alium transferre possit,
nec facultatem habeat de jure in predictis terris aliquid nobis vel
alicui alii dandi vel eciam concedendi. Protestamur eciam quod,
si forte adhuc contingerit nos aliquo modo facere vel dicere

1. Mot en blanc dans le ms.
2. Sans doute pour *esse*.

aliquid propter quod videretur nos renunciare vel aliquod prejudicium huic protestacioni facere, quod illud similiter faceremus inviti et coacti et propter illum et eundem timorem de amittenda terra nostra. Protestamur eciam insuper quod ipsam protestacionem nos opportet de necessitate facere sic secrete et dicto Jacobo, nepote nostro, ignorante, quia aliter comode fieri non posset, quia constat nobis et est notorium quod, si in ejus presencia eam facere temptaremus, ipse ad restitucionem nobis faciendam dictarum terrarum nullathenus assentiret, et nos predictum regnum nostrum et alias terras nostras aliter recuperare non possemus, ymo opporteret nos inde spoliatos remanere. Et de predictis mandamus per notarium infrascriptum fieri publicum instrumentum. Quod fuit actum decimo kalendas septembris, anno Domini millesimo ducentesimo nonagesimo quinto, in presencia, etc., et mei Micahelis Rollandi, notarii publici Perpiniani, etc.

(Arch. nat., KK 1413, f° 74. Publié, d'après un vidimus, par Bofarull, *Col. de doc. ined. del Archivo general de la corona de Aragon*, XXIX, 37.)

XXXVII

JACQUES Ier, ROI DE MAJORQUE, RENONCE A TOUCHER LA SOMME QUE LUI REDEVAIT LE ROI DE FRANCE SI LA CONCLUSION DE LA PAIX AVEC L'ARAGON VIENT A ÊTRE RETARDÉE PAR SA FAUTE.

1296, 12 janvier, Paris.

Nos Jacobus, Dei gracia, rex Majoricarum, comes Rossilionis et Ceritanie et dominus Montispessulani, concedimus vobis excellenti principi domino Philippo, Dei gracia, regi Ffrancorum, quod de illa provisione quam ordinastis nobis debere fieri quolibet anno racione guerre Aragonie, scilicet triginta mille librarum turonensium parvorum tempori guerre vel viginti mille librarum tempori treuge, si forte contingeret quod per nos staret quin pax fieret et sequeretur secundum ordinacionem domini pape, quod vos ex tunc, postquam constaret nos nolle sequi predictam ordinacionem, non teneamini nobis dare aliquid racione predicte provisionis; et ex tunc littere nobis super hoc a vobis concesse nullius sint valoris. In cujus rei testimonium presentibus sigillum nostrum fecimus apponi. Datum Parisius, pridie idus januarii, anno Domini millesimo CC° nonagesimo quinto.

(Arch. nat., J 598, n° 8; original scellé.)

XXXVIII

JACQUES Ier, ROI DE MAJORQUE, SOLLICITE DU ROI DE FRANCE LA CONCESSION D'UNE TENURE EN FAVEUR DES FRÈRES MINEURS DE MONTPELLIER.

1296, 21 mai, Perpignan.

Serenissimo principi et quamplurimum honorando domino Philippo, Dei gracia, illustrissimo regi Ffrancorum, Jacobus, per eandem, rex Majoricarum, comes Rossilionis et Ceritanie et dominus Montispessulani, salutem et paratam ad ejus beneplacita voluntatem. Cum Ffratres Minores Montispessulani quandam tenenciam contiguam ingressui et cimiterio ecclesie seu monasterii eorumdem, in qua tenencia erant alique domuncule in quibus multa turpia, immundicie et inhonestates fiebant per homines et mulieres viles, emerint propter vitandas dictas immundicias et inhonestates et propter ampliandum ingressum et cimiterium antedictum, cum dicta tenencia sit contigua sine aliquo intervallo et sit in parte olim episcopali, quam vos obtinetis; ad preces et maximam instanciam dictorum fratrum, vestram serenitatem ac dileccionem quanto carius possumus deprecamur, quatenus placeat vobis concedere dictis Ffratribus Minoribus quod dictam tenenciam possint habere et retinere ad ampliandum ingressum et cimiterium antedictum; scientes quod hoc gratum habebimus et acceptum. Datum Perpiniani, XII kalendas junii, anno Domini M° CC° nonagesimo sexto.

(Arch. nat., J 892, n° 2¹; original.)

XXXIX

BULLE DE BONIFACE VIII PROMETTANT A PHILIPPE LE BEL DE REMETTRE LE ROI D'ARAGON ET SES TERRES SOUS LE COUP DE L'INTERDIT S'IL NE RESTITUE PAS LE ROYAUME DE MAJORQUE AU TERME CONVENU.

1297, 8 août, Orvieto.

Bonifacius episcopus, servus servorum Dei, carissimo in Christo filio Phylippo, regi Francie illustri, salutem et apostolicam benedictionem. Pridem celsitudini regie duximus intimandum qualiter, ex certis rationabilibus causis inducti, carissimo in Christo filio nostro Jacobo, illustri regi Aragonum, ad restituendum carissimo in Christo filio nostro regi Majoricarum illustri terram ipsius, quam idem Jacobus detinere dicitur occupatam, dilationem usque ad festum Natalis Domini primo venturum duximus concedendam. Tu vero, prout ex tuis responsalibus collegimus litteris, ob reverentiam apostolice sedis et nostram, substinuisti dilationem hujusmodi patienter, nichilominus nobis per easdem litteras supplicando ut, si forte prefatus Jacobus infra dicti temporis spatium hujusmodi restitutionem non duxerit faciendam, ipsum et terras omnes quas idem in Aragonie et Cathalonie partibus obtinebat, tempore quo generalis interdicti sententiam, cui partes ipse auctoritate apostolica subjacebant, relaxari mandavimus, in pristinas spirituales et temporales penas reducere curaremus, certos illuc super hiis executores nichilominus destinando. Nos igitur, qui tue presertim contemplatione persone hujusmodi negotium cordi gerimus, ad expeditionem ipsius sollicite intendentes, excellentie regie super hiis taliter duximus respondendum, quod hujusmodi petitionem regiam exauditionis benigne gratia prosequemur, nisi forsan aliquid interim imminere contingeret quod nobis et tibi rationabile videretur, propter quod id fieri non deberet. Datum apud Urbemveterem, VI idus augusti, pontificatus nostri anno tertio.

(Arch. nat., J 715, n° 305 ^{24}; original. Publié par Raynaldi, an. 1297, n° 25.)

XL

TRAITÉ D'ALLIANCE OFFENSIVE ET DÉFENSIVE CONCLU ENTRE JACQUES II, ROI D'ARAGON, ET JACQUES Ier, ROI DE MAJORQUE, SUR LA BASE DES CONVENTIONS ANTÉRIEURES.

1298, 29 juin, au camp près d'Argelès.

In nomine sancte et individue Trinitatis, Patris et Filii et Spiritus Sancti. Amen. Notum sit omnibus quod nos Jacobus, Dei gracia, rex Aragonum, Valencie et Murcie et comes Barchinone, et nos Jacobus, eadem gracia, rex Majoricarum, comes Rossilionis et Ceritanie et dominus Montispessulani, scientes et attendentes nos renovasse presenti die convenciones hacthenus initas inter dominum Petrum, tunc regem Aragonum, patrem nostri Jacobi, nunc regis Aragonum, et fratrem [domini] nostri Jacobi, regis Majoricarum, quondam, ex parte una, et nos dictum regem Majoricarum, ex parte altera, ut apparet per publicum instrumentum inde factum per presentem notarium infrascriptum; in quibus inter cetera continetur quod nos Jacobus, rex Majoricarum predictus, et successores nostri juvemus, valeamus et deffendamus vos, dominum Jacobum, regem Aragonum, nepotem nostrum carissimum, et successores vestros cum toto posse nostro contra cunctos homines de mundo, et nos Jacobus, rex Aragonum, promittimus per nos et nostros successores vobis dicto Jacobo, regi Majoricarum, carissimo patruo nostro, juvare, valere et deffendere vos et vestros successores et regnum, terras et comitatus et jurisdicciones vestras et terrarum vestrarum, quas a nobis tenetis in feudum, toto posse nostro contra cunctos homines de mundo; et cum super hoc exortum fuit odium et guerra subsequta et terrarum nostrarum dissipatio, eo quod, ad requisicionem domini Petri, regis Aragonum quondam, patris nostri dicti Jacobi, nunc regis Aragonum, vos dictus Jacobus, rex Majoricarum, patruus noster, tempore quo dicebatur quod illustris rex Francie parabat se ad veniendum contra eum et terram Catalonie, valere, juvare et deffendere [eum] recusastis, pretendentes quod in aliquo casu non tenebamini ad hec, cum guerra illa esset guerra Ecclesie, quam ipse injuste et injuriose et sine consilio et voluntate vestra sibi procuraverat, invadendo regnum Sicilie, quod erat patrimonium Ecclesie, et sic per pacta illa vel convenciones generales que erant inter vos et ipsum ad ipsum adjuvandum non eratis astricti [1]; ne similis dissensio [2] in futurum propter predicta valeat oriri, et [ut] à lite que ex hoc fuit incepta discedere valeamus; Nos, reges Aragonum et Majoricarum predicti, per nos et nostros successores, in hunc modum transigendo convenimus, et conveniendo per hunc modum declaramus quod nos et successores nostri, ad quamcumque alterius nostrûm vel successorum nostrorum requisicionem, habeamus mox, omni excusacione remota, nos adinvicem juvare, valere et deffendere toto posse nostro, ubicunque et quomodocunque, contra quascunque personas, terras vel loca, in mari vel in terra, alter nostrûm et successorum nostrorum invadere voluerit vel contra easdem pecierit deffendi; non obstante quod hujusmodi invasio seu deffensio sit aut dicatur per unum de nobis vel successoribus nostris procurata, vel sine consilio et voluntate alterius nostrum super hoc requisiti, vel injuste aut injuriose disposita, ordinata vel quovismodo inchoata, sicut tempore guerre illustris regis Francie predicti, ut dictum est, fuit allegatum, nisi tales essent injuria et injusticia quod de eis jam per determinacionem Romane Ecclesie manifeste et liquide constaret. Nos itaque reges predicti, per nos et successores nostros, promittimus transaccionem et convenciones atque declarationes predictas servare, tenere et complere sine dolo, fraude, arte vel malo ingenio, ad bonum et sanum intellectum, et bone fidei puritate

1. *Astrictus* ms.
2. *Discencio* ms.

servata, et nunquam per nos vel nostros alium vel alios contravenire de jure vel de facto, verbo vel scripto, directe vel indirecte, publice vel occulte, sub bonorum nostrorum ypotheca et firma stipulacione; renunciantes omni juris scripti vel non scripti auxilio, exepcioni doli et in factum accioni et crucis privilegio et alii cuicunque privilegio indulto vel eciam indulgendo; promittentes nos reges predicti adinvicem, sub sacramento et omatgio que specialiter propter hoc adinvicem facimus et prestamus, sacrosanctis quatuor Dei euvangeliis manibus propriis sponte tactis, nos non impetraturos per nos vel nostros successores, alium vel alios, aliquod privilegium a summo pontiffice vel ejus legatis, aut cetu cardinalium, vel ab alio quocunque, per quod possemus contra predicta vel aliquid predictorum venire aut nos juvare in aliquo vel tueri; adjicientes quod, si eciam aliquod privilegium nobis vel nostrûm alteri vel successorum nostrorum ultra concederetur per quod liceret nobis vel alteri nostrûm seu successorum nostrorum venire contra predicta vel aliquid predictorum, illo privilegio promittimus nos sub sacramento et omatgio non usuros. Et, si contingeret, quod absit, aliquem nostrûm vel successorum nostrorum quacunque causa, occasione, racione vel quovis casu in predictis vel aliquo predictorum defficere et predicta omnia non observare, talis non solum vocetur infamis, verum eciam, quibuscunque accionibus privatus, omnibus juribus careat et emolumentis que ex convencionibus per predecessores nostros factis et initis, et per nos hodie renovatis et per successores nostros renovandis, quantumcumque sacramentis et omatgiis vallatis ac per universitates nostras et nobiles baronesque, ut inter nos conventum est, approbatis, fuerit consequtus; ita quod omnia illius mox jura et comoda depputentur ei nostrûm vel nostrorum successorum qui intemerata presentis transaccionis, convencionis et declaracionis seu pacti jura servaverit. In cujus rei testimonium, nos dicti reges Aragonum et Majoricarum hoc presens publicum instrumentum sigillorum nostrorum appensione duximus roborandum. Actum est hoc in castris prope Algilers[1], Elnensis diocesis, in festo beatorum apostolorum Petri et Pauli, videlicet tercio kalendas julii, anno Domini M° CC° LXXXXVIII°.

Signum Jacobi, Dei gracia, regis Aragonum predicti, qui hec

---

1. *Algileis* ms.

concedimus, juramus et laudamus, et vobis Jacobo, regi Majoricarum, omatgium facimus.

Signum Jacobi, Dei gracia, regis Majoricarum predicti, qui hec concedimus, laudamus et juramus, et vobis domino Jacobo, regi Aragonum predicto, omatgium facimus.

(Arch. nat., KK 1413, f° 79. Publié, d'après un vidimus et deux transcriptions postérieures, par Bofarull, *Col. de doc. ined. del Archivo general de la corona de Aragon*, XXIX, 45, 216 et 251.)

XLI

JACQUES Ier, ROI DE MAJORQUE, INFORME PHILIPPE LE BEL ET SON FRÈRE CHARLES DE VALOIS QUE JACQUES II D'ARAGON LUI A RESTITUÉ LES BALÉARES, ET LES REMERCIE DE L'APPUI QU'ILS LUI ONT PRÊTÉ EN CETTE OCCASION.

1299, 8 janvier, Paris.

Excellentissimo principi domino Philippo, Dei gracia, regi Ffrancorum illustrissimo, ac inclito domini Karolo, ejus germano, Valesii, Alançonii et Andegavie comiti, nepotibus suis karissimis, Jacobus, eadem gracia, rex Majoricarum, comes Rossilionis et Ceritanie et dominus Montispessulani, salutem in omnium Salvatore. Vestre significamus magnificencie ac tenore presencium confitemur quod magnificus princeps karissimus nepos noster Jacobus, Dei gracia, Aragonum et Valencie rex ac comes Barchinone, per sacrosancte Romane Ecclesie et vestrûm auxilium, sollicitudinem, procuracionem, curam, provisionem et factum, nobis et nostris valitoribus integre restituit terras nostras, ab ipso et suis propter guerram Aragonie quondam occupatas, ac nobis et nostris perfecte, complete et efficaciter implevit et perfecit quecumque ipse nobis et nostris facturus erat et se facturum promiserat, secundum sanctissimi patris et domini nostri domini summi pontificis ordinacionem, ac secundum pacis tractatum habitum et firmatum inter nuncios et procuratores vestros nomine vestro ac nos, ex una parte, et dictum

Aragonie regem, ex altera; et de ipso rege Aragonie pro contentis et benè paccatis totaliter nos habemus. Quocirca nos dicte sacrosancte Romane Ecclesie ac vobis, providencie predicte vestre meritis humiliter inclinantes et proinde graciarum acciones multimodas exhibentes, quascumque promissiones et convenciones tam vos quam inclite recordacionis serenissimus princeps dominus Philippus, quondam Ffrancorum rex, progenitor vester, nobis habuistis et convenistis pretextu dicte guerre Aragonie jam preterite, asserimus et cognoscimus nobis et nostris integratas esse totaliter et completas; et de ipsis omnibus et singulis convencionibus et promissionibus vos et vestrûm quemlibet, ac heredes et successores vestros, ex certa sciencia, per tenorem et tradicionem presencium, absolvimus imperpetuum et quitamus, pro nobis et nostris valitoribus, heredibus et successoribus quibuscumque; bona fide promittentes, pro nobis et nostris, nos contra cognicionem et quitacionem predictas imperpetuum per nos vel per alium non venire nec aliquid attemptare. In cujus rei testimonium presentes litteras sigillo nostro pendenti fecimus communiri. Datum apud Sanctum Germanum de Pratis prope Parisius, sexto idus januarii, anno Domini millesimo ducentesimo nonagesimo octavo.

(Arch. nat., J 598, n° 11; original.)

XLII

JACQUES Ier, ROI DE MAJORQUE, AYANT ÉTÉ FORCÉ PAR LA CRAINTE ET PAR L'ABANDON DÉLOYAL DE CERTAINES PERSONNES DE FAIRE RATIFIER PAR L'INFANT SANCHE, SON FILS, LA CONVENTION ONÉREUSE QU'IL AVAIT CONCLUE AVEC LE ROI D'ARAGON, RENOUVELLE EN SECRET SES PROTESTATIONS ET RÉSERVE SES DROITS ABSOLUS SUR LE ROYAUME DE MAJORQUE.

1302, 14 août, Perpignan.

In nomine Domini. Amen. Noverint universi quod nos Jacobus, Dei gracia, rex Majoricarum, comes Rossilionis et Ceritanie ac dominus Montispessulani, attendentes et recognoscentes et ad memoriam reducentes qualiter, in reformacione pacis olim facte inter nos, ex una parte, et illustrem Jacobum, Dei gracia, regem Aragonum, nepotem nostrum carissimum, ex altera, inter alia fuit actum et conventum quod nos formam predicte pacis et omnia alia contenta in instrumento inde facto deberemus facere laudari et approbari et ratifficari, cum sacramento et omatgio, per carissimum infantem Jacobum, filium nostrum primogenitum tunc, nunc fratrem ordinis Fratrum Minorum, et per aliquos barones et burgenses subditos nostros pro parte nostra, et ipse rex Aragonum per se et alios similiter pro parte sua; reducentes eciam ad memoriam quamdam protestacionem per nos factam et scriptam per manum Michaelis Rolandi, olim scriptoris publici Perpiniani, ante consummacionem tractatus predicte pacis, et quamdam renovacionem predicte protestacionis postea per nos factam, tam per nos quam per dictum infantem Jacobum tunc; attendentes eciam et considerantes et animadvertentes quod dictus rex Aragonum requisivit nos quod predictam ordinacionem pacis et omnia in instrumento ejusdem pacis contenta faceremus compleri et sequi[1] [tam] per infantem Sanccium, filium nostrum carissimum, nunc primogenitum, cum successerit in locum dicti fratris Jacobi, filii nostri, fratris sui, quam per alios subditos nostros; et considerantes et videntes ac recognoscentes manifeste quod, si nos non faceremus predicta fieri et compleri, quod dictus rex Aragonum hoc nullathenus sustineret, ymo reputaret nos fregisse formam predicte pacis, et sic iratus, irritatus inde et commotus, diceret se non teneri ulterius ad observanciam predicte pacis et composicionis, propter quod ipse immediate moveret nobis guerram et conaretur ad aufferendum nobis per violenciam et ad capiendum et occupandum iterum regnum nostrum Majoricarum et alias terras nostras; Nos igitur, considerantes et attendentes quod ipse est longe potentior nobis; considerantes eciam simplicitatem vel forte malignitatem aliquarum gencium nostrarum, que aliquando male se habuerunt erga nos et deffensionem nostram et jura nostra, assumentes forsitan occasionem quod nos nolumus observare promissa eidem regi Aragonum, non intelligentes nec considerantes nec intelligere seu considerare volentes causas seu

---

1. Sans doute pour *exequi*.

raciones propter quas ad observandum predicta de jure non teneremur; et [cum] sic videamus et cognoscamus manifeste adhuc durare et permanere illam eandem causam, timorem et metus perdendi seu amittendi dictum regnum Majoricarum et alias terras nostras, si predicta in instrumento dicte composicionis et pacis contenta non compleremus et compleri per dictum infantem Sanccium, filium nostrum, et alios subditos nostros faceremus de facto, licet de jure non teneremur; attendentes eciam quod gentes dicti regis Aragonum, que nobis se obligaverant cum juramento et omatgio sub observanda composicione et pace facta inter nos, ex una parte, et dominum Petrum, quondam regem Aragonum, fratrem nostrum, ex altera, non servaverunt promissiones per ipsos nobis factas, in eo videlicet quod, cum ipse frater noster injuste et indebite movisset nobis guerram, eo quod nolebamus eum juvare contra Ecclesiam, quod facere non tenebamus, ipsi non solum cessaverunt sibi subtrahere juvamen, ymo ipsum fratrem nostrum juvaverunt contra nos et prestiterunt sibi omne quod potuerunt contra nos auxilium et juvamen; ideo, repetitis predictis protestacionibus et renovatis ac reiteratis, jussimus dicto infanti Sanccio, filio nostro, et aliis subditis nostris ut predictas convenciones et promissiones facerent et attenderent et complerent; quas protestaciones dictus infans Sanccius in persona sua laudavit, approbavit et ratifficavit, et eciam ipsemet fecit et per se factas esse voluit et decrevit; protestantes nichilominus et intelligentes et reservantes nobis et dicto infanti Sanccio, filio nostro, quod quicquid per nos et per ipsum et per alios subditos nostros fiet super premissis fiat et factum intelligatur salvis et integre reservatis nobis et dicto infanti Sanccio, filio nostro, et suis omnibus juribus et libertatibus et immunitatibus nobis pertinentibus et pertinere debentibus in dictis regno et terris nostris, tam ex ordinacione et divisione olim factis per illustrem dominum Jacobum, inclite recordacionis, quondam Aragonum [regem], patrem nostrum, inter nos et dictum dominum Petrum, fratrem nostrum, quondam regem Aragonum, cum instrumentis publicis sacramento et omatgio vallatis, et in testamentis et codicillis suis, et per ipsum fratrem nostrum cum publicis instrumentis et aliis modis quibuscunque, quam aliis quibuscunque; quibus juribus nostris, libertatibus et immunitatibus vel alicui eorum nullo modo intendimus renunciare per aliquem actum nostrum et dicti filii nostri factum et faciendum, ymo illa nobis et dicto filio nostro et suis reservamus et retinemus. Et predicta omnia et singula dictus infans Sanccius esse voluit et fecit et repeciit in persona sua, et sibi et suis predicta jura omnia, libertates et immunitates salvavit et retinuit, et, salvo jure dicti domini regis Majoricarum, patris sui, et suo, consenciit in predictis, et jussu dicti domini regis, patris sui [1], et hoc propter predictas causas et raciones in instrumentis dictarum protestacionum specifficatas et contentas. Protestantes insuper dictus dominus rex Majoricarum et dictus infans Sanccius quod has protestaciones opportet eos facere de neccessitate sic secrete, dicto illustri rege Aragonum absente et ignorante, quia aliter comode fieri non posset, et quia constat eidem domino regi et notorium est quod, si in presencia dicti domini regis Aragonum fierent dicte protestaciones, ipse nullathenus assentiret, ymo incontinenti guerram contra ipsum dominum regem Majoricarum moveret et conaretur ad aufferendum sibi dictum regnum Majoricarum et alias terras suas, ut superius jam est dictum. De quibus omnibus predictis et singulis tam dictus dominus rex Majoricarum quam dictus infans Sanccius, filius suus, jusserunt fieri publicum instrumentum per notarium infrascriptum. Quod fuit actum in villa Perpiniani, Elnensis diocesis, infra castrum ejusdem domini regis, in camera regia, nonodecimo kalendas septembris, anno Domini millesimo CCC° secundo, in presencia, etc. Laurencius Plasence, scriptor publicus Perpiniani, etc.

(Arch. nat., KK 1413, f° 81.)

XLIII

INSTRUCTIONS DONNÉES PAR LE ROI D'ARAGON A BERNARD ZAPORTELLA ET A JEAN BOURGUIGNON, SES AMBASSADEURS EN FRANCE, SUR LE FAIT DE MONTPELLIER.

1316, [vers le commencement de l'année].

Aquesta es la informacio donada per lo senyor rey d'Arago al noble En Bernard G. Çaportella et a N'Johan Burgueyo, sacrista

1. *Nostri* ms.

de Mallorcha et prior de Darocha, losquals tramet al rey de França.

Primerament, los dits missatges saludaran lo dit rey de França de part del dit senyor rey d'Arago ab convinens et bones paraules.

En apres, lo sagrista sposara en aquesta manera.

Dira que, con lo dit rey d'Arago agues entes per cert qu'el rey de França de bona memoria, pare del dit rey de Fransa qui ara es, novellament agues mogudes moltes demandes al rey de Mallorcha en raho de la villa de Montpeler et de la baronia, per ço car lo rey de Mallorcha qui mort es e aquest rey de Mallorcha qui vuy es regonegueren tenir en feu per lo dit senyor rey d'Arago la dita baronia, et que per aço et per les altres d'amunt dites demandes l'avia fet citar al parlament primer de Paris, que y fos per si o per son procurador; de laqual cosa, com la ohi, lo dit senyor rey d'Arago se maraveyla molt, com la dita baronia antigament pertangues et pertanga al dit rey d'Arago, et especialment, depuys que fo lo matrimoni del senyor rey En P[ere], besavi del dit rey de França qui mort es et del senyor rey d'Arago [1], la casa d'Arago continuament ha tenguda la dita baronia, o altres l'an tenguda per la dita casa d'Arago, axi com es lo rey de Mallorcha qui mort es et aquest qui vuy hi es, que en lo temps d'abans los antecessors del dit senyor rey d'Arago la tengren a lur ma. E d'asso no fo anch feta demanda ne moguda questio per los reys de França qui passats son, ab losquals la casa d'Arago no avia tant de deute com lo senyor rey d'Arago avia ab lo dit rey de França qui mort es. Lo d'amunt dit senyor rey d'Arago, vivent lo dit rey de França, avia ordonat de trametre sos missatges al dit rey de Fransa sobre asso et sobr'els altres fetz seguents; losquals missatges eren espeegats de partir de la cort del dit senyor rey d'Arago, can ell ach ardit de la mort del dit rey de França, de laqual ell fo molt despagat, per los bons deutes et per la bona amor qui eren entre amdosos; e per aquesta raho sobreschi alguns dies de trametre los dits missatges. On ara lo dit senyor rey d'Arago tremet los dits seus missatges al dit rey de Fransa, axi com aquell ab qui ha bon deute et bona amor; e prega-l' que ell, consideran lo bon deute et la bona dileccio qui entre amdosos es et sera totz temps, Deu volent, li plassia que ço quels antecessors del dit senyor rey

---

1. Il s'agit du mariage de Pierre II d'Aragon avec Marie de Montpellier : ce prince était à la fois bisaïeul maternel de Philippe le Bel et bisaïeul paternel de Jacques II d'Aragon.

d'Arago tan antigament an tengut et ell matex te, e el dit rey de
Mallorcha qui ara es per ell, no sia mes en questio ne en plet,
ans li plassia de cessar et de fer cessar en la demanda de la dita
baronia; e d'asso fara honor et placer al dit senyor rey d'Arago,
et dara a conexer a les gens la bona amor que es entre amdosos.

Feta la dita proposicio de la dita baronia, lo sagrista metex
diga, continuant per lo fet de Montpeler, axi com se seguex.

Dira com lo dit senyor rey d'Arago ha entes per lo rey de
Mallorcha que molts e diverses greuges manifests et notoris
foren fets en la vila de Montpeler per les gens del rey de Fransa,
en prejudici del dret et de la jurediccio del rey de Mallorcha, et
encara si fan ; et qu'el dit rey de Mallorcha, encontinent apres la
mort del rey son pare, no guardat que primerament devia anar
al rey d'Arago axi com a son cap, com de la sua casa sia procedit et per ell tenga son regne et sa terra, salvant Montpeler,
ana al dit rey de França qui mort es, e asso assats plach al senyor
rey d'Arago, per ço qu'el rey de Mallorcha pogues placer al rey
de França e d'ell bon delivrament aver de sos negocis que avia
afer ab ell. E con fo en França, encontinent feu tot ço que plach
al dit rey de França. E apres prega-lo que degues los dits greuges revocar, et especialment VII greuges qui eren notoris et que
decontinent podien esser delivratz. Finalment, com per aço gran
temps lo rey de Mallorcha agues seguit en diversos lochs lo rey
de França, no sens gran despeniment de ça persona et de ses
coses, algun delivrament aver no poch de les coses dessus dites ;
mas fo li respost per lo rey de França que ell s'enformaria d'asso,
e, ahuda informacio, no tan solament dret, ans gracia, si ops
era, li faria. E que subseguenment, per diverses temps, lo rey de
Mallorcha trames mes de IIII vegades sos solempnials missatges al rey de França qui mort es, per revocacio dels dits greuges,
portan manifestes rahons et allegacions a informar sa consciencia, lesquals lo rey de Mallorcha no tan solament volch
aver dels savis de la sua terra, mas d'altres de diverses terres, los
millors que trobar poch ; e totz deyen e dien qu'el rey de Mallorcha sofer gran injuria et tort en los greuges dessus ditz. Empero
nulla hora non poch obtenir alguna revocacio dels ditz greuges ;
mas que ha despeses en proseguir los ditz negocis molt mes que
no li valen les rendes de Montpeler et de la baronia. Lesquals
coses per lo dit senyor rey d'Arago enteses per lo dit rey de
Mallorcha, considerat qu'el dit rey de Mallorcha es son cusi
germa et es procedit de la casa d'Arago, e ell dit rey de Mallor-

cha ha tant ab ell qu'els seus fets ha a pendre per seus, considerat encara qu'els dits senyors reys de França qui mort es et d'Arago eren cars cusins germans, et el rey de Mallorcha d'amdos, et del seu parentesch et amistat et sencer amor s'en confiava molt, hac deliberacio de comanar als missatges que trametia al dit rey de França qui mort es que d'aquesta raho degues en parlar e pregar lo dit rey de França. Per que ara axi matex ha comanat als dits missatges seus que degen dir de part del senyor rey d'Arago al rey de França qu'el rey d'Arago lo prega instantment, ab aquella bona affeccio que pot, que ell vulla contemplar lo ligament de parentesch que es entre ells III reys; encara qu'el rey de Mallorcha fo nodrit en la casa de França, e qu'el rey de Mallorcha de bona memoria assats ha atorgat al rey de França en la vila de Montpeler, que li atorga resort et superioritat. Empero ben se guarden los missatges que no fassen mencio de la baronia, e que assats ha lo rey de Fransa en Montpeler, et als no y deu querir ne ensercar, e qu'els dits greuges no tornen a gran profit del rey de França, losquals greuges ofren de dir de paraula o dar per escrit, e son en gran minua e desonor del rey de Mallorcha, que no ha tan gran terra ne tan grans rendes que sos amichs ne sos parens li n' deguessen sostrer ne minuar, ans es pus covinent cosa que li ajuden a conservar et acrexer sa honor et sa terra. E sens dupte grans temps ha que per diverses parts del mon les gens ne parlen e s'maraveylen com la casa de Fransa consent los greuges donats per les sues gents en Montpeler al rey de Mallorcha. Per que l' prega, ab aquella bona affeccio que pot, que deia los dits greuges revocar, ne solament per via de dret, mas per via de gracia, si ops es.

Item, diguen que es cert que entr'els dits greuges es I en lo qual les gens del senyor rey d'Arago son agraviades contra dret et justicia: ço es que, quant volen anar per mar tro a Montpeler tan solament, son forçades oltra anar entro a Aygues-Mortes, e semblant cosa en alguna part del mon no es atrobada ne s'fa. E per occasio d'aço, moltes gens son perides ab lurs coses en mar et perdut ço del lur. Per que plaçia al rey de Fransa, sobre aquestes coses, no tan solament a la indempnitat del rey de Mallorcha et de les sues gens, mes encara a les gents del rey d'Arago provehir; et entorn d'asso dira la informacio dels mercaders, laqual s'en porten en I^a cedula.

E, fetes les dites proposicions per lo sagrista, subseguenment los missatges del rey de Mallorcha, sumariament o longa, segons qu'els sera viares, recompten totes aquelles coses que entro assi son estades fetes engir los dits greuges; e finalment preguen lo rey de França qu'els dits greuges deia revocar, no tan solament faen justicia, mas affeccio de bon parentesch et de bona amor a aço mostran.

Et si l's missatges del rey de Mallorcha diran al rey de França dels greuges qui sien fets e s'fassen al dit rey de Mallorcha en la baronia, en aquest cas los missatges del rey d'Arago preguen al rey de Fransa per aquells atolre, segons la forma que d'amunt es dita, segons laqual lo pregaran dels fets de Montpeler, majorment com la dita baronia se tenia a feu per lo dit senyor rey d'Arago, segons qu'el dit rey de Fransa sab; e axi les greuges que s'farien en la dita baronia, no tan solament tornarien en prejudici del dit rey de Mallorcha, mas encara del dit senyor rey d'Arago, axi com d'aquell per qui lo rey de Mallorcha ho te.

Empero, si l'rey de Fransa no s'volia jaquir de les dites demandes ne dar remey sobr'els dits greuges, concluen que ells diran al senyor rey d'Arago et al rey de Mallorcha la resposta sua, e qu'els dits reys encara no cessaran de pregar et de induir lo dit rey de Fransa que li plassia de fer cessar los dits greuges.

(Arch. de Barcelone, Registres de Jacques II, n° 337, f° 242.)

XLIV

INSTRUCTIONS DONNÉES PAR LE ROI D'ARAGON A FERRER DE VILLAFRANCA ET A SANCHO SANCHEZ DE MUÑOS, SES AMBASSADEURS EN FRANCE, AU SUJET DE LA QUESTION DE MONTPELLIER ET D'AUMELAS.

1317, [février].

Diran los missatges: Senyor, creem que sabets vos qu'el senyor rey d'Arago trames a vostre frare lo rey de França qui mort es sos missatges, per pregar-lo que deguts cessar d'algunes demandes que fahia al rey de Mallorcha en la baronia de Omellades, laqual es tenguda en feu per lo rey d'Arago; e ell respos als missatges que havia ignorancia dels feyts, per ço car novellament havia començat a regnar; als quals missatges dix et per ça letra respos a nostre senyor lo rey d'Arago que li trametria sos missatges sollempnes, ab ple poder d'enformar se dels feyts et de tornar les coses en degut estament; laqual cosa no s'es seguida, de que s'maravella molt lo dit senyor rey d'Arago. En apres lo dit senyor rey d'Arago per sa letra, et el rey de Mallorque personalment, lo pregaren que degues cessar de la dita demanda; laqual cosa no volch fer.

E com sia cert, senyor, et notori que la dita baronia tots temps sia estada e es franch alou del dit senyor rey d'Arago et de sos predecessors, ne hanc d'aço no fo feta questio ne mes dupte, vos prega, ab aquella instancia que pot, que vos, consideran los bons deutes que son entre vos et ell, que deyats cessar de la dita demanda et dels greuges que novellament vostres gens han començats en la baronia, ço es saber de pendre aqui appellacions, et requerre aqui hostz et cavalcades, et de fer demandes de feus et de rerefeus; et, car aço son novellatatz et coses qui porien engendrar alguna discordia enfre vos et el nostre senyor lo rey d'Arago, placie-us que vulats passar en aquests feyts axi com los vostres et los seus han passat.

E si lo rey de França responia als missatges que ell trametra sos missatges sollempnes ab ple poder d'enformar se dels feyts et de tornar les coses en degut estament, axi com lo dit rey, frare seu, ho havia trames a dir al rey d'Arago, reeben ho, e parria al senyor rey d'Arago, si al rey de Mallorcha plau, que s' fassen los precç sobr'el fet de Muntpesler.

E si l' rey de França responia que no li cuidava demanar tort, ans cuidava usar de son dret, e sobre aço deya paraules colorades o altres rahons per lesquals enteses que fos enantat en la demanda, e qu'enteses que devant ell o devant ça cort se degues conexer, responen los missatges: Senyor, no hic som per disputar de dret, ans aço nos es deffes et vedat espressament, mas per pregar vos et requerir de part de nostre senyor lo rey d'Arago que vos deiats revocar tots los dits greuges et partir de la demanda, e que vullats que nostro senyor lo rey d'Arago pas ab vos axi com los seus an passat ab los vostres. E si finalment lo rey de França als no y volia fer, diguen-li los missatges: Senyor, enteniment era de nostre senyor lo rey d'Arago et nostre que mellor et pus amorosa resposta aguessem de vos que no havem sobre aquests fets; pero aytal com la-us fets, aytal la-us convendra portar al nostre senyor lo rey d'Arago.

E si per aventura lo rey de França vulia sobreseer els fets, a temps diguen los missatges : Senyor, enteniment era de nostre senyor lo rey d'Arago que deguessets revocar los greuges et partir vos de la demanda de tot en tot, et nos no havem manament de pendre negun alongament d'aqui a avant. Senyor, vos hi farets ço que tendrets per be. Et guarden-se los missatges que en neguna manera no prenen letra de alongament ne d'ajornament del rey de França.

E si el rey de França de si, per honor del senyor rey d'Arago, vulia cessar de sa vida de la demanda et revocar los greuges, diguen los missatges que d'aço no agren informacio, mas que d'aço ell rescriva per sa letra al dit senyor rey d'Arago.

Si el rey de França volia cessar de la demanda et revocar los greuges de la baronia, en aquest cas los dits missatges preguen lo rey de França afectuosament, de part del dit senyor rey d'Arago, que revoch e s' leix dels greuges et de la demanda que son fetz al rey de Mallorcha, cusi de cascu [es conegut], en lo loch de Muntpesler, per so que tota manera et tota occasio de discordia et de escandel isca enfre ells ; losquals greuges per part del dit rey de Maiorcha seran livrats als missatges en Perpinya. E d'aço l' prega lo dit senyor rey axi com mils pot, per ço com los negocis del dit rey de Maiorcha te axi com los seus.

A informar los missatges qui anar deven de part del senyor rey d'Arago al rey de França sobr'el fet de la baronia de Omelades, sia a ells memoria que la dita baronia fo tots temps alou del senyor rey En Jacme, de bona memoria, rey d'Arago, avi del dit senyor d'Arago, et de sos predecessors senyors de Muntpesler. Ne nul temps en aquella baronia lo rey de França hac alcun ressort ne alcuna superioritat, ne alguns drets reyals abans en neguna cosa aqui no era regonegut; laqual baronia per successio vench al senyor rey En Jacme, de bona memoria, rey de Maiorcha, sal que aquella tenia et tenir devia per lo senyor En P[ere], de bona memoria, rey d'Arago, frare seu, et ara don Sanche, rey de Maiorcha, aquella te per lo senyor rey d'Arago ara regnant. E jassia aço qu'el senyor rey en Jacme, de bona memoria, rey de Mallorcha, regonegues al rey de França tan solament tres coses en la vila de Muntpesler, ço es a saber ressort et curriment de la sua moneda, et que son nom fos proposat en les cartes, lesquals tres coses ans del temps de la dita lo dit rey no havia aut entro lavors en la vila de Muntpesler, la qual regonexença no sotmes la dita baronia a la senyora del rey de França, ne fer se poch en prejudici del senyor rey d'Arago, per loqual la dita baronia se te en feu, ne fo enteniment del dit rey de Maiorcha ne del rey de França. E asso s' mostra, entre altres moltes rahons, per una carta de protestacio qu'el rey En Sancho de Maiorcha ara regnant feu, quant feu l'omenatge de la vila de Muntpesler al rey de França, en laqual carta de protestacio de certa sciencia excepta la baronia de Omellades, laqual tenia en feu per lo dit rey d'Arago; per que d'aquella no fahia omenatge al rey de França. Encara, abans qu'el dit rey de Maiorcha regonegues les dites III coses al rey de França, ja tenia et havia regonegut si tenir la dita baronia en feu del dit senyor En P[ere], rey d'Arago, ça enrrera. On los dits missatges no tan solament deven requerir lo rey de França que s' leix de tot en tot de la demanda laqual mou novelament de la dita baronia, mas encara deven ell requerir que alcuns greuges losquals les gents sues han fets en la dita baronia deia revocar, ço es assaber que, de poch de temps a en ça, s'esforsen a haver les segons appellacions en la dita baronia, et soven posen bastons reyals per salvaguarda, encara s'esforsen d'aver host et cavalcada et alcuns altres serveys en los homens de la dita baronia, et s'esforsen aqui de enquerir de feus et de retrofeus; lesquals totes coses venen en manifest prejudici et lezio del dret del d'amunt dit senyor rey d'Arago, delqual la dita baronia es franch alou, segons que per les coses d'amunt dites clarament se demostre.

Parria al senyor rey d'Arago, si al rey de Mayorcha plau, que, en lo cas de la terçera resposta, so es en lo sobresciment de vida del rey de França, que no seria avol de fer los prechs sobr'el feyt de Muntpesler, e, si asso meteix ne vulia fer, que no faria a rabujar, ans faria a reebre.

Membre als missatges que empetren del rey de França una letra al senescals de Carcassona et de Bellcayre et a les guardes, que jaquesquen les missatges del rey d'Arago, entran et ixen en lo regne del rey de França, passar ab totes coses que portaran, axi moneda com argent, com cavalcadures, com altres, franchament et sens embarch; et agen la com en pus ampla et larga forma puguen.

(Arch. de Barcelone, Registres de Jacques II, n° 337, f° 254.)

XLV

ARRANGEMENT PROPOSÉ ET CONCLU ENTRE JACQUES II, ROI D'ARAGON, ET SANCHE, ROI DE MAJORQUE, AU SUJET DES DEVOIRS FÉODAUX QUE LE SECOND AVAIT A REMPLIR ENVERS LE PREMIER.

1321, 18 janvier-31 mars, Perpignan.

Nobilis Guillelmus de Caneto et Nicholaus de Sancto Justo, thesaurarius illustris Sancii, regis Majoricarum, venerunt ad dominum regem[1], in civitate Valencie, ex parte dicti Majoricarum regis, et presentaverunt ei quandam litteram clausam dicti regis Majoricarum, suo sigillo sigillatam, cujus tenor talis est.

Excellenti principi domino Jacobo, Dei gracia, regi Aragonum et Valencie, Sardinie et Corsice, comitique Barchinone ac sancte Romane Ecclesie vexillario, ammirato et capitaneo generali, illustri consanguineo nostro karissimo, Sancius, per eandem, rex Majoricarum, comes Rossilionis et Ceritanie et dominus Montispessulani, salutem prosperam et felicem ad votum. Ad Serenitatem Vestram transmittendos duximus nobilem Guillelmum de Caneto et Nicholaum de Sancto Justo, thesaurarium, consiliarios nostros fideles, super quibusdam de nostra intencione plenius informatos, que ipsi Excellencie Vestre lacius explicabunt; Magnificenciam Vestram rogantes attente quatenus dictis nostris nunciis placeat fidem credulam adhibere super hiis que ex parte nostra vobis duxerint exponenda. Datum Perpiniani, quinto decimo kalendas februarii, anno Domini M° CCC° vicesimo.

Predicti autem nuncii venerunt pro negocio potestatum Majorice et aliarum terrarum quas dictus rex Majoricarum tenet pro domino rege in feudum, et super facto adventus dicti regis Majoricarum ad curias domini regis nostri, ut tenetur secundum conveniencias.

[1]. Le roi d'Aragon.

Et inter dominum regem, ex una parte, et dictos nuncios, ex altera, fuerunt habiti tractatus super predictis duobus, sub forma inferius contenta, quam dicti nuncii portaverunt secum in quadam cedula, cujus tenor sequitur.

Les dues maneres son aquestes que d'avayl se seguexen.

La primera, qu'el rey de Mallorcha do al rey d'Arago quadraginta millia librarum barchinonensium, e el rey d'Arago graciosament enfranquesca lo dit rey de Mallorcha de tota sa vida que no sia tengut de donar les postats ne de venir a cort.

La forma de la carta del enfranquiment.

Noverint universi quod nos, Jacobus, Dei gracia, rex Aragonum, etc., per nos et successores et heredes nostros, concedimus de gracia vobis illustri principi Sancio, per eandem, regi Majoricarum, etc., nostro consanguineo karissimo, quod nos vel nostri de vita vestra non petemus, exigemus vel recipiemus aut peti, exigi vel recipi faciemus, modo quocumque vel causa aliqua seu racione, potestates quas nobis dare debetis propter conveniencias que sunt inter nos et vos, immo nos et nostri de vita vestra cessabimus petere et recipere potestates predictas bona fide nostra; et non paciemur dictas potestates nostro nomine vel nostrorum exigi vel recipi ullo modo de vita vestra; nec etiam teneamini vel debeatis venire ad curiam nostram in Cathalonia, casu aliquo sive causa, de vita vestra; promittentes bona fide nostra quod nos vel nostri non paciemur nec faciemus aut fieri permittemus aliquid quo vos vocemini aut venire habeatis vel debeatis ad aliquam curiam nostram in Cathalonia, vinculo aliquo sive causa, de vita vestra, immo ad predicta nullatenus teneamini quamdiu vita fuerit vobis comes; quoniam vos, pro premissis concessionibus faciendis et observandis, dedistis et solvistis inde nobis, et, loco nostri, tali, quadraginta millia librarum barchinonensium, de quibus, etc. Renunciantes, etc. Pactum facientes, etc. Et nos, infans Alfonsus, primogenitus et heres dicti domini regis Aragonum, laudamus et approbamus omnia supradicta, jurantes in anima nostra, per Deum, etc., quod ea omnia tenebimus et servabimus, et non veniemus aliquo tempore contra ea.

La segona, qu'el rey d'Arago requira lo rey de Mallorcha que venga a la cort que ara deu celebrar als Cathalans, segons que fer deu per les covinences; e, quant lo dit rey de Mallorcha sera en la cort, qu'el dit rey de Mallorcha deman graciosament al rey d'Arago, presents alcuns de lur consell, que l' fassa franch de tota sa vida de venir a cort et de dar les postats. E el rey d'Arago fer ho ha graciosament, sens negu preu; e el rey de Mallorcha reebra ho de gracia, e prometra per si et per los seus que, apres son obte, los seus venguen a la cort et donen los postats be et cumplidament, segons les covinences, lesquals covinences romanguen, en aço et en l'als, en tot et per tot, en sa vigor e en sa força.

Quibus tractatibus habitis, dominus rex noster rescripsit regi Maioricarum per litteram suam traditam predictis nunciis, sub forma sequenti.

Illustri principi Sancio, Dei gracia, regi Majoricarum, comiti Rossilionis et Ceritanie ac domino Montispessulani, karissimo consanguineo nostro, Jacobus, eadem gracia, rex Aragonum, etc., salutem et prosperos ad vota successus. Vidimus nobilem Guillelmum de Caneto et Nicholaum de Sancto Justo, thesaurarium, consiliarios vestros, qui nobis vestram litteram credencie presentarunt; et, intellectis plenarie tam serie vestre littere supradicte quam que dicti nuncii vestri nobis refferre et dicere voluerunt, eis responsionem nostram dedimus, ut ipsi vos poterunt seriosius informare. Datum Valencie, idus februarii, anno Domini Mº CCCº XXº. — Bernardus de Aversone, mandato regis; et fuit suo mandato expedita, absque vicecancellario.

Postea prefatus Majoricarum rex rescripsit domino regi super predictis per litteram suam, continencie subsequentis, allatam per predictos nobilem Guillelmum de Caneto et Nicholaum de Sancto Justo.

Excellenti principi domino Jacobo, Dei gracia, regi Aragonum et Valencie, Sardinie et Corsice, comitique Barchinone ac sancte Romane Ecclesie vexillario, ammirato et capitaneo generali, consanguineo suo karissimo, Sancius, per eandem, rex Majoricarum, comes Rossilionis et Ceritanie et dominus Montispessulani, salutem et votive prosperitatis continua incrementa.

Nobilis Guillelmus de Caneto et Nicholaus de Sancto Justo, thesaurarius, consiliarii nostri fideles, pridem de Serenitate Vestra, ad quam pro parte nostra iverant, redeuntes, nobis verbaliter retulerunt quod cum Magnificencia Vestra duos tractaverant modos seu vias super factis potestatum et eundi ad curiam. Prima via quarum est de quadraginta millibus librarum, et secunda est in hec verba, verbo ad verbum : La segona, qu'el rey d'Arago requira lo rey de Mallorcha, etc.[1]. Et, hiis intellectis, dixerunt nobis dicti nuncii nostri quod Vestra Serenitas duxerat concedendum quod viam alteram de duabus predictis, quam mallemus, eligeremus, quoniam illam paratus eratis compelere nobis et sequi, quodque in dictis negociis habeatis obtimam voluntatem. De quibus Vestre regie Munificencie regraciamur multum; significantes Excellencie Vestre quod viam secundam seu ultimam superius scriptam duximus eligendam; Serenitatem Vestram rogantes attente quatenus per vestram litteram nos placeat reddere cerciores si vos in scriptis dari fecistis dictis nunciis nostris, ut nobis asserunt ex parte vestra, dictas duas vias seu modos, et si vera fuere predicta, nec si intenditis nobis eadem observare, licet nullatenus dubitemus quin nobis eadem per omnia observetis, si verum sit quod eis in scriptis feceritis illa tradi. Nos enim cum bona fide et recta intencione vobiscum intendimus semper ire, sicut vos et nos decet, attento nexu sanguinis quo ad invicem jungimur et tenemur. Datum Perpiniani, XII kalendas aprilis, anno Domini Mº CCCº vicesimo.

Ad que dictus rex noster rescripsit dicto regi Maioricarum ut sequitur.

Illustri principi Sancio, Dei gracia, regi Maioricarum, comiti Rossilionis et Ceritanie ac domino Montispessulani, karissimo consanguineo nostro, Jacobus, per eandem, rex Aragonum etc., salutem et prosperos ad vota successus. Serenitati Vestre presentibus significamus quod, die lune, penultima presentis mensis marcii, nobilis Guillelmus de Caneto et discretus Nicholaus de Sancto Justo, thesaurarius, vestri consiliarii, fuere nobiscum, et, die martis sequenti, nostram adeuntes presenciam, nobis quemdam vestram litteram presentarunt, cujus tenorem bene audivimus ac pleno collegimus intellectu. Igitur ad hec Vestre

---

1. *Ut supra.*

Celsitudini respondemus quod, ex premisse littere vestre continencia, certificati fuimus vos elegisse secundum modum incorporatum sive insertum in nostra littera supradicta, de quo plurimum contentamur; certificantes vos quod talis est qualis inter nos et memoratos nobilem Guillelmum de Caneto et Nicholaum de Sancto Justo, nuncios vestros, quando ad nos primo venerunt, extitit concordatus; sitisque certus ac vobis promittimus quod vobis complere modum observabimus supradictum; intendentes in hoc et aliis, prospecto grandi sanguinis debito inter nos et vos extanti, vobis voluntarie complacere; rogantes consanguinitatem vestram atque consulentes[1] ut malignis personis iniquitatem sectantibus, quibus de concordia nostra et vestra plurimum displiceret, credere non velitis, quia sub bona fide nostra regia vobis dicimus quod ad nos ita secure et libere venire, stare et redire potestis, quemadmodum potuissetis ad presenciam bone memorie regis Jacobi, patris vestri, si viveret. Datum Valencie, II° kalendas aprilis, anno Domini M° CCC° vicesimo primo. — Bernardus de Aversone, mandato regis, cui fuit lecta et expedita, absque vicecancellario, mandato regio eidem Bernardo facto.

(Arch. de Barcelone, Registres de Jacques II, n°ˢ 338, f° 76.)

XLVI

LETTRE DE CRÉDANCE ET INSTRUCTIONS REMISES A GÉRAUD DE ROCABERTI, AMBASSADEUR DU ROI D'ARAGON AUPRÈS DU PAPE JEAN XXII, POUR DÉCIDER SA SAINTETÉ A APPUYER LES RÉCLAMATIONS DE CE PRINCE AU SUJET DE MONTPELLIER.

1321, 29 août, Perpignan.

Sequitur forma littere credencie ad dominum Papam.

Sanctissimo ac beatissimo in Christo patri ac domino, domino

---

1. *Consulimus* ms.

Johanni, divina providencia, sacrosancte Romane et universalis Ecclesie summo pontifici, Jacobus, Dei gracia, rex Aragonum, etc., suus devotus ac humilis filius, pedum oscula beatorum. Super negocio quamplurimorum gravaminum a tempore bone memorie Philippi, Francie regis, et etiam tempore illustris Philippi, nunc regnantis, karissimi consanguinei nostri, ejus filii, citra, plus eciam suo quam anteriori tempore, nobis et illustri principi Sanccio, Majoricarum regi, nostro consanguineo karissimo, in baronia Montispessulani, quam a nobis velut directo domino ipse Majoricarum rex tenet in feudum, et eciam eidem Majoricarum regi in villa Montispessulani, multipliciter illatorum, mittimus ad pedes Sanctitatis Vestre nobilem virum Geraldum de Rochabertino, dilectum consiliarium nostrum, presentis littere exhibitorem, de nostro plene proposito informatum. Supplicamus humiliter Apostolice Sanctitati quatenus memoratum nobilem nostrum nuncium suscipere et audire benigne, solito more, et hiis que pro nostra parte retulerit indubitabilem, quin imo firmam fidem adhibere dignetur. Universorum conditor et humani generis mirificus reparator beatissimam personam vestram ad sua sancta servicia conservare dignetur incolumem plenis annis. Datum in villa Perpiniani, quarto kalendas septembris, anno Domini Mº CCCº XXº primo. — Bernardus de Aversone, mandato regis.

Sequitur informacio tradita dicto Geraldo de Rochabertino.

Asso es ço que el noble En Guerau de Rochaberti per part del senyor rey d'Arago deu dir al senyor Papa, feta la recomendacio et la reverencia, sobr'el fet de Muntpesler et de la baronia.

Primerament, li diga com la Sua Sanctitat sab lo gran et bon deute qui es enfr'el rey d'Arago et el rey de Malorcha. E pot saber encara la Sua Sanctitat los grans torts et greuges qu'el dit rey de Malorcha ha reebuts et reeb tot dia en Muntpesler et en la baronia per los officials del rey de França, del rey Phelip, pare d'aquest, a en ça, et en temps d'aquest mes que de negu dels altres. E, com aquests fets toquen molt al rey d'Arago, et s'en sent molt, per raho del dit rey de Malorcha, al qual no deu ne pot falir per la raho d'amunt dita, et encara per cuvinença, et encara per la dreta senyoria que ha en la dita baronia, que no seria honor sua que lexas deseretar lo rey de Malorcha, ne que ell perdes son dret que ha en la dita baronia. E, per ço car al rey d'Arago desplauria fort que entr'el rey de França et ell et el rey de Malorcha alcun escandell pogues entrevenir, aven entre ells tants de bons deutes, prega, supplican ab aquella major affeccio que pot, la Sua Sanctitat que ell vula entendre et pensar et donar obra per que aço no s' fassa, e qu'el dit rey de França se vula lexar et fer lexar sos officials, a ara et per a avant, dels torts que li fa, com aço es cosa que pertany molt a la Sua Sanctitat de tolre tota materia de discordia et de mal entre los grans princeps, tramaten al dit rey de França sobre aço son bo missatge, et que sia tal que aia raho de voler lo be dels fets et la concordia dels dits reys.

E aia a memoria lo missatge que si l' senyor Papa atorgava de trametre son missatge per aquests fets al rey de França, que procur et endreç que sia lo missatge l'abat de la Grassa, qui es bona persona et discreta et cuminal a les parts, ço es al rey de França, en lo regne del qual ha son monestir, et en la terra del rey d'Arago ha alscuns bens, et molt mes en la terra del rey de Malorcha.

Item, sia membrant lo dit missatge de dir al senyor Papa, en fortificacio de la missatgeria que haura dita per lo rey d'Arago et a informacio del senyor Papa, que Muntpesler ne la baronia, segons qu'el rey d'Arago n'es informat, no foren hanc dins les limites de la senyoria del regne de França; e aixi par que tot ço qu'el rey de França hi usa et y vol usar sia gran tort.

Item, li diga que, si s' deya per part del rey de França que ço que y usa lo rey de França usa per auctoritat del cambi fet ab lo bisbe de Magalona, no s' pot dir ab raho, per ço car, segons qu'el rey d'Arago n'es informat, Muntpesler tenia lo bisbe de Magalona propriament en feu per la Esglesia de Roma, qui no consenti al dit cambi ne y dona auctoritat; e aixi no par qu'el dit cambi tenga ne que per aquell hi deya usar de res.

Item, si l' rey de Malorcha, pare del rey En Sancho, qui ara regna, consenti al rey de França alscunes coses en minua de la baronia, aço no dech fer ne poch, com la dita baronia se tenga per lo rey d'Arago, qui a aço no consenti ne y sabe res.

Aya memoria En Guerau de Rochaberti que de part del senyor rey deya parlar et supplicar al senyor Papa que, com En Phelip de Malorcha, germa del rey de Malorcha, et cusin del senyor rey, sia estat longament et estia encara en les parts del regne de França, et plagues molt al rey d'Arago et als infans, sos fills, et entena atressi que plauria al dit rey de Malorcha et a la reyna, sa muller, et als altres parens seus, que ell fos en aquestes parts, per haver ab ell consolacio, que placia al senyor Papa de induyr lo dit En Phelip que venga deça, per la dita raho; e encara que, axi com lonch de temps ha retut son deute als beneficis ecclesiastics que ha en lo regne de França, alla pora lo retre tambe alcun temps als beneficis que te et ha en estes parts, aixi en la senyoria del dit rey de França com del rey d'Arago et del rey de Malorcha. E d'aço aya cura lo missatge.

(Arch. de Barcelone, Registres de Jacques II, n° 338, f° 79.)

XLVII

JACQUES II, ROI D'ARAGON, SE CONCERTE AVEC SANCHE, ROI DE MAJORQUE, POUR UNE DÉMARCHE COMMUNE AUPRÈS DU ROI DE FRANCE, DANS LE BUT DE LE FAIRE RENONCER A SES ENTREPRISES SUR MONTPELLIER.

1322, 13 mars, Tortose.

Illustri principi Sancio, Dei gracia, regi Maioricarum, comiti Rossilionis et Ceritanie ac domino Montispessulani, karissimo consanguineo nostro, Jacobus, per eandem, rex Aragonum, etc., salutem et felices ad vota successus. Sciat Serenitas Vestra nos per portarium vestrum, presencium exhibitorem, recepisse litteram vestram, negocium legacionis nostre et vestre ordinande et mittende ad dominum Papam et ad illustrem regem Francie seriosius continentem. Recepimus eciam per eundem rescriptum apostolicum clausum, per dictum dominum Papam nobis missum circa negocium supradictum; et tam littere quam rescripti predictorum tenores audivimus et intelleximus diligenter. Ad que vobis taliter respondemus, placuisse plurimum nobis de bona informacione et oppinione quam antefatus dominus Papa et cardinales qui cum eo in hiis fuerunt hostenderunt, auditis per nuncios vestros causis et racionibus nostris ac vestris super facto ville et baronie Montispessulani; et quod dominus Papa, proviso, per eum scita morte bone memorie Philippi, Francie regis, ne nuncii vestri irent in Franciam sine novo mandato, dixit quod ad nos et vos redirent, qui ordinaremus quod esset expediens super illis; et quod ipse semper inde paratus erat mittere et face-re[ea] per que dicta negocia haberent finem bonum ac pacificum et tranquillum; que scripsistis rescriptum missum vobis per ipsum dominum Papam in effectu continere. In rescripto autem predicto apostolico quod misistis, facta mencione de infirmitate et morte dicti regis et de provisione sua predicta, sic concluditur, quod ordinemus nos et vos quid in negocio sit agendum, supponentes indubie quod ipse, super negocio ipso amicabiliter terminando cum rege Francie, qui nunc est, et aliis de quibus viderit expedire, curabit, dante Domino, indeffessum studium adhibere, ut hec in dicto rescripto, cujus copiam vobis mittimus, plenius videbitis contineri. Unde, inclite rex, predictis et aliis considerandis sollicita meditacione pensatis, pro bono habemus quod, sicut deliberastis, nos nostros et vos vestros nuncios pro dicto negocio primo ad dominum Papam mittere debeamus, ut, sicut ipse per rescripta sua benigne nobis et vobis se obtulit, suum ad dictum Francie regem dignetur et velit nuncium destinare. Indeque nos sibi litteram nostram, jam ordinatam, per nostros nuncios transmittemus, sub forma quam, ut petivistis, vobis mittimus presentibus interclusam. Secundario autem dicti nostri et vestri nuncii una cum nunciis ipsius domini Pape antefati regis Francie presenciam adeant, suarum legacionum ministeria impleturi. Nos eciam legacionis nostre predicte ad regem Francie supradictum formam jam ordinavimus, eo meliori modo quo ad presens, pensatis pensandis, vidimus pro negocio utilius expedire; de qua assimili vobis copiam mittimus in presenti. Ad hec autem sic ordinanda moti processimus ex subscriptis. Bene enim Serenitas Vestra potest recolere, et hoc eciam littera vestra continet supradicta, quod, dum eramus simul in villa Perpiniani, super istis negociis conferentes, duximus concordandum quod uterque suos nuncios in Francia mitteremus, set hoc primitus domino Pape significaremus, per quem, ut amborum et illorum de consilio utriusque tenebat oppinio, poterat et debebat in premissis pocius quam per aliquem alium bonum et utile remedium adhiberi; sicque dicti nuncii missi fuerunt, quibus dominus Papa dixit quod melius erat ad tunc dicta prosequi negocia per viam humilitatis et justicie quam per alios modos, et, si hanc viam eligeremus, ipse dominus Papa suum ad regem Francie nuncium mitteret specialem, et faceret pro posse quod bonum finem haberent; quam viam cum nobis significastis, vobis rescripsimus bonam esse, et siquidem, quia, ut premittitur, ab ambobus extitit approbatum quod in negociis dirigendis dominum Papam interponeremus, sperantes inde per intercessum apostolicum remedium fructuosum, liquido conspicimus ut consilium suum in viam nos et vos insequi debeamus, cujus in hoc precise et expresse, ut ex premissis verbis et ex contentis in dictis rescriptis suis aperte colligitur, versatur intencio ut dicta negocia per planam viam et amicabilem pertractentur. Hoc etiam vidimus equitati racionabiliter convenire, cum isti Francie regi nec nos nec vos, quia neque decebat usque hactenus, aliquid scripserimus, nec nuncios miserimus pro prescriptis; qualiter ergo verba aspera vel suspecta seu motum inducencia possent sibi per nos vel vos de racione proferri; set eligimus pocius ut sic per nos et vos in istis primis legacionibus per modum benignitatis et amicabilitatis procedendum. Verba autem de quibus, ut in vestra littera continetur, vobis videbatur exprimi debere Francie regi per nuncios nostros meliori modo, et non odioso, quo videremus faciendum, videlicet quod villa et baronia Montispessulani non sunt nec unquam fuerunt infra Francie regnum, ut per expressionem hujusmodi melius ad viam tractatuum descenderetur, non vidimus taliter exponenda, nec etiam in ordinacione nostre legacionis esse ponenda. Etenim de facili contingere poterit quod dominus Papa requiret a nostris nunciis sibi hostendi nostre legacionis formam; et, si talia continerentur in ea, ipse dominus Papa, ut vosmet scribitis, forsan non mitteret nuncium, sicut cessavit alias ex hac causa. Si vero in ipsa legacione posita non essent, set quod alias comitteremus ea per nuncios nostros regi Francie explicanda, hoc fieri multum indecens vidimus, ac etiam inhonestum, nec expedire nobis aut vobis, quia per talem modum nec dominum Papam nec alium circumveniri opportet, eo presertim quia demum illa ad noticiam apostolicam pervenirent, vel relatu nuncii sui qui ibit in Franciam et verborum exposicioni adesset, ea sciret, aut aliis multis modis; ob quod dominus Papa causam posset assumere desistendi a suis actibus et tractatibus in dictis negociis utiliter apponendis. Verum tamen sic providimus quod nuncii nostri, si rex Francie vel alii deputandi ab eo super causis et juribus nostris et vestris collacionem habere et audire voluerint, possint exprimere, conferendo in illo passu collacionis de quo eis melius videbitur, verba predicta bono et ordinato modo, prout sue discrecioni melius videbitur expedire; sicque hoc sufficit intencioni vestre et effectui rei. Significamus eciam vobis quod, quia scripsistis de temporis brevitate quo utriusque nuncii in villa Perpiniani esse debeant, cogitantes de bona persona et honorabili que pro nostra parte vadat, elegimus nobilem et dilectum consiliarium nostrum Othonem de Montecathano, veluti quem, pensatis suis condicionibus, multum ydoneum et utilem novimus ad premissa. Comendamus eciam quod vultis ut R[amundus] Vinaderii, legum doctor, qui est de negociis informatus, per nos transmitatur in legacione predicta, quem ad vos continuo mandavimus accessurum; quos nuncios expediemus, quantum poterimus, ut sint in dicta villa Perpiniani per totum instantem mensem aprilis, sicut rogastis per vestram litteram supradictam. Datum Dertuse, III° idus marcii, anno Domini M° CCC° XX° primo. — Bernardus de Aversone, mandato regis; et fuit ei lecta.

(Arch. de Barcelone, Registres de Jacques II, n° 338, f° 81.)

XLVIII

1322, [mars].

INSTRUCTIONS DONNÉES PAR LE ROI D'ARAGON A OTHON DE MONCADE ET A RAYMOND VINADER, SES AMBASSADEURS EN FRANCE, POUR FAIRE VALOIR SES DROITS SUR MONTPELLIER, AUMELAS ET LE CARLADEZ.

Aquesta es la informacio donada per lo senyor rey d'Arago al noble N'Ot de Muncada et a N' R[amon] Vinader, doctor en leys, de ço que deven dir de part sua al rey de França sobr'el fet de les baronies de Omelades et de Carlades et sobr'el fet de Monpesler.

Primerament, diguen al dit rey com, apres la ira et el desplaer qu'el rey d'Arago hac de la mort del rey Phelip, de bona memoria, frare del dit rey de França et cusi seu, ha pres a gran consolacio com Deus ha volgut provehir del dit rey en la dignitat royal, esperant qu'el seu regiment sera tal, que Deus ne sera servit et pagat, e que les injuries fetes tro aci a ell et al rey de Malorcha, qui tan gran deute han ab lo dit rey de França en les baronies de Omelades et de Carlades, et en la vila de Monpesler al dit rey de Malorcha, cessaran per la sua bonea et justicia.

Item, li diguen com les baronies de Omelades et de Carlades son tengudes en feu per lo rey d'Arago, de qui son alou, lesquals te per ell lo rey de Malorcha. E es cert que en los temps passats y son estats fets molts torts et molts greuges per los officials dels reys de França, de bona memoria, passats, e specialment del temps del rey Phelip, pare seu, a en ça. E sobre aço lo rey d'Arago trametia sos sollempnes missatges al dit rey Phelip, pare del dit rey de França; e, per la mort que li sobrevench, segons que a Deu plach, no pogren parvenir a ell. E atressi anaven los dits missatges sobr'el fet de Monpesler, per molts greuges e torts qu'els sobredits officials fahien et han fets al rey de Malorcha, comu cusi dels dits reys.

Item, apres la mort del dit rey, regnant lo rey Loyç, los dits missatges foren trameses al dit rey Loyç, losquals tornaren ab resposta al dit rey d'Arago, que ell li trametria sos missatges sollempnes; laqual cosa no feu, com la mort, aixi com a Deu plach, li sobrevench. En apres, trames sobre aço sos altres missatges al rey Phelip, de bona memoria, frare del dit rey de França qui ara regna. E aportaren letra de resposta al rey d'Arago del dit rey de França, que ell trametria a ell sos missatges sollempnes, ab plen poder per donar bon endreçament a aquests afers; e aixi s'feu. E per part del dit rey vengren al rey d'Arago lo prior de la Xarité et P. de Cabillo, archidiacha Educn., clergues, et En Johan de Reblay, cavaller, losquals no donaren aquell acabament ne aquella bona fi als fets qu'els dits reys d'Arago et de Malorcha esperaven, segons qu'el dit rey d'Arago en apres trames a dir per sa letra al dit rey de França.

Item, diguen-li com ara lo rey d'Arago havent gran fiança en la sua justicia et bonea, et encara en lo bon deute que es entre ells, que fara endreçar et adobar en los fets, ço que entro aci no s'es fet. Preguen-lo aixi carament com pusquen per part del dit rey d'Arago que a ell placia ordonar et manar qu'els dits greuges cessen, aixi de les baronies com de Monpesler, et que li placia que passen lo rey d'Arago et el rey de Malorcha ab ell aixi com los lurs antecessors passaren ab los reys de França, abans qu'els dits greuges començassen, losquals començaren en temps del dit rey Phelip, pare d'aquest rey qui ara regna ; e en aço fara sa honor et justicia, et mostrara aquella amor et bona voluntat que deu als dits reys d'Arago et de Malorcha.

E si el rey de França responia que a ell plau que s' fassa ço que no es fet, et que trametra sos missatges ab plen poder a enformar se dels fets et de tornar les coses en degut estament, diguen que ja moltes vegades s'es feta semblant resposta per los reys passats, e negun temps no s'en es seguit negun profit; mas diguen que sia son plaer que, pus los missatges del rey de Malorcha han aqui los greuges, qu'els vula fer regonexer et fer cessar et tolre aquells, e que d'aqui a avant no s' fassa. E sobre aço estien instantment, per ço qu'el missatge del Papa haia materia de entrar en la via dels tractamens.

Item, si dehia que ell no cuyda fer tort ne enten qu'els seus aien fet tort, et que es apparellat de ohir ho o fer hoir en la sua cort, responen los dits missatges que no l's es comanat que deien d'aço pledeiar, mas per via de collacio be s'en rahonaran ab ell o ab aquells que ell volra per informar la sua consciencia, haven esperança que, com ell ho ara vist ho n' sera informat, que fara fer ço de qu'els reys d'Arago et de Malorcha lo preguen en fer revocar et cessar los dits greuges.

Item, si l's era dit per part del rey de França que concordat fo entr'el rey d'Arago et els missatges del rey de França d'amunt dits sots certa forma sobre les dites coses, et qu'el rey de França es appareylat de seguir aquella manera, responen que ver es, mas lo rey d'Arago no n' fo content, e feu ho saber sempre per sa letra al rey de França, et no s' segui ço qui fo empres, ne si feu negun bon fruyt, e es dupte que tan poch s'en seguis ara, si per lo dit rey de França mateix no s' desfa.

Item, si vehien qu'els fets no tenguessen bona via per via dels tractamens, deien pregar instantment lo rey de França per part del rey d'Arago que reeba l'omenatge del rey de Malorcha per la vila de Monpesler per procurador, per escusar lo trebayl de la presona del dit rey de Malorcha, qui es della mar, en les Illes.

E si per aventura aço no volia atorgar, preguen lo instantment qu'el alongas III o IIII anys.

(Arch. de Barcelone, Registres de Jacques II, n° 338, f° 86.)

XLIX

RECOMMANDATIONS PARTICULIÈRES REMISES AUX MÊMES AMBASSADEURS.

1322, [mars].

Memoria sia als missatges que, si ohien parlar a la part del rey de França com les baronies se tenen per lo senyor rey d'Arago, que poden dir que tots temps se tengueren per son linyatge et per ell, e encara com lo rey de Malorcha, poch ha, fen homenatge per Monpesler al rey de França, retench et excepta del homenatge les dites baronies et la dreta senyoria qu'el dit rey d'Arago ha en aquelles baronies, et sobre aquesta retencio lo rey de França rebe l'homenatge del dit rey de Malorcha.

E d'aço deu haver carta lo rey de Malorcha, et seria bo qu'els missatges seus ne porten translat autentich.

Item, sia a memoria als dits missatges qu'el rey de Malorcha ha fet saber al senyor rey, per sa letra, que ha informats los missatges seus de les coses desus escrites e l'ha pregat que ell semblantment deia enformar los seus. E el senyor rey ha li respost et atorgat que ho fara, et aixi dona aquesta informacio als seus missatges, ço es saber que, si l' Papa era, ço que Deus no vula, en tal condicio o disposicio que per los fets per que van los missatges no podia o no volia son missatge o sos missatges trametre en França, que res no menys los dits missatges del senyor rey, ab aquells ensemps del dit rey de Malorcha, qui han d'ell semblant informacio, no cessassen ne s' trigassen de anar en França.

E aytambe, si, abans que fossen venguts al rey de França de la sua persona, per raho de malaltia o d'altre cas inopinat, per que paragues qu'els fets poguessen esser embargats, alcuna certenitat havien, que aytambe per aço no retardassen, mas anassen ab los dits missatges del rey de Malorcha ensemps a aquell qui lo regne regiria de França, e ab aquell los fets aixi com comanats los son, com mils poguessen, desembargassen.

Esters, si mentre encara serien en les terres del dit rey de Malorcha o prop, ohien alcunas certes noves de les coses d'amunt dites, feessen ho saber mantinent et cuytadament al senyor rey et al dit rey de Malorcha, que ells hi poguessen ordonar et trametre aquelles letres que serien necessaries.

E aquesta informacio los es donada, per ço que cascuns missatges deien esser concordans ensemps.

Super sequentibus capitulis, oblatis domino regi per nuncios, fuerunt facte per ipsum dominum regem responsiones, ut in fine cujuslibet eorum continetur.

Quid facient nuncii vestri, si Papa non mitteret in Francia nuncium, morte vel aliter impeditus, vel nolens? — Jam est eis tradita informacio completa per specialem capitulum quid sint facturi super eo.

Item, si forte, quia dominus rex Francie vellet stare consilio vel cognicioni domini Pape, et ex hac vel alia causa nuncii regis Majoricarum cum nuncio Pape et aliis pro rege Francie vel sine eis redirent ad dominum Papam de Parisius, an nuncii vestri redirent similiter cum eisdem, sperantes finem negociorum vel aliquid propter ea? — Quod non redeant ad Papam eo casu.

Item, an intendant aliquibus tractatibus cum rege Francie vel aliis de sua parte vel domini Pape, si forsan super hoc requirerentur per nuncios regis Majoricarum vel domini Pape vel aliter? — Interesse poterunt, dicendo expresse se super eis nil posse.

Item, an consencient vel intererunt ipsis tractatibus, qualescumque sint, quibus consencient vel intererunt nuncii regis Majoricarum? — Idem ut ad proximam.

Item, an aliquis de vestris nunciis, si forsan requirerentur per nuncios regis Majoricarum, vel si viderent fore expediens, dicet aliqua ultra contenta in memoriali vel tenore ambaxate coram domino Papa vel rege Francie? — Non dicant ultra nec contra, set circa ea, scilicet que utilia viderint, substancia non mutata.

Item, an pro vobis proponent in specie, et nominatim exprimendo, gravamina que vos tangant vel possint tangere quoquomodo, sicut gravamen de facto maris, quia naves et alii lembi de terra vestra et aliis partibus Yspanie venientes ad Montempessulanum compelluntur appellere ad portum Aquarum-Mortuarum, et illuc attendere contra vim ventorum et maris et voluntatem propriam ducentium ea, et quod non permitat quod apellant in loco de Frontiniano vel aliis locis baronie, que jure directi dominii ad vos spectat, et sicut est quod pro baronia, que feudum est vestrum, regem Majoricarum compellunt ad litigandum Parisius, et si qua alia sint vos vel jura vestra tangencia, ut est dictum? — Sic, in specie dici poterunt.

Item, an esset bonum quod hic ipsa gravamina in specie dictarentur et dictata portarentur per vestros nuncios, vel quod ipsi dicant ea de quibus et prout eis videbitur quod vos tangant? — Bonum est quod habeant informacionem a nunciis regis Majoricarum, et tunc dicant ea que dominum regem tangant vel jura sua.

Item, si forsan Papa consulat vel consenciat dici coram rege Francie quod baronia et villa Montispessulani nunquam fuerint infra limites regni Francie, et quod cambium per episcopum Magalone factum cum rege tunc Francie, de eo quod habebat in Montepessulano, non tenuit, obstante inhibitione Pape Gregorii, vel aliter, an velitis per nuncios vestros dici? — Dici poterit per viam collacionis tantum, in eo passu de quo eis melius videbitur, set non ut per relacionem ambaxate.

(Arch. de Barcelone, Registres de Jacques II, n° 338, f° 87 v°.)

L

CONVENTION SECRÈTE ENTRE JACQUES II, ROI D'ARAGON, ET SANCHE, ROI DE MAJORQUE, PORTANT ABANDON AU SECOND DE TOUS LES DROITS DU PREMIER SUR LA BARONNIE D'AUMELAS, LE CARLADEZ ET LA SEIGNEURIE DE MONTPELLIER, DANS LE BUT DE FACILITER LA VENTE OU L'ÉCHANGE DE CES FIEFS.

1323, 10 août, Barcelone.

Hec que infra registrata sunt sunt registrata pro secretis, de quibus actum secrete inter dominum regem nostrum et dominum Sancium, regem Majoricarum.

Primo sequitur littera credencie misse domino regi per regem

Majoricarum, comisse episcopo Majoricensi et aliis subscriptis.

Excellenti principi domino Jacobo, Dei gracia, regi Aragonum, Valencie, Sardinie et Corsice, comitique Barchinone ac sancte Romane Ecclesie vexillario, ammirato et capitaneo generali, illustri consanguineo nostro karissimo, Sancius, per eandem, rex Majoricarum, comes Rossilionis et Ceritanie ac dominus Montispessulani, salutem cum augmento glorie et honoris. Ad Magnificenciam Vestram ducimus nostros sollempnes nuncios transmittendos, pro quibusdam vestris et nostris negociis, venerabilem Guidonem, episcopum Majoricensem, Nicholaum de Sancto Justo, thesaurarium, ac Jacobum Scuderii, notarium, consiliarios nostros fideles, super predictis de nostra intencione plenius informatos. Rogamus igitur Serenitatem Vestram attente quatenus dictis nostris nunciis placeat vobis fidem indubiam adhibere super hiis que Excellencie Vestre pro parte nostra duxerint exponenda, ac eos celeriter et feliciter expedire, prout negociorum condicio exigit et requirit. Datum in civitate Majoricarum, tercio idus julii, anno Domini M° CCC° vicesimo tercio.

Super negociis quibus predicti nuncii missi fuerunt, fuit processum ut in instrumentis tenores quorum subsequntur plenius apparebit.

Noverint universi quod nos Jacobus, Dei gracia, rex Aragonum, Valencie, Sardinie et Corsice, ac comes Barchinone, gratis et ex certa sciencia, ac deliberacione et consilio prehabito diligenti, per nos et successores nostros quoscumque, pura et simplici donacione inter vivos, damus et cedimus illustri principi Sancio, per eandem, regi Majoricarum, comiti Rossilionis et Ceritanie ac domino Montispessulani, nostro consanguineo karissimo, et suis perpetuo, in posse tui subscripti notarii, ipsius et suorum nomine stipulantis et recipientis, totum jus feudi et directi dominii quod habemus et habere debemus in baronia Omeladesii, quam dictus rex Maioricarum immediate tenet et debet a nobis tenere in feudum, et eciam in vicecomitatu Carladesii, qui ab ipso rege immediate tenetur in feudum, et ipse illum a nobis tenet et tenere debet in feudum ; transferentes in ipsum regem Majoricarum et suos et quos voluerit perpetuo, in posse tui jam dicti notarii, quo supra nomine stipulantis et recipientis, omnia dicta feuda et jura eorum, ac totum jus directi dominii, fatice, laudimii et foriscapii, et aliud quodcumque nobis competat et competere possit in predictis baronia et vicecomitatu et quibuslibet partibus eorumdem, sic quod ex nunc in antea rex Majoricarum jam dictus et sui perpetuo habeant predicta omnia in francho et libero alodio, et possint dictam baroniam Omeladesii et dictum feudum vicecomitatus Carladesii, cum omnibus juribus nostris et suis et pertinentibus ad ea, absque quocumque retentu cujuslibet juris nostri, vendere cuicumque vel quibuscumque voluerit pro francho et libero alodio, vel de eis concambium aut pariagium modo simili facere, et alias inde suas facere perpetuo voluntates. Damus insuper donacione pura et irrevocabili inter vivos et cedimus, per nos et successores nostros quoslibet, bona fide nostra regia, dicto regi Majoricarum et suis perpetuo, in posse tui dicti notarii, quo supra nomine stipulantis et recipientis, totum quodcumque jus nobis vel successoribus nostris competens et competiturum, racione substitucionum contentarum in testamento inclite recordacionis domini Jacobi, regis Aragonum, avi comunis, in villa Montispessulani et castro de Latis, ac in dictis baronia Omeladesii et vicecomitatu Carladesii, et in quibuslibet feudis, locis, castris et juribus, corporalibus et incorporalibus, et aliis omnibus que dictus rex Majoricarum habet et habere videtur ibidem; ita quod, ipsis substitucionibus in aliquo non obstantibus, ex donacione et cessione nostra presenti, rex ipse Majoricarum et sui possint libere de ipsis omnibus supradictis et eciam de singulis facere vendicionem et vendiciones quibuscumque voluerint, vel concambium aut pariagium, et aliter suas perpetuo voluntates, absque retentu cujuslibet juris nostri. Renunciantes super hiis scienter, per nos et successores nostros quoscumque, juribus quibuscumque scriptis et non scriptis, civilibus et canonicis, constitucionibus et consuetudinibus specialibus et generalibus quibus possemus juvare nos et contra premissa vel aliqua de premissis venire. Volentes et expresse consencientes predicta jura et alia haberi proinde ac si nominatim et expresse hic essent exposita seu conscripta, cum ex certa sciencia de predictis omnibus et singulis faciamus, bona fide nostra regia, de presenti, per nos et heredes et successores nostros, dicto regi Majoricarum et suis perpetuo, in posse tui jamdicti tabellionis, tanquam publice persone, eorum nomine et aliorum omnium quorum interest vel interesse potest et poterit in futurum, stipulantis et recipientis, pactum solempne et fidem perpetuam de non petendo aliquid ulterius de predictis, vel alias quoquo modo, et de non movendo in vel pro predictis aliquam de cetero questionem sive demandam, cum in eis vel aliquo eorundem nobis vel nostris jus aliquod minime reservemus. Donaciones autem et cessiones predictas ac omnia supra contenta dicto regi Majoricarum et suis et quibus voluerint proprias facimus, bona fide nostra regia, per nos, heredes et successores nostros, et facere volumus et intendimus totum integraliter ac generaliter, sicut melius, plenius et utilius dici et intelligi potest ac per eum vel suos interpretari, ad utilitatem et comodum ipsius et suorum. Et constituimus eum inde, ut in rem suam propriam, verum dominum et procuratorem contra omnes personas; promittentes bona fide nostra regia dicto regi Majoricarum, et tibi jam dicto notario, ipsius et suorum nomine stipulanti et recipienti, quod nichil fecimus nec nos vel successores nostri de cetero faciemus quo minus predicta vel aliquid de predictis valeant vel infringi possint aut eciam revocari : immo promittimus illa per nos et nostros tenere firmiter et inviolabiliter observare. In quorum omnium testimonium, presens instrumentum publicum et aliud consimile inde fieri jussimus ac tradi memorato Majoricarum regi, sigillo bulle nostre plumbee appendicio comunita. Quod est actum in civitate Barchinone, in regio palacio, IIII° idus augusti, anno Domini M° CCC° XX° tercio. — Signum † Jacobi, Dei gracia, regis Aragonum, etc., predicti, qui hec concedimus et firmamus. Testes hujus rei sunt, qui presentes fuerunt : Nobilis Othonus de Montecathano, Bernardus de Fonollario, Gondizalvus Garsie, consiliarii ; Guillelmus de Jaffero, legum doctor, vicecancellarius; E. P. Marci, thesaurarius domini regis Aragonum prelibati.

Predicta duo instrumenta consimilia fuerunt clausa, de mandato dicti domini regis Aragonum, per Guillelmum Augustini, scriptorem ipsius domini regis et publicum eciam notarium per totam terram et dominacionem ejusdem, et ambo tradita nunciis supradictis.

Predicta donacio facta fuit condicionaliter, ut apparebit infra per instrumentum factum a rege Majoricarum.

(Arch. de Barcelone, Registres de Jacques II, n° 339, f° 384.)

LI

DEUXIÈME CONVENTION SECRÈTE, PAR LAQUELLE LE ROI D'ARAGON, EN CÉDANT AU ROI DE MAJORQUE LA SUZERAINETÉ DE MONTPELLIER, D'AUMELAS ET DU CARLADEZ, POUR QU'IL EN PUISSE VENDRE LA PLEINE PROPRIÉTÉ AU ROI DE FRANCE, LUI RÉSERVE SES DROITS ÉVENTUELS AU TRÔNE D'ARAGON.

1323, 10 août, Barcelone.

Noverint universi quod nos, Jacobus, Dei gracia, rex Aragonum, Valencie, Sardinie et Corsice ac comes Barchinone, attendentes quod illustrissimus dominus rex Jacobus, recolende memorie, avus noster, in suo ultimo testamento, illustribus Petro et Jacobo, filiis suis, vicissim substituendo, quasdam fecit substituciones super regnis Aragonum et Valencie ac comitatu Barchinone, que nunc nos tenemus et possidemus, ac dictum illustrem Jacobum aut ad illum qui tunc rex esset Majoricarum et dominus Montispesulani, certis casibus devolvendis, ut in dicto testamento predicti domini regis Jacobi predicta lacius sunt conscripta ; considerantes insuper quod nos nunc fecimus donacionem et cessionem puram et simplicem inter vivos illustri Sancio, Majoricarum regi, consanguineo nostro karissimo, de jure nostro alodiario ac directo dominio quod habebamus in baronia Omeladesii et vicecomitatu Carladesii, et de jure substitucionum nobis ex dicto testamento competenti in dictis baronia et vicecomitatu, necnon in dicta villa Montispessulani et castro de Latis, ad hunc videlicet finem ut memoratus Majoricarum rex in vita sua, infra biennium, de et super predictis baronia, vicecomitatu, villa Montispessulani et castro de Latis cum illustri Francie rege vel aliis vendicionis vel concambii aut pariagii possit inire et firmare contractum, ut in instrumentis inde confectis ac conficiendis lacius continetur ; idcirco tenore hujus nostre carte volumus ac etiam consentimus quod, si contingat predictum Majoricarum regem in vita sua, infra biennium a data presentis carte numerandum, alterum de predictis contractibus, scilicet vendicionis vel concambii aut pariagii, inire et firmare cum dicto Francie rege vel aliis super predictis baronia, vicecomitatu, villa Montispessulani et castro de Latis, ita quod dicta villa Montispessulani ab ejus abscedat dominio et in dictum regem Francie vel alium altero de dictis titulis transferatur, et quod postea esset locus dictis substitucionibus, quod Deus avertat, nullum dicto regi Majoricarum et suis super dictis substitucionibus prejudicium generetur quominus in dictis regnis Aragonum et Valencie ac comitatu Barchinone possint succedere, si et cum casus dictarum substitucionum evenerit, quamvis tunc ex causa premissa non essent nec vocarentur domini Montispessulani. Et, ad majorem dicti Majoricarum regis cautelam, hanc cartam nostram inde sibi fieri et tradi jussimus, sigilli bulle nostre plumbee appensione munitam. Datum Barchinone, IIII° idus augusti, anno Domini M° CCC° XX° tercio. — G. Augustini, mandato regis, cui fuit lecta. — Signum † Jacobi, Dei gracia, regis Aragonum, etc., qui hec concedimus et firmamus. Testes hujus rei sunt, qui presentes fuerunt: Nobilis Othonus de Montecathano, Bernardus de Fonollario, Gondiçalvus Garsie, consiliarii; Guillelmus de Jaffero, legum doctor et vicecancellarius; E. P. Marci, thesaurarius domini regis Aragonum prelibati. — Fuit clausum per predictum G. Augustini, et traditum nunciis supradictis.

(Arch. de Barcelone, Registres de Jacques II, n° 339, f° 385.)

LII

TROISIÈME CONVENTION SECRÈTE, PAR LAQUELLE LE ROI DE MAJORQUE S'ENGAGE A PAYER AU ROI D'ARAGON LA SOMME DE CENT MILLE LIVRES POUR PRIX DE LA CESSION DE SES DROITS SUR MONTPELLIER, AUMELAS ET LE CARLADEZ, POURVU QUE CES FIEFS SOIENT ACQUIS PAR LE ROI DE FRANCE DANS LE DÉLAI DE DEUX ANS.

1323, 26 août, Perpignan.

Noverint universi quod, cum illustrissimus dominus Jacobus, Dei gracia, rex Aragonum, Valencie, Sardinie et Corsice ac comes Barchinone, donacionem et cessionem nobis Sancio, per eandem, regi Maioricarum, comiti Rossilionis et Ceritanie ac domino Montispessulani, fecerit infrascriptas, ut patet per tenorem instrumenti publici inde confecti, ejusque bulla plumbea appendicia comuniti, continencie subsequentis [1]...; et prefatus dominus rex Aragonum predicta omnia nobis concesserit in nostri graciam et favorem; et hec fuerit causa finalis dicte concessionis, licet donacio et cessio simpliciter facte fuerint ut de eis possimus vendicionem vel concambium aut pariagium facere cum serenissimo principi domino rege Francie vel alio seu aliis, et inde nos penitus spoliare; cum ex hac causa intendamus nostros sollempnes nuncios in Franciam destinare de proximo, dante Deo; quia tamen ex futuro pendet eventu an cum dicto domino rege Francie vel alio aliquem de dictis tractatibus seu contractibus vendicionis vel concambii ac pariagii perficiamus; idcirco presenti publici instrumenti tenore volumus, concedimus ac etiam consentimus quod, si forte ex tractatu nostro vel duorum nunciorum nostrorum aut alias in vita nostra, infra biennium a predicta die in antea continue numerandum, neuter dictorum contractuum vendicionis vel concambii aut pariagii cum dicto Francie rege vel alio pervenerit ad effectum, dicta villa Montispessulani et castrum de Latis quoad jura dictarum substitucionum, et dicta baronia Omeladesii et

---

[1]. Suit la teneur du document précédent.

feudum vicecomitatus Carladesii quoad jura alodiaria dicti domini regis Aragonum et jura feudorum, et quo eciam ad substituciones predictas, redeant penitus ad statum pristinum et primevum, quin imo sint et remaneant in eo statu quo erant ante tempus donacionis et cessionis premissarum, non obstantibus donacionibus et cessionibus supradictis a prefato domino rege Aragonum cum predesignato instrumento publico nobis factis, quod, in casu illo et non alias, ac omnia contenta in eo volumus ex certa sciencia, nunc ut tunc, et tunc ut nunc, fore effectu et viribus vacuatum omnino, sic quod prout tenebamus ante dictas donacionem et cessionem, teneamus et tenere debeamus nos et nostri ab ipso domino rege Aragonum et suis in feudum baroniam predictam et feudum nostrum vicecomitatus jamdicti, in eisque ac in villa Montispessulani et castro de Latis sint et remaneant sibi et suis salva jura substitucionum predictarum, si et cum casus earum contingeret, non obstantibus donacionibus et cessionibus antedictis ac aliis in dicto instrumento contentis, in casu videlicet, ut prefertur, quo per tractatum nostrum vel dictorum nunciorum nostrorum vel alias in vita nostra, infra dictum biennium, ut premissum est, non posset ad effectum produci contractus vendicionis vel concambii aut pariagii premissorum; quo casu promittimus, per nos et nostros, duo consimilia publica instrumenta de predictis donacione et cessione confecta, sigillo appendicio bulle plumbe ejusdem domini regis Aragonum comunita, necnon illud instrumentum predicta die confectum, quo dictus dominus rex Aragonum consentit ut, si alter de dictis contractibus vendicionis vel concambii aut pariagii per nos fiat, et eveniret casus substitucionum predictarum factarum in predicto testamento domini regis Jacobi, avi comunis, quod nos vel nostri possemus succedere in regnis Aragonum et Valencie ac in comitatu Barchinone, non obstante quod tunc non essemus nec vocaremur domini Montispessulani, nobis tradita, restituere dicto domino regi Aragonum et suis, aut quibus ipsi voluerint loco sui, ipsis tamen restituentibus nobis et nostris hoc presens publicum instrumentum et quoddam aliud die presenti confectum, quo dedimus ei in fidejussores, pro infrascriptis centum millibus librarum solvendis, certos nobiles, milites, burgenses et mercatores; nam predicta omnia sic fatemur acta et expresse in pactum deducta fuisse inter prefatum dominum regem Aragonum et nuncios pro predictis per nos ad eum missos, tempore dictarum donacionum et cessionum et confeccionis dictorum instrumentorum. Fuit eciam tunc actum et in expressum pactum deductum inter eundem dominum regem Aragonum et dictos nuncios nostros quod, si contingat nos in vita nostra, infra dictum biennium, ut dictum est, vendere supradicta dicto domino Francie regi vel alii cuicumque, demus et dare teneamur, ac in posse tuî infrascripti notarii, ipsius domini regis Aragonum et suorum nomine stipulantis et recipientis, dare promittimus, bona fide nostra regia, eidem domino regi Aragonum et suis centum millia librarum monete barchinonensis de tercio, solvenda per soluciones et terminos quibus debebit satisfieri nobis in illa peccunie summam quam habebimus pro predictis. Quæ centum millia librarum habeat a nobis idem dominus rex Aragonum pro toto jure feudi et directi dominii quod habebat in predicta baronia Omeladesii et feudo nostro vicecomitatus Carladesii ac in eisdem, et in villa Montispessulani et castro de Latis, ratione dictarum substitucionum contentarum dicto testamento predicti domini regis Jacobi, avi comunis. Quæ quidem centum millia librarum solvere promittimus dicto domino regi Aragonum et suis, in posse tuî dicti notarii, quo supra nomine stipulantis et recipientis, per terminos supradictos, intus civitatem Gerunde, absque dicti domini regis Aragonum et suorum expensis, dampnis et interesse. Si vero non vendicionem, sed concambium aut pariagium nos facere contigerit de predictis dicto domino regi Francie vel aliis, ex quo peccuniam non reciperemus aut recipere deberemus, promittimus dicto domino regi Aragonum et suis, et tibi dicto notario, quo supra nomine stipulanti et recipienti, predictam quantitatem centum millium librarum exsolvere intus dictam civitatem Gerunde infra quatuor annos, per terminos subdistinctos, videlicet, a die celebrati et firmati contractus dicti concambii aut pariagii ad unum annum, viginti quinque millia librarum dicte monete, et, in fine cujuslibet sequencium trium annorum, viginti quinque millia librarum. Verum, si racione contractus dicti concambii aut pariagii contigerit nos recipere et habere aliquam peccunie quantitatem, eam totam integraliter, si ante dictos terminos nobis solvi debuerit, solvemus intus dictam civitatem Gerunde dicto domino regi Aragonum et suis, in solucione et pro rata dictorum centum millium librarum, absque expensis, dampnis et interesse ipsius domini regis Aragonum et suorum. Promittentes, nostra bona fide regia, predicta omnia et singula in presenti instrumento contenta attendere firmiter et complere, et in aliquo non contravenire aliqua racione vel causa. Si vero pro predictis vel aliquo predictorum per nos super premissis contingeret dictum dominum regem Aragonum aut suos expensas facere aut dampna vel interesse sustinere, illas et illa ipsi domino regi Aragonum et suis solvere et restituere promittimus ad voluntatem eiusdem domini regis et suorum, et intus civitatem Gerunde predictam. Super quibus expensis dampnis et interesse credatur simplici solo verbo dicti domini regis et suorum, nullo ab eisdem probacionis genere requisito. Et, pro predictis omnibus et singulis firmiter adimplendis et servandis a nobis et nostris, obligamus predicto domino regi Aragonum, licet absenti, tanquam presenti, et tibi, subscripto notario, tanquam publice persone pro eo stipulanti et recipienti, et suis, omnia bona et jura nostra habita et habenda. Renunciantes insuper quibuscumque juribus scriptis et non scriptis, civilibus et canonicis, constitucionibus et consuetudinibus specialibus et generalibus, quibus possemus juvare nos et contra premissa vel aliqua de premissis venire. Volentes et expresse consencientes predicta jura et alia haberi perinde ac si nominatim et expresse hic essent posita seu conscripta. Et insuper, ad maiorem solucionis predicte quantitatis peccunie securitatem ac dicti domini regis Aragonum cautelam, damus eidem domino regi Aragonum fidejussores certos nobiles, milites, burgenses et mercatores, qui nobiscum et sine nobis ad predicta et quodlibet premissorum teneantur et sint obligati, ac teneant proinde hostagium dicto domino regi Aragonum et suis, si premissa non adimpleverimus nos vel nostri, intus civitatem Gerunde, requisicione aut monicione dicti domini regis Aragonum et suorum minime expectata; de quorum fidejussorum promissione et obligacione constat per publicum instrumentum presenti die confectum et clausum manu fidelis notarii nostri Jacobi Scuderii. Volentes et concedentes ac in expressum pactum deducentes quod predictorum fidejussorum promissio et obligacio, licet in alio instrumento contenta, perinde habeantur ac si in hoc presenti instrumento essent apposita et adjecta; quod instrumentum promissionis et obligacionis dictorum fidejussorum sit ut pars presentis instrumenti, ita quod non duo instrumenta, set unum instrumentum tantum habeantur et etiam censeantur. Promittentes insuper quod si, pendente dicta obligacione nostra et fidejussorum, aliquis vel aliqui ex dictis fidejussoribus morerentur vel essent in longinquo absentes, quod loco illius vel illorum ponemus alium vel alios consimilis condicionis, sufficientes et ydoneos, qui sub eodem modo se obligabunt et ad predicta omnia tenebuntur. In quorum omnium testimonium, presens instrumentum publicum inde fieri jussimus, sigillo nostro appendicio roboratum. Quod est actum in prato castri regii ville Perpiniani, septimo kalendas septembris, anno Domini M° CCC° XX° tercio. — Signum † nostri Sancii, Dei gracia, regis Majoricarum, comitis Rossilionis et Ceritanie ac domini Montispessulani, qui hec laudamus et firmamus. — Testes sunt venerabilis Guido, episcopus Majoricensis; nobilis Petrus de Fonolleto, vicecomes Insule; Berengarius Maynardi, canonicus Narbone, cancellarius; Nicholaus de Sancto Justo, thesaurarius, et Jacobus Scuderii, notarius; omnes consiliarii prefati domini regis Maioricarum. — Ego Jacobus Scuderii, notarius prefati domini regis Maioricarum illustris et ejus auctoritate publicus, ipsius speciali mandato, hec scripsi et clausi meo publico solito signo.

(Arch. de Barcelone, Registres de Jacques II, n° 339, f° 386 v°.)

FIN DU TOME I

TABLE DES MATIÈRES

	Pages
Carte du royaume de Majorque et de ses annexes.	
Préface	1

LIVRE PREMIER

FORMATION DU ROYAUME DE MAJORQUE

Chapitre I. — Les premiers maîtres des Baléares; l'occupation arabe	3
Chapitre II. — Les préparatifs de l'expédition de Jacques Ier	18
Chapitre III. — La conquête de Majorque	44
Chapitre IV. — La colonisation	69
Chapitre V. — Création d'un État indépendant	101
Chapitre VI. — Consistance du nouveau royaume; origine de ses annexes françaises	124

LIVRE II

MAJORQUE ALLIÉE A LA FRANCE, SOUS PHILIPPE LE HARDI

Chapitre I. — Différend des rois de Majorque et d'Aragon	151
Chapitre II. — Affaire de Montpellier	168
Chapitre III. — Conclusion de l'alliance	183
Chapitre IV. — Les Français en Roussillon	207
Chapitre V. — La campagne de Catalogne	245

LIVRE III

ÉBRANLEMENT DE L'ALLIANCE, SOUS PHILIPPE LE BEL ET SES FILS

Chapitre I. — Occupation des Baléares par Alphonse d'Aragon; ses conséquences. 283
Chapitre II. — Acquisition de Montpelliéret par Philippe le Bel... 311
Chapitre III. — Restitution des Baléares obtenue par le pape et la France 338
Chapitre IV. — Le roi de Majorque entre l'Aragon et la France..... 365

DOCUMENTS

I. — Testament de Guirard II, comte de Roussillon (1172).......... 399
II. — Jacques Ier, roi d'Aragon, promet à tous ceux qui l'accompagneront à Majorque une part proportionnelle de la conquête, nomme des répartiteurs et fait prêter à divers seigneurs le serment de le suivre (1229) 403
III. — Charte primitive du royaume de Majorque (1231-1257)....... 406
IV. — Donation faite à Pons Aloard, par les répartiteurs aragonais, de la moitié d'une *alqueria* et d'un *raal* sis à Pollenza, dans l'île de Majorque (1231).................................... 411
V. — Jacques Ier, roi d'Aragon, confirme les privilèges des colons de Majorque et déclare leurs possessions exemptes d'impôts (1233)... 412
VI. — Jacques Ier, roi d'Aragon, dispense les colons de Majorque des leudes et péages que ses sujets doivent payer à Valence, à Collioure, à Denia, à Barcelone et ailleurs (1244).................................... 414
VII. — Règles imposées aux avocats, juges, notaires et scribes de Majorque (1247).................................... 415
VIII. — Jacques Ier, roi d'Aragon, accorde aux habitants de Majorque plusieurs privilèges nouveaux (1249).................................... 416
IX. — Institution d'un conseil électif pour l'administration de la cité et de l'île de Majorque (1249).................................... 418
X. — Mesures diverses prises pour l'exercice de la justice à Majorque (1251).................................... 420
XI. — Renouvellement de l'exemption des leudes et péages pour les colons de Majorque (1256).................................... 422
XII. — L'infant Jacques, héritier présomptif du royaume de Majorque, confirme les franchises, privilèges et donations accordés à ses habitants et jure de s'y conformer (1256).................................... 422

TABLE DES MATIÈRES

	Pages
XIII. — Donation de l'île d'Iviça faite par Jacques Ier, roi d'Aragon, à l'infant Jacques, son fils (1257)..	424
XIV. — Règlement de la dot de Constance de Sicile, femme de Pierre, infant d'Aragon, et assignation de son douaire sur les comtés de Roussillon et de Cerdagne, le Conflent, le Vallespir, etc. (1262)....	425
XV. — Pierre, infant d'Aragon, décharge Roger, comte de Foix, de l'hommage qu'il lui devait pour ses terres de Cerdagne, de Conflent et de Baridan, à la condition de le rendre dorénavant à son frère Jacques, héritier de Majorque (1263)..	428
XVI. — Pierre, infant d'Aragon, ayant protesté contre les nombreuses donations de son père, excepte de sa protestation le don du royaume de Majorque et de ses dépendances, fait à son frère cadet Jacques, et le ratifie de nouveau (1266)..	429
XVII. — Jacques Ier, roi d'Aragon, concède à son fils Jacques, héritier du royaume de Majorque, le droit de fabriquer une monnaie spéciale, qui aura cours dans les îles de Majorque et d'Iviça, à l'exclusion des réaux de Valence (1270)..	431
XVIII. — Règlements concernant le commerce des blés, le guet, la justice, le régime de la propriété et l'administration dans l'île de Majorque (1273)..	432
XIX. — Concession d'un môle à la communauté de Majorque (1273).	435
XX. — Jacques Ier, roi d'Aragon, ordonne que tous les habitants de Majorque, sans distinction, contribuent aux collectes faites dans un intérêt local, pour la défense de l'île, les fortifications, le service des eaux, etc. (1275)..	436
XXI. — Jacques Ier, roi d'Aragon, déclare que le service fait, à sa demande, par les citoyens de Majorque ne saurait porter préjudice à leurs privilèges (1275)..	436
XXII. — Interdiction faite aux Juifs de Majorque de prêter sur gages aux captifs (1275)..	439
XXIII. — Nouvelle confirmation des franchises et privilèges de Majorque par le roi d'Aragon (1275)..	440
XXIV. — Jacques Ier, roi d'Aragon, prend l'habit religieux et abdique en faveur de l'infant Jacques, son fils cadet, le gouvernement des pays dont celui-ci devait hériter, notamment de la seigneurie de Montpellier (1276)..	441
XXV. — Jacques Ier, roi de Majorque, jure d'observer les libertés et franchises accordées par son père aux sujets du royaume de Majorque (1276)..	442
XXVI. — Privilèges nouveaux accordés par Jacques Ier de Majorque aux habitants de son royaume, concernant la propriété, les successions, les contrats usuraires des Juifs, la justice, etc. (1276)........	443
XXVII. — Convention conclue entre Pierre III, roi d'Aragon, et son frère Jacques, roi de Majorque, par laquelle le second se reconnaît le vassal du premier sous certaines réserves (1279)................	446
XXVIII. — Mandement de Philippe le Hardi déclarant que les habitants de Montpellier sont justiciables du sénéchal de Beaucaire, que le nom du roi de France doit figurer en tête de leurs actes et qu'il ne peut y avoir chez eux deux juges d'appels (1281)................	450

	Pages
XXIX. — Sommation adressée par Pierre III, roi d'Aragon, à Jacques I*er*, roi de Majorque, d'avoir à l'aider contre les rois de France et de Sicile, et réponse du second à cette sommation (1283).......	451
XXX. — Engagement pris par Jacques I*er*, roi de Majorque, d'aider le roi de France à la conquête de l'Aragon, de lui livrer les passages des montagnes, de lui remettre les places fortes qu'il lui demande et de lui amener ses gens d'armes (1283)........................	453
XXXI. — Alphonse III, roi d'Aragon, promet de ne jamais séparer de la couronne d'Aragon l'île et le royaume de Majorque (1286)......	454
XXXII. — Lettre missive d'Alphonse III, roi d'Aragon, à Jacques I*er*, roi de Majorque, au sujet de leur différend (1289)................	455
XXXIII. — Jacques II, roi d'Aragon, renouvelle la promesse de ne jamais séparer de sa couronne le royaume de Majorque, même à titre de fief, et fait prendre à divers personnages l'engagement de ne point souffrir cette séparation (1291)............................	457
XXXIV. — Extrait d'une bulle adressée par Boniface VIII à Philippe le Bel, au sujet du traité de paix conclu avec le roi d'Aragon (1295).	459
XXXV. — Bulle de Boniface VIII faisant part à Philippe le Bel des conditions arrêtées pour la restitution des Baléares au roi de Majorque (1295)...	460
XXXVI. — Protestation de Jacques I*er*, roi de Majorque, contre l'acte par lequel il s'est reconnu le vassal de son frère et contre le renouvellement dudit acte, qui lui ont été imposés par la nécessité et la violence (1295)	462
XXXVII. — Jacques I*er*, roi de Majorque, renonce à toucher la somme que lui redevait le roi de France si la conclusion de la paix avec l'Aragon vient à être retardée par sa faute (1296)................	466
XXXVIII. — Jacques I*er*, roi de Majorque, sollicite du roi de France la concession d'une tenure en faveur des Frères Mineurs de Montpellier (1296)...	467
XXXIX. — Bulle de Boniface VIII promettant à Philippe le Bel de remettre le roi d'Aragon et ses terres sous le coup de l'interdit s'il ne restitue pas le royaume de Majorque au terme convenu (1297)..	468
XL. — Traité d'alliance offensive et défensive conclu entre Jacques II, roi d'Aragon, et Jacques I*er*, roi de Majorque, sur la base des conventions antérieures (1298).....................................	469
XLI. — Jacques I*er*, roi de Majorque, informe le roi de France et son frère Charles de Valois que Jacques II d'Aragon lui a restitué les Baléares et les remercie de l'appui qu'ils lui ont prêté en cette occasion (1299)	472
XLII. — Jacques I*er*, roi de Majorque, ayant été forcé par la crainte et par l'abandon déloyal de certaines personnes de faire ratifier par l'infant Sanche, son fils, la convention onéreuse qu'il avait conclue avec le roi d'Aragon, renouvelle en secret ses protestations et réserve ses droits absolus sur le royaume de Majorque (1302)	473
XLIII. — Instructions données par le roi d'Aragon à Bernard Zaportella et à Jean Bourguignon, ses ambassadeurs en France, sur le fait de Montpellier (1316)...	476

	Pages
XLIV. — Instructions données par le roi d'Aragon à Ferrer de Villafranca et à Sancho Sanchez de Muños, ses ambassadeurs en France, au sujet de la question de Montpellier et d'Aumelas (1317)........	480
XLV. — Arrangement proposé et conclu entre Jacques II, roi d'Aragon, et Sanche, roi de Majorque, au sujet des devoirs féodaux que le second avait à remplir envers le premier (1321)................	484
XLVI. — Lettre de créance et instructions remises à Géraud de Rocaberti, ambassadeur du roi d'Aragon auprès du pape Jean XXII, pour décider Sa Sainteté à appuyer les réclamations de ce prince au sujet de Montpellier (1321)...	488
XLVII. — Jacques II, roi d'Aragon, se concerte avec Sanche, roi de Majorque, pour une démarche commune auprès du roi de France, dans le but de le faire renoncer à ses entreprises sur Montpellier (1322)...	491
XLVIII. — Instructions données par le roi d'Aragon à Othon de Moncade et à Raymond Vinader, ses ambassadeurs en France, pour faire valoir ses droits sur Montpellier, Aumelas et le Carladez (1322)...	494
XLIX. — Recommandations particulières remises aux mêmes ambassadeurs (1322)...	497
L. — Convention secrète entre Jacques II, roi d'Aragon, et Sanche, roi de Majorque, portant abandon au second de tous les droits du premier sur la baronie d'Aumelas, le Carladez et la seigneurie de Montpellier, dans le but de faciliter la vente ou l'échange de ces fiefs (1323)...	499
LI. — Deuxième convention secrète, par laquelle le roi d'Aragon, en cédant au roi de Majorque la suzeraineté de Montpellier, d'Aumelas et du Carladez, pour qu'il en puisse vendre la pleine propriété au roi de France, lui réserve ses droits éventuels au trône d'Aragon (1323)..	503
LII. — Troisième convention secrète, par laquelle le roi de Majorque s'engage à payer au roi d'Aragon la somme de cent mille livres pour prix de la cession de ses droits sur Montpellier, Aumelas et le Carladez, pourvu que ces fiefs soient acquis par le roi de France dans le délai de deux ans (1323)..	505

FIN DE LA TABLE

www.ingramcontent.com/pod-product-compliance
Lightning Source LLC
Chambersburg PA
CBHW051401230426
43669CB00011B/1721